使命驱动 主动作为

构建具有清华特色的新型后勤服务保障体系

清华大学总务长办公室 组编
吉俊民 主编
邱显清 霍慧彬 副主编

清华大学出版社
北京

版权所有，侵权必究。举报：010-62782989，beiqinquan@tup.tsinghua.edu.cn。

图书在版编目 (CIP) 数据

使命驱动　主动作为：构建具有清华特色的新型后勤服务保障体系 / 清华大学总务长办公室组编；吉俊民主编；邱显清，霍慧彬副主编 .--北京：清华大学出版社，2024.12. -- ISBN 978-7-302-67873-1

Ⅰ. G647.4

中国国家版本馆 CIP 数据核字第 20244V4Y38 号

责任编辑：杨爱臣
封面设计：傅瑞学
版式设计：方加青
责任校对：王荣静
责任印制：杨　艳

出版发行：清华大学出版社
　　　　网　　址：https://www.tup.com.cn，https://www.wqxuetang.com
　　　　地　　址：北京清华大学学研大厦 A 座　　邮　　编：100084
　　　　社 总 机：010-83470000　　　　　　　　邮　　购：010-62786544
　　　　投稿与读者服务：010-62776969，c-service@tup.tsinghua.edu.cn
　　　　质 量 反 馈：010-62772015，zhiliang@tup.tsinghua.edu.cn
印 装 者：大厂回族自治县彩虹印刷有限公司
经　　销：全国新华书店
开　　本：170mm×240mm　　　　印　张：40　　插页：6　　字　数：682 千字
版　　次：2024 年 12 月第 1 版　　印　次：2024 年 12 月第 1 次印刷
定　　价：168.00 元

产品编号：100961-01

《使命驱动　主动作为——构建具有清华特色的新型后勤服务保障体系》编委会

主　编：吉俊民

副主编：邱显清　霍慧彬

委　员：关兆东　高　斌　郭建丽　李　一　向　春　邢　毅　闻星火
　　　　魏　强　方华英　赵广刚　张　岩　刘晓雪　李　伟　李　芳
　　　　王艳敏　方仲奇　李红星　任　莹　管志远　孙　晶　朵成旭
　　　　赵　影　冉　芸　吴玉尧　薛玉洁　刘金玲

时任校党委书记陈旭除夕慰问校门执勤人员（2018年2月）

时任校长邱勇视察锅炉房（2015年11月）

时任校党委书记陈旭、校长邱勇看望教职工健康观察点工作人员（2020年）

时任校党委书记陈旭调研清华洁华幼儿园双清苑分园（2019年8月）

时任校党委书记陈旭陪同全国人大常委会副委员长、全国妇联主席沈跃跃调研妇联工作（2020年9月）

时任副校长吉俊民参加消防技能运动会（2016年11月）

时任副校长吉俊民调研校门疫情防控工作（2020年）

教师餐厅正式营业（2016年3月）

时任副校长吉俊民到校医院进行工作调研（2013年6月）

法律图书馆启用
（2018年11月）

研究生体检集中讲座
（2019年11月）

主楼喷泉全新亮相
（2019年9月）

工人技能比赛（2019年9月）

新雅书院耕读计划（2020年9月）

建筑馆报告厅改造后投入使用（2020年8月）

餐厅技能比赛——蒙眼切菜（2021年10月）

昌平科研基地A地块建成后全景照片（2021年1月）

三教改造后投入使用（2021年9月）

学生超市实施社会化改革,引入天猫校园店(2019年3月)

组织疫苗接种(2021年3月)

建成北京市首家高校内出入境证件受理点(2019年9月)

序　言

在学校奋力迈向世界一流大学前列的事业中书写服务育人的精彩华章

2020年11月5日，我参加了后勤部门召开的党员大会，总结上一届后勤党委、纪委工作，选举新一届党委和纪委，谋划下一阶段的后勤各项事业发展。我觉得会议开得很好，很规范，看到大家干劲很高、信心很足，我感到十分高兴、很受鼓舞。会上邱显清同志代表上一届后勤党委做了一个内容全面、实事求是的工作报告。2016年以来，第十一届后勤党委团结带领后勤部门全体党员和广大干部职工，以习近平新时代中国特色社会主义思想为指导，全面贯彻落实党的教育方针和学校第十四次党代会精神，自觉服务大局、勇于担当作为，党的建设取得新成效、改革发展取得新进展、服务育人展现新作为，为学校顺利推进综合改革和"双一流"建设、圆满完成阶段性任务提供了坚强保障，为学校实现"三个九年、分三步走"总体发展战略目标、建成世界一流大学作出了突出贡献。

2020年初，面对突如其来的新冠疫情，学校各级党组织和广大党员与全校师生一道，勠力同心、共克时艰，构筑起抗击疫情的坚固防线。后勤部门的干部职工冲在一线、坚守岗位，党员、干部率先垂范，经受了严峻考验、交出了合格答卷。在疫情初期，许多身处外地的职工想尽办法克服困难返京返岗，投入到疫情防控的工作之中。在同志们的努力下，仅用3天时间就完成了新斋集中住宿健康观察点的设立。很多同志不顾疫情风险、驱车千里运送防疫物资，稳住了菜篮子，确保餐食供应，保障校园生活物资的供给。后勤党委组织广大职工积极参加到学校的综合协调、医疗保障、教育教学、校园管控、后勤保障、学生返校、毕业就业等各个专项工作组的工作之中，为学校疫情防控做出了突出贡献，彰显了后勤是一支听指挥、肯奉献、敢拼搏、能胜利的队伍。

后勤之所以能够出色完成各类急难险重的保障工作和事无巨细的日常服务，在于始终坚持党的全面领导，在于高度重视和扎实开展党的建设各项工作。后勤党委切实落实教职工理论学习全覆盖，紧密结合学校工作实际，统筹党员职工教育与队伍培养培训，创新学习方式、丰富学习内容，让干部职工在提升思想政治素质的同时，不断提升业务能力，激发了干事创业、厚德服务的内生动力。顺利完成学校首批党建标杆单位创建工作，充分发挥党组织政治核心作用。全面推进后勤综合改革和"十三五"规划各项工作任务，提出要"补短板、求创新、促提升"，大力推动"三全育人"工作，稳妥实施后勤职工队伍改革。坚定不移以改革促发展，努力提升管理服务专业化水平。后勤系统机构设置更加合理、协同配合更加有效，运行效率明显提升，职工队伍呈现出更加奋发向上、积极有为的精神面貌。后勤党委认真接受校党委的校内巡察，不折不扣完成巡察整改工作，按照"旗帜""标杆"的要求，聚焦重要问题，狠抓重要环节，做到了"条条要整改、件件有着落"。按照学校党委、纪委的要求，设立了后勤纪委，扎实落实全面从严治党主体责任，力戒"四风"，严格执行"八项规定"，持续加强党风廉政建设，规范完善内控管理机制，营造风清气正的后勤文化氛围，等等。总之，在主管领导吉俊民副校长的带领下，在大家的共同努力下，后勤党委圆满完成了任期内的各项工作，推动学校后勤工作又迈上了新台阶。

党中央在"十四五"规划建议稿和2035远景目标中，提出要支持发展高水平研究型大学，提高高等教育质量，加大科技创新引领作用等等，对学校发展提出了新要求，学校也将进入奋力迈向世界一流大学前列的新的历史发展阶段，这是我们学校各项事业改革发展的历史坐标。后勤党委、纪委要自觉对标对表学校全面深化综合改革新要求和广大师生员工对美好校园生活的新期待。我代表学校党委，就进一步做好后勤党建工作，提四点希望。

一是坚持以政治建设为统领，旗帜鲜明加强党的全面领导。"北京无小事，事事连政治。"清华的各方面工作都与党和国家发展紧密相连。后勤要自觉提高政治站位，增强"四个意识"、坚定"四个自信"、做到"两个维护"，把党的全面领导落实到后勤工作各方面。要坚持围绕中心、服务大局，自觉置身学校全局来思考和谋划工作，牢牢把握高校后勤的使命定位和任务要求，确保后勤事业始终沿着正确方向稳步前进。要进一步加强后勤系统党的组织建设，抓严抓实基础性、经常性工作，延续党建标杆单位创建中形成的好经验好做法，坚持和完善"三级联系"机制，充分发挥党组织的政治核心和战斗堡垒作用，把后勤的党建优势转化为推动事业发展的组织优势。要加强思想建设和理想信念教育，结合重大历史契机开展"四史"、校史学习教育，引导后勤广大党员和职工做到知史爱党、知史爱国、知史爱校。

二是坚持以立德树人为根本，主动参与"三全育人"工作。立德树人是学校的根本任务，是校内各单位和全体教职员工的共同职责和光荣使命。后勤在学校人才培养中具有特殊地位和独特优势，发挥着不可替代的重要作用。后勤党组织和全体职工要深化认识，大力弘扬蒋南翔校长"两个车轮"的治校理念，以教育工作者的标准看待工作、要求自己。准确把握"四为"方针，坚守为党育时代新人的初心，坚定为国育栋梁之才的立场，积极参与构建德智体美劳全面培养的育人体系，特别是要主动发挥后勤在学生德育教育、劳动教育、绿色教育等方面独特和重要的作用，引导学生热爱劳动、尊重劳动、勤俭节约、保护环境。牢固树立、大力践行全员全程全方位育人理念，创新思路举措，挖掘育人资源、丰富育人内涵、提升育人能力，把管理育人、服务育人、环境育人和政治引领、价值塑造的要求融入后勤每一个岗位、每一项任务和每一件小事，在言传身教和潜移默化中影响学生、打动学生、教育学生，让学生从平凡中学习伟大、在感动中砥砺品格，达到"入芝兰之室久而自芳"的育人效果。

三是坚持以改革创新为动力，打造彰显清华水平的一流后勤。一流的大学需要一流的后勤，一流后勤是一流大学重要的组成部分，而且能够促进一流大学的建设，学校"双一流"建设离不开每一名教职员工的不懈努力。要坚持党管改革发展，高质量完成后勤综合改革和"十四五"规划提出的总目标，梳理经验、查找问题、明确思路、提出对策。要从学校实现"2030、2050年"中长期发展目标的高度，深入思考后勤的发展战略和要求，描绘好未来发展蓝图。进一步健全高水平后勤服务保障体系机制，广泛应用新理念新技术新模式，使服务管理更有质量、更有效益、更有品位。要持续深化后勤职工队伍改革，打造与学校事业发展相匹配的高素质专业化职业化职工队伍。要加强党员和积极分子队伍建设，充分发挥党员先锋模范作用，引领带动全体职工在急难险重任务中担当奉献。要完善评价激励和发展支持体系，为服务者服务，为保障者保障，让广大后勤职工在积极有为、安心舒心的环境中工作和生活。

四是坚持以制度建设和文化建设为保障，严格落实全面从严治党治校要求。 后勤与学校方方面面紧密相关，体系大、人员多、内容广、工作复杂。后勤党委及各级党组织要自觉肩负起全面从严治党从严治校主体责任，坚持底线思维，强化风险意识，加强制度体系建设和内控体系建设，用制度管权管事管人，提升工作规范化水平。后勤纪委要积极发挥作用，强化监督力度，做好日常教育提醒和案例警示教育。要定期排查工作漏洞和薄弱环节，把各种风险隐患消灭在萌芽状态，保障校园和谐稳定。后勤是服务师生的前台，是展现一流大学风采的窗口。后勤工作是广大师生获得感、幸福感、安全感的重要来源方面。要大力弘扬"爱岗敬业、无私奉献、求真务实、团结协作、追求卓越"的后勤文化，每一位后勤职工都要树立主人翁的意识，以清华为家、以清华为荣、为清华添彩。要坚持以师生为中心的理念，用贴心和爱心服务师生，用敬业和奉献不辱使命。

陈旭
2022 年 10 月

使命驱动　主动作为　构建具有清华特色的后勤服务保障体系

过去十年是清华后勤人使命驱动、改革创新的十年。2013年清华大学以教师人事制度改革为突破，谋划启动实施了综合改革方案。清华后勤人主动作为，紧密围绕学校建设世界一流大学的奋斗目标和综合改革方案的总体要求，先后研究制定并实施了《清华大学后勤综合改革与发展方案》和《清华大学后勤事业发展"十三五"规划》，整合形成17大类96项后勤改革发展任务并一一推动落实，进一步明确了坚持以学校为主体、坚持育人宗旨、坚持社会化改革方向、坚持走专业化发展道路，提出了通过体制改革促进职能转变，通过机制创新激发后勤活力，通过队伍建设提升专业素养，通过一流标准提高工作品位，通过师生参与凝聚各方智慧，努力建设"文化底蕴深厚、校园特色鲜明、景观环境优美、生态文明和谐"的国际化校园育人环境，形成与学校世界一流大学建设相适应的"制度成熟完善、管理科学高效、服务优质规范、保障有力可靠、资源配置合理、队伍专业精干"的服务保障格局。通过十余年来的改革发展，以一流大学建设需要为导向、以学校管理服务保障力量为主体、以社会优质资源和专业力量为依托、以行业监管和政府执法力量为后盾的具有清华特色的新型后勤服务保障体系基本建立，机构设置更加合理，运行机制更加顺畅，协同配合更加有效，党的领导、制度建设和文化建设更加完善，服务保障总体水平走在了全国高校前列，基本实现了师生满意、学校满意、员工满意的目标。

过去十年是清华后勤人全面加强党的建设、不忘立德树人责任的十年。后勤各级党组织充分发挥政治功能，深入学习贯彻习近平新时代中国特色社会主义思想，高质量开展主题教育活动，将党的建设与后勤改革发展深度融合，全面推进组织建设，不断完善工作体系，配齐配强领导力量，基本实现了"科室有党支部、部门有党小组、班组有党员"的组织建设目标。试点成立后勤党委党校，创建学校首批党建标杆单位，党组织的战斗堡垒和党员的先锋模范作用不断彰显，为建设新型后勤服务保障体系提供了有力保证。学校在后勤设立首个非法人二级单位分纪委，深入贯彻全面从严治党要求，各单位积极配合巡视巡察，开展党风廉政宣传教育，强化党内监督，深化作风建设，持之以恒贯彻中央八项规定精神，不断优化内控管理，防范抵御和化解风险的能力和水平不断提高。在高校后勤社会化改革的浪潮中，清华后勤各级党组织牢牢把握高校后勤与社会服务行业的共性和特性，自觉遵循教育规律和经济规律，兼顾社会效益和经济效益，时刻牢记高校后勤的教育属性，深度融入学校"三全育人""五育并举"等工作体系，努力挖掘后勤育人资源，探索建立劳动育人长效机制，在为师生提供劳动体验机会、加深师生与后勤之间理解和尊重的同时，也拓宽了师生参与校园管理服务的渠道，开创了美好校园生活师生共建共治共享的良好局面。

过去十年是清华后勤人强化队伍建设、传承后勤文化的十年。制定并实施《职工队伍人事制度改革规划方案》和《职工队伍人事制度改革设岗方案》，科学设岗定编，对后勤岗位逐一梳理，按照关键岗、重点岗、骨干岗、一般岗进行分类，形成以关键岗为核心的岗位体系并多层次、分系列、全方位地对职工队伍开展培训。通过积极稳妥推动职工队伍改革，队伍的规模、结构更加合理，职业化、专业化水平明显提升，基本形成了"政治思想好、文化水平高、管理能力强、敢于担当"的管理干部队伍和"来源广泛、结构合理、素质优良、技能过硬"的职工骨干队伍，为未来后勤职工队伍建设打下了坚实基础。坚持开展后勤优质项目和标兵评选，展现后勤人服务保障世界一流大学建设征程中的风采，激励广大干部职工积极进取、创先争优，"爱岗敬业、无私奉献、求真务实、团结协作、追求卓越"的清华后勤文化也在一次次的实践检验和评优表彰中不断传承、创新和发展。

过去十年是清华后勤人奋力打造美丽清华的十年。按照"人文、绿色、开放、共享"的规划理念，完成第十次清华园地区校园总体规划修编，形成四大类管控导则和12项专项规划，制定的82项行动计划和120项工作任务正在一一推动落实。艺术博物馆、李兆基大楼、苏世民学者项目、图书馆北馆、综合实验楼、经管学院三创中心、北体育馆等一大批影响深远的高品质建设项目先后建成投用，学生活动中心、新校医院、科学博物馆等待建项目前期工作顺利推进，高度230米、总建筑面积15万平方米的众秀大厦在CBD核心区落成，昌平科研基地规划建设全面实施，一期建设项目基本完成，二期建设规划加速推进，新成立的清华昌平服务中心运行保障平稳有序。与此同时，校园基础设施保障能力也迈上新台阶，110千伏变电站增容改造项目顺利完成，供电可靠性大幅提升，供电能力成倍增长，可以满足学校未来8至

10年电力需求；供暖"煤改气"让学校彻底告别了燃煤锅炉；校园景观规划与建设水平全面提升，新建的主校门广场、主楼镜面喷泉、校河改造工程等成为了师生员工和校友们争相"打卡"的新地标。

过去十年是清华后勤人努力护航平安清华的十年。在实践中不断提高对统筹发展和安全的认识，学校党委出台了"关于加强安全稳定工作的若干意见"，制定并实施了"校园公共安全行动计划"，校园大安全工作体系和格局不断完善，"三区联动、区域综合治理"的协调机制进一步深化，校园安全管理主体责任得到全面落实。综合防控、隐患排查等已形成长效机制，消防、交通、治安等安全基础设施条件显著提升，突发事件应急预案持续健全，校园安全文化建设不断加强。每年一次的楼宇消电检已成规范，每三年一次的消防安全评估已完成一轮并实现全覆盖。校园治安和秩序管理持续改进，大型活动综合保障能力不断提升，校园参观开通了网上预约和进校专用通道，参观体验更加友好有序。入校人员身份识别系统、校园机动车管理系统和校园内交通违章监控体系等进一步完善，入校人员和车辆实现了全面、快速、便捷的查验，学生区机动车禁行和电动自行车治理成效显著。成立商贸与食品安全管理中心，校园食品安全和商贸业务监管不断加强。学校和政府对校园协同治理的新模式使得大院式街道的独特优势得到充分发挥，"吹哨报到"机制不断深化，"接诉即办"多次名列市区前茅，积极推动建立清华园派出所，北京高校首家出入境业务受理点在清华落地。

过去十年是清华后勤人大力推动建设健康清华的十年。学校成立健康工作委员会，统筹公共卫生管理和健康服务保障工作，制定"健康清华2030"行动计划并推动实施。以促进师生员工和社区居民健康为中心，开展了疾病防控、健康体检、预防保健、健康教育等多维度的医疗服务。出台《清华大学教职工健康体检管理规定（试行）》，规范了教职工健康体检工作，创造条件努力满足研究生体检需要。在校医院建立远程会诊中心和快速转诊机制，与附属医院和社会优质医疗机构的合作持续加强。面对新冠疫情冲击，后勤迅速组建支撑保障队伍，牵头制定学校防疫后勤保障和校园管控工作组各项政策方案并推动落实，联防联控、方舱建设、疫苗接种、物资筹措、健康观察点运行……重大公共卫生事件的应急服务保障能力在一次次实战中持续强化，感人至深的先进人物和事迹不断涌现，为学校常态化疫情防控、为师生员工的身体健康提供了坚强保障。持续建设绿色大学，制定创建生态文明示范校行动计划、首批成功入选教育部全国健康学校建设单位和北京市绿色学校。淘汰落后用能设备、开展垃圾分类、推动光盘行动……一件件"关键小事",已成为学校贯彻落实习近平总书记生态文明思想的重要实践和推动生态文明建设、实现绿色发展的具体抓手。

过去十年是清华后勤人倾心服务幸福清华的十年。 持续推动内部管理改革,创新服务保障模式,提升工作品位,以满足师生员工多样性、便利化、高品质的校园服务需求。推进后勤面向师生的"一站式服务",公开服务承诺、明确服务标准、优化服务流程,加强业务协同,建成后勤综合服务平台并融合线上网络和实体服务大厅功能,提供后勤综合咨询、校园车证办理等20余项服务,年均服务量超过80万人次。各项基础设施条件持续改善,双清公寓建成并投入使用,西阶、二教、第四、第五教室楼等环境改造大获好评,学生公寓建成书吧、琴房等公共活动空间300余处,社区课堂内容丰富。清芬园食堂竣工落成,首开学校教师餐厅,荷园、紫荆园等食堂改造一新,双清园食堂顺利开办,清青火锅品牌成功打造,伙食菜品不断出新,出版《水木食集》,收集600多种清华食堂传统美食,形成食堂基本伙标准化食谱。校园电动车和公文快递等公共服务项目持续优化,智能电表和能源监测平台等一批批成熟先进技术有效运用。积极引入社会优质资源,并不断提高监管水平和驾驭能力,天猫校园店进驻清华。解难题、惠民生,清华后勤服务保障能力稳步增强,师生员工的获得感、幸福感、安全感极大提升。

守正创新,继往开来。 在国家开启全面建设社会主义现代化新征程、学校迈向世界一流大学前列的新进程中,清华后勤人认真总结经验,主动谋划发展,努力改革创新,积极推动落实,制定《清华大学后勤改革与发展"十四五"规划》,描绘了未来发展蓝图,梳理形成八大类86项具体任务,明确了任务时间表、责任人以及协同机制。面向未来,清华后勤人把立德树人作为根本任务、把支撑学校一流大学建设作为首要责任、把满足师生员工对美好校园生活新期盼作为重要使命、把深化改革作为强大动力、把加强党的建设作为坚强保证,把面向世界、勇于进取、树立自信、保持特色贯彻在后勤改革发展的全过程,坚持引领发展、创新发展、内涵发展、开放发展、持续发展,努力打造活力后勤、品质后勤、智慧后勤、文化后勤,全面建设美丽校园、平安校园、健康校园、幸福校园,推动服务保障体系进一步健全、服务保障能力进一步提高、服务保障品位进一步提升。

新征程呼唤新作为。过去成绩的取得得益于学校的正确领导和帮助、相关部门的支持与配合、广大师生员工的包容和理解以及一代代后勤人的奋斗与奉献。相信在学校党委的坚强领导下,清华后勤人一定会自觉增强"四个意识",不断坚定"四个自信",坚决做到"两个维护",不忘初心、牢记使命、锐意进取、自强奋进,推动后勤更深层次改革和更高水平开放,促进后勤各项事业高质量发展,为学校改革发展提供坚强保障。

吉俊民
2022 年 10 月

目 录

第一部分 改革谋划篇

清华大学后勤综合改革与发展方案 ……………………………………… 2
清华大学后勤事业发展"十三五"规划 …………………………………… 14
清华大学后勤改革与发展"十四五"规划 ………………………………… 30
清华大学饮食服务中心综合改革实施方案 ……………………………… 47
清华大学修缮校园管理中心综合改革实施方案 ………………………… 50
清华大学接待服务中心综合改革实施方案 ……………………………… 54
清华大学物业管理中心综合改革实施方案 ……………………………… 59
清华大学正大商贸公司综合改革实施方案 ……………………………… 64
清华大学保卫处综合改革实施方案 ……………………………………… 67
清华大学基建规划处综合改革方案 ……………………………………… 74
清华园街道综合改革实施方案 …………………………………………… 79
清华大学医院综合改革实施方案 ………………………………………… 84
清华大学饮食服务中心事业发展"十三五"规划实施计划 ……………… 89
清华大学修缮校园管理中心事业发展"十三五"规划实施计划 ………… 98
清华大学接待服务中心事业发展"十三五"规划实施计划 ……………… 106
清华大学物业管理中心事业发展"十三五"规划实施计划 ……………… 113
清华大学正大商贸公司事业发展"十三五"规划实施计划 ……………… 121
清华大学保卫处事业发展"十三五"规划实施计划 ……………………… 125

清华大学基建规划处事业发展"十三五"规划实施计划 133
清华园街道事业发展"十三五"规划实施计划 137
清华大学医院事业发展"十三五"规划实施计划 152

第二部分　工作推进篇

清华大学后勤综合改革与"十三五"事业发展总结 160
清华大学后勤综合改革与"十三五"事业发展中期总结 175
清华大学饮食服务中心综合改革与"十三五"事业发展总结 184
清华大学修缮校园管理中心综合改革与"十三五"事业发展总结 194
清华大学接待服务中心综合改革与"十三五"事业发展总结 207
清华大学学生社区中心综合改革与"十三五"事业发展总结 218
清华大学正大商贸公司综合改革与"十三五"事业发展总结 230
清华大学保卫处综合改革与"十三五"事业发展总结 237
清华大学基建规划处综合改革与"十三五"事业发展总结 248
清华园街道综合改革与"十三五"事业发展总结 264
清华大学医院综合改革与"十三五"事业发展总结 276

第三部分　典型案例篇

基层党组织"三级联系"机制探索与实践 288
后勤"三全育人"工作探索与思考 293
抓班子、强组织、重教育、搭平台、促发展 299
"动"起来、"活"起来、"实"起来 305
锻造治安专业队伍，全力维护师生合法权益 309
创新安全育人模式，营造安全文化氛围 314
"清华保卫"视觉识别系统 VI 的实践与应用 322
多措并举规范校园交通秩序 328
守抗疫防线，铸平安校园 334
构建校园参观管理服务新格局 340
开展重点单位消防安全评估 344

平安校园安防系统改进升级…… 350

紧密围绕学校根本任务谋划伙食服务工作…… 359

严控食品安全风险　确保师生舌尖安全…… 364

打造"清青"餐饮品牌　满足师生饮食新需求…… 369

创新工作计划和绩效考核模式　探索融合式绩效评价管理体系…… 375

以校园总体规划为纲领构建全要素空间管控体系…… 381

探索高校工程建设投资控制构建全方位造价管理体系…… 388

实验平台与建筑本体"三同步"协同推进建设模式的探索与应用…… 397

信息技术助力学校基建高质量发展…… 405

第三教室楼改造推动融合式教学创新发展…… 411

落实"节水优先"要求　建设节水校园示范…… 417

师生共建，劳动育人，提升校园景观…… 421

信息化建设推进智慧供热　精细化调节助力低碳节能…… 427

制定运行管理规范，保障供电系统安全…… 430

需求导向，标准建基…… 434

建设健康观察点，充实应急保障体系…… 440

做您的"一条龙"会议管家…… 446

精益求精，塑造清华风格的接待服务品牌…… 451

构建家校社协同育人格局　弘扬清华园好家教好家风…… 457

搭建共建共治平台　创建高品质生活社区…… 465

由健康养老到积极养老…… 472

以园本课程为载体研究践行清华优质幼教…… 480

预防为主　构建重大疾病防治结合体系…… 487

丰富健康教育内涵，服务校园健康需求…… 492

强化院感防控　健全疫情应急服务体系…… 498

社区课堂精彩纷呈，多元浸润文化育人…… 503

推进中外趋同化管理　打造多彩国际化社区…… 508

持续改进公共教学楼环境　打造服务保障新模式…… 515

建设设备监控中心　全面提升维修服务管理水平…… 520

信息技术助力学生社区发展…… 524

积极稳妥推进职工队伍人事制度改革…… 528

探索清华大学学生社区区域管理新模式 ················· 533
从"办商贸"转向"管商贸"——清华五大商贸公司职能改革的探索与
　　实践 ··· 537
制定校园商贸布局规划科学发展保障服务品质 ··············· 543
开设党支部课堂，精心设计必修课，在实践中不断提升党支部组织力和
　　凝聚力 ······································· 552
深入贯彻生态文明思想　全面推进绿色大学建设 ············· 557

附　　录

附录1　后勤年度工作总结（新清华专刊） ················ 564
附录2　后勤获校级先进工作者名单（2011—2021） ··········· 614
附录3　后勤获校级爱岗敬业先进个人名单（2011—2021） ······· 615
附录4　后勤标兵（2011—2021） ···················· 616
附录5　40年功表彰（2012—2020） ··················· 620

第一部分
改革谋划篇

清华大学后勤综合改革与发展方案

（2015—2020 年）

—经清华大学综合改革领导小组第七次全体会议讨论通过—

为贯彻落实《清华大学综合改革方案》，加快推进具有清华特色的新型后勤服务保障体系建设，紧密结合后勤工作实际，制订和实施后勤综合改革与发展方案。

一、形势和挑战

1. 高校全面推进后勤社会化改革以来，我校后勤坚持从学校实际出发，围绕学校建设世界一流大学的总体目标，走出了具有清华特色的改革发展道路，使后勤服务保障总体水平处于全国高校的前列。

面对国家全面深化改革的新形势，面对学校深化综合改革的新任务和师生员工的新要求，后勤的管理体制和运行机制需要进一步创新、开放程度和保障资源需要进一步拓展、国际视野和工作标准需要进一步提升、管理水平和专业素养需要进一步提高，这些问题和矛盾都需要通过改革创新予以解决。

2. 后勤综合改革与发展，必须深入贯彻创新、协调、绿色、开放、共享的发展理念，必须以学校综合改革方案为指导，在巩固现有改革发展成果的基础上，进一步解放思想、实事求是、与时俱进，必须与学校办学理念相契合、与校园百年积淀相融合、与学校育人任务相结合、与世界一流大学标准相吻合，改革创新后勤工作，提升后勤工作品位。

二、总体思路

3. **改革发展目标。**通过体制改革促进职能转变，通过机制创新激发后勤活力，通过队伍建设提升专业素养，通过一流标准提高工作品位，通过师生参与凝聚各方智慧，建立和完善以一流大学建设需要为导向、以学校管理服务保障力量为主体、以社会优质资源和专业力量为依托、以行业监管和政府执法力量为后盾的具有清华特色的新型后勤服务保障体系，全面提升后勤建设、管理、服务和保障水平，实现师生满意、学校满意、员工满意。

4. **基本原则**。后勤综合改革与发展要始终坚持社会化改革方向，以学校为主体、以培养人为根本、走专业化发展道路。要始终强化服务育人、管理育人、环境育人的根本要求，把握高校后勤与社会服务行业的共性和特性，遵循教育规律和经济规律，兼顾社会效益和经济效益。要不断加强和改进党的建设，充分发挥党组织的战斗堡垒作用和党员先锋模范作用，紧紧依靠广大干部职工推动改革，处理好改革、发展与稳定的关系。

三、改革发展任务

（一）满足一流大学建设需要，逐步改革后勤管理体制

5. **推进后勤管理体制创新**。按照科学高效、责权统一的原则，明确部门职能定位，强化责任意识，有序下移管理重心，不断提高各部门独立承担任务的能力。加强综合协调，促进部门间紧密配合，提升后勤整体"作战能力"。依托各领域专业力量和我校学科优势，构建后勤专业咨询体系。

6. **加强后勤服务保障体系建设**。进一步梳理后勤服务保障项目，逐步合并同类业务。坚持有所为有所不为，不断优化资源配置，重点发展教育特色鲜明的服务项目，有序退出可由社会优质资源替代的服务项目。按照行业管理准则，制定并完善校园市场管理制度。提升对社会服务的监管水平和驾驭能力，形成多甲方专业化管理的服务保障模式。

7. **强化"平安校园"建设**。探索学校和政府对校园协同治理的新途径，建立以学校管理力量为主体、以"三区联动"为支撑、以政府执法部门为后盾的校园管理模式。不断完善安全责任、综合防控、隐患排查、应急处置等体系建设，提高校园综合治理的总体水平。

8. **改革校园规划与建设管理**。加强学校统筹，强化校园规划与学校事业发展规划和学科建设规划的相互衔接，全面提升校园建筑、基础设施和环境景

观的规划建设水平。加强建设项目设计管理，以功能设计为重点，强化项目需求分析和方案论证，扩大面向国际的设计选择，增强建筑的实际使用效果。拓宽基本建设管理思路，完善建设管理模式，提高管理成效。

（二）坚持社会化改革方向，改革完善后勤运行机制

9. 调整后勤经济管理办法。 根据公益服务型、有偿服务型、自主经营型等业务属性，分类修订后勤各领域的经济管理办法。完善学校对服务资源的投入制度，建立平衡后勤资源缩减和人力成本上升的补偿机制。建立后勤服务保障用房和职工宿舍管理办法，提高后勤保障能力。规范和优化各类资源管理，提高资源使用的效率和效益，实现国有资产的保值增值。

10. 改革后勤部门考核管理体系。 建立符合行业特点和教育规律的满意度考核、绩效考核、指标考核相结合的考核管理体系。以考核结果为基础，完善绩效奖励和分配制度，充分调动各部门的积极性、主动性和创造性。

11. 完善自我发展、自我约束的运行管理机制。 坚持顶层设计与实践创造相结合，建立推动创新的机制，提升后勤各部门改革的主动性和实效性。健全监督管理体系，坚持会计委派制，推进源头治理，加强对资金使用、业务方向、资源管理等环节的监督管理，提高后勤防腐倡廉和抵御风险的能力。

（三）推进人事制度改革，加强后勤队伍建设

12. 完善后勤队伍建设规划。 根据后勤事业发展规划完善队伍建设规划，按照老中青、知识分子与工人、后勤培养与学校选派"三个结合"的原则加强干部队伍建设，通过基层实践与锻炼，促进知识化的职工队伍和职工化的知识分子队伍有机结合，按照专业化、职业化标准，建设一支政治思想好、文化水平高、管理能力强、敢于担当的管理干部队伍和一支来源广泛、结构合理、素质优良、技能过硬的职工骨干队伍。

13. 深化后勤聘用、考核、评价和激励机制改革。 建立分类岗位管理体系，根据管理和服务职能科学设岗定编，明确岗位职责和任职要求。完善关键岗位人员选聘机制，有计划地选留事业编制人员，加强专家型人才与高技能人才的培养和引进。增加后勤员工培养输送基地，拓宽进人渠道。根据行业特点，完善岗位评价和考核标准，建立合理的收入增长和激励机制，促进人员合理有序流动，稳定骨干队伍。

14. 加强队伍培训。建立健全干部、职工队伍教育培训体系，加强全面素质培养和专业技能提升。制定并完善相关政策，鼓励立足岗位成长成才，提高管理骨干和技术骨干队伍的专业化、职业化水平。

（四）强化一流意识和国际视野，提升服务保障工作的品位

15. 推进国际化校园服务体系建设。按照开放式办学的要求，树立国际化管理服务理念；改进和创新服务模式，开展满足国际化办学需要的服务项目，营造多元文化和谐相处、共同发展的环境；加强专业技术队伍的国际交流和业务培训，提高国际化服务保障能力。

16. 注重先进管理理念、先进技术的应用和创新。主动学习和借鉴各相关领域的先进管理理念，积极参与高校后勤行业标准制定，使各项工作处于高校领先水平。大力引进先进技术，注重消化吸收，在应用中发展创新。提升后勤信息化水平，建立后勤信息化管理平台，促进后勤各部门信息系统的互联互通。不断完善后勤综合服务平台，为师生员工提供优质便捷的服务。

17. 加大节能减排工作力度。进一步加强绿色大学和节约型校园建设，认真完成国家节能减排的任务和要求，建设校园能源监测平台，建立节能减排管理体系，制定校园能源消耗标准和动态调整机制。提高新建建筑节能减排要求，逐步实施节能改造工程。

18. 健全师生参与后勤工作的长效机制。完善沟通体系建设，充分依托工会、学生组织和社团协会搭建沟通平台，积极利用网站、微信等方式拓展沟通渠道，增进相互理解和信任。建立涉及师生切身利益重要事项的事前、事中、事后的评估办法。创建师生员工主动参与学校建设、服务、管理的氛围和文化，增强主人翁责任感。

四、具体要求

19. 基本建设。依据学校事业发展规划，完成校园规划修编，制定并实施校园建设年度计划。建立基建专家咨询体系，突出工程项目前期功能研究和技术论证，扩展国际视野，提升基建决策的科学化、专业化水平。完善基建管理体系，引进社会力量参与校园基建管理，提高驾驭能力。坚持并完善在项目设计、招标、施工及竣工结决算阶段的流程控制和信息公开制度，严格控制工程

质量、成本和进度。

20. 基础设施运行及保障。配合校园规划，前瞻性地做好市政基础设施中长期规划和建设，保障水暖电气等各项市政基础设施的配套和平稳可靠运行。实施"美丽清华园"建设工程，综合推进校园景观、园林、环卫等工作。强化基础设施运行管理责任，做好面向院系的延伸服务，加强管理指导，提供专业咨询。积极参与基建工程的前期论证，优化楼宇水暖电气供给方案，提高基础设施运行效率。依据节能减排目标，建立并完善相应的经济管理办法和考核激励机制。

21. 校园安全及秩序管理。结合平安校园创建，提升校园安全及秩序管理水平。充分调动各单位，落实防火、防汛、门前三包等责任制度。坚持和加强校园参观管理，逐步实施和完善交通管理新方案，持续改善校园秩序。完成校园安防系统升级改造，提高综合指挥能力。完善校园突发事件应急处置预案，配备必要设备设施，提升反恐防暴能力。

22. 餐饮服务。坚持公益性办伙方向，充分发挥市场机制的作用。优化伙食结构，确保食品安全，倡导健康饮食，创新花色品种，加强特色、个性化服务。加强精细化管理，改善就餐环境，提升服务质量。积极引进新技术，提高集约化生产水平。有效利用网络、手机等新媒体，促进餐饮消费便利化。

23. 物业管理与服务。学生社区物业管理要突出育人责任，主动参与育人过程，深入开展学生生活素质教育，加强社区的文化建设。建立学生社区大物业管理模式，配合学校教育教学改革探索新型学生住宿管理模式，满足国际化学生社区建设需要。增进部门间、校系间沟通协调，共同完善教学科研区楼宇物业管理办法。

24. 接待和会务服务。构建专业化接待服务保障体系，做好学校重要接待和会议的服务保障。完善校园公共服务体系，改进校园公共交通、投递服务系统等公共服务项目。拓展接待服务资源，扩大服务的社会化程度，提高资源使用的效益和效率。完善"一条龙"会务服务模式，为院系学术会议和学术交流提供有力支撑。

25. 商贸服务。以师生员工需求为导向，引入社会优质资源参与校园商贸服务和经营，增强校内商贸服务活力。按照专业化发展的原则，逐步强化管理主体责任，梳理现有服务项目，适时进行资源调整。建立社会化、可持续、能驾驭的商贸服务体系，提高商贸服务的品质和品位。

26. **医疗保健**。以满足全校师生员工的健康和医疗需求为中心，做好分层次健康保健，加强对健康体检结果的分析和研究，为师生员工提供多样化健康管理和咨询服务。充分利用学校医学学科和临床专家资源，建立校医院与清华大学附属医院及社会医疗机构协同发展模式，不断提高医务人员的业务能力和服务水平，为师生员工提供医疗服务。深化医院内部管理改革，完善科学有效的医疗保健绩效评价机制。改善校医院办院条件，拓展医疗服务能力。

27. **社区管理和服务**。加强社会服务管理创新，实现政府管理与学校管理的有机结合，探索大院街道社区管理新模式。依靠政府强化辖区内城市管理工作，完善综合执法体系，提高执法能力和成效，共同维护辖区的良好秩序。建立现代化的居民社区综合服务体系，加快智慧社区建设。利用政府政策服务辖区群众，推进老旧小区准物业化管理。进一步深化幼儿园教育研究与实践，多途径加强师资队伍建设，不断提高保教质量。

五、组织实施

28. **在学校综合改革领导小组的领导下，积极推进后勤综合改革与发展**。相关部门通过定期会商、专题研商等机制，在人事、财务、资产等方面，为后勤综合改革和可持续发展提供支持和保障。

后勤负责本方案的组织实施，制定落实改革与发展任务书和时间表，统筹安排、整体推进、督促落实。2017年下半年进行中期检查，2020年基本完成改革与发展任务。后勤各部门应按照学校综合改革和本方案的要求，制定本部门的改革与发展实施方案并组织落实。

附件：清华大学后勤综合改革与发展任务书和时间表

附件

清华大学后勤综合改革与发展任务书和时间表

改革任务	任务内容	完成时间	主责单位	负责人
一、后勤管理体制创新	1. 修订、完善、明确各部门职能定位	2015年	后勤各部门	吉俊民及各部门负责人
	2. 建立专项任务大后勤协调工作机制	2016年	总务办	关兆东
	3. 构建基本建设、校园规划、节能减排、园林景观设计、物业管理、食品安全等专业咨询体系	2016年	后勤各有关部门	吉俊民及有关部门负责人
二、后勤服务保障体系建设	4. 梳理后勤服务保障项目，逐步合并同类业务	2017年	后勤各部门	邱显清
	5. 坚持有所为有所不为，重点发展教育特色鲜明的服务项目，有序退出可由社会优质资源替代的服务项目	2018年	后勤各部门	邱显清
	6. 制定并完善校园市场准入制度，形成多甲方专业化管理的服务保障模式	2020年	后勤各有关部门	邱显清
	7. 根据公益服务型、有偿服务型、自主经营型等业务属性，分类修订各领域经济管理办法	2015年	后勤各部门	邱显清 刘贵 王建凤
	8. 完善学校后勤服务资源的投入制度，建立平衡后勤资源缩减和人力成本上升的补偿机制	2017年	后勤各有关部门	邱显清 刘贵 王建凤
	9. 争取学校后勤服务保障用房和职工宿舍，建立相应管理办法	2017年	总务办	邱显清
三、后勤运行机制优化	10. 规范和优化各类资源管理，提高资源使用的效率和效益	2016年	总务办	邱显清
	11. 调整和完善后勤部门绩效考核管理办法，以考核结果为基础完善绩效奖励和分配制度	2016年	总务办	邱显清
	12. 建立多层次的推动创新机制	2016年	后勤各部门	邱显清
	13. 推进源头治理，完善对资金使用、业务方向、资源管理等环节的监督管理，建立自我发展、自我约束的运行管理模式	2015年	后勤各有关部门	刘贵及各部门负责人

续表

改革任务	任务内容	完成时间	主责单位	负责人
四、后勤队伍建设	14. 修订完善后勤队伍建设规划	2016年	后勤党委	邱显清
	15. 建立分类管理的岗位管理体系，设岗定编，明确岗位职责和任职要求	2016年	后勤各部门	邱显清
	16. 完善关键岗位人员选聘机制，有计划地选留事业编制人员，加强专家型人才与高技能人才的培养和引进	长期	后勤党委及各部门	邱显清
	17. 加强后勤员工培养输送基地建设	长期	总务办	刘贵
	18. 完善岗位评价和考核标准，建立合理的收入增长和激励机制，稳定骨干队伍	2016年	后勤党委及各部门	邱显清
	19. 建立后勤队伍培训体系，制定并完善相关政策，鼓励立足岗位成长成才	2016年	后勤党委及各部门	邱显清
五、国际化校园服务体系建设	20. 开展满足国际化办学需要的服务项目	2018年	后勤各有关部门	各部门负责人
	21. 骨干队伍的国际交流和业务培训	长期	后勤各有关部门	邱显清
	22. 学习和借鉴相关领域的先进管理理念，积极参与高校后勤行业标准制定	长期	后勤各有关部门	各部门负责人
六、后勤创新管理创新和科技创新	23. 引进先进技术，注重消化吸收，在应用中发展创新	长期	后勤各部门	各部门负责人
	24. 建设后勤信息化管理平台，推进后勤"一站式服务"	2016年	总务办	关兆东

续表

改革任务	任务内容	完成时间	主责单位	负责人
六、后勤管理创新和技术创新	25. 推进校园地理信息系统建设	2018年	总务办 基建处 保卫处 绿办 修缮中心 物业中心	关兆东
七、节能减排和环境保护工作	26. 建设校园能源监测平台	2017年	总务办 绿办 基建处 修缮中心	关兆东
	27. 建立节能减排管理体系，制定校园能源消耗标准和动态调整机制	2018年	总务办 绿办 基建处 修缮中心	关兆东
	28. 加强学校统筹，强化校园规划与事业发展规划和学科建设规划的相互衔接	2016年	基建处等有关部门	吉俊民
	29. 依据校园规划完善市政基础设施中长期建设规划	2016年	基建处 修缮中心	保其长 赵满成
八、基本建设管理与校园规划	30. 建立校级校园规划管理办法，制定并实施校园建设年度计划	2015年	基建处	保其长
	31. 完成校园规划修编	2015年	基建处	保其长
	32. 完善建设项目设计管理办法，以功能设计为重点，强化项目需求分析和方案论证	2015年	基建处	保其长
	33. 建立遴选及评价机制，完善设计单位准入制度，扩大设计方案征集范围	2015年	基建处	保其长
	34. 完善建设管理模式，拓宽基本建设管理思路	2016年	基建处	保其长

续表

改革任务	任务内容	完成时间	主责单位	负责人
九、基础设施运行及保障	35. 实施"美丽校园"建设工程，综合推进校园景观、园林、环卫等工作	2020年	修缮中心	赵满成
	36. 明确基础设施运行管理责任，做好面向院系的延伸服务和专业技术咨询	2015年	修缮中心	赵满成
	37. 建立基建工程的前期论证机制，优化楼宇水暖电气供给方案，提高基础设施运行效率	2015年	基建处 修缮中心	保其长 赵满成
	38. 建立以学校管理力量为主体，以三区联动为支撑，以政府执法部门为后盾的校园管理模式	2017年	保卫处 街道办 物业中心	关兆东 韩标 高斌 向春
十、校园安全及秩序管理	39. 完善安全责任，综合防控、隐患排查、应急处置等体系建设	2015年	保卫处	韩标
	40. 进一步加强和完善校园参观管理	2015年	保卫处	韩标
	41. 逐步实施和完善校园交通管理方案	2015年	保卫处	韩标
	42. 落实防汛、"门前三包"工作责任	2015年	总务办 保卫处 修缮中心 街道办	关兆东 韩标 赵满成 高斌
	43. 完成校园安防系统升级改造	2015年	保卫处	韩标
十一、餐饮服务	44. 修订调整学生食堂"人均消费额"指标	长期	饮食中心	樊春起
	45. 创新花色品种，优化饮食结构	2017年	饮食中心	樊春起
	46. 改善就餐环境，提升服务质量	2016年	饮食中心	樊春起
	47. 加强精细化管理，引进新技术，提高集约化生产水平	2018年	饮食中心	樊春起
	48. 有效利用网络、手机等新手段，促进餐饮消费便利化		饮食中心	樊春起

续表

改革任务		任务内容	完成时间	主责单位	负责人
十二、物业管理与服务		49. 强化育人责任，深入开展学生生活素质教育，加强社区文化建设	长期	物业中心	向春
		50. 建立学生社区大物业管理模式	2017年	物业中心	向春
		51. 配合学校教育教学改革，探索新型学生宿舍管理模式	2020年	物业中心	向春
		52. 探索在留学生公寓开展育人工作	2018年	物业中心	向春
		53. 建立资产处、保卫处、物业中心、修缮中心等部门间的沟通协调机制，完善教学科研区楼宇物业管理模式	2016年	总务办	关兆东
十三、接待和会务服务		54. 构建专业化接待服务保障体系	2016年	接待中心	闻星火
		55. 完善校园公共交通、投递服务等公共服务项目	2016年	接待中心	闻星火
		56. 拓展接待服务资源，扩大服务的社会化程度，提高资源使用的效益和效率	2017年	接待中心	闻星火
		57. 完善"一条龙"会务服务模式	2016年	接待中心	闻星火
十四、商贸服务		58. 完成商贸需求调研和商业服务资源规划	2017年	正大公司	刘贵
		59. 引入社会优质资源参与校园商贸服务和经营，建立社会化、可持续、能驾驭的商贸服务体系	2017年	正大公司	赵广刚
		60. 强化管理主体责任，适时调整资源	2017年	正大公司	赵广刚
十五、医疗保健服务		61. 建立分层次预防保健管理机制；根据不同人群特点，设置不同的健康监测指标，定期检查并实施健康跟踪管理；对监测结果进行分析研究，提出合理的指导建议	2020年	校医院	郭建丽
		62. 研究服务人群的医疗需求，提出医疗发展重点，建立各学科重点发展项目	2017年	校医院	郭建丽
		63. 完善医院专家库，探索社会知名专家来院工作机制，建立与清华大学附属医院及社会医疗机构协同发展模式	2020年	校医院	郭建丽

续表

改革任务		任务内容	完成时间	主责单位	负责人
十五、医疗保健		64. 深化医院内部管理改革,提高医疗服务能力和服务水平	2016 年	校医院	郭建丽
		65. 制定医院设备更新十年规划	2016 年	校医院	郭建丽
		66. 推进医院建设项目立项	2020 年	校医院	关兆东 郭建丽
十六、社区管理和服务		67. 加强社会服务管理创新,探索大院街道社区管理新模式	2020 年	街道办	高 斌
		68. 依靠政府强化辖区内城市管理工作,完善综合执法体系,提高执法能力和成效,维护辖区的良好秩序	2020 年	街道办	高 斌
		69. 推进老旧小区准物业化管理	2020 年	街道办	高 斌
		70. 进一步梳理幼儿园队伍管理的途径与方法,增强教师指导与培养的力度,扩大骨干教师群体	2018 年	幼儿园	杨瑞清

清华大学后勤事业发展"十三五"规划

清华大学后勤事业发展"十三五"规划，围绕学校综合改革与事业发展需要，依据《清华大学事业发展"十三五"（2016—2020年）规划纲要》精神和后勤工作实际进行编制，是后勤履行校内基本建设、管理、服务、保障职责的依据。

一、发展基础、指导思想和发展目标

（一）发展基础

"十二五"期间，后勤广大干部职工坚持从实际出发，围绕建设世界一流大学总体目标，主动适应学校发展要求，努力满足师生员工需求，顺利完成"十二五"规划目标任务，为学校发展提供了有力支撑。学校基本办学条件进一步改善，基础设施运行保障能力进一步增强，育人环境建设成效显著，管理服务水平不断提高，平安校园建设持续推进，骨干队伍基本稳定，基层党建工作水平进一步提升，后勤文化和优良传统进一步弘扬，服务保障总体水平走在全国高校前列。后勤服务保障能力和综合实力的提升，为"十三五"时期实现更高水平的发展提供了有益经验，奠定了坚实基础。

今后五年，是我国全面建成小康社会取得决定性成果的五年，是深入落实首都城市战略定位、全力推动京津冀协同发展战略的关键阶段，也是我校实现世界一流大学建设"第三个九年"目标的决胜阶段。面对新形势、新任务、新要求，后勤改革发展活力需要进一步激发，服务保障体系开放程度需要进一步拓展，管理服务专业化水平需要进一步提高，支撑保障能力需要进一步提升，骨干队伍的稳定性和综合素养需要进一步增强。

（二）指导思想

高举中国特色社会主义伟大旗帜，深入贯彻落实习近平总书记系列重要讲话精神，按照"四个全面"战略布局和"五大发展理念"，以主动满足学校事业发展需要为出发点，以创新体制机制、增强动力激发活力为切入点，以提高队伍整体素质、加强支撑能力建设为突破口，以开放带改革、以改革促发展，勇于进取、树立自信、保持特色，全面提升建设、管理、服务、保障的整体水平。

推动后勤事业发展，必须坚持以学校为主体、坚持育人宗旨、坚持社会化改革方向、坚持走专业化发展道路，正确把握高校后勤与社会服务行业的共性和特性，遵循教育规律和经济规律，兼顾社会效益和经济效益，处理好改革、发展和稳定的关系。

（三）发展目标

到 2020 年，努力建设"文化底蕴深厚、校园特色鲜明、景观环境优美、生态文明和谐"的国际化校园育人环境，形成与学校世界一流大学建设相适应的"制度成熟完善、管理科学高效、服务优质规范、保障有力可靠、资源配置合理、队伍专业精干"的具有清华特色的新型后勤服务保障体系。

——**制度成熟完善、管理科学高效**。体制机制更加完善，各类基础性制度体系基本形成。各部门职责清晰、定位明确，多甲方专业化管理的服务保障模式运行顺畅，多方位多层次综合评价体系有效发挥作用。适应业务特点、有效激发活力、支撑可持续发展的经济政策和管理办法更加科学，公共服务的投入机制更加有效。自我发展、自我约束的运行管理机制更加健全。

——**服务优质规范、保障有力可靠**。服务保障结构更加合理，先进技术手段广泛应用，规范化、精细化、人性化管理服务水平普遍提高。学校和师生国际化、多元化需求基本得到满足，基础设施承载力和可靠性显著提升，服务保障工作在高校发挥引领作用。

——**资源配置合理、队伍专业精干**。资源配置向与师生关系密切、教育属性突出的项目倾斜，资源管理水平和使用效益显著提升。队伍规模、结构更加合理，职业素养和技能水平明显提高，政策吸引力增强，骨干稳定性提升，后备力量充足，成长路径清晰。

二、主要措施

（一）深化管理体制改革，加快转变发展方式

深化管理体制改革。按照科学高效、责权统一原则，明确各部门职能定位，

强化责任担当，提高工作效能。有序下移管理重心，增强部门独立承担任务的能力。加强综合协调，完善工作机制，促进部门间协同配合，提升后勤整体作战能力。

创新服务保障模式。进一步梳理后勤服务保障项目，逐步合并同类业务，重点发展教育属性突出的业务，有序退出可由社会优质资源替代的项目。依据行业准则，完善校园服务市场管理制度，细化校园服务标准，提升对社会服务保障力量的监管水平和驾驭能力，形成"学校力量主导、社会资源参与、部门专业监管、行业自律管理"的多甲方专业化管理的服务保障模式。

发挥专业咨询作用。充分发挥学校事业发展委员会、基建规划委员会等在校园建设、管理、服务、保障工作中的作用。依托我校学科优势和社会专业力量，按照部门牵头、专业共享原则建立后勤各业务领域专业咨询体系或专家库，为部门业务发展、专业管理、方案论证及技术措施等提供专业咨询。积极探索与第三方开展项目策划、合作，为服务保障提供专业支撑。

（二）推动运行机制创新，增强发展新动力

创新运行机制。根据部门发展目标和不同业务特点，建立符合行业特点和教育规律、社会效益和经济效益相统一、定性和定量相结合的部门综合评估办法。以评估结果为基础，完善绩效奖励和分配制度，增强部门发展动力。推进后勤面向师生的"一站式服务"，公开服务承诺、明确服务标准、优化服务流程，加强业务协同，促进各部门内部管理改革。完善激励政策，建立推动创新的机制，调动部门改革发展和职工争先创优的积极性和创造性。

完善经济政策。根据公益服务型、有偿服务型和自主经营型等业务属性，分类修订后勤各领域经济管理办法。完善学校对服务资源的投入政策，建立后勤资源缩减和人力成本上升的平衡机制。建设后勤服务保障基地，提高应急反应和服务保障能力。优化资源配置、规范资源管理，提高资源使用效率效益。健全监督管理体系，坚持会计委派制，推进源头治理，加强对资金使用、业务方向、资源管理、招标采购等环节的监管，提高防腐倡廉和抵御风险的能力。

（三）加强队伍建设，推进职工队伍改革

制定队伍建设规划。依据后勤事业规划和部门职能定位，制定后勤队伍建设规划。进一步明确优化结构、控制规模、提高素质、增强吸引力和提高竞

争力的队伍建设途径和办法。按照新时期好干部的"五条标准",结合后勤特点,努力建设一支奉献、务实、担当、清廉的干部队伍。按照高素质、专业化、职业化标准,努力培养顾大局、善管理、懂专业的管理人才和精通业务、勇于创新、能打硬仗的技能人才。

推进职工队伍改革。积极参加职工队伍改革试点,推进后勤岗位分类、职工聘用、考核评价、薪酬激励等制度改革。建立岗位分类管理制度,根据各部门职能科学设岗定编,明确岗位职责和任职要求。完善聘用制度,着力培养及引进技能型业务骨干。加强员工培养输送基地建设,拓宽用人渠道。根据行业特点,完善岗位评价和考核标准,建立合理的收入增长和激励机制,促进人员有序流动,稳定骨干队伍。

营造职业发展环境。积极参与学校"国际化能力提升培训"等项目,实施"管理人才素质提升计划""技能人才知识更新计划",提升职工专业化和职业化水平,弘扬新时代工匠精神,营造崇尚专业、精益求精的氛围。完善职业发展机制,加强业务技能培训,鼓励职工主动学习,不断提高业务技能和综合素质,保持行业竞争力。

(四)加强协同治理,构建校园管理新模式

创新校园管理模式。研究城市治理和社会管理改革新进展,充分发挥我校大院式街道的独特优势和地区综合执法力量的独特作用,探索学校和政府对校园协同治理新途径,实现学校管理与政府管理的有机结合。建立以学校管理力量为主体、以"三区联动"为支撑、以行业监管和政府执法力量为后盾的校园管理模式。

加强区域综合管理。深化学生社区区域综合管理,推进居民老旧小区准物业管理,按照党政同责、一岗双责、齐抓共管原则完善校系两级安全管理体系,强化对物业管理力量的监管。结合平安校园建设提升工程,建立健全安全生产责任制,推动安全保卫管理改革,提升校园管理的专业化水平。

(五)规划引领协调发展,提升服务保障能力

发挥规划在校园建设中的引领作用。加强学校统筹,强化校园规划与学校事业发展规划、学科建设规划相互衔接,全面提升校园建筑、基础设施、环境景观的规划和建设水平。按照优先改善人才培养环境、加强学科建设促进学

科交叉、支持综合改革提升服务保障能力的原则，制定并实施"十三五"基本建设规划。根据学校发展战略和本期校园规划，修订完善并实施校园基础设施和环境景观等专项规划。

改善基本办学条件。 深化基本建设管理改革，推动年度基本建设任务有效落实。科学制订"十三五"校内建筑修缮计划，保护文物建筑，更新设施设备，提升使用效能，努力改善基本办学条件。

提高基础设施保障能力。 坚持建管并重，实施"基础设施保障能力提升计划"，着力增强市政基础设施源头供给能力，优化输送模式、提升主干网承载能力，全面提高基础设施运行效率和可靠性。

加强育人环境建设。 坚持绿色发展，制定并实施绿色大学建设规划。突出校园特色，建设生态园林精品景观，提升园林景观品质。完善能源使用管理体系，推动节能减碳，全面提升校园育人环境建设与维护水平。

推动先进理念和技术应用。 主动学习借鉴先进管理理念，拓展国际视野。大力引进先进技术，注重消化吸收，在应用中创新发展。积极推进智慧校园建设，强化信息技术与管理深度融合，建立后勤信息综合服务平台，推动各部门信息系统互联互通。建设能源综合管理平台，提升能源使用管理信息化、智能化水平。

（六）加强基层党建工作，构建和谐后勤

加强基层党建工作。 贯彻落实全面从严治党要求，推进学习型、服务型、创新型基层党组织建设，不断提高基层党组织的创造力、凝聚力、战斗力。结合后勤工作实际着力加强党组织的思想建设、组织建设、作风建设、反腐倡廉建设和制度建设，充分发挥党组织的战斗堡垒作用和党员的先锋模范作用，团结带领广大干部职工在工作中争先创优、贡献力量，确保后勤改革发展顺利进行。

构建和谐后勤。 完善沟通体系建设，充分依托工会、学生组织和社团协会搭建沟通平台，通过网站、微信等积极拓展沟通渠道。建立涉及师生切身利益重要事项的事前、事中、事后评估办法。营造师生员工主动参与学校建设、服务管理的氛围。加强文化建设，发挥先进典型示范引领作用，弘扬清华精神，传承"爱岗敬业、无私奉献、求真务实、团结协作、追求卓越"的后勤文化。做好离退休工作，充分发挥工会、共青团的作用，构建和谐后勤。

三、重点任务

（一）提升校园规划建设管理水平

完成校园规划编制工作，根据本期校园规划，完善基础设施、园林景观等专项规划。根据学校事业发展和学科建设规划，开展校园停车设施、地下综合管廊、文保区控高及规划区域拓展等专题研究，启动2021—2030年校园总体规划修编。积极参与学校土地资源拓展和功能布局规划。

完善建设项目设计管理办法，以功能设计为重点，强化项目需求分析和方案论证。建立遴选及评价机制，扩大设计方案征集范围。以质量和造价控制为重点，不断提高基本建设管理水平，拓宽基建管理思路。建立基本建设专家资源库和专业咨询体系。

落实"十三五"基本建设任务，完成南区学生宿舍二期、法律图书馆、生物医学馆等4个在建工程，总建筑面积约15万平方米。完成出土文献研究保护中心、综合实验楼、北体育馆等6个新建项目，总建筑面积约32万平方米。推进智库中心、蒙民伟综合楼、东区食堂等9个项目的前期研究及报批。

（二）实施基础设施保障能力提升计划

依据基础设施专项规划分项实施基础设施保障能力提升计划。

制订并实施校园道路提升项目。完成至善路西段、观畴园周边、3号楼至北门等道路改造，新建生物医学馆北侧路和青年公寓西侧路，连通校园西北区交通主干路。完成校园人行便道翻修、学生宿舍周边地下管网改造和道路铺装。优化校园路网，完善交通设施、导视系统等。

制订并实施供水能力提升项目。实施供水系统"西水东调"工程建设，完成给排水管网改造及老旧设备设施更新，推进雨水系统建设，加快中水主干线和中水引入内河等工程。到2020年，供水可靠性、水资源分配均衡性得到明显提高，校园年供水能力保持650万吨，绿化中水使用率90%。

制订并实施供暖能力提升项目。新增供热锅炉80万吨位，完成供暖主干网搭建和换热站改造，校园供暖系统稳定，热力分配合理，应急调节能力增强，供暖能力达到360万平方米。

制订并实施供电能力提升项目。完成110kV变电站增容改造工程，满足学校未来8～10年用电需求。完善放射状供电模式，新建、改造10个开闭站，更新15个配电室。完成供电设施更新和电增容改造等工程，进一步解决供电外网线路陈旧、电容量不足问题，提升校园供电的安全性和可靠性。

（三）加大育人环境建设力度

依据园林景观专项规划完成园林景观年度建设任务。提升校园自然环境和人文景观品质，推动校园环境与校园文化的默契融合。完成精品景观、绿地建设改造和校河沿线景观路建设改造。实现校园绿地分区分级养护管理，装设绿地喷灌系统，推动节水灌溉。绿化覆盖率稳定保持在55%左右，校园"三季有花、四季常绿"。改善环保、环卫设施，提升校园环境建设和维护水平。

完成能源综合管理平台建设，制订学校能源使用管理办法，完善能源使用管理体系。引进和使用先进节能技术，推进节能改造工程建设。倡导绿色环保理念，营造崇尚节约、低碳节能的育人环境。到2020年，校园建筑单位面积年平均综合能耗较2015年降低10%。

（四）加强平安校园建设

结合学校实际，创造性落实北京市平安校园建设提升工程要求，完善安全责任、综合防控、隐患排查、应急处置等体系建设，全面提升消防、交通、治安等安全基础设施条件，提高校园安全管理和综合治理水平。配备必要设备设施，提升反恐防暴能力。积极探索校园参观管理新方式，改善校园参观秩序。通过加强规划设计、新技术应用、师生参与等措施，改进校园交通管理。

加强重点部位、重点单位和重点领域安全监管，提升校园安全管理信息化水平。健全应急管理体系，建立安全管理预警机制，完善突发事件应急预案，加强应急演练，充分发挥应急指挥中心的作用，提升现场指挥和应急处置水平。

（五）持续提高饮食服务品质

坚持公益性办伙方向，充分发挥市场机制的作用，构建以基本伙保障为核心、伙食结构多样化、提供方式多元化、服务保障人性化、流程管理精细化的服务保障格局。参与高校伙食行业有关标准制定。通过ISO 22000食品安全管理体系认证。增加5个绿色原材料采购基地。提高集约化生产加工水平。

合理布局、努力改善教职工就餐条件，完成南园食堂改扩建，筹建东区教工食堂，有计划地改造现有食堂基础设施和就餐环境。建设食品安全追溯体系，完成膳食营养平台和餐饮数据系统建设，提高信息化管理水平。

（六）加强学生社区与公共教室楼服务管理

以学校事业发展规划为依据，制定并实施学生住宿规划。以学生社区物业服务管理为重点，深入开展学生生活素质教育，创新社区文化建设，积极参与育人过程。配合学校教育教学改革和国际办学需要，探索学生住宿管理新模式。拓展教室功能，丰富教室文化，提高服务保障水平。

积极推进学生社区区域综合管理实践，着力提升区域安全、秩序、环境管理水平和应急处置能力。有计划实施学生社区和公共教室区楼宇维修、秩序整治、环境改造等建设工程，不断改善学生学习生活条件。到2020年末，物业服务与管理整体水平达到高校同行业前列，师生综合满意度持续提升。

（七）提高接待服务保障能力和服务品质

做好学校重要接待和会议服务保障，改进校园公共交通、投递服务系统等公共服务。升级面向院系学术会议和学术交流会务"一条龙"服务。扩大接待服务的社会化程度，拓展服务资源，转型与淘汰非核心业务，提高资源使用效益和效率。突出校园特色，核心业务的服务标准达到同行业四星等级。

（八）提高商贸服务资源管理水平

坚持专业化发展，梳理调整商贸服务资源，引入社会优质资源参与商贸经营服务，建立社会化、可持续、能驾驭、教育特色鲜明的商贸服务体系。强化管理主体责任，加强商贸服务资源管理和经营业务监管，不断提升商贸资源管理专业化水平。制订校园商贸服务布局规划。完善商品销售追溯系统。

（九）提高医疗保健水平和服务能力

以促进师生员工和社区居民健康为中心，开展疾病防控、健康体检、预防保健、健康教育等工作。针对校园不同人群特点进行健康监测，开展分层次预防保健和健康管理服务。以师生员工的基本医疗服务需求为重点，确定重点学科、重点发展项目，满足师生员工85%以上的门急诊服务需求。与附属医院和社会优质医疗机构加强合作，共同为师生员工提供多层次医疗服务。结合学校实际，研究并落实医疗体制改革要求，深化内部管理改革。制订并实施医疗设备更新计划，推动医院建设项目立项。积极参与学校医学学科的建设，为医学学科的发展贡献力量。

（十）提升街道社区服务管理能力

强化街道属地管理职能，完善校园综合治理长效机制。加强社会管理创新，实现政府管理与学校管理的有机结合，创建大院街道社区管理服务新模式。不断完善校园综合执法体系，加强预防与监督，提高执法效能，为学校管理做好后盾。争取各类资源加强社区环境整治，积极配合学校做好平房区治理拆迁工作。

增强政府公共服务能力，提高家属区服务管理质量。加快智慧社区建设，规范政务服务，提高辖区公共服务水平。加强社区服务中心能力建设，推动家属区服务重心下移，建立完善社区居民自管会制度，推动老旧小区的准物业管理。创新家属区服务模式，完善家属区服务体系。提高社区养老服务水平。

立足服务学校发展，提升幼教服务保障能力。坚持北京市一级一类示范园标准，打造清华幼教品牌。进一步深化幼儿教育研究与实践，加强师资队伍建设，不断提升保教质量。积极筹办双清苑配套幼儿园。

四、规划实施保障

（一）规划协调

后勤各部门依据《清华大学事业发展"十三五"规划纲要》及本规划，结合工作实际，制订本部门"十三五"规划实施计划，加强与本规划确定的主要目标和重点任务相互协调，注意规划与年度计划的衔接，确保规划各项任务落到实处。根据事业发展规划，加快编制和完善队伍建设规划。

（二）组织保障

后勤负责本规划的组织与实施，制定发展任务分工落实方案，对任务推进情况进行跟踪和评估。根据本规划提出的目标任务，加强与学校相关部门的沟通协调，共同制定、完善和落实有关政策，为后勤事业发展、顺利实现发展目标提供政策保障。

附件：清华大学后勤事业发展"十三五"规划任务书和时间表

附件

清华大学后勤事业发展"十三五"规划任务书和时间表

分类	编号	任务描述	完成时间	主责单位	负责人
一、后勤体制管理职能创新	1	明确各部门职能定位，强化责任担当，提高工作效能	2015年	后勤各部门	吉俊民及各部门负责人
	2	加强综合协调，完善工作机制，促进部门间协同配合，提升后勤整体作战能力	2016年	总务办	关兆东
	3	依托我校学科优势和社会专业力量，按照部门牵头、专业共享原则建立后勤各业务领域专业咨询体系或专家库，为部门业务发展、专业管理、方案论证及技术措施保障提供专业咨询	2016年	后勤各有关部门	吉俊民及有关部门负责人
二、后勤服务保障体系建设	4	进一步梳理后勤服务保障项目，逐步合并同类业务	2017年	后勤各部门	邱显清
	5	重点发展教育后勤突出的业务，有序退出可由社会优质资源替代的项目	2017年	后勤各部门	邱显清
	6	完善校园服务市场管理制度，细化校园服务标准，提升对社会服务保障力量的监管水平驾驭能力，形成多甲专业化管理的服务保障模式	2020年	后勤各有关部门	邱显清
三、后勤运行机制优化	7	建立符合行业特点和教育规律，社会效益和经济效益相统一，定性和定量相结合的部门综合评估办法。以评估结果为基础，完善绩效奖励和分配制度，增强部门发展动力	2016年	总务办	邱显清
	8	完善激励扶助政策，建立推动创新发展和职工争先创优的积极性和创造性	2016年	后勤各部门	邱显清

续表

分类	编号	任务描述	完成时间	主责单位	负责人
三、后勤运行机制优化	9	根据公益服务型、有偿服务型和自主经营型等业务属性，分类修订后勤各领域经济管理办法	2015年	后勤各有关部门	邱显清 刘贵 熊静
	10	完善学校对服务资源的投入政策，建立后勤资源缩减和人力成本上升的平衡机制	2017年	后勤各有关部门	邱显清 刘贵 熊静
	11	建设后勤服务保障基地，提高应急反应和服务保障能力	2017年	总务办	邱显清
	12	优化资源配置、规范资源管理，提高资源使用效率效益	2016年	总务办	邱显清
	13	健全监督管理体系，坚持会计委派制，推进源头治理，加强对资金使用、业务方向、招标采购等环节的监管，提高防腐倡廉和抵御风险的能力	2015年	后勤各有关部门	刘贵及各部门负责人
	14	依据后勤事业规划和部门职能定位，制定后勤队伍建设规划	2015年	后勤党委	邱显清
	15	建立岗位分类管理制度，根据各部门职能科学设岗定编，明确岗位职责和任职要求	2015年	后勤各部门	邱显清
四、后勤队伍建设	16	完善聘用制度，着力培养及引进技能型业务骨干	长期	后勤党委及各部门	邱显清
	17	加强员工培养输送基地建设，拓宽用人渠道	长期	总务办	刘贵
	18	完善岗位评价和考核标准，建立合理的收入增长和激励机制，促进人员有序流动、稳定骨干队伍	2016年	后勤党委及各部门	邱显清
	19	实施"管理人才素质提升计划"、"技能人才知识更新计划"，提升职工专业化和职业化水平，弘扬新时代工匠精神，营造崇尚专业、精益求精的氛围。完善职业发展机制，加强业务技能培训，鼓励职工主动学习，不断提高业务技能和综合素质，保持行业竞争力	2016年	后勤党委及各部门	邱显清

续表

分类	编号	任务描述	完成时间	主责单位	负责人
五、基层党建，和谐后勤	20	贯彻落实全面从严治党要求，推进学习型、服务型、创新型基层党组织建设，不断提高基层党组织的创造力、凝聚力、战斗力	长期	后勤党委 医院党委 街道党工委 等	邱显清 关兆东 高斌 等
	21	结合后勤工作实际着力加强党组织的思想建设、组织建设、作风建设、反腐倡廉建设和制度建设	长期	后勤党委 医院党委 街道党工委 等	邱显清 关兆东 高斌 等
	22	健全师生参与后勤工作的长效机制	长期	总务办	关兆东
六、后勤管理创新和科技创新	23	建立后勤信息综合服务平台，推进后勤面向师生的"一站式服务"，公开服务承诺，明确服务标准，优化服务流程，加强业务协同，促进各部门内部管理改革	2015年	总务办	关兆东
	24	制定并实施绿色大学建设规划	2017年	总务办 绿办	关兆东 霍慧彬
七、节能减排和环境保护工作	25	建设能源综合管理平台，提升能源使用信息化、智能化水平	2016年	总务办 绿办 基建处 修缮中心	关兆东
	26	制订学校能源使用管理办法，完善能源使用管理体系	2018年	总务办 绿办 基建处 修缮中心	关兆东

续表

分类	编号	任务描述	完成时间	主责单位	负责人
八、基本建设管理与校园规划	27	加强学校统筹，强化校园规划与学校事业发展规划、学科建设规划相互衔接	2016年	基建处等有关部门	吉俊民
	28	制定并实施"十三五"基本建设规划	2016年	基建处	保其长
	29	完成校园规划编制工作	2020年	基建处	保其长
	30	完善基础设施专项规划	2016年	基建处 修缮中心	保其长 赵满成
	31	完善园林景观专项规划，推进园林景观提升计划	2017年	修缮中心	赵满成
	32	开展校园停车设施、地下综合管廊、文保区管控专项研究	2018年	基建处	保其长
	33	启动2021—2030年校园总体规划修编	2015年	基建处	保其长
	34	完善建设项目设计管理办法，以功能设计为重点，强化项目需求分析和方案论证	2015年	基建处	保其长
	35	建立遴选及评价机制，扩大设计方案征集范围	2015年	基建处	保其长
	36	以质量和造价控制为重点，不断提高基本建设管理水平，拓宽基建管理思路	2016年	基建处 修缮中心	保其长 赵满成
九、基础设施运行及保障	37	科学制订并实施"十三五"校内建筑修缮计划	2016年	修缮中心	赵满成
	38	制订并实施校园道路提升项目	2016年	修缮中心	赵满成
	39	制订并实施供水能力提升项目	2016年	修缮中心	赵满成
	40	制订并实施供暖能力提升项目	2016年	修缮中心	赵满成
	41	制订并实施供电能力提升项目	2016年	修缮中心	赵满成

续表

分类	编号	任务描述	完成时间	主责单位	负责人
十、校园安全及秩序管理	42	建立以学校管理力量为主体，以"三区联动"为支撑，以行业监管和政府执法力量为后盾的校园管理模式	2017年	保卫处 街道办物业中心	关兆东 李志华 高斌 向春
	43	完善安全责任、综合防控、隐患排查、应急处置等体系建设	2015年	保卫处	李志华
	44	全面提升消防、交通、治安等安全基础设施条件	2019年	保卫处	李志华
	45	配备必要设备设施，提升反恐防暴能力	2017年	保卫处	李志华
	46	进一步加强校园参观管理	2015年	保卫处	李志华
	47	改进校园交通管理	2015年	保卫处	李志华
	48	加强重点部位、重点单位和重点领域安全监管，提升校园安全管理信息化水平	2019年	保卫处	李志华
十一、餐饮服务	49	参与高校伙食行业有关标准制定	长期	饮食中心	樊春起
	50	通过ISO 22000食品安全管理体系认证	2018年	饮食中心	樊春起
	51	增加5个绿色原材料采购基地	2020年	饮食中心	樊春起
	52	提高集约化生产加工水平	2016年	饮食中心	樊春起
	53	合理布局，努力改善教职工就餐条件，完成南园食堂改扩建、东区教工食堂，有计划地改造现有食堂基础设施和就餐环境	2017年	饮食中心	樊春起
	54	建设食品安全管理平台和餐饮数据系统建设	2018	饮食中心	樊春起
	55	完成膳食营养平台和餐饮数据系统建设	2018	饮食中心	樊春起
十二、物业管理与服务	56	制订并实施学生住宿规划	2017年	物业中心	向春
	57	以学生社区物业服务管理为重点，深入开展学生生活素质教育，新社区文化建设，积极参与育人过程	长期	物业中心	向春
	58	配合学校教育教学改革和国际办学需要，探索学生住宿管理新模式	2020年	物业中心	向春

续表

分类	编号	任务描述	完成时间	主责单位	负责人
十二、物业管理与服务	59	积极推进学生社区区域综合管理实践，着力提升社区安全、秩序、环境管理水平和应急处置能力。有计划实施学生社区和公共教室楼宇维修、秩序整治、环境改造等能力建设工程，不断改善学生学习生活条件	2017年	物业中心	向春
十三、接待和会务服务	60	做好学校重要接待和学术交流会议服务保障，改进校园公共交通、投递服务系统公共服务	2016年	接待中心	闻星火
	61	升级面向院系学术会议的社会化程度，拓展服务资源，突出校园特色"一条龙"服务	2017年	接待中心	闻星火
	62	扩大接待服务的社会化程度，拓展服务资源，转型与淘汰非核心业务，提高资源使用效益和效率。核心业务的服务标准达到同行业四星等级	2017年	接待中心	闻星火
十四、商贸服务	63	坚持专业化发展，梳理调整商贸服务资源，引入社会优质资源参与商贸经营服务，建立社会化、可持续、能写取、教育特色鲜明的商贸服务体系	2017年	正大公司	赵广刚
	64	强化管理主体责任，加强商贸服务资源管理和经营业务监管，不断提升商贸服务资源管理专业化水平	2017年	正大公司	赵广刚
	65	制订校园商贸服务布局规划	2016年	正大公司	刘贵 赵广刚
	66	完善商品销售追溯系统	2017年	正大公司	赵广刚
十五、医疗保健	67	针对校园不同人群特点进行健康监测，开展分层次预防保健和健康管理服务	2020年	校医院	郭建丽
	68	以师生员工的基本医疗服务需求为重点，确定重点学科、重点发展项目，满足师生员工85%以上的门急诊服务需求	2017年	校医院	郭建丽
	69	与附属医院和社会优质医疗机构加强合作，共同为师生员工提供多层次医疗服务	2020年	校医院	郭建丽
	70	结合学校实际，研究并落实医疗体制改革要求，深化内部管理改革	2016年	校医院	郭建丽

续表

分类	编号	任务描述	完成时间	主责单位	负责人
十五、医疗卫健保	71	制订并实施医疗设备更新计划	2016年	校医院	郭建丽
	72	推动医院建设项目立项	2020年	校医院	关兆东
十六、社区管理和服务	73	加强社会管理创新，实现政府管理与学校管理的有机结合，创建大学街道社区管理服务新模式	2020年	街道办	高斌
	74	不断完善校园综合执法体系，加强预防与监督，学校管理做好后盾	2020年	街道办	高斌
	75	争取各类资源加强社区环境整治，积极配合学校做好平房区治理拆迁工作	2018年	街道办	高斌
	76	加快智慧社区建设，规范政务服务，提高辖区公共服务水平	2018年	街道办	高斌
	77	加强社区服务中心能力建设，推动家属区服务重心下移，建立完善社区居民自管会制度，推动老旧小区的准物业管理	2020年	街道办	高斌
	78	进一步深化幼儿教育研究与实践，加强师资队伍建设，不断提升保教质量	2018年	幼儿园	杨瑞清
	79	积极筹办双清苑配套幼儿园	2018年	街道办	高斌 杨瑞清

清华大学后勤改革与发展"十四五"规划

（2021年10月5日经学校核心会审议通过）

一、发展基础和形势分析

（一）发展基础

随着综合改革和"双一流"建设不断推动，学校整体实力持续提升。后勤作为世界一流大学建设重要组成部分，主动对接学校综合改革思路，坚持以学校为主体、坚持育人宗旨、坚持社会化改革方向、坚持走专业化发展道路，全面完成17大类96项后勤综合改革和事业发展"十三五"规划任务。后勤通过综合改革与发展，"文化底蕴深厚、校园特色鲜明、景观环境优美、生态文明和谐"的国际化校园育人环境持续提升，与一流大学建设相适应的"制度成熟完善、管理科学高效、服务优质规范、保障有力可靠、资源配置合理、队伍专业精干"的具有清华特色新型后勤服务保障体系基本形成，后勤服务保障水平走在全国高校前列，为学校发展提供了坚强支撑和有力保障，也为后勤"十四五"持续推进改革发展奠定了良好基础。

（二）面临形势与挑战

"十四五"时期是我国开启全面建设社会主义现代化国家新征程、向第二个百年奋斗目标进军的第一个五年，国家进入新发展阶段。北京市明确首都城市战略定位，大力实施以疏解非首都功能为重点的京津冀协同发展战略。十九大报告提出"加快一流大学和一流学科建设，实现高等教育内涵式发展"。我校在完成"三个九年、分三步走"战略后，开启了迈向世界一流大学前列的新征程。面对国内外形势变化和突发公共卫生事件的影响，面对内涵式高质量发展要求以及社会服务行业快速发展，面对师生对美好校园生活的新期待，我校后勤改革发展的活力还需进一步激发，新发展理念的贯彻落实还需持续深入，校园服务保障智慧化水平还需不断提高，后勤文化传统还需持续继承和发展。"十四五"期间，学校后勤将立足新发展阶段，深入贯彻新发展理念，遵循教育规律和经济规律，兼顾社会效益和经济效益，不断完善清华特色新型后勤服务保障体系，提升后勤服务保障能力，持续做好服务育人、管理育人、环境育人、劳动育人，引领中国高等教育后勤行业蓬勃发展。

二、指导思想、基本原则和发展目标

（一）指导思想

以习近平新时代中国特色社会主义思想为指导，加强政治建设，坚持把立德树人作为根本任务、把支撑学校一流大学建设作为首要责任、把满足师生员工对美好校园生活新期盼作为重要使命、把深化改革作为强大动力、把加强党的建设作为坚强保证，面向世界、勇于进取、树立自信、保持特色，乘势而上、奋发作为，推动后勤更深层次改革、更大程度开放、更高质量发展，持续健全服务保障体系，提高服务保障能力，提升服务保障品位，努力打造活力后勤、品质后勤、智慧后勤、文化后勤，全面建设美丽校园、平安校园、健康校园、幸福校园。

（二）基本原则

引领发展——坚持党对后勤工作的全面领导，强化党组织政治功能，履行政治责任，保证改革发展正确方向。强化"旗帜""标杆"意识，统筹发展和安全，坚持协同配合，理顺发展关系，提升发展效能。坚持立德树人，深入落实"三全育人"工作要求，提升后勤主动育人的意识和能力，为学校世界一流大学建设保驾护航，为高校后勤事业发展和后勤育人提供经验和示范。

创新发展——坚持创新驱动，依托学校学科优势，关注行业发展，积极引进新技术、新业态、新工艺。坚持深化改革，提高改革的系统性、整体性、协同性，推动服务保障理念创新、实践创新、制度创新。

内涵发展——转变发展方式，坚持内涵式高质量发展，走专业化发展道路，注重内在品质和潜力挖掘，提高精细化管理水平和效率，提升服务质量和体验。坚持绿色发展，在推动后勤事业发展中充分贯彻落实"碳达峰""碳中和"远景目标。

开放发展——坚持开放共享，以开放促改革、促发展、促创新，探索构建"大学与社区新型伙伴关系"，努力实现共建共治共享。坚持高标准引入社会优质资源，强化资源统筹和调配，促进国际化办学能力提升。完善师生参与校园建设、管理、服务保障机制，加强后勤与校内各单位之间的协同，促进后勤开放发展。

持续发展——坚持使命驱动，传承发扬后勤优秀文化，激发后勤队伍凝聚力、战斗力，永不自满、永不懈怠。持续开拓思路，把握高校后勤与社会服务行业的共性和特性，在支撑保障学校发展的过程中，实现后勤可持续发展。

（三）发展目标

到 2025 年，服务保障体系更加健全，服务保障能力持续提高，服务保障品位显著提升，后勤育人成效明显增强，活力后勤、品质后勤、智慧后勤、文化后勤初步形成。

活力后勤——改革发展活力得到释放，社会优质资源高效运用，职工创造力充分激发，运行机制和评价体系科学有效，服务保障能力持续增强，自我发展、自我约束机制运转良好，师生共建共治共享局面基本形成。

品质后勤——新发展理念深入贯彻，内涵式高质量发展方式有效落实，质量管理体系较为完备，专业化、精细化服务保障水平普遍提高，基础设施承载力和可靠性显著增强，学校开放合作发展需求得到满足。

智慧后勤——数字校园建设与学校信息化建设有效衔接。先进技术手段广泛应用，数据深度融合、业务不断优化，校园服务保障智慧化水平持续提高，师生工作学习生活便捷化程度不断提升。

文化后勤——坚持教育属性和公益属性，文化积淀愈发深厚、文化氛围更加浓郁、文化品位显著提升。学校"爱国奉献，追求卓越"的传统和"人文日新"的精神充分弘扬，"爱岗敬业、无私奉献、求真务实、团结协作、追求卓越"的清华后勤文化得到继承和发展。树立先进典型，鼓励创先争优，坚守"清华园守望者"初心，后勤职工队伍的认同感、归属感、获得感不断增强。

三、主要措施

（一）持续推进后勤改革发展

不断优化后勤管理体制和运行机制，持续推进内部管理改革，提高后勤运行效率，增强工作效能，提升整体作战能力。优化后勤各领域经济管理办法，持续建立后勤资源缩减和人力成本上升的平衡机制，有效激发后勤各单位自我发展动力。优化决策程序、丰富决策支撑，有效衔接项目建设标准、任务设计、方案比选、投资控制，确保决策水平持续适应事业发展。完善实施机制，加强统筹协调，优化资源配置，做好相关规划、行动计划、重点任务的对接和实施。健全规划任务的执行、评价、调整等环节管理机制，明确各项任务的时间表、路线图、责任人，压实工作责任。

（二）健全服务保障体系

深化"学校力量主导、社会资源参与、部门专业监管、行业自律管理"的多甲方专业化管理服务保障模式，持续完善校园市场准入、评价、退出机制，努力提高对社会优质资源的引导水平和驾驭能力，增强学校服务保障力量。深度融入学校"三全育人""五育并举"等工作，把握服务育人、管理育人、环境育人、劳动育人工作着力点，增强后勤职工主动参与育人工作的意识和能力，完善后勤育人体系，挖掘整合后勤育人资源，形成育人合力。加强内控体系建设，提升风险防控能力。完善应急管理体系，做好突发事件应急预案，提升风险研判和快速响应能力。

（三）增强服务保障能力

着力改善办学条件，提升服务保障学校改革发展、教学科研和师生员工生活的能力。不断提高宿舍、教室、食堂等场所的环境品质和管理水平。优化基础设施保障，提升设施运行稳定性和资源使用效率。引进先进技术，创新服务方式，加强内部业务协同，提高运行效率，提升校园建设、管理、服务保障的专业化和规范化水平。

（四）提升服务保障品位

深入贯彻新发展理念，着力打造"清华后勤"品牌，努力提升后勤服务保障品位，将价值塑造和文化沁润厚植于后勤建设管理服务保障工作中，提升校园景观和公共空间的文化内涵，提升后勤服务保障的精细化和人性化水准。完善后勤质量管理体系，提升标准化程度，实现项目决策、执行、评价全周期监督，确保工作流程更规范、关键环节可管控、运行状态可监测。

（五）加强职工队伍建设

加强思想政治工作，推动后勤干部职工自觉用党的创新理论武装头脑、指导实践、推动工作。深化后勤职工队伍改革，完善岗位体系、激励体系、评价体系、发展体系建设，激发队伍活力和创造力。加强职工队伍专业化、职业化能力建设，提升服务保障队伍执行力。坚持党员发展和骨干职工培养相结合工作思路，把党员锤炼成骨干，把骨干培养成党员。推进职工培训，持续优化"古月学堂"培训体系。持续加强后勤职工培养输送基地建设，拓宽骨干人才引进渠道，为后勤事业改革发展做好人力资源保障。

四、重点任务

（一）建设美丽校园

完善校园总体规划实施推进机制。落实"人文、绿色、开放、智慧"校园规划理念，依托校园空间开发管控、校园空间环境特色管控、校园景观风貌管控、校园无障碍规划设计四类导则，推动校园总体规划和各专项规划分步实施，优化校园总体规划统筹决策、部门联动、公众参与、日常监管和评估调整机制，建立全要素管控校园空间治理框架。聚焦重点任务，完善各类行动计划推进机制，抓好规划落实。

推动校园基本建设品质提升。推进理念创新，优化管控标准，完善协同会商机制，夯实规划实施基础，实现环境、建筑、空间品质的全面升级。高质量落实基本建设规划任务，启动和推进新化学馆、学生活动中心、科学博物馆、新校医院等项目规划建设工作。有序推进图书馆老馆、旧电机馆、老机械馆等老旧建筑修缮改造。完善无障碍设施，逐步建设无障碍校园。

实施校园景观提升计划。按照校园景观规划，实施东南门周边、主楼前区、二校门周边等重点区域景观改造项目。加强校园水系水环境质量管理，实施万泉河（清华段）、荷塘、水木清华生态治理工程。提高学校绿地率，保护生态环境，加强植物种植管控引导，推进近春路、新民路等六条林荫道改造提升项目。积极把握市区规划建设契机，合理优化校园与城市界面，展示校园空间环境特色。

实施基础设施保障能力提升计划。提升基础设施保障能力，逐步推进供电、供水、供暖等市政项目改造。到"十四五"末，供水能力稳定在600万吨，管网结构更加合理；提高供电系统可靠性，供电能力保持在12万千瓦，增容改造10kV变配电系统，确保教学科研用电需求，持续推进老旧住宅电力增容改造；供暖能力达到360万平方米，改造老旧供暖设施设备，提升供暖输配送稳定性，推进锅炉节碳低氮技术改造。加强校内交通与城市交通对接，做好校内市政设施与城市市政设施衔接，提升基础设施一体化运行水平，做好末端服务。

推进绿色校园建设。落实绿色发展理念，建设绿色校园，宣传绿色文化，引导师生养成绿色生活方式。优化学校能源结构，推进节能改造。完善学校能源管理体系，探索以能耗指标为导向的用能管理制度，采用物联网、大数据等新技术提升能源管理精细化水平。推进节水校园建设，加强污水再生和雨水利用。推进校园生活垃圾分类，实现生活垃圾减量化、资源化、无害化。

（二）建设平安校园

完善安全稳定工作体系。落实学校党委《关于加强安全稳定工作的若干意见》要求，实施"校园公共安全行动计划"和"校园安全文化建设行动方案"，推动建设具有清华特色的安全稳定工作模式。深化政府和学校协同治理改革，完善教学办公区、学生区、家属区区域化综合治理"三区联动"机制，推动形成学校"大安全"工作格局。进一步明晰安全工作责任体系，落实安全管理主体责任、归口管理责任。推进安全管理服务设备设施升级，提升安全管理工作立体化、专业化、智能化水平。

加强综合安全管理。完善校园安全管理体系，不断提升消防、交通、秩序标准化管理水平。完善业务部门规章制度中的安全管理要求，深入开展常规检查、专项检查、消防安全评估，建立安全隐患排查台账，抓好安全隐患整改落实。制订校园市政基础设施安全管理工作方案，完善供水、供电、供热系统安全管理制度和安全操作规程。加强食品安全管理体系建设，落实食品安全责任制。完善学生公寓、公共教室楼等人员密集场所的安全管理体系，明确安全管理责任。

提升应急管理能力。加强校园应急管理体系和能力建设，完善学校应对各类突发事件总体应急预案和专项应急预案，开展应急预案培训演练。加强校园安全与应急指挥中心建设，优化部门应急联动机制。做好人员、空间、物资的规划与储备，增强资源统筹调度能力。

加强安全文化建设。树立安全发展理念，弘扬生命至上、安全第一的思想，营造校园安全文化良好氛围，增强师生安全意识。健全安全宣讲培训体系，面向师生开展安全培训、实操演练和警示提醒，扩大培训演练覆盖面，提高师生安全防范能力。提高校园安全文化建设国际化水平，助力学校国际化办学能力提升。加强校园安全管理创新研究，推动安全文化融入课堂教育，建设师生安全素养评测系统。

（三）建设健康校园

推动实施"健康清华2030"行动计划。推动"健康清华2030"行动计划各项任务落地，打造健康医疗、健康生活和健康教育平台，完善疾病筛查、运动健身、膳食营养、心理健康等方面的健康促进机制。拓展健康教育渠道，普及健康知识，倡导健康生活方式，促进师生员工身心健康。建设以校园为基础、以师生员工为主体的新型健康促进服务体系。

建设新型社区医疗服务体系。以新校医院建设为契机，加强医院全科医学中心、预防保健中心、健康体检中心、临床诊断中心、康复治疗中心、专科服务及远程会诊中心建设，打造智慧医疗型、健康管理型、疾病预防型、医养结合型、学习教育型的新型医疗保健服务体系，优化疾病诊疗服务流程，提高医疗服务保障能力。

加强校园公共卫生管理。健全校园公共卫生管理服务体系和突发公共卫生事件处理机制。做好常态化疫情防控服务保障，优化校园健康观察点设置，丰富疫情防控应急物资储备。开展校园爱国卫生运动，落实门前三包责任制，大力推进控烟、病媒生物防治、传染病防控、环境综合治理等工作。

（四）建设幸福校园

丰富校园服务供给。持续丰富校园服务供给，努力满足师生员工多元化美好校园生活需要。完善校园商贸区域规划，推进照澜院、学生服务中心等商业便民服务网点建设与优化，打造功能齐全、智慧便捷的商贸服务模式。完善家属区居家养老服务体系，推进社区养老服务驿站建设。打造富含清华文化的学前教育，保持北京市示范园幼教领先水平。

创新校园服务模式。深化后勤服务线上线下融合，加强"一站式"服务平台建设。打造促进生活素质养成的学生成长社区，持续完善社区育人工作机制，积极配合"一站式"学生社区综合管理模式建设试点。提升接待服务水平，开展会议服务标准化建设，完善"一条龙会议服务"体系。探索教学办公区快递服务模式，推动公文投递和快递系统智能化升级。提升校园公共交通服务，建设"车辆服务平台"。改善慢行交通设施与环境，优化校园慢行交通系统。

提升校园服务质量。持续加强服务保障专业化能力建设，提升校园服务质量。推进公共教室、学生公寓、食堂标准化建设，加强环境设施更新改造，提升硬件条件。促进校园供餐资源均衡分布，提升师生用餐便捷度。坚持大院街道特色，完善校园家属区管理服务联动协调机制。做好"接诉即办"工作，着力构建群众诉求及时反馈机制。

五、组织实施保障

（一）坚持和加强党的全面领导

坚持和加强党的全面领导，以政治建设为统领，全面推进后勤各单位党的自身建设，将党的建设与事业发展更深层次融合，确保后勤改革发展方向正确。不断推进全面从严治党，严格落实党风廉政和意识形态"一岗双责"，加强党员干部和职工队伍教育、管理、监督，不断完善监督体系，持续改进工作作风，营造风清气正的政治生态。持续提升基层党组织的组织力和战斗力，发挥党员先锋模范作用，带领群众团结协作、凝心聚力，抓好后勤事业改革发展任务落实。

（二）加强规划协调

充分发挥校园规划专项领导小组、综合治理委员会、健康工作委员会、绿色大学建设领导小组等组织职能，建立规划任务协同推进机制。后勤各部门依据《清华大学事业发展"十四五"规划纲要》及本规划，结合工作实际，制订本部门"十四五"规划实施计划。注意部门计划与本规划主要目标和重点任务的协调性、整体规划与年度计划的衔接性，确保各项任务落到实处。昌平科研基地等结合建设及管理服务实际，创新工作机制，加强与校本部工作联动，落实本规划要求。

（三）强化组织保障

后勤负责本规划的组织与实施，制订发展任务分工落实方案，对任务推进情况进行跟踪和评估。根据本规划提出的目标任务，加强与学校相关部门的联动，协调经费资源、空间资源、编制资源的合理配置，共同制定、完善和落实有关政策，组织开展年度分析、中期评估和总结评估，为顺利实现后勤事业改革发展提供组织保障。

附件：清华大学后勤改革与发展"十四五"规划任务分解

附件

清华大学后勤改革与发展"十四五"规划任务分解

分类	编号	任务描述	完成时间	主责单位	参与单位
一、推进后勤改革发展	1	优化后勤管理体制和运行机制，提升整体作战能力	2022年	总务办	后勤各部门
	2	优化后勤经济管理办法，建立后勤资源缩减和人力成本上升的平衡机制	2023年	总务办	后勤各部门
	3	优化决策程序，丰富决策支撑，有效衔接项目建设标准、任务设计、方案比选、投资控制，确保决策水平持续适应事业发展	2022年	后勤各部门	
	4	建立健全规划任务的执行、评价、调整等环节管理机制	2022年	总务办	后勤各部门
	5	积极总结改革发展成效，为高校后勤事业发展提供经验和示范	2022年	总务办	后勤各部门
	6	完善师生参与校园建设、管理、服务保障机制，加强后勤与校内各单位之间的协同	2025年	后勤各部门	
	7	完善校园市场准入、评价、退出机制，提高对社会优质资源的引导水平和驾驭能力	2023年	总务办	后勤各部门
二、健全服务保障体系	8	增强后勤职工主动参与育人工作的意识和能力，完善后勤育人体系，挖掘整合后勤育人资源，形成育人合力	2022年	后勤党委、街道办、校医院	后勤各部门
	9	完善应急管理体系，做好突发事件应急预案，提升风险研判和快速响应能力	2023年	总务办	后勤各部门
	10	加强内控体系建设，提升风险防控能力	2023年	总务办	后勤各部门
	11	实现项目决策、执行、评价全周期监督，确保工作流程更规范、关键环节可管控、运行状态可监测	2022年	总务办	后勤各部门

续表

分类	编号	任务描述	完成时间	主责单位	参与单位
三、加强职工队伍建设	12	深化后勤职工队伍改革，完善岗位体系、激励体系、评价体系，发展体系建设	2025年	后勤党委	后勤各部门
	13	推进职工培训，持续优化"古月学堂"培训体系	2025年	后勤党委	后勤各部门
	14	加强后勤职工培养输送基地建设，拓宽骨干人才引进渠道	2025年	后勤党委	后勤各部门
	15	推动校园总体规划和各专项规划分步实施，完善各类行动计划推进机制，抓好规划落实	2025年	基建处	
四、建设美丽校园	16	优化校园总体规划统筹决策、部门联动、公众参与、日常监管和评估调整机制，建立全要素管控校园空间治理框架	2023年	基建处	
	17	高质量落实基本建设规划任务，启动和推进新化学馆、学生生活动中心、科学博物馆、新校医院等项目规划建设工作	2025年	基建处	
	18	加大既有建筑提升改造，有序推进图书馆老馆、旧电机馆、老机械馆等老旧建筑修缮改造	2023年	基建处	
	19	推动校园核心区的公共教学区、学生生活区等重点功能区域基本实现畅达通行的无障碍校园环境	2025年	基建处	
	20	加大地下空间利用，在新建项目实施同时规划建设地下空间	2025年	基建处	
	21	实施东南门周边、主楼前区、二校门周边等重点区域景观改造项目	2024年	修缮中心	
	22	加强校园水系水环境质量管理，保护生态环境，实施万泉河（清华段）、荷塘、水木清华生态治理工程	2024年	修缮中心	
	23	提高学校绿地率，保护生态环境，加强植物种植管控引导，推进近春路、新民路等六条林荫道改造提升项目	2025年	修缮中心	
	24	积极把握市区规划建设契机，合理优化校园与城市界面，展示校园空间环境特色	2025年	修缮中心	

续表

分类	编号	任务描述	完成时间	主责单位	参与单位
	25	推进供水设施改造，优化管网结构，到"十四五"末供水能力稳定在600万吨	2025年	修缮中心	
	26	提高供电系统可靠性，增容改造10千伏变配电系统，确保教学科研用电需求，持续推进老旧住宅"十四五"末供电能力保持在12万千瓦	2025年	修缮中心	
	27	提升供暖输配送稳定性，改造老旧供暖设施设备，推进锅炉节碳低氮技术改造，"十四五"末供暖能力达到360万平方米	2025年	修缮中心	
四、建设美丽校园	28	结合校河改造工程、清华路景观带更新等项目，打造一批反映清华历史、凸显校园特色的文化景观	2025年	修缮中心	
	29	加强校园内交通与城市交通对接，做好校内市政设施与城市政设施衔接	2024年	基建处	
	30	落实绿色发展理念，建设绿色校园，宣传绿色文化，引导师生养成绿色生活方式	2025年	绿办	
	31	优化学校能源结构，推动节能改造	2025年	绿办	修缮中心
	32	完善学校能源管理体系，探索以能耗指标为导向的用能管理制度，采用物联网、大数据等新技术提升能源管理精细化水平	2025年	绿办	修缮中心
	33	推进节水校园建设，加强污水再生和雨水利用	2025年	修缮中心	
	34	推进校园生活垃圾分类，实现生活垃圾减量化、资源化、无害化	2025年	绿办	修缮中心、学生社区中心、街道办
五、建设平安校园	35	实施"校园公共安全行动计划"和"校园安全文化建设行动方案"，推动建设具有清华特色的安全稳定工作模式	2025年	保卫处	街道办、学生社区中心

续表

分类	编号	任务描述	完成时间	主责单位	参与单位
五、建设平安校园	36	深化政府和学校协同治理改革，完善教学办公区、学生区、家属区区域化综合治理"三区联动"机制，推动形成学校"大安全"工作格局	2025年	保卫处	街道办、学生社区中心
	37	完善安全工作责任体系，推动落实安全管理主体责任，归口管理责任	2024年	保卫处	后勤各部门
	38	推进安全管理服务设备设施升级，提升安全管理工作立体化、专业化、智能化水平	2024年	保卫处	
	39	完善安全管理体系，不断提升消防、交通、秩序标准化管理水平	2023年	保卫处	后勤各部门
	40	持续推动校园机动车停车位统筹管理	2025年	保卫处	
	41	专项检查、消防安全评估，建立安全隐患排查台账，抓好安全隐患整改落实深入开展日常检查、专项业务部门规章制度中的安全管理要求，深入开展日常检查、	2023年	保卫处	后勤各部门
	42	制订校园市政基础设施安全管理相关工作方案，完善供水、供电、供热系统安全管理制度和安全操作规程	2023年	修缮中心	
	43	加强食品安全管理体系建设，落实食品安全责任制	2023年	商贸中心	
	44	完善学生公寓、公共教室楼等人员密集场所的安全管理体系，明确安全管理责任制	2023年	学生社区中心	总务办、街道办、饮食中心、接待中心
	45	加强校园应急管理体系和能力建设，完善应急预案，开展应急预案培训演练	2023年	保卫处	保卫部
	46	加强校园应急与应急指挥中心建设，优化部门应急联动机制	2024年	保卫处	总务办
	47	做好应急人员、空间、物资的规划与储备，增强资源统筹调动能力	2024年	保卫处	后勤各部门
	48	营造校园安全文化良好氛围，增强师生安全意识	2023年	保卫处	后勤各部门

续表

分类	编号	任务描述	完成时间	主责单位	参与单位
五、建设平安校园	49	健全安全宣讲培训体系，面向师生开展安全培训，实操演练和警示提醒，扩大培训演练覆盖面，提高师生安全防范能力	2023年	保卫处	
	50	提高校园安全文化建设国际化水平，助力学校国际化办学能力提升	2023年	保卫处	学生社区中心
	51	加强校园安全管理创新研究，推动安全文化融入课堂教育，建设师生安全素养评测系统	2025年	保卫处	
	52	推动"健康清华2030"行动计划各项任务落地，打造健康医疗、健康生活和健康教育平台，完善疾病筛查、运动处方健身、膳食营养、心理健康等方面的健康促进机制	2025年	总务办、校医院等	饮食中心、基建处、修缮中心
	53	拓展健康教育渠道，普及健康知识，倡导健康生活方式，促进师生员工身心健康	2025年	校医院	
	54	建设以校园为基础、以师生员工为主体的新型健康促进服务体系	2025年	校医院	
	55	筹建全科医学中心建设，加强全科专业人才队伍建设	2025年	校医院	
	56	推动预防保科中心建设，高质量完成"健康中国2030"相关任务	2025年	校医院	
六、建设健康校园	57	加强健康体检中心建设，加大体检数据应用，为师生健康提供更好服务	2025年	校医院	
	58	加强临床诊断中心建设，提高临床诊断能力	2025年	校医院	
	59	推进康复专治疗中心建设，满足师生康复需求	2025年	校医院	
	60	加强专科服务及远程会诊程建设，优化疾病诊疗服务流程，提高医疗服务保障能力	2025年	校医院	
	61	健全校园公共卫生管理服务体系和突发公共卫生事件处理机制	2024年	总务办	校医院
	62	做好常态化疫情防控服务保障，优化校园健康观察点设置，丰富疫情防控应急物资储备	2025年	总务办	后勤各部门

续表

分类	编号	任务描述	完成时间	主责单位	参与单位
六、建设健康校园	63	开展校园爱国卫生运动，落实门前三包责任制，大力推进控烟、病媒生物防治、传染病防控、环境综合治理等工作	2023年	总务办	校医院、街道办、修缮中心、学生社区中心、商贸中心等
	64	开展食品安全宣传教育，提高师生食品安全意识	2023年	商贸中心	总务办、街道办、饮食中心
	65	完善食品安全突发事件处置预案并开展演练	2023年	商贸中心	总务办、街道办、饮食中心、接待中心
	66	完善校园商贸区域规划，推进照澜院、学生服务中心等商业便民服务网点建设与优化，打造功能齐全、智慧便捷的商贸服务模式	2024年	商贸中心	总务办、街道办、学生社区中心
七、建设幸福校园	67	完善家属区居家养老服务体系	2025年	街道办	
	68	打造富含清华文化的学前教育，保持北京市示范园幼教领先水平	2025年	街道办	
	69	深化后勤服务线上线下融合，加强"一站式"服务平台建设	2025年	总务办	
	70	打造促进学生成长成才的学生社区育人工作机制，积极配合"一站式"学生社区综合管理模式建设试点	2025年	学生社区中心	
	71	提升接待服务水平，开展会议服务标准化建设，完善"一条龙会议服务"体系	2023年	接待中心	

续表

分类	编号	任务描述	完成时间	主责单位	参与单位
七、建设幸福校园	72	探索教学办公区快递服务模式，推动公文投递和快递系统智能化升级	2023 年	接待中心	
	73	提升校园公共交通服务，建设"车辆服务平台"	2023 年	接待中心	
	74	改善慢行交通设施与环境，优化校园慢行交通系统	2024 年	保卫处	修缮中心
	75	结合教学楼改造，推进学生公寓内公共活动空间建设，探索建立公共空间预约使用系统	2023 年	学生社区中心	基建处、修缮中心
	76	与学校相关部门统筹联动，制订学生教室和公寓改造修缮计划，并推动落实	2025 年	学生社区中心	基建处、修缮中心
	77	加强社区德育助理等社区育人队伍建设，完善学生公寓楼宇委会建设，引导广大学生参与社区治理	2025 年	学生社区中心	
	78	深化学生生活素质教育，加强学生社区安全教育	2025 年	学生社区中心	
	79	推进食堂标准化建设，持续改善老旧食堂就餐环境，促进校园供餐资源均衡分布，提升师生用餐便捷度	2025 年	饮食中心	总务办、基建处、修缮中心、接待中心
	80	完善校园家属区管理服务联动协调机制	2025 年	街道办	总务办
	81	做好"接诉即办"工作，优化社区居民意见解决反馈机制	2023 年	街道办	
八、坚持和加强党的全面领导	82	坚持党对后勤工作的全面领导，强化党组织政治功能，履行政治责任，将党的建设与事业发展更深层次融合，保证改革发展正确方向	2025 年	街道党工委、医院党委、校后勤党委等	后勤各部门
	83	不断推进全面从严治党，严格落实党风廉政和意识形态"一岗双责"，加强党员干部和职工队伍教育、管理，不断完善监督体系，持续改进工作作风，营造风清气正的政治生态	2025 年	街道党工委、医院党委、校后勤党委等	后勤各部门

续表

分类	编号	任务描述	完成时间	主责单位	参与单位
八、坚持和加强党的全面领导	84	持续提升基层党组织的组织力和战斗力，发挥党员先锋模范作用	2025年	街道党工委、医院党委、后勤党委等	后勤各部门
	85	全面推进后勤各单位党的自身建设，进一步加强后勤党建工作，配齐配强党支部书记，充分发挥党组织作用	2022年	街道党工委、医院党委、后勤党委等	后勤各部门
	86	坚持党员发展和骨干职工培养相结合的工作思路，把党员锤炼成骨干，把骨干培养成党员	2025年	街道党工委、医院党委、后勤党委等	后勤各部门

清华大学饮食服务中心综合改革实施方案

为贯彻落实清华大学后勤深化综合改革方案，构建满足一流大学建设发展需要的餐饮服务保障体系，结合中心工作实际，特制订饮食服务中心综合改革实施方案。

一、改革背景

根据学校综合行政改革需要，以"三满意"为最终目标，提高餐饮服务社会效益和经济效益，有效应对师生员工日益提高的就餐需求：餐饮服务多元化；消费便利快捷实惠；食品营养健康安全卫生等。

餐饮业属劳动密集型，当前劳动用工费用工荒日益凸显，用工成本不断激增，势必要进一步调整伙食和队伍结构，继承好饮食中心改革20年优秀经验，持续创新促进学校餐饮事业新发展。

二、改革思路

总体目标：坚持公益性办伙方向，充分发挥市场机制的作用；伙食结构更加优化、特色更加突出，餐饮服务模式更加多元；食品安全风险防控更加有力；伙食分类管理更加精细化；服务质量明显提升；就餐条件明显改善，育人氛围更加浓厚；队伍建设持续加强，考核评价激励机制更加完善；新技术应用更加深入，集约化生产水平有所提高；互联网技术应用范围更广，餐饮消费便利化水平持续提升。

总体要求：坚持主动适应学校发展，坚持正确办伙方向，坚持在继承中改革创新，教育规律和市场规律有效融合，构建满足一流大学建设发展需要的餐饮服务保障体系，为学校建设发展提供有力支撑。

三、改革任务

（一）推进管理体制创新

梳理中心的工作定位和职责，强化责任意识。进一步理清各科室的业务范围，明确科室的职能定位。与食药监督管理部门和专业检测机构结合，构建出适合学校的食品安全专业咨询体系。

（二）优化伙食结构，不断丰富餐饮形式

坚持有所为有所不为，重点做好基本伙服务保障，在可控情况下利用社会优质资源丰富餐饮形式。进一步加强对合作联营单位合法经营的规范化管理，以确保合作联营的健康发展；进一步完善中心监控检查条例，防控可能存在的各种隐患。

（三）创新运行机制

逐步完善成本分担和价格补偿机制。加强财务源头管控。逐步完善基本伙、风味、快餐、点菜包桌的经济运行管理办法。进一步调整就餐卡成本补差管理政策。进一步完善 ISO 9001 质量管理体系，优化工作流程。

（四）加强队伍建设，深化激励机制改革

完善炊管队伍建设规划，优化队伍结构。进一步明确岗位设置和任职要求。进一步加强职工骨干梯队建设。根据岗位设置做好人才引进和专业化培训。优化调整各类人员收入分配机制。创新队伍考核评价激励机制。积极地加强干部队伍的国际交流。

（五）引进新技术，不断提高管理水平

学习和借鉴先进管理理念，积极参与高校伙食行业有关标准制定。继续推进伙食集约化加工生产。积极推进食堂校园网和专网建设。逐步建立并完善食品安全信息系统建设；推进网上订餐、就餐审批、营养膳食及师生就餐大数据分析系统建设，提高管理效率和效益。

四、具体要求

（一）修订调整学生食堂"人均消费额"指标。根据当前伙食原材料涨幅和食堂消费实际，对学生食堂原有人均消费额指标进行修订，并增加对低价菜的补贴，以确保中心办伙方向不变。

（二）创新花色品种，优化伙食结构。芝兰园2层新增快餐式小火锅。玉树园2层转型为特色风味小吃。积极推进"闻馨园"食堂调整为清真食堂。配合做好"家园"食堂的改扩建，以确保供餐。配合做好清芬园食堂的建设与开办。

（三）进一步加强质量管理控制。进一步细化 ISO 9001 质量管理体系三级文件中的岗位职责，进一步完善明确安全职责、工作流程及工作表等制度，加强安全生产标准化建设。

（四）加强队伍建设。完善考核评价激励机制。进一步加强骨干队伍的梯队建设。加强对职工分类管理。持续完善培训体系，继续开展有关烹饪技术、餐饮管理、礼仪、文化及外语等方面的专业化培训。进一步完善职工骨干队伍的考核评价激励机制，进一步增强队伍归属感和活力。

（五）大力加强信息化建设。积极推进食堂校园网和专网建设，逐步建立并完善食品安全信息系统建设；完成人力资源管理系统建设，提高内部管理效率。利用网络、手机等新媒体，加强各食堂餐厅与师生网络互动，推进网上订餐、就餐审批、营养膳食、师生就餐大数据分析等平台建设，促进餐饮消费便利化。

五、组织实施

（一）中心办公室负责本方案的组织实施，制定改革任务书和时间表，统筹安排、整体推进、督促落实。2017年上半年进行中期检查，2020年基本完成改革任务。

（二）各科应按照后勤和中心改革方案的要求，组织落实改革任务。

清华大学修缮校园管理中心综合改革实施方案

为贯彻落实清华大学深化综合改革方案，以后勤综合改革方案为指导，结合修缮校园管理中心（以下简称"修缮中心"）工作实际和特点，推进市政设施安全运行保障体系的建设，特制订修缮中心综合改革实施方案。

一、形势和挑战

1. 面对学校深化综合改革的新任务和师生员工的新要求，面对不断发展的教学科研事业对市政基础设施的需求与现有保障能力间的差距，面对节能减排标准不断提升与现有技术设备的不匹配，修缮中心的管理体系和运行机制需要进一步创新，市政规划和人才储备需要进一步具备前瞻性，国际视野和科学化水平需要进一步提升，队伍执行力和应急处置能力需要进一步增强，这些问题和矛盾都需要通过改革创新予以解决。

2. 实施修缮中心综合改革方案，必须以学校和后勤综合改革方案为指导，紧密围绕学校和后勤的中心工作，在现有工作的基础上，进一步解放思想、实事求是、与时俱进、认真研究，切实解决问题和矛盾，提升管理水平和服务能力，与具有清华特色的后勤服务保障体系相适应。

二、总体思路

3. 总体目标：通过体制改革明确定位和职责，推进运行保障体系建设，通过运行机制优化促进中心和科室良性发展，通过信息化手段增强服务能力和执行力度，通过队伍建设凝聚力量，为学校提供更安全、可靠、科学、高效的市政基础设施运行保障，使得学校市政设施保障能力和运行管理水平处于全国高校前列。

4. 基本原则与总体要求：综合改革与发展要始终坚持以学校为主体，强化落实"三全育人"根本要求，建设符合职业标准，体现一流大学品位的清华大学市政设施运行管理体系，为学校事业发展提供有力支撑。

三、改革任务

（一）明确职责，逐步理顺体制机制，构建更安全、可靠、科学、高效的市政基础设施运行保障体系

5. 积极推进中心运行保障体系建设。明确中心工作定位和职责，做好运行保障、参谋、管理和服务工作。厘清业务范围，突出中心主营业务，坚持有所为有所不为，有序退出可由社会优质资源替代的服务项目。

6. 加强校园市政规划与建设管理。在学校大规划的前提下，承担起市政规划职责，前瞻性地做好市政基础设施中长期建设规划和建设，使得市政基础运行管理更加合理、高效。

7. 推进部门间沟通对接机制建设。加强各科室间的协同合作，提升中心整体作战和应急能力。加强部门间的协调与沟通工作，有效推进各项工作。

（二）调整和完善经济管理办法，优化中心运行机制

8. 修订中心内部经济管理办法。本着维护学校利益、利于中心可持续发展、做到科室间平衡调剂、调动职工积极性的原则，对中心内部经济管理办法进行修订，进一步加强对中心各项经济活动的管理，更加合理地控制和使用资金。

9. 调整和完善各专业核算机制。配合学校和后勤，根据业务属性不同，分类修订各领域经济管理办法，使之更利于各科室的发展。

（三）利用信息化、科学化的手段，增强责任意识，进一步提高服务水平

10. 推进国际化、科学化的校园市政运行体系建设。开阔视野，加强专业队伍的考察和培训，提升服务水平，体现一流大学品位。依托新科技等手段，不断提高中心市政运行和管理的信息化、科学化水平。

11. 强化队伍行动力。采用制度、管理、培训等手段，增强责任意识，加强作风建设，提高基层干部执行力，在做好日常工作的同时，提高应急突发事

件处置能力。

（四）按岗定编，按岗定酬，围绕事业目标建设人才队伍

12. 完善中心队伍建设规划。根据学校新百年的发展要求，按照后勤队伍建设工作的指导思想，结合修缮中心事业发展规划，修订《修缮校园管理中心队伍建设规划》，建设成一支立足学校全局、综合能力较强、具有前瞻眼光、善于继承发展、勇于开拓创新的干部队伍和一支忠实履行学校后勤保障职责，勇于奉献，能打硬仗，服务意识强，精于水、暖、电、修、园林环卫等市政基础设施的运行、维护和管理，适应和谐校园和节约型校园建设需要的技术队伍。

13. 加强队伍培训和人才引进，建立梯级储备模式。进一步加强培训培养，通过多种方式提高现有人员的综合素质和业务水平。进一步拓宽用人视野，通过多种方式吸引不同类型、不同层次的优秀人才。

14. 深化中心聘用、考核、评价和激励机制改革。根据岗位重要性分级，按技术和管理两类性质科学设岗定编，明确每个岗位的责任和任职要求。根据岗位要求制定每个岗位的进人标准，有计划地培养和引进符合岗位要求的工作人员。完善岗位评价和考核标准，建立健全多层次、全方位的评价体系，更好地激励和约束中心全体职工明确自身工作职责，努力完成好各项任务。建立合理的收入增长机制，完善激励机制，稳定骨干队伍，促进人员合理有序流动。

四、具体要求

15. 供水管理。明确责任界限，结合《清华大学校园总体规划修编》，做好给排水、中水、雨水等市政设施中长期规划，并按照优先考虑老旧、高耗能设备设施改造的原则，分期实施改造。推进"西水东调"工程，合理分配水资源。积极推进供水专业核算机制的调整。推进网格化双路供水系统建设，加快管道更新、扩容、新建及泵房改造，确保水网运行更安全可靠。积极参与基建工程的前期论证，优化楼宇供水方案，提高设施运行效率。推进节水型校园建设，搭建水质监测系统。

16. 供电管理。明确责任界限，结合《清华大学校园总体规划修编》，做好供电中长期规划。做好110kV变电站改造，满足未来十年学校用电需求。继续完善放射状供电网络的建设。按照不同等级和用电标准，对教学区、学生

区和家属区进行电力改造，解决用电隐患。积极参与基建工程的前期论证，优化楼宇供电方案，提供专业咨询，提高设施运行效率。进一步推广节能灯等低能耗设施的使用。

17. 供暖管理。明确责任界限，结合《清华大学校园总体规划修编》，以煤改气为契机，做好供暖中长期规划。继续做好5条供暖母线和部分支线的改造。对具备条件的换热站进行改造，提高供暖能力和质量。煤改气后，需要制定新的供暖经济管理办法。积极参与基建工程的前期论证，优化楼宇供暖方案，提供专业咨询，提高设施运行效率。结合节能，搭建供暖节能控制系统。

18. 园林环卫。实施"美丽校园"建设工程，确定其建设任务和具体方案，分步综合推进校园景观、园林、环卫等工作。探索园林养护模式转变，提升绿化养护管理质量。主动参与学校的景观建设工程方案的设计和规划，与学校相关单位沟通，在建楼、修路时做好景观建设配套工作。

五、组织实施

19. 中心成立综合改革工作小组，由中心主任担任组长，统筹推进改革方案实施。2017年上半年进行中期检查，2020年基本完成改革任务。

20. 中心办公室负责本方案的组织实施，制定改革任务书和时间表，统筹安排、整体推进、督促落实。各科室应按照后勤和中心改革方案的要求，组织本科室落实改革任务。

清华大学接待服务中心综合改革实施方案

为贯彻清华大学后勤深化综合改革方案，加快推进专业化、国际化的接待服务保障体系建设，紧密结合接待服务中心工作实际，制订本实施方案。

一、形势和挑战

1. 在高校全面推进后勤社会化改革的背景下，接待服务中心坚持从实际出发，围绕学校建设世界一流大学的总体目标，走出了具有清华特色的改革发展道路，接待服务总体水平处于高校前列。

面对国家、学校深化综合改革的新形势，面对后勤深化综合改革的新任务和客人员工的新要求，中心的管理体制和运行机制需要进一步创新，社会化程度和服务资源需要进一步调整，管理水平和专业素养需要进一步提高，国际视野和工作标准需要进一步提升。

2. 深化中心综合改革，必须以后勤深化综合改革方案为指导，在巩固现有改革发展成果的基础上，进一步解放思想、实事求是、与时俱进，与学校办学理念相契合、与校园百年积淀相融合、与学校育人任务相结合、与世界一流标准相吻合，发展创新中心工作，提升中心工作品位。

二、总体思路

3. 改革目标。通过体制改革促进事业发展，通过机制创新激发中心活力，通过队伍建设巩固中坚力量，通过师生参与凝聚各方智慧，通过标准优化提升工作品位。建立和完善以一流大学建设需要为导向，以自身接待服务保障力量为主体，以社会优质资源和专业力量为依托的具有清华特色的接待服务保障体系，全面提升中心服务、保障的水平，实现客人满意、学校满意、员工满意。

4. 基本原则。深化中心综合改革要始终坚持社会化改革方向，以学校为主体,为培养人服务,走专业化、国际化发展道路。要始终强化服务育人、管理育人、环境育人的根本要求,把握中心业务和社会同行业的共性与特性,尊重市场规律,处理好社会效益和经济效益的关系。

三、改革任务

5. 积极推进中心管理体制创新。明确中心的职能定位及发展方向。继续推进中心扁平化管理结构,提高经营部门的自主权和主动性。加强综合协调,促进部门分工协作,提升中心整体工作能力。依托校内学科优势,建立接待服务校内咨询委员会;依托校外行业力量,建立行业咨询委员会,提升中心整体接待服务工作水平。依托专业化行业公司,建立基建等相关业务的第三方介入制度,做好专项建设等工作的支持和保障。

6. 积极推进服务保障体系建设。评估各项业务,系统梳理并统筹中心资源,积极争取拓展住宿、会议等核心服务资源,专注于核心业务工作。了解社会状况,积极探索吸收社会优质资源大幅提升低效能项目的途径,提高资源使用的效益和效率。对外部资源制定规范合理的准入制度和监督管理机制,提高对社会服务的监管水平和驾驭能力。

7. 主动应对外部形势变化。关注高校同行及社会同行的发展变化趋势,研究国家法规与要求,针对中心各项接待业务面临的机遇和挑战,持续优化服务机制,合理调整业务结构,有效应对形势变化。

8. 构建中心业绩指标体系。准确定位,将各项业务目标具体化,构建体现中心的社会效益和经济效益的业绩指标体系。

9. 利用质量管理体系(ISO 9001)和食品安全管理体系(ISO 22000)持续改进工作。持续关注体系对维持中心运行的有效性,利用体系加强过程管理和目标监控,实现工作持续改进。

10. 加强信息化建设。通过办公信息化系统建设进一步梳理和优化工作流程,加强信息共享和传递,加强分工协作,提高整体工作效率。在此基础上开展全中心信息一体化规划,推进资源整合,不断完善各项业务系统,为更高标准的服务提供有力支持。

11. 提高接待服务标准和品位。主动学习和借鉴行业先进理念和做法,积极倡导和参与高校接待服务的行业标准制定,使各项工作处于高校领先水平。

构建专业化、国际化接待服务保障体系，做好各项接待、会议、车辆服务保障。开展"一条龙"会务服务，整合校内外资源，充分运行有限资源，为我校学术会议提供保障。

12. 完善校园公共服务项目。引进环保车型，调整收费办法，优化运行路线，显著提高校园公共交通的水平和能力。研究院系需求，应用信息技术，聚焦重点服务内容，改善校园投递服务，进一步提高工作水平和效率。

13. 加强中心宣传工作。依托党团工会，构建由中心办公室和各业务团队人员组成的宣传队伍，鼓励全员参与，介绍中心的核心服务资源，宣传服务特色。

14. 加强中心组织文化建设。以组织凝聚人心，以文化构建环境，以每一个个体的共同提高推动事业发展。强化党、团、工会、离退休工作在文化建设中的重要作用，通过开展各种形式的活动温暖人心、凝聚人心、振奋人心、鼓舞人心。

15. 完善财务管理机制。推进源头治理，整合财务工作，加强对资金使用、业务方向、资源管理等环节的监督管理，提高财务统筹管理和抵御风险的能力。

16. 完善中心队伍建设规划。考虑中心事业发展，根据管理、技术、服务等职能科学设岗定编，明确岗位要求，尤其关注关键岗位的设置，稳定有序完成岗位及人员调整。深化人员选聘、评价、激励、流动机制改革，进一步明确岗位任职资格和能力要求，拓展员工选拔聘用渠道，规范员工选拔聘用过程。完善中心考核评价体系，细化各级各类人员考核评价指标、周期、方式，有效利用考核结果完善激励和流动机制。建立科学的人员流动机制，将岗位轮换、内部晋升、向外推荐、编制争取、不胜任辞退等方式与考核评价有效结合，形成健康、有序的人员流动模式。

17. 完善队伍培训体系。加大投入力度，通过培训全面提升干部、职工能力与水平。中心加强队伍培训的统筹规划及监督力度，各部门加强职工从入职到熟练、从基础到提高的培训过程设计与实施，加强对培训效果的关注与评估。加强骨干队伍的训练，通过轮岗锻炼、集中培训等方式，促进骨干队伍的成长。利用社会专业培训资源，提高专业队伍的技能水平。关注特殊岗位的技能要求，规范管理。对窗口岗位人员持续开展外语培训，适应国际会议和交流活动的需要。

四、具体要求

18. 接待服务保障体系。加强对客人的特征信息和需求两方面数据的收集、管理、挖掘工作，根据对象特点和需求特点分类服务，提高对客人需求的敏感度，为中心及部门改进各项工作提供决策参考和依据。以彰显中国特色、清华风格为文化基础，以国际服务标准为专业化方向，以提升员工综合素质为抓手，着力打造具有清华范、中国风、国际一流水平的校园接待服务品牌形象。

19. 会务服务。在原有工作模式基础上，重点加强"一条龙"会务咨询服务以及会务资源平台建设，制定《会议接待服务流程工作指导手册》，建立重要会议接待服务标准，搭建平台型会议服务支撑体系，提供专业的咨询、组织联络、会务服务、食宿交通等保障服务，并主动联系院系、部门和教师，加强业务宣传。

20. 向国内高端会议服务机构学习先进经验，满足国际化会议服务需求。加强岗位技能培训，建立会议产品设计专业服务队伍，全面提升会议服务的专业性与品位，提高会议策划水平。

21. 客房服务。改善客房基础设施，提高服务标准。以数据分析为基础，关注业务情况及变化。加强员工技能培训，采用多种途径提高员工专业化、国际化客房服务水平。完善工作量核算和日常考核工作，改进员工激励机制。

22. 餐饮服务。创新用工模式，缓解人员潮汐紧缺问题。进一步加强员工培训、考核等工作，规范服务过程。加强菜品创新，提升服务品位。以食品安全管理体系（ISO 22000）为支撑，加强食品安全管理，加强突发事件及安全事故的预案制订、演练及处理工作。

23. 车队服务。以培训为切入点提高员工综合素质和服务质量，以考核为督促和激励手段，不断提升队伍整体水平。配合"一条龙"会务服务工作，提供车辆服务保障。理顺收费价格体系，完善收入分配机制。

24. 汽修业务。以质量管理体系（ISO 9001）为准则加强和完善内部管理，逐步探索调整业务结构。

25. 收发业务。以员工年轻化和培训系统化为基础，提高队伍工作能力，以适应国际信函服务以及信息化工作的需求。建立校内机构和重要人员分布数据表，提高工作效率。

26. 石门山庄。积极推动石门山庄业务模式转换工作。围绕博士生论坛和学术活动提升服务水平。发展客人群体，发挥山庄独特的环境、文化优势，制订多样化的服务方案。

27. 保障工作。细化并加强中心资产管理，提高资产使用效率。系统性加强中心安全管理，避免责任事故发生，不断改进和完善安全责任梳理、日常安全保障、安全设备管理、安全知识培训、应急事件处置等工作。重点加强信息化建设工作，不断推进中心各项业务的信息化水平，提高工作效率。完善工程施工的全过程管理，加强施工过程的监督、管理工作，确保施工安全与工程质量。

28. 监控工作。关注中心质量管理体系和食品安全管理体系文件的适用性，监督体系的持续适宜性、充分性和有效性。优化两个体系的内审、外审、管理评审的进度安排，提高日常监控工作的实际效果，稳步推进中心各项工作的持续改进。

29. 行政工作。加强业务培训，提高工作效率和水平，提升服务标准。创新工作思路，加强和改进中心重点工作的监督检查及推动的职能。系统加强宣传工作，促进中心文化建设。

五、组织实施

30. 中心领导班子负责本方案的组织实施，按照后勤整体的改革任务书和时间表，统筹安排、督促落实。中心办公室协助领导班子安排每年的进度总结，2020年完成综合改革任务。

31. 各科室（部门）按照中心的综合改革方案要求，制定具体改革措施并积极推动，处理好改革、发展、稳定的关系，确保国际化、专业化发展方向，接待服务工作水平不断提升。

清华大学物业管理中心[①] 综合改革实施方案

为贯彻落实学校和后勤深化综合改革方案，推动中心事业发展，特制订物业管理中心综合改革实施方案。

一、总体思路

（一）形势和挑战

当前，学校和后勤提出了深化综合改革的任务，物业管理中心的工作标准在国际视野和专业化水平方面需要进一步提高，育人工作需要进一步深入，服务和管理需要更好地吸收同学参与。面对这样的新形势和新挑战，我们需要进一步明晰工作定位，总结和坚持优良传统，发扬勇于创新、锐意进取的精神，提升工作标准和品位，为建设满足世界一流大学建设需要的后勤保障体系贡献力量。

（二）改革目标

进一步明晰工作定位，突出核心竞争力；理顺管理体制和运行机制，解决一些系统性的问题；提高工作标准，体现工作品位，主动参与行业标准制订；围绕"三位一体"育人理念，拓展生活素质教育内容，深化"服务育人、管理育人、环境育人"内涵；自身谋划与师生参与相结合，为服务对象参与服务管理拓展渠道、建设平台；与校内外相关单位团结协作，完善学生社区"大物业"区域综合管理模式；以师生为本，不断改善学生社区和教学楼的环境及设备设施条件；加强队伍建设，提高干部职工综合素质和专业化水平，增强驾驭社会优质资源的能力。

[①] 2019 年 5 月，"物业管理中心"正式更名为"学生社区中心"。

（三）基本原则

坚持以学校为主体，走专业化发展道路；坚持育人为本、管理服务与立德树人相结合；坚持高校教育属性与社会行业属性相结合，遵循教育规律和经济规律；坚持基于中国特色、清华风格，拓展国际视野，推动服务、管理、育人工作精细化；坚持以组织文化建设凝聚人心、团结力量，以先进的管理理念和措施推动中心事业发展。

二、改革任务

（一）加强学生社区文化建设，深入开展学生生活素质教育，主动参与育人过程

1. 在学生多维度评价体系建设中，积极推动将学生生活素质教育、社区文化建设等内容纳入学生评价体系，包括寝室卫生、安全教育、社区公益活动、社区文化活动、社区实践等，深化管理育人、服务育人，促进学生全面成长。

2. 丰富完善"学生社区实践"项目，鼓励学生积极参与社区管理与服务，激发学生实践锻炼热情，促进学生个性化发展和多样化成长。

3. 进一步完善"安全教育"培训体系，推动新生安全教育前置，继续深化高年级学生再培训，内容上包括理论学习和实际操作，提升学生安全意识和技能。

4. 加强学生社区文化建设，有计划地举办各种生活、婚恋、社交、就业、心理、健康、创业等讲座或沙龙，邀请知名教授学者、青年教师、校友、企业家等进社区，和学生近距离交流，努力发挥学生社区对学生的价值塑造、能力培养、知识传授"三位一体"的育人功能。

（二）强化一流意识，提高工作标准，体现工作品位

1. 根据学校人才培养的新需要、新要求，加强学生住宿规律性研究，把握学生住宿需求特点，不断优化住宿布局，增强对学生公寓房间、床位的精细化管理，提高使用效率。

2. 规范和优化各类资源管理，提高资源使用的效率和效益，通过科学的运筹规划，更加合理地、有计划地进行楼宇修缮，提高服务保障质量。设备设施

定期巡检，主动维护，及时维修。

3. 积极借鉴国内外经验，深入分析研究我国高校学生公寓管理与服务的特点，探索新型学生住宿管理模式，例如中外学生混住，书院住宿制，宿舍分类收费等，努力营造多元文化和谐相处、多国学生共同成长的国际化学生社区环境。

4. 建设物业管理专业咨询体系，建立咨询工作机制。建设专家咨询团队，包括招标、工程管理、节能环保、人力资源管理、法律法规等，为中心发展提供高水平咨询服务。

（三）树立国际化管理服务理念，努力提升国际化服务保障能力

1. 不断改进和创新留学生公寓服务模式，开拓国际化办学需要的服务项目，如延长热水供应时间，加强公寓内公共交流空间建设，探索和改进公寓保洁服务方式，培养学生独立生活能力。

2. 积极推进中外文化交流，采取多种方式在留学生公寓中开展中华传统文化、清华精神的传播交流活动，加深留学生对中国的感情和认识，使留学生知华、友华、爱华，同时也扩大清华国际影响力。

3. 注重在学生社区营造国际化氛围，逐步调整建设双语标识体系，组织社区活动更多地面向留学生宣传开放，促进学生社区内多元文化的交流。

4. 借鉴国际化服务管理理念，结合学校特点，与师生建立长效沟通机制，设计利用好教学楼公共区域，为师生创造出更多的交流、展示空间，力争实现各个角落有文化元素，逐步提升教学楼的文化氛围。

5. 加强管理骨干队伍和专业技术队伍的国际交流和业务培训，拓展国际视野、提升业务水平和保障能力。

（四）探索学生社区大物业管理模式，提升专业化水平

1. 积极探索推进学生社区"大物业"区域综合管理模式。统筹学生社区环境卫生、园林绿化、交通治安、设备设施、生活服务等项目，提供更加优质的服务，让同学充分感受到一站式服务的便捷。

2. 加强与学校各部门协作，进一步梳理重要业务关系，明确主责部门、职能定位、工作职责，达到科学高效、责权统一。与保卫部就三区联动、交通安全、治安秩序、安全教育等工作加强协作；与修缮中心深化协调机制，加强水

暖电、空调运行保障；与学生工作系统密切配合，深化学生社区育人工作并探讨学生突发事件防范机制；与教务处、信息化技术中心协作，在公共教室拓展服务功能，深入打造良好育人环境；与体育部门探讨运动场所服务摊点的服务质量监管；进一步联合街道加强对学生社区服务摊位的市场监管等。

3.用好社会资源，提升专业化水平。围绕工作定位和职责，以工作效果和效率为目标，引入社会优质资源，共同保障学生社区运行保障。通过提高自身业务水平、提高统筹协作水平、提高监管驾驭水平，并通过加强培训和感情建设，用好社会资源，提升学生社区服务管理的专业化水平。

（五）改善学生社区服务网点布局和面貌，不断规范社区市场管理

1.以学生需求为导向，深入分析和研究学生社区商业服务特点，科学规划商业网点和服务网点，调整布局，改善面貌，提升学生社区商业服务质量。

2.按照行业管理准则，制定并完善学生社区市场遴选、准入、监管、退出制度，提升对社会服务的监管水平和驾驭能力，形成专业化管理的服务保障模式。

3.尝试开辟学生创业实验区，拿出一定比例的摊位或门面由学生自主经营，为在校学生提供创业实践机会，培养学生创新精神和团队精神。

（六）落实先进管理理念，加强人力资源管理和信息化建设

1.持续加强组织文化建设与作风建设，增强中心事业发展软实力。持续进行组织文化建设，凝聚人心、团结力量，以文化管理促进科学管理，并有利于骨干职工的经验发挥。工作作风也是文化软实力的组成部分。要以党员、干部为重点，持续加强工作作风建设，着重贯彻落实中央八项规定，坚决反对"四风"，筑牢服务保障的底线意识和遵纪守法、按程序制度办事的红线意识，坚决不碰安全责任事故、经济责任问题、作风问题这三条"高压线"，突出团结协作，弘扬后勤精神。

2.修订财务管理、人力资源管理、资源管理等规章制度，调整和完善绩效考核管理办法和薪酬体系建设，继续推进全面质量管理，完善监察体系建设，加强对满意度数据的分析，提高满意度调查对改进工作的指导作用。

3.加强队伍建设。修订队伍建设规划，加大对干部职工的培训和发展支持，充分发挥校内老师、专家的作用，通过讲座、讨论会、社会实践、课题研究等

多种形式开展培训，继续完善各主要岗位工种职工晋级发展的机制，加强对职工职业发展的指导。

4. 提高服务管理的科学化水平。增进中心内外部沟通，提高沟通的质量和实效性。进一步理顺科室之间在业务流程上的衔接；提升包括工程设计、招标、工程质量管理在内的工程管理水平，在维修工作中推进主动维修保养；坚持和改进中心监察工作，深化质量管理体系建设；关注细节，提高工作效率和精细化管理水平。

5. 持续推动信息化建设。加强移动互联网信息化平台建设，积极探索利用新媒体与学生交流互动。进一步丰富信息化应用及手段，利用信息化方式优化服务管理模式、提高效率，大力推进无纸化办公。

三、组织实施

物业管理中心负责本方案的组织实施，制定改革任务书和时间表，2017年进行中期检查，2020年基本完成综合改革任务。

清华大学正大商贸公司综合改革实施方案

（2015 年 7 月）

为贯彻落实清华大学后勤深化综合改革方案，构建满足一流大学建设发展需要的商贸服务体系，结合正大商贸公司（以下简称"公司"）工作实际，特制订公司改革实施方案。

一、改革背景

为适应学校发展，公司确立了从自主经营向管理服务转化的工作思路，稳步推进下属企业全成本核算和独立自主经营，为下一步的改革奠定了良好的基础。

为落实后勤综合改革要求，公司要加快企业体制改革，推进下属企业社会化运行进程；进一步提高商贸服务保障能力，满足师生需求；提高商贸资源管理能力，确保资产保值增值；遵循市场经济规律，提高经济效益，确保职工队伍稳定。

二、改革思路

（一）总体目标

公司是后勤服务实体之一，承担着为全校师生提供商贸服务的重要任务。整合商贸服务资源，规范有效利用，确保资产保值增值；合理安置多种编制职工，确保职工队伍稳定；遵循教育发展和市场经济规律，发挥服务育人功能；逐步建立完善适应学校发展要求的商贸服务规划，推进商贸资源管理机构的建立。

（二）改革要求

主动适应学校发展，分阶段分项目开展系列改革，构建满足一流大学建设发展需要的商贸服务保障体系，为学校建设发展提供有力支撑。

三、改革任务

（一）完成服务楼行业归口管理，适时调整资源

服务楼是公司下属企业，主要承担住宿服务任务。按照后勤综合改革提出的"专业化发展"原则，梳理现有服务项目，"逐步合并同类业务"，拟将服务楼整建制转移至接待服务中心，实现归口管理。此项改革任务已于2015年4月平稳完成。

（二）引入社会优质资源参与校园商贸服务和经营

按照后勤综合改革方案中"以师生员工需求为导向，引入社会优质资源参与校园商贸服务和经营，增强校内商贸服务活力"的要求，公司将逐步引入社会优秀商贸企业承担目前自营超市的经营与服务工作。此项改革分为两个步骤进行。第一步是清风湛影超市的社会化经营。清风湛影超市是北京育培园商务管理中心的下属分支机构，具有非独立法人营业执照，主要服务对象为在教学区和学生区的师生。按照"有序退出可由社会优质资源替代的服务项目"的指导思想，用两到三年时间完成清风湛影超市整体引入社会优质企业经营的改革任务。第二步是照澜院商业区的商贸服务提升。照澜院是清华家属区最为集中的商业服务项目区域，现有公司下属的两个独立企业澜园商贸中心和华澜园集贸市场作为主要运营保障部门，为家属区的师生员工提供基本生活物资保障和供应。公司计划于清风湛影超市社会化运行稳定之后，适时启动该区域的社会化改革，提升整体商贸服务保障水平。通过改革，公司主要职能将转变为商贸资源管理和商贸业务监管。

（三）适时稳妥撤销集体所有制企业

公司下属企业清华图片社、清华园胶印厂、华澜园集贸市场中心均为集体

所有制企业，是学校在特定历史时期形成的。按照后勤综合改革要求，适时引进社会优质资源服务师生员工需求，公司将逐步进行下属企业体制改革。按照成熟一个改革一个的实施计划，公司将先后撤销下属企业营业执照。企业营业执照撤销后，将转化为商贸资源管理工作范畴，按照商贸资源管理体制机制运行。

（四）完成校园商贸服务需求调研和商业服务资源规划

鉴于当前校园商贸服务布局不均衡的情况，按照后勤综合改革的要求，公司将进行校内商贸服务布局规划。2015年先进行师生员工商贸服务需求调研，根据调研情况，2016年完成进行具体布局规划。

（五）菜市场商品销售追溯系统建设

为了进一步加强食品安全管理，菜市场通过调研和酝酿，拟建设商品销售追溯系统，实现食品安全的信息化管理。主要思路是通过电子标签、可追溯秤、食品销售追溯管理软件和终端查询机，在厂家、商户、市场管理方和顾客之间建立供应链和追溯链，实现可追溯和可追责，预防出现食品安全隐患和事件，更好保证食品安全。

四、组织实施

公司负责方案的组织实施，制定改革任务书及时间表，统筹安排、整体推进，督促落实。2017年下半年进行中期检查，2020年基本完成改革任务。

公司下属各单位按照公司改革方案及要求，确定相应组织机构及责任人，组织落实改革任务。

清华大学保卫处综合改革实施方案

（2015—2020 年）

为贯彻落实《清华大学深化综合改革方案》和《清华大学后勤综合改革方案》，加快推进具有清华特色的校园安全稳定工作体系建设，紧密结合学校安全保卫工作实际，制订保卫处综合改革和发展实施方案。

一、形势与挑战

1. 国际国内安全形势对高校安全稳定带来挑战。国际形势和世界格局的动荡变化，国内转型期安全隐患风险增加，高校作为文化交流和人才培养的重要场所，文化和意识形态等方面的斗争依然十分激烈。学校高度重视校园安全稳定工作，推动依法治校，提高师生员工遵纪守法意识。但涉稳相关事件、个别违法违纪现象、实验室安全事故、火情等不稳定不安全事件仍时有发生，师生员工"生命至上、安全第一""遵纪守法"的意识技能仍需要不断提升，对校园安全稳定工作提出新挑战、新要求。

2. 校园安全稳定工作需要守正创新。为适应学校深化综合改革新任务及师生员工新需求，校园安全保卫工作需要守正创新，大力弘扬优良传统，完善创新安全管理体制、运行机制，不断提升国际视野、工作标准，持续提高校园综合治理水平。深化校园安全保卫工作综合改革，必须以学校深化综合改革方案为指导，进一步解放思想、实事求是、与时俱进，与学校办学理念相契合、与校园百年沉淀相融合、与学校育人目标相结合、与世界一流大学标准相吻合，发展创新安全保卫工作，提升工作成效。

3. 安全保卫工作队伍综合素质有待提升。当前校园安全稳定工作的复杂性和艰巨性对安全保卫工作队伍的综合素质与能力提出新要求，尤其是信息化等方面的新技术、新技能需求更高。由于历史原因，保卫处安全保卫工作队伍整体呈现平均年龄偏大、学历偏低、后劲不足的态势，与学校建设"双一流"大学的要求不相适应。在学校人事制度改革背景下，如何建设高素质、高水平的安全稳定工作队伍是当前校园安全保卫工作面临的严峻挑战。

二、总体思路

4. **改革发展目标**。通过体制改革完善责任落实，通过机制创新激发整体活力，通过队伍建设凝心聚力，通过专业标准提高要求，建立和完善以一流大学建设需要为导向、以学校管理力量为主体、以政府执法力量为后盾的具有清华特色的安全稳定工作体系，推动形成专群集合、齐抓共管、综合治理的大安全工作格局，全面提升校园安全管理、服务、教育水平，实现"大事不出，小事减少；管理有效，服务周到；和谐平安，秩序良好"的平安和谐校园的目标。

5. **基本原则**。深化安全保卫工作综合改革要始终坚持以学校为主体，走专业化发展与群防群治相结合的道路，抓好统筹，夯实基础，注重长效，服务学生成才成长，服务学校改革发展大局，服务首都和全国和谐稳定大局。

三、改革发展任务

（一）不断完善校园安全管理工作体制

6. 积极发挥学校安全稳定工作领导小组作用，加强学校对于安全稳定工作的领导。充分发挥学校安全稳定工作领导小组办公室作用，将其建为学校安全稳定工作的指挥中心、管理主体和工作枢纽。强化各院（系）、单位安全稳定工作小组建设，切实发挥统筹协调作用，促进形成党政同责、一岗双责、横向到边、纵向到底的责任体系。推动形成学校党委统一领导、党政齐抓共管、职能部门组织协调、基层单位分工负责、师生员工共同参与的安全稳定工作格局。

7. 探索学校和政府协同治理校园秩序的新途径，建立以学校管理力量为主体，以三区统筹联动为支撑，以政府执法部门为后盾的校园安全管理模式，推进学校和政府协同治理校园秩序。

8. 不断完善校园安全责任体系、校园矛盾纠纷排查化解体系、校园综合防控体系、校园安全教育体系、应急处突体系等建设，持续提高校园综合防控能力和校园安全稳定水平。

（二）不断完善校园安全管理工作机制

9. **健全完善分工负责与统筹协调机制**。健全完善学校和属地政府之间，学校职能部门和学校各二级单位之间，以及学校保卫处、清华园街道办事处和物业管理中心（后更名为学生社区管理服务中心）之间的分工负责和统筹协调机制，充分高效地发挥各方面的积极性、主动性，形成合力。

10. **健全完善责任落实与风险防范机制**。推动安全稳定工作纳入各单位年度工作计划，推进落实重大决策社会稳定风险评估，防范矛盾纠纷和社会稳定风险隐患。完善沟通渠道，及时回应校园安全之师生关切，促进校园和谐稳定。持续开展校园安全宣传教育，切实提升师生员工安全法治意识和技能。持续开展安全隐患排查整治，提升校园安全稳定水平。

11. **健全完善"三全"安全育人机制**。高度重视并不断完善安全宣传教育工作，坚持全员育人、全程育人、全方位育人，协同推动不同群体安全教育培训全覆盖，不断丰富内容、创新形式，增强宣传教育的吸引力和实效性。坚持群众路线，推动宣传教育，群策群力，鼓励院系师生员工参与，推动安全干部和志愿者队伍建设，共同营造良好的安全文化氛围。

12. **健全完善信息共享与闭环控制机制**。完善部门间信息采集和共享机制，及时掌握苗头信息以及案事件信息，促进安全工作的统筹协调。加强安全案事件全过程闭环处理，优化报案、处置、信息归档等环节。定期组织安全隐患排查，限期整治，定期复查，未能整改的列入台账，定期督促至整改为止，确保隐患排查整治实现闭环控制。

13. **健全完善责任追究与奖励激励机制**。明确各级岗位责任制，确保责任落实到人，强化责任落实，对安全事故坚持"四不放过"的责任追究原则，即发生原因不查清楚坚决不放过、有关责任人没有得到严肃处理坚决不放过、事故责任人和广大师生员工没有得到深刻教育坚决不放过、相应整改措施未落实坚决不放过的原则。推动完善安全工作奖励激励办法，对校园安全综合治理表现突出的先进单位和个人，通过适当形式加以鼓励激励，发挥先进单位和典型人物的示范引领作用。

（三）加强安全保卫职工队伍建设

14. 加强安全保卫队伍建设。积极适应当前学校人事制度改革，按照专业化、职业化的标准，拓展安全保卫工作队伍聘用渠道，加强专家型人才和高技能人才的培养和引进。努力建设一支政治思想好、文化水平高、管理能力强的，忠于职守、敢于担当、坚韧不拔、热情服务的安全保卫职工队伍。

15. 加强队伍教育培训。持续加强学校安全保卫干部、保卫处职工队伍教育培训，提升安全工作队伍的综合素质和专业技能。制定完善相关政策制度，鼓励广大干部职工以及保安员立足岗位成才成长，提高整体队伍专业化、职业化水平。

（四）加强安全研究的实践应用，发挥清华引领示范作用

16. 积极推进校园安全工作的专题研究和实践探索。组织参与全国学会、北京学会以及学校的课题研究，加强安全工作的问题与对策研究，并推动研究与实践应用结合，开拓创新以改进工作。加强与国内外高校同行的交流学习，不断提升校园安全保卫水平，发挥清华引领示范作用。

四、具体工作

（一）完善组织领导体系和责任体系

17. 完善领导机构和工作机构。积极推动学校安全稳定工作领导小组办公室在学校安全稳定工作中充分发挥作用，推动各院（系）、单位全面明确安全稳定工作小组，制作、完善学校安全稳定工作机构以及负责人通讯录。

18. 探索保卫处内设机构改革。在维持现有职数的基础上，调整完善内设机构，强化安全宣传教育、安全生产隐患排查整治等职能；推进校园安全指挥中心的建设，加强综合值班、应急处突、反恐防暴、信息化建设等工作。

19. 大力加强安全保卫队伍建设。多方面拓展干部来源渠道，努力足额配备专职安全保卫干部。加强保安员队伍培训和管理工作，促进队伍稳定。加强学生治安服务队、交通协管分队以及消防督察分队的指导。加强分类培训和交流研讨，不断提升安全保卫队伍的业务能力和水平。

20. 深化横向到边、纵向到底的责任体系。健全完善安全稳定领导责任

制和目标管理责任制，层层签订责任书，将工作责任和任务逐项落实到具体岗位具体人，确保每一项工作、每一个环节都有人抓、有人管、有人负责。

21. **制定、完善科学合理的安全绩效考核评估办法**。加强对学校各二级单位安全稳定工作责任落实情况的督促检查和考核评价，据此进行责任查究及表彰奖励。

（二）完善维护稳定工作体系

22. **建立健全情况信息搜集研判机制**。依托各级党团组织、安全保卫干部队伍、学生工作系统，建立渠道畅通、反应灵敏的校园安全稳定情况信息动态搜集网络，及时掌握有关倾向性、苗头性问题和行动性、内幕性信息，掌握工作主动。

23. **建立完善平战结合、注重常态的维护稳定工作机制**。认真落实加强常态条件下高校安全稳定工作的有关要求，抓好安全稳定各项工作措施的落实。认真落实市委教育工委《关于切实做好敏感期高校安全稳定工作的意见》（京教工〔2010〕58号），确保敏感时期校园平稳。认真总结实践经验，深化细化常态条件下与敏感时期校园防控模式，形成平时战时有机结合、有效转换的安全稳定工作机制。

（三）完善矛盾纠纷排查化解体系

24. **健全落实重大事项社会稳定风险评估机制**。在出台涉及师生利益的重要政策、管理措施和工程项目立项时，推动把稳定风险评估纳入决策程序，最大限度预防和减少矛盾。推动加强沟通渠道建设，不断丰富完善师生沟通协调机制，切实推进解决好师生切身利益问题。

25. **深入开展矛盾纠纷排查化解工作**。高度重视信访工作，积极回应师生员工利益关切。每学期至少开展一次矛盾纠纷集中排查，动态更新工作台账，严格落实分级挂账销账制度，有效防止问题积累和矛盾升级。加大对重大矛盾和疑难问题的攻坚力度。加强对典型案例的研究，不断总结经验教训。

（四）完善校园综合防控体系

26. **持续推进科技强安工程**。进一步督促加强技防设施设备建设、管理、使用、运行维护和值机人员上岗培训，加大经费保障和制度措施落实力度，确保学校技防系统稳定可靠运行。

27. **以三区联动为基础，完善以网格化、等级化为核心的校园综合防控模式。**进一步明确网格划分和网格管理的责任人员和职责任务。进一步明确、细化"常规""加强""超常"三个等级的划分标准与响应措施，根据不同时期校园安全稳定工作需要适时启动相应防控等级，对各种防控对象、要素实行有效管理，推进管理防控工作精细化。

28. **推进学校和政府协同治理校园的新途径。**进一步加强保卫处和清华园街道办事处的联动，协调政府执法力量参与校园秩序管理，建立以学校管理力量为主体、以三区统筹联动为支撑、以政府执法力量为后盾的校园综合防控与安全管理模式，推进学校和政府协同治理。

29. **加快完善以校园安全指挥中心为核心的平安校园管理服务中心建设。**完善集综合值班、师生求助、消防报警、视频监控、远程会议、应急指挥六位一体的综合管理服务平台建设。进一步推进安全稳定工作管理信息系统建设，不断提高信息化工作水平。

30. **推进校园消防基础设施改造工程建设。**积极推动为老旧建筑加装火灾自动报警系统，为老旧建筑更新消防设施，实现校园火警自动报警系统联网，争取建立消防水系统远程监控系统等等，争取使消防基础设施得到系统性升级改造，提高校园整体消防能力。

（五）完善校园安全教育、管理和服务体系

31. **深入开展安全教育，努力提高广大师生安全素质。**进一步扩大安全教育覆盖面，拓展安全宣传教育的途径，丰富安全宣传教育的内容和形式，加强实际操练体验，提高针对性和实效性。

32. **发挥校园综合防控体系作用，提高校园治安秩序管理水平。**统筹联动政府执法力量，持续整治校园及周边秩序，维护安全和谐的校园环境；协助公安机关，坚持"预防为主，打防结合"，努力减少发案数，提高破案率，确保校园安全稳定。

33. **完善安防基础设施，加强隐患排查整改。**加大投入，不断规范完善校园治安、消防、交通、安全生产、危险物品管理等基础条件设施。坚持校园安全隐患排查整治长效机制，及时排查、及时更新台账、及时消除隐患。

34. **提前谋划校园参观管理服务。**在总结历年工作经验教训以及听取广

大师生员工意见的基础上,提前谋划,疏堵结合,多措并举做好校园参观管理服务工作。

35. 完善校园交通秩序管理。 进一步加强校园机动车静态停车管理和加大机动车超速违停等违章管理力度,持续管控燃油摩托车,探索有效管控电动车的有效途径和方式,改善校园交通环境。

36. 持续推进消防工作标准化和能力建设。 推动消防安全"标准化""信息化"管理,推动消防"四个能力"建设,增强依法管理的意识,提高科学管理的能力,确保校园消防安全。

37. 规范强化大型活动管理。 加强协调,不断规范大型活动和重要勤务的审批备案、安全方案制订、勤务保障力量调配、现场秩序维护和保障,确保大型活动安全。

(六)完善应急处突体系

38. 强化 24 小时综合值班值守。 完善校园安全指挥中心的建设,强化 24 小时综合值班值守,不断提高调度布控和综合指挥能力。

39. 加强应急处突队伍和能力建设。 充实队伍、培训人员、补充装备、完善预案、加强演练,不断提高处置各类应急突发事件和反恐防暴能力。

五、实施与保障

40. 加强党建引领。 在学校机关党委领导下,充分发挥基层党组织的战斗堡垒作用和党员先锋模范作用,加强理论学习和工作实践,为改革发展提供动力和组织保证。

41. 加强协同联动。 在学校后勤系统统筹领导下,按照学校要求,协同相关部门,联动校外政府执法力量,配合保障方案的实施。

42. 加强调查研究。 积极了解学习兄弟高校以及其他部门的工作开展情况,借鉴好做法和成功经验,拓展国际视野,不断提高我校安全保卫工作的水平。

43. 加强组织实施。 保卫处负责本方案的组织实施,结合后勤整体工作部署和推进,制定改革任务书和时间进度表,统筹安排,整体推进。广泛宣传,主动沟通,争取广大师生以及干部职工的理解、支持和响应,统一思想,凝聚力量,确保各项改革措施顺利进行。

清华大学基建规划处综合改革方案

为深入贯彻落实清华大学深化后勤综合改革方案，构建符合世界一流大学水准的高校基本建设管理体系，基建规划处结合处内实际情况，特制订本方案。

一、形势和挑战

（一）我校围绕创建世界一流大学的奋斗目标及三个九年的战略规划，校园建设规模飞速发展，各院系科研需求和学生生活住宿需求仍然极其旺盛，基建管理体制和运行机制需要进一步梳理、完善、创新。

（二）深化基建综合改革，必须以学校和后勤深化综合改革方案为指导，在巩固现有改革发展成果基础上，进一步解放思想、理清思路、扩大视野，吸收社会优质力量，加强联合，设立一流建设标准，提升基建工作品质，更好服务学校发展。

二、总体思路

（一）**改革目标**。通过职能定位和科室职责梳理促进工作职责清晰，通过机制创新激发基建活力，通过队伍建设凝聚各方力量，通过一流标准提高工作品质，建立和完善与世界一流大学发展相匹配、以学校基建管理队伍为主体、以社会优质资源和专业力量为依托、以行业监管和后勤保障体系为后盾的具有清华特色的新型基建管理体系，全面提升基本建设管理水平和建筑成果品质。

（二）**基本原则**。深化基建综合改革要坚持国际化、社会化、标准化改革方向，以学校为主体、以服务发展为根本、走专业化发展道路。要始终强化优质、高效、廉政的根本要求，把握高校基建的共性和特性，遵循教育要求和市场规律，处理好经济和品质的关系。

三、改革任务

（一）**满足世界一流大学建设需要，明确基建规划职能定位。**按照服务学校发展的中心思想，明确基建规划的职能定位，确定基建规划的工作范围，做到"边界明晰，定位准确"。

（二）**进一步梳理基建管理体制，明确科室及项目部岗位职责。**按照科学高效、责权统一的原则，明确各科室及项目部的职能定位，强化责任区分，强化管理到位。同时加强综合协调，促进科室、项目间紧密配合，提升整体作战能力。

（三）**积极推进基建保障专业化建设。**进一步厘清基建工作内容，明确可由社会优质资源替代的服务项目，拓宽国际视野，按照市场规律，选择社会优质力量。对于不能替代内容，明晰岗位规范，加强岗位专业化和工作内容标准化建设。

（四）**建立绩效考核管理办法。**通过激励有力、约束有效的绩效考核分配机制，建立能体现不同岗位贡献、个人能力与个人业绩相结合的薪酬激励体系，充分调动职工积极性、主动性和创造性，有效实施基本建设管理任务。

（五）**完成基建队伍建设规划。**根据基建发展规划建立基建队伍建设规划，按照年龄结构、学历结构、专业结构、性别结构的原则加强职工队伍建设，通过岗位交叉和轮换，建立素质过硬、能力综合、结构合理的职工队伍。

（六）**加强队伍培训。**建立健全职工教育培训体系，加强全面素质培养和专业技能提升，扩大业务交流和骨干队伍的国际考察，提高职工骨干的专业化、职业化、国际化水平。

四、具体要求

（一）**职能定位。**加强与学校、总办及校内相关单位的沟通协调，明确本部门的职能定位与职责，在2015年暑期前形成《基建规划处职能定位和工作职责》。

（二）**科室及项目部职责。**征询监察室、财务处、审计室对基建工作改进建议，由各科室及项目部再次梳理各自职责，明确有所为有所不为的工作内容，在2015年底前形成《基建规划处各科室及项目部岗位职责》。

（三）制度建设

1. 2015 年底前修编完成《清华大学校园规划管理办法》，提升校园规划制定的科学性与系统性，注意校园规划与学校事业发展规划和学科建设规划相互衔接，加强基建规划处对校园建筑的规划管理，加强与校内修缮中心、绿办、保卫处等相关部门关于市政基础设施、环境景观、交通等的联系。

2. 2015 年底前修编完成《基建规划处前期管理办法》，明确各新建、修缮项目启动立项报批的前置条件，明确各报批阶段相关职能科室及项目部根据报批工作需要完成的各项工作内容，并根据学校事业发展需求的急迫程度，建立校园基本建设年度计划管理机制，力求做到有计划、有节奏、有步骤地开展校园基本建设工作。

3. 2015 年底前修编完成《基建规划处设计管理办法》，加强设计各阶段管理的规范化、科学化、标准化，按照与房管处拟定的《新建楼宇选址阶段工作流程》《新建楼宇建设需求阶段工作流程》加强选址可行性论证及功能需求分析和方案论证，加强规划设计科、项目部在技术层面的搭接、规划设计科和造价管理科在成本控制方面的合作，并明确第三方工作任务和工作成果的约束性要求，对各阶段设计任务书、设计成果建立系统性的综合评审及专业评审机制。

4. 2015 年底前修编完成《基建规划处项目管理办法》，明确项目部组成机制与建立 / 撤销时期，明确项目部在设计阶段、开工前准备、施工过程、竣工验收与结决算等项目建设全过程中的工作内容及与各相关职能科室的搭接和受约束条件，落实项目执行计划的编制、招标计划的申报，探讨拓宽基本建设管理思路、完善建设管理模式的方式，同时与规划设计科联合逐步建立竣工工程后评价体系。

5. 2015 年底前修编完成《基建规划处造价管理办法》，明确造价管理各阶段的工作内容，分类建立各类工程的签证审批权限；将造价工作重心进一步前置，与设计管理措施配套，强化方案阶段的造价管理；跟踪竣工项目的结算进度，建立施工单位竣工结算配合程度的评价体系，分类建立各类工程的造价分析体系，为后续工程的投资决策提供依据。

（四）标准化建设

1. 分析和总结在高校中具有广泛适用性的技术措施，2015 年底规划设计科与造价管理科联合建立我校《建筑各类型用房的设计标准》，通过标准化管理体系的建立和完善提升设计成果的品质，并明确各种形式建筑各种主材的主要选型及造价标准。

2. 进一步研究前期报批周期缩减的有效手段，加强相关规范和政策的研究学习，2015年底由前期管理科建立各类报批图纸的《报批审查准则》，通过报批前加强对设计图纸的技术及合规性审查，最大程度减少上报图纸修改次数，提高报批效率。

3. 分析和总结各种现行施工标准和质量验收技术规范，2015年底由工程建设科提炼和总结出我校《建筑施工管理及质量验收试行标准》。

4. 强化招标文件编制和合同文本审查程序，持续提升招标文件和合同文本质量，不断完善各类工程招标文件和合同范本库。

（五）信息化建设

1. 2015—2016年通过购买系统软件、完工项目查阅历史资料、与修缮中心、网络中心加强联系、定向测量，以及建立规划审批与验收等多种手段逐步建立全校市政基础设施信息管理系统，为规划决策和校园建设提供更为科学可靠的支撑和依据，全面提升规划管理的信息化程度和智能化程度。

2. 进一步完善项目管理信息系统模块结构建设，落实规划、设计、施工管理相关信息的及时传递，2015年底实现规划、设计、报批、施工、合同、结算工作成果的全覆盖，为管理决策和人员综合能力提升提供依据和平台。

（六）社会化及专家力量参与

1. 扩大规划、设计阶段的技术分析、审查环节及决策咨询环节的社会力量参与程度，充分利用学校建筑、土木、环境、文保等各相关专业的优质专家力量，并建立规划与设计咨询专家库。

2. 进一步放开设计方案征集范围，在国际化视野下完善设计单位的准入、遴选及评价机制。

3. 进一步深入分析基本建设市场的组织结构和发展趋势，探索设计"总承包模式"、代建制的逐步实施。

4. 进一步引入社会优质资源参与造价控制工作，加强造价管理的过程控制，进一步提高造价管理的科学化、精细化、标准化。

5. 进一步引入社会优质资源参与招标工作，扩大采用招标代理方式招标的事项，从而提高采购质量和效率，降低招标风险。

6. 积极探索引入社会法律顾问，全面提升合同管理水平，提高管理成效。

7. 跟踪基本建设各管理环节社会力量履约情况，及时落实反馈意见，建立社会力量服务后评价机制，逐步建立优质单位库。

（七）队伍建设与绩效考核

1. 建立岗位规划。根据基建处职能定位、各科室岗位职责，结合学校人事制度改革方向，2016年确定基建规划处队伍建设规划，从进人、在岗、退出三方面构建员工任用体系，合理布局各职能科室成员，建立老中青相结合的梯队模式，通过多途径选用高层次人才，储蓄后备力量，同时为员工职业发展提供空间。

2. 完善绩效考核。根据岗位特点，2016年制定《基建规划处绩效考核管理办法》，完善考核标准和奖励机制，激发员工工作积极性和主动性。

3. 健全职工教育培训体系。建立职工教育培训档案，全面执行《基建规划处职工教育培训管理办法》，每年全处提供不少于4次合计8学时的教育培训，科室组织不少于8次合计16学时的教育培训，加强职工全面素质培养和专业技能提升。

4. 扩大业务交流和骨干队伍国际考察。每年组织至少2次校际之间交流考察，并争取学校支持，积极寻找机会组织骨干队伍国际考察，拓宽国际视野，提升设计和施工品质。

五、组织实施

（一）本方案按照学校后勤综合改革方案进行设计，制定改革任务书和时间表，统筹安排、整体推进、督促落实。2017年上半年进行中期检查，2020年基本完成改革任务。

（二）各科室按照后勤和本处改革方案的要求，统一思想、凝聚力量、具体落实，确保各项改革顺利实施。

清华园街道综合改革实施方案

为贯彻落实学校和后勤的综合改革方案，清华园街道紧密围绕方案中提出的目标和任务，结合工作实际，制订综合改革实施方案，以进一步推动各项工作科学化、规范化发展。

一、工作思路

清华园街道受清华大学和海淀区政府双重领导，坚持以"构建文明和谐社区，服务一流大学建设"为宗旨，努力建设以人为本的综合服务体系和科学规范的精细管理体系，发挥政府、学校之间的桥梁和纽带作用，探索"大院式"街道社区管理新模式。努力发挥清华园街道办事处政府职能，"统筹辖区资源、监督专业管理、组织公共服务、指导社区建设"。全力争取政府资源，引导社会优质资源服务社区，不断改善家属区的环境秩序和提高广大居民的生活质量。

在推进综合改革进程中，注重妥善处理好政府要求与学校要求之间的关系、大多数人利益与少数人利益之间的关系、群众需求与现实情况之间的关系、全局利益与部门利益之间的关系。通过不断改革，最终实现"三个满意"：师生满意、学校满意、职工满意。

二、改革目标

加强社会服务管理创新，实现政府管理与学校管理的有机结合，探索大院街道社区管理新模式。

以家属区的管理服务为核心任务，推动学校相关部门合作参与，创新社区管理机制，建立职责明确、流程规范、长效科学的家属区运行体系。探索和推进我校老旧社区的物业化管理，加快智慧社区建设，最终建立便捷优质的家属区服务保障体系，为教学科研做好日常服务。

结合政府业务下沉的新形势,探索适合大院的街道运转体系,促进政府管理和学校管理的有序对接,形成双重管理的合力。发挥清华园街道办事处政府职能,提高工作队伍的综合行政能力,提高辖区公共服务水平。依据学校依法治校精神,发挥街道综合协调作用,建立适应校园要求的综合执法办法,提高执法能力和成效,做好学校管理服务的后盾。

进一步深化幼儿园教育研究与实践,多途径加强师资队伍建设,不断提高保教质量。

三、工作任务

(一)调整组织机构

在社保所运行基础上,建立政务服务便民大厅,将面向居民的行政服务分阶段、分步骤地迁移集聚,方便居民办事,提高服务质量和效率,实现一站式服务。

设立综合治理办公室,加强辖区综治维稳工作。

设立统计经济办公室,整合统计、税源建设职能,加强为地区经济发展服务,建立和完善税源工作办法。

成立地区爱卫会,落实门前三包、校园控烟等工作。

成立地区计生委,协助学校做好计划生育相关工作。

成立地区综合治理委员会,加强校园综合执法。

成立地区食品安全委员会,保障校园食品安全管理。

成立地区安全生产委员会,加强校园安全生产工作。

(二)建立综合治理长效机制

建立和完善综合治理联动机制,统筹网格化管理和城市应急指挥工作,加强安全监控大厅的协调调度能力,城管科牵头,合理调配城管、劳动监察、安全生产、税源、统计、网格化管理以及应急指挥等管理职能,协调一致,综合管理。

进一步加强网格化管理工作机制,充分发挥三街协调、三区联动的工作机制,加强人防、物防、技防体系建设,不断提高社区安全水平。修订各项应急预案，开展应急演练，建立以专业保安为骨干的应急队伍，提高应对和处置社区突发事件能力。

加强平房区的管理服务，增设专门的服务队伍。推动住户互助组建设，共同加强出租户、流动人口、消防、治安、防煤气等工作。

建立和完善家属区管理服务联动机制。协调清华园街道、房管处、财务处、保卫处、修缮中心、物业中心、信息化技术中心等直接参与家属区管理服务的校内单位建立协作机制，明确各单位的职责范围，规范各项服务的标准，建立通畅的协调沟通渠道，加强协作配合，解决居民困难，不断提高家属区的综合服务水平。

稳妥推进校园综合执法，配合学校做好校园管理服务。发挥属地协调职能，依托属地管理相关政策，综合协调公安、城管、食药、卫生监督、安全生产、劳动监督、司法所等政府执法部门，建立校园联合执法制度，及时发现并处理校园违法行为，努力解决违建、违法经营等难点问题。

（三）加强队伍建设

结合街道事业发展需要，进一步完善队伍发展规划，统筹科室和社区队伍设置，定岗定编，不断提高队伍素质。加强干部队伍建设，实现新老干部的平顺过渡，提高年轻干部的工作能力。

加强街道青年骨干培养，特别是关键岗位的骨干培养。加快人才储备，促进青年骨干队伍的培养选拔，提高骨干队伍对学校、街道的认同感，为街道事业的不断发展培养后备人才。

加强政府公益性岗位队伍和协管员队伍的建设。明确用人科室责权，加强协管员队伍的管理，激发协管员的工作积极性。探索政府公益性岗位队伍服务社区新模式，完善社区服务岗位设置，委托第三方代管，补充社区服务力量的不足。

（四）加强制度建设

加强制度建设，坚持机制创新，修订和完善街道涉及人、财、事、物的各类规章制度。

加强人事制度建设，完善聘用、培训、考核和激励等环节的管理办法。规范岗位设置及管理、考核管理、绩效奖惩、福利薪酬及工作培训，实现队伍建设的科学化，更大程度上调动广大职工的工作积极性、主动性、创造性，促进工作能力水平的不断提升。

加强源头治理，完善内控体系，严格预算管理、资产管理、招标采购、收支业务、建设项目管理、合同管理等相关制度。

完善和规范业务流程，撰写工作手册和岗位说明书，提高工作效率和质量。

（五）加强智慧社区建设

发挥智慧社区建设先行优势，加强顶层设计，分步实施，最终完成"一个门户、两个平台、三个中心"的智慧社区建设。配合后勤做好93001综合服务平台的升级，提高平台一站式服务能力。

升级清华园街道自身网站，建立辖区电子商务平台，开发移动服务程序，完成主页改版。完成清华园街道信息化建设，提高内部管理水平。推进街道数据中心建设，加强家属区数据采集和分析。

（六）加强社区养老工作

持续加强社区为老服务能力，建设服务机制系统化、服务方式多元化、服务手段信息化、服务工作人性化、服务事业科学化的社区为老服务工作体系。加强为老服务的调查研究，摸准退休教职工需求，抓好服务切入点，分层次、分阶段地增加服务种类，提升服务水平。

充分利用政府政策支持，发挥学校制度优势，进一步整合各类资源，扶持培育为老服务实体发展。拓展社区服务中心社区综合服务能力，逐步实现社区24小时服务，尝试解决老人的上下楼、日常照看、医疗车及特殊情况的应急服务。依托智慧社区建设，吸引整合周边优质资源为社区服务，不断提高为老服务水平。加强老年大学工作，支持社区社团发展，丰富社区文化生活。

（七）推进老旧小区物业化管理

与房管处等部门密切合作，推动校园内老旧小区实施物业化管理。明确物业管理企业和学校服务部门之间的职责分工，建立有效的合作机制。

结合清华特点，成立社区自我服务管理委员会，促进居民社区自治。大力培育社区志愿者队伍和社区社团组织，共同参与家属区的管理和服务。

（八）加强基层调查研究

街道党工委每年确定一到两项调研课题，探索基层政府相关治理研究，充分借助清华学科优势，开展基层政府的效能评估、居民满意度评估等研究。

（九）加强幼儿园建设

进一步深化幼儿园教育研究与实践，多途径加强师资队伍建设，不断提高保教质量。整理课改经验与成果，完成《园本培训》《幼儿膳食营养宝典》《创意手工》《园本课程研究与实践》等书籍的出版。申报"十三五"教研、科研课题，推进《3～6岁儿童学习与发展指南》精神的落实，引领保育教育工作质量不断提升。

四、组织实施

本方案按照学校后勤综合改革方案进行设计，具体组织按照改革任务书和时间表进行统筹安排、整体推进。根据学校后勤安排，2017年下半年进行中期检查，2020年基本完成综合改革任务。

街道各科室、各社区居委会和政府专业部门要按照方案要求，在街道的统一部署下，统一思想、凝聚力量、保障经费、具体落实，确保各项改革顺利实施。

清华大学医院综合改革实施方案

为贯彻落实清华大学深化综合改革方案，按照后勤综合改革方案的总体部署，紧密结合学校医院工作特点，统筹兼顾社区卫生发展要求，加快推进高校领先、社区一流、清华特色的基层医疗机构建设，特制订和实施清华大学医院综合改革实施方案。

一、形势和挑战

1. 面对学校师生员工对医疗保健不断增加的需求和医院实际服务能力之间的不匹配；面对医院建设的新标准和医院现有条件之间的不达标；面对社区卫生服务不断提出的新任务和医院客观条件之间的不适应；需要通过医院的管理模式和激励机制进一步创新、医疗保健保障水平、办院视野和工作标准进一步提升，医护技三支医疗保健队伍进一步协调发展来解决发展中的新问题。

2. 深化医院综合改革，必须以学校深化综合改革方案为指导，按照后勤深化综合改革方案的要求，在现有基础上，医院坚持从学校建设一流大学发展的实际要求出发，坚持最大限度满足清华大学师生员工及社区居民医疗保健需求，坚持将政府社区卫生改革要求与医院面临的学校医疗保健实际情况相结合，走出具有高校医院特色的改革发展道路，使医院在队伍建设、学科建设、制度建设、文化建设、环境建设等方面实现健康发展，使师生员工及社区居民的基本医疗及公共卫生保障水平处于全国高校前列。

二、总体思路

3. 改革目标

通过队伍引进培养，提高队伍的服务能力；通过激励机制改革，提高职工自身的服务激情；通过信息手段建设，提高医院服务效率和管理水平；通过检查技术拓展，提高医疗保健的服务质量；通过医院环境建设，提高整体医疗服务水平。建立和完善以学校发展需求为导向，以提高职工职业素养和服务能力为核心，以发展健康管理教育、老年疾病防治、口腔疾病防治、临床诊断检测、康复治疗管理为主要内容，全面提升医院管理、服务、保障水平，努力为师生员工提供优质、高效、安全、便捷和经济的医疗保健服务。适应全国医疗卫生体制机制改革的新形势，服务于清华大学建设世界一流大学的总体目标。

4. 基本原则

以不断满足全校师生员工的健康需求为改革方向，以提高医疗保健服务质量为核心，以服务学校基本医疗和基本公共卫生需求为基本出发点，秉承"以人为本、防治结合、严谨求实、厚德服务"院训精神，坚持实事求是，坚持医院的公益性，坚持育人根本要求，坚持以自我发展为主、吸引社会优质医疗资源为学校服务为辅的发展道路。

三、改革任务

5. 满足学科发展需求，改革医院管理机制

面对新常态，积极开展医院管理机制创新。按照"分层管理、责权统一"的原则，明确行政二级垂直管理和各专业委员会业务管理职能定位和职责内容。下移行政管理重心，给科室更大的管理权，给各专业委员会在学科发展、业务培训、专业判别等领域更大的决策权。构建院级行政管理部门负责监督、检查、协调，科室负责组织落实，各专业委员会负责学术决策和专业指导的管理体系。使医疗保健的工作质量能逐年提升，不断提高专业水平。

6. 满足事业发展需求，加强医院队伍改革发展

医院最近几年的年门急诊量基本保持45万人次，病房800人次，手术200人次，体检3.5万人次的医疗保健任务，同时还有政府不断下移的公共卫生任务，目前的队伍总量远远无法满足新情况以及发展需求。紧紧围绕医院确定的健康管理教育、老年疾病防治、口腔疾病防治、临床诊断检测、康复治疗管理五个重点发展学科，制定新的医院队伍建设十年规划，使之符合医院发展实际需求。通过人才的引进与培养优化队伍结构，调整学科带头人、业务骨干和基本职工队伍达到合理比例。坚持引进和培养相结合，坚持以医德和技术水平作为引进核心指标，坚持以优秀品德和精湛技术作为干部考核标准，坚持以

医德和技术水平作为队伍培养核心内容，完善医院定期全院岗位聘任制度，实现"按需设岗，公平招聘，竞争上岗"的聘任原则，逐步形成队伍培养机制。制定队伍考核制度，形成引进、培养、考核一系列管理办法，努力建设一支医德高尚、技术精良、爱岗敬业的职工队伍。

7. 满足队伍建设需求，改革医院薪酬制度

积极推进医院薪酬制度改革。实行院科两级管理模式，本着"谁用人，谁考核"的原则，医院主要负责制定面向全院的基础奖励及干部管理绩效考核奖励办法，科室负责制定科内每位职工工作绩效考核核算办法，逐年提高科室支配薪酬权重，充分调动科室团队合作积极性。建立符合医学特点且与医院实际工作相吻合的各类薪酬考核发放管理办法，充分调动各科室的积极性、主动性和创造性，让所有职工享受到改革红利，逐年提高全院职工的福利待遇。

8. 满足职业发展需求，建立职工继续教育体系

医学的快速发展要求医务工作者必须始终保持积极的学习态度和学习习惯，并变成一种纪律加以强化落实，才能保证队伍的业务素质能跟上时代进步的步伐。紧紧围绕医院确定的五个重点发展学科给职工创造学习和研究机会，创造多种形式的职工业务学习提高途径，制定职工继续教育制度及严格考核指标，鼓励护理人员加快学历教育，全面提升业务素质。鼓励立足岗位成长成才，提高队伍的整体服务水平。

9. 满足医疗服务需求，推进信息化建设

积极开展广泛的实际调研，探索信息化有效推进的机制，促进院内信息化的建设，提高管理水平和工作效率。不断推进新的网络手段在医院系统中的使用，提高自助化服务水平，为居民就医创造便捷获益条件。

10. 满足医院长远发展需求，加强医院文化建设

采用多样形式，贯彻"以人为本、防治结合、严谨求实、厚德服务"的院训精神。始终坚持患者需求至上；始终坚持医疗安全第一；始终坚持持续质量改进；始终坚持团队协作精神；始终坚持严谨求实作风；始终坚持崇尚医德理念的医院核心价值观的职业精神，形成清华大学医院特有的文化。

11. 满足师生健康管理要求，积极推进医院基础建设

积极努力将医院重建或改建纳入学校校园规划，推进医院建设项目的立项等相关工作，使医院建筑符合行业管理要求，满足医疗保健安全运行的需求，满足患者便捷就医环境要求。与学校积极沟通，将医院未来十年发展的检测设

备更换或新增纳入学校财务预算，更好保障医院正常运转。

12. 满足学校发展需求，探索分层预防保健建设

开展调研，探索如何建立一套具有大学特点的分层次预防保健服务模式，使不同群体都能获得保健服务。不断提高师生体检的质量，加强对健康体检结果的分析和研究，为学校宏观调控政策提供依据。

13. 满足医院自身发展需求，积极开展教学与科研工作

在大学生中开展《卫生与保健》课程内容建设的调研工作，使课程内容更贴近学生的要求，更符合实际生活中学生患病情况的要求。设立清华大学医院科学研究基金，创造研究条件，通过科技创新建立一支蓬勃向上的科研队伍，加强与院内外单位合作，提高清华大学医院预防、保健、检验、护理、治疗等学科的整体科研水平和技术水平。

14. 满足师生医疗保健需求，积极搭建校内外协作平台

积极推进医院与附属医院的联系，探讨校医院与清华大学附属医院协同发展模式；积极推进和北医三院、北医六院医联体合作协议的实施；积极研究与保卫处协同应对校园突发事件工作模式；积极促成与校办、物业中心、附中、附小、街道等单位面向学校基本公共卫生服务的有效合作机制；积极谋划与街道、离退休处研究应对老龄化带来的疾病护理问题。通过有效平台的搭建建立长效工作机制，提高工作的规范性和有效性。

四、具体要求

15. 队伍建设。重新评估未来 5 年医院各项任务需要的人力支持，按照学科体系，结合目前人员年龄结构、职称结构、学历结构制定未来 5 年人才引进规划，并细化成年度人才引进计划，按照"按需设岗，以岗定人，人岗匹配，公平招聘，竞争上岗"的原则挑选优秀人才，建立适合医院改革发展需求的一支优秀队伍。

16. 信息建设。在医院现有的信息化的基础上，加强信息化专业人才引进，提高信息化建设能力。按时完成北京市医保信息化要求，确保医保改革各项线上结算顺利执行。开展学生体检健康档案电子化工作市场调研与软件开发上线工作，提高学生体检工作的效率和质量。

17. 学科建设。围绕"十三五"规划制定的健康管理教育、老年疾病防治、

口腔疾病防治、临床诊断检测、康复治疗管理这五个重点发展学科，每年新项目审批向重点学科倾斜，确保重点学科在人才引进、设备沟通、环境改善等方面优先获得资源。

18. 文化建设。借助"护士节""医生节""杏林奖评选""后勤服务标兵"以及年终系列评优评奖活动，大力选树先进，宣传身边先进典型，贯彻"以人为本、防治结合、严谨求实、厚德服务"的院训精神。持之以恒坚持医院文化建设。

19. 环境建设。挖掘医院现有的客观条件，大力改善医院现有检验工作环境，创造一切条件建成满足医院发展需求的，涵盖临检、生化、免疫、微生物、细胞病理、PCR 分子诊断等现代化综合实验室，为临床学科发展提供强大支撑。

五、组织实施

20. 医院负责本方案的组织实施。2015 年启动，2018 年中期检查，2020 年基本完成。

21. 医院各科室根据医院的总要求，制定科内实施细则，并组织落实。处理好改革、发展与稳定的关系，加强宣传引导，统一思想，凝聚力量。

清华大学饮食服务中心
事业发展"十三五"规划实施计划

（2016—2020 年）

为贯彻落实《清华大学综合改革方案》和《深化后勤综合改革方案》，不断提高伙食服务品质、提升伙食保障能力、推进校园饮食文化传承，增强后勤为培养人服务的软实力，确保学校伙食事业的健康发展，特制定本规划。

一、"十二五"规划执行情况

（一）"十二五"规划实施情况

在"十二五"期间（2011—2015 年），我校食堂资源有所增加，拆除原清芬园和清青快餐厅，建筑面积约 2160 平方米，并在旧址新建一个食堂，建筑面积约 8000 平方米；新增融园食堂，建筑面积 1000 平方米；完成家园食堂改扩建工程，建筑面积增加 350 平方米。校内伙食结构有所调整，饭菜品种不断增加丰富，已形成 13 种不同就餐形式、不同经营风格、不同服务内容的食堂餐厅。每年均开发新品种，目前动态保持约 1000 种不同风味的主、副食品。基本伙饭菜价格保持稳定，一方面积极参加北京市高校联合招标采购伙食原材料，传统"伙联采"商品生均采购额和采购量连续多年排第一名。绿色食品基地建设有进展，在全国范围内新增绿色食品基地 4 个，总数达 14 个。集约化加工成效显著，2014 年，肉加工全年约 1000 吨，饺子生产 220 吨，同时两条集中加工生产线节约人工 120 人左右，大大降低伙食成本。确保了公益性办伙方向，完成了学生食堂"人均消费额"指标调整，落实"百元含量"指标考核，加大学生食堂低档菜补贴力度。节能减排成效显著，2014 年水电气消耗占营业额比例约为3.5%（2014年水和天然气价格有增长），比2011年降0.7个百分点，低于市教委标准化食堂标准（2008版）规定资源消耗8%～10%的标准。通过这些节约，每年降低办伙成本达1000多万元。就餐秩序得到改善，完成了在食堂就餐人群的梳理划分，从源头分类加强不同人群就餐管控，制定了相配套的成本补差和临时餐卡管理政策，并对来校培训及部分工作人员推行"错峰就餐"，避开师生员工集中就餐高峰。职工队伍结构调整有成效。

从总体上看，以基本伙食服务为主体的多层次餐饮服务保障体系已开始形成，通过转换机制，扩大服务，强化管理，增强了办伙的活力和实力，已形成了高中低档配套、中西菜点、大众小吃种类齐全、各具特色、就餐方式快捷的多层次、多类型的综合饮食服务网络，满足了师生员工的伙食需求。但我校伙食工作仍存在教工食堂就餐资源不足、食堂布局不均衡、关键岗用工来源、支出激增和营业收入有限增长矛盾凸现、设备设施严重老化等问题依然存在，具体如下：

1. 教职工就餐资源总量不足。2015年，饮食中心有教工餐厅8个，学生餐厅9个，经营性餐厅3个，还有采购科、食品加工车间等，食堂餐厅建筑总面积约6万平方米，担负着超过5万师生员工日常伙食保障。据初步测算，学生食堂[①]建筑面积4.6万平方米，教工食堂[②]建筑面积为1.3万平方米。但校内师生员工等就餐人员已超过5万人，包括师生员工、离退休、家属等，按北京市标准化食堂建设需求，人均就餐面积应为1.3平方米，我校就餐面积应超6.5万平方米。当前就餐资源总量不足，就餐位供应紧张，尤其教工食堂人均就餐面积远低于北京市标准化食堂建设要求。

2. 教职工就餐资源布局不合理。我校食堂主要分布在北区（北园、紫荆园、桃李园、玉树园、芝兰园等）、中部（清芬园、听涛园、闻馨园、观畴园、熙春园、荷园等）、西南区（南楼、澜园、家园），而东南区无食堂，同时东南区科研办公楼密集，人员日常就餐不便。

3. 支出激增和营业收入有限增长之间矛盾凸显。当前伙食原材料成本不断上涨，据国家统计局CPI统计，从2004年至2015年食品类价格同比上涨达70%。同时，劳动用工支出不断增加，2015年北京市最低工资标准调至

---

① 学生食堂统计：清芬园、听涛园、丁香园、清真食堂、桃李园、紫荆园、观畴园、融园。
② 教工食堂统计：芝兰园、荷园、寓园、南园、北园、家园、澜园、教师俱乐部，但不含熙春园、玉树园、清青快餐。

1720 元/月，比 2010 年提升 79.2%，加班费标准和社会保险基数随之提高，但校内就餐人数是有限的，餐饮收入总规模是有限的，增长率从 2011 年至 2015 年逐年下降，据统计，2015 年营业收入同比增长率降为 6%（2011 年收入比 2010 年增长为 16%）。

4. **办伙各项经济核算政策仍需完善**。对学生食堂而言，既要遵循公益性办伙方向，又要遵循经济规律，学生食堂基本伙间接成本提取比例保持 27%，仍处于较低水平（北京市标准化食堂基本伙间接成本提取比例为 25%～35%），经济核算政策需完善。价格平抑基金拨付数仍存在缺口，在校部分非双证学生摊薄了国家补贴；教育部"四项优惠政策"的落实仍与实际存在差距。

5. **关键岗用工风险问题**。食堂作为独立核算的经济实体，经营好坏由食堂经理来掌握。对经理而言，如没有归属感，很难想象这样的管理干部能发自内心地从学校长远的发展和稳定来考虑食堂伙食工作的发展。目前，食堂经理仍由事编职工担任，但随之退休高峰即将来临，相对事编职工，合同制职工用工风险大，急需建立并完善关键重点岗合同制职工的稳定、考评、激励等一系列制度。

6. **老旧食堂部分设备设施亟待更新**。中心每年都会投入经费用于日常小维修，更新低值易耗品，但至目前我们发现，老旧食堂内部供配电线路、屋面防水、油烟净化系统、给排水管道、安防监控设备、制冷系统、内装修饰、冷库等投入年限较长，均不同程度地出现老化现象，亟待全面的更新升级。

（二）面临的形势

至 2020 年，中国将全面建成小康社会，国内生产总值和城乡居民人均收入比 2010 年翻一番，劳动用工成本和优质原材料价格将持续提升。随着经济发展，社会餐饮业结构调整步伐加快，大众化餐饮进一步得到市场认可。当前，学校正在建设世界一流大学，世界一流大学需要有一流的伙食服务，因此对伙食安全稳定、保障能力和文化传承的内在要求在不断升级。同时，随着生活水平提升，师生员工对就餐环境、餐饮服务的便利快捷、经济实惠、安全卫生、营养健康等多元化、个性化要求不断加大。移动互联网、物联网、大数据等新技术与传统餐饮业深度融合，新业态、新管理也不断涌现。我国推进食品安全、诚信体系、生态文明等法律法规建设，新《食品安全法》于 2015 年 10 月 1 日正式实施，食品安全"社会共治"更趋于严格，环境保护约束也不断加强，不断降能耗减少污染物排放，大力发展绿色餐饮，由此管理运营的成本支出未来将持续增加。

二、指导思想、总体目标和工作思路

（一）指导思想

为了适应学校建设发展总体要求，始终坚持以"师生满意、学校满意、职工满意"为工作目标，以"采绿色食品，做营养饭菜，促师生健康，创一流伙食"为质量目标，本着"练内功自强后勤，创一流厚德服务、为学校分忧、为师生解难"的指导思想，坚持基本伙服务保障方向不变，开拓创新优化伙食结构，全面提升伙食服务质量和效率，提高管理科学化水平，满足师生员工日益增长的多元化餐饮服务需求，促进校园饮食文化传承。

（二）发展目标

到2020年，基本完成本单位综合改革实施方案。推动学校增加东南区教职工就餐资源；学校伙食服务保障经济政策相对完善；食品安全追溯体系基本建成；校园膳食营养平台建设取得进展；部分老旧食堂就餐环境明显改善；食堂设备设施环保智能化信息化建设进一步加强；在饭菜品质提高、花样品种丰富、服务人性化、管理科学化、食品基地建设、集约化加工等方面要取得进展，为师生员工提供"安全、营养、健康、快捷、实惠"的伙食服务保障；科学规划合同制职工队伍，实现提质增效目标；关键重点岗合同制职工队伍培养选拔激励考评机制比较完善。

（三）工作思路

1. **主动适应，育人为本**。充分发挥好饮食服务中心"掌方向、定政策"组织和引导作用。充分调动炊管人员积极性，进一步激发广大干部职工的内在活力和动力，培育良好的工作氛围和环境，强化好党组织的政治核心作用，主动适应学校和后勤深化改革，打牢为师生员工服务的基础，提升为培养人服务的软实力。

2. **优化结构，实事求是**。伙食工作涉及学校稳定大局，我们必须坚持一切从实际出发，坚持以改革促发展，以发展促稳定，不断优化调整伙食结构，坚决把师生员工基本伙食服务保障放在首位。在加快改革时要善于掌握力度和进度，使改革最终要使服务对象和职工得到实惠。

3. 统筹规划，分类推进。 对目前伙食工作难度，要立足当前现状，着眼于长远，统筹全局，有计划、分步地组织实施。明确以基本伙为主体的多层次餐饮服务保障体系为主线，分步推进新增就餐资源、就餐布局调整、伙食结构优化、丰富菜品、食品安全追溯体系、就餐环境、经济核算政策、营养膳食平台、队伍建设等一系列工作。

三、"十三五"事业发展规划

（一）发展规模和结构布局

到2020年，把饮食服务中心建成一个"服务师生人性化、伙食结构多元化、生产经营精细化、管理手段科学化、队伍结构合理化"的优质高效的伙食服务保障部门，始终坚持中心的"以人为本、以诚取信、以质取胜"的质量方针，为师生员工提供更多、更好、更优的生活服务，获得更高的满意度，为学校人才培养作出应有的贡献。

（二）具体任务

1. 推进体制和机制创新

在后勤指导下，进一步明确中心工作定位、职责、任务；进一步厘清各科室的业务范围，明确科室的职能定位。与专业检测机构、食药所等联合，构建适合学校的食品安全专业咨询体系。在现有基础上，研究引进社会优质资源的政策和指标体系，加强对联营单位合法经营的规范化管理，以确保合作联营的健康发展。持续优化伙食结构。

2. 配合兄弟部门，做好南园食堂改扩建和东南区食堂建设

目前我校教职工就餐资源不足，布局也不合理，尽管部分教工逐渐搬出校园，但中午仍在食堂用餐，教工上下班时间一致，致使得中午就餐人多拥挤。至2020年，配合学校规划部门和基建处，完成南园食堂5000平方米改扩建工程的餐饮服务功能定位和设计；完成东南区5000平方米新建教职工食堂的餐饮服务定位和设计。

3. 优化伙食结构，满足师生员工多元化餐饮需求

根据我校师生员工日益提高的多元化餐饮需求，坚定不移地抓好学生和教工食堂基本大伙保障，推进不同经营风格和服务内容的建设。创新就餐形式和供餐形式。不断创新餐饮品种，多层次办伙，多形式服务，用"总有一款适合您"的思想设置我们的餐饮模式，为师生员工提供安全、营养、健康、快捷、实惠的伙食服务保障。

4. 推进饮食服务保障经济政策完善

对学生和教工食堂，完善基本大伙价格补偿机制。优化学生食堂饭菜价格指标体系（包括人均消费额、百元含量、低价菜补贴等）。完善价格平抑基金管理，发挥出稳定价格作用。根据业务发展状况，梳理并修订完善基本伙、风味小吃、快餐、点菜包桌的经济运行政策；完善经理考核综合指标。根据财务运行状况，逐步推动学校落实教育部"四项政策"。逐步完善对不同就餐群体成本补差管理政策的调整。

5. 加强队伍建设

修订炊管队伍建设规划。进一步明确岗位设置和任职要求。加强关键岗合同制职工队伍建设。根据岗位设置做好人才引进和培养。优化各类人员收入分配机制。根据学校人事制度的改革，按岗位、技能、学历、工龄、生产、安全等因素，完善队伍考核、评价、激励、约束制度。充分调动起广大职工的积极性，使职工爱岗敬业尽职尽责，同时对岗位心存敬畏。每年选派干部赴国内外交流扩展视野。

6. 引进新技术，不断提高管理水平

借鉴先进管理理念，积极参与高校伙食行业有关标准制定。在完善ISO 9001质量管理体系基础上，力争通过ISO 22000管理体系认证。推进蔬菜类集约化加工。推进食堂网络建设工程。加快推进互联网和餐饮业的深度融合，推进网上订餐、临时就餐审批、师生就餐大数据分析系统的建设。

7. 完善营养膳食平台建设

生活水平的提高促使师生对营养、健康的要求越来越高，运用互联网、物联网、大数据等技术，适时完善营养膳食平台建设，并适时推出各种类型营养配餐，师生可根据营养需求，制定并选择适合自己的营养配餐，使师生不只是吃得饱、吃得好，还要吃出健康。

8. 推进绿色食品基地建立

为创办绿色餐饮，提高办伙水平，提高伙食质量，降低伙食成本，使广大师生吃得营养、吃得健康，至 2020 年，在全国范围选择新增 5 个绿色、环保、安全的伙食原材料采购基地，完善评估的管理制度。经过考察、论证和一个周期质量考验后挂牌建立基地，确保我校师生吃得安全、营养、健康，使他们有一个强壮的身体，有充沛的精力，投身到教学、科研、学习中去。

9. 进一步改善食堂的就餐环境

新食堂建设使我校食堂的硬件环境有了很大改善，但也反衬出一些老旧食堂差距，老旧食堂虽经过改造，但不少基础设备设施急需大修升级改造，才能保证师生有一个良好的就餐环境。至 2020 年，力争将每年 1～2 个老旧食堂设备设施更新改造。

10. 建立并完善食品安全追溯体系

建立并完善中心食品安全追溯体系。推进食堂明厨亮灶建设工程。提升食堂量化分级评定水平。全面升级安防监控系统，覆盖食堂前厅、食品处理区的关键部位，推进集中监控中心建设。全面升级后厨出入门禁、红外及配套设备设施。完成伙食原材料物流信息系统升级建设。完成运营监控管理信息系统。完善中心监控检查条例。

四、年度工作计划

以上各项工作计划在 5 年内连续实施，具体安排如附件所示。

五、规划实施

1. 凝聚共识，落实到位。 饮食中心各部门要充分认识事业发展"十三五"规划的重大意义，凝聚共识，统一思想，突出重点，分类推进，采取有力措施，分管负责人、部门及食堂要确保各项任务落到实处。

2. 统筹做好就餐资源规划与建设。 确保伙食事业发展建设中所需资金投入，增加对伙食发展优惠政策。同时，校内各类新闻媒体要加强对伙食工作的正向宣传，及时引导舆论，营造良好舆论氛围。

附：“十三五”规划年度工作计划

任务	工作内容	完成时间
1. 推进体制和机制创新	进一步明确中心工作定位和职责	2015年
	进一步厘清各科室的业务范围，明确科室的职能定位	2016年
	研究并完善营合作政策和指标体系，构建出适合食品安全专业咨询体系	2017年
2. 增加教职工就餐资源	配合兄弟单位，完成南园食堂改扩建，东南区教职工食堂单位规范化管理，以确保合作联营的健康发展	2016—2017年
	推进错峰就餐，严控临时就餐卡审批	2015—2020年
3. 优化伙食结构，满足师生员工多元化餐饮需求	坚定不移地抓好学生和教工食堂基本大伙大保障，继续推进不同经营风格和服务内容的建设	2018—2020年
	创新就餐形式和供餐形式	2015—2020年
	不断变换餐饮品种，多层次办伙、多形式服务，为师生员工提供安全、营养、健康、快捷、实惠的伙食服务保障	2017年
4. 完善伙食服务保障经济运行政策	对学生食堂，坚持并完善基本伙成本补偿机制	2015—2020年
	优化学生食堂价格采价格体系（包括人均消费额、百元含量、低价菜补贴等）	
	完善价格平抑基金充分发挥作用。完善对不同就餐群体差异化的成本补差管理政策	
	根据业务发展状况，梳理并修订完善现状况，风味小吃、快餐、点菜包桌的经济运行政策；完善经理考核综合指标	2017—2020年
	根据财务运行状况，推动学校逐步落实教育部"四项政策"	2018—2020年
	修订炊管队伍建设规划	2015年
5. 加强队伍建设	进一步明确岗位设置和任职要求，根据岗位设置做好人才引进和培养。完成岗位说明书梳理	2016年
	优化各类人员收入分配机制	2015—2020年
	完善队伍考核、评价、激励、约束制度，充分调动起广大职工的积极性。每年选派干部赴国内外交流扩展视野	

续表

任务	工作内容	完成时间
6. 引进新技术，不断提高管理水平	借鉴先进管理理念，积极参与高校伙食行业有关标准制定	2016年
	通过ISO 22000管理体系认证	2017年
	推进蔬菜类集约化加工	2016年
	推进食堂网络建设工程	2017—2020年
	加快推进互联网和餐饮业的深度融合，推进网上订餐、临时就餐审批、师生就餐大数据分析系统的建设	
7. 完善营养膳食平台建设	完善营养膳食平台建设	2018—2020年
	适时推出各种类型营养配餐，师生可根据营养需求，制定并选择适合自己的营养配餐	2015—2020年
8. 绿色食品基地建设	新增5个绿色食品基地	2016—2020年
9. 就餐环境改善	每年1~2个老旧食堂基础设施和设备更新	2015—2020年
10. 完善中心食品安全追溯体系	建立并完善中心食品安全追溯工程	2016—2018年
	推进食堂明厨亮灶工程。提升食堂量化分级评定水平。完善中心监控检查条例	
	全面升级安防监控系统，食品处理前厅、外及配套设施。集中监控中心建设 全面升级后厨进出门禁，红外关键部位。	
	完成伙食原材料物流信息系统升级建设	2016年
	完成运营监控管理信息系统	2017年

饮食服务中心

2016年6月17日

清华大学修缮校园管理中心事业发展"十三五"规划实施计划

——紧密团结 奋勇拼搏 以改革的姿态推进事业发展新篇章

一、发展基础、指导思想和总体目标

（一）发展基础

修缮中心是学校市政基础设施、园林绿化、环境卫生保洁及部分公共设施（桥梁、道路、人防）的运行、维护和管理的保障部门。"十二五"期间，在学校和后勤的指导下，修缮中心各项工作取得了重要进展，尤其是列入学校"十二五"发展规划的三项任务已基本完成，从源头上保证了学校对市政基础设施的发展需求。一是顺利完成3口深井的开凿工作，深度在800～1000米，经检测，出水水质达到了《生活饮用水卫生标准》（GB 5749—2006）的要求，且硬度、溶解氧等指标均优于浅井。二是为积极响应国家节能减排号召，贯彻落实北京市"十二五"期间燃煤锅炉清洁化改造的有关要求，学校启动煤改气项目。经过一年多的建设，煤改气项目顺利竣工，新的天然气锅炉房也于2014年11月正式投入使用，实现了热源的平稳切换，今后学校供暖全部使用清洁能源。三是完成一台新的主变压器的安装，将站内2台5万千伏·安主变压器，增容改造为3台5万千伏·安主变压器，从"一用一备"的运行方式升级为"两用一备"的新运行方式，加大110kV变电站为学校供电的能力，解决好供电源头问题。

经过多年的努力发展，中心取得了一定的成绩，但与建成与世界一流大学相适应、与具有清华特色后勤服务保障体系相符合的市政基础设施运行管理系统仍存在较大差距，主要体现在以下几方面。

基础设施方面：继解决好源头问题后，基础设施建设方面主要面临主干网搭建还不完善、部分管道老旧破损严重、新技术和手段使用不够、园林景观缺乏系统性和连贯性等问题。具体来说，供水方面，东部水资源匮乏，供水资源不平衡；供暖方面，热源点由两个变成一个，且偏居校园东端，热源分配和沿程损耗控制还需进一步加强；供电方面，高低压供电网络还不够合理，老旧住宅区供电标准不够；园林方面，精品化不够，环境还需进一步整治。

队伍方面：根据学校对修缮中心的工作定位和职责要求，修缮中心必须承担起规划、建设、管理和运行保障任务：一是校园市政基础设施的日常运行、基本服务与管理，满足校园市政正常运转；二是维持正常运行所必需的维护、维修、抢修及部分建设，保证校园市政可持续运转；三是通过数据分析、技术咨询、制定标准等方式和途径对校园市政基础设施运行系统进行研究、规划、建设和运行，全面提升市政基础设施和园林景观运行管理水平。从目前的队伍建设状况来看，存在不适应事业发展要求的情形主要有人员编制仍是重要思考维度，尚未完全由身份管理转变为岗位管理；青年骨干面临薪酬福利较低等问题，岗位属性与待遇有待匹配；目前50岁以上员工占到队伍总量的一半，年龄结构尚有优化空间；工人技师、工程师、管理人才数量过少，需要培养和引进以满足工作需求；人才考核、激励、流动机制的有效性还待提升，用工规范性还需加强。

管理模式和运行机制方面：新的工作定位和职责对我们的管理模式和运行机制提出了新的要求，配合这些新要求的制度还不够完善，科学化水平还不高、还未达到专业化、职业化的管理水平；支撑中心持续发展的经济管理办法也与新形势不相适应。

（二）指导思想

以邓小平理论和科学发展观为指导，全面贯彻落实党的十八大、十八届四中全会和习近平总书记系列重要讲话精神，坚持"四个全面"战略布局，以"五大发展理念"为引领，在学校和后勤的事业发展规划的框架下，深化综合改革，坚持育人理念，紧密围绕中心工作，明确"十三五"期间的工作目标、任务和措施。

（三）总体目标

建设与世界一流大学相适应、与清华特色后勤服务保障体系相符合的市政基础设施和园林景观运行保障体系，在"十三五"期间，要完成以下目标。

基础设施建设方面：配合源头，合理布局，优化动力系统主干线功能，建设安全、可靠、科学、高效的市政基础设施运行保障体系，营造绿色、生态、优美、整洁的校园环境。继续推进网格化供水管网的建设；继续推进树状供暖管网的搭建；继续完善放射状供电网络的建设；继续推进校园环境精品化，完成学校景观规划项目。

队伍建设方面：根据后勤提出的"建设一支奉献、务实、担当、清廉的干部队伍"和培养"顾大局、善管理、懂专业的管理人才和精通业务、勇于创新、能打硬仗的技能人才"的队伍目标，结合中心实际，建设一支忠诚教育事业、传承后勤精神、提供优质服务、践行创新发展的校园市政基础设施运行、管理、校园环境维护的专业化、职业化保障队伍。

管理模式和运行机制方面：形成高水平、专业化、职业化、规范化、可持续发展的管理模式和运行机制。

二、工作思路与编制原则

（一）工作思路

"十三五"期间，中心将从提高基础设施建设、加强队伍建设和提升内部管理水平等几方面来开展工作，以期建成与世界一流大学相适应、与具有清华特色后勤服务保障体系相符合的市政基础设施运行管理系统，提升校园景观品质，充分发挥环境育人作用。

基础设施建设和景观环境坚持规划引领，制订任务清单，分年度实施；

队伍建设以研究制定的职工队伍改革方案为重点，稳妥推进队伍改革；

管理模式和运行机制以建章立制、精细化管理、应急演练、行业规范等为主题，分年度实施。

（二）编制原则及适用范围

1. 依据《深化后勤综合改革方案》。
2. 根据《清华大学校园总体规划》，预计到2020年主校区建筑面积达320万～350万平方米，基础设施以此为目标进行配套设置。

三、重点任务与具体措施

（一）基础设施建设

1. 给排水方面

为了更加合理、有效地分配目前的水资源，确保全校供水压力平衡、安全可靠、品质提升，"十三五"期间要完成以下任务：一是稳步推进"西水东调"工程，由西向东建设几条给水主管道；二是对整个校园进行横向、纵向的网格划分，每个网格区域都做到两条主管道同时供水，使整个校园实现网格化供水管理模式，提高供水可靠性和稳定性；三是对老旧的给排水管道进行改造建设，在此基础上，结合自备井置换工作，针对条件具备的区域，分时分步进行改造；四是做好中水主干线和雨水管道的建设工作，加快实施中水主干线和中水引入内河等工程。到 2020 年，供水可靠性、水资源分配均衡性得到明显提高，年供水能力保持 650 万吨，绿化中水使用率达到 90%。

2. 供暖方面

新增一台 80 吨位的供热锅炉，满足 360 万平方米的供暖能力。为了更加合理地布局学校供暖主管网，做到既保障全校供暖全覆盖，又能合理分配热源，减少输送损耗，降低突发事件发生概率以及影响范围，我们继续推进树状供暖管网的搭建，对连接各个换热站一次水管线进行划分，将学校供暖主干网的总体规划设计为"五条母线"，其中 a、b、c 母线需继续完成，d、e 母线有待新建，分别如下：

a. 锅炉房至南区热源分配站（替代原南区锅炉房）一次水管线（南线）：该管线负责向南区热源分配站、胜因院换热站和蓝旗营换热站输送一次水，承担着约 110 万平方米的供暖任务。该段管线已经基本铺设完成，"十三五"期间继续完善节点建设。

b. 锅炉房至医学院一次水管线（北线）：该管线负责向北院换热站、医学院换热站递送热源，承担着约 35 万平方米的供暖任务。该段管线已经基本搭建完成，"十三五"期间继续完善节点建设。

c. 锅炉房至六教一次水管线（西线）：该段管线负责化工电大楼、新学堂换热站、主楼换热站和六教等输送一次水，承担着约 35 万平方米的供暖任务。未来该段管线还将承担十余万平方米的新建建筑，在"十三五"期间还需继续改造。

d. 锅炉房至北区换热站一次水管线（北北线）：该管线负责向北学换热站、北区换热站和荷清苑换热站递送热源，承担着约 45 万平方米的供暖任务。由于未来学校西北部地区将增加 30 万平方米左右的供暖面积，目前连接西北地区换热站的站内和一次水管线不能满足未来使用，为保证正常供暖，须将该区域的供暖一次水管网增容至 DN600，该工程计划于"十三五"期间实施。

e. 锅炉房至紫荆学生公寓换热站一次水管线（北西线）：该管线负责向紫荆学生公寓换热站、罗姆楼等输送一次水，承担着约 40 万平方米的供暖任务。由于部分管线老化，同时罗姆楼北侧、西侧规划还有 20 万平方米建筑，为了保证正常供暖，需新建北西管线，该工程计划于"十三五"期间实施。

3. 供电方面

"十三五"期间，将进一步解决校园内 10 千伏高压供电网络的合理性、可靠性和安全性，解决能用电、用好电的问题，一是继续完善校园内放射状供电网络的建设，新建、改造 11 个开闭站，更新 15 个配电室；二是继续完善地下管网和高低压供电网络的建设；三是积极稳妥推进老旧住宅区电增容改造。

4. 园林方面

编制校园景观专项规划，推动景观提升改造。在校园规划的基础上根据学校建筑布局、道路系统、自然资源、人文资源等做好景观规划，在一定时期内对校园景观建设发挥重要指导作用。实现校园绿地分区分级养护管理，装设绿地喷灌系统，推动节水灌溉。完成精品景观、绿地建设改造和校河沿线景观路建设改造。

（二）队伍建设

积极参与学校职工队伍人事制度改革试点，按照学校和后勤的指导意见，研究制定中心职工队伍改革方案，以完善岗位体系和激励体系为重点，最终实现因事设岗、以岗定人、人按能聘、以岗定薪，稳妥推进职工队伍改革。

"十三五"期间，研究制定队伍相关政策，解决研究队伍建设方面存在的问题。2016 年和 2017 年将花大力气在岗位制定上，根据新的工作定位、职责和任务，重新规划全员岗位，编制岗位说明书；2018 年，研究用工规范化和招聘标准化，以制度化、规范化的手段解决用工中的问题，避免用工风险；2019 年，完善薪酬体系，以待遇留住人才；2020 年，建立全员考核、培训和激励机制，提升全员的综合素质，激励爱岗敬业，适度增加流动性。研究建立人才选拔基地，以解决人员老化严重、技术型人才和运行人员严重不足等问题。

（三）管理方面

"十三五"期间，首先要根据业务属性不同，测算经济运行基础数据，分类修订各专业经济管理办法，为中心事业的可持续发展提供政策支持。

其次，在对中心规章制度全面修订的基础上，根据新的定位和职责完善部分制度，重点研究拟定校内市政基础设施、园林景观、环境卫生、部分公共设施的运行、养护、安全标准等管理制度，经学校批准后组织实施。此外，还需要搭建校级市政基础设施监管平台，理顺运行管理体制。

再次，加强员工培训，增强责任意识，加强作风建设，增长能力，分专业进行应急演练，提高应急突发事件处置能力。

最后，提升中心科学化、数字化管理水平，研究数字化地下管网系统的更新与维护、引进新型管网运行设备。对部分有条件的运行班组进行贯标，提高标准化管理水平。配合后勤建设"一站式"服务平台，梳理服务流程，培养优质的服务人员。配合绿办，搭建校园能源监测平台。搭建配电室的监控平台，提高供电运行智能化水平。

（四）小结

综合以上工作，"十三五"期间，中心的市政基础设施运行和校园环境维护水平将得到极大的提升，具体体现在以下几个方面。

给排水方面：将通过实施"西水东调"和网格化供水管网的铺设等，改造给水管网25515米（相当于全校给水管网的1/4），更换水泵和变频器各20台，使供水能力维持在650万吨/年，区域供水更趋于平衡、可靠；稳步推进住宅区自备井置换工作，改造老旧排水管线3024米，保证学校排水系统顺畅；新建、改造中水管线2010米，进一步提高中水使用率。

供暖方面：将在天然气锅炉房新安装1台80吨锅炉，使供暖能力满足360万平方米建筑的供暖需求，也保证了在现状条件下具备应急备用调节能力，提高供暖运行的安全稳定；"五条母线"供暖主干网也将搭建完毕，既保障全校供暖全覆盖，又能合理分配热源，减少输送损耗，降低突发事件发生概率以及影响范围；改造换热站2处，更换学生区、教学区、家属区各类供暖管道26855米，更换末端暖气片22936片，这些改造将有利于改善学校供暖设施，保证管网输送能力和运行稳定性，提高末端用户的舒适度。

供电方面：将11万变电站站内的2台5万千伏·安主变压器增容至3台5万千伏·安主变压器，从"一用一备"的运行方式升级为"两用一备"的新运行方式；新建2个开闭站，改造维护9个开闭站和15个老旧配电室，检修24个配电室，完善放射状供电网络，确保供电系统正常运行；敷设约1.3万米高压电缆和8000米电力管道，解决教学科研用电量增加而供电能力不足的问题；改造路灯电力管道约5000米，更换200盏陈旧路灯，确保学校夜间道路照明；对22万平方米约3600套教工住宅进行电增容改造，将其住宅的供电标准由目前的2000W/户提高到6000W/户，解决供电线路陈旧、供电容量不足等用电隐患。

园林环卫方面：对校园25.78万平方米的绿地进行改造，提高园林精品化，其中校河两侧景观改造涉及10.5万平方米，完成后将有效改善师生日常安全出行状况，提升校河两岸的环境；对30万平方米的绿地装设喷灌系统，使得学生区及教学科研区的全部绿地均使用喷灌绿化；根据校园景观要求和实际情况，对全校128万平方米的绿地进行分级养护管理，其中校园特级绿地6万平方米，一级绿地面积52万平方米，二级绿地面积40万平方米，三级绿地30万平方米。分期建设校园垃圾收集处理房，改善垃圾存放条件。

四、规划实施

明确实施责任，由中心主任牵头，中心党政联席会负责制定"十三五"事业发展规划和年度工作计划，统筹安排、整体推进、督促落实。

各科室实行科长负责制，按照规划内容细化科室任务，成立工作推进小组，科学有序组织本科室落实规划任务。

五、评估和监督

中心成立考核小组，由中心主任、副主任、科室负责人和相关人员组成，不定期对各科室完成情况进行考评，由中心办公室牵头，分别于2017年上半年进行中期检查，2020年进行总体验收，基本完成事业发展规划任务，并对任务完成情况进行分析、总结经验。

六、总结

经过多年的努力，水、暖、电设备设施不断改造，系统更加合理、安全、可靠，运行服务质量得到较大改善，在多项重要的运行保障服务工作中，圆满地完成学校、后勤交给的各项任务。在过去的 5 年中，我们顺利地完成了对水、暖、电基础设施源头的改造，"十三五"期间，我们将继续秉承"重技术，尽责任，在奉献中成长；承传统，顾大局，在和谐中发展"的中心精神，重点完成对基础设施运行主网络的建设和合理分配、园林景观的规划，加快队伍建设，提升管理和运行水平，为建设具有清华特色的后勤服务保障体系贡献一份力量。

清华大学接待服务中心事业发展"十三五"规划实施计划

(2016年11月)

清华大学接待服务中心事业发展"十三五"规划实施计划,围绕学校综合改革与事业发展需要,依据《清华大学后勤事业发展"十三五"规划》和《接待服务中心改革实施方案》进行编制,是中心履行建设、管理、服务、保障职责的依据。

一、发展基础、指导思想和发展目标

(一)发展基础

"十二五"期间,中心坚持从实际出发,围绕建设世界一流大学总体目标,主动适应学校发展要求,努力满足师生员工需求,顺利完成"十二五"规划目标任务,中心事业发展取得了明显成绩和进步。取得的成果主要有:以百年校庆服务为契机,初步探索了"一条龙"会议服务模式,通过这一服务模式合理配置资源、优化服务界面,提升了校内会议活动的专业性,同时也锻炼了服务队伍。在提升质量管理体系(ISO 9001)建设的基础上,建立并实施食品安全体系(ISO 22000),规范服务质量,确保餐饮服务安全,进一步提高了专业化服务保障水平。积极启动校内投递业务,搭建校机关和院系之间的桥梁,协助传递校内文件。开展体制机制优化工作,削减管理层级,提升经营管理效能。改进完善激励模式,调动员工积极性。统筹整合接待资源,扩展了经营服务项目。完成《接待服务中心会议一条龙服务手册》的编写,产生较好影响。并与学校一起理顺了校内公共服务保障的内容、措施与费用核算标准,形成可持续运行的机制。

随着学校"总体上建成世界一流大学的发展目标"的确立，国际化、开放式办学水平的日益提升，对以服务保障能力为核心的接待服务体系的要求也在不断提高，中心的事业发展既面临难得的机遇，也同样面临着许多困难与挑战，距离"构建满足世界一流大学建设需要的专业化接待服务体系"仍有较大差距，特别是人才队伍专业化程度不够、资源不足与服务保障能力有限仍然是制约接待服务事业发展的主要因素。中心努力追求的"一条龙"会议服务和"一站式"服务虽然取得不少成果和经验，还需要在组织体制、资源管理机制、信息服务手段、绩效评价与激励机制等关键环节深入研究，取得突破，要进一步提高保障能力、服务水准和经营效益，加快构建专业化接待服务体系的步伐。

（二）指导思想

"十三五"期间，面对国家、学校深化综合改革的新形势，面对后勤深化综合改革的新任务和师生员工的新要求，中心的管理体制和运行机制需要进一步优化，社会化程度和服务资源需要进一步调整，管理水平和专业素养需要进一步提高，国际视野和工作标准需要进一步提升。

推动中心事业发展，必须坚持以学校和后勤综合改革的方针目标和总体思路为依据，以满足校内需求为主，健全师生员工共同参与接待服务工作的机制。立足中心的定位职责，坚持为培养人服务，为教学科研服务思想，走专业化、国际化发展道路；坚持尊重市场规律，把握中心业务和社会同行业的共性与特性，处理好社会效益和经济效益的关系。发展创新中心工作，持续提升接待服务品位。

（三）发展目标

"十三五"时期是学校推进第三个九年建设的决定性阶段，根据学校、后勤发展战略，聚焦接待服务和公共服务核心业务，多项措施并举提升能力，到2020年，接待服务保障体系的专业化水平有显著提升。

1. 抓住学校建设发展的机遇，推进接待服务能力建设

努力发掘服务潜力，努力拓展以住宿、餐饮、会议为主要内容的接待服务资源，在充分保障学校的重要活动和接待服务的同时，具备承接我校组织的国际、国内大型学术会议的能力。以自身接待服务保障力量为核心，以社会优质资源为依托，不断丰富服务手段，构建具有清华特色的接待服务保障体系。

2. 以学校需求为导向，推进公共服务体系建设

借助科研力量研究校园公共交通的需求，设计服务方案，大力建设校园公共交通系统。以充分满足院系、部处及广大师生的校内投递的需求为目的，自身力量与社会资源相结合，规划建设校园公文投递系统。

3. 通过机制和队伍改革促进事业发展，提升接待服务社会化水平

以岗位设置为抓手，以关键岗、重点岗设置为核心，建设骨干队伍，适应会议一条龙服务需求，完成新一轮队伍规划。优化队伍激励政策，通过队伍建设凝聚人心力量，通过机制创新激发中心活力，充分调动业务部门的积极性和创造力。以四星级宾馆为参考标准，围绕国际化、标准化实施精细管理，建设高水平的 ISO 9001 质量体系和 ISO 22000 食品安全体系，通过标准优化提升工作品位。做好下属企业的注销、业务内转和内设机构的调整，全面提升服务、保障水平，实现客人满意、学校满意、员工满意。

二、主要措施

（一）创新驱动，优化完善中心体制机制

继续调整组织结构，加强管理，提高效率。进一步理顺中心管理体制机制，调整业务结构和机构设置，加强中心的行政管理和技术保障服务，完成维修、采购统筹，统筹规划中心资源布局，建设一体化管理的服务平台。

继续优化中心及其各级部门的指标体系。加强人力资源管理体系建设，研究和实施新的薪酬体系，拓展人员招聘和培训发展途径，下放业务工作的责、权、利，充分调动各级部门的积极性。

完善财务管理机制，推进源头治理，整合财务工作。

准确定位各项工作。针对公益服务类、保障服务类、经营服务类等各种服务类型研究和充实服务模式，优化服务与管理机制。

整合现有信息化系统。与后勤信息平台乃至学校综合信息平台逐步实现衔接，推进信息化工作，设计、开发与应用新一代接待服务信息系统，在技术上支持业务的灵活调整和扩展，支持一体化管理、统一平台服务等功能，大幅提升服务能力并提高整体工作效率。

（二）稳步推进，加强中心队伍建设

完善中心队伍建设规划。考虑中心事业发展，根据管理、技术、服务等职

能科学设岗定编，明确岗位要求，尤其关注关键岗位、重点岗位的设置和高水平人员的选拔聘用，围绕会议服务加强队伍建设，稳定有序完成岗位及人员调整，按照专业化、职业化的标准打造队伍。

深化人员选聘、评价、激励、流动机制改革。进一步明确岗位任职资格和能力要求，拓展员工选拔聘用渠道，规范员工选拔聘用过程，凝聚一批业务能力强、积极进取、富有事业心的优秀员工。完善中心考核评价体系，细化各级各类人员考核评价指标、周期、方式。构建合理、平等、全面的激励机制，多劳多得、优劳优得，鼓励干部、职工充分发挥主动性和积极性，将个人发展与中心事业发展紧密联系在一起。建立科学的人员流动机制，将岗位轮换、内部晋升、奖惩激励、不胜任辞退等方式与考核评价有效结合，形成健康、有序的人员流动模式。

完善队伍培训体系。中心构建培训师队伍，加大投入力度，加强队伍培训的统筹规划及监督力度，安排素质培训；各部门加强职工从入职到熟练、从基础到提高的业务培训过程设计与实施，加强对培训效果的关注与评估。加强骨干队伍的训练，通过轮岗锻炼、集中培训等方式，促进骨干队伍的成长。设计好各类岗位的员工发展通道，引导员工努力方向。利用社会专业培训资源，提高专业队伍的技能水平。关注特殊岗位的技能要求，规范管理。对窗口岗位人员持续开展外语培训，适应国际会议和交流活动的服务需要。

（三）突出重点，逐步提升中心服务保障能力

利用质量管理体系（ISO 9001）和食品安全管理体系（ISO 22000）持续改进工作。确保中心各项工作运行的有效性，利用体系加强过程管理和目标监控，实现工作持续改进。

资源拓展与条件改善。围绕校内需求优化资源配置，改善基础设施条件，提升软环境水平，转型与淘汰非核心业务，提高资源使用效益和效率，充分挖掘现有资源潜力和服务潜力。抓住学校发展的机遇，拓展核心服务资源，大幅提升服务保障能力。

接待服务保障体系建设。适应清华国际化发展需求，以国际化服务标准为专业化方向，根据对象特点和需求特点分类服务，提高对客人的敏感度。以提升员工综合素质为抓手，在加强培训的同时，规范服务流程，研究制订接待服务标准，建立会议产品设计专业服务队伍。统筹各类服务资源，在会务、住宿、餐饮、交通等方面全面改善，升级面向院系学术会议和学术交流的"一条龙"

会议服务，着力打造具有清华范、中国风、国际一流水平的校园接待服务品牌形象。

校园公共服务体系建设。开展校园交通研究和试验，增加服务资源，优化路径、班次，增强校园交通服务能力，精心打造校园交通文化环境，适应师生需求。积极响应校园机要信函服务以及普通信函传递服务的需要，主动调研和研究校园投递服务的发展变化，为学校投递服务提出建议。探索资源建设与整合的新模式，提升校园投递服务系统的能力和效率。

保障及安全工作。细化并加强中心资产管理，提高资产使用效率。系统性加强中心安全管理，有效控制关键环节，避免发生责任事故。完善工程施工、维修维护的全过程管理，确保安全与质量。

凝心聚力，依托组织文化激发中心活力。加强中心宣传工作。依托党团工会，构建由中心办公室和各业务团队人员组成的宣传队伍，鼓励全员参与，介绍中心的核心服务资源，宣传服务特色。加强中心组织文化建设。以组织凝聚人心，以文化构建环境，以每一个个体的共同提高推动事业发展。强化党、团、工会、离退休工作在文化建设中的重要作用，通过开展各种形式的活动温暖人心、凝聚人心、振奋人心、鼓舞人心。

三、规划实施保障

（一）规划协调

中心各部门依据《清华大学后勤事业发展"十三五"规划纲要》及本规划实施计划，结合工作实际，做好本部门"十三五"规划实施计划，加强与本规划实施计划确定的主要目标和重点任务相互协调。以队伍建设为重点，开展党建规划。注意事业发展规划与党建规划的结合，与年度工作计划的衔接，确保规划各项任务落到实处。根据事业发展规划实施计划，加快编制和完善队伍建设规划。

（二）组织保障

中心负责本规划实施计划的组织与实施，制定发展任务分工落实方案，对任务推进情况进行跟踪和评估。根据本规划实施计划提出的目标任务，加强与学校、后勤相关部门的沟通协调，共同制定、完善和落实有关政策，为中心事业发展、顺利实现发展目标提供政策保障。

四、年度工作计划

内容	2015年10月	2016年	2017年	2018年	2019年	2020年	考核指标
二(一)1 继续调整组织结构,加强管理、提高效率进一步理顺中心管理体制机制,完成维修、采购统筹规划中心资源布局		完成					组织机构调整、一批管理文件的制订、修订
二(一)2 继续优化中心及其各级部门的指标体系,研究和实施新的薪酬体系,下放业务部门的责、权、利,充分调动各级部门的积极性		实施	完成	持续改进			指标体系文件、管理文件修订
二(一)3 完善财务管理机制,推进源头治理,整合财务工作		实施	完成				机构、人员调整 职能调整
二(一)4 准确定位各项工作,针对公益服务类、经营服务类、社会服务等各种服务类型研究和充实服务模式,优化服务型业务与管理机制	调研	设计开发	开发应用	应用优化			各类项目进行具体划分 不同类别项目的服务模式进行区分
二(一)5 整合现有信息化系统,与后勤信息平台乃至学校综合信息平台的逐步实现衔接	规划		规划 实施	实施			会议"一条龙"服务功能的强化与团队优化 一体化信息平台
二(二)1 完善中心人队伍建设规划		设计 实施	设计 实施	实施 调整			岗位设置清单 关键岗位要求与考核指标
二(二)2 深化人员选聘、评价、激励、流动机制改革							聘用、晋升、考核、奖惩办法

续表

内容	年度计划						考核指标
	2015年10月	2016年	2017年	2018年	2019年	2020年	
二(二)3 完善队伍培训体系		设计	年度制订并执行				培训师队伍建设；培训年度计划及执行情况评估
二(三)1 资源拓展与条件改善。围绕校内需求优化资源配置，改善基础设施条件，提升软环境水平，转型与淘汰非核心业务，提高资源使用效益和效率，充分挖掘现有资源潜力和服务潜力		方案申报	分步实施工程并完成				根据学校事业发展规划和建设进展情况积极推进甲所、近春园、石门山庄改造方案、设备设施条件明显改善；汽修厂业务调整及加油站业务转型
二(三)2 接待服务保障体系建设。适应清华国际化发展需求，以国际化服务标准为专业发展方向，根据对象特点和需求特点分类服务，提高对客人的敏感度		设计筹备	实施(执行)及优化				客人数据；服务标准规范；专业服务队伍；各项业务工作成果；体系管理评审文件；文化环境品位提升
二(三)3 校园公共服务体系建设		交通研究和试验投递调研与设计		实施			新的校园车服务方案与服务规范，信息服务系统投递业务的服务模式（及相关规范）
二(三)4 保障及安全工作	持续优化						安全状况评价
二(三)5 加强中心宣传工作	启动	实施					维修及资产管理保障的措施
二(三)6 加强中心组织文化建设	持续开展		完成及持续改进				团队组成及业务成果；团队活动情况记载和报道，队伍精神风貌展现

清华大学物业管理中心[①] 事业发展"十三五"规划实施计划

"十二五"期间,物业中心在学校和后勤的领导下,紧密围绕学校培养人的根本任务,坚持民主集中制,实行一级管理、多级监督的运行模式;抓住百年校庆的历史机遇,深入宣传贯彻中心组织文化理念,使组织文化深入人心;持续改善学生生活住宿条件和公共教室环境,实施改造工程,历史性地实现了我校全部学生公寓可以在楼内洗浴和安装空调、教学楼全部安装空调;学校成立了清华大学教室管理委员会,五栋教学楼顺利通过教室标准化验收;加强学生社区安全和秩序管理,改进学生区快递服务秩序,与保卫处配合实行学生区机动车限行管理、电动车管理;大力加强队伍建设,干部骨干队伍日益稳定,队伍的凝聚力和归属感逐步增强,在全体干部职工的努力下,圆满完成了"十二五"规划的各项任务。

一、指导思想、基本原则与总体目标

当前,学校和后勤提出了深化综合改革的任务,后勤的管理体制和运行机制需要进一步创新,开放程度和保障资源需要进一步拓展,国际视野和工作标准需要进一步提升,管理水平和专业素养需要进一步提高。物业中心需要进一步提高工作标准、提升国际视野和专业化水平,需要深入开展育人工作,吸收同学更好地参与服务和管理。

"十三五"期间中心工作的指导思想是按照学校和后勤的统一部署,贯彻五大发展理念,以后勤综合改革与发展方案为指导,契合学校办学理念,融合学校文化积淀,结合学校育人任务,改革创新,追求卓越,提升工作标准和品位,秉承"尊重、协作、敬业、创新"的核心价值观和"规范高效、以人为本"

[①] 2019 年 5 月,"物业管理中心"正式更名为"学生社区中心"。

的管理理念，牢记"创造一流环境，践行服务育人"的使命，努力成为社区安全的守护者、学习生活的大管家、同学成长的好伙伴。

中心工作的基本原则是坚持以学校为主体、以培养人为根本、走专业化发展道路，始终强化服务育人、管理育人、环境育人的根本要求，把握高校后勤与社会服务行业的共性和特性，遵循教育规律和经济规律，兼顾社会效益和经济效益，坚持基于中国特色、清华风格，拓展国际视野，推动服务、管理、育人工作精细化，不断加强和改进党的建设，充分发挥党组织的战斗堡垒作用和党员先锋模范作用，坚持以组织文化建设凝聚人心、团结力量，以先进的管理理念和措施推动中心事业发展。

中心"十三五"期间的总体目标是：发挥原有优势，持续提升学生公寓和教室管理服务水平，提升学生公寓和公共教室文化品位，不断优化环境，促进学生全面健康成长。到2020年，初步建成国际化的生活学习型、共建共享型、绿色智慧型学生成长社区，整体服务与管理水平保持高校同行业前列，公寓辅导员[1]为代表的专职队伍发挥育人作用，社区安全、运行保障等方面达到高校同行业引领水平，师生综合满意度保持较高水平。主要目标如下：

（1）积极探索学生社区"大物业"区域综合管理模式，实现环境卫生、安全秩序等方面按区域统筹管理，确保无安全责任事故，让学生感受到更加便捷高效的一站式服务。

（2）围绕"三位一体"育人理念，深化"服务育人、管理育人、环境育人"内涵，依托学生公寓辅导员等队伍，学生生活素质教育内容持续拓展、效果更加显著，在学生突发事件的预警及协助处理方面发挥作用明显。

（3）持续优化环境，提升学生生活社区和核心教学区的支撑能力和品位，实现与世界一流大学教育教学创新的要求相匹配。

（4）实现设备设施的全生命周期管理，确保设备设施完好及高效运行。

（5）加强与服务对象的沟通，拓展渠道，建设平台，形成学生积极参与社区管理与服务的氛围和机制。

---

[1] 2020年4月，提前经学生工作指导委员会审议通过（2019年12月），学生社区中心、学生部、研工部联合发布《关于加强学生社区德育助理队伍建设的若干意见》，将原"公寓辅导员"更名为"学生社区德育助理"。

二、事业发展规划

（一）做好学生公寓住宿规划

"十三五"期间我校博士生住宿规模将持续扩大，到2020年博士住宿新生计划逐步达到2848人。结合9～12号楼建设使用规划和本科生书院制住宿试点工作，分析测算住宿资源情况，研究我校学生住宿整体布局，探讨住宿规划方案，对住宿资源缺口及时预警，为学校决策提供支持。应对2019年开始出现的研究生床位缺口，增强对学生公寓房间、床位的精细化管理，提高房源使用效率，为学校育人工作提供保障。

（二）实行学生社区"大物业"管理模式

以学生社区整体提升为目标，以国内外社区发展、社区建设和社区营造作为理论依据和实践参考，从系统规划做起，吸引学生主动地参与社区事务，创造优良的生活环境，开展特色鲜明的社区文化建设，使学生增强对学生社区的归属感。积极探索推进学生社区"大物业"区域综合管理模式，统筹学生社区环境卫生、园林绿化、交通治安、设备设施、生活服务等项目，提供更加优质的服务，让同学充分感受到一站式服务的便捷。通过提高自身业务水平、提高统筹协作水平、提高监管驾驭水平，并通过加强培训和感情建设，用好、管好社会资源，提升学生社区服务管理的专业化水平。

（三）加强协调机制建设

加强与学校各部门的沟通协作，进一步梳理重要业务关系，明确主责部门、职能定位、工作职责。与保卫处就三区联动、交通安全、治安秩序、安全教育等工作加强协作，深化与修缮中心运行保障协调机制，与学工系统相互配合深入开展育人工作并建立防范学生突发事件机制，与体育部门共同对运动场所服务摊点的监督管理，进一步配合街道对学生社区摊位的市场监管等。

健全师生参与工作的长效机制，充分依托工会、学生组织和社团协会搭建沟通平台，积极利用网站、微信等方式拓展沟通渠道，增进相互理解和信任。参与校领导接待日、建立"下午茶"制度，与学生进行工作情况通报，对学生社区事务、工程等征求意见，加强学生自治组织建设、大力提倡学生志愿活动，增强学生主人翁责任感。

和学工系统紧密配合，完善学生突发事件应急处理的预警和协助处理机制，力争成为信息前哨和事务助手。

（四）优化资源配置

梳理中心服务保障项目，逐步合并同类业务。坚持有所为有所不为，坚持超市业务归属正大商贸公司经营，出租出借合同签署归房屋管理中心，校园网络归口信息办管理，不断优化资源配置，重点发展教育特色鲜明的服务项目，有序退出可由社会优质资源替代的服务项目，如电信业务服务、学生公寓饮水等。

（五）加强和改进学生公寓服务与管理

根据学校人才培养的新需求、新要求，加强学生住宿规律性研究，把握学生住宿需求特点，不断优化住宿布局，增强对学生公寓房间、床位的精细化管理，提高使用效率；完成9～12号楼接收，制定学生公寓维修规划，开展紫荆公寓区各楼宇的整修维护，改善留学生公寓住宿条件；持续推进校园一卡通在学生公寓生活设施中的应用，包括学生公寓内淋浴、饮水机、洗衣机终端的升级改造以及联网消费模式的升级。

积极借鉴国内外经验，深入分析研究我国高校学生公寓管理与服务的特点，探索新型学生住宿管理模式，例如中外学生混住，书院住宿制，宿舍分类收费等，努力营造多元文化和谐相处、多国学生共同成长的国际化学生社区环境。

（六）深入开展学生生活素质教育

继续加强学生生活素质教育，丰富完善"学生社区实践"项目，鼓励学生积极参与社区管理与服务；完善"安全教育"培训体系，并纳入学校正式安全教育体系；调动院系力量，改善学生宿舍卫生状况；加强学生社区文化建设，更多引入学生社团、学生组织，联合开展社区课堂活动，有计划地举办各种生活、婚恋、社交、就业、心理、健康、创业等讲座或沙龙，努力发挥学生社区对学生的价值塑造、能力培养、知识传授"三位一体"的育人功能。

（七）改善留学生公寓住宿条件，拓展留学生公寓育人功能

巩固留学生公寓服务管理的成果，并争取有所开拓创新。包括进一步完善

留学生公寓硬件条件，提升留学生生活品质，增加安全设施；改进和创新留学生公寓服务模式，开拓国际化办学需要的服务项目；注重在学生社区营造国际化氛围，逐步调整建设双语标识体系。同时，拓展留学生公寓育人功能，面向留学生开展生活素质教育。组织社区特色活动，吸引更多留学生参与，促进学生社区内多元文化交流，提高留学生对中国的认知。相应地，加强管理骨干队伍和专业技术队伍的国际交流和业务培训，拓展国际视野、提升业务水平和保障能力。

（八）提升公共教室文化品位

充分发挥教室管理委员会的作用，加强与教务处和信息化技术中心的沟通协作，不断完善教室管理机制，提升教室文化品位，为师生提供舒适的教学环境、丰富的人文环境、朴实的育人环境。开发利用教学楼公共区域，规划建设公共讨论区、休闲区、阅读区。完成公共教室楼的标准化验收，保持稳定的服务质量并持续改进；提高教学楼管理员的素质，拓展与师生沟通交流的渠道；从细节入手，向师生提供贴心服务，不断提高教学楼的服务和管理水平。

（九）完善建筑物、设备实施管理机制

在"十三五"期间，实现旧有建筑设施和新建建筑设施的生命周期无缝对接，学生社区整体达到同时期新建社区的运行水平。建立基础设施的区域系统性全局观念，发挥联动优势，由面到线、由线到点地完善各类建筑和设备设施的区域系统性综合管理机制，优化各类资源管理，提高资源使用的效率和效益，提高运行保障质量。依照全生命周期管理的模式，针对各个建筑和各类设备设施，收集、整理、建立详尽的工程档案系统，2016年基本完成所有建筑物、设备实施的技术调研建档工作，完成5年的生命周期管理规划。针对生命周期的不同阶段，进行设备设施定期巡检，主动维护，及时维修，提高运行保障水平。在生命周期各阶段的衔接过程中，提前着手进行下一阶段的准备工作，在资金筹措、方案设计、申报实施等各个方面做到有备而行，尤其是涉及对学生生活有显著影响的工程及维护工作，应建立预先沟通机制。计划完成紫荆18～23号楼的供水供电系统、消防、电梯等设备设施改造提升预警能力，缩短响应时间，打造设备设施、报修等一站式服务平台。

（十）持续加强安全工作

开展全面全员的安全培训，保证消防安全演练的普及，不断提高全员消防意识和应急事件处理能力；加强防恐意识和技能，提高应急处突能力；继续推进教学楼视频监控系统、模拟信号转数字信号、消防监控升级，完善防火、防汛、门前三包等责任制度及消防安全等技防设施；管好辖区内交通秩序，保障交通安全，持续做好学生区机动车限行管理，严控学生区各类车辆的车速；实施非机动车及车位实名制管理；建立学生区环境秩序管理自治队伍。

（十一）创新智慧型社区建设

调整和完善中心信息化建设规划，全面推进移动互联网信息化建设。在设备设施管理、社区安全、交通管理、社区服务等方面，基于自动化控制、物联网技术和移动互联技术，统筹建设一流大学的智慧型社区。在"十三五"期间实现老旧管线定点诊断，不破路不断水。依托现有楼宇自动化系统，完善消防智能控制系统。加强信息安全建设，深入数据分析、挖掘，为中心决策提供服务。

（十二）进一步规范学生社区市场管理

建立社区商业服务评价与淘汰升级机制。提升对社会服务的监管水平和驾驭能力，形成专业化管理的服务保障模式。尝试开辟学生创业实验区，开辟一定比例的摊位或门面由学生自主经营，为在校学生提供创业实践机会；试点在学生宿舍楼开设小型"诚信超市"，采用"朋辈教育"模式，培养学生道德修养及诚信意识。

（十三）建立物业管理专业咨询体系

建立物业管理专业咨询体系，完善内部及外部咨询工作机制。吸收校内外专家参与，建设专家咨询团队，包括招标管理、工程管理、节能环保、人力资源管理、政策法规等，为中心自身发展和学校其他单位提供力所能及的咨询服务。

（十四）注重先进管理理念、先进技术的应用和创新

通过广泛参与物业专业委员会、公寓专业委员会等形式，主动学习和借鉴各相关领域的先进管理理念，积极参与高校物业行业标准制定，使各项工作处

于高校物业领先水平。大力引进先进技术，提升信息化水平，不断完善信息化管理平台，为师生员工提供优质便捷的服务。

（十五）加大基础设施、工程管理，提高节能减排力度

参与校园规划及"美丽社区"建设工程，综合推进社区景观、园林、环卫等工作。强化基础设施运行管理责任，优化弱电管理、电信服务、专业咨询服务。建立基建咨询体系，突出工程项目前期功能研究和技术论证，提升基建决策的科学化、专业化水平。坚持并完善在项目设计、招标、施工及竣工结决算阶段的流程控制和信息公开制度，加强对资金使用、业务方向、资源管理等环节的监督管理，严格控制工程质量、成本和进度。

加强与绿办的沟通和联系，配合建设能源监测平台，更换节能灯；在学生社区和教学楼推广垃圾分类工作，更换能耗指标不达标的设备。

（十六）建立考评指标体系

建立符合行业特点和教育规律的满意度考核、绩效考核、指标考核相结合的考核体系。完善公益服务型为绝对主体的经济管理办法。完善中心对服务资源的投入制度，坚持基础之上有适度专项奖励的经济管理办法。

三、人事制度改革及队伍建设规划

根据中心事业发展需要，通过人事制度改革、岗位分类分级管理、完善绩效考核体系、提高薪酬福利水平等措施，不断提高干部职工的专业化、职业化水平，努力建设一支政治思想好、文化水平高、管理能力强的管理干部队伍和一支业务精通、责任心强、能打硬仗的职工队伍。

（一）按照专业化、职业化的要求，建立分类、分层、分级的岗位体系

合理规划岗位设置，明确岗位职责，优化队伍结构。将岗位分为管理类岗位、执行类岗位、专业类岗位、技术类岗位、事务类岗位和勤务类岗位。根据所在岗位是否承担核心业务、是否掌握核心技术、是否需要带队伍，代表学校行使甲方监管职责等要素，将岗位分为关键岗、重点岗、骨干岗和一般岗。面向服务对象的一线工作岗位实行岗位分级管理，完善岗位分级标准，细化岗位

晋级要求，鼓励职工不断提升岗位技能。

（二）完善考核体系和激励体系，提升岗位吸引力和竞争力

不断完善全方位绩效考核体系。业绩考核与综合评议相结合、日常考核与年终考核相结合、定量考核与定性考核相结合、普遍性考核与特殊性考核相结合，考核结果作为岗位调整、薪级晋升、奖励惩戒的主要依据。完善与岗位相匹配的薪酬福利管理体系，建立合理的收入增长机制，充分调动干部职工的积极性、主动性和创造性。

（三）完善发展体系，为职工成长创建良好条件和环境

完善培训体系建设，充分发挥校内专家的作用，通过开设职工骨干班、社会实践、课题研究等多种形式进行全员培训。制订并实施干部能力提升计划，开展主管以上干部培训。设立职工素质培养课堂，开展面向职工的岗位技能培训。同时加强培训需求分析，增强培训的计划性，注重培训效果的评价和反馈，不断提升培训的覆盖面和质量。

清华大学正大商贸公司事业发展"十三五"规划实施计划

根据学校、后勤的年度工作计划和"十三五"发展规划的要求,为贯彻落实清华大学后勤综合改革与事业发展需要,构建满足一流大学建设发展需要的商贸服务体系,结合正大商贸公司(以下简称"公司")实际工作情况,拟定"十三五"事业发展实施方案。

一、发展基础、指导思想和发展目标

(一)发展基础

商贸服务工作是学校教学科研和师生生活的重要保障,作为商贸服务工作的主体,公司今后的工作任务将更加艰巨。首先是学校一流大学建设及后勤综合改革对商贸服务工作提出了更高要求;其次是师生商贸需求和个性化需求不断提升;再次是随着社会的发展,商贸服务的新模式给传统经营模式带来巨大冲击;最后是传统的管理理念、管理手段已经不适应法治社会的新要求。

为了适应学校一流大学建设的新要求,公司要加快企业体制机制调整,推进下属企业通过社会化、资源管理逐步改革;进一步提高为师生生活提供商贸服务和保障的能力,满足师生需求;提高商贸资源管理管理能力,确保商贸资源资产保值增值;遵循市场经济规律,提高经济效益,确保职工队伍稳定。

制定实施公司"十三五"规划,必须牢牢把握后勤"十三五"规划和综合改革的宗旨和思路,加强调查研究,制定切实可行的规划方案和实施细则,做到任务明确,计划周密、落实到位。在实施规划的过程中,要处理好各类可能出现的矛盾和问题,做到为事业负责、为职工负责,为历史负责。

（二）指导思想

公司是校内的商贸企业，主要任务是做好商贸资源的管理和监督，为师生员工和校内居民提供基本商品和生活服务。根据学校商贸服务的特点和需求，提出校园商贸服务的整体规划；负责对现有商贸资源使用进行管理和监督，提高资源使用效率和效益，实现资产保值增值；为师生员工提供基本商贸服务，保障商品质量和经营安全；加强公司治理，推进公司内部的健康发展，适时进行社会化、专业化、资源管理化的改革；根据需要做好校内重大活动的商贸物资保障；积极稳妥引入社会资源参与校园内商贸服务，提高对社会资源的管理驾驭能力；完成学校交办的其他工作。

（三）发展目标

兼顾社会效益和经济效益，根据学校和师生需要，整合利用各类商贸服务资源，不断提高面向校园内的商贸服务的品质品位，实现"教育特色鲜明，商贸布局合理，服务市场规范，商品质量安全，广大师生满意"的目标。通过专业化、资源管理化和社会化等改革方式，落实"从自主经营向管理服务转化"的改革思路，逐步建成以商贸资源管理为主的管理机构。

通过新的商业布局规划，努力实现"商业服务便捷高效全面，满足师生；商贸资源规划合理便捷，效益提高；商贸服务监督管理到位，品位提升；在编职工人数严格控制，减员增效"。

二、主要措施

（一）加强队伍建设，推进职工队伍改革

公司现有职工174人，其中在编职工56人，合同制职工116人。在编职工中事业编制6人，大集体11人，劳服9人，原超市发职工27人，海淀企编2人，校企编1人。按照现有在编人员年龄情况，到2020年，在编人员总数将下降到19人。

到2020年，公司转化为资源管理为主的管理机构，现有自营企业将逐步转型，经营和服务主体将由社会企业承担。公司主体工作转化为对经营和服务工作进行监督管理。公司人员结构和数量将发生巨大变化，主要从事资产与资源规划、合同管理、租金管理、商贸业务指导和服务保障工作。

（二）深化管理体制改革，加快转变发展方式

按照后勤综合改革要求和公司事业发展需要，公司将对原有自营企业进行改革，从原来的自管自营转化为商贸资源管理。具体规划是：

2016年，图片社转化为资源管理。2016年，胶印厂停止印刷业务，核算纳入公司统筹管理。2017年，清风湛影超市实施社会化运营（或并入清华控股）。2018年，推动公司主办的集贸市场，华澜园集贸市场中心逐步调整转型，由社会企业承接管理和服务工作，转化为资源管理。

（三）制度建设规划

按照法制社会要求，2020年以前，修订和完善各类规章制度和实施细则。修订《正大商贸公司"三重一大"事项决策制度》《正大商贸公司人力资源管理制度》等各级管理制度。建立和完善各类工作流程、工作任务监督落实方案、干部任务书等。

（四）信息化建设规划

进一步完善公司资源管理信息系统和办公自动化系统；建设完成商品销售追溯系统；借助学校信息化平台，建成网络购物系统；统筹商贸服务信息化点位，建成监督管理信息化系统。

三、重点任务

（一）自营超市引入社会化经营

按照"改变管理体制，引入社会化经营"的指导思想，将逐步引入社会优秀商贸企业承担目前自营超市的经营与服务工作。此项改革分为两个步骤进行。第一步是清风湛影超市的社会化经营。清风湛影超市是北京育培园商务管理中心的下属分支机构，具有非独立法人营业执照，主要服务对象为在教学区和学生区的师生。计划用两到三年时间完成清风湛影超市整体引入社会优质资源经营。第二步是澜园商贸中心的社会化经营。澜园商贸中心是集体所有制的独立法人企业，主要服务对象为家属区的师生员工。由于澜园商贸中心在编人员较多，负担较重，计划于清风湛影超市社会化运行稳定之后，进行澜园商贸中心

的社会化改革。通过改革，公司自营超市的工作将成为历史，主要任务转变为商贸资源管理和超市服务的监管工作。

（二）集体所有制企业逐步转型

公司下属企业清华图片社、清华园胶印厂、华澜园集贸市场中心均为集体所有制企业，是学校在特定历史时期形成的。随着时代的发展，集体所有制性质的企业已经不能适应学校改革发展的形势。按照正大商贸公司"自营企业执照转型"的发展目标，公司将首先调整图片社的经营模式，规避相关风险。第二步是要完成清华园胶印厂转型调整。第三步进行华澜园集贸市场中心的改革，企业原服务功能全部纳入公司，按照商贸资源管理体制机制运行。

（三）完成校园内商贸服务布局规划

鉴于当前校园商贸服务布局不均衡的情况，按照后勤综合改革的要求，公司将进行校内商贸服务布局规划。2015年先进行师生员工商贸服务需求调研，根据调研情况，2016年进行具体布局规划，配合后勤管理处进行商贸服务设置审批和业务监管。

（四）完善食品安全追溯系统建设

为了进一步加强食品安全管理，菜市场通过调研和酝酿，建立了食品安全追溯系统。主要思路是通过电子标签、可追溯秤、食品销售追溯管理软件和终端查询机将厂家、商户、市场管理方和顾客之间建立供应链和追溯链，避免各类矛盾纠纷，一旦出现食品安全隐患，可追溯和追责。随着此系统的不断完善，今后将进一步应用到其他食品销售体系中。

四、组织实施

公司负责规划的组织实施，确定规划任务书及时间表，统筹推进，督促落实。2017年下半年进行中期检查，2020年基本完成改革任务。

清华大学保卫处事业发展"十三五"规划实施计划

（2015年12月8日）

一、"十二五"事业发展规划执行情况

"十二五"时期是我校新百年发展的起步阶段，学校各项事业均取得了重要进展。学校安全保卫作为基础性、底线性、保障性的工作，为学校的人才培养和一流大学建设提供坚强有力的安全保障。保卫处强化服务理念，逐步完成了从"管理型"向"服务型"的职能转变，从安全教育理念、体制机制、教育内容和形式等方面不断探索和实践，学生的安全意识和技能不断提高。强化科技创安理念，初步完成安防系统升级改造项目，不断提高人防、物防和技防相结合的综合防控能力。总体实现了"大事不出，小事减少；管理有效，秩序良好"的"十二五"规划目标。

（一）规划实施情况

"十二五"期间，强化"三区联动"机制，建立并完善校、院（系）和基层教学科研生产单位三级责任分工机制；建立校内外各有关单位或部门强化合作、密切配合、齐抓共管的管理机制，提高各部门协同工作效率。落实依法治校原则，以服务为导向，向管理要秩序，逐步建立起与管理服务职能相适应的相对完整的制度体系。建立了平战结合、注重常态的维护稳定工作机制，及时掌握舆情动向，定期摸排校园隐患，逐一建立了台账，明确了责任部门和责任人，确保在平常时期和重要时期的重大矛盾不升级、不转移、不演变为现实危害。加强警校合作，充分发挥校园内"警务工作室"等的作用，积极争取市局文保总队、海淀分局、中关村派出所等公安机关的执法支持，加强校园周边环

境治理。积极推进"平安校园"创建工作,顺利完成"平安校园"创建和验收工作,获得北京市教工委等授予的"平安校园示范校"。

(二)面临的机遇与挑战

1. 依法治校任重道远。我国目前依然处于社会转型期,社会发展进一步向多元化、开放式、动态化、复杂化方向发展。国家进一步强调法治建设,广大人民群众和师生员工依法维权的意识进一步觉醒,但部分群体守法依规的自觉性却没有得到相应提高。高校安全保卫工作依然处于无法可依、有责无权的境况。高校保卫组织没有明确的法律定位、处于游走在法律边缘的状况,已经难以应对当前的形势。依法治校是党中央提出的依法治国方针在学校工作中的具体体现,也是时代给我们带来的挑战与机遇。

2. 建设校园安全文化。这是我们面临的第二大挑战。邱勇校长在2015年全校安全工作会议上讲到,我们应该给我们的教师,给我们的学生,营造一个什么样的环境?我们要把安全当成一种文化来看待,安全之所以称为安全文化,反映了一个学校的一个境界,这对我校追求的长远发展理念、校园文化以及总体改革都有一定的影响。我们要以人为本,全面提高师生的安全意识和技能,增加安全教育的覆盖面,将安全工作渗透到校园文化的建设中,并纳入学校人才培养体系,建设符合清华特色的安全文化。

3. 探索和创新安全管理服务模式。面对学校深化综合改革的新任务和师生员工的新要求,学校安全管理体制和运行机制需要进一步创新,国际视野和工作标准需要进一步提升,治理水平和专业素养需要进一步提高。深化校园安保工作综合改革,必须以学校深化综合改革方案为指导,与学校办学理念相契合、与校园百年沉淀相融合、与学校育人任务相结合、与世界一流大学标准相吻合,积极研究探索适应我校长远发展和师生需求的安全管理服务模式。

4. 反恐防暴斗争形势异常严峻。受境内外各种复杂因素影响,当前面临的反恐防暴斗争形势异常严峻。我校人员密集、开放度高、影响力大,容易成为境内外敌对势力的破坏目标。"十三五"期间需要将反恐防暴工作有效纳入安全稳定工作体系,并且尽快提升校园反恐防暴能力。

二、"十三五"规划指导思想、总体目标和工作思路

（一）指导思想

面对国家全面深化改革的新形势、深化综合改革的新任务，保卫部（处）在学校党委和行政的领导下，紧密围绕学校中心工作，以建立完善与一流大学相适应的安全保障体系为目标，努力优化队伍、规范制度、强化管理，文明服务，不断探索完善适合清华大学管理服务模式，适合长远发展的校园安全稳定工作模式。努力贴近民生，从广大师生员工最关心的地方做起，从广大师生员工最不满意的地方着手解决问题，进一步深入推进"平安清华"的建设，为全校师生创造安全、稳定、和谐、有序的校园环境。

（二）总体目标

通过体制改革完善责任落实，通过机制创新激发整体活力，通过队伍建设凝聚人心力量，通过一流标准提高工作要求，建立和完善以一流大学建设需要为导向、以学校管理力量为主体、以政府执法力量为后盾的具有清华特色的安稳工作体系，推动形成专群集合、齐抓共管、综合治理的大安全工作格局，全面提升校园安全管理、服务、教育水平，为我校加快推进综合改革和建设"中国特色、世界一流"大学提供基础保障，实现"大事不出，小事减少；管理有效，服务周到；和谐平安，秩序良好"的平安和谐校园的总体目标。

（三）工作思路

"十三五"期间，保卫处工作的总体思路是：进一步深化安保工作综合改革，抓好统筹，夯实基础，注重长效，探索学校和政府对校园协同治理的新途径。优化机构设置，完善规章制度，加强队伍建设，深化安全教育，积极整合人防、物防和技防资源，改善基础设施，提高综合安全保障能力。不断完善安全责任，综合防控，隐患排查，应急处置等体系建设，提升校园综合治理总体水平。

三、"十三五"事业发展主要举措及任务

(一)不断完善校园安全管理工作体制

积极发挥学校安全稳定工作领导小组作用,加强学校对于安全稳定工作的领导。充分发挥学校安全稳定工作领导小组办公室作用,将其建为学校安全稳定工作的指挥中心、管理主体和工作枢纽。强化各院系各单位安全稳定工作小组建设,切实发挥统筹协调作用,促进形成党政同责、一岗双责、横向到边、纵向到底的责任体系,推动形成学校党委统一领导、党政齐抓共管、职能部门组织协调、基层单位分工负责、师生员工共同参与的安全稳定工作格局。

探索学校和政府协同治理校园秩序的新途径,建立以学校管理力量为主体,以三区统筹联动为支撑、以政府执法部门为后盾的校园安全管理模式,推进学校和政府协同治理校园秩序。

积极探索保卫处内设机构改革。在维持目前职数的基础上,调整内设机构,加强安全宣传教育研究、信息化技术防范系统建设、安全生产隐患排查整治等职能,推进平安校园管理服务中心的建设,加强综合值班、安全教育、应急处突、反恐防暴、信息化建设等工作。

不断完善校园安全责任体系、校园矛盾纠纷排查化解体系、校园综合防控体系、校园安全教育体系、应急处突体系等建设,不断提高校园综合防控能力和校园安全稳定水平。

(二)不断完善校园安全管理工作机制

健全完善分工负责与统筹协调机制。主要是健全完善学校和属地政府之间,学校职能部门和学校各二级单位之间,以及学校保卫部与清华园街道办事处、物业管理中心(后更名为学生社区管理服务中心)之间的分工负责和统筹协调机制,充分高效地发挥各方面的积极性主动性,形成合力。

健全完善融入结合与源头防范机制。推动各单位将安全稳定工作融入总体工作规划和年度计划,大力推进落实重大决策社会稳定风险评估,从源头上防范矛盾纠纷和社会稳定风险隐患。进一步加强利益诉求表达和沟通渠道建设,促进校园和谐。持续不断进行安全宣传教育,切实提升广大师生员工防范意识和安全素质;持续不断进行隐患排查整治,从源头提升校园安全稳定水平。

健全完善宣传教育与全员参与机制。高度重视并不断完善安全宣传教育工作，坚持安全教育全人群覆盖、全过程覆盖。不断丰富内容和形式，增强吸引力和有效性。加强群防群治队伍建设，加强学生治保组织和教工治保队伍建设，走专群结合的道路，动员广大师生员工积极参与到校园安全保卫工作中来。

健全完善信息共享与闭环控制机制。加强信息采集渠道建设，及时掌握苗头信息以及案事件信息并在相关工作部门之间共享，以保障工作的统筹协调。对于任何一起案事件，都力求有始有终有结果，确保案事件处理形成闭环。经常性组织安全隐患排查整治，发现一起，整治一起，不能立即整治的列入台账，限期整治，定期复查，直至彻底整治完毕，确保隐患排查整治形成闭环。

健全完善责任追究与有效激励机制。强化明确各级岗位责任制，确保责任具体落实到人。对每一起案事件都要坚持发生原因不查清楚坚决不放过、有关责任人没有得到严肃处理坚决不放过、事故责任人和广大师生员工没有得到深刻教育不放过、相应防范措施未落实坚决不放过等原则（即"四不放过"原则）。同时，对于忠于职守尽责尽力以及作出贡献的师生员工，要及时进行适当有效的激励。通过责任追究与有效激励，强化责任落实和激励先进。

（三）加强制度建设，推进保卫工作规范化标准化

根据实际工作经验，结合现有的法律法规，进一步建立健全安全保卫工作规章制度，明确各级单位工作职责，依法治校。交通管理将继续落实安全责任制，制订交通安全应急预案，重点做好机动车管理改革工作，完善修改《清华大学校园机动车管理暂行办法》等校园交通管理规定。修订《清华大学消防安全管理规定》，积极推动《清华大学消防安全隐患治理实施办法》的制定和实施。修订《清华大学校园治安秩序管理规定》，推动实施《清华大学内部治安保卫工作评价考核办法》。进一步结合工作实际情况制定其他管理规定规章制度的实施细则或者实施办法。

另外，结合政府以及行业有关标准规范，制定完善清华大学安全保卫工作各具体工作的实施标准，推进安全保卫工作规范化标准化建设。

（四）加强安全保卫基础设施建设，提高校园应急防控能力

持续推进科技强安工程。依托学校的技术优势，积极推动公共安全科研成果的转化运用，把"智慧校园"和"平安校园"建设紧密结合。加快完善以公共安

全指挥中心为核心的平安校园管理服务中心建设，完善集综合值班、师生求助、消防报警、视频监控、远程会议、应急指挥"六位一体"的综合管理服务平台建设。进一步推进安全稳定工作管理信息系统建设，不断提高工作信息化水平。

推进校园消防基础设施改造工程建设。积极推动为老旧建筑加装火灾自动报警系统，为老旧建筑更新消防设施，实现校园火警自动报警系统联网，争取建立消防水系统远程监控系统等等，争取使消防基础设施得到系统性升级改造，提高校园整体消防能力。

加强校园交通基础设施建设。随着社会发展和学校对外交流的增加，校园停车资源紧张的问题必将进一步加剧。建议学校考虑规划新的停车区域或建设立体停车场，新建建筑应尽量多的预留地下停车位。统筹考虑停车位分布不均与"自管车位"现象也将随着机动车数量的增加而带来一系列问题。

进一步督促加强技防设施设备建设、管理、使用、运行维护和值机人员上岗培训，加大经费保障和制度措施落实力度，确保学校技防系统稳定可靠运行。

（五）落实学校人事制度改革，加强安保队伍建设

学校保卫干部队伍处于新老交替阶段。由于历史原因，保卫部专职安保人员大多数年龄偏大，学历偏低。"十三五"期间有相当比例的人员面临退休。随着社会发展，校园安保工作对人员的综合素质要求越来越高。要进一步拓展安保干部和职工来源，加强专家型人才和高技能人才的培养和引进。按照专业化、职业化的标准，努力建设一支政治思想好、文化水平高、管理能力强的安保干部职工队伍。

加强队伍培训。进一步健全完善干部、职工队伍教育培训体系，加强全面素质培养和专业技能提升。进一步制定完善相关政策制度，鼓励广大干部职工以及保安员立足岗位成长成才，提高整体队伍专业化、职业化水平。

统筹薪酬福利。校园安保工作任务重压力大休息时间少付出多，在校园中属于艰苦岗位，应相对提高一些安保干部职工的福利待遇。同时，重点提高合同制人员在工资、保险、工会经费、教育经费以及年假等非货币型福利方面的待遇，尽力实现同工同酬。

（六）加强工作研究和交流，提升校园安保工作水平

积极推进校园安全管理学科建设以及平安校园创建工作理论研究和实践创

新探索。带动干部职工结合工作实践开拓创新，积极参与全国学会、北京学会以及学校的课题申报与研究，通过课题研究，提高工作水平。加强与国内外高校同行的交流学习，不断提升自身的业务能力和校园的安保水平。

四、规划实施

（一）明确责任

校园安全稳定工作"十三五"规划的具体实施，应该按照"平安校园"要求的组织领导体系、维护稳定工作体系、矛盾纠纷排查化解体系、校园综合防控体系、安全管理、安全教育、安全服务体系以及校园应急处突体系等六大体系的建设标准，在实际工作中不折不扣地进行落实。

保卫处将进一步推进完善安全稳定工作组织管理体系。积极推动学校党委统一领导、党政齐抓共管、职能部门组织协调、基层单位分工负责、师生员工共同参与的安全稳定工作格局，充分发挥学校安全稳定工作领导小组办公室作为学校安全稳定工作的指挥中心、管理主体和工作枢纽的作用。强化各院系各单位安全稳定工作小组建设，切实发挥统筹协调作用，促进形成党政同责、一岗双责、横向到边、纵向到底的责任体系。

（二）统筹协调

保卫处负责本规划的组织实施，制定改革任务书和时间表，统筹安排，整体推进。广泛宣传，主动沟通，争取广大师生以及干部职工的理解、支持和响应，统一思想，凝聚力量，确保各项任务顺利进行。

积极开展调查研究。深入了解广大一线安全保卫人员的工作体验，广泛调研各院系各单位师生员工的诉求，了解学习兄弟高校的先进做法和成功经验。集思广益，不断提高我校安全保卫工作的水平。统筹协调，推进"十三五"校园安全保卫事业发展规划。

（三）加强宣传

"十三五"规划制定完成后，要在学校特别是全校安全保卫系统干部职工进行广泛宣传动员，让全体人员明确我校安全稳定事业发展"十三五"期间的总体目标和指导思想，明确具体的责任以及每一年的初步工作计划，做好充分的心理准备，为下一阶段的工作积蓄力量。

五、监督和评估

（一）监督机制

"十三五"规划的实施，是学校综合改革和事业发展的一部分，需要全校各单位的共同努力。保卫处作为学校负责安全保卫工作的职能部门，"十三五"期间将逐步健全完善对学校各单位履行安全稳定工作职责的情况进行检查监督并在适当范围进行通报的机制。

（二）综合考评

"十三五"期间，保卫处将积极推进各单位安全稳定工作规范化标准化建设，建立并完善各二级单位安全稳定工作基本标准，并在"十三五"期间参照"基本标准"对各单位安全稳定工作履职情况进行检查验收。同时，在日常对各二级单位履职情况进行检查监督的基础上以学期和年度进行评估。推动建立各单位安全稳定工作履职情况与考评结果与单位年度绩效挂钩的机制。

保卫处也将逐步健全完善对保卫处自身各科室的履职情况进行考核评估的机制，奖罚结合，激励广大干部职工忠于职守，奋发有为。

清华大学基建规划处事业发展"十三五"规划实施计划

一、发展基础、指导思想和发展目标

（一）发展基础

"十二五"基本建设规划列入基建计划项目共计 64 项，总建筑面积 266.1 万平方米，其中续建项目 22 项，规划新建项目 42 项，规划新增总建筑面积 211.9 万平方米，规划新建项目包括主校区项目 25 项（含附中 2 项），总建筑面积 63.3 万平方米。截至 2015 年底，我校"十二五"期间完成竣工决算项目 7 个，总建筑面积 12.3 万平方米；竣工项目 20 项，建筑面积 84.45 万平方米。2015 年底学校在建项目 11 项，建筑面积 103.93 万平方米。"十二五"期间基本建设实际完成投资 105.8 亿元。

"十二五"时期是我校基建规划工作面临挑战多、建设速度快的一个阶段。在此期间，基建规划处通过精简机构、强化顶层设计、优化工作职能，确保业务衔接更加顺畅、高效。通过高级人才引进、新生力量培养，以老带新、以强带弱，进一步提升员工队伍整体素质，实现了老中青相结合、专业结构相辅相成的梯队建设模式，为"十二五"期间各项任务目标的实现提供坚强组织保障。

"十二五"期间，在服务国家发展战略、充分发挥环境育人功能、加强基本建设规范化管理的指导思想下，我处围绕提升队伍素质、完善制度体系、探索校园规划建设模式等目标，多措并举，扎实完成各项任务并取得实效，为"十三五"良好开局奠定基础。

（二）指导思想

高举中国特色社会主义伟大旗帜，深入贯彻落实党的十八大、十八届四中全会和习近平总书记系列重要讲话精神，以学校事业发展规划、校园总体规划、学校和后勤综合改革指导思想为依据，重点落实服务立德树人根本任务、"双一流"建设和国家重大战略需求。推动后勤事业发展，坚持以学校为主体、坚持育人宗旨、坚持社会化改革方向、坚持走专业化发展道路。

（三）发展目标

"十三五"时期要继续改善学校基本办学用房条件，创造更加优美宜人的国际化校园育人环境。进一步把握新形势、抓住新机遇、适应新常态、应对新挑战，着力强基础、补短板、避风险、化危机，为推动学校双一流建设提供强有力的基础设施保障。牢固树立精品意识，以高标准高质量打造具有清华特色精品工程。深化基本建设管理改革，坚持改革创新与时俱进，强化在工作中完善改革思路、做实改革举措、释放改革活力、提高改革效能。坚持服务育人理念，不断提升服务保障水平，增强服务保障能力，始终坚持以师生为中心，切实提高全校师生对学校基本建设工作的满意程度。

二、主要任务

（一）发挥规划在校园建设中的引领作用，启动 2021—2030 年校园总体规划修编。加强学校统筹，强化校园规划与学校事业发展规划、学科建设规划相互衔接。根据新版校园规划，开展校园停车设施、地下综合管廊、文保区控高及规划区域拓展等专题研究，同时积极参与学校土地资源拓展和功能布局规划。

（二）持续改善基本办学条件，按照优先改善人才培养环境、加强学科建设促进学科交叉、支持综合改革提升服务保障能力的原则，制定并实施"十三五"基本建设规划。科学编制"十三五"校内建筑修缮计划，保护文物建筑，更新设施设备，提升使用效能。

（三）落实"十三五"基本建设任务，完成南区学生宿舍二期、法律图书馆、生物医学馆等4个在建工程，总建筑面积约15万平方米。完成出土文献研究与保护中心、综合实验楼、北体育馆等6个新建项目,总建筑面积约32万平方米。

推进智库中心、蒙民伟综合楼、东区食堂等9个项目的前期研究及报批。

（四）完善建设项目设计管理办法，以功能设计为重点，强化项目需求分析和方案论证。建立遴选及评价机制，扩大设计方案征集范围。以质量和造价控制为重点，不断提高基本建设管理水平，拓宽基建管理思路。建立基本建设专家资源库和专业咨询体系。

（五）不断推进职工队伍改革，加快建设一支专业水平过硬、胜任能力强、文化认同感高、团结协作进取的职工队伍，为促进学校事业高质量发展、建设美好校园提供有力保障。根据行业特点，完善岗位评价和考核标准。积极开展业务培训工作，通过专业学习、前沿讲座、同行交流等多种途径，全面提升职工队伍素养。此外，加强内部梯队建设，培养技能全面、综合能力突出的全面人才，为部门长远发展做好人员储备。

（六）加强制度建设，强化内部风险防控。建设完备的基建管理制度体系，建立长效机制，促进规范化管理。进一步完善制度的编制及修订，形成科学规范、高效适用的建设项目管理制度体系。进一步推进制度流程化、流程表单化、表单电子化，不断优化业务流程，做好风险管控同时保证运行顺畅。进一步加强制度的执行和监督，通过制度的刚性约束，进一步强化风险防控，落实内控责任，切实把制度优势转化为管理效能。

（七）推进信息化建设，提高管理效能。不断开发完善基建项目管理信息系统内在功能，加强对建设项目全流程、多维度、高效化的管理，提高工作效能。通过推进标准化业务流程实现全程留痕、信息公开，促进基建管理的规范化。通过加大在线审批、微信端、重要事项督办等功能的应用范围和力度，提高工作效率和便捷性。

三、规划实施与保障

为了保证"十三五"期间各项工作任务顺利推进，在组织实施和保障措施方面做了以下部署和安排。

加强党的建设，发挥基层党组织战斗堡垒作用和党员先锋模范作用。加强政治引领，深入学习贯彻习近平总书记系列重要讲话精神和治国理政新理念新思想新战略，不断提高党员马克思主义思想觉悟和理论水平。扎实做好基层党建工作，围绕学校和本部门中心工作，加强思想、组织、作风、反腐倡廉和制度建设，深入增强党内政治生活的政治性、时代性、原则性和战斗性，不断深化学习型、服务型、创新型党支部建设。深入贯彻全面从严治党要求，加强党风廉政建设，营造风清气正、昂扬向上的部门氛围，持续提升基层党组织的组织力和战斗力。

依据教育部关于开展直属高校"十三五"基本建设规划编制的总体要求，以及《清华大学事业发展"十三五"规划纲要》及《清华大学后勤事业发展"十三五"规划》有关精神，结合本部门发展目标和工作实际，制定部门"十三五"规划，并细化重点任务分工落实方案，编制年度工作任务实施计划，加强年度计划与本规划确定的主要目标和重点任务相互衔接与协调，确保本规划各项任务落到实处。

总之，在"十三五"期间，基建处将在学校和后勤综合改革指导思想下，坚持国际化、社会化、标准化改革方向，以学校为主体、以服务发展为根本、走专业化发展道路，始终强化优质、高效、廉政的根本要求，把握高校基建的共性和特性，遵循教育要求和市场规律，处理好经济和品质的关系。通过工作定位和科室职能梳理促进工作职责清晰，通过机制创新激发基建活力，通过队伍建设凝聚各方力量，通过一流标准提高工作品质，建立和完善与一流大学发展相匹配、以学校基建管理队伍为主体、以社会优质资源和专业力量为依托、以行业监管和后勤保障体系为后盾的具有清华特色的新型基建管理体系。始终坚持正确改革方向，不断细化落实改革措施，全面提升基本建设保障水平，专业、高效、廉洁地建设出高品位的校园建筑，为世界一流大学建设作出更大的贡献。

清华园街道事业发展"十三五"规划实施计划

（2016—2020 年）

为认真贯彻落实国家提出的"四个全面""京津冀协同发展"等宏伟战略目标，根据清华大学制定的综合改革方案和海淀区政府相关工作的具体部署，结合街道实际情况，特制定本规划纲要，以推动街道各项事业与队伍建设在"十三五"时期更好、更快地发展。

一、"十三五"建设发展的基础和面临的新形势

（一）"十二五"规划执行概况

"十二五"时期以来，清华园街道在清华大学和海淀区的双重领导下，紧紧围绕学校和海淀区中心工作大局，坚持以"加强社会服务管理创新，推进文明和谐社区建设"为工作中心，贯彻以人为本的服务理念和以服务为导向的管理理念，认真履行职能，积极开拓创新，圆满完成了"十二五"规划确定的各项主要任务。

1. 加强基层党建，严格内部管理。街道在"十二五"期间，严格按照学校党委的要求和部署，深入开展党的群众路线教育实践活动和"三严三实"专题教育，坚持抓好理论学习，重视党风廉政建设，充分发挥党组织对中心工作的引领作用，加强内部管理，制定、修改一批重要制度，形成比较完整的内部管理制度体系。

2. 履行政府职能，开展惠民服务。街道在"十二五"期间，认真履行各项政府职能，积极开展公共服务和便民服务。在综合服务方面，街道坚持开展

深受老年人欢迎的便民医疗车项目，累计服务9000余车次；后勤综合服务平台接待来电、问询以及网站点击量年均突破40万次，医院预约专家号年均约5000个。在社保服务方面，街道着力开展就业帮扶，连续三年获评"海淀区充分就业街道"；所有服务窗口历年做到"零违规、零投诉"。在民政服务方面，街道重点办理高龄津贴、养老（助残）补贴、老年优待卡、老年证等共计9128人次；坚持组织爱心募捐，共计募集衣被5万余件，善款180.45万元。在帮残助残服务方面，街道投资85万余元建立残疾人温馨家园，并为各类残疾人申请办理各项补贴共计160余万元。在为老服务方面，街道坚持"五化"方向，持续推进辖区居家养老服务体系建设；坚持办好老龄大学和老龄互助社；引入两台国外进口的履带式辅助爬楼机，解决老旧小区老人下楼的实际困难。在计生服务方面，街道重服务、讲诚信、高效率，做到辖区人口全覆盖，服务面涵盖学生、教职员工、博士后、辖区户籍人员、辖区企业员工、辖区流动人口等，积极落实政府各项计生惠民政策。

3. 强化综合治理，维护安全稳定。"十二五"期间，街道高度重视、加大投入，适时启动社会面"一级加强防控"，充分发挥"三支队伍"的协同配合作用，积极动员群防群治力量累计超过5万人次，圆满完成每年两会、十八大以来历次全会以及APEC、"两大安保"等重要会议和活动期间的安全稳定维护工作。累计投入近百万元，着力增加社区技防设施设备，坚持常抓家属区安全生产生活。做好信访接待处理工作，加强对重点人员、重点点位的管控与防范，累计排查化解社区矛盾1162起，有力维护了辖区的安全稳定。

4. 组织联合执法，整治校园秩序。街道在"十二五"期间，长期坚持联合各支属地专业执法部门力量，协同开展联合执法行动，重点打击游商摊贩、无照经营、黑车黑导、违法建设等行为；完成学校二校门、主干道沿线、照澜院周边等重点点位和区域的秩序整治；累计开展联合执法行动超过100次，查处游商摊贩、无照经营4213起，没收各类非法小广告5万余张；梳理辖区"四品一械"经营主体共计185户，实现监查率100%；建立照澜院市场食品安全机制，实现商品质量源头可追溯。

5. 积极争取资源，推进环境建设。街道在"十二五"期间，积极争取各方资金超过1.2亿元，投入社区环境建设，使学校家属区面貌得到较大改善。例如，实施西北社区整体改造工程，总建筑面积超过6.2万平方米；对幼儿园进行教学楼加固改造、操场铺装，面积超过7200平方米；整修社区主要道路，总面积超过 1.5 万平方米等。

6. 大力夯实基础，加强社区建设。街道在"十二五"期间，认真开展各项调查，摸清辖区经济规模和人口情况，切实做到底数清、情况明，夯实工作开展的基础：入户 1634 家大小企业和商户实际核查，其中规模以上企业 180 家，个体小商户 262 家；完成 6828 户实有人口信息核对工作，填表 26319 人，为人口疏解工作提供数据支撑。同时，街道大力推进智慧社区建设和社区精神文明建设，加强社区规范化建设和基层组织建设，积极为海淀区创建全国文明城区作贡献：入选"北京市首批智慧社区建设重点单位"，将建设成果广泛运用于社区综合服务、医疗健康服务、为老服务以及辖区信息化、网格化管理等各项工作中；坚持开展社区文化节、体育节、教育节，每年参与"三节"活动的居民群众超过 1 万人次，有效凝聚力量、凝聚人心，营造和谐幸福的良好氛围；大力推进创建全国文明城区各项工作，取得良好效果，在海淀区排名前列。

7. 重研究与实践，发展优质幼教。街道在"十二五"期间，坚持指导幼儿园立足北京市示范园的平台，注重内涵建设，优化管理，推进课改，积淀成果，提高教师队伍专业化水平，带班教师 100% 实现大学本科以上学历，有力促进提升保教水平。同时完成东楼和北楼加固改造工程，为学校教职工子女提供高质量的幼教服务。

综上，"十二五"期间，街道在服务辖区群众、营造良好环境、创建全国文明城区、维护社区和谐稳定等各方面都发挥了重要作用，特别是智慧社区建设、一老一小教育、居家养老服务形成了区域特色和品牌，在北京市和海淀区均产生一定影响，社区管理和建设各项工作取得了显著成效，为清华大学世界一流大学建设和海淀区的科学发展作出了积极贡献。

（二）"十三五"建设发展面临的新形势

"十三五"时期是我国全面建设小康社会、全面深化改革、全面依法治国、全面从严治党的冲刺时期，北京市将全面贯彻《京津冀协同发展规划纲要》，有序疏解非首都功能，推动京津冀协同发展；海淀区将加强社会管理，加快疏解人口，推进中关村全国科技创新中心核心区建设；我校将根据学校章程，完成"三步走"战略，加强世界一流大学建设，全面深化改革。清华园街道在新形势下，将继续发扬优良传统，坚持改革创新，勇于开拓进取，扎实深入推进文明和谐社区建设各项工作。

二、"十三五"建设发展的指导思想与主要目标

（一）指导思想

以邓小平理论、"三个代表"重要思想、科学发展观为指导，深入学习贯彻党的十八大、十八届三中全会、四中全会、五中全会精神和习近平总书记系列讲话精神，牢固树立"创新、协调、绿色、开放、共享"的发展理念，巩固和拓展党的群众路线教育实践活动成果，着重加强区域党建、开展公共服务、统筹辖区治理、组织综合执法、指导社区建设，实现好、维护好、发展好辖区居民群众的根本利益，服务群众、凝聚人心、稳定社区，为学校世界一流大学建设和海淀区"核心区"建设不断作出更多、更大的贡献。

（二）职能定位

清华园街道是受海淀区和清华大学双重领导的"大院式"街道，结合学校特点，履行辖区城市管理、社会管理、民主管理和社区建设等各项职能，发挥学校联系海淀区的桥梁纽带作用，促进政府管理和学校管理有序对接，提升政府服务群众的能力与水平。

（三）工作职责

围绕"构建文明和谐社区，服务一流大学建设"，清华园街道努力建设以人为本的综合服务体系和科学规范的精细管理体系，不断提升辖区的管理服务水平，妥善处理好政府要求与学校要求之间的关系、大多数人利益与少数人利益之间的关系、群众需求与现实情况之间的关系、全局利益与部门利益之间的关系，切实履行以下各项职责。

1. 宣传贯彻党的路线、方针、政策和国家的法律法规，执行海淀区和清华大学的决议、决定，团结、组织党员和群众，保证上级下达的各项任务顺利完成。

2. 发挥地区综合治理委员会的作用，组织校园综合执法，协调、督促、检查辖区公安、城管、税务、卫生、工商等政府职能部门的派出机构开展工作；协助有关部门组织和监督对违法建筑、违法占用道路、无照经营以及违反市容环境卫生、绿化管理规定行为的查处工作，维护校园良好的环境秩序。

3. 协助学校加强地区爱卫会、计划生育、食品安全以及辖区内教职工生活

区的生产安全、矛盾化解等相关工作，维护辖区的和谐稳定。

4. 指导各社区居委会、自管会等辖区内教职工生活区的社区自治组织开展工作，发挥社区代表会议作用，及时向上级反映居民的意见和要求。

5. 加强辖区内教职工生活区的社区思想政治工作和精神文明建设，指导社区党支部开展工作，组织居民参与社区文化、体育、教育活动，对居民进行法制、道德宣传，营造社区安定祥和的氛围，积极争取区政府财力支持，改造美化社区环境。

6. 整合学校服务资源，完善社区养老体系，加快智慧社区建设，提升社区服务效率；协调直接参与辖区内教职工生活区管理服务的校内单位建立协作机制，明确各单位的职责范围，规范各项服务的标准，建立通畅的沟通渠道，加强协作配合，解决居民困难，不断提高社区综合服务水平。

7. 指导幼儿园开展工作。

8. 加强区域党建、开展公共服务、统筹辖区治理、组织综合执法、指导社区建设，夯实社会服务与城市管理基础，确保海淀区各项工作的落实。

9. 完成市、区政府和学校交办的其他任务。

（四）发展目标

"十三五"时期，街道将以《清华园街道办改革实施方案》为工作指南，进一步加强社会服务管理创新，实现政府管理与学校管理的有机结合，探索大院街道社区管理新模式。

1. 以落实主体责任和监督责任为根本要求，着力加强街道班子建设、队伍建设、作风建设、制度建设，强化内涵式发展模式，提升整体质量，全体干部职工团结一致、廉洁自律，促进工作程序更加规范合理、办事效率更加高效准确、作风风气更加求真务实。

2. 以家属区的管理服务为核心任务，推动学校相关部门合作参与，创新社区管理机制，建立职责明确、流程规范、长效科学的家属区运行体系。探索和推进我校老旧社区的物业化管理，加快智慧社区建设，最终建立便捷优质的家属区服务保障体系，为教学科研做好日常服务。

3. 把握政府业务下沉的新形势、新要求，探索适合大院的街道运转体系，促进政府管理和学校管理有序对接，形成双重管理的合力。发挥街道办事处政府职能，提高工作队伍的综合行政能力，提升辖区公共服务水平。依据学校依法治校精神，发挥街道综合协调作用，建立适应校园要求的综合执法办法，提高执法能力和成效，做好学校管理服务的后盾。

4. 以政府贯彻实施《京津冀协同发展规划纲要》为重要契机，实现辖区人口资源环境协调发展。坚持对辖区实有人口进行调查和调控，疏解非必要劳动力，严守流动人口控制底线。坚持绿色、低碳的环保理念，不断推动校园环境秩序整治和美化工作，促进辖区更加文明和谐。

5. 积极开展和不断完善关系辖区民生的各项工作，切实保障和改善民生，始终做到感情为群众系，利益为群众谋，平台为群众搭，实事为群众做，困难为群众解，使广大社区群众的切身利益不断得以维护，物质文化需求不断得到满足，生活水平不断得以提高。

6. 进一步深化幼儿园教育研究与实践，多途径加强师资队伍建设，不断提高保教质量。

三、"十三五"建设发展的主要任务

（一）调整组织机构设置

为适应和满足服务管理新形势、新要求，街道将在"十三五"期间大力推进机构改革，进一步明确定位、强化责任，理顺各项工作。成立地区综合治理委员会，加强校园综合执法。成立地区食品安全委员会，保障校园食品安全管理。根据大院街道实际，清华园街道部门机构将按如下设置：

序号	机构部门	对接海淀区部门工作	对接学校部门
1	党工委办	区委办、组织部、宣传部、纪检委、社工委、文明办、妇联、团委、人社局、史志办、政策研究室等	党办校办、组织部、宣传部、纪检办、人事处、统战部、档案馆、团委、离退休处等
2	行政办	区政府办、信访办、人大办、武装部、应急办等	党办校办、总办、信访办、工会、离退休处等
3	综治办	区政法委、综治办、维稳办、610办、安全局、督查室等	校办、总办、保卫部、物业中心等

续表

序号	机构部门	对接海淀区部门工作	对接学校部门
4	城管科	区城管指挥中心、应急办、劳动监察局、市政市容委、城管监察局、安全生产局、消防局、流管办、扫黄打非办、养犬办、拆违办、减煤换煤办、预防煤气办、防汛应急指挥办、网格化管理中心等	保卫处、物业中心、资产管理处、房屋管理服务中心、住宅装修办等
5	社区服务中心	区社区服务中心、义工联、市政市容委、消协、工信局、交通委、绿化局、住建委、商务委等	修缮中心、保卫处、资产管理处、房屋管理服务中心等
6	居民科	区社会办、民政局、科委、文化委、教委、科协、住建委等	资产管理处、房屋管理服务中心、艺教中心、电教中心等
7	民政科	区民政局、民族宗侨委、统战部、劳动局、军休处、慈善协会等	人事处、统战部、离退休处等
8	社保所	区人保局、住建委、民政局等	人事处等
9	计生办	区卫生与计生委、计生协会等	校内各单位
10	残联	区残联	
11	地区爱委会办	区爱委会、地震局、环保局、水务局、电力局、气象局	建立地区爱委会，承担学校爱委会办工作
12	财务科	区财政局、民政局、劳动局	财务处、资产管理处、房屋管理服务中心
13	统计经济办	区发改委、统计局、经信办、财政局、税源建设办	相关部门，重点科技园区
14	老龄大学	区老龄办、区老龄大学	人事处、工会、离退休处
区派驻	司法所	区相关部门	
区派驻	食药所	区相关部门	建立地区食品药品安全委员会
区派驻	城管监察高校分队	区相关部门	建立地区综合执法委员会

（二）建立完善各项制度

为推动工作规范化、精细化开展，确保各机构部门职责落到实处，街道将坚持创新机制，以制定和落实《内控手册》为重点，进一步修订和完善涉及人、财、事、物的各类规章制度。

1. 加强人事制度建设，完善聘用、培训、考核和激励等环节的管理办法。规范岗位设置及管理、考核管理、绩效奖惩、福利薪酬及工作培训，实现队伍建设的科学化，更大程度上调动广大职工的工作积极性、主动性、创造性，促进工作能力水平的不断提升。

2. 加强源头治理，完善内控体系，引入专业化力量制定《内控手册》，并严格落实。促进街道预算管理、资产管理、招标采购、收支业务、建设项目管理、合同管理等相关制度汇编成册。

3. 加强业务规范化建设，完善和细化业务流程，撰写工作手册和岗位说明书，提高工作效率和质量。

（三）依法有效，履行城市管理职能

街道将加强统筹协调，建立科学高效的综合治理长效机制，稳步提高校园管理水平。

1. 建立和完善综合治理联动机制，稳妥推进校园综合执法。统筹网格化管理和城市应急指挥工作，加强安全监控大厅的协调调度能力。由综治办牵头，合理调配城管、劳动监察、安全生产、税源、统计、网格化管理以及应急指挥等管理职能，协调一致，综合管理。发挥属地协调职能，依托属地管理相关政策，综合协调公安、工商、城管、食药、卫生监督、安全生产、劳动监督、司法所等政府执法部门，建立校园联合执法制度，及时发现并依法处理校园违法行为，履行城市管理职能，有效开展辖区"七五"普法、信访接待、诚信体系建设、精残人员管控、禁毒防艾、安置帮教等工作，并且努力解决违建、违法经营等难点问题，逐步形成学校管理与社会管理的有序对接。

2. 加强网格化管理工作机制。充分发挥三街协调、三区联动的工作机制，加强人防、物防、技防体系建设，不断提高社区安全水平。加强平房区的管理服务机制。增设专门的平房区管理服务队伍，推动住户互助组建设，共同加强出租户、流动人口、消防、治安、防煤气等工作。修订各项应急预案，开展应急演练，建立以专业保安为骨干的应急队伍，提高应对和处置社区突发事件能力。

3. 建立和完善家属区管理服务联动机制。协调街道办、学校资产管理处和房屋管理服务中心、财务处、保卫处、修缮中心、物业中心、信息化技术中心等直接参与家属区管理服务的校内单位建立协作机制，明确各单位的职责范围，

规范各项服务的标准，建立通畅的协调沟通渠道，加强协作配合，解决居民困难，不断提高家属区的综合服务水平。

（四）创新方式，着力推进社区建设

建立和完善"以人为本"的服务体系，创新服务方式，扩大购买服务，提升服务效率。

1. 加强街道"一站式"政务服务中心建设，搭建直接面向群众的综合性服务和管理平台，办理与居民生活密切相关的公共服务事项。加强政务服务中心标准化建设、信息管理系统建设，加强联系沟通，建立街道政务服务中心协同办理机制，逐步实现三级联动、全局通办。

2. 加强街道社区服务中心建设，统筹协调社区服务资源、管理运营社区服务平台，组织开展公益服务。规范社区服务中心人员配备，开展服务项目、管理制度标准化建设，通过公办民营、项目委托、项目统筹等方式，鼓励和支持社会组织承接运营社区服务事项，逐步形成"政府出资购买、社会组织运营、全程跟踪评价"的运营模式。探索社区服务站建设，人员纳入社区服务中心管理，形成有效的管理体制、机制。

3. 推进智慧社区建设。街道将坚持以辖区居民需求和社区管理需求为导向，不断完善智慧社区服务和管理功能，推动社区服务向规范化、便捷化发展，社区管理向科学化、智能化发展，努力构建以人为本的服务体系和以服务为导向的管理体系。发挥智慧社区建设先行优势，加强顶层设计，分步实施，最终完成"一个门户、两个平台、三个中心"的智慧社区建设。配合后勤做好93001综合服务平台的升级，提高平台一站式服务能力。升级街道办自身网站，建立辖区电子商务平台，开发移动服务程序，完成主页改版。完成街道办公信息化建设，提高内部管理水平。推进街道数据中心建设，加强家属区数据采集和分析。

4. 完善居家养老服务体系。街道将坚持"五化"工作机制，持续加强社区为老服务能力，不断完善以居家养老为基础、社区助老为支撑、机构养老为补充的辖区居家养老综合服务支撑体系。加强为老服务的调查研究，摸准退休教职工需求，抓好服务切入点，分层次、分阶段地增加服务种类，提升服务水平。充分利用政府政策支持，发挥学校制度优势，进一步整合各类资源，扶持培育为老服务实体发展。拓展社区服务中心社区综合服务能力，逐步实现社区24小时服务，尝试解决老人的上下楼、日常照看、医疗车及特殊情况的应急服务。

依托智慧社区建设，吸引整合周边优质资源为社区服务，不断提高为老服务水平。加强老年大学工作，支持社区社团发展，丰富社区文化生活。

5. 街道将与学校资产管理处和房屋管理服务中心等部门密切合作，推动校园内老旧小区实施物业化管理。明确物业管理企业和学校服务部门之间的职责分工，建立有效的合作机制。结合清华特点，成立社区自我服务管理委员会，促进居民社区自治。大力培育社区志愿者队伍和社区社团组织，共同参与家属区的管理和服务。

（五）抓住机遇，大力加强环境建设

街道将以贯彻实施《京津冀协同发展规划纲要》和海淀区建设全国文明城区为契机，按照"整合资源、挖掘潜力、发挥优势、树立特色"的原则，不断改造社区环境设施、调控辖区实有人口、疏解非必要劳动力，推动和谐社区、和谐校园的建设。

加强与学校相关部门的配合，进一步美化校园社区公共环境：重点推进老旧社区、老旧平房区的环境综合整治，保障环境卫生基础设施的齐全；对各社区道路进行综合整修和动态维护，确保各家属区出入主干道、消防通道畅通无碍；合理划定社区行车标识，优化配置社区停车位，规范社区行车和停车秩序；创新社区环境建设机制，以"职能下沉、人员下移、资源下放"为核心，引入专业人员队伍，不断充实和完善社区环境建设力量；动员广大师生和居民树立环保低碳、绿色生活理念，大力倡导生态、健康、文明、科学的生活方式。

（六）抓好幼儿教育工作

进一步加强幼儿园文化建设与师资队伍建设；继续重视教育研究与实践，做好"十三五"教科研课题的申报与立项工作，整理课改经验与成果；不断改进园务环境与设施，完成幼儿食堂区域的加固改造，丰富优化室内外幼儿玩教具图书资料；策划、组织幼儿园70周年园庆；积极做好清华大学双清苑住宅小区配套幼儿园的相关筹备工作，缓解我校入园压力。幼儿园将继续坚持全心全意服务一流大学建设的办园宗旨，努力以优质幼教为广大教职工提供满意服务。

四、"十三五"期间的队伍建设

为满足"十三五"期间事业发展的需要，顺利完成各项工作任务，街道将进一步深化干部队伍建设和发展，按照"宗旨定任务，任务定岗位，岗位定职责，职责定奖惩"的指导思想，培养一支高素质、专业化、适应时代发展要求、满足一流大学建设需要的较为稳定的干部职工队伍。具体规划如下。

（一）队伍整体现状

截至目前，街道现有固定编制人员64人（不含幼儿园），其中事业编制16人，非事编48人（大集体4人、农转工7人、合同制37人）。人员构成分析如下：

各类人员比例示意图：

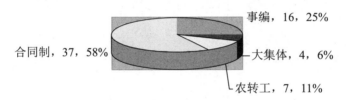

图1　各类人员比例示意图

人员年龄构成示意图：

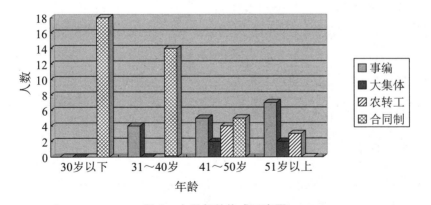

图2　人员年龄构成示意图

表 1　人员年龄构成表

类　别	30 岁以下	31～40 岁	41～50 岁	51 岁以上	男/女
事　编	0	4	5	7	11/5
大集体	0	0	2	2	4/0
农转工	0	0	4	3	6/1
合同制	18	14	5	0	11/26
合　计	18	18	16	12	32/32

人员学历构成示意图：

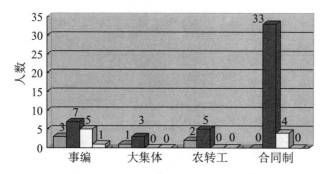

图 3　人员学历构成示意图

表 2　人员学历构成表

类　别	人数合计	大专以下	大学（大专、本科）	硕士	博士
事　编	16	3	7	5	1
大集体	4	1	3	0	0
农转工	7	2	5	0	0
合同制	37	0	33	4	0
合　计	64	6	48	9	1

（二）队伍建设规划要点

1.健全编制，适时补充骨干力量。街道各类固定编制人员中，到"十二五"期末即 2015 年底，事编人员仅 16 人，占总人数的 25%，非事编人员 48 人，占 75%。

为了适应政府职能不断下沉的新形势、新要求，满足学校管理和社会管理有序对接的需要，经测算，未来五年街道各类固定编制的职工总人数控制在 80 人左右为宜。预计每年引进 3～4 人，主要包括管理骨干 5 人（硕士以上学历），技术人员5人（包括93001平台的技术人员），一般工作人员5~6人。

根据不同岗位的职责与重要性，街道最关键的核心岗位及所需骨干人数主要为：

岗位名称	所需骨干人数
领导班子	6人
党工委办	2（主任、副主任各1人）
行政办	1（主任1人）
综治办	2（主任、副主任各1人）
社区服务中心	1（主任1人）
居民科	2（科长、副科长各1人）
民政科	1（科长1人）
城管科	2（科长、副科长各1人）
社保所	2（所长、副所长各1人）
计生办	2（主任、副主任各1人）
残联	1（主任1人）
财务科	1（财务主管1人）
统计经济办	1（主任1人）
爱卫会	1（主任1人）
合计	25人

街道计划此类核心岗位人员尽量由事编人员担任，但是近年来，大量退休的事编人员尚未得到有效补充，例如，2015年一年即退休4名事编人员。并且2016—2020年，街道各类固定编制人员中还将有7人退休，其中事业编制人员2人。因此，为保证街道事业发展和队伍稳定性，需要在学校整体人力资源布局的政策下，争取以每年最少补充1人的速度增加一定数量的学校事业编制骨干人才，以满足街道上述核心岗位的需要。

未来五年补充事业编制人员计划表：

2016年	补充1人
2017年	补充1人
2018年	补充1人
2019年	补充1人
2020年	补充1人

2. 吸纳高学历人才，优化队伍配置。在学历分布方面，目前街道有大专以上学历的人员58人，占队伍总数的90.6%。为适应事业发展需要，街道近年

来在队伍建设方面注重增加较高学历人员，这些年轻的同志在城市管理、社区服务和信息化建设等方面发挥了积极骨干作用，也具有了一定的工作经验积累。"十三五"期间，在整合现有人力资源的基础上，积极拓宽思路，进一步优化人员配置，推进工作开展。

（1）根据事业发展需要，有针对性地补充专业人才和适应性较强的复合型人才，每年引进人员要求应为大学本科以上学历，并保持引入适当数量的硕士研究生。到 2020 年，经过队伍结构调整，大专以上学历人员占总人数的 95% 以上。

（2）优化配置，人尽其才，充分发挥现在编人员的专长。

（3）鼓励符合条件的固定编制人员，积极参与学校组织的职员培训班，尽量利用学校资源优势，全面提高人员综合素质，增加人员归属感。

3. 选优、配齐重点岗位干部队伍。在干部队伍配备方面，根据学校建设发展要求和承接海淀区多项政府职能下移的形势，街道将着力配齐、配强关键和重点岗位。同时，随着政府一些部门的下沉和设立，街道将为食药所、司法所、城管监察分队等政府专业部门派驻街道干部。

五、"十三五"期间的实施保障

清华园街道全员将紧密团结在以习近平同志为总书记的党中央周围，高举中国特色社会主义伟大旗帜，在清华大学和海淀区的双重领导下，同心协力、开拓创新，努力为实现街道事业与队伍建设发展"十三五"规划而不懈奋斗。

（一）加强协调对接

街道"十三五"规划实施方案要与学校和后勤事业发展"十三五"规划相衔接，确保职责落实到位。同时，街道各科室部门要依据本实施方案，结合部门工作实际，主动领责、做好计划、严格落实，确保实施方案中的各项任务按期完成。

（二）强化保障落实

街道负责本规划实施方案的组织与开展，需要将各项任务合理分解到

"十三五"期间年度工作计划中予以保障落实。综合性、长期性任务更要制定详细计划坚持开展。对各项任务的推进情况，街道应进行定期跟踪和评估，并根据实际作出调整，确保实施方案中的各项任务目标顺利实现。

清华园街道办事处

2016 年 8 月

清华大学医院事业发展"十三五"规划实施计划

(2016年11月)

清华大学医院事业发展"十三五"规划,主要依据《全国医疗卫生服务体系规划纲要(2015—2020年)》《清华大学综合改革方案》《清华大学后勤综合改革方案》《清华大学医院综合改革方案》进行编制,校医院全院职工共同努力的行动指南。

一、发展基础、指导思想和发展目标

(一)发展基础

"十二五"期间清华大学医院在北京市、海淀区卫生计生委的监督指导和清华大学党政带领下,基本完成了"十二五"所确立的队伍建设、学科建设、文化建设、环境建设等方面的工作。满足了广大师生员工常见病、多发病、慢性病等基本医疗诊疗需求,实现了高血压、糖尿病、冠心病、脑卒中、高血脂、白内障、青光眼、前列腺疾病、骨关节病等慢性病的非手术治疗85%就近在我院解决。肛肠手术、阑尾炎手术量位于北京高校第一。启动了慢性病的一般管理和规范化管理,内科病房床位使用率约66%,全年完成门急诊量平均约45万人次,按规划购置了64排CT、彩超、数字化拍片机等医疗设备开展了新的诊疗项目,临床各专业在这期间都有长足发展。由于技术力量不足、资金不足信息化建设没能按计划完成。环境建设进展也很缓慢。

（二）指导思想

以满足全校师生员工的健康需求为中心，以提高医疗保健服务质量为核心，以为学校分忧解难为基本出发点，秉承"以人为本、防治结合、严谨求实、厚德服务"的院训精神，按照科学发展观的要求，坚持医院的公益性，不断提高队伍的综合素质，不断提高疾病诊治水平，不断提高促进清华师生员工健康保障能力，努力为师生员工提供优质、高效、安全、便捷和经济的医疗保健服务。适应全国医疗卫生体制机制改革的新形势，服务于清华大学建设世界一流大学的总体目标。

（三）发展目标

经过五年的发展使清华大学医院建设成为满足学校发展需求，符合国家社区卫生服务发展要求，具有清华特色、高校一流、社区拔尖的二级综合医院。与清华大学医学院附属医院及其他社会医院合作发展，成为清华大学医学学科领域的一个重要组成部分。

二、主要措施

（一）崇尚职业精神，提高人员素质

通过每年四月文明月活动、新调入人员培训、杏林奖评选以及文体活动教育员工工作中始终坚持患者需求至上；始终坚持医疗安全第一；始终坚持持续质量改进；始终坚持团队协作精神；始终坚持严谨求实作风；始终坚持崇尚医德理念的医院核心价值观的职业精神，形成清华大学医院特有的文化。

（二）建立竞争机制，优化队伍结构

坚持引进和培养相结合，坚持以医德和技术水平作为引进核心指标，坚持以优秀品德和精湛技术作为干部考核标准，坚持"按需设岗，公平招聘，竞争上岗"的聘任原则，逐步形成队伍培养机制。制定队伍考核制度，形成引进、培养、考核一系列管理办法，努力建设一支医德高尚、技术精良、爱岗敬业的职工队伍。

（三）加强信息建设，提高工作效率

积极开展广泛调研，探索信息化有效推进的机制，促进院内信息化的建设。开展支付宝、微信等在线服务研究与实施，加快学生体检数据信息化建设，加大慢病管理信息化建设投入，不断提高医院日常运行信息化水平，持续提高工作效率。

（四）更新医疗设备，提高检测水平

要做到对疾病的早发现、早诊断、早治疗，就必须有一个强大的基础检测服务平台做支撑，适当超前发展医技学科就成为必然。制订并实施医疗设备更新计划，对医疗设备的更新和新增，不断满足临床学科发展需求。

（五）强化专业培训，提升诊治质量

紧紧围绕医院"十三五"规划确定的5个重点发展学科给职工创造学习和研究机会，创造多种形式的职工业务学习提高途径，制定职工继续教育制度及严格考核指标，鼓励护理人员加快学历教育，全面提升业务素质。鼓励立足岗位成长成才，提高队伍的整体整治水平。

（六）改善就医环境，创建温馨家园

就诊环境也是医疗服务质量的一部分。未来5年创造一切条件对医院标识系统、手术室、临床检验室、专家诊区等开展改造，使其建筑结构功能符合现代医疗卫生行业的要求，就诊环境适应时代发展的需求，提高师生员工就诊体验感。

三、重点任务

（一）队伍建设

由院长和书记牵头，科主任及护士长具体组织落实。

医院最近几年门急诊量基本保持在年门急诊45万人次，病房800人次，手术200人次，体检3.5万人次的医疗保健任务，同时还有不断下移的公共卫生任务，目前的队伍总量远远无法满足新情况以及发展需求。按照国家及卫生行政部门的相关规定，学生应该按照300:1，教工（含离退休）按100:1配备医务人员，校医院应配备大约 300 人的规模。根据学校 1999 年实行岗位聘任的具体要求，结合医院几年来的实际运行情况，医院正常高效运转，实际需要编制 235 人，包括医生队伍、护士队伍、医技队伍、后勤队伍。队伍的职称结构正高比例占 5%，副高 40%，中级及以下 55%。未来 5 年紧紧围绕医院确定的健康管理教育、老年疾病防治、口腔疾病防治、临床诊断检测、康复治疗管理 5 个重点发展学科，制定新的医院队伍建设十年规划，使之符合医院发展实际需求。通过人才的引进与培养优化队伍结构，调整学科带头人、业务骨干和基本职工队伍达到合理比例。坚持引进和培养相结合，坚持以医德和技术水平作为引进核心指标，坚持以医德和技术水平作为干部考核指标，坚持以医德和技术水平作为队伍培养核心内容，完善医院定期全院岗位聘任制度，实现"按需设岗，公平招聘，竞争上岗"的聘任原则，逐步形成队伍培养机制。制定队伍考核制度，形成引进、培养、考核一系列管理办法，努力建设一支医德高尚、技术精良、爱岗敬业的职工队伍。

（二）学科建设

由院长和分管院长牵头，科主任及护士长具体组织落实。

"十三五"规划对内科学科、外科学科、口腔学科、眼耳鼻喉学科、妇科学科、预防保健学科、护理等学科制定明确的发展规划。各科负责人根据医院这一规划进行合理安排，分解任务，把握节奏，建立年度项目清单，在每年工作计划中具体体现。通过每两周一次科负责人会议督导落实。由医务科、护理部、办公室以及院感办等职能部门每年开展两次全面检查促进科室按期完成工作。每年年底医院组织一次科负责人工作考评，全面考核科室工作计划落实情况并与科主任管理绩效挂钩。

（三）设备更新

由院长和分管院长牵头，科主任及护士长具体组织落实。

2016—2020 年"十三五"规划期间医技科室设备每年投入 970 万元左右，保修保养费用 100 万～200 万元。平均每年需要 1000 万元的投入，医院承担 50%，学校支持 50%。

各科根据"十三五"期间设备购置清单，按时做好市场调研，每年年底召开学术委员会进行设备计划论证。设备具体购置由分管院长负责，科室参与按照学校以及医院设备耗材购置规定执行。执行情况年底在科负责人会议上进行总结。

"十三五"期间拟购主要设备清单

科室	设备名称	更新/新增时间	预估价格
超声科	TCD	2018年	50万元
	彩超 Philips IU-22	2018年	200万元
	彩超*	2020年	200万元
	妇科液基细胞学（TCT）全自动制片染色系统*	2016年	70万元
	全自动生化免疫分析仪型号 cobas6000	2017年	300万元
	全自动血液分析仪 SYSMEX-XT-1800i	2019年	120万元
放射科	牙科 CT*	2016年	100万元
	数字化 X 光机 DR	2016年	250万元
	钼钯乳腺机*	2017年	350万元
	小型 C 型臂 X 光机*	2018年	180万元
	床边 X 光机型号 SP-HF-4.0	2019年	350万元
	低场强 MR*	2020年	1200万元
眼科	干眼仪	2016年	75万元
	荧光照影	2017年	60万元
	532激光	2017年	55万元
	血管 OCT	2020年	200万元
	CADCAM*	2018年	100万元
供应室	高温高压蒸汽灭菌器瑞典洁定 GE2617	2017年	170万元
耳鼻喉	鼻内窥镜系统美国史赛克公司	2017年	70万元

（四）教学科研

由分管院长牵头，医务科和保健科具体组织落实。

保健科按照学校教务部门要求，具体安排每年两期的《卫生与保健》课的教学工作，及时了解教学效果，持续改进。

医务科每年组织一次医院科研基金项目申报工作，并督导学术委员会批准的项目按期完成。

医务科每年协助向社会申报科研项目的医务人员进行项目申报。

每年选择论文交流会或病例交流或疑难病例讨论或学术会议等多种形式促进医院科研水平提高。

(五) 信息化建设

由院长和分管院长牵头,办公室组织实施,各科积极参与。

根据医院每年工作计划和资金情况,由办公室负责与相关部门协商推进。主要任务落实病房移动查房。落实移动支付。完善慢病信息化系统。推动医疗远程会诊。

(六) 环境建设

由院长、书记牵头,分管院长督导,办公室具体组织落实。

落实手术室改造。落实导引、指示牌更新。积极推进医院新院建设。

(七) 党的建设

党委主要围绕"以安全为基础,质量为核心,患者满意为目标"全面贯彻落实全面从严治党各项要求,重点抓好党的组织建设、思想建设、制度建设、作风建设,反腐倡廉建设,充分发挥党组织的战斗堡垒作用和党员的先锋模范作用。深化落实群众路线教育实践活动,把教育活动中群众的意见、建议和问题深化整改,不断改进医德医风,为持续提高医疗服务质量提供政治、思想保证和精神动力支持。

(八) 安全生产与保卫

由院长、书记牵头,分管院长督导,各科具体组织落实。

每年组织两次全面安全检查和节假日安全查房。确保医疗安全、信息安全、环境安全。

(九) 对外合作

由书记牵头,分管院长督导,医务科具体组织落实。

落实校医院与清华长庚医院战略合作协议。

落实校医院和北医三院、北医六院医联体合作协议。

落实校医院与保卫处协同应对校园突发事件工作协议。

促成与校办、物业中心、附中、附小、街道等单位面向学校基本公共卫生服务的有效合作机制。

四、规划实施保障

本规划实施计划由校医院组织实施。规划将被分解到每一年有序展开，每半年对落实情况进行一次全面检查督导，每年对执行情况进行一次全院点评与考核，执行情况纳入年终科室绩效考核实施奖励。医院各科室主任是"十三五"规划具体落实责任人，行政办三个部门主任是"十三五"规划落实情况的定期督导考评责任人，院党政班子是"十三五"规划落实的部署、绩效考核、全面负责的责任人。

第二部分
工作推进篇

清华大学后勤综合改革与"十三五"事业发展总结

——清华大学后勤综合改革与"十三五"事业发展总结

2014年后勤主动对接学校综合改革思路,制定《清华大学后勤综合改革与发展方案（2015—2020）》（以下简称《后勤综改方案》），并于2016年2月经学校综合改革领导小组第七次全体会议审议通过,确定建立和完善具有清华特色的新型后勤服务保障体系的总目标。2015年展开广泛研讨,制定《清华大学后勤各部门工作职责》，明确学校综合改革过程中各部门应当承担的定位、责任和使命。2016年后勤以学校"十三五"事业发展规划为指导,融合五大发展理念,制定了《后勤事业发展"十三五"规划》（以下简称《后勤"十三五"规划》），校长邱勇专题调研后对规划思路、规划目标、实施途径等给予高度肯定。同年,后勤对《后勤综改方案》和《后勤"十三五"规划》有效整合,最终形成改革发展任务17大类96项,后勤各单位结合自身工作实际,制定了本单位改革实施方案。后勤在2017年对改革发展任务落实情况进行中期检查,在2018年进行中期评估,提出"补短板、求创新、促提升"的落实思路,有力推动改革发展任务稳步推进,确保改革发展取得实效。2019年后勤全力推动职工队伍人事制度改革,改革方案在全校率先获得批准并积极稳妥实施,评价体系、激励体系和发展体系逐步完善。2020年后勤各单位《职能配置与内设机构规定》先后获得学校常委会批准,96项改革发展任务全部完成,综合改革圆满收官。

通过综合改革与发展,后勤系统机构设置更加合理,运行机制更加顺畅,协同配合更加有效,党的领导、制度建设和文化建设更加完备,具有清华特色的后勤服务保障体系基本建立。后勤各单位职能配置明确清晰,内控管理更加规范,运行效率提升明显,职工队伍专业化能力得到加强,为学校"当家"的意识和能力明显增强。后勤服务保障效果改进明显,校园环境更加优美,办学条件极大改善，安全秩序持续向好，校园服务保障质量和品位获得提高，师生参与途径更加丰富，获得感、幸福感、安全感显著提升。

一、综合改革与发展各项任务圆满完成

广大后勤干部职工紧扣综合改革与发展的主题，以开放带改革、以改革促发展，以切实落实改革发展任务为抓手，齐心协力，自强奋斗，17大类96项改革发展任务全部圆满完成。通过综合改革与发展，后勤体制机制更加完善，各类基础性制度体系基本形成，多方位多层次综合评价体系有效发挥作用。适应业务特点、有效激发活力、支撑可持续发展的经济政策和管理办法更加科学，公共服务的投入机制更加有效。服务保障结构更加合理，先进技术手段广泛应用，规范化、精细化、便捷化管理服务水平普遍提高。基础设施承载力和可靠性显著提升，学校和师生国际化、多元化需求基本得到满足。资源配置向与师生关系密切、教育属性突出的项目倾斜，资源管理水平和使用效益显著提升。队伍规模、结构更加合理，人才吸引力增强，骨干稳定性提升，职业素养和技能水平明显提高。

1.管理体制不断完善，发展方式实现转变

科学设置后勤机构，完善机构职能配置，通过完善、优化内部治理体系，不断强化后勤部门的协调和服务职能，健全服务保障体系。成立商贸与食品安全管理中心，稳步推进商贸改革，逐步由"办商贸"向"管商贸"转变，加强校园食品安全和商贸业务的监管。物业管理中心更名为学生社区管理服务中心，强化区域综合管理和社区育人职能，促进"生活学习型、共建共享型、绿色智慧型"学生成长社区建设。校内维修队归并到修缮中心管理，稳妥处理历史遗留问题。

加强机构规范化管理，明晰职责定位。加强后勤各部门的协同联动，有序下移管理重心，增强部门独立承担任务的能力，加强综合协调，完善工作机制，提升后勤整体的运行保障能力。制定《清华大学后勤各单位工作职责》，并在此基础上完成《职能配置和内设机构规定》，明确了机构职责、发展思路、内设机构的设置和职责、与其他单位的职责分工、机构岗位设置等。

坚持后勤的教育属性和社会化改革方向，推进内涵式发展，不断提升服务保障的效率、质量和品位。合并同类业务，教室电教设备运行业务归并到学生

社区中心、服务楼住宿业务归并到接待中心、电信业务归并到信息化技术中心、昌平建设办部分职能归并到基建处等调整。坚持有所为有所不为，退出与学校相关性不强业务，完成汽修厂停业与人员分流，配合资产处收回白玉、金竹轩等资产。企业转型转制，逐步撤销集体所有制企业执照，稳妥完成育培园的注销转制，解决全民所有制企业性质给学校管理带来的潜在风险，落实国资检查和中央巡视的整改要求。坚持公益性原则，努力推进公共服务事业发展，食堂基本伙价格保持稳定，增加了公共交通、快递等公共服务项目。2016年，学校启动绿色校园微循环电动车示范系统，17辆纯电动校园巴士和5辆纯电动业务中巴投入使用，校内公共车增设内环线，实施免费乘坐的政策，开设"敬老专线""送医专线""学生专线"，开展"温暖回家"服务，开发了校园交通车小程序，从硬件和服务两方面提升师生的乘坐体验。

2. 运行机制不断优化，发展动力得到激发

建立和完善决策、内控、沟通、评价、市场管理等机制。后勤实行"小机关、多实体"的运行模式，充分发挥后勤党委、街道党工委、校医院党委等各单位党组的政治核心作用，通过总务长办公会、后勤系统干部会等制度完善决策机制，加强工作的统筹协调。建立完善的内控机制，加强了合同管理、招标采购管理、内控评估等方面的制度建设。健全监督管理体系，坚持会计委派制，推进源头治理，加强对资金使用、业务方向、资源管理、招标采购等环节的监管，提高防腐倡廉和抵御风险的能力。强化风险管控意识，加强质量体系和安全体系建设，如修缮中心制定了《修缮中心供应商名录管理制度》，规定除招标项目外，其余项目合同乙方需从名录中选择，并对供应商的资质、业绩、完成情况等各方面进行评价考核，规范准入机制。拓展沟通渠道，完善沟通体系建设，建立师生充分参与的沟通机制，充分依托工会、学生工作部门、学生组织和社团协会搭建沟通平台。2017年以来，后勤持续完善部门年度绩效考评机制，逐步建立包含"部门自评、校领导评价、交流互评、综合满意度调查、负面清单"五个维度的年度考核体系。后勤年度考核突出行业特点和教育规律相结合、社会效益和经济效益相统一、定性和定量相结合的原则，根据后勤各部门的业务特点，强化师生满意度、关键技术指标、业务指标等评价方面，促进"三满意"目标的实现，后勤各项服务师生满意度在高水平基础上继续提升，有效发挥正向激励作用。

不断完善后勤"一站式"服务模式。2016年12月后勤综合服务平台建成

并投入使用，有机融合线上虚拟服务大厅和实体服务大厅功能，通过数据深度整合和优化业务流程，提供后勤综合咨询、校园车证办理、校医院预约挂号等20余项服务，年均服务量超过80万人次，实现了"让数据多跑路，师生少走路"的初衷。新冠疫情突发后，一站式平台的预约挂号服务发挥巨大作用，2至3月平台预约挂号1.5万余人次，实现了校医院就诊和医疗报销的全预约管理，有效减少了人员聚集，为校园疫情防控保卫战做出贡献。学生公寓总服务台是学生社区综合性一站式服务平台，为国内学生公寓住宿学生提供24小时综合性服务，提供学生咨询、投诉、调宿办理、钥匙借用、卡类充值、公交卡办理等服务，年均服务量超过18万人次。2015年开通"清华家园网"微信公众号，持续完善新生通道，新生可在入学前查看入住协议、浏览住宿生活指南，与楼长在线沟通或咨询，可提前在新生住宿安全知识测评模块进行住宿安全、防电信诈骗等培训。目前"清华家园网"关注人数超过4万人。疫情期间，推动实现学校"紫荆码"系统与各学生公寓门禁系统联动，有效落实学校疫情防控措施。

完善校园服务市场管理制度，引入社会优质服务资源，提升对社会服务保障力量的监管水平和驾驭能力，形成"学校力量主导、社会资源参与、部门专业监管、行业自律管理"的多甲方专业化管理的服务保障模式。完善《风味小吃联营管理办法》等联营合作政策和指标体系。试点两栋国际学生公寓客房服务工作交由社会专业队伍承担，初步建立了学生区商业服务市场的准入、遴选、评价、退出机制。引入天猫校园店服务校园，探索制定商贸资源监督管理办法。引入社会化专业力量和团队开展建筑消防安全检查、消防和电气检测、消防安全评估。

优化资源配置、规范资源管理，提高资源使用效率效益。不断完善各类经济政策，激发动力，良性发展。根据公益服务型、有偿服务型和自主经营型等业务属性，分类修订了各领域经济管理办法。正大商贸公司所管商贸资源移交资产处，形成租金上交与返还机制，修订《接待服务中心经济管理协议》，增加学校购买公共交通服务、公文投递服务的政策。学校增加对后勤服务资源的投入，提高应急反应和服务保障能力，改造和新增后勤职工公寓等，有力地提升了后勤应急服务保障职工的反应速度。

3. 加强队伍建设，专业化水平不断提升

积极稳妥推动后勤职工队伍改革。依据后勤事业发展规划、部门职责定位和所属行业特点，科学设岗定编，后勤各单位制定《职工队伍人事制度改革规划方案》和《职工队伍人事制度改革设岗方案》，率先通过学校审批。对后勤2300多岗位逐一梳理，按照关键岗、重点岗、骨干岗、一般岗进行分类，形成以400余关键岗为核心的岗位体系，新增设营养师、工程师等专业岗位，提升专业化能力。后勤党委精心组织，高标准严要求，完成第一批内部聘岗、第二批校内聘岗和多轮社会招聘，1700多名职工顺利完成聘岗。制定《关于后勤各单位科级岗位聘任工作的指导意见》，聘任科级岗位55人，平均在校工作19年，其中原岗聘任24人，晋升28人，硕士及以上学历22人，工人身份18人，党员比例达到93%，充分体现了科级岗位在后勤工作中"钢结构""承重墙"的重要作用。坚持育人导向，学校颁布了《关于加强学生社区德育助理队伍建设的若干意见》，将原学生公寓辅导员队伍更名为学生社区德育助理，纳入学校思政工作队伍，成立学生社区德育助理工作室，学生生活素质培养工作迈上新台阶。基建处具有高级职称的职工占比从改革前的30%增长至58%。改革后后勤职工队伍规模、结构更加合理，职业化、专业化水平明显提升，政策吸引力增强，骨干稳定性提升。职工队伍人事制度改革有力加强了后勤队伍建设，为学校未来十年改革发展提供有力保障，并为未来二十年后勤职工队伍建设打下坚实基础。

提升后勤职工队伍的职业化专业化水平。弘扬新时代工匠精神，营造崇尚专业、精益求精的氛围，顶层设计后勤职工队伍"古月学堂培训体系"，多层次、分系列、全方位对干部职工队伍开展培训，实施"管理人才素质提升计划""技能人才知识更新计划""国际化能力提升计划"，加强后勤职工英语语言、国际礼仪、各国文化等相关内容的培训，提高后勤部门整体的组织效率，提升后勤整体队伍的竞争能力，使职工队伍逐步达到学校不断提升的发展要求。基建处、学生社区中心、接待中心设立实习生基地，校医院建立了科级培养、院级培训、选派学习三个层级的队伍培养体系，制定两级三维度绩效考核奖励工作办法。改革后队伍职业化和专业化水平得到提升，业务技能和综合素质保持了行业竞争力，初步形成"两支"队伍，即"政治思想好、文化水平高、管理能力强、敢于担当"的管理干部队伍和"来源广泛、结构合理、素质优良、技能过硬"的职工骨干队伍。

4. 创建协同治理模式，校园秩序持续改善

探索和完善学校和政府对校园协同治理新模式。充分发挥大院式街道的独特优势，校园安全形势、校园秩序持续向好，广大师生员工的安全感显著提升。

夯实安全责任，推动制定的《关于加强安全稳定工作的若干意见》《清华大学突发事件总体应急预案》及预案体系经学校审议通过，安全管理工作制度建设不断完善。初步建立了联合执法长效机制，整合政府专业执法力量，协调学校相关部门，开展信息会商与联合执法，遏制违法建设、违法经营等行为。街道办推进并深化"吹哨报到"机制，做好"接诉即办"，"全天候"响应合理诉求。积极推动建立清华园派出所，设立北京高校首家出入境业务受理点。

不断完善"三区联动"机制，推动区域综合管理。落实北京市平安校园建设提升工程要求，完善安全责任、综合防控、隐患排查、应急处置等体系建设，全面提升消防、交通、治安等安全基础设施条件，落实防火、防汛、门前三包等责任制度，校园安全管理和综合治理水平不断提高。深化学生社区区域综合管理，统筹学生区环卫、园林、施工、报修、治安等工作，建立大物业管理模式，强化学生社区中心作为学生区综合事务联络协调单位的作用。加强学生区电动车管理，积极引导学生绿色出行，电动车保有量比高峰期下降48%。推进居民老旧小区准物业管理，探索家属区网格化管理模式，提升了社区工作能力、水平和效果。

进一步加强和完善校园参观管理，全面改进校园参观管理和服务，形成了校园预约参观和综合管控新格局。修订《清华大学校园参观管理规定》，发布《关于规范暑期校内单位组织校园参观活动的通知》。开发"参观清华"微信小程序，实现全面网上预约。三门入校，科学疏导流向，校内外秩序明显改善。设置专门团队引导员，开放日每天增加专职保安员180余名，提升校园参观体验。强化校门人员、车辆查验，及时劝返未预约游客和车辆，与属地政府和执法机关加强协同联动，持续打击黑导、游商等扰序行为。

逐步实施和完善校园交通管理。建设校园机动车管理信息系统，升级校门收费电子支付（ETC）系统。升级交通护栏和隔离墩，试点公共停车场资源统筹管理，进一步加强校园机动车静态停车管理。建设校园内交通违章监控体系，加大机动车超速、违停等违章管理力度。持续管控燃油摩托车，探索有效管控电动车的有效途径和方式。启用东北门"潮汐车道"，开通东侧门，治理主楼广场、附小及幼儿园周边等重点区域交通乱点。合作探索定制公交，开通假期师生送站、双清苑/学清苑教职工子女送附中附小就学、长庚医院就医等专线。

建设校园安全文化，高度重视并不断完善安全宣传教育工作，坚持全覆盖理念，努力提高广大师生安全素质。在保卫部成立宣教办，开展校园安全文化建设，组织开展安全法制宣传教育培训。进一步扩大安全教育覆盖面，通过修订新生手册中安全教育内容、新生入校前即开始学习安全微课、军训期间安全教育送课到操场、全覆盖开展新生消防演习和灭火器实操演练等措施，做到新生安全教育全覆盖。开展"校园安全体验日"活动，不断丰富安全宣传教育的内容和形式，增强吸引力和有效性。

5. 规划引领协调发展，服务保障能力提升

按照优先改善人才培养环境、加强学科建设促进学科交叉、支持综合改革提升服务保障能力的原则，完成校园总体规划（2021—2030）编制，强化校园规划与学校事业发展规划、学科建设规划的相互衔接，提升校园建筑、基础设施和环境景观的规划建设水平。按照"总体规划引领、专项规划跟进"的原则，进行校园交通优化等六大专题研究，完成市政基础设施、商业服务设施等专项规划的统筹协调。深化基本建设管理改革，出台《清华大学基本建设管理办法》，推动年度基本建设任务有效落实。制定了《后勤信息化建设规划》，完善了信息化建设的组织领导和管理机制。坚持绿色发展理念，完成《清华大学绿色大学建设规划》起草工作，启动《清华大学创建生态文明示范校行动计划》的编制，制定10大类53项工作任务，提出绿色大学2.0版目标。

实施"基础设施保障能力提升计划"，增强市政基础设施源头供给能力，优化输送模式、提升主干网承载能力，全面提高基础设施运行效率和可靠性。提升供水能力，置换自备井，东南小区等社区2949户已用上市政自来水，年均减少地下水开采量约30万吨。完成生态雨洪调节站、给水污水管线等改造工程，提高学校给排水系统的稳定性和可靠性，基本实现绿化喷灌管网全覆盖，加快节水校园建设。完成平房区约500户煤改电，2020年底2900户居民用电增容。提升校园道路，完成3.9万平方米道路的改造，加固桥梁11座。

注重成熟先进技术的应用。建设新型校园能源综合管理平台，获得国家节能中心颁发"节能降耗—高校优秀节能项目建设方案奖"。通过了国家"能源管理体系认证"，我校成为首批通过此项认证的公共机构之一。学生社区探索引入智能电表、智能垃圾箱、智能门锁等物联网技术。采用校园机动车出校路况引导，ETC、手机端等无线支付停车费等方式，缓解机动车出校拥堵的问题。提升饮食服务集约化生产水平，应用15台智能化切菜机，引进包子自动生产机和餐厨垃圾处理设备，增加十万级洁净罐装车间。校内餐厅后厨升级监控装备，实现"明厨亮灶"，构筑舌尖上的安全。天猫超市校园店实现手机端无线

支付，提升师生购物体验。在校内建设管理过程中引入建筑信息模型（BIM）技术，提升基建项目管理水平和能效。

推进国际化校园服务体系建设。校园导视标识、交通指示标识、校医院、学生公寓、学生食堂等全面实现双语标识。对全校200多栋建筑英文名称进行翻译校核，力求在遵循英语表达用语习惯的同时彰显校园历史文化底蕴。对校内1000余植种按照国际通行的"双名法"注明中文名称和拉丁名称。不断提升国际学生公寓服务与管理，举办丰富多彩的文化交流活动，促进多元文化交流融合。亚洲青年交流中心试点中外研究生混合住宿，已经接待来自34个国家1000多名中外学生入住，促进了中外学生多层次交流，提高了学生的跨文化交流能力与全球胜任力。芝兰园食堂试点推出标识过敏源的双语菜单，标注主料、辣度、过敏源等内容。

启动健康校园规划研究，全面关注人、建筑、校园整体运行的健康，营造健康、安全、公平、包容、舒适的校园环境。推动成立清华大学健康工作委员会，不断完善学校健康促进工作协调机制，多部门共同制定《清华大学教职工健康体检管理规定》，提出合理化的体检套餐指导标准。"院士健保办"成立，与附属医院间协同诊疗的机制初步建立，逐步扩展快速诊疗绿色通道。新校医院建设总体设计方案通过学校批准，进入立项阶段。新增14项诊疗项目和72项新业务，在全国高校医院中率先开展核磁检查，校医院专家库现有专家130名，提升了校园医疗服务质量。在校园部署安装304台AED，提升急救反应能力。

提升社区服务能力。创新社区管理机制，校内6个老旧社区实现准物业化管理，持续改善校园生活环境。推进智慧社区建设，增强社区为老服务能力，不断完善"以居家养老为基础、社区助老为支撑、机构养老为补充"的清华园居家养老综合服务支撑体系。幼教服务保障能力和质量持续提升，洁华幼儿园双清苑分园正式开园，克服困难扩充学位，为教职工子女提供了优质幼儿教育。

6. 党建引领凝聚共识，改革发展统筹兼顾

后勤党委、街道党工委、校医院党委等各单位党组织扎实开展"不忘初心、牢记使命"主题教育，深入学习贯彻习近平新时代中国特色社会主义思想，对标世界一流大学建设的新要求，党建引领，改革创新，为健全高水平后勤服务保障体系而努力奋斗。后勤党委创建学校首批党建标杆单位，以党建标杆引领事业标杆发展。后勤各单位推进学习型、服务型、创新型基层党组织建设，基层党组织的创造力、凝聚力、战斗力稳步提升，充分发挥了党组织的战斗堡垒

作用和党员的先锋模范作用。后勤各单位努力落实全面从严治党责任，认真配合学校党委巡察，围绕巡视巡察整改强化党内监督，开展了党风廉政宣传教育活动，深化作风建设，持之以恒贯彻中央八项规定精神，反对"四风"。后勤纪委是学校设立的首个非法人二级单位分纪委，积极探索工作思路，深入贯彻落实全面从严治党要求。

贯彻三全育人理念，加强后勤"三育人"工作。习近平总书记在全国高校思想政治工作会议上强调，要坚持把立德树人作为中心环节，把思想政治工作贯穿教育教学全过程，实现全程育人、全方位育人，努力开创我国高等教育事业发展新局面。我校后勤积极贯彻全国和学校思想政治工作会议精神，不断强化服务育人、管理育人、环境育人，积极参与全员全方位全过程育人工作。学生社区中心探索社区育人体系，建立楼宇、院系、社区"三位一体"的公寓育人模式，明确"安全、健康、文明、自立、优雅"的生活素质教育目标。学生社区德育助理工作机制从本科生延伸到研究生、国际学生。2019年经第三方测评，学生对参与学生社区生活素质教育五个维度效果的认可度分别是：安全97%、文明96%、自立83%、优雅83%、健康79%。《安全教育十余载 春风化雨细无声》项目获得学校教学成果二等奖。

统筹加强后勤宣传工作。提升宣传工作专业化水平，初步形成了上下贯通、左右协同、内外统筹、网上网下联动的"大宣传"工作格局。有重点分阶段开展集中宣传，努力展示后勤良好形象、提升后勤影响力。创新宣传工作形式，不断拓展宣传渠道，强化与校内主流媒体平台的联动协同，唱响主旋律。近几年来后勤在校内外媒体上的宣传报道数量有了很大增长，质量有了很大提高，后勤职工典型、后勤故事、后勤工作成果等宣传报道经常性地在清华主页、新闻网头版头条、新媒体热门文章出现，"清华园的守望者"等专题宣传展示了后勤干部职工精神风貌，弘扬后勤文化，受到师生员工的喜爱。以师生喜闻乐见的方式推出宣传片《成长》《背影》《家》等，阅读量均超过10万，从普通劳动者视角展示校园建设、管理、服务、保障的工作成果，赢得了师生对后勤工作的理解和支持。

努力构建和谐后勤，完善师生参与后勤工作的长效机制。建立涉及师生切身利益重要事项的事前、事中、事后的评估机制。创建师生员工主动参与学校建设服务管理的氛围和文化，校河景观建设、校园座椅优化、双语导视标牌等多个项目由师生参与完成。文化建设成效显著，坚持开展后勤优质项目和后勤标兵评选活动，发挥先进典型示范引领作用，弘扬清华精神，传承后勤文化。

二、后勤综合改革与发展取得成效

后勤服务保障是高校发展过程中最基础的工作之一，不仅为教学科研等学校主要工作提供支撑，同时直接影响校园安全稳定。如何不断提升后勤服务保障能力和质量，满足学校发展需要，避免成为制约发展的瓶颈，是摆在全体高校后勤工作者面前的共同课题。清华大学后勤在综合改革与发展的探索历程中，不断深入思考，不懈努力创新，结合自身实际，坚持走具有清华特色的内涵式发展之路，后勤工作面貌焕然一新，取得可喜成效。

1. 具有清华特色的新型后勤服务保障体系基本建立

新型后勤服务保障体系以一流大学建设需要为导向、以学校管理服务保障力量为主体、以社会优质资源和专业力量为依托、以行业监管和政府执法力量为后盾。以"文化底蕴深厚、校园特色鲜明、景观环境优美、生态文明和谐的国际化校园育人环境"为目标的校园建设体系重点强化校园规划的引领作用，促进校园空间与学校事业发展有效匹配，有力提升校园环境改善。"以学校管理力量为主体、以'三区联动'为支撑、以行业监管和政府执法力量为后盾"的校园管理体系，加强了学校和政府对校园的协同治理，安全秩序持续向好。以"学校力量主导、社会资源参与、部门专业监管、行业自律管理的多甲方专业化管理服务保障模式"增强了对社会资源的有效驾驭，校园服务保障质量不断提升。后勤依托学校学科优势，主动拓展国际视野，关注社会行业的发展趋势，聘请专业领域的专家学者组建专业咨询体系，有力提升了校园服务保障的专业化水平。与校工会、学生工作部门、学生会、研究生会等建立通畅的沟通渠道，广泛收集师生的意见建议，促进美好校园生活的共商、共建、共享。正确把握高校后勤与社会行业的共性和特性，平稳有序开放校内服务市场，引入了一批优质社会服务资源，通过不断深化管理体制和运行机制改革，整合内部资源，优化服务结构，全面提升校园建设、管理、服务和保障等工作质量。

2. 后勤服务保障能力显著提升

后勤综合改革实施以来，充分利用"改善办学条件"和"双一流建设"两个专项，提升支撑办学能力，校园建设创新高，累计开工43.9万平方米，竣工12.5万平方米，完成5个加固修缮项目及10项市政工程项目。学生学习生活条件不断改善，公寓住宿环境持续优化，修缮学生宿舍3562间，学生公寓床位数增加3768个；公共活动空间和社区课堂建设持续推进，修缮公共教室39间。不断优化餐饮服务，就餐环境得到改善，清芬园教师餐厅开业，南园食堂供餐形式调整，就餐压力有所缓解。接待服务水平不断提升，甲所、近春园宾馆住宿条件持续改善，石门山庄博士生论坛基地面貌焕然一新。校园基础设施承载能力不断增强。提升供暖能力，热力外网一次水管道更新5891米，二次水管道更新15669米，整体升级5座换热站，学校供暖管网主体结构已搭建完成，有效减少了爆管事故的发生，提升了学校西北区域32万平方米的供暖能力。提升供电能力，完成110千伏变电站增容改造，改建新建开闭站2座、配电室5座、箱式变电站11座，满足未来八至十年的用电需求。实施校园景观提升计划，突出校园特色，建设生态园林精品景观，改造学堂路、明德路、绿园等76项31万平方米的景观改造，主楼喷泉成为新的打卡胜地，得到师生校友好评。后勤服务保障的专业化能力得到提升。依托学校学科优势，建立校园建设、绿色大学建设、公共安全、校园规划、校园景观、食品安全等方面的专业化咨询体系，通过加强顶层设计和规划引领，全面提升后勤事业发展的科学谋划能力。

3. 后勤改革发展的基础更加牢固

坚持党建引领，把党的建设和后勤工作有机结合，充分发挥党组织的领导作用，依靠师生支持，凝聚改革共识，坚持正确方向，坚定改革信心，为后勤事业改革发展提供坚强的政治保证、组织保障和思想保障。后勤管理体制和运行机制更加健全，机构设置合理、协同配合高效，政策特色鲜明，制度建设扎实，自我发展能力不断加强。调整了12个科室级机构，制定修订了24项校级制度，领导决策、管理协调和绩效考评等机制进一步健全。根据发展情况适时修订后勤相关经济管理办法，充分发挥激励作用，保障后勤事业发展的良性循环。后勤职工队伍改革成效显著，四个体系建设扎实推进，人才培养和人才引进进入新阶段，职业化、专业化水平不断提升，具有高级职称人数超过100人。后勤各部门为学校"当家"的意识和能力明显增强，师生参与校园建设、管理和服务的途径也更加丰富。后勤优良传统得到继承和发展，深化了"爱岗敬业、无私奉献、求真务实、团结协作、追求卓越"的后勤文化，广大干部职工更加自信。

三、后勤综合改革与发展的经验和思考

清华后勤主动对标世界一流大学服务保障标准，坚持使命驱动和问题导向，推动综合改革与发展，探索形成了新做法、新经验。

1. 坚守初心、提高站位，对后勤改革发展的理念和认识更加清晰

高校后勤的本质特征是教育属性，改革发展既要遵循教育规律，也要遵循经济规律，要兼顾社会效益和经济效益。没有坚持教育属性，就没有高校后勤存在的必要性，没有遵循经济规律，就不能充分激发高校后勤改革发展的能动性。高校后勤要服务于人才培养、教学科研和师生生活。后勤工作要遵循经济规律，激发内在动力，提升经济效益，同时增强驾驭社会资源的能力，引进社会优质企业，助力校园服务保障能力提升。

牢记后勤工作的初心和使命，有力肩负起校园服务保障的主体责任。后勤工作是一流大学的重要组成部分，为学校改革发展提供坚强支撑和有力保障，是学校综合竞争力的构成要素。后勤要不断提升为学校"当家"的意识和能力，主动前瞻谋划，与学校事业同步融合发展，努力做到学校发展后勤先行。要真心实意做好校园的守护者，充分认识后勤服务保障的重要性并做好幕后工作，树立甘于平凡的奉献精神，维护安全稳定，提供服务保障。后勤要坚持走内涵式发展道路，摒弃片面追求扩大规模的粗放式发展，坚持有所为有所不为，坚持高质量可持续发展，做"强"而不是求"大"。面对学校所需服务保障的标准不断提高，广大师生员工美好校园生活的需求日益迫切，后勤要努力贯彻新发展理念，主动转变发展方式，紧跟行业发展新模式，积极引进新技术和新手段，持续提升专业化水平，实现高质量发展。

2. 使命驱动、主动作为，把后勤事业发展融入学校改革发展大局

坚持使命驱动，前瞻性谋划后勤改革发展，主动回应师生美好校园生活期待。清华"三步走"战略进入收官阶段，实现从跻身世界一流大学到迈向一流大学前列的跨越。学校事业飞速发展，必然对后勤服务保障提出更高要求，同时伴随社会经济发展，广大师生员工对美好校园生活的期待越来越迫切。后勤以"学校发展、后勤先行"的高度责任感，不等不靠，主动按照一流大学的标准规划后勤事业发展方向，力争为学校事业发展提前铺好路，搭好桥。

坚持主动作为，后勤主动对接学校综合改革精神，围绕学校大局推进后勤服务保障。我校是国家全面深化改革"一市两校"试点单位，主动承担先行先

试任务,全力向清华新百年奋斗目标前进。后勤要以主人翁的自觉性把服务保障摆进学校综合改革的全局,围绕学校综合改革的目标和任务来确定后勤事业发展方向和任务举措,为学校改革提供坚强支撑和有力保障。

3. 把握方向、明确目标,建设具有清华特色的新型后勤服务保障体系

后勤综合改革与发展,始终牢牢把握正确方向,坚持育人宗旨、坚持社会化改革方向、坚持专业化发展、坚持以学校为主体。坚持育人宗旨,是高校后勤教育属性的直接体现,是区别于社会企业的根本标志。坚持社会化改革方向,是提升后勤服务保障能力的关键举措,是持续后勤改革发展的不竭动力。坚持专业化发展道路,是后勤提升服务保障质量的根本途径。坚持以学校为主体,是现阶段国情校情的实际需要,保障学校长久稳定运转和妥善应对突发紧急状况。

后勤从学校改革发展所需出发,结合自身特点,合理确定"制度成熟完善、管理科学高效、服务优质规范、保障有力可靠、资源配置合理、队伍专业精干"的发展目标。在综合改革与发展实施过程中,攻坚克难,保持定力,坚持目标不变,方向不偏,标准不减,确保把各项任务落实到位,一以贯之建设具有清华特色的新型后勤服务保障体系。

4. 明晰路径、遵循规律,把后勤综合改革与发展的蓝图一绘到底

明晰后勤综合改革与发展的路径,加强顶层设计和规划引领,统筹考虑学校事业发展战略目标和后勤现阶段承载能力,事业规划与队伍规划同步制定,校园规划与学科规划有效衔接,综合改革与"十三五"规划协同实施。按照工作范围和时间两个维度分解制定工作任务,科学描绘改革与发展蓝图。实施过程中狠抓任务落实,年度层层推进,确保推动改革力道始终不减。坚持体系化推进,整体推进建设、管理、服务体系建设。

后勤综合改革与发展要结合后勤优良传统和相关行业专业规律,与学校同步发展、融合发展。坚持内涵发展,突出强基层、抓基本,注重调整政策,完善机制,激发活力,鼓励创新,强调战斗力、执行力和务实作风培养。坚持专业化发展,苦练内功,提升水平,开拓视野,把握行业发展趋势,提升后勤服务保障专业化质量。讲究方法,用科学的管理方法加速改革推进;突出重点,集中力量解决事关后勤全局的改革任务;因势利导,抓住机遇充分发挥政策支持,如北体育馆、经管学院扩建及三创中心等项目积极入围第一批北京市优化营商环境试点工程,缩短政府审批周期;检验标准严格把关,坚持用"三满意"

标准衡量改革任务是否完成；树立典型，通过示范引领促进各单位共同进步。

5. 凝聚共识、稳妥推进，党建引领为综合改革提供思想保障和发展动力

坚持党对后勤工作的全面领导，充分发挥党组织的政治核心作用，保证改革方向、坚定改革信心、凝聚发展力量。认真学习贯彻习近平新时代中国特色社会主义思想，把学校决策部署和后勤改革发展有机结合，落实组织安排、健全工作机制，为后勤事业改革发展提供坚强的政治保证、组织保障和思想基础。加强制度建设，形成长效机制，积极推动计划、决策、执行、控制、监督等规范化建设。加强思想建设，用"旗帜""标杆"统一认识，追求一流的标准，不断提升工作品位。坚持稳妥推进，改革发展与守住底线两手抓，正确处理改革与发展稳定关系，蹄疾步稳，防范风险。

回顾后勤综合改革与"十三五"事业发展，取得了可喜成绩，具有清华特色的新型后勤服务保障体系基本建立，为学校改革发展提供了有力保障。但是对照学校发展要求和师生期望，后勤要清醒认识到学校发展需求与后勤服务保障资源承载能力之间、服务品质提升要求与服务供给能力之间的矛盾依然显著，服务保障体系和能力建设依然任重道远。

后勤贯彻新发展理念的意识和能力还需要进一步提高，共建共治共享的格局尚待进一步构建，开放程度和融合发展还需进一步加强。要继续完善新型服务保障体系，加强决策、执行、评价等环节管理，提升后勤整体管理效能和质量，尤其要完善公共卫生事件等应急体系建设。完善和细化各项规划落地执行的机制，切实增强校园管理服务的合作联动，提升后勤整体作战能力。继续完善校园管理的协同治理机制，更好发挥三区联动、政府协同的作用。继续完善校园服务保障运转机制，积极引进和应用相关的新技术、新业态和新工艺，提升校园管理服务的精细化水平。后勤"三全育人"工作体系还不健全，需要拓展后勤"三育人"理念的落实途径。后勤职工队伍建设还存在短板，专业化职业化程度还需要提升，后勤文化还需积淀，服务保障品位还要提升。后勤自身可持续发展所需的资源支撑还有不足，需加快后勤基地建设。

后勤事业发展将面临新形势、新挑战和新任务。北京市落实"四个中心"首都战略定位，社会治理、城市规划、"疏整促"等政策措施对校园服务保障产生巨大影响。社会相关服务行业深刻变革，学校相关人力资源市场变化巨大，新技术、新业态蓬勃发展。学校已经完成"三个九年，分三步走"总体战略，正按照第十四次党代会提出的"2030年、2050年"中长期发展目标，奋力迈

向世界一流大学前列，师生员工对美好校园生活的新期待更加迫切，这些必将对后勤服务保障提出更高标准。

放眼未来，后勤事业发展机遇与挑战并存。后勤要牢记初心使命，用更高的站位、更宽的视野、更高的标准、更好的状态，认真总结经验，主动谋划发展，努力改革创新，积极推动落实，继续健全高水平的后勤服务保障体系。以习近平新时代中国特色社会主义思想为指导，清华后勤以服务保障清华新百年发展战略为中心，积极回应师生美好校园生活期盼，坚持立德树人，坚持持续发展，坚持内涵发展，坚持开放发展，坚持创新发展，健全服务保障体系，增强服务保障能力，提升服务保障品位，面向世界、勇于进取、树立自信、保持特色，努力建设美好校园、平安校园、健康校园、幸福校园，力争到2030年后勤服务保障体系和能力再上新台阶，基本建成活力后勤、品质后勤、智慧后勤、文化后勤。

清华大学后勤综合改革与"十三五"事业发展中期总结

——后勤综合改革与事业发展中期评估报告

后勤广大干部职工紧紧围绕建设世界一流大学这一总体目标，坚持服务人才培养、服务教学科研、服务师生员工生活，以主动满足学校事业发展需要为出发点，以创新体制机制、增强动力活力为切入点，以提高队伍素质、加强支撑能力为突破口，主动对接《清华大学综合改革方案》和《清华大学事业发展"十三五"（2016—2020年）规划纲要》，先后制定形成《后勤综合改革与发展方案》（以下简称《综改方案》）和《后勤事业发展"十三五"规划》（以下简称《规划》）。旨在到2020年，努力建设"文化底蕴深厚、校园特色鲜明、景观环境优美、生态文明和谐"的国际化校园育人环境，形成与学校世界一流大学建设相适应的"制度成熟完善、管理科学高效、服务优质规范、保障有力可靠、资源配置合理、队伍专业精干"的服务保障体系，为学校一流大学建设保驾护航。

一、后勤改革发展任务落实情况

2014年学校启动综合改革之后，后勤主动对接，在广泛深入调研基础上，起草了《综改方案》初稿，直击问题和不足，明晰发展目标和途径。随后，后勤专门召开各部门负责人参加的工作研讨会，就方案的总体思路、发展任务、具体要求等内容充分征求意见反复讨论，形成共识，并于2016年2月经学校综合改革领导小组第七次全体会议讨论通过。为有效推动方案落实，后勤对《综改方案》任务进行了分解，细化为16大类70项，明确了时间表、路线图和责任人。

与此同时，后勤以学校"十三五"事业发展规划为指导，在全面总结"十二五"

工作成果的基础上，融合五大发展理念，制定了后勤事业发展的"十三五"规划。2016 年 11 月，邱勇校长专题调研后勤"十三五"规划情况，并对规划思路、规划目标、实施途径等高度认可。《规划》任务分解为 16 大类 79 项，这 79 项任务有些与《综改方案》任务重合，有些是对《综改方案》任务的深化和补充。在对两者进行有效整合后，最终形成后勤改革发展任务 17 大类 96 项。后勤各单位积极对接，分别制订了本单位综合改革实施方案和规划实施计划，并认真推进落实。

整合后的任务中既有管理体制改革的任务，也有运行机制创新的任务；既有后勤队伍建设的任务，也有提升服务保障能力的任务。希望通过改革发展任务的落实，建立和完善以一流大学建设需要为导向、以学校管理服务保障力量为主体、以社会优质资源和专业力量为依托、以行业监管和政府执法力量为后盾的具有清华特色的新型后勤服务保障体系，全面提升后勤建设、管理、服务和保障水平，实现师生满意、学校满意、员工满意。

按照工作安排，2017 年后勤对改革发展任务落实情况进行了中期检查。在各单位自查的基础上，9 月份后勤系统召开了"狠抓任务落实，推动改革发展——后勤综合改革与事业发展任务中期检查"专题工作研讨会，后勤党委负责人及各部门负责人分别对后勤整体改革发展任务进展和任务落实情况进行了汇报交流。在对"以何种标准评价改革发展任务是否完成"的讨论中，进一步明确应从"是否实现了改革的目标，是否达到了预期的效果，是否解决了原有的问题，是否形成了规范的制度"等方面来评价。经过统计梳理，截至 2017 年末，96 项改革发展任务中，已完成"修订、完善、明确各部门职能定位"等 35 项，占比 36%；正在进行"制定并完善校园市场准入制度，形成多甲方专业化管理的服务保障模式"等 59 项，占比 61%；暂未启动"推进校园地理信息系统建设"等 2 项，占比 2%。各项改革发展任务均按照工作节奏稳步推进、有效落实，改革发展成效初步显现。

二、后勤改革发展成效初步显现

《综改方案》和《规划》时间进程即将过半，各项任务有效落实和推进，部门职责进一步明晰，协同配合更加有效，运行效率明显提升，管理服务专业化水平不断提高，内控管理更加规范，队伍建设相关机制逐步完善，后勤各部门为学校"当家"的意识和能力明显增强,师生参与校园建设、管理和服务的途径也更加丰富。

1. 改革管理体制,释放发展新动力

深化后勤管理体制改革过程中,按照科学高效、责权统一原则,梳理汇编完成《清华大学后勤各单位工作职责》,部门职能定位进一步明确,管理重心不断下移,责任意识得到强化,部门独立承担任务能力持续提升。总务长办公会、后勤系统干部工作例会、后勤工作研讨会等会议制度以及专项任务大后勤协调工作机制不断完善,决策过程科学化、民主化程度不断增强,部门协同配合效果持续改善,后勤整体"作战能力"得到提升。

服务保障模式不断创新,逐步合并同类业务。克服困难平稳有序完成校内维修队归并到修缮中心,服务楼住宿业务归并到接待中心,电信业务归并到信息化技术中心、昌平建设办部分职能归并到基建处等调整,实现物业中心辖区小维修一体化。坚持有所为有所不为,不断优化资源配置,部分可由社会优质资源替代的项目正在有序退出,教育属性突出业务比重进一步提升,完成汽修厂停业与人员分流工作,协助配合资产处收回白玉、金竹轩等资产,试点引入社会化优质资源经营清风湛影超市三分店。不断完善校园服务市场管理制度,提高对社会服务保障力量的监管水平和驾驭能力,饮食中心完善《风味小吃联营管理办法》等联营合作政策和指标体系,修缮中心明确了业务承接准入标准等要求,物业中心初步建立了学生区商贸资源市场准入、遴选、评价、退出等机制,正大商贸公司探索制定商贸资源监督管理办法。初步形成"学校力量主导、社会资源参与、部门专业监管、行业自律管理"的多甲方专业化管理的服务保障模式。

依照部门牵头、专业支撑的原则,初步构建了基本建设、公共安全、校园规划、校园景观设计、物业管理、节能减排、食品安全等业务专业咨询体系,专业支撑不断增强。基本建设专业咨询体系着重工程前期技术论证提升基建决策科学化、专业化水平,公共安全专业咨询体系协助构建校园安全管理体系,校园规划专业咨询体系着眼于学校今后发展所需资源匹配,校园景观专业咨询体系立足于打造"人文、开放、绿色、智慧"的校园环境,物业中心探索制定《物业管理中心内外部专家聘任管理办法》,节能减排专业咨询体系帮助学校实现低碳发展。这些专业咨询体系的建立,为部门业务发展、专业管理、方案论证及实施等提供了专业咨询。

2. 创新运行机制，激发发展新活力

按照学校二级单位考核工作安排，后勤系统结合发展目标和业务特点，制定《清华大学后勤单位年度总结评估实施细则》，初步建立起符合行业特点和教育规律、兼顾社会效益和经济效益、定性和定量相结合的部门综合评估办法。并以此为基础，调整后勤部门绩效考核管理办法，完善绩效奖励和分配制度，激发了部门的新活力。后勤"一站式"综合服务大厅和网上服务平台建成并投入使用，实现面向师生"一站式服务"，优化了服务流程，加强了业务协同，服务更加优质便捷。多层次推动创新机制，调动了部门和员工的创新积极性，校医院手机APP上线实现网上预约、挂号和缴费，清风超市无人值守售货系统运行良好，照澜院菜市场食品安全追溯系统保障食品安全，北门菜市场引入果蔬基地联营超市化运营，为师生居民提供物美价廉果蔬服务。

经济政策不断完善，分类修订了后勤各领域经济管理办法，逐步建立后勤资源缩减和人力成本上升的平衡机制。接待中心修订完成《接待服务中心经济管理协议》，明确学校购买公共交通服务、公文投递服务的政策。修缮中心建立内部经费使用调节机制，优化内部运转。正大商贸公司完成商贸资源移交，形成租金上交与返还机制。加强后勤服务保障基地建设，租借荷清路3号院三层楼作为后勤应急保障骨干员工宿舍投入使用，提高了应急反应和服务保障能力。健全监督管理体系，制定《清华大学"中央高校建设世界一流大学（学科）和特色发展引导专项"基础设施改造专项经费使用立项及管理办法》《清华大学后勤单位采购管理实施办法（试行）》等规章制度，完善资金使用、业务方向、资源管理、合同管理等环节的监督管理，形成了自我发展、自我约束的运行管理模式。

3. 加强队伍建设，积聚发展新潜力

依据后勤事业发展规划和部门职能定位，后勤党委修订完善《后勤队伍建设规划》，各中心按照规划也已初步完成《各部门队伍建设规划和改革方案》，依据事业规划和部门职能科学设岗定编，编写岗位说明书，明确岗位职责和任职要求。深化聘用、考核、评价和激励机制改革，不断完善聘用制度、拓宽进人渠道，着力培养和引进技能型业务骨干，与延安职业技术学院、扬州大学旅游烹饪学院等10家职业院校建立"后勤员工培养输送基地"合作关系，岗位评价和考核标准进一步完善，建立了合理的收入增长和激励机制。

注重员工培养，积极参与学校"国际化能力提升培训"等项目，重视职业发展机制建设，建立入职培训、岗位轮训等干部职工培训体系。队伍专业化和职业化水平得到提升，业务技能和综合素质保持了行业竞争力，初步形成"两支"队伍：一支是政治思想好、文化水平高、管理能力强、敢于担当的管理干部队伍，另一支是来源广泛、结构合理、素质优良、技能过硬的职工骨干队伍。

4. 注重规划引领，拓展资源承载力

规划引领，积极发挥规划在校园建设中的重要作用，强化校园规划与学校事业发展规划、学科建设规划的相互衔接，提升了校园建筑、基础设施和环境景观的规划建设水平。按照优先改善人才培养环境、加强学科建设促进学科交叉、支持综合改革提升服务保障能力的原则，制定并实施了"十三五"基本建设规划。出台《清华大学基本建设管理办法》，规范建设管理流程。制定并实施校园基础设施和环境景观等专项规划，进一步提升校园道路、供水、供暖、供电保障能力和校园景观品位。开展了校园交通优化、地下空间利用、海绵校园建设、重点地段城市设计等专题研究，为下一步相关工作推进奠定良好基础。科学制订并实施"十三五"校内构筑物修缮计划，设施设备得到更新，使用效能得到提升，基本办学条件得到改善。坚持绿色发展理念，完成《清华大学绿色大学建设规划》起草工作。

5. 强化协同治理，汇聚发展新合力

创新校园管理模式，探索学校和政府对校园协同治理新途径，初步建立了以学校管理力量为主体、以"三区联动"为支撑、以行业监管和政府执法力量为后盾的校园管理模式。充分调动各单位落实防火、防汛、门前三包等责任制度。改进校园参观管理方式，改善机动车校门疏导工作，整治校园乱停车现象，加强电动自行车管理，校园秩序改善明显。形成教学科研区、学生生活区、家属区内多部门综合治理联动机制。充分发挥大院式街道的独特优势，初步建立了联合执法长效机制，成立综治、食药、计生、爱卫会等4个地区委员会，落实相应工作责任，遏制多处违法建设、违法经营等行为。

加强统筹，推动区域综合管理。深化学生社区区域综合管理，统筹学生区环卫、园林、施工、报修、治安等工作，建立大物业管理模式，强化物业中心作为学生区综合事务联络协调单位的作用。推进居民老旧小区准物业管理，探索家属区网格化管理模式，提升了社区工作能力、水平和效果。落实北京市平安校园建设提升工程要求，完善安全责任、综合防控、隐患排查、应急处置等体系建设，全面提升消防、交通、治安等安全基础设施条件，校园安全管理和综合治理水平不断提高。

6. 提升服务保障，锤炼发展新内力

在"改善办学条件"和"双一流"建设经费的支持下，持续提升服务保障水平。攻坚克难完成110千伏变电站增容改造，学校源头供电能力翻一番，能满足未来八至十年的用电需求。学生学习生活条件不断改善，公共活动空间和社区课堂建设持续推进，公寓住宿环境持续优化。不断优化餐饮服务，清芬园教师餐厅开业，南园食堂供餐形式进行调整，就餐环境得到改善，就餐压力有所缓解。接待服务水平不断提升，甲所、近春园宾馆住宿条件持续改善，石门山庄博士生论坛基地面貌焕然一新，校园公交新增线路并面向全校师生免费，校内公文投递业务不断增长。结合校园景观规划，统筹考虑校内商贸资源布局。医疗和保健服务能力持续提高，实现了与北医三院、长庚医院的远程会诊，与北医三院和北医六院分别签署医联体服务协议，附属医院及社会医疗机构的协同发展模式初步建立。幼教服务保障能力和质量持续提升，克服困难扩充学位，为千余名教职工子女提供了优质幼儿教育。

加强育人环境建设，注重成熟先进技术的应用。坚持绿色发展理念，完善了学校能源管理体系，启动能源监测平台建设，顺利通过了国家"能源管理体系认证"，我校成为首批通过此项认证的公共机构之一。实施"美丽校园"建设工程，依据园林景观专项规划推进园林景观、人文景观建设，提升了校园育人环境品质。大力引进成熟先进技术，注重消化吸收，在应用中发展创新。学生社区探索引入智能电表、智能垃圾箱、智能门锁等物联网技术。采用校园机动车出校路况引导，ETC、手机端等无线支付停车费等方式，解决机动车出校拥堵的问题。澜园超市实现手机端无线支付，满足师生个性化支付需求。校内餐厅后厨升级监控装备，实现"明厨亮灶"，构筑舌尖上的安全。后勤综合服务网站实现报修等16项业务线上办理，开通"清华后勤"微信公众号，升级93001呼叫中心，后勤信息化水平得到进一步提升。

7. 加强党的建设，强化发展新定力

深入贯彻落实全面从严治党要求，推进学习型、服务型、创新型基层党组织建设，基层党组织的创造力、凝聚力、战斗力稳步提升。围绕深化巡视整改、强化党内监督，开展了党风廉政宣传教育活动，深化作风建设，持之以恒贯彻执行了中央八项规定精神。加强了内控体系建设，梳理了岗位风险点，制定了岗位风险防范措施，严格执行"三重一大"制度。充分发挥了党组织的战斗堡垒作用和党员的先锋模范作用，团结带领广大干部职工在工作中创优争先、贡献力量，确保后勤改革发展顺利进行。

不断强化"三育人"理念，习近平总书记在全国高校思想政治工作会议上强调，要坚持把立德树人作为中心环节，把思想政治工作贯穿教育教学全过程，实现全程育人、全方位育人，努力开创我国高等教育事业发展新局面。我校后勤积极贯彻全国和学校思想政治工作会议精神，不断强化服务育人、管理育人、环境育人，积极参与全员全方位全过程育人工作。

努力构建和谐后勤，完善师生参与后勤工作的长效机制，充分依托工会、学生组织和社团协会搭建沟通平台，构建便捷高效的网上沟通渠道。建立涉及师生切身利益重要事项的事前、事中、事后的评估机制。创建师生员工主动参与学校建设服务管理的氛围和文化，校河景观建设、校园座椅优化、双语导视标牌等多个项目由师生参与完成。文化建设成效显著，坚持开展后勤优质项目和后勤标兵评选活动，发挥先进典型示范引领作用，弘扬清华精神，传承"爱岗敬业、无私奉献、求真务实、团结协作、追求卓越"的后勤文化。

三、后勤改革发展面临新形势

习近平总书记在十九大报告中指出，中国特色社会主义进入新时代，我国社会主要矛盾已经转化为人民日益增长的美好生活需要和不平衡不充分的发展之间的矛盾，经济也已由高速增长阶段转向高质量发展阶段，这些是针对国际国内环境变化，特别是我国发展条件和发展阶段变化所作出的重大判断。新时代带来发展新要求、新课题，也需要我们交出发展新答卷。随着北京市进一步明确城市战略定位，城市治理及城市规划的理念首次由扩张型逐步转向限定城市开发边界、优化城市结构，疏解非首都核心功能。作为坐落在北京市的一所教育部属院校，更应主动践行四大发展理念，转变发展方式。

随着我校第十四次党代会胜利召开，学校综合改革和"双一流"建设稳步推进，在新百年发展新格局逐渐形成的同时，学校发展需求与资源约束之间、服务品质提升要求与服务供给能力之间的矛盾日益尖锐。一方面学校科研经费连年增长、教学科研任务不断增加，师生对于各项服务保障品质要求不断提升；另一方面高校发展所需的空间、土地等资源潜力不断被压缩，用工及运行成本不断升高，支撑学校发展的资源和服务保障压力越来越大。后勤在进行综合改革与发展任务中期检查过程中，也感觉到资源整合及使用效率上还有提升空间，后勤服务保障能力、骨干队伍建设和信息化等先进技术应用还需进一步加强。这就要求我们要用更宽的视野、更高的标准、更强的能力，关注发展规模与发展质量的关系、发展需求与承载能力的关系，更好服务保障一流大学建设，实现安全发展、绿色发展、内涵发展、永续发展。

四、后勤改革发展的新思考

后勤综合改革与发展是在不断摸索中前行，面对改革发展新形势新要求，在改革成效初步显现的同时，也引发了一些新的思考。

1. 坚持方向，坚定信心

在高校后勤社会化改革的浪潮中，我校后勤始终坚持以学校为主体、坚持育人宗旨、坚持社会化改革方向、坚持走专业化发展道路，较好实现了服务保障学校发展的任务。经过不断优化和调整，后勤系统现已形成相对成熟的沟通协调机制，整体运转良好，工作推动有力。我们要进一步坚定信心，坚持社会化改革方向，坚持有所为有所不为，重点发展教育特色鲜明的服务项目，有序退出可由社会优质资源替代的服务项目。持续完善校园市场准入制度，形成多甲方专业化管理的服务保障模式。把握工作节奏，将综合改革和事业发展任务落到实处，夯实改革发展基础。

2. 不忘初心，主动作为

我校作为国家深化教育领域综合改革"一市两校"试点单位，目前正全力推进综合改革，这些改革任务或多或少都与后勤有着不可分割的联系。学校事业在发展，但支撑发展的建设用地、教学设施、科研用房、学生住宿、能源保障等资源的承载能力有多大，还能负担多少新的增长，还有多少可挖掘的潜力？学校发展和校园的安全、环境、秩序是什么关系？这些问题需要各职能部门能够站在学校的角度，主动帮助学校研究和把关，当出现潜在风险时为学校拉响警报，这需要我们不忘初心、主动作为，进一步明确部门职能和定位，不断提升为学校"当家"的意识和能力。

3. 转变发展方式，推动内涵式发展

学校事业蓬勃发展，但在目前大背景下，必须转变发展方式，变增量发展为内涵式发展。学校统筹推进的综合改革任务中，已明确要求推进资源管理模式改革，调整学校经济政策和资源配置方式，改革校园规划建设管理机制与基建审批方式，改革房屋配置管理服务体制，提高资源配置效率，实现统筹协调发展。目前，我校也启动了新的一期校园总体规划，更是着眼于世界一流大学建设发展目标，明确主校区核心功能定位和需求，优化学校发展所需空间资源、土地资源合理布局，逐步疏解非主校区功能。

4. 实现后勤自身可持续发展

在服务保障好一流大学建设的同时，后勤还应注重自身的可持续发展。目前，后勤可持续发展面临诸多挑战：首先，后勤很多部门是劳动密集型行业，在经济发展转型、疏解非首都功能的背景下，用工和运转成本不断上升，而服务保障价格受政策限制不能同步于市场，并且后勤与学校之间一直采用全额返还模式，经济压力持续加大；其次，后勤行业属性特点明显，职工队伍薪资待遇与社会同行业相比处于劣势，人才吸引力降低，骨干员工流失风险增大，职工队伍稳定性面临冲击和挑战；最后，随着社会发展和科技进步，师生员工对美好生活的向往和预期也在不断提升，在先进技术应用、绿色生活、智慧服务等方面也提出了更高的要求。面对这些挑战，我们要进一步探索更积极的经济政策、激发干事创业的信心、增强开拓创新的动力，实现后勤可持续发展。

5. 坚持党的领导，加强党的建设

党的领导是确保改革方向始终不偏、效果始终不减、干劲始终不松的重要保障。今年是全面贯彻党的十九大精神的开局之年，是改革开放40周年，是决胜全面建成小康社会、实施"十三五"规划承上启下的关键一年，更是我校推进世界一流大学建设三个九年任务的冲刺阶段。在这一关键时期，更要坚持党的领导，牢固树立"四个意识"，坚定"四个自信"，坚决维护习近平总书记核心地位，坚决维护党中央权威和集中统一领导。落实全面从严治党要求，加强内控体系建设，完善规章制度，规范决策程序，健全监督机制，提高抵御风险的能力。认真落实党风廉政建设和安全生产主体责任，进一步强化"一岗双责"，树立红线意识和底线思维，正确履行部门职责，确保学校安全可靠运行。

清华大学饮食服务中心综合改革与"十三五"事业发展总结

一、改革背景

为贯彻落实《清华大学综合改革方案》和《深化后勤综合改革方案》,中心制订并实施了《饮食中心改革实施方案》,积极构建满足世界一流大学建设发展需要的餐饮服务保障体系,不断提高伙食服务品质、提升伙食保障能力、推进校园饮食文化传承,增强后勤为"立德树人"服务的软实力,确保学校伙食事业的健康发展,为师生员工提供"安全、营养、健康、快捷、实惠"的伙食服务保障。

二、主要改革举措

（一）管理体制创新

1. 明确职责定位，强化责任意识

找准定位才能精准提升。中心系统梳理确定工作定位、职责和任务,制定《中心工作定位和工作职责》;完成组织机构调整,制定《各科室定位和工作职责》,厘清中心办公室、运行管理科、监控管理科、采购供应科、设备设施管理科"一办四科"的业务范围和职能定位。各部门权责更加清晰,为职工队伍人事制度改革和事业发展打下基础。

2. 构建咨询体系，提升专业水平

注重借助专业权威机构促进提升食品安全管理水平。食品安全纳入学校综合治理委员会职责范围。建立食品安全顾问公司咨询、认证与政府食品安全监管部门培训相结合的食品安全专业咨询体系。顾问公司定期对中心食品安全管理体系运行作专业指导。邀请海淀市场监督管理局、清华园市管所做食品安全培训。食品安全意识更强，管理更有效。

（二）服务保障体系建设

1. 负责管理全校食品类合同

按照学校《清华大学合同管理规定》要求，负责管理全校食品类合同，包括伙食原材料采购、联营合作及绿色食品基地合作等方面。中心配套制定《食品类合同管理办法》，进一步明确食品类合同归口管理审批与备案流程，并积极推进实现在线审批。

2. 引入社会优质服务资源

围绕伙食服务主业，持续退出可由社会优质资源替代的保洁、消杀、疏通下水及清掏化油池、餐厨清运工作。陆续退出芝兰园保洁、北园保洁服务等项目，现除家园、融园保洁服务之外，所有食堂的保洁服务、消杀、疏通下水、餐厨清运工作均由专业第三方公司承担，初步实现了提质增效。

3. 加强联营合作管理

注重对联营合作单位的规范管理。修订《联营合作管理办法》，完善合作政策和指标体系，落实合作管理责任，逐一审查登记所有联营窗口的营业执照、食品经营许可证等资质，完善《合作联营协议》及合同相关附件，试点考核评估，纳入《中心监控检查实施细则》惩戒范围。有效管控风险，充分发挥社会优质资源的作用。

（三）运行机制优化

1. 加强制度建设

把制度建设摆在更加突出的位置。完善人事、财务、采购和合同管理为主的各类规章制度，修订《关于执行"三重一大"制度的实施细则》《会议制度》《人事管理办法》《经费使用和管理办法》《费用审批报销审批权限表》《各项基金奖金计算原则办法》《若干事项财务管理规定》《合同管理实施细则》《采购实施细则》等。干部按制度办事的意识更强，现代化管理水平有所提升。

（四）加强队伍建设

1. 建立分类分级的岗位体系

积极推进职工队伍人事制度改革，制订《职工队伍人事制度改革规划方案》和《职工队伍人事制度改革设岗方案》并获得学校审批。设岗定编，明确岗位要求，建立了分类分级的岗位体系，完成新版岗位说明书编撰，稳妥完成第一批 A 轮、B 轮共 785 个岗位聘任，合同制职工 33 人被聘任关键岗位，极大激发了队伍活力。

2. 拓展用工渠道引进专业人才

结合中心事业发展需要广纳专业人才。从中国农业大学、四川旅游学院等专业院校引进多名食品和烹饪相关专业的本硕毕业生；引进具有丰富行业经验和权威资格认证的团餐管理人员、工程管理人员、食品检验人员等；适应国际化要求引进具有美国留学背景的营养和财务专业的硕士毕业生。

3. 开拓新的员工培养输送基地

用工基地建设是提升队伍专业水平的渠道之一。近 5 年来，共有 35 名来自广西壮族自治区宜州市民族职业中等专业学校、陕西省渭南市西北新世纪职业中等专业学校、扬州大学旅游烹饪学院的实习生来中心实践学习。在此基础上，中心又与四川旅游学院、济南大学和山东商业职业技术学院合作建立人才培养基地。

4. 建立实施分类分层的培训体系

开展分类分层培训，精准提升队伍能力。管理骨干重在提升综合素质和管理沟通能力，增强责任感和使命感；技术骨干和普通职工重在加强职业道德和烹饪技术、服务礼仪培训，提升专业技术能力；新职工重在介绍中心概况、劳动纪律、优良传统等，使其尽快融入。5 年来，共有 160 人获得专业技术等级提升；5 人获得国内烹饪大赛奖项。目前已有 275 人取得专业等级证书，占比 36%。

（五）国际化服务提升

1. 提升餐饮服务保障的国际化水平

中心积极参与学校国际能力提升计划。在所有餐厅和快餐厅使用中英双语菜单和标识；芝兰园试点标识过敏源双语菜单；在所有学生食堂配置密胺勺；开展服务英语培训；中心厨师到苏世民学院教国际学生做月饼；面向国际学生开展中华美食文化体验活动等，餐饮服务的国际化水平有所提升。

（六）餐饮服务专项任务

1. 修订调整学生食堂"人均消费额指标"

坚持正确办伙方向，抓好基本伙保障，不断开拓创新。保持基本伙（主副食）高中低档档次比例及售价稳定，在综合考虑伙食原材料涨幅、消费水平及基本伙范围等因素的情况下，完成学生食堂"人均消费额指标"调整；建立严格的阶梯式扣奖机制，调整低档菜补贴政策等，学生食堂基本伙质价保持稳定。

2. 创新花色品种，优化伙食结构

在确保基本伙稳定可靠的前提下，持续开放搞活，利用社会优质资源丰富餐饮形式。举办川湘美食节和玉树美食节；清青小火锅、教师餐厅、清青咖啡厅、清青牛拉、寓园面包房等陆续开办。鼓励创新花色品种，紫荆园推出营养素食和健康轻食，桃李园推出时尚果茶屋，5 年来共新增基本伙菜品 300 余道、小吃菜品 700 余道、餐厅菜品 500 余道。

3. 参与高校伙食行业有关标准制定

注重发挥在高校伙食行业中的积极作用，学习借鉴同行经验。中心主任兼任全国伙专会副主任和北京高校专家组成员。参与北京市高校标准化食堂建设和检查工作。参与讨论制定高校食堂引进优质餐饮的原则。参与协会制定北京高校疫情防控指南（第二版）。

4. 通过 ISO 22000 食品安全管理体系认证

扎实开展食品安全管理工作。成立食品安全小组，制定《HACCP 计划书》，通过关键限制的实施与控制，结合硬件设备设施的更新完善，确保实现食品安全风险可控。自 2017 年以来持续开展 ISO 22000 食品安全管理体系创建工作。桃李园、紫荆园、清芬园、观畴园、听涛园、玉树园、芝兰园、融园、教师餐厅、丁香园、寓园陆续通过 ISO 22000 食品安全管理体系认证。

5. 改善就餐环境，提升服务质量

随"改善办学条件"和"双一流"建设项目推进，逐步完善食堂大修投入机制。陆续完成桃李园、听涛园、咖啡厅、寓园、澜园、北园、荷园的整体改造；完成部分食堂燃气管道、排烟、防水等的更新；维修更新紫荆园、桃李园等 10 部客梯和 8 部货梯；完成饺子生产车间、伙食原材料加工存储设备改造及荷园、丁香园的冷库更新；改造各食堂 45 间公共卫生间。部分老旧食堂就餐环境明显改善。

6. 引进新技术，提高集约化生产水平

新技术带动生产提质增效。升级食品加工车间，更换一吨的适用于燃气低压民用管道的新锅炉、增加十万级洁净灌装车间、引进全自动饮料灌装线、引入 CIP 自动管道清洗消毒设备。在紫荆园、桃李园等 7 个食堂应用 15 台智能化切菜机，在清芬园使用包子自动生产机，引进试用餐厨垃圾处理设备等新科技产品，极大节省了人力，提高了生产效率。

7. 加强信息化建设，提升就餐便捷性

以信息化建设促进提升管理服务水平。分三期完成食堂食品安全管理系统，实现"明厨亮灶"；升级物流系统，实现食品原材料可追溯；开通光电卡微信线上充值和线下充值电子支付；在餐厅和快餐厅开通微信、支付宝等电子支付结算；桃李园休闲餐厅实现二维码点餐功能。管理更加科学规范，就餐便捷性得以提升。

三、改革成效

（一）以师生满意为抓手，不断提升师生满足感

中心坚持正确办伙方向，始终把让师生满意作为抓手，通过不断丰富就餐模式、创新餐饮品种，进一步完善高中低档配套、中西菜点、南北风味、大众小吃种类齐全、各具特色、就餐环境幽雅、就餐方式快捷的多层次、多类型综合饮食服务体系。目前，中心全部学生食堂通过了北京市标准化食堂验收和食品安全管理体系认证。就餐模式不断丰富，餐饮品种更加多样。面对伙食原材料价格上涨和用工成本激增的双重压力，基本伙伙食价格始终保持稳定，得到师生认可。每年师生满意度均在 90% 以上。

（二）坚持内涵式发展，提升校内伙食服务保障工作品质

目前，中心食堂总面积达 6.2 万平方米，共有 18 个餐饮单位。在校内就餐资源总量有限的情况下，中心坚决贯彻内涵式发展理念，创新就餐品种和经营业态，持续改善就餐环境，持续提升管理规范化水平，有力地保障校内伙食服务保障的安全稳定。中心还主动为学校分忧，为师生解难，圆满完成历年校庆、教学评估专家、高校党建检查组、国庆 70 周年专项活动等各项任务的餐饮保

障工作。桃李园食堂因保障有力，被授予"庆祝中华人民共和国成立 70 周年活动清华大学先进集体"称号。中心连续 4 年在年度工作评估中被评为优秀。

（三）凝心聚力，实现职工伴中心发展共成长

充分发挥广大职工的积极性和创造性是中心事业持续发展的动力之一。中心高度重视职工培养，通过推进职工队伍人事制度改革，注重提升职工的综合素质和专业技术能力，实现员工与中心共同成长发展，职工收入稳步增长。中心关心职工生活，持续改善职工工作条件和宿舍住宿环境，慰问帮扶困难职工。中心党总支、团总支、工会密切联系群众，维护职工权益，增强组织凝聚力，职工积极要求入党、入团、入会，并且形成"爱岗奉献、追求卓越"的中心文化氛围，大大提升职工的获得感和满足感。

四、经验和启示

（一）坚持党对中心工作的全面领导

中心始终坚持、自觉接受学校党委的领导，重大改革举措及时向上级汇报。学校和后勤给予中心关心、支持和帮助。充分发挥党组织和党员在推动中心事业发展、队伍建设、环境改善、服务师生等方面的政治核心作用，坚持党对中心工作的全面领导，加快我校伙食的现代化建设，努力满足新时代师生员工的餐饮需求，为学校发展提供坚强伙食保障。

（二）必须坚持正确的高校办伙方向

坚持公益性办伙方向始终不动摇，扎实抓好基本伙服务保障，增强政治定力，把正确政治方向和价值导向贯穿到办伙全过程。中心深知"没有社会效益就没有饮食中心存在必要，没有经济效益就没有中心存在的可能"。始终坚持公益性办伙方向，例如稳定饭菜价格，采取源头直补政策；制定学生食堂人均消费和百元含量考核指标，保证供应低价菜、免费汤粥等措施。既做好基本伙，又要提供多层次餐饮服务保障，推进"双一流"建设。

（三）创新体制机制

随着经济发展和服务业发展，品牌化团餐企业对校园餐饮产生冲击。同时，

随着后勤社会化改革不断深入，校园餐饮市场开放的步伐日益加快，开放、多元办伙的格局正在逐步形成。另外高校伙食安全稳定要求更高，市场监督管理局对于校园食品安全的管理监控会更加严格。中心坚持在可控的前提下，积极引入利用社会优质资源，通过双赢的合作模式促进伙食工作的不断创新发展。

五、问题和不足

（一）师生对美好餐饮提出了新的需求

今年我国将全面建成小康社会，师生生活水平逐步提高，餐饮消费群体日趋多元化，需求呈现多样化，师生对餐饮营养健康品质环境便捷绿色要求愈来愈高，尤其是低盐低脂少糖素餐等健康餐饮需求日益增加。校园餐饮服务模式须向包容多样化、满足差异化转型，餐饮品类走多样化策略是发展趋势。

（二）就餐资源紧张和老旧食堂环境亟待改善

随着学校"双一流"建设推进，开放交流程度加深，校内人员规模不断扩大，就餐需求不断增长与供餐资源不足之间的矛盾长期存在，供不应求成为常态。在提供开放交流的校园氛围中，食堂餐厅不仅是解决吃饭问题的地方，更是彼此思想碰撞、沟通情感的重要场所。学校大部分食堂建成十年以上，但根据双一流大学建设的标准要求，食堂后厨加工流程应符合餐饮服务食品安全操作规范，布局有待于进一步优化；前厅设备设施、装修风格、灯光照明、冷暖温控等硬件环境仍有待进一步改善。

（三）育人机制和育人环境建设需要继续深化

根据学校"三全育人"要求，学校伙食保障作为育人平台之一，要进一步发挥出"育人"作用。饮食中心要贯彻"绿色发展"理念，坚持资源节约型和环境友好型发展，在硬件上突出功能性和实用性，在软件上更加突出规范化精细化和人性化，引导师生逐步养成"绿色生活、绿色消费"的良好习惯。营造具有清华特色的饮食文化和育人氛围紧密结合，发挥就餐环境的文化作用，进一步探索劳动教育机制建设。

(四)餐饮队伍专业化和骨干队伍稳定性需提升

作为劳动密集型行业,随着整体社会"人口红利"的消失,高校餐饮也面临服务行业普遍存在的用工难和用工荒问题。学校餐饮在职业化管理人才和高水平技术人才的竞争上仍处于劣势,制约伙食保障水平的提升。北京市作为一线城市购房等生活成本居高不下,在疏解非首都功能过程中,青年骨干面临租房难、孩子上学难等实际困难,导致有专业背景的青年骨干归属感不强,流动性大。

(五)营业收入有限增长和支出激增之间矛盾凸显

为符合高校食堂公益性办伙要求,按照相关规定,中心各食堂基本伙价格仍维持在 2008 年水平。伙食原材料和劳动用工早已社会化,且原材料价格和用工成本上涨致使学校伙食成本持续上涨的情况仍将长期存在。一定程度上制约了伙食服务质量的创新升级,不能完全满足新时代师生对美好餐饮的新需求,要持续推进"公益性和市场化运营"相结合的高校新型伙食服务保障体系的建设。

六、下一步前进方向

(一)深入推进职工队伍人事制度改革

改革是动力、人才是根本。未来 5 年,中心将有 19 名关键岗位职工退休,中心仍将处于"新老交替"的过渡时期,必然有一批合同制职工担任科室和食堂的重要岗位。同时,"90 后"作为新生力量,对个人发展、工作环境和劳动条件等要求更高。中心需要深入推进职工队伍人事制度改革,继续密切与扬州大学旅游烹饪学院、四川旅游烹饪学院、济南大学烹饪学院等的沟通合作,加大实习生和毕业生的引进力度;建立实施一套面向青年骨干的培养发展体系。在持续优化岗位体系的基础上,不断完善激励体系、评价体系和发展体系,加强骨干队伍稳定政策建设,完善薪酬、待遇、住宿、子女教育等政策,推进规范化管理,进一步提升队伍专业化职业化水平。

（二）提升伙食品质和服务水平

高校餐饮市场受社会餐饮冲击更大，校园伙食安全稳定责任更重，师生对美好餐饮要求更高。中心须按照教育部等部门联合发布的《学校食品安全与营养健康管理规定》，明确校园食品安全主体责任，抓好基本伙这一直接关系高校伙食稳定的关键。要进一步调研师生新需求，充分考虑学校发展阶段变化带来的就餐群体变化，要进一步提升伙食的品质质量和服务。贯彻落实全面质量管理体系和食品安全管理体系建设的要求，持续强化PDCA在伙食管理中发挥改进作用，开展职工基本功和售卖窗口服务培训，持续提升基本伙的服务保障能力，使之适应学校新阶段发展的新要求。

（三）优化就餐资源配置，改善老旧食堂环境

坚持内涵式发展，强化供给侧结构性改革，全面梳理规划现有食堂的业态布局和伙食结构，宏观规划上建立：食堂＋有条件的院系建立小饭堂（咖啡厅）的供餐模式，合理确定基本伙保障、特色小吃、餐厅等所占比例，合理调整堂食、自选、送餐等就餐模式。要接续做好"改善办学条件"和"双一流"项目申报和实施，一方面要持续改善老旧食堂的硬件条件；另一方面要与国际化校园建设及营造具有清华特色的饮食文化和育人氛围紧密结合，发挥就餐环境的文化作用。

（四）加强伙食的现代化建设

随着人工智能和5G网络的蓬勃发展，未来餐饮服务方式将迎来革命性变化。要把推进信息化建设与提升餐饮精细化、规范化水平统筹考虑，借助信息化、智能化手段，进一步细化原料采购、伙食管理、保障服务、质量管理体系和食品安全管理体系等环节的管理，持续扩大电子结算范围，提高服务便捷性，改善就餐体验，推进伙食工作的转型升级。

（五）育人机制和育人环境建设（膳食营养平台）

要增强劳动育人的使命感，进一步加强育人机制和育人环境建设。不断扩大与师生交流的渠道，真诚地听取意见建议，根据需求提出改进伙食工作的具

体思路和措施。按照"三全育人"的要求,结合培养德智体美劳全面发展的社会主义建设者和接班人的目标,拓展劳动育人的深度和广度。要主动适应学校建设发展需求,善用"十个手指头弹钢琴",主动研讨解决问题难题。充分利用膳食营养平台开展健康饮食宣传,服务学校健康促进计划。

清华大学修缮校园管理中心综合改革与"十三五"事业发展总结

在学校和后勤的领导下,2014 年,修缮中心主动谋划事业发展,积极探索综合改革,形成了《修缮校园管理中心改革实施方案》及时间表和任务书;2015 年,梳理工作定位、职责和任务;2016 年,明确建设与世界一流大学相适应、与清华特色后勤服务保障体系相符合的市政基础设施和园林景观运行保障体系,形成《修缮校园管理中心事业发展"十三五"规划》,并实施改善和双一流专项;2017 年,细化校园基础设施专项规划和校园环境景观专项规划;2018 年,实施景观提升专项,完成公共安全、运行安全管理体系(职业健康安全体系 ISO 45001:2018)建设;2019 年,完成人事制度改革中的全员聘岗;至 2020 年,规划任务和改革措施全部完成,为"十四五"乃至更长一段时期的发展打下坚实基础。

一、综合改革与发展各项任务圆满完成

《修缮中心改革实施的时间表和任务书》中的 39 项改革任务,《后勤综合改革与发展、"十三五"规划任务》中的与修缮中心相关的 32 条改革措施和规划任务均已完成。

重点抓好以下四个方面工作,推动事业改革发展:一是坚持党对中心工作的全面领导,在学校党委和后勤党委的带领下,努力加强基层党建工作,提高工作水平,充分发挥党组织和党员作用,推进业务工作和改革发展任务落实。二是规划引领,狠抓落实,推动与一流大学相匹配的市政基础设施和景观环境运行服务保障体系的建设。校园基础设施保障能力不足问题基本得到解决,校园景观环境的提升效果得到师生校友好评。三是开展内部建设专项提升工作,着力推进内控建设、安全体系建设、职工队伍建设、信息化建设等工作,取得预期效果。四是牢记育人根本任务,教育引导干部职工树立育人责任意识,结

合中心工作范畴，主动落实"三全育人"工作，探索校园共建共治共享新机制。

具体改革举措如下。

（一）后勤管理体制创新方面

以后勤管理体制创新为契机，推动职能定位调整和体制机制改革，明确职责任务，理顺体制机制。2015年明确中心定位、10条职责和15条具体任务。2016年起，稳步推进职能定位调整落地，规划、建设、运行、维护职能"一条龙"，形成"运行团队搞建设"的工作模式；水、暖、电、园林、修建科由乙方向甲方管理转型；确定"中心—科室—班组"的"扁平化"组织架构，完善"弱矩阵式"的内控管理机制。

（二）后勤服务保障体系建设方面

在校园市场准入制度方面，按照学校制度建设、内控与审计评估检查要求，着力完善制度体系，规范内控流程。2019年，制定《清华大学修缮校园管理中心供应商名录管理规定》，对与中心已合作或待合作的供应商开展准入评审、信用考察、资质备案、选择与清除以及合同执行后评估考核等工作，进一步规范供应商准入机制。

在校园景观建设方面，成立校园景观环境咨询委员会，邀请建筑学院、美术学院相关专业的设计团队参与校园景观环境治理方案设计，调动校内相关专业师生参与到项目规划、意见征集、专家评审等环节，以师生共建提升校园景观为重点，落实"三全育人"工作，探索建立师生共建共治共享的新机制。

（三）后勤运行机制优化方面

在经济管理办法制定方面，依据学校有关管理办法、财务处与中心及各科室签订的相关经济管理协议，结合各科室经济运行情况，制定《修缮校园管理中心内部经济管理办法（试行）》，以维护学校利益，促进中心发展，调动工作积极性。

在完善监督管理机制方面，以内控检查评估为契机，梳理资金使用、资源管理等各环节的流程，新制定了《修缮校园管理中心经费管理办法》《修缮校园管理中心信息系统管理细则》《清华大学构筑物、植物类资产管理细则》《清华大学构筑物、植物类资产管理流程》《修缮中心仪器设备处置流程》，修订了《修缮校园管理中心项目管理办法》《修缮校园管理中心招标工作细则》《修缮校园管理中心合同管理办法》等。中心将继续以制度建设为重点，构建自我发展、自我约束的良性运行机制，一体化防控各类风险。

（四）后勤队伍建设方面

在人事处和后勤党委指导下，积极稳妥推进队伍建设规划暨人事制度改革工作，保持组织架构基本不变，梳理职能事项，以岗位体系为核心，以事定岗，以岗定人，逐步实现由身份管理向岗位管理转变，优化岗位设置及人员结构，构建新型的人力资源管理体系。完成《后勤服务机构职工队伍人事制度改革规划方案（修缮中心）》和《后勤服务机构职工队伍人事制度改革设岗方案（修缮中心）》，细化工作方案，平稳推进制度改革。2019年11月，完成单位内部全员聘岗，启动空缺岗位的校内聘岗工作。通过此次改革，加快中心建成与世界一流大学相适应、与具有清华特色的新型后勤服务保障体系相符合的市政基础设施和景观环境运行服务保障体系的步伐，建设一支忠诚教育事业、提供优质服务、践行创新发展的专业化、高水平的职工队伍。

着力健全培训体系，每年面向中心干部、新入职人员、电工、管工、行政文员、窗口服务人员等组织数十次培训，内容涵盖政策宣讲、专项技能培训、消防安全演练、心理健康培训、校史馆参观等。以供暖科为例，自2009年以来，每年5—8月都组织"学习月"活动，组织党员为一线职工进行政治理论知识与实践相结合的培训。同时，针对每年时政热点与工作需要，不断调整与拓展学习内容，如2018年，将培训范围扩大为科室全体职工，着重增加了政治理论学习学时，扎实推进政治理论学习全覆盖；根据学校世界一流大学的建设发展需要，增加了日常英语培训，拓宽职工全球化视野；为做好节能减排、安全生产工作，2018年、2019年还增加了电气基础和节能新技术方面的培训，以适应供暖工作新需求。中心坚持以培训为抓手，全面提升职工理论水平和技能水平，增强职工的责任意识和服务意识，为学校市政基础设施保障工作奠定坚实基础。

（五）国际化校园服务体系建设方面

对重点岗位提出国际化要求，通过培养和引进相结合，拓展干部职工国际化视野，促进国际化校园环境和服务保障能力的提升。在供热中心设置双语标识，为服务对象提供便利。积极参加学校国际化能力提升计划，陆续委派部分干部职工赴欧洲、新加坡等地参观交流。加强窗口岗位的英文培训，充分利用团组织平台，鼓励青年职工参加线上英语学习。组织人员参加学校、后勤的业务培训，如后勤科级岗位人员职业能力提升培训班、全国高校政府采购培训班等，为骨干队伍提供国际交流和业务培训的机会。

（六）基层党建与和谐后勤方面

在学校党委和后勤党委的带领下，党总支加强基层党建工作，党建引领中心工作，带领党员群众扎实推进《清华大学后勤综合改革与发展方案》《清华大学后勤事业发展"十三五"规划》任务的落实。

在"抓班子"方面，根据学校相关要求，制定《修缮校园管理中心领导班子落实"三重一大"制度实施细则》《清华大学修缮校园管理中心会议制度》，进一步规范决策程序，坚持集体决策原则，"三会联动"推动任务落实。

在"强组织"方面，已实现党组织覆盖全部科室，其中园林科党支部、供暖科党支部、电管科党支部、修建科党支部实现了"科室有支部"，其他科室为混编支部。选优配强支部书记，科室骨干担任支委，规范支委会建设。加强党员发展与积极分子培养工作，重视对职工的关心培养和教育引导，吸引优秀骨干职工向党组织靠拢。党支部发挥战斗堡垒作用，在"不忘初心、牢记使命"主题教育中，开展了西北小区水质改善、供暖运维保障、电工技术培训、节水教育宣传展廊和道路指示牌清洁等志愿服务，切实为师生员工做实事。后勤党委委员、纪委委员、党总支委员编入不同党支部，分别参加所在、所联系党支部的活动，加强对党支部工作的指导。

在"重学习"方面，认真贯彻落实《清华大学教职工政治理论学习实施办法》，各党支部积极探索并组织多种形式、多渠道的理论学习方式，如在班组例会上组织学习，或将政治理论学习与业务学习相结合，以调动职工学习积极性，推进政治理论学习全覆盖。同时，党支部还积极申报调研课题、特色活动，以知识竞赛、实操比赛等形式检验职工学习效果，寓教于乐，激发职工学习的热情，提升学习效果。

在"搭平台"方面，利用组织优势和联学共建平台，积极与其他单位党支部、学生党支部建立联系，共学共建共同提高。党总支与水利18党支部建立联系，组织学生到节水科研教育基地开展参观、党课学习与交流。此外，还组织师生完成了《校园水生态修复和水质提升的建议》和《紫荆片区室外无障碍设计标准》专项调研报告。电管科党支部与学生社区电信党支部建立联系，在共同开展政治理论学习的基础上，加强业务工作沟通，共同做好学生社区的供电保障与运行维护工作。园林科党员主动担任营造学社等学生组织的指导老师，充分发挥师生主体作用，开拓勤工岗位与劳动教育体验岗位，依托校内主流媒体进行价值输送与理念传达，建立共建共治共享的校园景观文化，健全师生参与后勤工作的长效机制。

（七）后勤管理创新和技术创新方面

在积极参与高校后勤行业标准制定方面，2017年申请北京市教委的北京高校标准化物业复验，从校园环境和设施设备两方面进行验收，并以此为契机，制定符合自身规律、体现清华特色的运行维护标准。由中心副主任带队，组织4名骨干职工赴桂林参加中国教育后勤协会物专会换届会暨第六届中国校园物业管理发展论坛，积极参与研究水、电、暖、园林、环卫等专业的服务标准。

在后勤信息化规划与建设方面，按照后勤的统一部署，与法务办、信息办共同完成归口合同线上审批流程开发，简化院系办理流程；与资产处配合，修订学校构筑物、植物建账、变动审批流程，工作更加协同高效。

（八）节能减排和环境保护方面

开展节能低碳校园专题研究，加强能源数据统计分析，做好清洁生产工作，配合绿办，建设能源管理平台，研究能源消耗标准和动态调整机制等相关制度。大力推进节能减排工作力度，在中心内部对水、电、暖科室试行资源与能耗考核，鼓励科室采用新技术、新手段降低能耗，如供暖科正在推进换热站和末端楼宇热力调控，电管科对开闭站、配电室进行设备更新与监控等。

（九）基本建设管理与校园规划方面

积极参与校园总体规划修编，做好校园规划修编中关于市政基础设施方面的内容，包括现状分析、运行模式、管网配置等。主动关注北京市相关政策和行业发展趋势，把握学校未来市政基础设施建设运行的方向，如电力供应、能耗指标、绿化指标、环保指标、自备井置换等。建立景观环境等专业咨询体系，成立专家库，为科学决策提供专业咨询。研究编制并组织实施《清华大学校园总体规划（2021—2030年）》专项规划之一的第一个校园景观专项规划。

（十）基础设施运行及保障方面

在供水能力提升方面，2016年，实施近春园至停车场给水管线和医学院、图书馆区域给水主管道改造工程，西水东输工程已按计划完成；2018年年底，东南小区、西北小区、荷清苑小区自备井置换工程已通过北京市自来水集团验收，2949户已用上市政自来水，年均减少地下水开采量约30万吨，2019年推进蓝旗营小区自备井置换工程，得到市水务局的好评；完成生态雨洪调节站、学生宿舍13～18号楼周边管网、南区学生宿舍31～37号楼给水污水管线等改造工程，提高学校给排水系统的稳定性和可靠性。基本实现绿化喷灌管网全覆盖，加快节水校园建设。

在供暖能力提升方面，对紫荆公寓一次水外网等五条母线进行改造，学校供暖一次水管网主体结构已搭建完成。对北区换热站及热力外网进行升级改造，提升学校西北区域32万平方米的供暖能力。对观畴园周边管网、南11～13号楼暖外网、三教区域、物理楼区域暖外网、胜因院换热站、大石桥换热站热力外网、紫荆公寓生活热水及热力外网等进行改造，有效减少爆管事故的发生，节约能源，提升供暖质量。

在供电能力提升方面，陆续完成法律图书馆、生物医学馆、饮食广场等近20个开闭站、配电室的新建和改造工作；与兄弟单位配合，完成平房区煤改电任务；持续推进教工宿舍电增容改造计划，至2019年底完成2900户的增容改造任务，满足用电需求，改善用电质量。

在校园道路提升方面，2018年，完成西区道路修缮及市政管网工程；2019年，完成生物医学馆大外网及道路改造，2020年，青年公寓周边的市政管网进行整体提升。

在"美丽校园"建设方面，制定《清华大学园林绿化养护等级标准及技术措施要求》，达到北京行业标准，在北方高校处于领先，实现了对绿地的分级养护，完善绿地喷灌系统建设和使用，提升绿地养护管理质量。完成紫荆学生公寓区、南区学生公寓区、滨河路、学堂路、明德路、绿园等几十余项、30多万平方米的景观改造任务，景观改造项目按计划完成，校园景观提升效果得到师生校友好评，最美校园更加"人文、绿色、开放、智慧"。

在校园环境卫生方面，推进精细化保洁，实现学生区、教学区、家属区三区联动。疫情防控期间，制订疫情防控工作方案，落实疫情防控要求。根据"爱国卫生月环境卫生集中整治活动"相关要求，校内各单位、师生员工，对校园环境卫生进行全面清理，环卫科和各物业单位协同工作，做好校园日常保洁。与海淀环卫保持无缝衔接，做到生活垃圾分类收集清运和日产日清，保持校园环境卫生干净整洁，助力文明校园建设。

二、综合改革与发展取得成效

经过五年多的主动作为和努力拼搏，校园基础设施保障能力不足问题基本得到解决，校园景观环境的提升效果得到师生校友好评；单位职责定位调整、内控建设、安全体系建设、人事制度改革、职工队伍建设、信息化等方面的重点改革任务也取得预期效果，为未来事业可持续发展打下坚实基础。

（一）党的领导更加坚强有力

通过抓班子、强组织、重学习、搭平台等措施，中心党总支进一步加强了对中心工作的全面领导，议事规则越来越规范，充分体现了"集体领导、民主集中、个别酝酿、会议决定"的原则；按照后勤"科室有支部，班组有党员"的要求，选优配齐支书支委，做好党员发展与积极分子培养，基层党组织的政治功能、组织力、战斗力和凝聚力进一步增强；落实"三会一课"，开展多种形式的学习活动，党员政治素养和理论水平不断提升，党组织肌体更加有活力。

（二）职能定位更加清晰，内控建设更加高效可控

持续深化职能定位调整和体制机制改革，明晰了中心职能定位，坚持有所为、有所不为，破解事业发展中的"甲乙方"角色不清的难题，成功实现向甲方管理身份转型，干部职工为学校当家的意愿越来越高涨。

建章立制，主动防控安全生产、经济活动的风险隐患。通过建立健全安全管理体系，完善《清华大学修缮校园管理中心职业健康安全体系文件》，进一步提升科学防控安全生产和职业健康风险的能力；以内控与审计评估检查为契机，制度体系持续完善，业务流程更加规范高效。

（三）人员结构不断优化，队伍建设取得初步成效

积极稳妥推进职工队伍人事制度改革落地，提升队伍专业水平。以职工队

伍人事制度改革为契机，初步建成新型人力资源管理体系，通过持续引进专业型、技能型及高学历人才，初步改善队伍结构。在建设任务不断增加，职工人数逐步缩减（人员退休为主要原因）的情况下，高质量完成改革与发展任务。

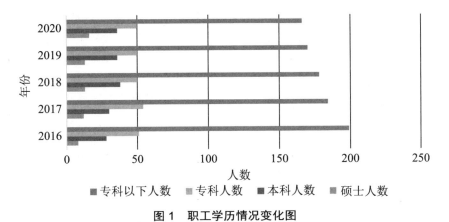

图1　职工学历情况变化图

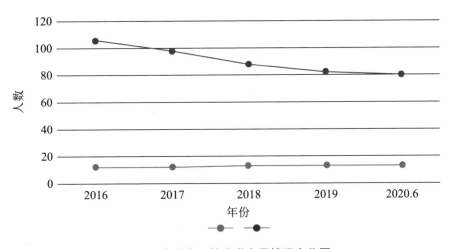

图2　专业类、技术类人员情况变化图

（四）基础设施保障能力、校园景观环境进一步提升

高质量完成"十三五"建设任务。在"十三五"规划和后勤综合改革方面，修缮中心牵头或主要负责的9项任务，除"实施'美丽校园'建设工程，综合推进校园景观、园林、环卫等工作"在持续进行外，其余8项任务按计划完成，其中道路、水、电等基础设施改造任务已于2019年完成。

通过这些年的建设，基础设施保障能力不足问题基本得到解决，校园景观环境的提升效果得到师生校友好评。与世界一流大学相适应、与清华特色后勤服务保障体系相符合的市政基础设施和园林景观运行保障体系初步搭建完成。

2018年，天然气锅炉房被评选为北京市锅炉系统安全节能达标示范锅炉房。2019年，修缮中心被评为北京市供热行业二级安全生产标准化企业评定达标单位，并荣获"全国校园物业管理社团组织建设工作先进单位"称号。

（五）节能、信息化等创新力度进一步增强

将2019年部门指标与2016年进行对比，单位供暖耗气量下降3.7%，单位科研经费电量下降14.7%，全年用水量下降8.8%，绿化中水使用率与园林绿化环卫分级考评平均得分逐年上升。

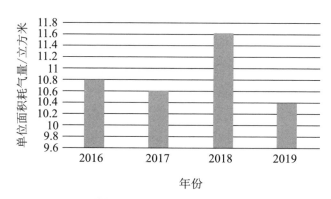

单位面积供暖耗气量（立方米/平方米）

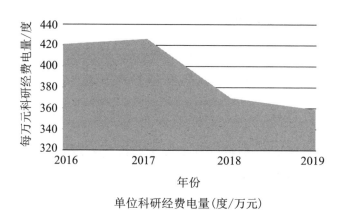

单位科研经费电量（度/万元）

图3 近几年的能耗数据变化、园林绿化分级考评结果

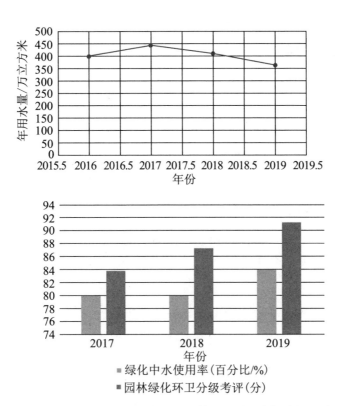

图3　近几年的能耗数据变化、园林绿化分级考评结果（续）

持续引进新技术，提升工作水平。加强信息化建设，建设项目管理信息系统，实现立项、采购、合同、付款结算全过程网上审签。建设物资管理信息系统，物资采购及出入库信息化管理迈上新台阶。建成供热节能运行平台，实现对燃气锅炉房和4个换热站的实时监测与调节。

三、综合改革与发展的经验和启示

（一）坚持党的领导，党建引领事业发展

在学校党委和后勤党委领导下，落实党建责任制，努力提升党建工作水平。按照标杆创建要求，认真开展"基层党组织建设提升年""不忘初心、牢记使命"主题教育。在中心内部带领全体党员群众深入学习贯彻习近平新时代中国特色社会主义思想和十九大精神，持续推进"两学一做"学习教育常态化制度

化，进一步增强"四个意识"，坚定"四个自信"，努力做到"两个维护"。加强组织建设，选优配强支委会，重视党员发展与积极分子培养工作，发挥党支部战斗堡垒和党员先锋模范作用。利用组织优势和联学共建平台，积极与其他单位党支部、学生党支部建立联系，拓展共建共享的广度和深度，落实"三全育人"工作。

（二）抓住机遇，主动作为，深化改革，提高能力

积极响应学校深化综合改革的号召，主动作为，强化责任担当，从中心管理体制创新入手，梳理职责定位，明晰规划、建设、运行、维护职能"一条龙"，形成"运行团队搞建设"的工作模式，提高了工作效能。加强自有职工的培养与提升，做好对外协队伍的监督、指导与管理工作。以职工队伍人事制度改革为契机，科学规划人员规模和任职条件，完善岗位说明书，定岗定编，严格控制队伍规模，积极提升队伍质量。通过几年的主动作为和提升，使命驱动型的干部职工队伍更加专业化，进一步增强为学校"当家"的意识和能力。

（三）以人为本，和谐发展，聚焦专业，提升队伍

在人事处和后勤党委领导下，积极稳妥推进职工队伍人事制度改革，完成《后勤服务机构职工队伍人事制度改革规划方案（修缮中心）》和《后勤服务机构职工队伍人事制度改革设岗方案（修缮中心）》，优化岗位体系，健全评价体系，改革激励体系，完善发展体系，初步建成新型人力资源管理体系。初步改善队伍结构，平稳实现骨干队伍新老交替，提高团队战斗力和工作绩效。

（四）加强标准化体系建设，提升专业化规范化水平

对标对表行业准则，积极开展标准化建设，大力提升专业化水平。按照"人文、绿色、开放、智慧"的理念，编制完成学校第一个校园景观专项规划，引领国内校园景观规划工作。制订实施《清华大学园林绿化养护等级标准及技术措施要求》，全面提升校园绿化养护管理质量，达到北方高校领先水平。制定《清华大学十千伏配电室运行规范》，推进工作精准化、精细化实施。建设《建设项目管理信息系统》和《物资管理信息系统》，规范工作流程，提升内部管理信息化水平。建设供热节能运行平台，实现燃气锅炉房和4个换热站的实时监测和热力平衡调节，降低单位面积供暖能耗，助力智慧校园建设。

四、问题和不足

（一）队伍建设存在短板，尤其是骨干后备力量的储备不足

在职工队伍新老交替的关键阶段，队伍建设需要进一步加强。未来几年，中心科级干部将面临较大调整，需要加速储备骨干后备力量。加大引进力度，稳定骨干队伍，逐步改善队伍结构，加强教育培训，利用校内外优质资源平台，进一步提升队伍专业化和职业化水平。保证自有职工队伍的战斗力，在"以我为主、社会化为辅"的运行服务保障模式下，加强对外协队伍的严格管理和示范带动，努力提升工作品位和服务质量，不断满足学校和师生新期待。

（二）基础设施精准保障能力和校园景观精品化仍有不足

为了进一步建设与一流大学相匹配的市政基础设施服务保障体系，还需按照标杆要求开展高质量、内涵式建设。从给排水管网运行管理和维护保养、供电系统的持续建设和维护、教工宿舍电力增容改造、供暖系统二次线和换热站持续更新改造等方面进行提升，取得标志性成果。

在景观建设方面，根据《清华大学校园景观规划》，继续推进景观项目实施，提升校园绿化养护管理水平，实现校园日常保洁精细化，促进校园垃圾分类体系建设，强化师生共建和环境育人功能，满足师生员工对美好校园生活的期待。

五、下一步前进方向

（一）按照标杆要求，推进市政基础设施和文化景观环境建设

提高站位，争创标杆，科学规划，提升专业素质，努力做到"精心规划、精准实施、精确运行、精细管理、精致服务"，为建设精品校园作出新贡献。对照行业标准，加大先进技术应用，分类研究制订运行管理标准，持续加强信息化建设，因地制宜推进节能低碳校园建设，在生态文明建设方面发挥示范作用。

（二）深化人事制度改革，提升专业化、职业化水平

将职工培养作为最重要的工作任务，加强教育培训和实践锻炼，促进职工全面成长，提高工程师、工人技师比例。继续推动职工队伍人事制度改革工作落地，构建新型的人力资源管理体系，建设政治思想好、文化水平高、管理能力强、敢于担当的干部队伍和来源广泛、结构合理、素质优良、技能过硬的职工队伍，努力成为高校同行中的标杆。

（三）持续开展师生共建，落实"三全育人"工作

在"三全育人"工作框架下细化工作方案，进一步加强和改进职工思想教育，引导干部职工牢固树立育人责任意识。明晰"三全育人"责任，将育人工作分解到科室，形成任务清单，引导干部职工在德行作风、专业素质以及工作过程中，主动落实"三全育人"工作。

牢记育人根本任务，探索校园共建共治共享新机制。继续推进校园景观环境咨询委员会工作，邀请校内外师生团队参与景观改造项目设计、方案评审等重点环节，打造劳动公益课程，开拓勤工岗位与劳动体验岗位，为学生社团组织提供技术支持与实践指导，组织师生开展调查研究，将项目实施过程打造为"三全育人"的具体实践。

清华大学接待服务中心综合改革与"十三五"事业发展总结

2015年接待中心主动对接学校综合改革思路，按照清华大学后勤综合改革与发展方案的要求，制订《接待服务中心改革实施方案》，确定建立和完善具有清华风格的新型接待服务保障体系。2016年接待中心以后勤事业发展"十三五"规划为指导，结合《接待服务中心改革实施方案》，制订了《接待服务中心事业发展"十三五"规划实施计划》。后勤2017年对改革发展任务落实情况进行中期检查，2018年进行中期评估，根据"补短板、求创新、促提升"的思路，中心对各项工作进行了自查，推动改革发展任务稳步推进。2019年中心全力推动职工队伍人事制度改革，评价体系、激励体系和发展体系逐步完善。2020年中心《职能配置与内设机构规定》获得学校常委会批准，改革发展任务全部完成，综合改革圆满收官。

通过综合改革与发展，中心职能配置更加明确清晰，内控管理更加规范，运行效率提升明显，职工队伍专业化能力得到加强，为学校"当家"的意识和能力明显增强。接待服务保障效果改进明显，校园服务保障质量和品位获得提高，师生参与途径更加丰富，中心事业发展迈上了一个新的台阶。

一、综合改革与发展的各项任务圆满完成

"十三五"时期以来，接待服务中心深入贯彻落实党的教育方针和习近平新时代中国特色社会主义思想，以后勤综合改革与发展方案为指导，加强党的建设，深入梳理职责定位和主要任务，在解决主要矛盾方面下功夫，多项措施并举，构建专业化接待服务保障体系。面向师生需求提升校园公共服务体系，改进校园公共交通、投递服务系统等公共服务项目。拓展接待服务资源，扩大服务的社会化程度，提高资源使用的效益和效率。以"一条龙"会议服务为抓

手,提升会议服务的能力。同时,围绕承担学校接待服务、公共服务的核心任务,优化内部组织架构,持续建设质量体系,开展职工队伍人事制度改革,圆满完成改革和发展的各项任务。

(一)以政治建设为统领开展党建和队伍建设

接待中心坚持以政治建设为统领,贯彻落实党的十八大、十九大精神和习近平新时代中国特色社会主义思想,围绕后勤综合改革与"十三五"规划,扎实推进各项工作。加强党总支和5个党支部的建设,积极探索党总支在重大人事任免等过程中的政治把关作用。充分依托各级会议机制,从中心到科室、部门、班组纵向辐射加强理论学习。各党支部利用"学习强国"、工作微信群等网络平台,加强线上理论学习、分享交流活动;党总支组织专题活动,开展联合活动,促进支部间的交流互动,拓展了各支部理论学习的维度和空间。在组织特色活动过程中,努力瞄准党建与业务工作深度融合的切入点,以倡导爱岗敬业为立意点,紧扣岗位职责定位,促进员工立足自身岗位,提升思想认识,强化使命担当。加强组织建设,扎实推进人事制度改革,提升队伍战斗力。

加强教职工学习型、服务型、创新型党支部建设。党总支积极组织各支部结合实际工作申报校党委和后勤党委的调研课题和特色活动。2016年至2020年共申请6个校级调研课题,11个校级特色活动,另有后勤党委立项的特色活动3个,内容涉及党的建设、支部作用、养老服务、文化建设、联系群众、学习型支部等多个方面,努力创新发展,激发基层活力,充分发挥了基层党组织推动发展、服务群众、凝聚人心、促进和谐的作用,更好地推进基层党建,丰富组织生活的形式和内容。

2019年底在后勤统一领导下完成中心职工队伍改革,面向未来发展规划和调整组织架构,设计岗位体系,全员竞聘上岗。在第一轮聘岗中,31个关键岗位中党员骨干竞聘上岗25人,占比为80.6%。坚持优化"科室有支部,班组有党员"的组织设置,中心共有4个科室、8个部门,除保障科石门山庄外,都已实现该目标。2020年抗疫工作开展以来,党员和党支部充分发挥出应有作用,中心43名在职党员中有39人在岗,其中身处关键岗的25名党员全部坚守在各自岗位上。疫情期间中心共有20余名党员群众参加了所在社区的志愿服务,主动作为、勇于担当,为打赢疫情阻击战贡献出一份力量。党员联系群众的"一对一"沟通计划在全体党员深入细致的努力下很好地发挥了作用。

党员干部的这些表现充分展现了中心党员队伍的坚强战斗力。

2016年以来，中心先后获得后勤优质项目等18个集体奖，获得校先进工作者、后勤技能、服务标兵等58个学校和后勤的个人奖励，获奖个人中87.9%是党员。创先争优极大地鼓舞了队伍的士气，展现了队伍建设的成果，激励了一批骨干的成长。现有25个关键岗位人员中10人是在2016年后提拔的，队伍发展蒸蒸日上。

（二）构建专业化接待服务保障体系

接待服务保障体系以服务队伍、软硬件条件、运行机制和组织文化为基本组成，这是接待服务的四梁八柱，是中心价值体现的载体，始终是中心建设发展的重中之重。如何构建适应学校一流大学建设需要的，国际化、专业化的接待服务保障体系是中心综改和"十三五"规划各项任务的优先项。为此，中心在后勤的统一领导下首先开展职责定位梳理，明确了以承担学校接待服务保障工作和校园交通、投递服务保障工作为中心的职责定位，规划主要任务。

在不忘初心，明确定位的基础上，研究分析内部组织架构和运行机制的不足，开展内设机构调整。一方面，聚焦接待服务和公共服务的核心业务，在充分研究的基础上提出注销汽修等非核心业务，宾馆业务"向内转"的改制方案，得到后勤和学校的支持后予以实施，并于2019年完成；另一方面，分析内部组织架构和运行机制的不足，开展了内设机构调整。综合办公室取消内部部门设置，形成一体化扁平管理，加强管理统筹。服务机构合并同类项，将接待科内设的5个部门整合划分为客务、会务、餐饮三个部门，把服务楼的业务并归客务部，客房会议室的业务纳入会务部统一管理，同时将重要活动策划的职能设置在短板资源客房所在的客务部，将服务资源的调配与主要的困难合并考虑、提前考虑。这样的调整也同时实现了精简机构提升管理效率的目的。

中心抓住学校开展职工队伍改革的机遇，重新梳理岗位体系，努力向学校未来的需求展望，优化和调整原有岗位，设置发展性岗位，明确岗位职责和任务。既尊重现有工作要求和队伍状况，又提高岗位对人的要求，对外部的优秀人员形成吸引力、吸纳力，对现有队伍产生持续提高的动力。

在队伍改革的过程中，积极探索培训体系的建设。一方面，全面梳理过去形成的培训内容，系统分类、分级、分工；另一方面，根据中心的特点组织内部骨干构建虚体培训师队伍，专人负责，依托科室部门的专业力量组织队伍，从中心层面把培训工作统筹起来。有了这支队伍和培训管理办法，培训的内容也充实和丰富起来，不仅依托内部资源的培训得到加强，请进来、送出去的各类培训也进行得有声有色。

结合 ISO 9001 质量体系的换版工作，梳理中心的制度体系，完善管理制度，细化工作流程，规范各项工作，把一些好的做法、习惯用制度的形式固化下来。

从机构调整、队伍规划与岗位设置，到培训设计、制度建设，中心在"十三五"期间通过一系列措施提升服务保障体系的专业化水准和规范化运行管理。

（三）努力推进公共服务事业发展

学校将校园公共交通服务和校园公文函件收发服务两项重要的公共服务工作交给接待服务中心，并在"十三五"期间投资源、压担子，支持中心以此为突破口拓展公共服务事业。

2016 年，学校启动绿色校园微循环电动车示范系统，17 辆纯电动校园巴士和 5 辆纯电动业务中巴投入使用，成为国内首个在大学校园内规模化实施的纯电动车交通服务应用系统。针对教职工校内办公的需求优化原有线路和站点，增设了内环线，从硬件和服务两方面提升师生的乘坐体验。同时，在学校的支持下实施校内师生免费乘坐的政策，引导师生使用校园交通车出行，为师生校内出行增加选择，减少路面的车流人流。

积极开展特色服务。配合街道提供"敬老专线"和"送医专线"服务，为住在学校社区的离退休老同志往返医院提供暖心帮助。增设"学生专线"，为受伤、生病行动不便的同学上课提供特别帮助。在保持传统，积极做好学生开学返校时从校门到宿舍的快线服务的基础上，主动联系学生组织，加强学生寒假离校的"温暖回家"服务。开展"校庆日""迎新活动"等特殊时段的专门服务。充分发挥公共服务资源的社会效益。

中心围绕校园公共交通服务开发了移动终端 App 和微信小程序，让有乘车需求的师生能够在手机上实时掌握交通车的运行状况，不断深化服务内涵和水平。

2019 年，接受校园车各种服务的师生员工已经超过 40 万人次。随着服务的提升，师生的需求不断被激发，服务的形式、内容和服务机制以及信息化服务的手段还在不断优化之中。

2016年以来，收发服务从传统的收发邮政函件、报刊为主逐步拓展到涉密函件的管理与服务、下行公文传递服务等领域，工作性质从单一服务向服务与管理兼顾的方向转变，在服务量增加的同时，工作要求大幅提高。收发室调整岗位结构，加强制度建设，选优配强干部和业务骨干，提升安全保密管理的能力。多项服务并举，质、量齐升，并积极为校园投递未来发展开展规划布局工作。

校园公共交通和公文投递公共服务是学校赋予中心的重要职责，是中心未来发展的重要方向，中心将在公共服务领域深入研究，不断丰富服务内涵，提升服务水平。

（四）持续提升环境条件和服务内容

条件和服务内容是接待服务能力建设的重要基本要素，开展环境条件建设，丰富和提升服务内容，一直是接待服务中心"十三五"期间关注和投入的重点。

2015年以来，以客人入住体验为关注点，对甲所、近春园的客房持续开展条件优化、服务升级工作，丰富客房服务内容。设置清华历史文化书架，添置客房用品，提升房间照明条件，并整体更新近春园地毯、热水管道，努力提升客房服务能力条件。

餐饮部以重要接待保障能力提升为目标，一方面持续开展菜品的研发创新；另一方面在摆台、盘式文化和服务内容、方式上下功夫，既精心呵护传统品牌特色，又不断提升品位、品质，多年来在重要接待中屡受好评。

2017年以来，先后对主楼会议室的空调系统、投影系统和卫生间等服务条件实施系列改造，服务条件明显改善。在改善服务条件的同时，会务部细化服务分类，研究服务效能，多部门协同加强重点活动保障，会议接待和重点保障能力均有提高，用户满意度持续提升。

2017年，在后勤支持下，中心获得改善办学条件专项的支持，对石门山庄整体条件进行升级改造，重建大会议室，翻修所有建筑物屋顶，整治院内路面和景观，更新客房服务设施，完成无线网络覆盖，山庄面貌焕然一新。与此相匹配，中心加强山庄重要活动协调保障机制，加强服务队伍的培训，加强日常工作的规范化建设，为重要会议和博士生论坛服务保障的能力大幅提升。

追随学校一流大学建设的步伐，针对学校发展需求，积极主动开展条件和能力建设，在环境条件、服务内容和品质、清华文化品位等方面加大建设步伐，实现内涵式发展，是接待服务的长期任务。

（五）扎实开展质量体系和食品安全体系建设

ISO 9001 质量体系和 ISO 22000 食品安全体系在中心执行多年，是中心服务工作的重要抓手，覆盖了接待服务、公共服务和内部管理的绝大多数领域。2018 年，利用 ISO 9001 质量体系换版的时机，中心重构制度体系，从质量管理的视角大幅度修改了中心的管理制度，使之从内容到形式都更加适合质量管理的做法，把许多约定俗成的行规以指导文件的形式固化下来，将风险管控的理念融入体系文件中。换版过程中共形成 271 个文件，其中手册总则 8 个，管理文件 57 个，全面覆盖中心整体工作。各科室及部门的操作性文件 206 个，细化工作流程，规范各项工作。尤其是增补了一批操作类文件，使专业的工作得到专业的制度载体支撑。后续各科室、部门通过日常培训、监督检查等方式将体系文件转化成每个个体的工作习惯。

此外，根据新版体系的要求，建立中心知识库，把学校和中心制度、行业知识、培训教材等各方面的知识素材整理纳入，开展知识管理。这项工作日常开展，将成为中心文化建设的重要内容。

体系工作本身也在与时俱进，体系换版不仅仅是形式的调整变化，更是管理理念的升级。中心抓住时机，强化风险管控意识，开展知识体系建设，围绕服务保障体系的持续提升开展工作。

（六）稳妥推进育培园转制

20 世纪 90 年代初期后勤为了满足师生需求、适应学校对外交流的需要成立了一批全民所有制企业。2003 年学校组织清理后勤所属的法人企业公司，注销了一批公司。为解决对外服务业务的发票等问题，后勤积极主动思考，成立了北京育培园商务管理中心，甲所和近春园作为分支机构在其下运行。过去十多年接待服务中心代表学校和后勤管理育培园商务管理中心的 3 个分支机构以及北京清华开拓加油站，财务由学校代管，人事、行政和业务管理都十分严格规范，没有给学校造成危害和不良影响，但是其全民所有制企业的性质给学校管理带来潜在风险。

中心针对存在的问题开展调研，寻求解决途径。经调研分析，提出了育培园从全民所有制企业转制为股份制企业和撤销全民所有制企业，将育培园转为校内招待所两条途径，并深入分析了两者的利弊。学校的发展需要国际化、专业化的接待服务，需要一支能够充分保障重要活动的核心骨干队伍。在现有的社会化服务环境下，采取自有资源和队伍与社会力量相结合的方式，重点保障靠自己的队伍和资源，常规服务靠社会力量，部分活动内外结合，这应该是比较可行也可靠的做法。考虑上述因素，中心提出向内转的倾向性建议，得到了后勤和学校的支持并予以实施。

目前，甲所和近春园作为校内招待所运行，分支机构已注销。转制工作一方面解决了中心事企不分的问题，消除了全民所有制企业给学校带来的长期潜在风险；另一方面更加明确了中心的接待服务工作重点持续向保障性服务方向发展的改革思路。中心结合人事制度改革从内部组织体制和管理机制上进一步强化了中心统筹服务资源保障学校接待服务、公共服务的能力，促进了服务保障体系的建设。

二、综合改革与发展取得成效

接待服务中心在综合改革和发展的探索历程中，坚持以学校为主体，推进内涵式发展，后勤综合改革和"十三五"规划设定的 4 项重点任务以及中心内部设定的一系列改革任务均已基本完成，在多方面工作中已取得可喜成效。

（一）接待服务保障体系基本建立

中心依靠学校学科优势、主动拓展国际视野，关注社会行业的发展趋势，通过内设机构改革、队伍改革、培训体系建设、制度建设等一系列改革创新工作有力推进了专业化服务保障体系建设。与学生工作部门、学生会、研究生会等建立通畅的沟通渠道，广泛收集师生的意见建议，促进接待服务工作的共商、共建、共享，更好地满足学校发展和师生员工对接待服务日益增长的需求。正确把握高校后勤与社会行业的共性和特性，引入优质社会服务资源，优化服务结构，提升接待服务保障的效率、质量和品位。

（二）接待服务保障能力显著提升

会议服务质与量齐升，重要活动保障的内容、服务品质、安全管理等等多个方面有了较大的进步。过去 5 年，接待服务和公共服务的规模持续提升，受益面不断增大，重要活动服务保障的规模从 2015 年的 257 次增长到 2019 年的

669次，其中接待国家元首、政要的规模也增长两倍，从9次增加到27次。

客房服务紧跟学校发展，持续秉承会议优先原则，提升会议住宿占比，会议接待人次占比从2015年的52%提升至2019年的83%，完成了多次学校重要活动和大型学术会议的用房保障工作；学校的国际化发展带来外宾接待规模的不断攀升，外宾接待人次占比接近翻番，从2015年的不到10%提升至2019年的19%。中心有针对性地开展英语培训等工作，持续提升国际化服务水平；不断提升客房文化特色，在客房内增设校园文化书架，提升整体文化氛围；引进各项自助服务，不断提升在住师生整体感受；提升信息化服务水平，借助后勤综合服务平台和清华后勤公众号，完善并推广网上身份验证功能，为校内师生提供更便捷的服务。

餐饮服务内、外齐修，引进食品安全管理体系更进一步规范管理，保障校内各单位用餐安全。宴会接待水平逐步提升，各餐厅承办校内高规格餐叙任务，菜品不断创新，根据宴会主题展示清华风格，注重餐台设计，让嘉宾用餐过程中满足视觉享受，受到师生和客人的好评。主动拓展校内外服务业务，把高品质的茶休服务延伸到各院系的学术活动，从2015年的65次增长到2019年的108次。发展变化突飞猛进，服务保障能力有了长足的进步，师生整体好评率超过98%。

通过条件建设、能力建设不断挖掘现有资源潜力，完成了石门山庄条件改造、主楼空调系统、影像系统条件改造等工程，提升了服务能力和服务效果；引入社会力量拓展服务资源，39个岗位引入社会专业资源，取得比较好的效果，为持续拓展社会化提供了积极的参考；积极主动探索转型与淘汰非核心业务，内化拓展服务资源，多个方面取得实质性进展。撤销汽修厂，加强车队建设。抓住时机清退外租房，投入学校教学科研。

持续开展校园交通车服务条件和能力建设，校园交通车升级为电动车，实现校园公共交通的绿色出行。增加校园公交线路，增加专项服务内容，提高服务频次，受益面大幅提升。公文投递、机要投递服务双提升，增强了保密管理和下行公文投递职责。两方面工作的开展拓展了公共服务的能力。

2018年结合质量体系换版升级工作强化了风险控制管理，与学校加强内控的思路耦合。2020年启动了ISO 22000食品安全体系的换版升级工作，将实现与质量体系的融合，两个体系一体化运行。体系建设持续提升中心的制度建设、质量管理和安全管理，对队伍建设持续保持压力，引导队伍培训和业务素质的提高。

此外，通过下属企业的注销和业务内转，以及内设机构的调整，一方面解决了中心事企不分，两块牌子一支队伍的问题，消除了全民所有制企业给学校带来的长期的潜在风险；另一方面也从内部组织体制和管理机制上进一步强化了中心统筹服务资源保障学校接待服务、公共服务的能力。

三、接待服务中心改革与发展的经验和思考

深化综合改革是一项涉及长远的重大任务，具有复杂性、系统性、艰巨性、长期性，必须加强领导、科学统筹、抓好落实、持续推进。

（一）加强党的建设是事业发展的保障

党是先进文化、先进生产力的代表。加强党的建设表现在队伍上，就是中心的管理和业务的核心骨干，也就是关键岗位的上岗人员大多是党员，他们是中心最具创造力、影响力、战斗力，最能影响中心状况的群体。加强党的建设就是聚集和提升这个群体，带动整个队伍向前走，促进中心事业的发展。表现在工作中，就是要站在学校发展的高度从政治上分析问题和矛盾，在解决问题化解矛盾的过程中保持正确的政治方向，采取恰当的方式方法。表现在思想上，就是要把党对各项工作的全面领导落实在工作的理念中，体现核心作用和政治把关作用。把先进分子聚集在党内，用先进的思想不断淬炼这支队伍，这是中心事业发展的保障。

（二）站在学校的高度谋划接待服务事业

接待服务作为支撑保障性工作业务性很强，工作价值体现在一件件具体的服务工作中，工作的开展很容易陷入事务中，眼睛盯着具体的事，眼前的利，忘了自己就是在这个领域替学校当家的。要在做事的过程中不忘站在学校的高度看待接待服务，谋划事业发展。要做到这点，一是要不忘初心，经常从学校的发展角度思考学校对接待服务的需求，有大局观，有自我要求。二是要保持职业敏感度，能够从服务数据的变化中敏感地捕捉到需求变化的信息，紧跟学校发展的步伐不掉队。三是要有克服惯性的勇气。事业发展有其内在规律需要尊重，也有很多惯性因素，许多业务年复一年重复运转，过去的内容，老的做

法，加上一支稳定的队伍，会形成强大的惯性。要有勇气去克服，敢于跳出舒服的状态。四是要有开阔的视野，看到社会同行业的发展，了解高校同行的进步，视野不够开阔，开拓进取的能力就不足。

（三）队伍建设要面向未来

谋划事业离不开当下，但不能局限于当下，我们的事业必然走向未来。因此，建设一支能够走向未来的队伍至关重要。清华正在走向全球化，我们的校园环境必然高度智慧化，这些都是已经可以预知的未来，当然还会有一些是在发展中逐步酝酿产生的，需要在发展过程中细心感知。因此，要建设技术服务型的专门技术队伍，也要不时眺望远方，建设能够在未来世界继续推动中心发展的、具有宽厚科技文化功底的职业化队伍，还要充分借助高度专业化的社会优质资源的支持。眼光始终要往时间轴的远端看，手中拥有多种类型的人才，几方面的力量共同加持，队伍不断充实提升，接待服务的未来就能够追随学校发展的步伐。

回顾接待服务中心综合改革与"十三五"事业发展，取得了可喜成绩，具有清华风格的新型接待服务保障体系基本建立，为学校改革发展提供了有力保障。但是对照学校发展要求和师生期望，我们要清醒地认识到我们离有专业化、国际化的接待服务保障体系还有相当大的差距，体系和能力建设依然任重道远。

接待服务中心将以保障学校的接待服务、公共服务为使命，聚焦师生需求不断推进服务内容的创新、服务品质的提升以及运营管理机制的优化，工作重点持续向保障性服务方向发展，成为学校重要活动和重要学术会议值得信赖的保障支撑力量。接待服务中心将以保障学校的接待服务、公共服务为使命，聚焦师生需求不断推进服务内容的创新、服务品质的提升以及运营管理机制的优化，工作重点持续向保障性服务方向发展，成为学校重要活动和重要学术会议值得信赖的保障支撑力量。

在学校智慧校园建设中紧紧跟随清华师生的信息化步伐，持续拓展信息技术应用，提升信息服务的能力，方便师生的工作学习和生活。在全球战略的环境中研究建立清华接待服务的国际化标准，满足学校国际交往中的接待需求。在服务环境建设、服务项目研发、服务内容呈现等多个方面，加大力度推动建设和创新，拓展社会资源，并深入发掘清华文化元素，在服务中展现清华风采。还要充分发挥接待服务、公共服务岗位的服务特点，设计有吸引力的工作内容，吸引学生上岗接受服务技能培训、开展服务工作，以劳动育人为主要方式积极主动开展三全育人工作，拓展接待服务的功能。

展望未来，接待服务中心的发展面临新的机遇与挑战。接待服务中心要牢记初心使命，坚持党的全面领导，认真总结经验，全面贯彻落实新发展理念，统领中心各项事业发展，努力以职业化队伍和专业化、国际化的接待服务标准，实现"师生满意、学校满意、员工满意"的三满意目标。

清华大学学生社区中心综合改革与"十三五"事业发展总结

一、改革背景

（一）发展基础

学生社区中心在学校和后勤的领导下，"十二五"期间紧密围绕学校培养人的根本任务，坚持民主集中制，实行一级管理、多级监督的运行模式；持续改善学生生活住宿条件和公共教室环境，实施改造工程，历史性地实现了我校全部学生公寓可以在楼内洗浴和安装空调、教学楼全部安装空调；学校成立了清华大学教室管理委员会，五栋教学楼顺利通过教室标准化验收；加强学生社区安全和秩序管理，改进学生区快递服务秩序，与保卫处配合实行学生区机动车限行管理、电动车管理；抓住百年校庆的历史机遇，深入宣传贯彻中心组织文化理念，使组织文化深入人心；大力加强队伍建设，干部骨干队伍日益稳定，队伍的凝聚力和归属感逐步增强。

（二）面临形势与挑战

面对国家全面深化改革的新形势，面对学校深化综合改革的新任务和师生员工的新要求，学生社区中心的工作标准在国际视野和专业化水平方面需要进一步提高，管理机制和运行机制有待进一步创新，育人工作需要进一步深入，服务和管理需要更好地吸收同学参与。面对这样的新形势和新挑战，需要进一步明晰工作定位，总结和坚持优良传统，发扬勇于创新、锐意进取的精神，提升工作标准和品位，不断提升管理服务能力，为建设满足世界一流大学建设需要的后勤保障体系贡献力量。

二、主要举措

综合改革和"十三五"期间，学生社区中心坚持从实际出发，围绕世界一流大学总体目标，主动适应学校发展要求，努力满足师生员工需求，以谋划升级年、质量内控年、项目管理年、制度提升年、社区育人提升年为各年工作主题，顺利完成"十三五"规划及后勤综合改革各项目标任务。国际化的"生活学习型、共建共享型、绿色智慧型"学生成长社区初步成形，整体服务与管理水平保持高校同行业前列，学生社区德育助理为代表的专职队伍发挥育人作用，社区安全、运行保障等方面达到高校同行业引领水平，师生综合满意度保持较高水平，努力成为社区安全的守护者、学习生活的大管家、学生成长的好伙伴。主要举措如下。

（一）从严从实抓党建，强本固基促提升

1. 以学为先，学用结合，坚定行动指南

贯彻落实全面从严治党要求，严格按计划开展党支部主题党日，落实"三会一课"制度；探索与兄弟单位建立联学共事对口支部。中心党总支制订《学生社区中心"不忘初心、牢记使命"主题教育工作方案》，突出抓好中心班子和党员干部主题教育；多种形式全面开展理论学习全覆盖，把学习贯彻习近平新时代中国特色社会主义思想作为党员群众教育培训的首要任务；加强组织建设，各科室建立"党建工作小组"，统筹党建工作和业务工作，推进党支部建设。党支部做好换届工作，将支部书记支委配齐配强，加强支部委员会建设。

2. 党建引领，全面领导，筑牢战斗堡垒

中心主任同时任党总支书记，指导各科室成立党建工作小组，党支部书记任党建工作小组组长，推动在科室层面落实党的全面领导。已实现"科室有支部、班组有党员"的组织建设目标，由科级岗位人员担任党支部书记。以学生公寓区事务科党支部的"标兵党支部"创建工作为引领，带动各党支部对标争先，齐头并进，发挥战斗堡垒作用。

3. 勇于担当，主动作为，坚持知行合一

开展"基础在学、关键在做"七一主题党日暨党员义务工作日活动；落实执行总支委员联系党支部、支部联系党员、党员联系群众的联系制度，开展中心班子成员和党支部书记讲党课。针对职工以及师生关心的问题，各党支部积

极响应并多方沟通、推动落实，累计立行立改事项 21 项。

4. 守正创新，激发活力，弘扬红色文化

在办公 OA 平台设立党务工作信息化平台，共享学习资料，分享学习体会。设立"讲故事"机制，传承光荣传统，传播先进事迹。作为校党委组织部首批资助建设"党员之家"的单位之一，精心建设"党员之家、职工之家、青年之家"。

5. 标本兼治，预防为主，重拳正风肃纪

加强党组织的思想建设、组织建设、作风建设、反腐倡廉建设和制度建设，通报典型违纪案例，加强警示教育；建立党员联系群众制度、党员先锋岗制度。继续设立"党员红色标识牌"，开展"党员先锋岗"党员亮身份活动，号召所有党员佩戴党徽上岗，党员签署"党员承诺书"后可申请挂牌，每年七一前夕对"党员先锋岗"组织审批和考核，严格"不合格退出"机制。

（二）多措并举促育人，共建共享新社区

1. 开启育人体系 V2.0 探索，实现社区育人全覆盖

不断探索学生社区育人新模式，以公寓辅导员队伍为牵引，将育人的"毛细血管"作用从本科生延伸到研究生、国际学生。继续深化本科生住宿教育，试点建立国际学生公寓楼层长队伍，逐步推动建立学生社区积分体系。在学生公寓 6 号楼试点中外混住，每年近 100 名国际学生入住国内学生公寓的基础上，继续探索双清公寓中外混住新模式，研究制订本科生按年级住宿调整方案。

2. 学习借鉴先进管理理念，积极参与行业标准制定

圆满完成学生社区建设 15 年总结工作、学生公寓辅导员工作十年总结，并在全国寓专会上分享交流，举办"清华大学学生社区发展历程展——致敬改革开放 40 年"展览活动。紫荆 1～13 号楼已通过《北京高校标准化学生公寓标准》验收。积极参与高校学生公寓生活素质教育标准的制定工作，不断加强课题研究和理论指导，深入分析研究我国高校学生公寓管理与服务的特点，探索新型学生住宿管理模式。2017 年探索制订社区积分体系方案，2018 年与学生系统沟通推进第二成绩单，2019 年新型学生住宿管理模式初步成型，2020 年进行运行总结。

3. 丰富社区文化活动形式，拓展生活素质教育内容

引进优质资源，拓展社区课堂的内容和形式。与清华大学艺术博物馆合作美育进社区，开展泥塑、版画、铜镜等文化精品课程，与全球胜任力中心合作

的跨文化电影赏析、绿植 DIY 等系列课程，开展健康教育课程、"清华缘"联谊活动，广受同学欢迎。国际学生公寓开展"一起过端午""金秋佳节话中秋"、厨艺学习社区课堂等系列活动，引导国际学生"知华、友华、爱华"。与学工部门联合开展文明离校、优秀宿舍评比、集中住宿等工作，组建学生公寓志愿者队伍。加强教学楼文化氛围建设，与各院系、学生会联合举办作品展，先后收集展示建筑模型及摄影作品累计 500 余幅。

4. 健全"安全教育"培训体系，创新安全教育形式内容

形成理论与实践相结合，知识传授与能力训练相促进的社区安全教育模式。创新安全教育形式内容，迎新安全广播采用双语形式，以安全月活动、大一新生安全教育、119 宣传周为载体，使用中英文进行讲解，吸收更多的学生参与消防演练。2018 年试点推行国际住宿学生安全教育，通过英文版住宿安全知识视频、双语宣传手册、学生骨干参与讲解、一对一实操等方式，提升安全知晓率。与学生签订住宿协议，修订学生住宿管理制度，强化学生行为引导，违纪学生经过管理制度、安全知识考试合格方可进行消过程序。

5. 畅通沟通渠道，建立与学生共建的长效机制

中心牵头制定《清华大学学生社区沟通共建实施办法》，明确涉及学生利益事项的沟通内容、渠道和时限。开展开放时间交流及每学期两次的"下午茶"活动，充分依托学生会、研究生会搭建与学生的沟通平台，通报中心施工改造、学生社区便民服务升级规划等近期工作，保障学生的知情权、参与权、监督权。与学工系统配合，丰富完善"学生社区实践"项目。2020 年试点国际研究生参与志愿服务，鼓励学生积极参与社区管理与服务。积极推进违纪国际学生参与社区服务消过，通过参与社区劳动，感受校园共治点滴。

（三）优化居学一体化环境，打造绿色智慧型社区

1. 建立设备监控中心，推进全生命周期管理

以"互联网＋设备"为思路，分期建设设备监控中心，经过 Ⅰ、Ⅱ、Ⅲ 期建设，将二次供水、配电、中央空调、电梯、生活热水等设备进行联网实行分散控制、集中管理，形成综合的学生社区楼宇自控系统。系统具备实时传输运行数据、故障报警、视频显示及远程管理控制功能，5 个子系统约整合了 60 余项智能化服务管理功能，让设备设施运行更加可靠。2018 年，借助绿色大学办公室全生命周期管理平台，在辖区热水班组进行试点。目前已将紫荆区 430 余件热

水设备录入系统，并按正常养护流程进行计划编制，水泵房内各种仪器仪表设备均已张贴二维码巡视标签。

2. 打造全场景智慧教室，安装无障碍设备设施

构建全场景智慧教室，配备空气质量检测仪、新风系统，利用碎片空间设置半开放式自习区，让浓厚的学习氛围遍布教学楼的各个角落。第四、第六教学楼改造后内增设标识引导、楼梯扶手、地面铺装、无障碍坡道、无障碍卫生间、设有盲文按钮和无障碍电梯，为师生提供安全、便捷的环境。

3. 推广智慧照明及智能水、电表，完善洗浴间功能配置

对公共区域的照明进行节能管理。智能水、电表实现网络查询与充值功能，在同学使用违章电器时会进行断电处理，对学生公寓安全用电起到保障作用。响应学生需求，2017年3月起增加早上7点到9点的热水供应时段，同时通过加装恒温混水阀来改善淋浴水温不稳定的问题。在洗浴间安装置物架、挂衣钩方便使用。为保护同学隐私，2019年起逐步对楼内公共淋浴间加装隔断。

4. 加强工程管理，提升项目管理质量

建立以项目经理和责任工程师为主体的工程项目管理制度，编写项目管理指导书，明确施工准备到竣工验收的工作要求，对施工企业、监理企业、项目负责人进行考核、评估，探索建立长效机制，全面提升项目管理质量。

5. 持续推进信息化建设，开展学生生活大数据分析

推进家园平台、办公系统、质量系统三大信息平台建设，升级学生公寓管理系统，推动中外学生信息服务趋同管理。完善学生社区生活服务平台双语化、信息化，搭建公共空间预约平台，同学们可以通过微信、手机App等形式一键预约。在迎新期间，引入新生报到人脸识别系统、智能问答机器人和一卡通自助退费系统，实现环境升级、功能升级，为学生提供更好的一站式服务。

（四）统筹区域综合管理，维护社区和谐稳定

1. 实施施工项目报备制度，加强学生区施工监管

针对学生反映强烈的施工噪音、卫生和安全问题，2018年学生区施工项目报备管理规定实施，学生区"施工项目报备网上申请"系统正式启用，《清华大学学生区施工保证金管理办法》《清华大学学生区施工管理责任书》全面推行。24小时实时协调、主动作为，各岗亭联动，全程指挥，车辆需要提前报备，采取路线指挥、卸料监督、噪声管理等措施。

2. 科学监测精准施控，加强电动车治理

学生区电动车保有量从 2011 年的 700 多辆增加到 2017 年 2 月的 5000 余辆。学校先后出台了电动车噪声、限速、禁充电等管理办法，基于充分的统计数据，中心发布"学生区电动车数量过多、增速较快，是交通安全、消防安全、财产安全的重要隐患，应加强治理"预警。通过检查宿舍违章电器、倡导同学骑自行车、给在校生电动车安装电子标签等办法加强电动车治理。

3. 建设以"三级服务体系"为主体的便民服务体系

充分调研、聘请专业团队，征求校园景观规划委员会、校学生会、研究生会等各方意见，形成了以"三级服务体系"为主体的《学生区便民服务升级规划》。提升商业服务质量，对学生区所有商户人员身份信息登记造册，进行安全要求、服务规范培训。学习先进管理理念，推动学生区快递点服务升级。结合学生区实际情况，制定校园快递服务管理新方案将于 2020 年建成、启用，学生区进入"快递服务 3.0 时代"。

4. 建设"安消一体化"综合管理平台高效处理消防安全事件

2016 年以来，持续建设"学生区安消一体化"综合管理平台。根据公安消防部门、保卫处要求，开展各类消防安全检查，发现消防安全均能马上整改或明确整改计划。组建学生区微型消防站，制订完善救援方案，定期开展灭火救援演练。

（五）完善内部管理体系建设，提升治理能力和水平

1. 升级中心质量内控体系，加强合同管理体系建设

2017 年引进质量咨询公司，升级质量内控体系，组建近 50 人的内审员队伍，与咨询专家共同开展调研、修撰体系文件，进行内控风险评估，细化文件与记录管理。2019 年年底，中心通过 ISO 9001：2015 质量管理体系认证，进一步加强质量管理体系建设。不断完善招标采购立项流程，规定中心 5 万元以上采购项目公开报名、公开信息，改进 OA 采购系统，推进企业评估制度，规范采购行为。

2. 建设专家咨询团队，完善项目管理工作机制

梳理内外部专家名单，提高决策的科学化、专业化水平。加强立项分析、做好项目储备，按照学校统一部署及时组织申报项目。立项进行可行性分析，坚持完善工程流程控制和信息公开制度，严格控制工程质量、成本和进度。

3. 梳理中心服务保障项目，逐步合并同类业务

实现辖区内的小维修一体化。继续推动社会化工作，国内学生公寓的公共洗衣、自动售货机、部分公寓楼的公共饮水机已由社会企业提供服务。2019年，国际学生公寓客房服务工作外包，逐步转由社会资源代替。根据学校安排，将电信业务划归信息化技术中心负责。进一步整合教室基础运行保障服务，将信息化技术中心教室电教设备的前端响应和服务整合并入学生社区中心。

三、工作成效

（一）党的领导全面加强，内部管理科学规范

坚持党管改革发展，党建与业务工作深度融合。学生公寓区事务科党支部开展"标兵党支部"创建工作，建立22个"学习促进小组"，开展"五个一行动"，带动各党支部对标争先，发挥战斗堡垒作用。基层党建工作全面、扎实推进，从严治党深入推进，思想政治建设进一步加强，党员先锋模范作用有效发挥。制度建设持续深化，共完成470余项制度流程修订，制度执行力不断提高，管理更加科学规范。社区文化建设深入推进，后勤优良精神和文化传统得到进一步弘扬，社区文化影响力、辐射力持续提升。持续开展工作论文、创新成果评选、"我爱我家"评选活动，激发干部职工主人翁意识。

（二）改革改制不断深化，职能配置更加清晰

2019年5月，"物业管理中心"正式更名为"学生社区中心"后职能定位更加明确，育人目标愈发凸显。以完善"三定方案"为抓手，规范和完善部门职能体系。依托学校教室管理委员会、学生公寓管理委员会，加强顶层设计，决策科学化、民主化程度不断增加，工作协调机制不断完善。

（三）环境设施改造升级，服务质量明显提升

持续推进公共教室、学生公寓标准化建设，环境设施接续改造更新，学习生活资源不断丰富，服务保障质量明显提升。"十三五"期间，共接收公共教室2处，改造7处，改造座位总数6879个，占教室总座位数比例为32.6%。学生公寓楼接收13栋，新增床位5430个，总床位35688个，新增床位占总床

位比例为 15.2%。智慧社区建设大力推进，管理服务保障智慧化水平持续提高，师生工作学习生活便捷化程度不断提升。截至 2020 年共建成公共空间 258 处，每年累计访问量 20 余万人次，师生满意度逐年上升，2016—2020 年满意度由 92.7 提高至 98.91，上涨 6.21。

（四）育人体系不断健全，社区育人成果丰硕

社区育人理念深入人心，工作体系不断健全，育人资源深入拓展，多方协同育人机制不断健全，社区育人成效显著。联合学生部、研工部发布《关于加强学生社区德育助理队伍建设的若干意见》，将原"公寓辅导员"更名为"学生社区德育助理"，成立学生社区德育助理工作室，试点建立国际学生公寓育人队伍。2019 年 12 月制定《学生社区沟通共建实施办法》。社区课堂、文化节等活动内容、形式不断丰富、优化，2016—2020 年，共举办社区课堂 121 讲，约 2200 名学生参加。宿舍个人卫生平均成绩从 2015 年的 91 分提高到 2020 年的 95.2 分。2016 年至今，在全体新生和高年级学生中开展安全教育，做到国内学生安全教育覆盖率 100%。2018 起，两年共培训国际新生 2112 人，其中 2019 年安全培训率达 100%，知晓率 93.68%。教学楼举办文化作品展，联合建筑学院学生会、对外汉语文化教学中心、校艺术团摄影队等单位，举办各种形式的文化活动。

（五）协同管理更加有效，区域化治理取得新进展

技防设施更加先进，社区消防、交通、治安管理不断优化，社区安全持续向好，平安社区建设取得实效。快递服务优化升级，因快递量持续增长，从 2013 年 30 万件到 2020 年 180 万件，新增 2 处快递自提柜，师生生活服务更加优质便捷。电动车治理成效显著，学生区电动车保有量从 2017 年的 5114 辆降到 2020 年的 2770 辆，降幅 48%。建设"学生区安消一体化"综合管理平台，把握契机积极联合政府有关部门拆除违建摊位，学生区室外空间面貌明显提升。加强施工报备管理，2018—2020 年，登记施工报备申请 70 个，共备案各类施工车辆 5138 辆（次）。

（六）信息化建设持续推进，智慧社区建设取得新成效

积极推进智慧校园建设，强化信息技术与管理服务深度融合。"清华家园网"微信平台"新生通道"实现本科生、研究生安全测评全覆盖，推出公寓全

景 VR 功能，方便新生入校前熟悉社区生活环境。"十三五"期间，家园网关注人数从 11454 人增长至 40943 人，推送文章共 268 篇，成为后勤部门与学生交流最有影响力的渠道之一。推行手机版办公系统，提升中心办公自动化水平。推进学生区 5G 试点部署，建立安全消防专用网络，推进学生公寓总服务台自助设备部署。

四、经验和启示

（一）以上级精神为指引，把方向、抓大事、谋全局

以习近平新时代中国特色社会主义思想为指引，深入贯彻落实党的十九届历次全会精神、十九大、全国教育大会、全国高校思想政治工作会议等精神，围绕学校"十三五"规划和综合改革与事业发展要求，认真贯彻主题教育总要求，做到立德树人守初心、爱国奉献担使命、对照标杆找差距、行胜于言抓落实。提高工作站位和前瞻性，结合中心职能定位，坚持价值导向和问题导向相结合，聚焦改革发展中的突出问题和困难，迎难而上。

（二）以党建为统领抓队伍建设，凝聚合力推动各项工作

紧抓学习型、服务型、创新型基层党组织建设，各科室设立"党建工作小组"或"党政联席会"形成决策机构，由党员科长主持，科长、支委党政配合，围绕中心、服务大局，齐心协力推动工作。各支部每年申报特色活动和调研课题。建设党员之家、职工之家和青年之家，开展"老物件展览"、职工素质提升等活动。离退休工作小组按照退休职工居住地域划分为 20 个小组，通过划片区、设立片区组长联系制度，确保做好退休同志的联系工作。中心团总支协助开展老故事宣讲志愿服务工作，与离退休党支部老少共建，激发青年职工的奉献热情。从《清华物业》报纸媒到"THU 学生社区中心党总支"微信公众号，定期推送中心重点工作、党团工会离退休工作，凝聚力量和共识。完善培训体系，建立分层次、全方位的职工培训体系，提升职工职业化、专业化水平。

（三）以文化建设推动育人落地，协同构建育人新体系

健全多方协同育人机制，不断深化社区课堂，探索开展健康教育课堂，完善社区积分体系，让学生通过"学生社区成绩单"记录自身成长。组建研究生

公寓楼委会，设立学生楼层长、文明宣导队伍等勤工助学队伍，组织学生志愿者参与社区管理服务，促进学生自我管理、自我服务和自我教育。加强师生共建，持续推进教学楼文化建设，提升教学楼艺术品位。

（四）以主动作为促进环境提升，助力居学一体化环境建设

坚持稳中求进，主动改善学习生活环境，满足学生多样化生活需求，为社区学生提供更好的一站式服务。面向学生建立家园网学生"意见反馈"板块，重点围绕工作中的安全、卫生、服务、管理、设施等方面收集学生意见。结合学生意见深入分析，及时查找问题，分析规律，从而有针对性地改进服务质量。

（五）以查促改加强内部体系管理，健全工作体制机制

加强常态化监管，引进质量咨询公司升级质量内控体系，组建内审员队伍，以查促改、以改促进，形成长效机制。建立以项目经理和责任工程师为主体的工程项目管理制度，编写项目管理指导书，明确施工要求，实行考核评估机制，全面提升项目管理质量。聘请法律顾问，根据中心业务范围，形成分类合同模板，有效防控法律风险，并按照学校合同管理规定，完成合同归口部门审核和线上审批。

（六）以区域综合治理为抓手，大力加强平安校园建设

探索"大物业"区域综合管理模式，统筹学生社区环境卫生、园林绿化、交通治安、设备设施、生活服务等项目，加强联合执法。建设学生区"安消一体化"智能综合指挥平台，实现资源优化、实时控制、行为分析、精准管理目标。形成以"三级服务体系"为主体的《学生区便民服务升级规划》，加强对学生区商户的规范化管理。建设区域项目施工报备机制，加强施工监管。加强电动车治理，做好宣传教育及废旧电动车回收，设立临时充电设施为使用电动轮椅的同学提供充电服务。

五、问题和不足

（一）党的"五大建设"有待进一步加强

政治建设方面，理论学习全覆盖工作需要继续加强、做实做细。组织建设方面，部分党支部委员的业务能力还有待提升，需进一步加强培训。支部组织

生活中党员主体性意识不够强，组织生活质量还有提升的空间。作风建设方面，党员密切联系群众的意识还不够强。全面从严治党、党的纪律建设和党风廉政建设及廉政文化建设方面都有待进一步加强。

（二）共建共享的社区育人格局有待进一步完善

本、研学生全覆盖的育人新工作模式仍需不断探索，不同文化背景跨文化沟通交流有待加强。与学生部门、教育教学部门等的合作仍有进一步深化，中外混住试点工作效果尚不明显。楼内文化建设体系有待进行顶层设计，家园意见回复建立反馈平台仍需不断改进。

（三）资源及服务供给能力有待进一步提升

学校发展要求与社区服务保障资源承载能力之间、服务品质提升要求与服务供给能力之间的矛盾依然显著。住宿资源紧张且条件差异显著，发展不平衡、不充分的矛盾仍然存在。学生公寓住宿条件有待进一步优化，在大类培养、中外融合的背景下，如何实现腾挪资源、保证设计效果和顺利实施，都是面临的问题。

（四）职工队伍职业化、专业化水平有待进一步提升

职工综合素质、业务能力和业务水平有待进一步提升，"三全育人"意识和能力有待进一步加强，干部职工培训体系及晋升机制有待进一步完善。

六、下一步前进方向

（一）加强党的全面建设，全面从严从实抓好问题整改

大力营造理论学习的氛围，分专题、分重点、分层次开展政治理论学习，增强学习的主动性、自觉性。坚持学习促进小组等创新做法，带领职工共同成长进步。强化服务干部职工意识，密切联系群众。强化责任担当，进一步提高理论学习和业务学习的自觉性。克服"本领恐慌"，提高政治站位、增强政治担当。继续加强内控，通过对内控风险点的整改落实，形成长效机制。

（二）系统梳理育人体系建设，谋划高水平发展

继续挖掘"三全育人"的内涵，系统梳理育人体系。丰富学生社区育人目标，优化学生社区育人工作模式，完善学生社区积分体系。与学生部门合作，拓展勤工助学队伍，持续开展联学共建。加强家园网信息反馈机制研究，提高信息数据分析及反馈的时效性。建立学生公寓违纪情况年度统计分析机制，促进管理育人。

（三）优化住宿规划，持续改善学生社区居住环境

根据学校的人才培养计划和招生规模，不断调整优化住宿规划方案，推进紫荆学生公寓全面修缮改造计划，召开学生意见沟通会，确保学生住宿规划的执行。继续打造学生公寓公共活动空间，改善院系辅导员宿舍环境，建设爱心小屋，提升伤病员房条件。进一步改善学生学习、住宿条件，回应师生对美好校园生活的期待。

（四）加强专业人才队伍建设，提升职工职业化、专业化水准

加强队伍建设，拓宽骨干人才引进渠道，提升职工队伍专业化、职业化水平。整合和丰富培训资源，建立全方位、多层次的培训体系。进一步完善中心干部职工晋升体系，做好骨干及后备队伍建设，扩展职工晋升通道。

清华大学正大商贸公司综合改革与"十三五"事业发展总结

2015年正大公司结合清华大学后勤综合改革与发展方案的要求，制订《正大公司改革实施方案》，明确从"办商贸"转向"管商贸"的总体改革方向。2016年，正大商贸公司以后勤事业发展"十三五"规划为指导，结合《正大商贸公司改革实施方案》，制订了《正大商贸公司事业发展"十三五"规划实施计划》。后勤2017年对改革发展任务落实情况进行中期检查，2018年进行中期评估，正大商贸公司对各项工作进行了自查，推动改革发展任务稳步推进。2019年正大商贸公司全面推进从"办商贸"转向"管商贸"改革攻坚，完成学生社区超市社会化改革。2020年，学校正式成立清华大学商贸与食品安全管理中心，标志着正大商贸公司改革发展任务全部完成，综合改革圆满收官。

通过综合改革与发展，正大商贸公司实现了从"办商贸"转向"管商贸"的总体目标，组织机构和人员队伍进一步缩减，商贸业务管理职能更加明晰，校园商贸服务布局规划完成阶段性任务，校园商贸服务品质进步一步提升。

一、综合改革与发展的各项任务圆满完成

（一）坚持社会化改革方向，有序退出可由社会优质资源替代的服务项目

按照后勤综合改革"坚持有所为有所不为，有序退出可由社会优质资源替代的服务项目"的要求，2015年以来，公司充分挖掘整合资源，陆续引入李先生、赛百味、菜鲜果美、天猫校园店等多家社会优质企业，补充了校园商贸服务的短板，受到师生居民的欢迎。

以学生社区超市为例，过去的学生超市是由公司下属清风湛影超市自营的，

2019年初学生社区超市实施了社会化改革，引入了天猫校园店。天猫校园店自开业以来，受到了师生的普遍认可。2019年9月5日，邱勇校长调研天猫校园店，对商贸服务社会化改革给予了充分肯定，并要求公司坚持职能转变的改革方向，加强对校园商贸的业务监管，提升校园商贸管理和服务水平。

（二）聚焦主业，合并同类业务

充分整合资源、合并同类业务是公司改革的一项重要内容。2012年，完成了购物中心二层、三层移交饮食中心的工作，缓解了家属区教职工的就餐压力。2015年4月顺利完成了服务楼整建制移交接待中心的工作，移交后的服务楼原有职工都得到了妥善安置，整体运行平稳有序。2015年以来，公司陆续将西北商业区、电厂库房、澜园机关点、胶印厂办公区移交资产处、街道办事处、修缮中心等部门，实施专业化管理和运营。

同时，按照学校房产归口管理的要求，公司配合资产处完成了房屋资源的移交，房屋出租收入纳入学校预算，进行统一核算和统一管理。

（三）转型调整，压缩下属企业规模

公司下属企业图片社、清华园胶印厂、华澜园集贸市场中心、澜园商贸中心均为集体所有制企业，是在特定历史时期形成的，于现在的发展需求不相匹配，公司按照后勤社会化改革的大方向，适时进行内部改革。2015年，公司撤销了图片社营业执照；2019年，适时引入天猫校园店，撤销了清风湛影超市营业执照；2020年初，胶印厂营业执照处于空置状态，后续择机撤销其执照；2020年底，公司继续推进了华澜园市场中心营业执照撤销工作。

（四）开展校园商贸需求调研，完成商贸服务布局规划阶段性工作

针对师生对商贸服务需求的变化，2016年公司开展了面对校内师生的商贸需求调研。调研采用问卷调研、摸底调查、用户走访、座谈会等形式，共发放问卷3573份，包括纸质问卷和电子问卷，最终采集样本占全校人数的4.87%。通过调研征集了广大师生对商贸服务的意见和建议，并形成了调研报告。

2016—2019年，在商贸需求调研的基础上，公司开始进行商贸服务布局规划建设。由于校园商贸服务布局规划决定了未来校园商贸服务的格局，为

了提高规划的时效性和专业化水平，公司特意聘请了清华大学美术学院建筑环艺研究所专家为技术指导，进一步完善了公司的商贸服务布局规划。确定了"4+1"立体服务（即4级服务体系加上物流配送），满足了各区域消费需求的总体规划方案。2019年经历了与基建规划处多次沟通，决定逐步将商贸服务规划纳入学校2021—2030年校园总体规划之中，此项工作将持续推进。

（五）商贸服务资源移交，建立多甲方管理的运行机制

根据《教育部直属高等学校国有资产管理暂行办法》《清华大学国有资产管理规定》《清华大学公有房屋出租出借管理办法》等文件精神，学校制定了新的公有房屋出租出借办事程序，公司积极配合学校进行商贸资源移交工作。具体成果如下：2015年完成服务楼房屋资源移交；2017年完成建设银行、北京银行、同仁堂等大规模项目的资源移交；2018年完成胶印厂资源移交。截至目前已完成20000平方米商贸资源移交，实现了学校房屋资源的统一管理的目标。

公司与资产处共同研究制定了商贸资源管理方案，对资源进行分类管理，明确了管理权限。同时建立了依托新项目联合招标准入办法等规范的管理方法，最终形成了以资产处代表学校作为甲方与作为乙方的商户签订资源租赁合同，租金直接交予学校财务处，之后拨付公司，公司作为丙方进行日常监管和服务的管理模式。

通过近几年的探索与规范，公司所辖商贸资源逐步形成了多甲方管理的长效运行管理机制，从专业监管角度做好服务保障工作。

（六）多措并举，化解矛盾，筑牢"防火墙"

公司由于历史原因，形成了人员身份多样、多种体制并存的局面，给我们的工作增加了难度。目前，公司还有各类编制在岗职工40人，退休职工262人。由于身份的不同，各类诉求也不尽相同，有些还涉及学校有关政策的问题。前几年还发生过多个单位的集体工到学校集体上访的情况。1999年合并接收的200多名原超市发职工，身份更为特殊，他们的诉求更是目前学校政策难以处理的问题。

为了解决好各类职工的诉求，减轻学校负担，充分利用独立法人企业的特点，通过内部政策的调整和认真细致的工作，及时阻止和化解了多次可能发生的集体上访事件，不仅为学校减轻了工作压力，而且也为上访职工们解决了他

们的诉求，形成了公司与学校间的有效"防火墙"。

二、综合改革与发展取得成效

（一）公司整体规模逐步压缩

通过不断深化改革做减法，公司规模不再臃肿，得到了"瘦身"。公司的内部组织机构从原来的 8 个减少到 4 个，下属企业数量从 6 个减少到 3 个，管理的商贸服务资源面积由 20000 平方米减少到 0，公司职工总数从 2015 年的 179 人减少到目前的 88 人。公司整体规模的压缩，为商贸管理机构的建设奠定了基础。

（二）商贸服务品质大幅提升

通过持续引入社会优质资源服务校园，校园整体商贸服务水平得到了显著提升。天猫校园店具有阿里大数据、物联网、智能技术等雄厚的资源优势和针对校园服务的专业团队，通过引入天猫校园店，使得校内商贸服务形象和服务品质得到了全面提升。再如菜鲜果美超市，其立足于教职工开展服务，开业以来，未接到过一次投诉。李先生、赛百味是全国连锁经营门店，服务品质得到师生员工的认可。

公司在华澜园市场测试完成了食品安全追溯系统，实现了消费购物有凭据，食品渠道可追溯，为加强商户管理和食品安全管理提供了依据。自食品安全追溯系统建立以来，得到了国家食药总局、市区两级商务委、食药局的积极评价，相关单位多次到市场观摩学习。

（三）实现改革目标，成立商贸与食品安全管理中心

按照一流后勤服务保障体系建设的目标要求，公司主动推进从"办商贸"转向"管商贸"的职能改革。期间公司采取了一系列措施包括：稳妥有序退出由社会优质资源替代的经营项目；合并同类业务，接待服务项目移交接待中心；商贸服务资源按步骤移交学校；加强商贸服务资源管理能力建设，建立商贸服务资源管理信息系统；多措并举，稳定各类职工队伍等。2020 年，在公司改革的基础上，学校正式成立商贸与食品安全管理中心。

三、综合改革的经验与启示

（一）牢牢把握商贸改革的初心与使命

坚持社会化改革方向，不断提升校园商贸服务质量和品位是商贸改革的初心和使命。公司在较长时期的改革调整中，不断优化整合商贸服务资源，在区域服务功能配置方面、商贸服务布局规划方面进行了相应的实践。通过需求分析，整合资源，先后引进建设银行、北京银行、同仁堂、李先生牛肉面、赛百味、菜鲜果美、天猫校园店等社会企业参与校园服务，不断丰富商贸服务功能，促进服务质量和区域环境双提升。

需要较好地把握商贸服务社会化程度和节奏。任何改革不仅要有良好的目标、方案，同时也不能脱离所处的环境、条件。例如：学生社区清风湛影超市的改革，正是在新零售推动商业零售变革的时期，社会商业对比封闭的校园经营更为成熟，公司抓住机遇、充分调研、全面策划、稳妥推进，最终实现了学生社区超市社会化改革的目标。

（二）充分调研、精心谋划是稳步推进改革的基础

正如毛主席所说的"没有调查，就没有发言权"，特别是在寻求改革和突破的过程中，必须先进行调查才能够进一步开展工作。在校园商贸布局的规划过程中，不仅仅需要专业人员的帮助，起到更大作用的是对清华师生的一系列问卷调查。不论是规划的设计阶段，还是工作的实施阶段，无一不需要大量的调研结果作为支撑，例如设计过程中需要考虑到校园特色、如何实现协调可持续发展等问题，以及规划成果如何在校园内实施，都是在对清华校园内情况的全盘把握的前提下完成的。

若没有事先充分的调查就不能发现原有商贸体系存在的问题所在，就无法找到症结，更不能设计出符合实际需求且具有高度可行性的规划方案。同样的对于其他的改革措施，也一样遵循着这一简单的道理。

（三）顺应时代的要求积极寻求转型发展之路

自正大商贸公司成立以来，便处在新时代经济发展的洪流之中，在自身历史问题的要求以及高校后勤社会化改革的双重推动下，只有不断地变革探寻适

合于自己的发展道路、准确把握历史机遇,才能在新时代的发展浪潮中求得突破、完成转型。相应地,也正是只有按照学校的规划完成转型,才能够更好地发展自身,突破瓶颈。

因此,正大商贸公司必须顺应自身转型需求和相应的规划要求,找准自身的定位,毅然地踏上了职能改革的道路,不断发现和改进自身问题,忍受种种改革阵痛、克服了重重困难后,最终取得令人瞩目的成效。

(四)践行"社会化、可持续、能驾驭"的改革宗旨

商贸服务社会化改革的优势明显,解决了公司经营管理中的很多难题,为学校减轻了负担,也提升了商贸服务的品质。但我们也清醒地看到工作上存在的难点。比如在社会化运行之后,经营企业由校内企业变为非校内单位,学校对企业的控制力明显降低;同时由于校外企业始终以营利为目的,社会企业的公益性也远远不能和学校企业相提并论;由于校外社会形势时刻在变化,相应地社会企业的管理理念、服务理念也会随之发生一定的改变,其变化的频率之高速度之快,是难以把握的,这也为监管主体提出了更高的要求。

为了更好地面对接下来的挑战,公司在如何激励社会企业的可持续发展方面作出了诸多贡献,在加强对社会企业的监督管理方面也作出了很多努力。例如:为了避免社会企业以利益最大化为目标随意提高商品价格,在招标过程中就明确了价格管理的要求:"80%的商品与周边大型超市持平,50%的商品价格不高于周边大型超市"。这项工作需要长期坚持,并结合考核评价体系制定与奖惩挂钩的制约机制。

同时对企业监督要求与市场经济自由经营权利之间的关系需要精准把控,做到二者平衡。过度干预、过度放开都会出现负面影响,这也是今后工作研究的重点。

四、工作不足与努力方向

(一)校园文化如何融入社会化服务的企业中

高校的文化氛围和工作要求与社会企业的认识存在明显差异。学校的各项管理要求应渗透到校园社会企业内部,尤其在"三全育人"的方面。在体制机

制和目标任务均存在差异的情况下，如何牵手打造出一张响亮的校园商贸服务品牌是当前和下一阶段需要探讨实践的课题。

（二）全面推进照澜院商业区改革

照澜院商业区是以澜园超市及菜市场为中心形成的家属区最大的商贸服务聚集区。按照公司的改革计划，将以社会化改革为核心，停办两大自营企业，在原菜市场位置引进综合超市；原澜园超市改为多家个性化、专业化、高品质专卖店组合的服务项目。

照澜院商业区的改革得到了学校的全力支持，通过规划审批、商户清退、执照撤销、项目招标、装修改造等一系列工作。2022年，照澜院购物中心综合超市开业，得到师生员工的普遍好评。

（三）做好职工队伍稳定工作

职工安置与队伍稳定仍将是正大坚持的工作重点，尤其是改革后形成的新体制下，公司需要调整岗位结构以适应新的管理要求，这对干部职工来说既是机遇也是挑战。

通过制定有效的激励政策、加强职工培训、引进专业人才等一系列举措，公司将能够大幅提高自身管理能力、提升工作效率，适应学校发展新要求。

清华大学保卫处综合改革与"十三五"事业发展总结

一、改革背景

（一）改革之初的社会背景

我国社会当前依然处于社会转型期，社会发展进一步呈现多元化、开放式、动态化、复杂化的特点。社会矛盾冲突多发，社会问题空前复杂，社会治理难度加大。国家进一步加强法治建设，人民群众和师生员工依法维权的意识进一步提高，但部分群体守法依规的自觉仍有不足。高校保卫组织没有足够明确的法律定位、安全保卫工作时常处于无明确上位法依据、有治安管理责任但无执法权的尴尬境况，校园及周边环境秩序治理难度较大。

（二）学校在安全保卫工作方面所面临的形势与挑战

面对学校深化综合改革的新任务和师生员工的新需求，学校安全管理体制和运行机制需要进一步创新，国际视野和工作标准需要进一步提升、治理水平和专业素养需要进一步提高。学校保卫干部队伍处于新老交替阶段，专职人员年龄偏大，学历偏低，而且有相当比例人员已经面临退休。而随着社会的发展，校园安保工作对工作人员的综合素质要求愈来愈高，吸引高素质的年轻人充实到安全保卫工作队伍中来是迫切需要，也是严峻挑战。

（三）改革目标

希望通过体制改革完善责任落实，通过机制创新激发整体活力，通过队伍建设凝聚人心力量，通过树立一流标准提高工作要求。建立和完善以一流大学建设需要为导向、以学校管理力量为主体、以社会优质资源和专业力量为依托、以政府执法力量为后盾的具有清华特色的安稳工作体系。推动形成专群集合、齐抓共管、综合治理的大安全的工作格局，全面提升校园安全管理、服务、教育水平，实现"大事不出，小事减少；管理有效，服务周到；和谐平安，秩序良好"校园管理目标。

二、主要改革举措

贯彻落实清华大学深化综合改革方案，进一步解放思想、实事求是、与时俱进，与学校办学理念相契合、与校园百年沉淀相融合、与学校育人任务相结合、与世界一流大学标准相吻合，服务学生成才成长，服务学校改革发展大局，服务首都和全国和谐稳定大局。为加快推进具有清华特色的校园安全稳定工作体系建设，保卫处紧密结合学校工作实际，制订了《保卫处综合改革实施方案》。按照学校和后勤要求，围绕后勤综合改革和"十三五"规划内容，坚持以学校为主体，走专业化发展与群防群治相结合的道路，抓好统筹，夯实基础，注重长效，逐年推进开展。及时进行改革中期评估和完成情况总结，不断完善改革内容，发展创新安保工作，提升安保工作成效和事业发展水平。

（一）安全保卫管理体制创新方面的举措

1. 构建完善学校加强稳定工作体系。配合党办组织好学校安全稳定工作领导小组定期会议、加强人民防线建设。明确各院（系）、单位建立安全稳定工作小组。按照中央要求，牢固树立总体国家安全观，结合415国家安全教育日开展重点宣传教育。加强信息调研和研判机制，及时掌握苗头信息并组织会商，研究应对方案。建立完善平战结合、注重常态的维护稳定工作机制，认真落实加强高校安全稳定工作的有关要求，确保敏感时期校园稳定。落实重大事项社会稳定风险评估机制，深入开展矛盾纠纷排查化解工作，着力从源头预防和减少矛盾纠纷，有效防止问题积累和矛盾升级。

2. 构建大安全管理格局。制定《清华大学安全管理规定》，学校党委发布《关于加强安全稳定工作的若干意见》。完善校园综合治理委员会会议制度和相关部门安全管理职责，充分发挥好校园综合治理委员会的议事决策功能，每年定期召开学校安全稳定工作会、安全工作专项会议等部署落实。修订《安全工作责任书》，深化横向到边、纵向到底的责任体系。将安全管理责任列入学校各部门的通用职责，落实"一岗双责"。建立资产处、保卫处、学生社区中心、修缮中心等部门间协同机制，推进彩钢板、地下空间等安全管理和隐患排查整治；将安全管理责任融入物业公司选聘、合同管理等具体要求中；遵循学校资源统筹管理理念，推进校园停车资源统筹。科学合理考核评估各单位的安全绩效，明确奖惩，每两年组织校园综合治理先进评选，按要求提供年度安全稳定工作负面清单。强化责任追究，根据学校安全规章制度对发生事故和问题的单位严肃追责，对安全工作不合格单位提出评估等级降档的建议或"一票否决"。

3. 修订、完善、明确保卫部（处）职责和职能定位。 2015年9月向总办提交保卫部（处）工作定位和工作职责讨论稿，经讨论后完善。2019年3月在学校机构改革中完成《清华大学党委保卫部（保卫处）职能配置和内设机构规定》。改革中，保卫部取消原有科室，有关职能成立相应办公室：成立宣传教育办；将保卫保密科更名为政保办；明确安全生产监管职责，将防火科调整为安全办；整合校园安全指挥中心并探索实体化运行机制，突出加强综合值班、安全教育、应急处突、反恐防暴、技防及信息化建设等有关方面工作。现有综合办、政保办、宣教办、安全办、交通办、集体户口办、治安办、校园安全指挥中心共8个内设部门。

4. 构建安全管理相关专业咨询体系。 与信息化技术中心、公共安全研究院等合作规划校园安全指挥中心平台系统建设；与公共安全研究院合作梳理学校预案体系，制定相关规范；与自动化系、软件学院合作开展校园智能交通管理系统和机动车管理大数据分析项目；与软件学院团队合作开发校园参观微信小程序；与美术学院团队合作设计清华保卫VI标识并广泛应用；深度参与校园规划的交通专项规划研究制订。

（二）校园安全及秩序管理改革创新举措

探索学校和政府协同治理校园秩序的新途径，建立以学校管理力量为主体，以三区统筹联动为支撑、以政府执法部门为后盾的校园安全管理模式。加强保卫部门和作为政府派出机构的清华园街道办事处的协调联动，通过街道办协调政府资源和政府执法部门，推进学校和政府协同治理校园秩序的新模式。目前建立三区联动的治安管理和微型消防站消防联动的机制，加强与校园周边治安派出所、交通大队、消防支队的沟通与联动。清华园街道办统筹协调包括综治、食药、计生、爱卫会在内的联合执法长效机制，年均开展联合执法近百次，典型工作成效包括处置违规出租、消防隐患和校内钉子户，逐步将学生区商户管理工作纳入法治轨道等。在校内设立相关警务工作站，2019年公安出入境办事大厅开始在校内面向师生办理业务，清华园派出所的设立也在筹划推动中。

完善安全责任、隐患排查、综合防控、应急处置等体系建设。进一步推进消防安全"户籍化""标准化""信息化"管理和"四个能力"建设，增强依法管理的意识，提高科学管理的能力，确保校园消防安全。坚持"四个不放过"，确保案事件处理形成闭环。坚持校园安全隐患排查整治长效机制，及时排查、及时更新台账、及时消除隐患。充分发挥校园综合防控体系作用，以三区联动为基础，完善以网格化、等级化为核心的校园综合防控模式，明确人员责任，强化网格防控能力。明确"常规""加强""超常"三个等级的划分标准与响应措施，根据不同时期校园安全稳定工作需要适时启动相应防控等级，对各种防控对象、要素实行有效管理，推进管理防控工作精细化。统筹联动政府执法力量，协同持续高压强力整治校园及周边秩序，不断净化并维护开放条件下的校园环境。预防为主，打防结合，努力减少发案数，提高破案率，确保校园安全稳定，不断提高校园安全及秩序管理水平。修订《清华大学突发事件总体应急预案》，完善清华大学预案体系，开展应急演练，进一步强化校园安全保卫24小时综合值班，不断提高处置各类应急突发事件能力。

全面提升消防、交通、治安等安全基础设施条件。学校先后投入2000多万元，用于平安校园二期、消防基础设施改造、校园交通提升双一流项目等，不断规范完善校园治安、消防、交通、安全生产、危险物品管理等基础条件设施，建立微型消防站。实验室处牵头加强了危险化学品管理。

制定反恐防暴专项工作方案，明确职责和任务要求。组成反恐防暴应急处置小组，配备必要的车辆、通信设备，各校门和关键部位均配备防护盾牌及圈叉。校门和主要路口安装可远程控制的可升降防撞路障。加强保安员反恐防暴专项能力培训，定期开展演练，不断提高反恐防暴能力。

进一步加强和完善校园参观管理。在总结历年工作经验教训以及听取广大师生员工意见的基础上，提前谋划，突出问题导向，梳理出四大类16个方面的问题，开拓创新，加强协同，采取多项创新举措，全面改进校园参观管理和服务，形成了校园预约参观和综合管控新格局。修订《清华大学校园参观管理规定》，发布《关于规范暑期校内单位组织校园参观活动的通知》。开发"参观清华"微信小程序，实现全面网上预约。三门入校，科学疏导流向，校内外秩序得到显著提升。设置专门团队引导员，开放日每天增加专职保安员180余名，提升服务。强化校门人员、车辆查验，及时劝返未预约游客和车辆，与属地政府和执法机关加强协同联动，持续打击黑导、游商的扰序行为。加强与主流媒体联动，召开新闻发布会，主动宣传报道。工作得到了社会公众、学校师生的认可，实现了保障校园安全有序、满足公众参观需求、展示清华良好形象的综合效果。

逐步实施和完善校园交通管理方案。完善自2014年12月20日启用校园机动车管理系统以来的相关措施，升级校门收费电子支付（ETC）系统。试点公共停车场资源统筹管理，进一步加强校园机动车静态停车管理。建设校内交通违规监控体系，加大机动车超速违停等违规管理力度。持续管控燃油摩托车，探索有效管控电动车的机制方法。开通东侧门，启用东北门"潮汐车道"。治理主楼广场、附小及幼儿园周边道路秩序、李文正馆北侧等重点区域交通乱点。稳妥开展新版校园车证核准换发工作。合作探索定制公交，开通假期师生送站、双清苑/学清苑教职工子女送附中附小就学、长庚医院就医等专线。升级交通护栏和隔离墩，定期清理废弃无主机动车、电动车、自行车。

加强重点部位、重点单位和重点领域安全监管，建立重点部位监控系统和重点人员数据库，清理问题严重的少数外协劳务人员。加强协调，规范活动线上审批，强化大型活动管理，确保安全。

（三）安全保卫管理创新和技术创新举措

保卫部依托公共安全研究院、北京市安监局安全生产研究院和社会专业力量，加强校园安全管理的体系和机制建设。参与教育部《高等学校消防安全管理规定》文件制定；参与学校和高校安全保卫研究会相关课题的研究；深度参与校园总体规划的交通专项规划。依靠社会专业力量，开展学校消防安全检查全覆盖。2019年起对10个试点单位和16栋文物建筑开展消防安全评估，2020年对30个单位开展消防安全评估。

持续推进科技强安工程，利用先进技术，提升校园管理信息化水平。推进校园消防基础设施改造工程建设，积极推动为部分老旧建筑加装火灾自动报警系统，实现校园火警自动报警系统联网；安装无线烟感，改造部分消防泵房，更新部分餐厅消防管道，建设消防水系统远程监控系统，加装部分宿舍防火门远程控制系统以及加装消防应急灯等，校园消防基础设施得到系统性升级改造，校园整体消防能力提高。完善校园安防系统设计改造，加快完善以公共安全指挥中心为核心的平安校园管理服务中心建设，完善集综合值班、师生求助、消防报警、视频监控、远程会议、应急指挥"六位一体"的综合管理服务平台建设。平安校园一期工程建设校内教学科研公共区域和主要操场高清摄像机500多个；二期工程增设视频监控摄像机186套、人脸识别摄像机90套，一键告警室外告警柱20套、室内告警机150套；越界告警系统音柱86套、越界报警摄像机30套。交通管理方面，校门道闸系统升级启用ETC电子支付方式，提升出校效率，建立东南门/南门、东北门/东侧门出校路况诱导系统，启用东侧门无人值守道闸系统，电动车入校管理系统，校内重点区域建设一体化自动升降路障系统，试运行校园机动车违规管理系统，建设车辆预约管理系统和公共停车场统筹管理系统，全面提升校园交通智能化管理水平。督促加强技防设施设备建设、管理、使用、运行维护和值机人员上岗培训，加大经费保障和制度措施落实力度，确保学校技防系统稳定可靠运行。

积极参与后勤"一站式服务平台"建设。制定车证办理、集体户口办理的一站式工作流程规范，安排专门人员参与平台值班咨询，不断提升一站式服务业务系统。

（四）基层党建与安全文化建设举措

保卫处高度重视基层党建工作，特别是加强政治建设，充分发挥政治引领作用和政治功能。保卫处党支部覆盖全体在职教职工，目前党员32人；保卫处离退休党支部覆盖全体离退休党员，目前离退休党员45人。

健全师生参与安全保卫工作的长效机制。与师生定期沟通机制，包括成立师生安全督导组，定期召开师生关于治安、交通及秩序管理方面的沟通交流会，注意倾听师生意见。在两学一做、"不忘初心、牢记使命"主题教育中注意收集整理师生意见，开展"进一步提升广大师生的安全感主题调研"。定期到院系开展安全工作宣讲，在加强安全宣传教育的同时，与教职工当面沟通，了解师生关于安全保卫的意见和需求。认真回复教代会提案、校领导信箱来信和后勤平台意见，做好沟通解释，并针对师生的正确意见，积极采取举措加以改进。

高度重视并不断完善安全宣传教育工作，坚持全覆盖理念，努力提高广大师生安全素质。成立宣教办，开展校园安全文化建设，组织开展安全法制宣传教育培训。进一步扩大安全教育覆盖面，通过修订新生手册中安全教育内容、新生入校前即开始学习安全微课、军训期间安全教育送课到操场、全覆盖开展新生消防演习和灭火器实操演练等措施，做到新生安全教育全覆盖。建设"平安清华"公众号，采取安全微课等互联网＋安全教育形式，拓展安全宣传教育的途径。面向师生开展出国前安全保密教育培训。开展"校园安全体验日"活动，不断丰富安全宣传教育的内容和形式，增强吸引力和有效性。

加强对学生安全队伍的指导。调整学生治安服务队的主要工作内容，加强学生在安全宣传教育方面的直接参与和带动。每年组织新生安全知识竞赛。成立学生安全文化协会，进一步拓展学生参与安全保卫的阵地。聘任学生安全形象大使，采取喜闻乐见的方式加强师生安全宣传。

（五）安全保卫工作队伍建设举措

在学校人事制度改革的环境下，加强安保队伍建设。按照专业化、职业化的标准，努力建设一支政治思想好、文化水平高、管理能力强、忠于职守、勇于担当、坚韧不拔、热诚服务的安保干部职工队伍。积极参与校机关人事制度改革，2019年完成定岗和聘任上岗。拓展安保干部和职工来源，加强专家型人才和高技能人才的培养和引进，优化队伍结构。完成聘任上岗后的薪酬结构设定及发放。

加强队伍培训。进一步健全完善干部、职工队伍教育培训体系，加强全面素质培养和专业技能提升。进一步制定完善相关政策制度，鼓励广大干部职工以及保安员立足岗位成长成才，提高整体队伍专业化、职业化水平。积极参与校园安全管理学科建设以及平安校园创建工作理论研究和实践创新探索。动员整体队伍结合工作创新实践，积极参与课题研究，通过课题研究，提高工作水平。

（六）国际化校园服务体系建设举措

参与学校国际化"2020计划"相关工作，聘请美术学院总体规划本部门的VI，加强部门形象工程（VI）和校园形象工程建设，完成校园机动车指示标识的中英文双语。有关安全教育和宣传的推送逐步实现中英双语化。保卫部为留学生和国际学者用英语宣讲安全知识；与国际处国际学生学者中心、学生社区中心联合举办国际学生安全专题交流；在安全形象大使中专门聘请国际学生参与。

对骨干人员创造机会开展国际交流。选派骨干积极参加后勤和校机关组织的国际交流考察 4 人次，加强与国际高校同行的交流学习，不断提升自身的业务能力和校园安保水平。保卫部部分骨干参加国际交流，并在国际会议报告。

三、改革成效

实施综合改革以来，随着安全责任落实和安全制度完善，安全工作措施、队伍和保障条件的逐步到位，随着全校上下单位和广大师生的安全意识不断提升，学校安全稳定工作局面不断向好。在维稳工作方面，圆满完成党的十九大、庆祝改革开放 40 周年、庆祝新中国成立 70 周年、新冠疫情防控等重大事件安全保障任务，未发生影响校园稳定的事件。在安全管理方面，校园火情及火灾事故数量自 2017 起逐年呈下降趋势，2019 年全年未发生校园责任火情；治安管理校内师生报案的破案率在 80% 以上，未发生重大刑事案件。在秩序管理方面，校园参观管理取得明显成效和良好社会效应，获得 2018 年校机关管理创新奖；对于校园治安、交通等方面的各种意见建议能够及时回复，教代会提案数量持续下降。保卫处在校机关部门年度工作评估中，连续两年名列前茅。多次在教育部和北京市教育工委组织的高校安全管理干部培训班中作经验介绍。保卫处党支部获评学校先进党支部，交通办、校园公共安全指挥中心等多个基层科室获得学校先进和后勤优质表彰。

在制度建设方面，学校制订了《清华大学安全管理规定》《清华大学突发事件应急总体预案》和预案体系，为大安全管理体制形成合力提供了制度基础。学校党委出台《加强安全稳定工作的若干意见》，从"党政同责、一岗双责"的角度对校园安全稳定工作进行了顶层系统性设计。完善校园综合治理委员会会议制度和相关部门安全管理职责，充分发挥综治委会议议事决策作用。

通过综合改革，特别是在前期工作基础上，近三年加快推进改革创新发展，维护了校园总体安全稳定，学校安全工作局面逐步向好，校园安全稳定工作基础得到了进一步提升，形成了一系列行之有效的方案和机制，做到了学校、师生和安全保卫工作人员三满意，为学校建设世界一流大学提供了坚实的保障和支撑。

四、经验和启示

（一）大安全管理格局是校园安全的重要保障和根本机制

大安全管理格局是校园安全的重要保障和根本机制。促进形成党政同责、一岗双责、横向到边、纵向到底的责任体系，推动形成学校党委统一领导、党政齐抓共管、职能部门组织协调、基层单位分工负责、师生员工共同参与的安全稳定工作格局。

落实校、系（院）两级安全责任体系。发挥好校园综合治理委员会的议事决策协调功能。坚持"三区联动"综合防控模式，完善网格化、等级化、立体化校园综合防控体系。建立以学校管理力量为主体，以三区统筹联动为支撑、以政府执法部门为后盾的校园安全管理模式。

学校大安全管理体系包括健全规章制度，落实分级责任，加强安全文化，完善应急预案，深化检查监督，落实隐患整改，提升技防物防，严格考核评价8个方面。

（二）安全意识和安全文化是学校改革发展的重要安全保障

学习贯彻习近平总书记关于总体国家安全管理和安全生产的系列重要指示精神，要"牢牢守住安全生产底线，切实维护人民群众生命财产安全"，牢牢树立"以人民为中心"的理念和安全工作的红线意识、底线思维，确保不出事、少出事。要充分认识到安全保卫工作的育人作用，既是保护师生生命财产，更培养未来建设者与接班人的安全意识和能力。

2017年9月全校安全工作会上，邱勇校长指出"没有安全保障，就没有学校的改革发展；没有安全意识和安全文化，也就没有一流大学"。2018年3月全校教职工大会上，他再次指出"安全意识也应该是大学文化的组成部分"，并把"加强师生安全意识和校园安全文化"列入学校年度工作要点。

（三）重视理念、方法和技术创新

充分利用学校学科优势，与院系合作开展专业咨询、研究和规划，提升顶层设计能力和管理水平。坚持问题导向，开拓创新，多措并举，努力解决校园安全保卫工作中的重点难点问题。

积极开展完善治理体系和提升治理能力方面的实践探索，敢于学习借鉴国内外先进管理经验，结合学校实际开展工作。加强社会协调治理，夯实网格化管理基础，管好校门—楼门—房门，管好人地事物。

借助专业评估力量，开展校园消防隐患排查整治和重点单位消防安全评估。借助信息技术的创新应用，开发建设平安校园提升工程指挥中心系统平台、校园参观小程序、疫情防控校门管理信息化手段、校园智能交通管理系统。借助各方合力，改进校园参观管理与服务。借助专业第三方力量，协助完成校园值守、停车收费等工作。

（四）加强师生沟通参与

不断拓展和完善与师生定期沟通的渠道，健全师生参与安全保卫工作的长效机制。包括承办师生提案、答复意见来访、与师生定期举办沟通交流会、成立师生安全督导组、开放"安全体验日"等，注意倾听师生意见建议。在解决师生实际困难和满足需求的提示，让师生的意见表达更加畅通，有更好的体验，最大程度地得到师生的支持和理解。

定期到院系作安全工作宣讲，开展安全宣传教育，用身边的示例警醒师生，同时也了解师生关于安全保卫的意见和需求。

对师生提出的合理诉求，要做到及时办理，及时回复，让师生感受到改进工作所带来的变化，进一步提升安全感。

保卫处承办教代会提案数量已降到较低水平，在校机关部门年度工作评估连续两年名列前茅，充分说明师生沟通渠道是非常畅通的。

（五）重视队伍建设，不断夯实工作基础，提升水平

首先是加强部门班子建设，目前保卫处班子成员精诚团结、相互协助、以上率下，带领保卫处全体职工形成积极向上、努力进取的氛围。党支部建设强化思想、振奋精神、凝聚共识，进一步传承"忠于职守、敢于担当、坚韧不拔、热情服务"的品质，充分发挥党支部战斗堡垒作用和党员先锋模范作用。

经过校机关职工队伍改革聘岗，各科室负责人都是单位骨干，具有较高的思想理论水平和优秀的业务能力，经验丰富。一批优秀人员逐步补充到工作队伍中，队伍结构逐步优化。注重外协队伍（保安员和停车管理员）建设与管理，引入竞争机制、加强教育和培训，状态积极，能够胜任学校工作要求和适应师生需求。

当前，我国正在加快建设"平安中国""安全发展示范城市"，加快推进安全管理和安全治理体系现代化和治理能力提升。学校要以中央和北京市有关精神为指导，进一步解放思想，谋划校园安全稳定方面的治理体系建设和治理能力提升，推进社会基层治理。要进一步依靠学校安全保卫主体力量，顶层设计与问题导向相结合，以"不断提升广大师生的安全感"为目标，进一步完善校园大安全工作格局，贯彻落实好《加强校园安全稳定工作的若干意见》，实施《清华大学健全校园安全行动计划》，进一步完善协同治理的校园管理模式，进一步提升应急处置和反恐防暴能力，持续改善校园秩序，打造"宁静校园"。

清华大学基建规划处综合改革与"十三五"事业发展总结

一、改革背景

在清华大学、北京大学、上海市"两校一市"综合改革的大背景下，2014年10月31日，《清华大学综合改革方案》正式获批，标志着我校综合改革工作全面启动。为了贯彻落实《清华大学综合改革方案》，加快推进具有清华特色的新型后勤服务保障体系，《清华大学后勤服务综合改革与发展方案》自2015年制订完成并逐步深化实施，该方案提出了16方面70项改革任务，其中校园基建规划方面是后勤综合改革的重要组成部分之一。

改革启动之初，我校基建工作面临着诸多困难与挑战。从外部环境来看，发布于1992年的教育部《普通高等学校建筑规划面积指标》中的多项规划指标与清华大学建设世界一流大学的目标不匹配；《北京城市总体规划（2016年—2035年）》提出严控新增建设规模，加强"三山五园"整体保护的发展要求与我校的建设需求存在矛盾，建设规模及高度严重受限。从部门现状来看，一是职工队伍能力及素质与建设世界一流大学的要求仍存在一定差距，队伍年龄、专业结构不均衡，部分关键岗位缺乏高水平专业人才，不能良好地适应新形势下复杂多变的基本建设任务需求；二是考核激励机制不完善，不利于调动职工的主动性与积极性；三是管理理念不够先进，国际视野和工作标准需要进一步提升；四是制度体系不够完善，管理体制和运行机制需要进一步创新。

按照学校综合改革总体精神，结合后勤综合改革实施方案的具体要求，我处围绕着加强党的建设、提升队伍能力、完善制度体系、引入现代管理模式、创新校园规划及建设管理体制等目标，多措并举，扎实推进各项改革任务，已取得显著成效。

二、主要改革举措

（一）深化机构改革，加强队伍建设，打造高水平专业化基本建设管理团队

近几年学校不断推进机构和人事制度改革工作。基建规划处按照学校总体工作部署，对本部门工作职责及业务流程进行了研究与梳理。通过本次机构改革，厘清了与相关职能部门的职责边界，着力解决了职责重叠、权限不清、多头管理、管理真空等问题。我处在部门内部进一步完善改进组织结构，成立工程技术室，撤销工程建设科，加强技术审核力量，以期用高质量、高标准的技术管理提高设计及施工管理水平。另外，我处通过将项目管理部实体化，解决了矩阵式组织结构下人员多头管理的弊端，使项目管理职责更加明晰，执行更加高效。

与此同时，通过建立分类管理的岗位管理体系，构建设岗方案、规范岗位管理、实现以岗定人，明确岗位职责和任职要求，完善关键岗位人员选聘机制。通过优胜劣汰的用人机制，实现人员有进有出，在调整了个别无法满足工作岗位新要求员工的同时，通过社会招聘的方式引进高水平的专业人员。

在建立完善岗位体系的基础上，结合部门工作特点，探索建立符合部门需求的绩效考核评价体系，健全职工发展激励的创新机制。我处以工作计划为抓手，建立多层级分岗位的工作事项量化考核评价指标，初步形成了自上而下的责任落实体系以及自下而上的反馈传导机制。

（二）加强制度建设，强化制度执行，进一步加强管理规范性

建立和完善制度体系是我处常抓不懈的重要工作之一。近几年通过不断修订和完善各项规章制度，已初步构建起了科学规范、运行有效的基本建设管理制度体系，同时强化制度的执行和监督，切实把制度优势转化为管理效能。

2015年基建规划处主责制定了《清华大学基本建设管理办法》，并于2020年进行了修订。该办法从管理体系、校园规划、项目立项、资金管理、项目实施、监督管理等多个方面对建设管理行为进行了规范，进一步健全了基本建设管理运行体系，规范了决策审批程序及路径。此外，我处作为基建工程类合同审批和在建工程国有资产管理归口管理部门，还制定了《清华大学基建工程类合同管理办法》和《清华大学在建工程国有资产管理细则》，有效提升了合同履约效力和国有资产的规范管理。

从部门内部管理角度，基建规划处制定并修订了一系列管理规定，包括《清华大学基建规划处建设项目管理实施细则》《清华大学基建规划处建设项目前期管理实施细则》《清华大学基建规划处建设项目设计管理实施细则》《清华大学基建规划处建设项目造价管理实施细则》《清华大学基建规划处建设项目采购管理实施细则》《清华大学基建规划处建设项目合同管理实施细则》《清华大学基建规划处建设项目资金支付管理实施细则》《清华大学基建规划处处务会议事规则》等。为了进一步强化廉政风险防控，加强安全管理，应对突发事件，我处还制定了《清华大学基建规划处廉洁自律办法》《清华大学基建规划处突发事件应急预案》等。

（三）推动校园总体规划编制体系改革，构建人文绿色开放智慧的大学校园环境

本次校园总体规划编制以"人文、绿色、开放、智慧"四大理念为指导，突出"空间治理、存量更新、品质提升"的编制特色，落实清华大学建设"世界一流大学"的战略要求，重点解决学校旺盛的事业发展需求和主校区有限的空间承载力之间的矛盾，明确将"合理利用空间资源，优化提升校园功能""保护历史文化，提升空间景观环境，强化校园特色""推进绿色健康智慧发展，提高校园保障能力与服务水平"作为今后十年清华大学空间治理和资源统筹的关键方向，重点在以下三个方面进行了新的尝试和探索。

1. 推行"专题研究引导，总体规划统筹"的技术路线，对空间发展的重大问题进行专项研究。在有效提升规划编制工作科学性和专业性的同时，通过一系列先导性重大问题的深度研究，为总规工作的深度开展和高效推进创造了必要条件。

2. 采取"领导小组统筹，部门协同参与"的组织方式，建立多部门信息共享、协同作业的工作平台。基建规划处作为校园"多规合一"工作平台的执行机构，在规划领导小组的指导下协调院系、部处开展校园规划编制工作，对各类需求分析、问题研究、对策探讨进行归口管理。

3. 强调"面向公众、面向实施"的工作重心，强调编制和管理的有机结合。本次规划编制改变了以往规划编制的以规划管理和编制单位为编制主体的管理

模式，在编制过程中注重师生、校友、公众等多方主体的意见征求和过程参与，同时，在编制过程中即引入管理机构对规划的各类专题进行深化和研讨，确保在总体规划成果能够发挥实施层面的现实指导作用。

校园规划编制改革从事业支撑、资源统筹、空间治理等多个层面回应了新时期国家发展、城市发展和学校发展的重要理念，完善了清华大学校园规划的实施机制，实现了广泛的公众参与，从存量资源、地下空间、交通整治、低碳节能、健康网络、景观环境等多个方面进行了深入的研究和讨论，并进一步形成了空间管控导则和规划行动计划，为总体规划各项工作具体实施提供了工作基础和政策保障。

（四）创新建设管理体制机制，不断提高建设项目全过程管理水平

在建设管理过程中，重点加强建设项目设计管理，以功能设计为重点，强化项目需求分析和方案论证，通过建立多部门协作管理平台、引入BIM信息化管理工具、推行设计总承包模式、建立设计单位遴选及评价机制、制定标准化的建筑设计标准和实施导则等多种举措，对设计管理工作进行整体改进和系统提升。与此同时，我处依托相关政府部门、设计单位、咨询单位、施工单位各领域专业力量及我校学科优势，初步建立了多专业多层级的专家咨询体系。专家咨询体系的建立为建设管理过程中遇到的技术难点或研究方案提供了更具针对性、专业性的建议，进一步提升了建设决策的科学化、专业化水平。

我处进一步拓宽基本建设管理思路，引入社会优质资源，加强关键环节管理，在施工图设计阶段，引入第三方设计团队对施工图纸进行全面审核，提出合理化修改建议。在部分建设项目中引入项目管理公司，代表我处开展项目管理工作，一方面减轻我处人员短缺的压力；另一方面通过项目管理公司学习建设管理领域的新理念、新制度、新思路以及新技术。

在造价管理环节中引入造价咨询公司，推动全过程造价咨询服务工作，将事后造价管理转变为事前、事中、事后全过程造价管理，有效提升了造价管理的效率和效果。目前，我处已形成"学校力量主导，社会资源参与"的多甲方专业化管理的管理模式。

为更好地控制工程造价和质量，进一步加强技术在项目管理工作中的作用，

我处在初步设计概算阶段增加了审计室审查环节，成立了技术委员会，针对设计变更、洽商及现场签证建立了分级审批管理制度，通过对造价、技术重点管理环节，加强监督审核力度，进一步提高项目管理风险防控能力。

（五）引入现代管理工具，全面提升基建管理效能

在基建项目管理过程中，基建规划处不断进行管理创新和技术创新，经过多年的尝试与探索，目前在基建项目管理信息系统、BIM 技术等信息化手段的应用方面取得了初步成效，提高了基建项目管理的水平和能效。

为了发挥信息化技术在基建管理上的优势，基建规划处与专业公司联合开发了基建项目管理信息系统，建立了一个以建设项目管理为核心，包含立项报批、投资控制、进度管理、合同管理、洽商变更、招标采购、财务决算等多个关键节点模块的一体化智能业务平台。经过多年的持续升级优化，已实现了对建设项目全过程、全方位、系统性的管理。目前我处正在开发重要工作事项督办和微信端移动应用功能，拟通过信息系统实现任务布置、复杂事项协调、会议提醒等功能，既保证了工作事项不易遗漏、可查询可跟踪可追溯，又提高了复杂事项多人协同办事效率，还有利于工作便利性和绩效考核。

近年来我处大力推进 BIM 技术的应用，已基本覆盖所有在建项目，通过建立三维立体建构图，进而将管线碰撞、标高调整等问题的发现时间从以往的现场施工阶段提前至施工图设计阶段，从而提高工作效率，减少重复施工，降低施工成本，优化施工方案，有效地提高了基建项目的精细化和专业化管理水平。我处积极探索、研究智慧工地管理理念，并引入到校内部分在建工程中实施，为施工过程中的安全管理、人员管理、进度管理、材料管理、造价管理提供一种"更智慧、更高效、更简便"的管理手段。

（六）加强党的建设，发挥党支部战斗堡垒作用，健全师生参与基建工作长效机制

认真贯彻落实全面从严治党要求，强化从严治党主体责任，加强党支部规范化建设。支委会认真落实"三会一课"制度，每年平均开展组织生活超过12次，党员现场出勤率超过95%、综合出勤率达到100%。稳步推进党员发展和积极分子培养工作，积极宣传党的主张，提高职工思想觉悟，建立并落实联系人制度，党支部定期与积极分子谈话了解思想动态，积极分子考察登记表记录齐全。

党风廉政建设常抓不懈，每年领导班子与分管科室负责人之间、科室负责人与科员之间均至少进行一次廉政谈话，筑牢思想防线；制定《清华大学基建规划处廉洁自律办法》，从制度层面对员工进行行为规范，打造一支政治过硬、作风清正、业务精良、廉洁高效的基建管理队伍。

多措并举提升学习效果，推进学习型基层党组织建设。成立理论学习中心组，制定全年学习计划，确定学习主题，建立严格的考勤、记录等要求，确保常态化理论学习深入有效开展，切实提高领导班子理论水平。重视教职工理论学习全覆盖工作，通过建立理论学习清单、党员带动群众、日常谈心谈话等多种方式加强覆盖范围、学习力度，着力提高全员思想政治理论水平。党支部创新教育载体，开展集中研讨、专家讲座、听讲党课、看专题片、特色学习实践、党员集体过"政治生日"、党员承诺践诺、"亮身份，添光彩"、建设党员之家等活动，近三年累计开展"走出去"活动13次。

支部活动与中心工作相结合，有效发挥党支部战斗堡垒作用。组织到重庆大学基建处调研，共同研讨基建管理中的共性问题和解决策略；与北京大学基建工程部联合开展"共命运、同前进"主题展览参观交流活动；与建管研18党支部联合开展"不忘奋斗初心，共建美好蓝图"主题活动；对入驻校园的施工单位进行"平安校园、文明校园"宣讲；通过民主生活会形式围绕本处中心工作查摆问题、制订整改计划、督促落实。

在项目管理过程中，积极采取有效措施降低工程施工对师生正常教学、科研及学习的影响，助力和谐后勤建设。首先，建立通畅的师生沟通渠道，定期与学生代表及后勤其他单位同志进行座谈，通报各项目施工计划，重点针对可能会扰民的施工内容进行时间、工艺的陈述与解释，解答同学的疑问，化解施工与师生教学、生活之间的冲突与误解。其次，持续推进文明施工管理，部分项目在搭建铁质围挡的基础上修建隔音屏，使用物理隔离的方式限制施工噪音的传播，使用钢板网替代传统的密目网降低施工噪声，部分临近教学区的建设项目为确保师生具有一个良好的课堂环境，调整了项目管理人员及工人的正常作息，将施工安排在夜间进行。通过以上措施的实施，师生满意度逐步提高。

三、典型案例

（一）校园规划中存量资源专题研究

校园空间资源的合理使用是清华大学建设世界一流大学的重要支撑，特别是在当前以存量资源利用为主要途径的背景下，如何优化存量资源的利用具有重要意义。为了更好地解决校园空间资源的合理使用问题，本次《清华大学校园总体规划（2021—2030年）》进行了存量资源优化的专题研究，围绕资源供给和需求的关系，统筹主校区内部和外部的资源，采取内部挖潜和内外结合的优化思路，重点通过优化主校区资源供给，满足主校区功能需求，优化资源的供需关系。在优化资源供给方面，经过充分调研与科学论证，提出四类途径进行主校区存量资源优化，综合统筹新建设施、部分功能疏解出主校区、内部功能局部调整、利用周边设施等四种方式解决相对迫切的资源供给问题，为今后10年主校区的事业发展提供了资源供给保障。

在明确重要资源供需匹配发展方向的同时，为了推进各项措施的有序落实，存量资源优化研究专题从"优化管理机制，推进统筹管理""研究和制定政策，推进存量资源优化"等角度进一步提出具体的工作思路。

1. 优化管理机制，推进统筹管理

在空间资源管理方式方面，逐步从以院系管理为主向学校统一管理转变。从促进学科交叉融合，促进设施开放共享，促进资源高效利用等角度出发，逐步改变教学科研设施以院系管理为主的现状管理方式，逐步向学校统一管理转变；在设施物业管理方式，逐步从分散管理向统一管理转变。由于现状教学科研设施以院系管理为主，物业管理方式为分散管理，建议学校统一管理，引入高水平物业公司，分片区统一进行物业管理。

2. 研究和制定政策，推进存量资源优化

经过和相关部处院系的充分讨论，研究成果从建立奖惩机制、强调资源共享、退出和准入管理等多个政策维度提出了相关的政策建议，主要包括如下几个方面：研究制定鼓励院系将部分功能疏解出主校区的办法。通过配套相应的奖惩机制，鼓励主动疏解；研究制定加强校内资源（办公、会议、教学、科研、文化活动等）共享的办法，通过配套政策，促进设施共享；研究制定公共空间统筹管理办法，优化公共停车场、公共活动场所等公共空间的管理方式，通过分时段、分人群的方式精细化管理，提高空间使用效率；研究制定学生宿舍分配和管理办法，保障本科生等必需的供给，鼓励符合条件的学生利用外部资源解决住宿问题；研究制定物业统筹管理办法，以全校统筹的物业管理方式，提高资源利用效率；研究制定其他优化资源利用和管理的政策。

总体来看，《清华大学校园总体规划（2021—2030 年）》的存量资源优化专题研究对清华大学主校区内外的存量空间资源进行了细致梳理，在对比国内外类似高校案例的基础上，对清华自身发展需求和国家相关规范要求进行了系统分析，基于上述工作提出了存量资源优化方案和行动计划，具有指导实际工作开展的积极作用。

（二）设计管理的多部门管控平台建设

在当前的新形势下，实现"规建管"的一体化已经成为我国基本建设的重要目标和发展方向，为了更好地推进"规建管"一体化在基建工作中的深入落实，面对我校校园规划管理主体、建设管理主体和运营管理主体相对分散、缺乏高效有序协作的现状，设计管理的多部门管控平台建设成为我处改革进程中的重要着力点，主要管控环节和工作内容如下。

1. 编制管理办法，明确分工界面。部门管理边界的明确是多部门协同管理平台有序运行的基本前提，综合改革工作开展以来，通过和信息办、修缮中心、保卫处、绿办、资产处、发展规划处等部门多轮的沟通和讨论，编制了《清华大学基建处职能配置和内设机构规定》《项目基础设施及市政条件设计阶段协调管理办法》《基建处与信息办设计管理各阶段职责与分工》《清华大学项目基础设施市政条件表（立项阶段 / 方案设计条件阶段 / 初步设计阶段）》等系列管理文件，分阶段、分专业对各部门在设计阶段的管理角色和管理内容予以明确，为多部门设计管控平台机制化、长效化运行提供了基础性的工作依据。

2. 细化管理流程，推进业务融合。设计管理工作具有"实施周期长、专业分工细、管理阶段多"的基本特征，客观上不利于多部门的协同作业和目标管理。为了解决上述问题，提出了"方案设计阶段控功能、初步设计阶段控成本、施工图设计阶段控工艺"的总体思路，并以此为前提细化和分解部处间常态化的工作节点，明确管控目标和细化管理接口，为部处间的业务融合提供了根本保障。近年来，通过《清华大学初步设计任务书表单》及对应工作流程的建立，实现了多部门规划、建设、运营、管理等多维度功能需求的一体化管理和精细化管理，设计需求清单由以往的百余字、千余字充实至几万字，为相应类型的建筑设计标准和导则制定提供了工程技术准备和运营管理依据，相应的成果和经验被北大、南大、天大、北航等十余所兄弟高校学习和借鉴。

3. 强化会审体系，带动团队管理。通过制度建设和部门协商，在设计管理各阶段的设计会审工作中建立"固定管理节点、固定参与部门"的联合会审制度，通过会审制度的严肃化和常态化，不断提升多部门联合会审的标准化程度和专业化程度，强调各部门的"底线管控"和多部门的"弹性统筹"，并在会审中不断强化不同部门的角色定位，让空间资源管理、主体功能管理、运营维护管理、市政保障管理各司其职，分工协作。通过一系列项目的磨合和积累，会审体系已经趋向成熟，成为清华大基建团队管理效能发挥的重要着力点。同时，"大团队管理，开门做设计"的这一管理方式有效提升了设计管理工作的开放性和透明度，也广泛提升了部门参与度和师生参与度，成为校园空间治理体系改革进程中的新风尚。

（三）拓宽基本建设管理思路，创新管理模式

近年来，建设任务虽大幅增加，但管理力量并未随之扩充，两者量的逆向变化必然会对建设管理工作的效果产生一定的影响。为消除负面影响，我处在部分项目中引入优质的社会资源参与建设管理工作。例如在经管学院扩建及三创中心项目建设过程中，引入了专业的项目管理公司。管理公司派驻现场的项目管理团队中既有管理现场的各专业技术人员，又有专职的设计组，还有专职的造价及合同管理人员。驻场人员专业素养高、管理经验丰富、工作责任心强、人力资源充足。管理团队还能够借助母公司的技术、管理、协调力量推动项目建设管理工作。同时，管理公司会将其相对成熟的施工、设计、合同、造价管理方法运用到学校的建设项目中来。例如建设过程中，执行全过程设计管理，驻场设计人员根据需求、功能、现场的变化及时出具变更初步方案，提交设计院审核并持续跟进结果。全过程设计管理方式能够大大缩短变更洽商落地的周期，提高工作效率，利于施工质量、进度的合理把控。项目管理公司模式的落地，使得基建规划处管理人员有更多的精力"抓大、抓重、抓紧"，能够"集中力量办大事"。

（四）建筑信息模型和智慧工地技术在项目管理中的应用

建筑信息模型（BIM）技术与智慧工地作为当前建筑领域的最新技术成果与管理理念已被引入校内建设管理过程中。

在 BIM 技术应用方面，正在建设的北体育馆和已建成的生物医学馆走在前列，技术应用效果显著。例如北体育馆项目的冰球馆顶板采用大跨钢桁架结构，桁架最大跨度 37.7 米，采用箱型截面，节点形式复杂、加工难度大，屋面大跨网壳的安装，正放四角锥螺栓球网壳安装过程中各节点坐标定位复杂，安装精度控制难度大。项目深化图纸阶段运用 BIM 加值软件功能将所有加工详图（包括布置图、构件图、零件图等）利用三视图原理进行投影，剖面生成深化图纸。通过整合 BIM 模型数据参数能够产生加工材料详细参数清单，参数清单能够直接导入 CNC 等精密数控设备进而控制加工精度，保证了构件加工的精密性，提高安装精度，确保安装质量及效果。预估最少可节省加工及安装工期 30 个工日，同时节约加工及安装成本数十万元。

生物医学馆项目地下区域为生物领域国家级重点实验室，除了常规的给排水、通风、空调、消防、动力、强弱等一般专业管线外，还包含各实验室的恒温恒湿空调系统、洁净空调系统、纯水系统、软化水系统、动物饮用水系统、太阳能热水系统、真空吸引系统、压缩空气系统等几十个系统。综合管线排布复杂，局部位置管线甚至达 13 层。

BIM 技术针对管线综合排布，复杂节点深化，管线标高冲突，预留洞孔位置，预留检修空间等工作提供了可视化的手段，使各系统管线排布更加合理，施工安排更加清晰，降低施工难度，提高施工效率；减少碰撞返工，据不完全统计，节省工期 300 个工日，材料损耗比定额损耗降低 20%，同时管线安装后更加美观，为运行维护提供保障。

智慧工地作为一种崭新的工程全生命周期管理理念，借助人工智能、传感技术、虚拟现实、BIM 等高科技技术将建筑、人员穿戴设施、场地进出口等各类物体联结，形成"物联网"，再与"互联网"结合在一起，实现建设管理人员与施工现场的全天候整合。北体育馆项目目前正在进行智慧工地的试点应用，主要涉及的内容有 360°鹰眼、车辆管理、视频监控、预警管理、门禁管理、大型机械设备管理、信息发布管理、移动 App 巡检等方面，已基本达到质量、安全、文明施工、进度等全覆盖管理。

智慧工地理念的推行将降低监管成本、提高监管效率，降低管理成本，提升施工质量，监控扬尘与噪声污染，促进工地文明施工和绿色施工，减少扬尘和噪声污染，同时，允许管理人员实时掌握施工进度、了解施工现场基本情况，进而合理进行工程调度、合理安排建设资金。

同时，北体育馆项目借助虚拟现实技术建立校内第一个 VR 安全体验馆。体验馆可模拟真实场景下的安全事故和险情。通过场景、动态平台模拟动作和实时环境的结合，使施工人员能够身临其境的感受现场各类事故发生时的感官刺激，让施工人员直观地感受到施工事故带来的后果，进而有效避免施工时的安全事故。体验馆能够增强施工人员的安全隐患意识，起到安全教育的警示作用，真正达到"安全第一、预防为主、消除隐患"的要求。北体育馆项目部定期组织施工人员进行体验安全教育，同时向校内其他项目施工人员开放，据不完全统计已有超过 500 人先后进行了体验安全教育。

四、改革成效

基建规划处深入推进《清华大学后勤综合改革与发展方案》中各项改革发展任务的落实，在多方面工作中已取得显著成效：

在机构改革及队伍建设方面，通过深化机构改革，进一步优化了组织结构，理顺了部门职责关系，完善运行机制，形成了科学合理、精干高效的管理体系。通过人事制度改革，我处具有研究生以上学历的职工占比从改革前的 40% 增长至目前的 48%。高级职称的人员数量占比从改革前的 30% 增长至目前的 58%。同时，人员年龄结构得到进一步优化，中青年职工已逐渐成为了部门的主要力量。全处职工总人数已从改革前 48 人降至目前在岗 31 人（定编 39 人），同时在建项目建设规模从百年校庆时的 20 余万平方米增长至 40 余万平方米。通过提高职工队伍整体素质和专业化水平，部门正朝着节约人力，提高效率的方向稳步前行，力求更好地适应新形势下复杂多变的基本建设任务需求。

在制度建设方面，通过不断完善制度建设，强化制度执行，制度体系建设在管理工作中已初见成效。通过制度的刚性约束，进一步规范了业务流程，强化了风险防控、落实了内控责任。我校在教育部 2015 年至 2018 年历次基本建设规范化管理专项检查中均获得了较高的评价。财务处 2019 年组织的内部风险防控审计检查结果与 2017 年相比也有了明显改善。

在校园规划管理方面，通过规划编制管理体系的改革，全面带动日常实施管理的机制化和常态化，推动校园规划管理整体工作效能的持续提升。规划强调"面向公众、面向实施"，从资源统筹、特色提升、景观优化、交通整治、绿色发展、智慧校园建设等多个维度对清华校园的土地利用和空间发展进行了深入的研究和讨论，实现了历次清华校园规划编制最广泛的公众参与，并建立了以"多规合一、部门协同"为基本特征的校园总体规划实施机制，有助于为学校各项远近期事业目标的顺利推进提供常态化的助力和支持。同时，为了进一步推进总体规划的落地实施，制订了空间管控导则及行动计划，为各项远近期规划目标的顺利开展和有序实施打下了坚实基础。

在建设管理方面，在工程任务繁重，管理人员短缺的现状下，我处大力引进社会优质资源，一方面弥补了我处人员不足的短板；另一方面通过专业化团队提高管理效率和管理效果，为我处整体项目管理工作融入先进理念，注入新鲜活力，不断提高用户满意度，提升校园建筑品质。

在信息化管理方面，通过信息化技术手段进行基建项目管理，大大地提高了我处的管理水平和管理效能，同时有效提升了为师生服务的质量和水平，得到了师生员工的认可。基建项目管理信息系统的应用增强了建设管理全过程的信息集成，实现了档案分类规则统一、资料存储及时有序，推动了基建档案管理规范化的发展。同时在线审批功能有效地缩短了事项办理周期，平均每份工程合同的评审时间节省30%，正在试运行手机移动端应用更进一步从空间、时间上解放了基建管理人员的繁重工作，为师生员工提供了更加便捷化的办公方式。BIM技术和智慧工地建设的应用，可以有效地节省工期、节约造价、降低材料损耗率，增强施工现场的有序管理。BIM可视化、模拟化等技术优势能够及时发现并解决施工过程中潜在的安全隐患，降低了施工的风险率，保障了建设项目安全文明施工的管理。

在加强党的建设方面，灵活多样的学习方式和丰富创新的党建活动增强了党员的归属感和凝聚力，党支部学习氛围愈加浓厚，党员理论素养明显提升，学习型党支部逐步建立。全面从严治党主体责任层层压实、层层传导，确保全面从严治党要求落到实处。党建工作与中心工作深度融合，充分发挥党组织的引领作用。2018年获得教职工党支部特色活动优秀成果奖，2019年被评为校机关先进党支部，连续四年在校机关党支部工作评议为"优秀"。党员发展和积极分子培养工作取得较好成绩，2012年以来新发展党员5名，有5位同志递交入党申请书。与学生党支部开展联学共建活动，充分发挥基建管理工作在全方位育人中的作用；开展基层党组织建设年活动，积极推动校园基建管理水平提高、营造美好校园环境，有效发挥了党支部战斗堡垒作用。

五、经验和启示

（一）把握国家政策及发展机遇，积极主动作为

工程建设项目审批制度改革是党中央、国务院在新形势下作出的重大决策，是推进政府职能转变和深化"放管服"、优化营商环境的重要内容。自2018年5月工程建设项目审批制度改革试点工作全面展开后，我处积极面对审批制度改革新形势，把握国家改革政策红利，抢占改革先机，全力争取"试点工程"良机，将综合实验楼、新土木馆等一批项目列入了中央和国家机关在京重点项目名单，享受"一会三函"重点项目审批政策。此外，我处还通过与相关政府部门积极沟通，令北体育馆、经管学院扩建及三创中心等项目入围了第一批北京市优化营商环境试点工程，进一步简化了政府审批程序，缩短审批周期，保障上述建设项目及时开工建设。综改以来，我校主校区新开工建设项目规模达到了43.9万平方米，其中竣工面积约12.5万平方米，为学校实现内涵式发展、加快世界一流大学建设提供了强有力的基础设施保障。

与此同时，我处还以北京市推动城市交通综合治理为契机，把握京张高铁建设所带来的周边区域交通规划的机遇，一方面积极向政府有关部门反映学校对周边交通治理诉求；另一方面主动谋划校园未来发展条件，加强校园与周边区域交通的统筹衔接规划。随着校园东侧多个重大交通基础设施工程的落地实施，校园周边交通环境得以改善，师生进出校园更为便捷、安全。

（二）坚持"编管合一"基本原则，做好新时期校园规划

新时期校园规划的编制将"编管合一"作为基本编制原则，除了完成既往规划编制过程中强调的空间性工作，对校园空间环境的有序发展做出总体谋划外，同时应更多关注政策性的内容，对规划措施和管理体系的紧密结合提前进行匹配度的分析和校核，一方面将管理体系规划纳入到空间规划体系；另一方面为各项空间管控行为提供支撑和依据。规划改革实践表明，以"面向实施"

为中心的规划编制体系更能够满足师生及公众的需求和学校发展的需要，既考虑了学校重大事业发展战略目标在空间和政策层面的双向分解，又深度结合了学校管理机构的现实承载能力和工作模式，便于各项规划措施的有序实施和深度落实。

六、问题和不足

（一）部门职工队伍整体水平与世界一流大学标准仍存在差距

目前，我处人员缺岗现象较为严重。在已进行的数轮招聘中，因招聘条件专业性要求较高，且现有的招聘渠道相对有限，应聘者的整体素质与我处对于高水平专业人才的期望存在较大差距，高水平专业人员引进难的问题尚未找到有效的解决途径。鉴于学校目前正处于工程建设量高峰阶段，用人需求的矛盾尤为突出。

部门内部的绩效考核评价机制尚有待进一步完善，一方面，改革后的薪酬体系对于二级单位内部管理缺乏调整的灵活性，在调动员工的工作积极性、增强工作责任感方面缺少激励手段，如何建立一套与薪酬体系相匹配的绩效考核评价机制尚需进一步探讨与研究。

另一方面，我处职工队伍在基建管理方面的专业化水平与世界一流大学的标准尚存在差距。在人员队伍建设方面缺少有规划、成体系的专业培训机制，职工整体专业水平有待进一步提高。

（二）部分制度有待完善，需进一步提高制度执行力与监督力

制度建设是一项需要持续更新改进的工作，随着国家政策和社会环境的变化要及时进行相应调整，我处在部分环节还存在制度不够完善之处，如至今未建立单独的工程档案管理办法，学校职工队伍人事改革后，处内还未制定相应的绩效考核评价和职工发展激励制度。制度的生命力在于执行，执行的关键在于执行力。我处在某些工作中一定程度上还存在着重发展、轻管理的倾向，依然存在着以信任代替管理、以习惯代替制度的现象，对检查制度落实重视不够，处内专题性的、针对性的检查少，更多依赖于外部检查。制度的执行监督还需创新方式，让制度真正管用见效。

(三）校园规划和城市规划的结合度需进一步提升

当前，为全面落实五大发展理念，城市规划的发展理念和具体措施均在进行相应的调整和更新，城市发展环境具有明显的动态性，客观上需要在规划编制过程中与政府主管部门进行密切充分的对接和交流，更好地把握地方发展政策的趋势和导向，并在校园总体规划中进行相应的优化和改进。本次总体规划编制进程中，正是北京市各区县分区规划进行全面调整的关键时期，因上位城市规划条件不明确，给校园规划新建项目的实施带来了一定程度的不确定性。目前，伴随着北京市各区县分区规划的颁布实施，在后续工作中，还应进一步和政府相关部门对接城市规划管理的理念和体系，并就重大机遇性问题进行沟通和交流，为学校争取外部资源的同时，进一步提升校园规划和城市规划的结合度。

（四）项目建设节奏与学校发展需求不匹配

基本建设作为学校和学科发展的先决条件和物质基础是实现学校内涵式发展、加快世界一流大学建设的强有力保障。然而，目前建设项目节奏与学校事业发展速度不匹配。

近几年，因受到北京市减量规划、动态零增长、三山五园地区文物保护等一系列外部政策条件的限制，校医院、动振小楼改造等多个新建项目前期推进工作进展缓慢。同时，由于有关政府部门不断加大对文明施工及环境保护等方面的管理力度，造成多个建设项目的施工进度滞后。

（五）建筑设计理念与新发展理念尚有差距

在创新、协调、绿色、开放、共享新发展理念的引领下，我国建筑领域正在发生着日新月异的深刻变革，客观上要求校园建筑设计的指导思想进行同步的更新和转换。通过剖析十八大以来校园建筑中体现的设计思想可以发现，我们对新发展理念的必要性、紧迫性和艰巨性的认知尚有差距，进而造成建筑设计理念在一定时期内相对落后，思想不够新，站位不够高，亟须在新的工程设计工作中提高境界、勇于创新，跟上新发展理念引领下的新要求。

七、下一步前进方向

加强队伍建设，打造一流职工队伍。首先，为了缓解人员紧缺的压力，需进一步拓宽招聘渠道，适时调整招聘策略，对于个别重要技术岗位需要主动出击，有针对性地招募符合要求的特殊人才。其次，依托改革后的薪酬体系建立一套符合部门工作特点的绩效考核评价机制，通过改进考核方法，完善和创新考核制度，更好地激发职工的工作热情，调动职工积极性和创造性。最后，为适应学校建设世界一流大学的整体目标要求，我处还需通过增加培训频次，丰富培训形式等方式对现有人员进行专业能力及职业素养方面的系统性培训。

进一步完善制度体系，强化制度执行，实现规范化管理。从加强廉政风险防控、推动精细化管理出发，构架制度框架，进一步完善制度体系，对现行制度进行全面梳理，对实践中证明产生积极影响的制度予以保留，不符合新情况新变化的进行修订，无继续存在必要的进行废止。要根据新形势下基建管理模式的新情况、新问题，积极探索、及时总结，建立职责分明、执行顺畅的工作机制。完善制度体系同时要狠抓落实，加强处内职工的学习和宣传，注重执行和监督，注重检查和通报，营造浓厚的制度执行文化，真正把制度优势转化为治理成效，推动基建项目规范化管理再上台阶。

建立校园规划实施机制，推动各项具体行动计划落地实施。基于校园总体规划明确的总体发展目标，进一步建立校园规划的管控机制、评估机制、监督机制和决策机制，深化和细化各项行动计划的工作内容和管理界面，推进校园规划成果的全面有序实施。

努力推进建设项目前期工作。继续加强与北京市各相关部门的沟通协调，第一时间把握政策方向，努力降低外部政策条件对学校前期项目的影响。加快已开工项目实施进度，及时完成工程验收、结算工作，全面攻坚个别项目历史遗留问题，确保建设项目圆满收官。

在创新、协调、绿色、开放、共享的新发展理念引领下，要进一步全面、深刻认识新时期建筑发展理念，将其融贯到规划、设计、施工等各个环节之中。在基建管理工作中不断提高境界、勇于创新，在国家新发展理念引领下实现清华校园规划建设的高质量内涵式发展。

清华园街道综合改革与"十三五"事业发展总结

一、改革背景

在学校和后勤综合改革与发展以及街道事业发展"十三五"规划实施之前,清华园街道就始终坚持在服务辖区居民群众、营造良好社区环境、创建全国文明城区、维护社区和谐稳定等各方面,持续发挥重要作用,特别是在"智慧社区"建设、"一老一小"教育等方面形成了一定的区域特色和品牌,社区管理和建设各项工作取得了较大成效,为清华大学世界一流大学建设和海淀区的科学发展作出了许多贡献。

然而,当时街道也深刻而清醒地认识到,"十三五"时期是我国全面建设小康社会、全面深化改革、全面依法治国、全面从严治党的冲刺时期,特别是将迎来党的十九大这一重要节点;北京市全面贯彻《京津冀协同发展规划纲要》,提出有序疏解非首都功能,推动京津冀协同发展;海淀区加强社会管理,加快疏解人口,持续推进中关村全国科技创新中心核心区建设;清华大学根据学校章程,完成"三个九年分三步走"的战略,加快推进世界一流大学建设,全面深化改革。

在这一系列新形势、新要求下,特别是在学校后勤制定实施《清华大学后勤综合改革与发展方案》《清华大学后勤事业发展"十三五"规划》,明确学校后勤17个方面96项改革发展任务之后,清华园街道坚持改革创新,勇于开拓进取,结合自身实际,制定实施了街道综合改革发展方案和《街道事业发展"十三五"规划》。街道注重对照后勤综改要求,将后勤综改方案中涉及街道的6个方面15项具体任务,逐一列入街道综合改革发展任务清单,大力推进落实。

通过综合改革和"十三五"规划的实施,街道的目标是进一步加强社会服务管理创新,实现政府管理与学校管理的有机结合,探索大院街道社区管理新模式。具体体现在以下6个方面。

第一,以落实主体责任和监督责任为根本要求,着力加强街道班子建设、队伍建设、作风建设、制度建设,强化内涵式发展模式,提升整体质量,全体干部职工团结一致、廉洁自律,促进工作程序更加规范合理、办事效率更加高效准确、作风风气更加求真务实。

第二,以家属区的管理服务为核心任务,推动学校相关部门合作参与,创新社区管理机制,探索和推进我校老旧社区的物业化管理,推进智慧社区建设,最终建立便捷优质的家属区服务保障体系,为教学科研做好日常服务。

第三,把握政府业务不断下沉的新形势,探索适合大院的街道运转体系,促进政府管理和学校管理有序对接,形成双重管理的合力。发挥街道办事处政府职能,提高工作队伍的综合行政能力,提升辖区公共服务水平。依据学校依法治校精神,发挥街道综合协调作用,建立适应校园要求的综合执法机制,提高执法能力和成效,做好学校管理服务的后盾。

第四,以政府贯彻实施《京津冀协同发展规划纲要》为重要契机,实现辖区人口资源环境协调发展。坚持对辖区实有人口进行调查和调控,疏解非必要劳动力,严守流动人口控制底线。坚持绿色、低碳的环保理念,不断推动校园环境秩序整治和美化工作,促进辖区更加文明和谐。

第五,积极开展和不断完善关系辖区民生的各项工作,切实保障和改善民生,始终做到感情为群众系,利益为群众谋,平台为群众搭,实事为群众做,困难为群众解,使广大社区群众的切身利益不断得以维护,物质文化需求不断得到满足,生活水平不断得以提高。

第六,进一步深化幼儿园教育研究与实践,多途径加强师资队伍建设,不断提高保教质量。

二、主要改革举措

"十三五"时期以来,清华园街道在清华大学和海淀区的双重领导下,坚持以习近平新时代中国特色社会主义思想为指导,深入学习贯彻党的十九大和十九届历次全会重要精神,紧紧围绕学校和政府中心工作大局,切实对照"七有""五性"要求,强化"思想融入、行动融合、方式融通、资源融汇"的"四融"工作理念,着力打造和探索大院街道管理服务"善治"新模式,努力建设"文明、活力、宜居、平安"街道,不断增强学校师生和居民群众的获得感、幸福感、安全感,为学校"双一流"建设和海淀区"两新两高"战略实施贡献了更多力量,也顺利实现了街道制定的事业发展"十三五"规划和各项综合改革任务。现就涉及后勤综改的 6 个方面任务具体总结如下。

(一)管理体制创新方面的举措

街道按照学校综改要求,从修订、完善、明确部门职能定位着手,进一步梳理职能定位,丰富职责内容,深化职责体系。街道 2015 年启动此项任务,结合自身实际,于 2016 年完成明晰职能定位的工作,认真梳理、制定了 9 项重要工作职能,并始终坚持贯彻落实。2019 年以来,街道又结合政府制定的《北京市街道办事处条例》,再次完善和强化了 9 项职能。

通过持续地梳理职能定位内容、深化职责体系建设,街道各项管理服务机制的核心与外延更加清晰明确,各项管理服务措施更加落实落细。

(二)服务保障体系建设方面的举措

按照学校提出的"制定并完善校园市场准入制度,形成多甲方专业化管理的服务保障模式"这一要求,清华园街道结合政府相关管理办法和街道内控制度体系的规定,近年来,先后制定并且不断完善《小型工程建设项目管理暂行办法》《街道购买社会服务管理办法》等规定。

这些规定的有效实施,使街道每年为民办实事的工程项目与购买社会服务做到流程规范、优质高效,也进一步引入了专业化服务资源,逐步增强了保洁、绿化、安保等专项服务力量。

(三)队伍建设方面的举措

街道大力推进分类管理的岗位管理体系建设,坚持按照"因事设岗、因岗定责、因责选人"的原则设岗、定编,明确岗位职责和任职要求。2015 年,街道启动并完成了部门、科室机构的第一轮集中优化调整,并在随后的工作中,根据实际需要,适时完善组织架构。2015—2017 年,街道先后成立了综合治理办公室、统计经济办公室、安全生产办公室等重要职能科室,逐步建立完善了地区党建工作协调委员会、地区综合治理委员会、地区安全生产委员会、地区食品安全委员会，重点加强了地区爱国卫生运动委员会等。2018年以来，街道又结合政府机构调整改革和学校职工队伍人事制度改革的要求，启动新一轮内设机构改革和职工队伍建设工作。街道坚持按照精简、效能、便民的原则，结合实际，制订内设机构"6+1+2"的架构改革方案，并梳理完善岗位职责，推进工作积极落实。

街道着力完善公正、透明的干部职工选拔聘用机制，加强专业型和技能型人才的引进和培养。2015年至今，街道新招职工34人，其中研究生3人，大专和本科29人，35岁以下24人，累计调整干部18人次。

街道高度重视对基层和年轻职工的锻炼和培养。街道通过社区居委会改选、社会工作者招聘等工作，进一步配强社区工作队伍，夯实社区工作基础；通过不断修订、完善职工年终考核评优管理办法，有效调动职工工作主动性与积极性；通过认真组织教职工报名参加学校举办的培训课程、鼓励教职工参加职级职称评定或者参加各项专业技术等级考试、成立年轻职工读书会并定期组织读书交流活动等多种方式，促进职工加强学习，不断提升队伍综合素质。

街道通过"十三五"期间的岗位管理体系建设、职工选拔聘用机制完善与运用，以及对基层和年轻职工加强锻炼和培养，目前内部组织架构基本完备、工作体系运转有序高效，并且稳步推进多次干部调整、人员调配、职工招聘、职级评定、职称申报，已基本实现"年轻化、知识化、可持续化"的职工队伍建设目标，形成一支比较稳定的干部梯队和骨干职工队伍，为完成新一轮内设机构改革和职工队伍建设工作奠定坚实基础。

（四）基层党建与和谐后勤方面的举措

街道坚持加强党的政治建设。领导班子带头提高政治站位，坚持正确的政治立场和政治原则，严守党的政治纪律和政治规矩。街道结合实际，及时修订完善党工委会议和党政联席会议制度，规范会议流程、明晰会议事项，切实贯彻执行民主集中制，不断提升街道党工委对地区治理的重大事项、重点工作和重要问题的决策能力和决策水平，确保基层工作体现党的意志，确保党的路线方针政策在具体工作中得到不折不扣的贯彻落实。据统计，街道每年召开党工委会议和党政联席会议40余次。

街道坚持加强党员学习教育。领导班子做好表率、党员全员认真参与、鼓励职工积极参加，街道扎扎实实、不折不扣地推进"三严三实""两学一做"、中央巡视整改及"回头看""不忘初心、牢记使命"主题教育等工作。十九大以来，街道坚持用习近平新时代中国特色社会主义思想武装头脑，促进干部职工不断增强"四个意识"、坚定"四个自信"、做到"两个维护"。街道坚持落实和不断完善理论中心组学习制度、书记讲党课制度、支部指导员讲党课制度、社区党支部送学上门制度，保证学习频率；制订并落实覆盖街道全体党员干部职工的学习培训计划，提高学习覆盖面；综合运用讲座报告、调研参观、视频学习、手机 App 等多种方式，提升学习效果。据统计，街道每年组织开展形式多样的党员学习教育活动超过 200 场次。

街道坚持加强基层支部建设。街道不断完善"党工委服务党支部、党支部服务党员、党员服务群众"的"三服务"机制，着力抓好"三会一课"等基础核心环节，高质量完成党支部工作评议、党支部书记述职评议、基层党建年度考核等重要工作，鼓励党支部积极申报基层党建课题和特色活动，夯实基层党建工作的基础，确保将党支部建设成为各项工作的战斗堡垒。街道指导各支部顺利完成换届，以"五好、十不能"标准，进一步选优配强支部支委班子。据统计，"十三五"期间，街道共发展新党员 18 名，并还有入党积极分子 19 人，有 2 个支部被评为校级先进党支部，5 人被评为校级先进党员、先进党支部书记、先进党务工作者，4 项支部活动被评为校级先进特色活动。

街道坚持加强党风廉政建设。街道切实履行党风廉政建设"两个主体责任"，坚持贯彻中央"八项规定"精神，坚决做好新时代"反四风"工作，注重对党员干部职工开展日常监管，加强节假日提醒。街道重视内控体系建设，制定并不断完善《内控制度汇编》，同时，进一步完善落实"三重一大"制度，修订《党工委会议规则》《党政联席会议规则》《关于公车预定及车辆费用报销补充规定》《街道新闻发言人制度》等一系列重要规章制度。街道着力在"常""长"二字上下功夫，每年开展党风廉政建设宣传和教育活动超过 10 场，并且不断丰富活动方式，提高活动的效率。

（五）安全及秩序管理方面的举措

街道坚持将平安建设作为重中之重，不断增强"防风险、保平安"的责任感和使命感，时刻绷紧安全弦。街道加强重点时期保障工作，加强反恐工作"十大体系"建设，制订扫黑除恶、安全防控等专项工作方案，健全群防群治体系，盯好重点人、看好重要地、管好重要物，坚决守住安全稳定底线。重点时期执行领导班子成员带头24小时值守制度，适时启动相应等级社会面防控机制，积极组织社区志愿者、社区巡逻队、治安巡防队等"三支队伍"开展24小时不间断社区巡逻值守，深入排查、全面化解各类矛盾，切实维护校园及周边秩序安全稳定。

街道加强安全检查与专项整治，不断完善和落实安全生产工作责任制，特别是坚持做好生产安全、消防安全、电动车安全、燃气安全、食药安全、防汛安全等方面的隐患排查和消除，并防止精神残疾人等特殊人群肇事肇祸。

街道坚持落实和深化"吹哨报到"机制，强化多元治理结构，积极发挥属地职能，不断推进综合执法平台实体化。街道坚持开展联合执法和会同协商，每年组织综合执法行动超过100次，清理"无证无照"经营、"开墙打洞"、群租房等违规行为，遏制新生违建、落实拆违任务，巩固背街小巷、地下空间整治成果，维护校园及周边良好秩序，确保城市服务管理综合考核评价系统平台案件得到及时有效处理。

通过采取以上举措，街道安全与秩序管理工作得到持续加强，效果明显。平安建设方面，街道每年有效动员社区志愿者达到1万人次以上，适时启动社会面等级防控，群防群治体系和联防联控网络得到不断健全；安全生产方面，街道每年日常监督与专项检查上百次，定期开展联合巡查走访，及时发现并消除各种安全隐患，辖区已连续三年无安全生产责任事故等事件；综合执法方面，街道每年及时清理无证照经营等违规行为超过400次，每年确保完成政府下达的拆违工作任务量，有效支援学校新增建设工作，每年完成城市服务管理综合考核评价系统平台案件近3000件。

（六）社区管理和服务方面的举措

街道坚持"主动沟通、增强服务、加强管理、依法惩治"管理原则，着力加强社会管理服务创新，积极探索新型大院街道管理服务模式。街道深化政府管理和校园管理的有效衔接，整合公安、司法、城管、市场监管、卫生监督等政府专业执法力量，协调学校相关部门，开展信息会商与联合执法，确保统筹协调和快速反应，形成强大管理合力，为学校环境建设、校河治理、校园游整治、周边秩序管理等相关工作提供坚强后盾，有力推动形成共建共治共享良好局面。

街道推进"吹哨报到"机制在大院地区落地生根，并进一步深化，全力做好"接诉即办"工作，确保"全天候"及时响应学校师生和居民群众的合理诉求，并且力求每个案件都让师生群众满意，让大家的需求在家门口就能"有人办、马上办、能办好"。

街道坚持依法行政，落实惠民便民政策，持续推进政务服务中心规范化建设，努力实现"一门一窗一网一次"的服务目标，为师生群众提供专业、便捷的社保、医保、卫计、民政等公共服务，不断提升街道政务服务的水平和效率。街道积极争取资源，进一步推进智慧社区建设，与总办合作对学校"一站式"综合服务平台升级改造、建设街道新门户网站和办公OA系统、建立街道微信公众号"家住清华"等。街道始终坚守为民初心，坚持每年高质量完成为民办实事项目。街道推动校内6个老旧社区实现并不断加强准物业化管理，持续改善校园生活环境，积极推进垃圾分类工作，落实《北京市物业管理条例》《北京市生活垃圾管理条例》。

幼儿园立足自身优势和特点，持续推进内涵式、高质量发展。重视师资队伍建设，加大人才引进力度，完善教职工分层分类培养机制；重视面向幼儿、教职工和家长的爱国主义教育，加强师德师风建设，提升家园共育水平。街道高度重视幼儿园双清苑分园建设，于2019年8月顺利实现开园，有效缓解幼儿入园难，得到学校和海淀区高度评价。

三、典型案例

（一）强化党建引领，扎实开展主题教育

街道扎实开展"不忘初心、牢记使命"主题教育，进一步强化党工委对街道事业发展的全面领导，把方向、管大局、谋大事、保平安，狠抓工作落实。街道按照"守初心、担使命，找差距、抓落实"的总要求，坚持抓思想认识到位、抓检视问题到位、抓整改落实到位、抓组织领导到位，制订实施《关于开展"不忘初心、牢记使命"主题教育工作方案》，成立主题教育工作小组，围绕"学习教育、调查研究、检视问题、整改落实"等四项重点措施，统筹推进主题教育的开展。领导班子带头参加主题教育相关活动96场次，撰写重点发言材料23篇，被学校采用3篇；完成居家养老服务、为民办实事、幼儿爱国主义教

育 3 项调研课题，被学校评为优秀调研课题 1 项；调研走访 24 次，到所联系或所在支部讲党课 8 次，覆盖师生群众共计 1120 人次；积极查找问题 27 项，完成整改 15 项，长效坚持 12 项。通过主题教育，街道党员干部进一步树牢"四个意识"、坚定"四个自信"、坚决做到"两个维护"，实现了"理论学习有收获、思想政治受洗礼、干事创业敢担当、为民服务解难题、清正廉洁作表率"的目标。

（二）密切联系群众，全力做好接诉即办

街道切实提高站位、统一认识，将"接诉即办"作为深化和巩固"不忘初心、牢记使命"主题教育的生动实践与鲜活实例，全力推进、尽力做好，形成"三个抓""三到位""三个办"的鲜明工作特点，取得良好成效。"三个抓"：街道制定专项工作方案，主要领导亲自抓、主管领导直接抓、骨干专班具体抓，一事一策、群策群力，确保 7×24 小时"全天候"及时响应师生群众的合理诉求。"三到位"：街道坚持"以人民为中心"的理念，坚持"三个到位"工作思路，即"能解决的案件及时解决到位，不能及时解决的解释到位，对有困难的群众关心帮扶到位"。"三个办"：街道力求每个案件都能让师生群众感到满意，让大家的需求在家门口就能"有人办、马上办、能办好"。2019 年，街道共计接办案件 290 件，响应率 100%、满意率 97%、解决率 95%，全年有 8 个月名列北京市 333 个街乡镇考评第 1 名，年度综合考评名列全市第 1 名。

（三）坚持为民服务，完善居家养老体系

街道持续关注地区人口老龄化问题，坚持"服务机制系统化、服务方式多元化、服务手段信息化、服务工作人性化、服务事业科学化"的"五化"发展方向，着力增强社区为老服务能力，不断完善"以居家养老为基础、社区助老为支撑、机构养老为补充"的清华园居家养老综合服务支撑体系。街道坚持开设 93001 综合服务平台，年均提供电话咨询、预约挂号、便民小维修等服务超过 1 万人次；每年开展便民医疗车服务近千人次、送医专线行程超过 5000 公里；坚持办好老龄大学和老龄互助社，老龄大学每年开设超过 30 班次、招收学员超过 1200 人次，老龄互助社定期组织社员交流、互帮互助，每年为老人举办金婚庆典；积极开展老年人家庭"适老化"改造，提供"爬楼机"服务。在此基础上，街道开展专题调研，撰写专题报告，起草工作实施方案，引

入专业服务资源，先后建成蓝旗营社区、荷清苑社区养老服务驿站，进一步为老人提供健康咨询、日间照料、康复训练、心理慰藉、取药、助浴、理发、修脚、按摩等多种服务，获得老年人极大欢迎，也得到学校和政府的一致好评。

四、改革成效

"十三五"期间，特别是十九大召开以来，清华园街道深入学习贯彻习近平新时代中国特色社会主义思想和党的十九大以及十九届历次全会重要精神，坚持党建引领，坚持为民初心，锐意进取、奋力开拓，强化"四融"理念、打造"善治"模式，不断完善基层服务管理体系，提高服务学校师生和居民群众的能力，顺利实现了街道制定的事业发展"十三五"规划和各项综合改革任务目标。街道立足实际，统筹协调，良好地履行了辖区城市管理、社会管理、民主管理和社区建设等各项职能，充分发挥了学校与海淀区政府之间的桥梁纽带作用，建立起政府管理和校园管理的有效衔接，为大院相关管理工作提供了坚强后盾，有力推动辖区形成共建共治共享良好局面，对大院街道管理服务新模式的探索取得突破性重要进展，为学校"双一流"建设和海淀区"两新两高"战略实施作出了许多贡献。

平安建设方面，街道高度重视、深入贯彻，每年动员社区志愿者1万余人次，适时启动社会面等级防控，健全群防群治体系，织密联防联控网络，全力做好校园及周边秩序维护与安全稳定工作；街道坚持做到日常监督与专项检查相结合，定期开展联合巡查走访，及时发现并消除各种安全隐患，确保辖区生产安全、消防安全、电动车安全、燃气安全、食药安全、防汛安全等。通过改革与努力，街道辖区已连续三年无安全生产责任事故等事件。

为民服务方面，街道坚持高质量完成为民办实事项目，获得师生群众、学校、海淀区等多方好评。一系列典型成绩如下：2019年全市接诉即办工作综合考评名列第1名；2019年超额完成市、区政府下达的拆违任务总量；创建海淀区垃圾分类示范点，居民年均累计投放、分出厨余垃圾超过1000吨，清华园地区人均垃圾产生量位列全市最低；建成北京市首家高校内出入境证件受理点；成立北京首个高校新时代文明实践所、站；荷清苑社区家长学校被全国妇联、教育部联合命名为"全国家庭教育创新实践基地"；建成蓝旗营社区养老服务驿站、蓝旗营便民果蔬超市、荷清苑社区养老服务驿站等便民服务设施，并积极引入优质服务资源，开展专业服务工作；顺利完成幼儿园双清苑分园开园，有效缓解幼儿入园难，得到学校和区教委高度评价。

街道注重经验总结和制度体系建设。"十三五"期间，通过制定实施和修订完善一系列重要制度，街道在校内单位中比较早地建立起一整套内控体系，完成《内控制度汇编》，并且及时更新、不断健全，促进优秀工作成果与经验得到有效巩固、工作短板与薄弱环节得到有效弥补。近年来，街道制定或修改的重要规章制度主要有：《内控制度汇编》《三重一大制度》《党工委会议规则》《党政联席会议规则》《清华园街道党工委意识形态工作责任制实施细则》《关于公车预定及车辆费用报销补充规定》《小型工程建设项目管理暂行办法》《街道购买社会服务管理办法》《街道安全生产责任制》《街道新闻发言人制度》等共计30余项。

五、经验和启示

（一）坚持统筹协调，充分发挥党建引领作用

街道"十三五"事业发展规划的顺利实施和综合改革任务目标的圆满完成，首先是街道"坚持发挥党工委核心领导作用，把方向、管大局、谋大事、保平安"的有效成果。街道党工委坚持统筹协调，充分发挥党建引领作用，通过用好"社区党建引领""吹哨报到""接诉即办"等工作机制，在一系列重大任务和重要工作面前，能够迅速、有效地实现"统一指挥、统一调度、统一安排"以及"人员统筹、物资统筹、措施统筹"，从而确保将党工委核心领导作用、党支部战斗堡垒作用和党员个人先锋模范带头作用落到实处、体现实效。其次是党工委的全面领导和狠抓落实，为街道"十三五"事业发展规划和综合改革任务的顺利完成保驾护航。

（二）坚持为民宗旨，扎实推进办好民生实事

全心全意为人民服务是党的根本宗旨，也始终是街道谋划事业发展的出发点、锤炼培养干部的着力点和检验工作成效的落脚点。"十三五"期间，街道进一步牢固树立"以人民为中心"的发展理念，着重加强区域党建、开展公共服务、统筹辖区治理、组织综合执法、指导社区建设，最根本的还是"实现好、

维护好、发展好"辖区师生群众的根本利益，切实做到了服务群众、凝聚人心、稳定社区，不断增加师生群众的获得感、幸福感、安全感。

（三）坚持完善机制，着力加强工作能力建设

党的十九届四中全会强调要推进国家治理体系和治理能力的现代化，街道"十三五"事业发展规划和综合改革任务的顺利推进，同样也得益于街道强调和注重做好工作谋划、完善工作机制、加强能力建设。围绕各项工作任务，街道分别建立专项小组，明确责任分工与实施路径，及时总结经验做法，推进工作建章立制，实现工作任务与制度建设同步推进、同步实施、同步完成，从而有利于工作成果的常态化保持与长效化巩固，达到举一反三、事半功倍的良好效果。"十三五"期间，街道结合工作任务，坚持创新和完善一系列工作机制，制定和修改诸多重要工作制度，着力加强工作能力建设，提升工作水平和效果，促进对大院街道管理服务新模式的探索落到实处，并取得突破性的重要进展。

六、问题和不足

当然，随着我国"两个一百年"奋斗目标的深入推进、社会生活日新月异的快速发展，特别是北京市一系列重要规章制度《北京市街道办事处条例》《北京市物业管理条例》《北京市生活垃圾管理条例》等的正式颁布实施，街道的事业发展和综合改革，又面临着一些新问题、新挑战，需要继续攻坚克难、奋力拼搏。

（一）机构改革和队伍建设需要继续深化

根据政府要求，街道还需坚持精简、效能、便民的原则，立足工作实际，按照直接服务居民的"6+1+2"的架构设置，加快推进和完善内部机构改革，实现"进一步整合职能、明确分工，推动街道工作综合化、扁平化，促进管理服务效能提升"的目标。同时，街道还需根据学校人事制度改革的要求，加快推进干部职工队伍改革，进一步完善街道岗位设置体系，修订和完善新一轮岗位说明书，严格开展干部职工选聘工作。街道需根据实际需要，选拔与职位相匹配、与事业发展相协调、忠诚干净有担当的干部和职工，并以此为契机，进

一步加强街道后备干部培养和梯队建设,加强职工岗位培训,着力开展思想理论和专项业务培训等。

(二)制度体系和机制建设需要继续加强

制度体系建设与作风建设、纪律建设紧密相关,始终是保证街道事业发展行稳致远的重要基石之一,制度体系建设也永远在路上。因此,街道还需要以现有内控制度体系为基础,结合工作面临的新形势、新问题,进一步认真梳理查找风险点,认真修订完善相关制度规定,并且做好内控制度培训。同时,近期"接诉即办"、垃圾分类、应急处置等一系列新工作、新情况的出现,也反映出街道在这些重要工作的长效机制建设上仍有不足,还需要进一步加强。

(三)社区建设和社区服务需要继续提升

近年来,师生群众日益增长的美好生活需要与街道辖区不同社区之间发展不平衡、不充分的矛盾不断显现。通过深入走访调研,在社区环境建设、平房区的治理、老旧小区的治理、社区便民设施、居家养老服务等方面,师生群众都还有不少的期待。这就需要街道坚持"以人民为中心",坚守为民"初心"与"使命",秉持"四融"理念,积极争取资源,统筹协调力量,继续探索和完善大院街道管理服务"善治"新模式,以实际行动进一步提升社区建设和社区服务的水平与能力,不断增强师生群众的获得感、幸福感、安全感。

七、下一步前进方向

下一步,街道将坚持深入学习贯彻习近平新时代中国特色社会主义思想和党的十九大以及十九届历次全会重要精神,按照学校和政府的各项新部署、新要求,结合实际,奋力开拓,以首善标准加快推进内部机构改革和队伍建设,继续深化内控制度体系和长效机制建设,努力提升社区建设和社区服务能力,提升社区治理体系和治理能力现代化,推进各项事业顺利发展,努力为清华大学"双一流"建设和海淀区"两新两高"战略作出更大贡献。

清华大学医院综合改革与"十三五"事业发展总结

一、改革背景与目标

改革前的条件:"十二五"期间医院在队伍建设、学科建设、文化建设、环境建设等方面有了长足进步。满足了广大师生员工常见病、多发病的诊疗需求,实现了高血压、糖尿病、冠心病、脑卒中、高血脂、白内障、青光眼、前列腺疾病等慢性病的非手术治疗85%的患者就近都在我院解决。肛肠手术、阑尾炎手术量位于北京高校第一。2015年全年完成门急诊量平均约45万人次,按规划购置了64排CT、彩超、数字化拍片机等医疗设备开展新的诊疗项目,临床各专业都有不同程度的发展。

改革的驱动力:医院的发展是显著的,但医院也存在优质技术力量不足、资金不足、信息化建设滞后以及就诊环境拥挤等现实。同时我们也要正视学校师生员工对医疗保健不断增加的需求和医院实际服务能力之间的不匹配;医院建设的新标准和医院现有条件之间的不达标;社区卫生服务不断提出的新任务和医院客观条件之间的不适应。所有这些难题需要通过医院的管理模式和激励机制进一步创新,医疗保健保障水平进一步提高,办院视野和工作标准进一步提升,医护技三支医疗保健队伍进一步协调发展,满足学校发展要求和政府医疗卫生改革要求进一步协调兼顾等改革举措来实现。

改革的目标:以学校深化综合改革方案为指导,按照后勤深化综合改革方案的要求,在现有基础上,医院坚持从学校建设一流大学发展的实际要求出发,坚持最大限度满足清华大学师生员工及社区居民医疗保健需求,坚持将政府社区卫生改革要求与医院面临的学校医疗保健实际情况相结合,走出具有高校医院特色的改革发展道路,使医院在队伍建设、学科建设、制度建设、文化建设、环境建设等方面实现健康发展，使师生员工及社区居民的基本医疗及公共卫生保障水平处于全国高校前列。

二、改革与发展成效

（一）完成管理体制机制创新持续促进学科发展

修订、完善、明确了医院的功能定位，明确 10 条校医院工作职责以及 23 项工作任务。这项工作的开展是确立校医院所有改革项目的基础，明确医院的发展方向、指明医院如何有所为有所不为、告诉医院职工我们自己的责任是什么？工作内容有哪些？让医院的干部和职工从思想上到行动上能聚焦到一起，聚集最大能量，集中精力发展好自己。这项工作之所以如此重要是因为他是医院建设发展的中轴线，时时刻刻提醒我们不能偏离中心。该项工作已经得到很多高校的借鉴，对全国高校的发展也有一定的指引。开展医院管理机制创新。按照"分层管理、责权统一"的原则，明确行政二级垂直管理和各专业委员会业务管理职能定位和职责内容。构建院级行政管理部门，负责监督、检查、协调，科室负责组织落实，各专业委员会负责学术决策和专业指导的管理体系。这样形成业务横向管理业务标准和行政的纵向管理执行效能有机结合管理模式在实践过程中用了比同等规模医院少得多的管理人力，高效高质量让医院健康运行，这在行业内部、在高校医院都是极其少有的高效率。同时为了有效促进管理真正落到实处，我们制定的科室考核量表得到来院检查工作的专家的高度好评，也受高校医院的邀请在全国高校医院年会上进行了介绍。连续几年满意度都在不断提高也是一个很好的佐证。

此项管理机制改革实施以来一方面学术委员会的专家们本着高度负责的精神，用专业的眼光，结合医院实际状况提出健康管理教育、老年疾病防治、口腔疾病防治、临床诊断检测、康复治疗管理 5 个重点发展学科，并紧紧围绕发展重点审议通过牙科 CT、全身双能 X 线骨密度检测、磁共振检查等 72 项新项目陆续实施，新项目的开展既填补了医院业务上的空白，又满足了师生实际需要，更契合了医院发展的实际能力，使医院实现了健康可持续发展；另一方面医院行政部门根据当年医院总体任务制定针对每一科室的考核量表，使考核内容项目化，让科室明确当年任务和医疗质量要求，行政部门定期督导检查，并将检查结果与科主任绩效挂钩，确保高质量完成年度任务。实践证明这种管理模式对促进科室高质量完成任务非常有效。

（二）多层面服务质量提升运行机制形成

一是建立院外监督员会议制度，每年召开会议征集意见建议，梳理研究纳入年度工作计划实施。二是建立院科两级质量控制管理机制，提升医疗服务质量。一方面科室质量控制小组定期召开科室质控会议，研究讨论医疗疑难病历和医疗质量改善措施；另一方面院级质量检查小组每月对科室工作进行一次全面督导检查、点评反馈。三是积极开展信息化建设，解决短板问题。信息化建设已经成为医院高校、精准运行的必要手段，也是提高效率、减少人力成本的基础条件。2016年完成公共区域部署无线Wi-Fi，实现医院医学影像系统与长庚医院影像间远程互联，提高疑难病的诊断率，2017年实现与北医三院实时远程医疗会诊。上线支付宝APP，实现网上挂号、缴费、用药提醒、报告查询等，支付宝APP当年就诊使用率达到20%。2018年医院上线合理用药系统，2019年医院完善医院影像系统，升级叫号系统，上线体检、疫苗预约系统。2020年上线住院公疗费用实时报销系统，使师生在校医院产生的住院费用能够及时报销，避免师生往返多次进行手工报销。四是强化制度建设，保障医院运行的规范。制定医院物价、资产管理制度24项，修订医院"三重一大"管理办法。2019年请第三方对医院工作进行内检检查，根据检查结果，医院对45项内容进行了整改，再次对部分制度进行修订。以上从定期征求服务群体的意见、内部临床质量督导、信息化持续建设、制度建设随时跟进等方式形成多层面医疗保健服务质量提升运行机制，形成了医院自我发展、自我约束的运行管理模式。

（三）以岗位、培养、激励为核心要素的队伍建设机制形成

队伍建设是确保医院长远发展的决定性因素。医院通过建立岗位体系、人才引进和培养体系、考核激励体系等加强队伍建设。"十三五"期间医院进一步优化岗位设置体系，设定12级岗位层级，明确每一岗位职责和具体任职要求，编写岗位说明书，制定定期岗位聘任工作制度，2018年对岗位说明书进行全面修订，2019年医院重新制订了新的队伍改革方案。

建立关键岗位人员选聘和普通岗位人员选聘机制，有计划地引进事业编制

人员，通过科室申报，人才引进委员会考核，有计划引进专家型人才与高技能人才。2016—2020年共引进事编人员26名，合同制人员29名，其中博士学历4人，硕士学历12人；正高职称1人，副高职称5人。新引进的人才都在各自的岗位上发挥重要作用。两个体系的人才引进提高了人才引进的速度，保障了医院工作能有序开展。定期遴选出医院后备干部队伍名单，有目的进行培养，确保医院有足够的后备干部人才。

建立三个层级的队伍培养体系。一是科室作为队伍培养最基层的独立单元，负责专科业务培训、医德考评、绩效考核、评优推荐。二是院级负责面向全员职工的业务培训，技能考核。2016—2020年举办市级医学继续教育2个项目，6个课题；举办区级继续教育48个项目；邀请多位专家来院授课，实现了医务人员及时获取学科的前沿发展，及时更新理念，促进自我成长，并及时将新的理念、新的知识服务于临床，让师生获益。三是推荐优秀人员进入三级医院进行专业水平的再次提升。2016—2020年医院共选派54名骨干（医生44名，护士10名）前往上级医院进修学习，涉及内科、外科等11个专业。对医院开展口腔种植、疑难伤口及皮肤治疗、TCT检测、睡眠呼吸暂停监测等新技术、新项目提供助力，填补了医疗技术的多项空白。四是修订医院继续教育管理办法，鼓励参加高水平的学术会议。五是创造条件，开展科研工作。2016年医院出台了《医院科研项目申报管理办法》，启动医院自有经费的科研项目研究工作。首批3个项目获得资助，此后每年均有项目获得资助，为年轻人的成长提供平台。2016—2019年共发表论文143篇，其中SCI 11篇，北大核心47篇。

实施两级三维度绩效考核奖励工作办法。根据"谁聘用谁考核"的逻辑分为院级和科级两级。行政干部管理层由院级绩效考评组负责，科主任负责科内人员绩效考核发放。这种两级的考核办法大大推进了工作的有效性，确保了优劳优酬，多劳多得。工资和津贴作为队伍第一维度的收入由医院人事部门根据考勤进行核算，每月奖酬金作为队伍第二维度的收入由院科两级根据完成月度工作量进行核算，年终绩效作为队伍第三维度的收入由院科两级共同核算完成。两级实现了谁聘用谁考核，目的更倾向发挥激励的作用，有更大的灵活性。三维度实现了对职工全方位的考量，更倾向于平衡，灵活性弱，对能力差但努力工作的人员有一定的照顾。新方案的实施大大调动了职工工作自动性和创新性。

2019年全年完成门急诊511446人次，创历史新高，比2018年同期增加6.58%。各类化验检查231694人次同期增加2.15%。心电综合检查6950人次，同期增加11.6%。超声检查42195人次，同期增长6.21%。放射摄片69938人次同期增长4.8%。

（四）临床医疗保健工作取得显著成绩

1. 分层次预防保健管理体制基本形成，不同人群健康保健重点检测项目确立，持续推进落实效果显著

儿童人群：重点监测出生缺陷和发育滞缓，重点预防传染病的发生，保障有缺陷的儿童及早得到干预治疗，促进所有儿童健康成长。2016年1月起，开展先心病筛查、骨关节病筛查、贫血筛查、营养不良筛查、肥胖儿筛查、DDST智力筛查、听力筛查、残疾筛查等，筛查出的问题儿童都及时开展康复治疗。儿童保健负责医生被海淀卫计委推荐参加北京市"最美乡村医生"的评选，保健门诊成为海淀区参观学习的样板。

妇女人群：重点监测对妇女危害较大的乳腺癌和宫颈癌，实现早发现、早治疗，最大限度提高妇女生活质量。2016年1月至2020年，妇女病体检12940人次，发现HPV阳性106人，宫颈高度病变7人，宫颈癌1人，卵巢癌1人，乳腺癌13人。为发现妇女重点疾病提供了强有力的保障。

学生人群：重点监测肺结核、听力、视力、嗅觉以及心肝肾重大疾病。2016—2020年学生体检总数56641人，发现重度心脏疾病18人，活动性肺结核28人，甲状腺癌5人，鼻腔NK-T细胞淋巴瘤1人，糖尿病6人，癫痫病1人，慢性肾功能不全1人，过敏性紫癜性肾炎1人，慢性肾炎15人，甲亢5人，横纹肌溶解症1人，恶性淋巴瘤1人，慢性粒细胞白血病1人，发现严重肺大泡4人并及时手术，高血压77人。

教职工人群：重点监测不良生活行为、早期慢性病、早期癌症、慢性病控制达标情况。2016—2020年教工体检共48911人次，检出恶性肿瘤133人，其中早期占多数，治疗效果很好，为患者赢得了宝贵的治疗时间。所有发现的疾病或异常指标我们对其本人都进行了健康指导和后续医疗服务。为教职工的身心健康起到保驾护航的作用。

为了进一步做好师生的健康促进工作，2018年学校成立健康促进工作协调机制，由吉俊民副校长牵头，学校多部门参与，办公室设在校医院。该组织

于 2019 年制订出台了清华大学健康促进行动计划（2019—2021），明确通过疾病筛查与健康促进、健康教育与健康促进、体育运动与健康促进、合理膳食与健康促进、心理健康与健康促进、职业健康与健康促进、其他安全环境与健康促进等 7 个模块来促进学校对师生的健康保障。更加全面加强健康促进工作。

2019 年校医院牵头依据健康中国行动（2019—2030）和国家基本公共卫生服务规范制定分三组，小于 40 岁、40～65 岁（含 40 岁）、大于等于 65 岁男女体检套餐，并组织专家组进行讨论形成最终方案。

2020 年学校发布《教职工体检管理办法》，并成立健康工作委员会。同意在全校教职工中实施新的体检方案。至此清华大学教职工体检工作进入"科学指导、统筹协调、分类管理、整体覆盖"的管理轨道上，由原来改革初期的部门行为变成了学校行为，这是一个质的飞跃。

2. 研究服务人群的医疗需求，明确医疗学科发展重点，建立各学科重点发展项目

"十三五"规划提出 5 个重点发展学科，健康管理教育、老年疾病防治、口腔疾病防治、临床诊断检测、康复治疗管理。医院每年围绕五个重点学科列出每年重点发展项目，设置台账，组织实施。2016 年医院设备更新十年规划向学校汇报，学校同意以每年医院自筹 500 万元，学校匹配 500 万元的方案来解决医院的设备购置经费。2016 年 1 月至 2020 年 5 月，医院购置设备 759 台件，总金额 4194 万元。尤其是磁共振检查设备的引进填补了医院检测手段的重大空白，实现了医院的跨越式发展。"十三五"期间，全面完成了 18 项综改任务，口腔种植修复技术、小针刀疼痛治疗、尘螨过敏性疾病免疫治疗、全身双光能 X 线骨密度检测、磁共振检查、经颅多普勒血管检查 TCD、TCT、HPV 以及新冠核酸检测等 75 项新项目顺利开展，科研水平显著提高，圆满完成了"十三五"规划和综改确定的各项目标和任务，基本建成满足学校发展需求，符合国家社区卫生服务发展要求，具有清华特色、高校一流、社区拔尖的二级综合医院。

3. 完成平台搭建，服务能力得以拓展

完成校医院与清华大学附属医院、北医三院、北医六院合作平台建设。建立 130 位知名专家组成的校外专家库为清华师生员工服务。专业涵盖内科、外科各二级学科、妇科、儿科、眼耳鼻喉科，分布在海淀、朝阳、东城、西城共28 家三级医院，极大解决疑难疾病的诊治困难。实现了与长庚医院、华信医

院直接医疗转诊服务，扩大教职工就医渠道。陆续实现与北医三院、长庚医院远程会诊，与北医三院、北医六院建立医联体服务。充分利用社会优质资源，服务于清华师生健康。

（五）基础设施建设实现质的突破

积极推进医院基础设施建设，完成手术室、专家诊区、体检中心、临床检验实验室改造与新建，使医院建筑符合现代化医院管理要求，满足医疗保健安全运行的需求，满足患者便捷就医环境要求。大大提升了患者就医体验，尤其临床实验室的新建，使医院临床检验环境发生质的改变。推进医院新大楼建设项目立项。在医院"十三五"规划和后勤综合改革与发展方案中，都提出了校医院新大楼的建设设想。2018年校医院向学校事业发展规划委员会汇报了《清华大学校医院新院可行性报告》，明确阐述新大楼建设的必要性、建设思路、建设规模以及功能分割。2019年校医院根据学校事业发展规划委员会的建议，进一步完善可行性报告，完善建设方案的概念设计、使用功能描述、建设规模说明，并再次向学校事业发展规划委员会进行汇报，并获得批准。同年学校规划基建委员会审查立项。这标志着校医院新大楼建设纳入学校建设项目范畴，它的实施将会给医院发展带来质的突破，迎来新的快速发展新阶段。

（六）夯实党建、凝聚共识，促进发展

贯彻落实全面从严治党要求，推进学习型、服务型、创新型基层党组织建设，不断提高基层党组织的创造力、凝聚力、战斗力。

夯实组织建设：2018年借岗位聘任契机将党办与人事办合并，使党委对队伍建设工作的管理更加顺畅。调整党委委员联系支部工作，保障了每一支部都有一名党委委员，改变了过去有的支部多名党委委员，有的支部没有党委委员的状况，从结构上加强了支部力量。2019年借支部换届契机实现学科带头人担任支部书记，提高了支部书记学术影响力和在群众中的号召力。2019年医院进行了团支委的选举工作，恢复团支部建制。组织建设的加强使党组织的创造力、凝聚力、战斗力不断提升。

加强理论培训：党的理论知识作为一门博大精深的专业学问，对医护人员来讲，需要补课的知识点太多，党委对此认识清楚，坚定不移狠抓理论学习。对支委以上干部每年召开培训班，聘请学校专家授课，开展课程讨论，提高理

论水平。对全体党员依靠支部"三会一课"不断加深理论学习和认识。对全体群众通过科室建制和召开全院会议来落实理论学习全覆盖。分层次加强党的政治建设，落实从严治党主体责任。

重视队伍建设：加强队伍建设，保障医院事业可持续发展。2018年、2019年平均每年召开党委会13次，讨论医院发展重大事项，加强领导班子和干部队伍政治教育，强调红线意识和底线思维，坚持民主集中制原则，坚持"三重一大"事项集体决策原则，坚持党管干部原则，严格按流程遴选干部，平均每年为医院选聘人才约20名，为医院事业发展提供了队伍保障，积极稳妥推进职工队伍改革。

开展实践活动：医院作为一个高度紧张、任务繁重、风险又高的行业，每一名医务人员的工作状态都必须是精神高度集中专注，组织实践活动让他们能有轻松的心情去感知党的历史发展过程，弘扬爱国奋斗精神，激发爱国激情和工作热情，提高队伍凝聚力非常必要。

2019年5月党委组织全体党员参观红旗渠实践活动。通过实地参观学习，聆听讲解，了解河南林县人民发扬自力更生、艰苦奋斗和愚公移山的精神，为解决当地历史以来吃水如油、靠天吃饭的困境，以人定胜天的努力一搏，搏出辉煌并载入史册的伟大壮举，全体党员深刻地认识到红旗渠精神是中华民族行健自强的民族精神和锐意进取的时代精神，是中华民族的宝贵精神财富，是推动国家发展和社会进步不竭动力的源泉。加强党员的党性教育，提升了民族自豪感，增强支部的凝聚力，激发大家弘扬医院院训精神，传承创新医院文化，提高为师生员工提供更加优质服务的自觉行为。

推进制度建设：制度对实现工作程序的规范化，岗位责任的法规化，管理方法的科学化，起着重大作用。2018年党委制定医院党政联席会议、党委会议制度。2019年对党委现行制度进行新增和修订。新增《清华大学医院组织机构管理制度》《清华大学医院关于教职工党支部在教职工队伍建设工作中把好政治关、师德关的工作流程》《校医院干部请假制度》3项，修订《清华大学医院党委会议制度》《清华大学医院党政联席会议制度》《关于领导班子贯彻"三重一大"原则的实施意见》等重要制度13项。修订人事管理制度29项。落实党委把方向、管大局、作决策、促改革、保落实的领导作用。

深化党员教育：各支部坚持"两学一做"学习教育常态化、制度化。2019年利用业余时间开展形式多样的理论学习，累计支部生活95次，组织生活综合出勤率达到98.19%。党委统筹各支部召开党支部专题组织生活会，对党支部工作和党员开展民主评议。每一支部都认真总结年度支部工作并查摆支部问题，提出整改措施，每位党员都佩戴党徽上班，认真查摆自身问题提出改进办法，广泛开展了谈心谈话活动，加强了党员的教育。

三、改革与发展经验和思考

（一）目标确立一定要持之以恒

2000年校医院成立第一届党委之时，班子成员集中多次讨论分析校医院发展的优势、劣势，发展的机遇和面临的挑战，最后确定发展思路为集中精力优先发展医院的检测能力，优先解决医技检测学科和内科学科带头人的引进，以点带面、重点突破协同发展。关键目标是早期发现重大疾病，提高心血管疾病和内科急诊急救水平。简而言之就是提高发现重大疾病能力，提高主要威胁师生生命的心血管疾病的救治水平。围绕这个目标，开始了对放射科、检验科、功能科、内科的长期人才引进培养的持续投入，对检测设备的高水准配置和更新，到2000年为止，医院拥有飞利浦磁共振成像系统prodival1.5T CX、美国Philips Brilliance 64 CT、全电动移动式数字化摄影系统KD-M900、美国GE Discovery 656 DR、美国飞利浦公司生产的超声诊断仪EPIG-5.IU-22.HD-15；美国GE公司生产的彩超仪LOGIQ、Voluson E8、LOGIQ-E9、Vivid-E9；德国Sirona Dental SystemaGmbH公司生产的牙科修复体设计系统CEREC AC CD34921；美国Norland XR-600双能X线骨密度测量仪；德国Kavo Orthorali 9200DDE曲面断层DR；日本奥林巴斯电子内镜；光相干断层扫描仪（oct）PRIMUS200等一批先进设备，为医院持续发展提供了坚强技术支持。

（二）注重规划制定的可操作性

据我们了解，高校医院开展5年一周期的规划制定很少，能按规划执行的就更少。究其原因就是作为最基层的一个小部门，未来不确定性太多，规划制定不容易实施更不易。校医院从2000年开始坚持围绕医院实际情况，坚持制定医院发展五年规划，在规划的制定中，注重在制定前进行充分的师生需求调研及与学校相关部门沟通，尤其关注规划实施的可操作性。比如校医院根据医院"十三五"规划，相应制定了设备购置与更新十年规划。该规划从编写依据、医院医疗设备现状、制定设备购置规划的重要性、设备购置清单、组织实施五部分组成，其中设备购置清单详细列出购置年份，以及购置经费需求，使得该规划的执行过程中目标明确，具有极强的可操作性。实践证明该规划执行良好，极大减少科室的盲目性，提高了工作效率。

（三）管理工作系统化、指标化

校医院承担北京市二级医院、海淀区社区卫生服务中心、高校医院三个层面的繁重工作任务，麻雀虽小，五脏俱全，在人员严重不足的情况下，大多数人要从事多方面的工作，管理难度非常大，如何有效地推进工作，持续提高工作质量和工作效率，医院尝试对每个科室每年的工作计划进行指标化分解，制定出月考核指标体系，由行政部门每月进行质量督导、检查、考核。此项管理手段实施五年以来，每年进行项目修订，持续提出新的更高的考核要求，由于将管理工作指标化，使得科室工作更加具体明晰，执行可以到位，对医院整体医疗水平的不断提升收到了非常好的效果。也成为上级行业部门表扬的案例和高校医院借鉴的典范。

回顾医院综合改革与"十三五"事业发展，医院在基层党的建设、队伍建设、学科发展、信息化建设、就医环境建设、文化建设等方面都取得跨越式发展，为师生员工健康促进提供了有力保障。但是对照国家健康新理念的提出、对照学校发展要求以及师生员工对健康的新要求，医院要清醒认识到学校发展需求与医院服务保障资源之间、师生员工对健康个性化需求与医院服务供给能力之间的矛盾依然显著，服务能力和服务质量建设依然任重道远。

"十四五"期间，医院事业发展机遇与挑战并存。《"健康中国2030"规划纲要》指出未来我国应建立专业公共卫生机构、综合和专科医院、基层医疗卫生机构"三位一体"的重大疾病防控机制，建立信息共享、互联互通机制，推进慢性病防、治、管整体融合发展，实现医防结合。《纲要》还指出未来我国医疗卫生发展全面建成统一权威、互联互通的人口健康信息平台，规范和推动"互联网＋健康医疗"服务，创新互联网健康医疗服务模式，持续推进覆盖全生命周期的预防、治疗、康复和自主健康管理一体化的国民健康信息服务。清华大学校医院作为区域内医疗卫生基层单位，负担着辖区内常见疾病诊治、校园医疗保障、疾病预防宣传等医疗卫生工作，是三级医疗服务体系中实现分级诊疗，落实全生命周期健康管理的重要组成部分。同时，作为清华大学医学卫生体系的一环，也肩负有探索新型社区卫生服务模式，打造智慧社区医疗的责任。为适应新时期医疗卫生事业发展，落实校医院上述职能与要求，我们要牢记初心使命，以习近平新时代中国特色社会主义思想为指导，积极服务学校人才培养和改革发展，主动响应国家《健康中国行动（2019—2030）》和《国家基本公共卫生服务规范》要求，主动回应师生对身心健康期盼，坚持立德树人，坚持内涵发展，坚持开放发展，坚持创新发展，坚持持续发展，健全服务保障体系，增强服务保障能力，提升服务保障品位，构建智慧医疗型、健康管理型、疾病预防型、医养结合型、学习教育型的新型医疗保健服务体系。在新的起点建设具有清华特色、高校一流、社区拔尖的新型智慧型二级综合医院，为清华师生员工和社区居民身体健康保驾护航，作出新的更大的贡献。

第三部分
典型案例篇

基层党组织"三级联系"机制探索与实践

——以清华大学后勤党委为例

后勤党委 赵影 伍胜蓝 邱显清

关键词：高校后勤；基层党组织；"三级联系"机制

一、背景情况

高校后勤工作点位多、战线长，职工队伍规模庞大、组成复杂，需要充分发挥党组织、党员作用，团结凝聚后勤职工，确保平稳有序地推进后勤运行服务保障工作，促进高校后勤事业高质量发展。清华大学后勤党委坚持走新时代群众路线，建立党委党总支联系支部、支部联系党员、党员联系群众的"三级联系"机制，通过党委党总支指导支部开展工作、党支部教育引导党员、党员联系服务群众，在后勤各级党组织、党员、群众之间建立起完整的联系网络，把基层组织制度执行到位，思想政治工作做到位，为推进后勤事业改革发展提供了坚强的政治和组织保证。

二、主要做法

后勤党委按照"科室有支部、班组有党员"的组织建设目标，建立完善"三级联系"机制，团结带领广大职工把学校大局放在心上、把困难留给自己，无论是在日常服务保障工作中，还是在应急突发事件处理中，党员同志们都不畏艰难，无私奉献，以舍我其谁的气魄带领广大后勤职工战斗在工作的第一线上。

（一）党委党总支联系支部

建立发挥党委党总支政治核心作用制度，强化政治功能，履行政治责任，不断增强大局意识和标杆意识。坚持和加强党对后勤工作的全面领导，落实组织安排，副总务长、后勤各单位负责人均为后勤党委委员，委员增至11人；后勤4个中心党总支书记和中心主任由同一人担任，中心党员班子成员均进入党总支，委员增至7人，壮大党委、党总支工作力量。后勤党委委员、各中心党总支委员每人分别联系一个基层党支部，每年进行调整，有效覆盖后勤各个党支部。参加所联系支部的组织生活，为所联系支部的党员讲党课，将党的路线、方针、政策真正落实到基层党支部和广大党员的日常工作中去。了解基层党支部开展活动的基本情况，与支部书记、支部委员开展谈心谈话，广泛听取党员意见，了解并推动解决支部工作中存在的问题和困难，推动党支部标准化、规范化建设和工作创新。党支部的工作水平得到提升，支委工作的积极主动性大大加强，联系机制畅通了党支部与党委党总支的工作沟通。

图1　党委党总支委员联系党支部讲党课

（二）支部联系党员

党的基层组织是党的执政之基、力量之源。后勤党委有效建立顺畅的工作联系和沟通渠道，进一步健全基层党组织的工作制度，不断提高党支部规范化建设水平，充分发挥基层党组织的战斗堡垒作用，服务学校改革发展、服务教学科研、服务师生员工生活。后勤党支部覆盖了各个业务科室，实现了"科室有支部"。选优配强支部书记，支部书记全部由对应科室负责人或分管业务负责人担任，加强支委会工作力量，超过20人的党支部增补为5名支委。坚持举办党支部书记研讨班、党支委培训班，加强培训培养，夯实工作基础。党支部委员分别联系支部党员或党员与党员之间结对子谈心谈话，每学期至少安排1次深入交流，了解党员的工作、生活及思想状况，及时向党支部反馈党员的困难和困惑。通过定期开展帮扶活动，走访慰问老党员、生活困难党员，帮助他们解决工作生活中的问题。关心党员思想政治进步，通过党员谈心活动、党员座谈等形式，及时了解掌握党员的思想状况，帮助教育。党支部每学期安排组织生活会专题交流谈心谈话、结对子联系的情况。

图2　后勤党支部书记研讨班赴红旗渠参观实践

（三）党员联系群众

密切联系群众是马克思主义群众观的体现，尊重群众，虚心向人民群众学习，做人民群众的贴心人，忠实地为人民群众办实事，以最广大人民群众的根本利益为出发点和落脚点。后勤党委充分发挥每名党员的先锋模范作用，始终坚持以广大师生最关心的问题为导向，及时回应师生员工对美好校园生活的向往。党支部做好群众联系计划，给每名党员确定联系群众对象，工作触须延展到每一名职工。持续扩大积极分子队伍，安排党员联系积极分子，关心其思想成长和业务提升，将党员发展与骨干队伍培养有机结合，每年发展职工党员10人以上。党员做好联系群众的桥梁和纽带，虚心听取并及时向党支部反映群众的意见和建议，及时总结和宣传群众创造的有益经验，做好群众的思想政治工作，努力为群众排忧解难，凝聚群众力量。例如学生公寓区事务科党支部结合党员联系群众制度，组建了学习促进小组，以党员为组长，开展"五个一工程"，即组建一个小组、取一个名字、建一个微信群、每年至少开展一次集中学习交流、进行一次一对一谈话，有效地加强了党员与群众之间的联系，提升了教职工理论学习全覆盖效果，促进了党员的自我教育和管理。在疫情防控工作中，"三级联系"机制发挥了重要作用，各党总支、党支部安排党员、骨干"一对一"联系未返京、居家隔离、健康观察期职工，做好政策宣传解读，开展深入细致的思想政治工作，确保了后勤干部职工联系到位、关心到位、管理到位。

三、经验启示

（一）充分发挥党委党总支政治核心作用

进一步坚持和加强了党对后勤工作的全面领导，切实提高党把方向、谋大局、定政策、促改革的能力和定力。牢牢把握后勤事业改革发展的方向，坚持社会化方向，坚持以学校为主体，遵循教育规律和经济规律，兼顾社会效益和经济效益。以培养人为根本，充分发挥服务育人、管理育人、环境育人的作用。党组织作用贯穿后勤整体工作中，工作推进到哪里，党的组织、党的工作、党的建设就跟进到哪里，实现党建强和事业发展强的双赢局面。

（二）一个支部就是一个战斗堡垒

党支部加强管理监督，做好党员的教育与管理，做好党员的关心和服务，将党员发展与骨干队伍建设有机结合，提升党支部的战斗力。党支部作为后勤党委、党总支和党员、群众之间的中枢，建立了顺畅的工作联系和沟通渠道，党支部规范化建设水平不断提高，各级党组织的创造力、凝聚力明显增强，党组织和党员干部的良好形象进一步树立。

（三）一名党员就是一面旗帜

后勤各单位在面向师生员工服务的窗口设立党员先锋岗，巩固和推广党员挂牌、党员承诺制度，增强党员的荣誉感和自豪感，自觉成为新时代的先锋、模范和榜样。在联系群众过程中，进一步强化了党员的身份认同，时刻以党员标准严格要求自己，自觉践行党员义务和责任，努力践行全心全意为人民服务的宗旨。对困难职工进行关心，对离退休老同志做到了定期联系、节日慰问，对师生、员工提出的意见、建议做到立行立改，改善师生学习、工作、生活环境，创造条件回应师生员工对美好校园生活的向往。群众有呼声，组织有呼应，群众满意度不断提高。

以人民为中心，强化党建引领，坚持和完善联系机制，提升基层党组织的组织力，是推动后勤改革发展的根本保障。后勤党委以"三级联系"机制为载体，发挥党委党总支的政治核心作用，依托党支部、党员，密切联系群众，实现党组织与党员、党员与群众间的良性互动，进一步深化了基层党组织教育党员、管理党员、监督党员和组织群众、凝聚群众、服务群众的工作，确保党的路线方针政策和决策部署贯彻落实，让党员、群众有实实在在的获得感，夯实党的群众基础和执政根基。

后勤"三全育人"工作探索与思考

后勤党委 吴玉尧 赵影 邱显清

关键词：高校后勤；"三全育人"；立德树人

一、背景情况

习近平总书记在 2016 年 12 月全国高校思想政治工作会议上强调，"要坚持把立德树人作为中心环节，把思想政治工作贯穿教育教学全过程，实现全程育人、全方位育人，努力开创我国高等教育事业发展新局面"。2018 年，清华大学入选首批"三全育人"综合改革试点高校，后勤作为学校的重要组成部分，坚持围绕立德树人根本任务，积极参与构建"德智体美劳"全面培养的全员育人、全过程育人、全方位育人"三全育人"体系，主动发挥后勤独特的育人作用。

二、主要做法

（一）深入开展后勤"三全育人"理论探索

后勤各级党组织积极带领全体后勤党员、职工不断领会党中央、教育部对高校政治思想工作的高度重视和要求，深化对《清华大学关于加强全员全过程全方位育人的若干意见》的理解，增强对"三全育人"重要性和深刻内涵的认识。后勤党委及各单位加强相关研究阐释工作，开展调研访谈，进一步凝练提升后勤"三全育人"工作。

图 1　赴中国人民大学交流研讨

1. 后勤"三全育人"是高校立德树人的必然要求

"坚持立德树人根本任务"是习近平总书记对新时代教育改革发展的重大理论创新和战略部署。"三全育人"体现了高等教育立德树人的内在要求,即将立德树人贯穿育人各项环节,融入教学各个领域,体现于校内各类体系,培养堪当民族复兴大任的时代新人。在清华大学,后勤长期坚持贯彻服务立德树人根本任务、服务学校改革发展、服务师生员工生活的理念,始终围绕大学培养人才的根本开展工作。

2. 后勤"三全育人"是区别于社会同行业的鲜明特色

不同于社会后勤保障行业,立德树人是高校后勤工作的重要遵循。后勤坚守教育属性,处理好社会效益和经济效益关系,遵循教育规律和经济规律,坚持正确的事业改革发展方向。此外,高校后勤职工人数占比高,与学生学习生活接触时间长,具有言传身教、潜移默化地影响学生、打动学生、教育学生的独特优势,配合学校从不同角度全覆盖式开展教育工作,帮助学生全面发展。

3. 后勤"三全育人"是事业高质量发展的强大动力

开展"三全育人"工作,推动了后勤职工队伍水平提升。每个职工都是"教育工作者",能够对学生的价值观、能力和知识产生影响,这样的要求促进了职工思想境界提升、育人自信增强,继而转化为内驱力,职工能力和素养进一步提高。开展"三全育人"工作,也推动了后勤工作质量提高。"三全育人"工作的内在要求,是把后勤服务保障优势转化为立德树人优势,促进了后勤进一步健全服务保障体系、提高服务保障能力、提升服务保障品位,进一步发挥好"旗帜""标杆"作用。

（二）积极创新后勤"三全育人"实践路径

1. 增强育人意识

后勤职工队伍庞大，工作敏感性强，人员构成复杂，学历层次不高，有效地在队伍中贯彻立德树人和全员、全过程、全方位育人的意识，是做好后勤育人工作的重要基础。层层落实育人责任，将育人职责分解到科室，明确到岗位，在科室任务书中明确育人责任，将任务清单明确到科室与个人，要求干部在述职时汇报育人工作开展情况。

通过党建引领，凝聚育人共识。加强党建工作，基本实现"科室有支部，班组有党员"组织架构优势，各个后勤单位均有党总支或直属党支部，单位下属科室均建立了党支部，科室下属班组有党员能联系群众。通过党组织战斗堡垒，将党建工作融入立德树人全过程，让"三全育人"的意识通过后勤各级党组织的不断贯彻推动，成为指导清华广大后勤职工服务师生、提升工作质量的原则之一，确保党支部和党员在第一线充分发挥育人作用。

推动理论学习全覆盖，增强职工自身素养和育人意识。后勤各单位积极克服岗位工作地分散、人员文化程度差异大、流动性大等困难，结合后勤工作实际加强理论学习，同时提升工作技能水平，让广大干部职工在后勤工作中主动育人。

图 2 　理论学习全覆盖——谢维和老师"三全育人"辅导报告

2. 提升育人能力

优秀的队伍是卓越工作的先决条件。近些年,后勤不但引入近百名高素质高技能人才,还注重广大职工通过履行本职工作、参与教育培训在本岗位成长成才。后勤党委及各单位丰富培训内容,加强职工教育引导。根据不同岗位特点和工作性质,后勤党委建设"古月学堂"培训体系并不断丰富完善,对干部职工开展分层分类培训。后勤层面现已有与继续教育学院联合开展的面向科级干部的科级岗位培训班和面向关键岗等重要岗位人员的"三全育人"骨干培训班。各中心也陆续开展了面向基层管理者的管理岗位培训,面向一线职工的英语实务培训,面向特定工作岗位的专业技术培训等。后勤职工通过培训,专业程度、服务水平进一步提升,精神面貌更加昂扬,育人自信逐渐增强。

图 3　后勤"三全育人"骨干培训班

3. 挖掘育人资源

后勤在工作中不断尝试和创新,深入挖掘资源、释放潜力,积极践行服务育人、管理育人、环境育人、劳动育人。提供优质服务,潜移默化育人。持续改善学生社区基础条件,聘请本校美术学院专家设计更适合同学需求的居学空间,创建功能丰富的宿舍楼公共空间和社区活动中心。食堂餐饮注重营养配比和健康管理教育,提倡文明生活方式和绿色生活。展示良好工作状态,精神风貌感染育人。后勤职工坚持弘扬正能量,引领"敬业"精神在后勤开花。修缮中心供电管理科10千伏运行班组在节假日或午夜进行停电倒闸工作,全力保障校内师生稳定用电。饮食中心听涛园食堂职工每年为留校师生准备年夜饭,为无法回家过年的清华人送上一份温情。设立思政队伍岗位,深入学生社区服务育人，关注学生的思想生活状态。不断规范工作，探索育人课程，试点美食课堂、耕读等劳动课，引导学生树立正确劳动观念，掌握基本劳动技能。提供锻炼机会，搭建育人平台，联合校内部门设置勤工助学、劳动体验岗、志愿服务等，涵盖饮食采购初加工、校园绿化保障、接待和商贸服务、社区建设等，培育学生积极的劳动精神。

图4　后勤各单位积极开展采购体验岗（左上）、园林维护劳动活动（右上）、接待服务劳动教育（左下）、桶前值守志愿服务（右下）等育人实践

4. 形成育人合力

邀请师生员工参与学校建设服务管理。通过"校领导接待日"、学生会研究生会"下午茶"，以及清华后勤、家园网、水木汇后台意见回复等方式，后勤建立完善师生反馈机制和渠道，加强信息沟通。组织每两周一次的专项工程建设临时工作沟通协调会，学生会、研究生会及时反映学生意见建议。成立校园景观环境咨询委员会，多个师生团队参与，发挥了校内学科专业优势，也为学生提供了学习实践平台。倡导文明离校，共建和谐社区。学生社区每年组织爱心衣物捐赠、毕业留言、宿舍清洁等一系列文明离校活动，彰显学生主人翁意识。学校学生处、学生社区中心和各院系代表会为每一间毕业生宿舍卫生情况打分，引导学生"扫一屋，然后扫天下"。开展社区文化活动，搭建学生社交平台。整合院系、学生社团、志愿组织等资源，举办多种形式的社区课堂活动，如与艺术博物馆、美术学院合作的"美育进社区"系列活动，自主开设的"口红DIY"活动。文化活动丰富了学生课余生活，促进了学生跨年级、跨院

系交流，提高了学生审美和人文素养。

三、经验启示

后勤坚持政治引领、价值塑造，贯彻服务育人、管理育人、环境育人、劳动育人，进一步增强育人意识，提升育人能力，挖掘育人资源，形成育人合力，更有效地引导学生从平凡中学习伟大、在感动中砥砺品格。

（一）优质服务就是育人

服务是后勤的本质和基础，后勤服务保障水平是育人的前提。清华后勤始终坚持以学校为主体，增强驾驭社会服务资源的能力，保持后勤服务的公益性属性，提高管理能力和效率，提升校园服务保障专业化水平和服务质量，不断提升服务品位，达到"润物细无声"育人效果。

（二）育人者必先育己

高素质职工队伍是育人主体，队伍水平决定了育人质量，育人者先受教育。后勤大力提升职工队伍素质，目前后勤中拥有硕士以上学位、技师以上技能的职工近百人，是后勤育人和管理的先锋骨干。后勤着力培养职工爱岗敬业，成为行业能手，激发干事创业、厚德服务的内生动力。后勤职工队伍人员素质的提升，使开设劳动育人课程成为可能。

（三）深入开展劳动育人

习近平总书记关于教育的重要论述把劳动教育纳入社会主义建设者和接班人的要求之中，提出"德智体美劳"的总体要求，丰富发展了党的教育方针。后勤在践行"三全育人"理念中，将鲜明的"劳动"特色融入育人全过程，构建起"劳动育人"体系，不断充实劳动育人的理念、平台、机制。

（四）与学生共建共享共成长

后勤主动发挥在学生德育教育、劳动教育、绿色教育等方面独特和重要的作用，设计提供课程、实践、志愿、社交等平台，不仅促进学生跨年级、院系交流，营造同伴共学共成长氛围，更能让学生在劳动、服务中砥砺品格，参与校园建设，增强学生的主人翁意识。

抓班子、强组织、重教育、搭平台、促发展

——后勤党委积极创建党建标杆单位

后勤党委　赵影　孙晶　邱显清

关键词：党建标杆单位创建；"五个到位"；基层党建

一、背景情况

2018年9月，清华大学为全面提升基层党组织组织力，突出政治功能，进一步发挥基层党组织在学校综合改革和"双一流"建设中的战斗堡垒作用，更好发挥先进典型的引领示范作用，开展了党建标杆单位、标兵党支部和"双带头人"教师党支部书记工作室创建工作，后勤党委入选首批四个党建标杆创建单位。参加培育创建党建标杆单位的党委要做"五个到位"，即党委领导和运行机制到位、政治把关作用到位、思想政治工作到位、基层组织制度执行到位、推动改革发展到位。

后勤党委明确了"凝练特色、创新工作，抓班子、强组织、重教育、搭平台、促发展"的创建思路，带领4个党总支、27个党支部和全体党员，包括总务办（绿办）、饮食中心、修缮中心、接待中心、学生社区中心、正大公司等6个行政单位，积极推进党建标杆单位创建工作。

二、主要做法

1. 抓班子

加强班子建设，进一步发挥党委党总支政治核心作用。加强理论学习中心组学习，将后勤各单位班子成员纳入后勤理论学习中心组，每年组织十几次集

体学习研讨。修订《后勤党委会会议制度》，增加各单位非委员党总支书记、副书记、总务办副主任列席后勤党委会。实行党委委员分工负责制，分专题汇报研讨后勤党建工作。2019年成立了后勤纪委，积极探索二级纪委工作思路和方法，加强党员干部教育监督管理。完成四个中心党总支换届工作，党总支书记与中心主任由同一人担任，中心党员班子成员均进入党总支，增设党总支副书记，党总支委员人数增加至7人。修订完善各单位党政联席会、党总支会议制度，规范议事决策机制。

图1　2018年底各党总支完成换届工作

2. 强组织

坚持"科室有支部，班组有党员"，优化党支部设置，落实后勤工作党组织全覆盖，一个支部就是一个战斗堡垒；选优配强支部书记，支部书记基本由副科级及以上骨干担任，2021年年底根据组织工作新要求，党支部书记全部由对应科室的主要负责人或分管业务工作的校管干部担任；设立党员先锋岗、党员示范岗，开展党员挂牌服务等，一名党员就是一面旗帜。建立完善"三级联系"机制，党委党总支联系党支部、党支部联系党员、党员联系群众，党委、党总支委员指导党支部工作，深入调研一线情况，党支部加强教育管理监督，引导服务党员，党员掌握群众思想动态、关心群众工作生活。把党员培养成骨干，把骨干培养成党员，提高对党员的工作要求，加强业务培训，把后勤党员都培养成业务骨干，在各自的岗位上成为技术能手、实干标兵；积极扩大积极分子队伍，严格做好党员发展工作，将党员发展与骨干队伍培养有机结合，每年发展职工党员10人以上。坚决落实意识形态工作责任制，按照《后勤党委意识形态工作责任制实施办法》，加强对后勤室内外各类场所和网络宣传阵地的日常"巡检"和"年检"，牢牢掌握意识形态工作主导权。

3. 重教育

有效落实教职工理论学习全覆盖，将理论学习与党员职工教育相结合，与队伍培养培训相结合，与业务学习相结合，创新活动形式，丰富学习内容，让职工受益，调动学习积极性；结合时政热点、立足本职工作，组织党员群众开展参观、调研交流活动。加强党员教育培训工作，充分用好学校党员管理系统、北京市党建工作平台、学习强国App，进一步规范加强党员教育管理；以后勤各单位的六个"党员之家"为学习阵地，与职工之家结合，开展形式多样的党支部活动、党员职工教育培训特色活动。着力推进"三全育人"，增强育人意识，引导全体职工投身育人工作。增强育人本领，加强职工队伍培训学习；挖掘育人资源，给学生提供实践岗位和机会；通过加强文化建设、学生生活素质教育、德育助理队伍建设，把"三全育人"理念落实在学生社区日常工作中；加强劳动教育，设立多支勤工助学队伍，如学生楼层长、食堂保洁员、超市理货员等，让学生通过实践，培养劳动观念。

图2　集体观看国庆70周年庆祝活动

4. 搭平台

持续推进"领雁工程",连续三年组织党支部书记赴延安等红色教育基地,通过参观培训、交流研讨,进一步提升党支部书记的理论水平和工作能力;2019年召开首次后勤党建工作研讨会,总结凝练后勤党建工作的传统和特色,找准短板和不足,明确创新和提升党建工作思路。宣传报道展现后勤风貌,强化与校内主流媒体平台的联动协同,唱响主旋律,后勤在校内外媒体上的宣传报道数量和质量有了很大的增长和提高,《背影》《成长》等宣传片展示后勤职工队伍良好的精神风貌,赢得了师生员工对后勤工作的理解和支持。交流研讨共同进步,各党委委员组织专题研讨,包括组织、宣传、青年、离退休、纪检、工会等工作;在各级党组织之间开展联学共建活动,包括后勤党委与校机关党委、党支部之间、与师生联合、校内校外等不同层面;坚持召开调研课题特色活动专项交流会,相互学习,共同进步。

图3 2019年首次召开后勤党建工作研讨会

5. 促发展

持续推进后勤改革发展,推进《后勤综合改革与发展方案》及《后勤事业发展"十三五"规划》任务落实,开展综合改革与"十三五"规划中期检查和总结提升,推动后勤事业改革发展,取得良好成效。加强后勤职工队伍建设,积极稳妥推动后勤职工队伍人事制度改革,依据后勤职责定位和事业发展规划,科学设岗定编,后勤职工队伍人事制度改革《规划方案》和《设岗方案》率先通过学校审批。高标准严把关,突出专业化职业化要求,平稳完成1700余人聘岗工作。

三、经验启示

通过"凝练特色、创新工作,抓班子、强组织、重教育、搭平台、促发展",后勤党委进一步抓好党委领导和运行机制到位、政治把关作用到位、思想政治工作到位、基层组织制度执行到位、推动改革发展到位。

1. 坚持和加强了党对后勤工作的全面领导

建立健全党的全面领导的组织体系、制度体系和工作机制,切实提高党把方向、谋大局、定政策、促改革的能力和定力。加强后勤党委班子、各单位党政班子建设,进一步明确了后勤的议事规则,党委、党总支的政治核心作用切实发挥。修订后勤党委、各单位党政联席会、党总支会议制度,提高了政治站位,保证了党委工作的推进和落实力度。党委委员分工负责任制,从后勤整体角度,推进专项工作的研讨,促进了组织、宣传、离退休、工会等工作的深入思考和工作落实。

2. "三级联系"机制强化党组织党员作用发挥

"科室有支部,班组有党员",一个支部就是一个战斗堡垒、一名党员就是一面旗帜。通过建立完善"三级联系"机制,后勤党委和党总支、党支部、党员、群众之间建立了顺畅的工作联系和沟通渠道,工作触须延展到每一名职工。各级党组织的创造力、凝聚力、战斗力明显增强,党支部工作规范化水平不断提高,党组织战斗堡垒和党员先锋模范作用充分发挥。"三级联系"机制以务实创新的工作理念、组织方式和活动机制有效提升了基层党组织组织党员、动员群众的能力。

3. 理论学习全覆盖提升职工的思想境界

结合后勤工作特点、人员文化差异程度,通过多渠道、多方式、多层次探索理论学习全覆盖在后勤的落地机制,力求让干部职工有收获,提高思想素质,提升业务能力,在后勤形成"比学赶超,人人都愿意参加学习"的浓厚氛围。全体职工依托学习组织,做到学思用贯通、知信行统一,提升了思想境界,更加理解为什么要干好事业,激发了干事创业、厚德服务的内生动力,促进了后勤事业的发展和水平的提升,后勤服务工作呈现出新面貌。

4. 党员积极分子教育培养助力骨干队伍建设

在党员教育和发展党员过程中,着重提高骨干职工的政治觉悟,通过思想交流、学习培训、实践锻炼,不断提升发展对象的政治素质和业务水平。党员比例不断提高，在后勤职工队伍人事制度改革岗位聘任中，科级岗位人员党员比例为91%，关键岗党员比例为69%。通过将党员积极分子的培养和队伍建设的结合，打造了一支专业技术好、管理水平强、思想觉悟高的骨干队伍。

5. 党建引领后勤事业改革发展

充分发挥党建引领作用，将党建工作与后勤业务工作有机结合，党支部是凝聚党员群众的"主心骨"，党员干部是责任担当、干事创业的"领头羊"，全体职工是推动后勤事业改革发展的"生力军"，以满足学校发展新要求、积极回应师生员工对校园美好生活的新期待。《后勤综合改革与发展方案》与《后勤事业发展"十三五"规划》各任务全部完成，建立和完善了以一流大学建设需要为导向、以学校管理服务保障力量为主体、以社会优质资源和专业力量为依托、以行业监管和政府执法力量为后盾的具有清华特色的新型后勤服务保障体系。

"动"起来、"活"起来、"实"起来

——多措并举推动后勤职工理论学习全覆盖

后勤党委　孙晶　赵影　邱显清

关键词： 高校后勤；教职工理论学习；全覆盖

一、背景情况

2021年习近平总书记在党史学习教育动员大会上强调"在全党开展集中性学习教育，是我们党推进自我革命的重要途径，也是一条重要经验"。2022年3月习近平总书记在中央党校中青年干部培训班开班式上强调"马克思主义立场、观点、方法是做好工作的看家本领，是指导我们认识世界、改造世界的强大思想武器。党员干部一定要加强理论学习、厚实理论功底，自觉用新时代党的创新理论观察新形势、研究新情况、解决新问题，使各项工作朝着正确方向、按照客观规律推进"。党的十八大以来，以习近平同志为核心的党中央高度重视全党、全社会的理论学习，对建设学习型政党和学习型社会作出重要指示。2017年2月清华大学党委制定《清华大学思想政治理论学习制度实施办法》提出要进一步加强和改进全校党员干部、教职工、学生的思想政治理论学习，增强政治意识、大局意识、核心意识、看齐意识，不断提高师生员工的思想政治理论水平。清华大学后勤党委及时学习领会上级精神，立足本职工作抓好职工理论学习全覆盖工作落实，逐步形成一系列可供借鉴和推广的典型做法。

后勤党委积极推进后勤职工理论学习全覆盖，不断探索丰富多彩的方式方法，形成了"比学赶超，人人都愿意参加学习"的浓厚氛围，理论学习也从"被动"变为"主动"，真正实现了理论学习"动"起来。后勤党委一方面带领全体职工深入学习习近平新时代中国特色社会主义思想，增强"四个意识"、坚定"四个自信"、做到"两个维护",引导后勤全体干部职工自觉运用习近平新时代中国特色社会主义思想武装头脑、指导实践、推动工作。另一方面将理论学习与党员职工教育相结合,与队伍培养培训相结合,在学中干、在干中学,学以致用、用有所成。创新活动形式,丰富学习内容,讲究实效,调动学习积极性。通过理论学习全覆盖,全体后勤职工的思想政治水平得到了提升,更加理解为什么要干好事业,内化了为师生员工服务的动力,促进了后勤事业的发展和水平的提升。后勤整体的管理服务水平呈现了新面貌,食堂菜品更加丰富健康,宿舍生活更加多彩便捷,校园环境更加美丽宜人,职工精神面貌更加积极向上。

二、主要做法

理论学习全覆盖工作是在后勤党委的统一领导下开展的,既有合力也有"活"力,党委统一领导,做好统筹协调,明确工作原则是导向鲜明、重点突出、全面覆盖、分类指导,以学有成效为目标,后勤各党总支、各党支部结合自身工作特点进行了大量探索,虽然各单位理论学习全覆盖的方式方法不同,但都创新培养模式,力求学深悟透,立足岗位,理论联系实践,做到真学真悟真用,真正实现了理论学习"活"起来。

后勤党委制定了《清华大学后勤理论学习中心组学习实施细则》,将所有校管干部及后勤党委委员、后勤纪委委员全部纳入后勤理论学习中心组,完善了理论学习中心组学习制度安排。全部落实领导班子成员双重组织生活,党委委员、党总支委员还分别联系党支部,带头在所在党支部和联系党支部学习宣讲、讲好党课。引导后勤全体干部职工自觉运用习近平新时代中国特色社会主义思想武装头脑、指导实践、推动工作。

饮食中心党总支针对不同职级的职工采取了不同的学习方法,如观畴园食堂核心组开展体系式理论学习,班组长采取分享式和交流式学习,一线职工采用案例式教学等形式。通过以上举措,充分带动每位职工学习的积极性和主动性,从而达到理论学习全覆盖的有效性。

学生社区中心党总支通过党员联系群众、扩大党支部活动范围、开展业务工作小组会、建立科室学习微信群等多种形式实现理论学习全覆盖。如学生公寓区事务科党支部将"联系全覆盖"与教职工理论学习全覆盖相结合,在原有"1

对1"联系的基础上，建立学习促进小组，开展"五个1工程"——成立1个小组，起1个名字，建1个微信群，每学期至少组织1次集中交流，进行1次一对一谈话，从而达到共同学习、交流和进步的作用。

接待中心党总支充分利用"学习强国"等优质平台助推理论学习全覆盖工作，各党支部依托"学习强国"、工作微信群等网络平台，加强了组织内部以班组为单位的线上理论学习、分享交流活动。同时，在现有各类会议机制的基础上，通过理论学习与业务工作相结合的方式，加强了理论学习从中心到科室、再到部门、班组的纵向辐射，取得了良好的学习效果。

修缮中心党总支创造性地把学校"价值塑造、能力培养、知识传授"三位一体的教育理念和人才培养模式应用到理论学习全覆盖工作中来。如供暖科党支部带领班组成员共同开展理论学习共同进步，并将其落实到提升学校供暖工作水平上。结合业务工作，供暖科党支部已连续十余年坚持组织开展形式多样的培训活动，面向科室全体职工开展全覆盖培训，将政治理论学习与技术安全培训、英语知识培训相结合，活动形式涵盖讲座、理论知识竞赛、实操比赛等，全面提升职工业务技能。

三、经验启示

众所周知，后勤工作量大面广，敏感性强，各单位不同岗位工作地点分散，人员文化程度参差不齐，流动性大，使得理论学习全覆盖存在一定难度。但是后勤又需要通过理论学习全覆盖提高职工的思想水平，不断完善清华特色新型后勤服务保障体系，提升后勤服务保障能力。为此后勤党委积极克服困难，结合后勤工作实际，将理论报告会现场录制成光盘发放给未参加的职工学习，鼓励各支部建立理论学习微信群，结合各单位中心工作有针对性地开展理论学习等。理论学习全覆盖工作，从必须学，到必须学好，切实引导和保障后勤全体教职工规范参与理论学习，推动理论学习学在日常、用在经常，不断探索机制、增强学习"实"效，并将理论学习全覆盖工作作为后勤开展思想政治教育特别重要的一个方面。

形成一套健全的落"实"机制。后勤党委切实加强对后勤教职工理论学习全覆盖的全过程领导。健全组织，加强领导，召开宣传工作专题会议，专门讨论部署理论学习全覆盖工作，加强对理论学习全覆盖的组织领导，形成后勤党委书记统揽全局，分管宣传的党委副书记、党委宣传委员具体负责，党委班子领导及各单位齐抓共管，全体后勤职工共同参与的工作机制，把理论学习全覆盖工作列入重要议事日程，定期研究解决工作中存在的问题和困难，不断为理论学习全覆盖工作提供坚强的组织保障。

学思用贯通、知信行统一取得"实"效。后勤党委按照党中央和清华大学对理论学习全覆盖工作的总体部署和安排，结合实际，将理论学习全覆盖工作纳入年度工作计划，充分调动各方面的积极因素，把理论学习全覆盖工作与"不忘初心、牢记使命"、党史学习教育等各类主题活动，与后勤党建工作，与后勤廉政建设，与后勤改革发展，与工会、离退休工作等有机地结合起来，以整体推进为目标，统筹兼顾，科学安排，为在高起点上推动后勤理论学习全覆盖工作水平，促进后勤发展，为建设与世界一流大学相适应的高水平后勤做出更大贡献。

扎"实"系统的理论学习使思想政治进一步受洗礼，干事创业更敢担当。后勤全体干部职工充分认识到了加强政治理论学习对于提高政治理论素质、增强业务能力的重要意义。理论学习是增强党性、坚定信仰的重要途径，更是掌握知识、开展工作的重要方法，只有不断加强理论学习，才能提高自身政治素质和业务能力。后勤党委一直把加强理论学习全覆盖作为一种政治责任和一种精神追求，把理论学习作为提高政治素养和政治水平的重要途径来认识、来对待。通过加强理论学习，进一步凝聚广大后勤干部职工的共识，传承后勤优良传统，为学校当好家，为师生服好务，在后勤工作中建功立业，为学校改革发展提供了坚强支撑和有力保障。

锻造治安专业队伍，全力维护师生合法权益

保卫处治安办

关键词：治安安全；分工协作；校地联动；实战锻炼；治安队伍

保卫处以全力侦破校内发案为工作导向，以切实提高破案率、为师生员工挽回财产损失为工作目标，通过细化分工，明确岗位职责，着力提升队伍的工作效能。通过加强与公安部门联动配合、强化实战演练，磨炼队伍的破案能力。办案队伍的整体专业化水平得到显著提升。

一、背景情况

校园安全事关师生的生命财产安全，是学校教学科研工作的重要保障。近年来，校园安全面临诸多风险挑战，盗窃案件、诈骗案件、扰序案件、骚扰案件频发。

党的十九届五中全会指出，要统筹发展和安全两件大事，安全是发展的前提，要善于运用发展的成果来巩固安全。学校党委对校园安全和稳定工作高度重视，在贯彻落实中央和上级相关要求和精神的基础上，结合学校实际情况，颁布了《中共清华大学委员会关于加强安全稳定工作的若干意见》。校园综合治理委员会在此基础上编制了《校园安全行动计划》，明确要求加强校园巡查检查，加强校园参观管理，协助公安机关坚决打击各类违法犯罪和校园扰序行为，保障师生的生命财产安全，保障校园平安平静的教学研究环境；加强法治教育，提高师生预防违法犯罪的法治意识，提高师生预防诈骗（特别是电信诈骗）的能力；加强对第三方协作单位工作人员的宣教培训和社会人员的管理，坚决维护学校和师生的合法权益。

二、主要措施

（一）细化分工，明确岗位职责

根据专业特长和工作兴趣，将所有协助办案人员分为五个专门工作小组：录像查看、分析小组，巡查、蹲守、预警小组，校内办案小组，校外协查小组，法规宣教小组。

录像查看、分析小组由熟练操作监控系统、耐心细致的工作人员组成，负责录像资料的查看、跟踪和比对，通过录像查找嫌疑人特征和活动轨迹等破案线索。

图 1　录像查看、分析小组查看监控录像

巡查、蹲守、预警小组由校园巡查队巡查人员、便衣人员和监控值机人员组成，负责根据发案特点进行有目的的巡查、蹲守和监控预警，以及时发现、抓捕违法犯罪嫌疑人。

校内办案小组、校外协查小组由侦查办案经验丰富的工作人员组成，负责校园发案的校内、外侦查。

宣教小组由具有法学专业背景的工作人员组成，负责嫌疑人到案后的法律法规宣教和指导。

五个专门工作小组既有分工，又密切合作，大大提高了案件侦破能力。

（二）校地联动，磨炼破案能力

为实现对案件的有效追踪，弥补属地派出所侦办我校案件时的警力不足，保卫处与属地派出所办案联动，突破了原先校内办案的界限，扩大侦查范围，安排多名工作人员轮流配合属地派出所办案人员一起到校外对案件进行追踪侦查，办案足迹延伸到了海淀区及北京市其他区域的高校、街道、社区，乃至公交、地铁系统。

图2　校地联动，协助中关村派出所民警抓获嫌疑人

通过一年内多起案件的联动配合，一方面，更加规范办案行为，有效提升了队伍校外独立侦查办案的能力；另一方面，也使队伍掌握了更多校外办案资源，打通了校外协查的诸多环节，为实现案件深度追踪，提高破案率，奠定了坚实的基础。

（三）充分参与实战锻炼，提高快速反应能力

侦查破案没有演练，实战是最好的课堂。多年来，保卫处充分利用每一起案件侦破机会，使队伍时刻处于临战状态，队伍实战水平得到了显著提升，快速侦破了多起校内侵财案件。

2021年12月3日8时许，指挥中心综合值班室接事主李某报案称：12月1日14时在二校门内至二教之间区域丢失相机包（价值3000元）一个。接报案后，值班人员立即开展工作，通过调取监控，锁定了丢失地点、时间和捡拾物品人：李某在12月1日14时16分把共享单车（车筐里有相机包）停放在一教门口后离开，之后共享单车一直停一教门口。在12月1日23时31分，路人A扫描该共享单车，并把相机包放在了台阶上后骑走了单车。23时43分，路人A又把单车骑回了一教门口，并把相机包放回车筐后离开。12月2日6

时 54 分，路人 B 扫描共享单车骑车离开。经追踪录像找到了相机包，并交还给了失主李某。

（四）加强团结协作，齐心协力破案

通过案件侦破实战，锻炼各小组的快速反应能力，磨合团队协同配合的默契度。调动各组人员联合开展工作，队伍充分配合，齐心协力侦破了多起案件。2021 年 11 月 22 日，美院停车场和综体南路西口先后有 3 组电动车电瓶被盗。接报后，保卫处工作人员立即成立专案组，部署各小组开展侦查工作。经录像查看，发现嫌疑人 22 日凌晨驾驶一辆红色马自达轿车从东门进校，盗窃得手后驾车从东门离开。24 日，保卫处通过校外协查发现嫌疑人所驾车辆为套牌车，且该车多于凌晨活动于联想桥附近。24 日晚，保卫处根据嫌疑人作案时间、作案路线和作案手法等情况，部署各校门、校内巡查及监控中心严密监视该车进校情况。23 时 53 分，指挥中心及东门工作人员同时发现该车由东门进校，立即锁定其行踪，同时通知封锁各校门，调动便衣人员进行校内接力跟踪，伺机实施抓捕。25 日零时 39 分，嫌疑人在老一号楼北侧下车寻找作案目标时，被保卫处工作人员当场抓获。

三、主要成效

在各项措施的综合作用下，保卫处案件处理能力和速度均得到了极大提升，充分起到了维护校园秩序、保护师生合法权益的作用，使得师生在校内的工作学习和生活更加具有安全感，工作成效显著。

首先，案件处理能力得到了提升，能够处理大量案件。仅 2021 年前 11 个月，保卫处即已处理 8881 次求助来电，处理非机动车被盗案件 128 起，物品遗失案件 182 起，扰序案件 34 起，诈骗案件 27 起，突发事件 529 起，为师生挽回经济损失共计 696596 元。

其次，案件处理的质量显著提高，案件侦破率提高，并且一直保持在高位。2015 年、2016 年我校的案件侦破率在 60%～70% 之间，而自 2017 年以来，我校各类案件侦破率均超 80%。近两年，案件侦破率在原先的高基础上又有进一步的提升。2020 年，我校案件侦破率达到了 100%，2021 年的案件侦破率也达到了 90% 以上。

四、工作启示

在国家和学校越来越重视安全的大前提下,保卫处的压力和动力也更加充足。我们不仅要重视设备设施的完善、安全技术的提升,也要重视"人"的作用,提升工作人员的专业素养,锻造专业的治安队伍,重视实操,在实战中磨炼出风险防控能力、案件处理能力和突发事件应急处置能力,全面提升校园稳定、安全、服务和保障水平,增强师生的获得感、安全感、幸福感。

创新安全育人模式，营造安全文化氛围

保卫处　管志远　刘金玲　马丽云

关键词： 安全教育；安全文化；劳动教育；安全文化建设

一、背景情况

党的十九届五中全会指出，要统筹发展和安全两件大事，安全是发展的前提，要善于运用发展的成果来巩固安全。教育部2018年印发《关于加强大中小学国家安全教育的实施意见》，要求学校深入开展国家安全教育。近年来，校园安全面临诸多风险挑战，涉及安全稳定事件、实验室或公共安全事件（事故）时有发生，碰触红线和底线现象仍然存在，电信诈骗案件时有发生，师生安全与法治意识薄弱，各单位对安全与法治教育重视程度不够，安全文化氛围不够浓厚。

保卫处坚持总体国家安全观，紧密围绕立德树人根本任务，深入探索安全与法治教育新模式，积极开展融媒体宣传教育，多措并举提升师生安全与法治意识技能，营造良好的校园安全文化氛围。

二、主要做法

（一）加强安全文化建设顶层设计与统筹协同，推动校园安全行动计划

校领导高度重视安全教育和安全文化建设，在全校安全工作会议多次强调"没有安全保障，就没有改革发展。没有安全意识和安全文化，也就没有一流大学"，引导师生树立"生命至上、安全第一"的价值观和安全观，把安全规

划纳入到学校发展规划中,构建具有清华特色的校园安全文化。

保卫处配合党办制定《中共清华大学委员会关于加强安全稳定工作的若干意见》,编制《校园安全行动计划》,明确要求加强校园安全稳定文化建设,深入开展安全教育培训演练,营造"国家安全我有责,学校安全我尽责,个人安全我负责"的校园安全稳定文化氛围。

(二)围绕立德树人,推动安全法治教育全员全过程全覆盖,提升安全意识、法治意识和安全技能

1. 成立专门的科室或机构,组织实施安全教育宣讲培训演练

2017年,保卫处新成立宣教科,专门开展安全宣传和安全教育。2020年,伴随清华大学人事制度改革,宣教科改为宣传教育办公室。2021年6月,保卫处成立保卫处安全法治教育宣讲团,经办宣讲团日常宣讲需求沟通、预约、协调、台账统计、课件准备、协助演练等事务工作,协同处内外资源,加强统筹协调,组织实施安全法治宣讲。2018年以来,宣教办和宣讲团在统筹资源深入推动安全教育方面发挥了积极作用,2018年组织全校安全宣讲培训演练101场次2.9万人次;2019年99场次2.3万人次;2020年受疫情影响,开展75场次2万人次;2021年149场次3.3万人次。

2021年安全教育呈现新特点:宣讲团统筹作用发挥明显,各科室的协同联合开展宣讲占31%,协同配合更加紧密。实现本科新生、研究生新生、国际和港澳台新生安全法治教育、消防疏散和灭火实操全覆盖,新入职教师、新上岗班主任辅导员安全法治教育全覆盖。开展首期全校安全管理干部提升培训,累计883人次参加,提升专项业务技能和素质。对校内物业项目经理以上级别人员专项培训6次,法治教育和安全服务意识得到持续加强。首次对后勤各单位管理人员、物业人员、全校20家物业公司开展消防实训技能培训全覆盖,累计38场次2016人通过考核,增强消防"四个能力"建设。鼓励以楼宇为单位试点建设微型消防站,化学系等重点单位已成立首批微型消防站,将极大缩短本单位楼宇消防事故应急处理时间。鼓励以楼宇为单位开展安全疏散演习和灭火演练16楼次,较往年增加。院系师生对交通安全关注度增高,3100余人参与交通安全知识答题,新媒体和网站联动宣传阅读量超累计阅读量超3.5万余人次,人数突破往年创新高。

图 1　组织实施安全法治宣讲

图 2　开展全校安全管理干部提升培训

图 3　开展灭火实操技能培训

图 4　推动化学系成立微型消防站

2. 协同多部门开展入学入职教育，实现新生新教师新班主任辅导员安全法治教育全覆盖

结合新教工和本、研新生特点，研究制订扎实有效的安全教育方案。将安全提示纳入新生通知书，发放《安全与纪律》手册、反电诈手册，联动公安机关、校内媒体开展反电诈专题宣传教育。2017 年"消防进军训，平安育人才"活动首次进入清华，消防疏散演习演练、灭火实操纳入军训必修环节，增加反恐防暴演习演练、送课到操场等内容。2019 年，将逃生帐篷、电子灭火、卡喉急救、醉驾障碍行走等体验式安全教育送到操场。2020 年，受疫情影响，通过荷塘雨课堂面向本科新生开展"安全第一课"线上安全教育。2021 年与学生部门的联合更加密切，首次组织本科生小班线下集中宣讲，通过线上线下结合，开展专题讲座 22 场次，覆盖 1.8 万人，为国际新生、新入职国际学者开展全英文的法律法规、校园安全与个人安全的在线宣讲 4 场次 1130 人次，实现新入职教工、新入学学生、新上岗班主任辅导员安全和法治教育全覆盖，首次实现研究生消防实操和疏散演练全覆盖。

图 5　开展新入学学生安全法治教育

图 6　开展新入职教工安全法治教育

图 7　开展新班主任辅导员安全法治教育

图 8　为国际新生开展全英文宣讲

3. 协同学生部门，推动安全岗位劳动教育、志愿服务，增强平安校园主人翁意识

2018 年以来创新教育模式，设立校园安全体验日、体验岗，2019 年开始面向学生党团支部开放申请；2020 年与校团委、校研团共同推动安全岗位劳动教育共 25 个团支部约 200 人参加劳动锻炼。2021 年本研共 81 个班级支部 1240 人次参加保卫处安全岗位劳动教育，人员和参与班级大幅度上升。2021 年结合校园内学生自行车不上锁现象，协调校团委设立自行车停车落锁志愿服务岗，先后有建筑学院研团、电机系团委组织同学参与志愿服务。参与指导学生安全社团参与校园安全管理，制作夜查物业小程序，编发安全宣传推送和编写安全宣讲 PPT，促进学生自我管理、自我服务、自我教育。

图 9　电机系同学参与停车落锁志愿服务　　图 10　学生参与安全岗位劳动教育

（三）联合校内外新媒体，发动各院系单位，开展线上线下联合宣传，营造良好安全文化氛围

1. 建设完善安全文化宣传主阵地

2017年保卫处创建平安清华和行在清华微信公众号，2019年首次开发建设平安清华对外宣传网站，2021年4月，完成网站升级改版。平安清华、行在清华公众号累计年发文量180余篇，关注人数约30万，年度累计阅读50.7万，在校内外保持了较高的活跃度和显示度，成为安全文化宣传主阵地。

图 11　行在清华、平安清华公众号

图 12　平安清华对外宣传网站

2. 联动校内外媒体平台，开展联合宣传

2021 年，保卫处共在校内媒体平台发文或直接提供素材 341 篇，累计阅读量 359.69 万，改版编发《清华安全保卫》月报 10 期，通过邮箱直达各单位正副职领导邮箱，及时准确向学校领导及单位正职提供安全的形势政策、警情通报、工作通报和基层单位工作交流等内容，为各级领导工作决策提供参考，拓展了警示教育功能。

图 13　《清华安全保卫》月报

3. 在重要时期重要安全日开展部门院系联合宣传

在国家安全教育日、安全生产月、网络安全宣传周、119 消防日、全国交通安全日、110 宣传日等重要安全日和学校迎新、毕业、校庆等重要时期，制作专题素材，制作专题安全宣教视频累计 20 余个，提供给各院系单位，在院系、教学楼、宿舍、医院、售票中心等公共空间的宣传屏滚动播放，平均每年开展专题宣传 7 次，每次均实现各单位宣传资料全覆盖，营造了良好的环境氛围。

图 14　各院系单位在公共空间播放专题素材

图 15　西门内宣传橱窗展示宣传海报

三、经验启示

（一）顶层设计与责任落实是安全文化建设重要保障

在学校党委领导下，各级领导重视做好顶层设计，相关部门统筹推进，各单位认真落实安全稳定工作责任制，这是校园安全稳定文化建设的重要保障。

（二）丰富安全教育的内容、形式有助于提升安全教育效果

在形式上，从原来单纯的理论宣讲进一步丰富，增加了媒体视频、疏散演练、技能竞赛、安全体验、劳动教育等多元形式，更加灵活和贴近师生实际特点。在内容上，将国家安全、消防安全、反电诈、人身安全、网络安全及交通安全相关知识进一步整合，同时增加普法、警示案例相关内容，将安全科普、法制科普及警示教育进行有机融合，提升了安全教育的效果。

（三）提高安全教育的覆盖面是实现"三全育人"目标重要保障

充分利用入职入学教育、毕业教育、专题安全教育月等时间契机，面向教职工、学生、劳务外协人员等不同群体，开展多层次、全方位的安全教育和培训演练，"三全育人"目标逐步实现，师生的"生命至上、安全第一"价值观和安全观逐渐形成，安全文化建设初见成效，校园安全隐患和安全责任事故逐年降低。

（四）加强校内校外联动宣传有助于营造安全文化宣传氛围

校内外融媒体宣传联动格局初步形成，在重要安全日和重要时期，校内媒体相互联动，校内部处院系相互配合，形成宣传共识，各自在媒体开展同主题不同形式宣传，成效明显。

综上所述，开展安全文化建设是一个长期的系统工程，全校各级安全工作者还需要克服急功近利的思想，做好打持久战准备，久久为功，遵从宣传、教育及文化建设的基本规律，综合运用新技术新平台，掌握新技术新本领，不断创新适合时代特点的新思路、新方法、新模式，在潜移默化中提升师生的安全文化理念，培养严谨的科学研究作风，一以贯之地弘扬总体国家安全观和社会主义法治精神。

"清华保卫"视觉识别系统 VI 的实践与应用

保卫处　李志华　郝权红　王连海　顾欣

关键词：视觉识别系统 VI；基础设计；应用设计

一、项目背景及理念

视觉识别 VI（Visual Identity）来自企业形象识别系统 CIS（Corporate Idengtity System），是 CIS 构成要素（包含理念识别 MI、行为识别 BI、视觉识别 VI、听觉识别 AI、环境识别 EI、数字识别 DI）中的重要组成部分。虽然 VI 设计属于美学的、视觉的、静态的物态化成果，但因其所具有的高辨识度和高标志性的特性，是 CIS 中最直接、最具感染力和传播力的部分。

正是看到 VI 设计的这些优势，清华大学保卫处学习借鉴先进的工作理念，作为规范、提升安全保卫工作形象的一项重要举措，委托美术学院团队，专门设计完成了"清华保卫"视觉识别系统。该系统从 2016 年开始立项，经过调研、设计、实施、试用，历时两年，不断调整和完善，到 2018 年，系统在试用和广泛征求意见后正式全面启用。

二、主要做法

（一）"清华保卫"视觉识别系统 VI 构成

1. 系统构成

"清华保卫"视觉识别系统 VI 包括视觉基础和视觉应用两大部分。其中视觉基础部分包括标识设计、标准字体、色彩系统、辅助图形、图片风格等内容，视觉应用部分包括办公用品、宣传用品、办公环境、服装配饰、交通导视等内容。

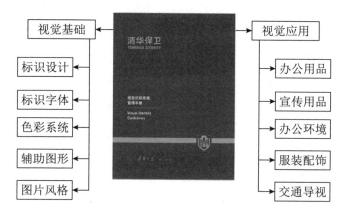

图 1 "清华保卫"VI 系统构成

2. 视觉基础设计

视觉基础设计的核心是标识设计，标识融合了清华元素和安全保卫工作特色和理念。

"清华保卫"的图形标识由清华大学标志性建筑"二校门"的剪影形象、大学名称的英文缩写字母"THU"以及象征安全、保卫的盾牌轮廓组合而成，准确、精炼地概括出"清华保卫"的核心含义。"一文一武"粗细双线勾勒出的盾形将清华元素保护其中，体现了清华大学保卫处的基本职能和工作目标。标识色彩采用紫色与金色搭配，在与清华大学特色保持一致的基础上，传达百年清华的文化积淀和人文精神。清华保卫的文字标识由双语文字组合而成，中文字体以黑体为蓝本设计而成，文字造型方圆结合，西文字体选用经典无衬线体 Akzidenz Grotest。中西文组合标识符合国际化标准，两款字体风格统一、协调，具备良好的识别性与易读性，是音、形、意的完美结合。

图 2 "清华保卫"核心标识设计

3. 视觉应用设计

视觉设计源于美学，终于应用。视觉识别系统不是简单的设计一个LOGO，而是一整套专业化、规范化和系统化的应用设计。"清华保卫"视觉应用设计就是在视觉基础设计基础上，结合校园安全保卫工作特点设计的成果。其中不同的应用设计，从颜色色标到尺寸都有严格的要求，又通过不同的组合，设计成在不同的工作场景中应用的成果。

（二）"清华保卫"视觉识别系统VI典型应用实例

1. 校园执勤设施

根据VI系统应用设计的成果，定制了用于不同场合的交通护栏、锥筒和隔离柱等交通设施，这些设施颜色都采用清华紫色和黄色搭配，黄色用于警示，与清华紫搭配，既体现清华特色也确保了视觉识别的一致性。执勤帐篷和执勤伞是校门执勤的必需品，因此也是VI系统中重要的应用设计。根据不同的用途，设计定制的校门执勤伞，有方形、圆形等不同的形状。

图3　校园交通设施和执勤帐篷

2. 保安员服装配饰

VI系统保安员服装配饰设计主要包括臂章、背贴、反光背心等。臂章由盾牌图形标识和"清华保卫"文字标识组合而成，采用清华紫和金色丝线绣制。背贴采用"清华保卫"中英文双语文字标识，用纯白丝线绣制，与深色执勤服搭配，对比度很强。定制的反光背心，用于交通引导员指挥交通。这些服饰、配饰也成为清华大学保卫处保安员的标准形象，标志很醒目，区分度高。

图 4　保安员服饰

3. 办公环境

VI 系统的应用规范了保卫处办公环境，从办公区工作指南到各办公室门牌等一律采用双语标识，美观、醒目，工作人员办公桌名牌也进行了统一的设计。此举效果明显：优化了办公环境，规范了工作形象，提升了国际化氛围。

图 5　办公环境

4. 专用工作证

为明确工作人员身份，提升工作形象，VI 系统特别设计了校内专用工作证，专用工作证件由封套、徽章和清华大学工作证（卡）组成，证件表面是"清华保卫"标识，证件里面一侧是"清华保卫"金属徽章、工作人员唯一证件编号；另一侧是该工作人员清华大学工作证（卡）。工作人员在执行公务时需要主动出示专用工作证。工作证编号与保卫处工作人员姓名一一对应，并设置了监督举报电话，工作人员执行公务接受全校师生的监督。

图 6　办公用品设计

5. 网络应用

网络应用设计主要有保卫处对外公众号、校园参观预约系统和校园安全综合保障与应急指挥平台（网页端和移动端）。"平安清华"和"行在清华"是保卫处在校内很有影响力的两个对外公众号，分别用于推送宣传保卫处安全教育和交通安全信息。这些系统的标识都是在"清华保卫"标识基础上进一步设计的应用成果。

"平安清华"公众号　　校园参观预约小程序　　"行在清华"公众号

图 7　网络应用设计

三、经验启示

（一）提升安全保卫工作形象

VI 的作用最直接的是快速提升工作形象。标识是一个机构的形象和精神象征，凝聚了一个机构的"精、气、神"，经过美学设计的标识令人赏心悦目，更给人一种使命感和责任感。VI 的应用不仅使校园执勤设施、保卫处办公环境等有了明显的变化，也使工作人员的精神面貌大为改观，尤其是保安员，执勤时全副武装、如山似塔，以一种勇敢笃定、勇于担当的工作形象展现在师生面前，显得庄严神圣，用比较流行的网络用语来形容就是有"存在感"了，这种"存在感"其实是给师生的"安全感"，同时对各类影响校园安全稳定的不法分子也是一种威慑。

（二）规范安全保卫部门工作

"清华保卫"视觉识别系统在某种意义上讲是一项重要的顶层设计。"清华保卫"标识所蕴含的职责意义凝聚了清华保卫人的共识和价值追求，VI 的应用给保卫处各方面工作提出了工作的标准和规范，增强了安全保卫工作的规范化、专业化、国际化程度，明显提升了保卫处内部管理的水平。校门管理更加规范，执勤保安员换岗时队列整齐、互相行礼，他们的动作虽没有国旗班那么标准，但是仪式感有了，精气神就出来了。这种仪式感强化了工作人员的使命和责任。

（三）引领校园安全文化建设

"清华保卫"视觉识别系统 VI 在引领校园安全文化的建设中也具有不可忽视的作用，在 VI 设计成果基础上，进一步设计开发安全文化建设特色项目，能有效地引领和带动校园安全文化的建设。安全文化是校园文化的重要组成部分。2017 年 9 月，邱勇校长在全校安全工作会议上曾讲："没有安全保障，就没有学校的改革发展；没有安全意识和安全文化，就没有一流大学。"保卫处应用 VI 设计的成果，先后举办新媒体与校园安全文化建设交流会、设立校园安全形象大使、成立学生安全文化协会、设计组织校园安全体验日等活动，不断推动校园文化的建设，在师生中引起很大反响。

经过近六年的实践，"清华保卫"视觉识别系统在工作中发挥了重要的作用。"清华保卫"标识已广泛应用在宣传品、人员服饰、办公环境、工作证件等各个方面，显著提升了保卫处的整体形象，也丰富了校园安全文化的内容。这一尝试为校园安全文化建设作出了积极的贡献。VI 系统的应用还有发展的潜力，正在不断地探索中。

多措并举规范校园交通秩序

——打造具有清华特质的校园交通体系

保卫处　向春　李伟　张运腾　杨甲寅　李鑫　王玉

关键词：交通安全保障；出行服务；绿色便捷；智慧创新

一、背景情况

在"十三五"时期和"十四五"开局之年，保卫处以"建设师生更满意的交通安全管理体系"为目标，围绕广大师生重点关切的校园交通突出问题，严格管理、热情服务、广泛宣传、真诚沟通，出实招、出真招，提升科技化与专业化水平，建设"顺畅清华""平安清华""有序清华""温暖清华""智慧清华"，努力为师生员工提供便捷、舒适、绿色的校园交通服务，创造安全、畅通、有序的交通安全保障，推动清华校园交通安全管理取得新进展。

二、主要做法

（一）疏解拥堵，建设顺畅清华园

保障校园及校门周边道路顺畅，是校园交通管理工作的重中之重。为此，保卫处时刻关注校内师生校园交通通行体验，加强校园及周边交通环境调研分析，动态调整校门交通管控机制、加强校内交通秩序引导。包括引进 ETC+ 微信/支付宝的电子支付技术升级交通道闸管理系统、东南门与南门联动前置疏导分流、东北门早晚高峰开通"潮汐车道"、东侧门的及时启用等。

2021 年，发布《校门开放时间与通行规则（2021）》，确保教职工车辆在东南门顺畅通行，其他校门向社会车辆开放。进一步完善东侧门高峰期潮汐车道设置，配置相应交通管理设施设备。发布《上下课高峰期学生骑行路线与时间提示》，使学生上下课的自行车出行线路更加多元合理，同时加强重点时段和区域的秩序疏导，为师生提供顺畅的交通环境。

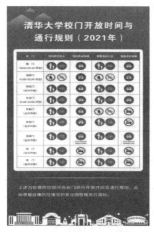  

图 1　2021 年校门开放时间与通行规则　　图 2　东侧门高峰期潮汐车道设置　　图 3　上下课高峰期骑行路线

（二）加强管理，建设平安清华园

面临新问题新挑战，高度重视校园交通安全工作，多措并举规范校园交通秩序，为学校发展创造安全有序的交通保障。2021 年与专业机构评估合作，开展校园交通安全状况评估；针对校内电动自行车的管理，推动并实现校内公房、宿舍禁充措施；持续加强对机动车、电动车等的治理和违规处置，按照北京市统一安排，2019 年发放临时标识登记发放 12088 张，并于 2021 年 10 月禁止超标电动自行车，清理废弃电动自行车 1000 多辆；创新机制以加强快递、外卖等校外电动车管理；进一步建设和完善交通护学岗；针对校内施工车辆管理，严格落实交通安全责任制，签订施工《交通安全责任书》，指导制定交通疏导方案，协助组织交通安全培训，严格管控施工车辆校园进出及行驶交通安全。

面向全校师生开展更加深入实效的交通安全宣传，包括组织"122 全国交通安全日"主题教育，吸引全校师生参与；校警合作，开展交通安全专项教育培训；举办交通安全宣传海报设计大赛，在精彩纷呈的创意中生动展现交通安全的重要性。

图 4　交通安全专项教育培训　　　　图 5　交通安全宣传海报设计

（三）优化局部，建设有序清华园

秉承绿色可持续发展的目标，发挥清华多学科优势，联合软件学院、自动化系、信息化技术中心等院系单位开展校园交通大数据分析，制作了《一张图带你读懂清华校园交通现状》。结合校园环境综合提升工程，逐步改善校园交通秩序，先后解决附小幼儿园上下学交通秩序、西门、主楼广场、老学堂东侧路、化工电大楼周边等停车秩序问题。以校园规划为指导，逐步扩大校园机动车限行区、合理配置单车资源、增加校内交通车站点和发车频次、更新行人导视系统，逐步完善慢行交通系统。

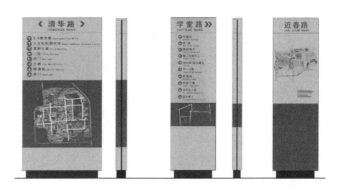

图 6　机动车限行区域示意图　　　　图 7　更新行人导视系统

（四）提升服务，建设温暖清华园

明确服务师生的管理理念，让师生群体参与到清华的交通管理工作中来，增强教职员工及学生的归属感、获得安全感。重视建立信息沟通机制，经常性征询师生代表意见，广泛听取师生对学校交通工作的意见和建议；开设"行在清华"微信公众号讲述"清华交通故事"，及时发布校园交通信息，推送安全知识，重要交通举措实现中英双语发布，同时赋予其停车缴费、路况查询等功能，成为校园交通管理的重要服务平台、校园安全文化宣传的教育阵地，将校园交通信息和交通安全知识送至师生们的指尖和心头。

贯彻"为群众办实事"的工作理念，融管理于服务，2019年至今坚持与机场、火车站合作，开通"清华送站专线"和"校园摆渡专线"，为师生提供快捷安全的温暖服务，实现平安高效的离校、返校；完成新清华学堂地库设施的升级改造、从服务视角出台新的《校园车证管理办法》以优化车证办理流程，惠及更多教职工。

图8 改造后的新清华学堂地库设施

图9 清华专线服务

（五）科技助力，建设智慧清华园

"十三五"期间，清华交通逐渐形成具有特色的交通管理系统平台，为校园安全管理措施提供决策依据，为师生及来访人员提供更加绿色、便捷的交通体验。增加校外车辆微信、支付宝等电子方式支付停车费的流程；构建智能交通信息提示系统提醒避堵路线出行；建立人员通行查验、来访车辆预约系统，实现其与疫情防控期间出入校园人员信息备案系统的对接，助力疫情常态化校门精准防控；持续运行违规管理系统，有效保障校园交通安全，为师生营造更加安全宁静的校园环境；建立智能升降立柱系统提升校园反恐防暴和应急处置能力；优化停车资源统筹管理系统为推进校园资源统筹管理奠定基础。

图 10　电子支付系统　　图 11　车辆预约系统　　图 12　智能升降立柱系统

应用科技赋能，拓展智慧交通新技术、新领域、新模式。发布《清华人出行报告》，勾勒清华人的出行规律，为优化交通管理政策提供参考；以大数据分析为基础，搭建交通综合分析展示平台，反应校园交通最核心的实时状态；开发"清 e 停"移动端应用，让校园内"一键停车"成为可能。

图 13　清华人 2020 年度出行报告　　图 14　清 e 停移动端应用

三、经验启示

目前，90% 的来访车辆通过 ETC 等电子支付方式无感通行；18 处自管车场和地下车库老旧道闸完成更新和停车系统联网；年均 500 场以上各类大型活动由清华保卫提供交通勤务保障；"行在清华"微信公众号建立 4 年来，发布 145 篇推送、9 万余人关注、111 万阅读量；3000+ 师生参与校园交通沟通交通新机制，60余场专题座谈会畅谈校园交通。种种数据，生动体现处具有清华特色的校园交通安全文化。

维护安全有序的交通环境，是一项长期而艰巨的任务。面临新问题新挑战，要求我们重新认识校园交通安全工作的重要性，多措并举规范校园交通秩序，采取更有针对性的新方法新对策；不断探索校园交通新模式，尝试引入社会优质资源，有效改善校内及周边交通秩序，为学校发展创造安全有序的交通保障，建立具有清华特质的校园交通体系，推动新时期校园交通安全管理工作再上新台阶。

面向新时代的校园交通安全管理，高效能、高品质、新风范、新科技成为未来展望。路途依旧漫长，改变一直相随，清华保卫人将矢志不渝，砥砺前行！

守抗疫防线，铸平安校园

保卫处　李志华　向春　左航　舒宇

关键词： 疫情防控常态化管理

一、背景情况

2019年底，我国湖北省武汉市突然暴发了一种不明原因导致的肺炎，并迅速蔓延至全省及全国。因其传染性很强，感染人数越来越多，形势非常严峻。

2020年初，新型冠状病毒在国内暴发。面对严重的疫情，清华大学制定了诸多措施，以避免疫情可能对学校产生的影响，其中"把好门，管好人"最为关键。保卫处校园安全指挥中心的工作职责中，校门的管理是重中之重，亦是学校抗疫工作的最前沿，能否守住防线直接关系到学校抗疫工作的成败。

二、主要做法

（一）闻风而动、严防死守，保护校园平安

面对疫情，保卫处全体党员干部不畏艰险，积极发扬先锋意识。校园安全指挥中心从大年初二晚上便开始进入战时状态。本着"从严管理，堵塞漏洞，摸清底数，入校必查"的原则，搭建检查通道，准备执勤装备及防护物资；制定人员及车辆进出查验管理政策及工作流程，对部分校门开放通行时间作出调整，加强夜间值守，保证查验力度。

（二）科学决策、管理到位，全员有效管控

仅用4天时间实现进校管理系统的身份信息验证平台升级，启动全校各类

人员进校报备工作。

图1 "清华紫荆"小程序、人员备案管理系统

紧急开发线上报备系统，导入所有在籍学生信息40891人，有效阻隔了无关人员进校；同时调整和加强队伍管理，干部深入一线岗位以身作则，指导和组织保安员学习、理解政策内容，并及时发放执勤、测温装备及防护和消毒物资，保障在守好清华第一道防线的同时做好自身的安全防护。

图2 深入一线，勠力同心，打赢校门疫情防控保卫战

同时在做好疫情防控管理的基础上，保卫处又充分发挥战斗堡垒的作用防患于未然，提前做好各种突发的紧急疫情处置预案。并有针对性地做好返校学生在校门区域的防疫应急管理，并根据上级部门的要求和学校疫情期间返校相关管理的规定，针对返校学生进入校园的场景制定突发疫情应急响应工作指南，

以便一旦发现有学生确诊或疑似病例时，以最快速度采取有力措施，及时切断疫情传播链条，控制密切接触者，避免突发聚集性疫情出现。

图3 学生返校专用通道

（三）立足实际、动态调整，提高通行效率

疫情防控常态化后，为保障和满足正常的教学科研，保卫处校园安全指挥中心本着立足实际，动态调整，实时优化，服务师生的原则开展工作。同时还针对各类人员和车辆进校的情况，及时调整做好相应政策的管理规定。

23次动态调整校门疫情防控政策

日期	校门疫情防控政策动态调整
1月23日	暂停校园参观的通知
1月28日	全面加强人员、车辆入校管理
1月28日	关于校内各方面人员信息报备的通知
1月28日	成立校园防控疫情专项工作组
2月10日	调整部分校门开放时间的通知
3月9日	关于近期做好安全和防控工作的通知
3月18日	关于延长校园2020版纸质车证换发期限的通知
5月12日	关于调整东北门（紫荆门）开放时间的通知
6月5日	关于调整东北门（紫荆门）通行的通知
6月11日	关于东北门（紫荆门）开放下午高峰时段出校的通知
6月13日	关于完善出入校园人员信息备案管理的通知
6月19日	关于6月22-23日毕业典礼期间秩序管控的通知
6月24日	关于加强快递、外卖进校管理的通知
7月25日	关于校园北门周边交通优化调整相关情况通告
8月22日	关于2020级新生报到期间校园交通和秩序管理的通告
9月3日	关于加强疫情防控常态化条件下开学复课消防安全工作的通知
9月4日	关于2020级本科新生报到期间校园交通与秩序管理的通告
10月22日	关于调整东侧门开放时间的通知
11月8日	关于调整东侧门早高峰机动车通行的通告
11月13日	关于东侧门恢复正常通行的通告
12月2日	关于调整校门通行管理措施的通知
12月27日	关于进一步加强校门管控的通知

图4 疫情防控政策调整

三、主要成效

（一）通过不懈努力，圆满保障学校各项活动正常进行

自疫情发生以来，除节假日期间，校门每天有 3 万左右的人员入校，车流量达 2 万辆次左右，高峰时段（如校庆时期）甚至单日有超过 4 万人入校。保卫处在面对安全管理的巨大压力下，全面加强各校门的管理，严格进校人员车辆的查验，有力地保障了校内师生的健康安全。在疫情出现反复的情况下，顺利圆满地完成了学生多批次返校及迎接新生的工作。

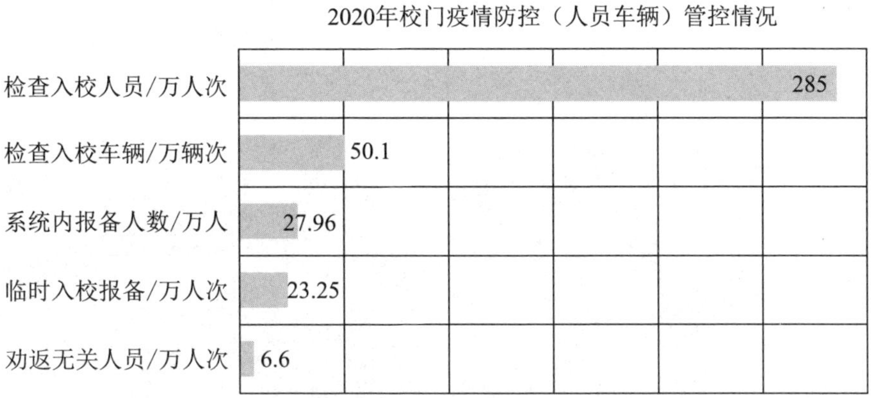

2020年校门疫情防控（人员车辆）管控情况
检查入校人员/万人次
285
检查入校车辆/万辆次
50.1
系统内报备人数/万人
27.96
临时入校报备/万人次
23.25
劝返无关人员/万人次
6.6

图 5　2020 年校门疫情防控（人员车辆）管控数据量化

随着疫情防控进入常态化阶段，尤其是秋季学期学生返校、学校逐步恢复正常教学科研秩序，在临时出入校园人员、车辆明显增多的情况下，保持现有通行的基础上，及时调整相关校门早晚进出车辆的管理，东侧门将南侧机动车道在早晚高峰期设为潮汐车道，供行人及非机动车出入，为师生提供方便，有效地缓解了教职工车辆晚高峰出校的压力。

4:55
东侧门
机动车进校
机动车出校
行人自行车进校

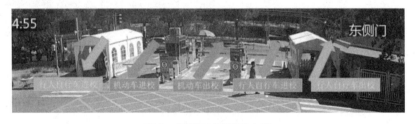

图 6　调整校门潮汐车道

2020年入冬以来，国内多地出现新冠疫情本土病例，"外防输入、内防反弹"形势严峻、任务艰巨，校园发生局部聚集性疫情风险加大。保卫处根据教育部印发《关于加强今冬明春校园疫情防控工作的通知》，动员各部门工作人员深刻认识今冬明春疫情防控形势的严峻性，牢牢守住教育系统疫情防线，毫不放松抓好校园疫情防控，有条不紊地推进防疫管理的各项工作。

（二）打防并举、警校联动，有力维护校园秩序

在保障校园师生安全健康和日常教学任务的基础上，大力狠抓黑导游商趁学校暂停参观期间在淘宝、飞猪、去哪儿、携程等各大网络平台发布校园参观等不实信息，组织招揽游客违规进校参观，牟取暴利的不法行为。保卫处及时联合公安机关多措并举，严厉打击黑导游、旅游团等违规组织校园参观的重大安全隐患，有力地维护了校园秩序和师生的安全。

图7　风雪中坚守

（三）摸清底数、堵塞漏洞，消除安全隐患

清华校园内有约四分之一的面积为家属住宅区，其中还有部分平房区域。此前，住宅区内的出租房屋未纳入公安机关、街道和学校的管理，出租房屋租户的情况不清、底数不明，存在严重的安全隐患。此次随着疫情管控实施的入校报备制度，一改此前的状况，真正做到了底数清、情况明，有效消除了此前存在的安全隐患。

四、经验启示

具有使命感、责任心、执行力的队伍是完成任务的基础;科学决策、网络技术手段的应用是圆满完成任务的保障;全心全意为师生服务的思想是校园安保工作的宗旨与核心。

2020年是极其特殊难忘和不平凡的一年,1月下旬,全国新冠肺炎疫情突发,中央一声号令,全国人民迅速进入战时状态。在清华党政班子正确英明领导和带领下,清华园保卫战党政同心、众志成城,行胜于言、自强不息,坚决打赢清华园保卫战。疫情就是命令,防控就是责任。师生健康、生命至上、必须严把校门重要关口,是清华保卫人集体的共识。"我是党员我向前,坚决抗疫到一线"是清华保卫人的心声。

保卫处在工作中以"文明执勤、严守规定、细致严谨、处置得当"为目标,严格执行学校政策,全面加强人员、车辆入校管理。全体人员无私奉献,坚守岗位、不辱使命。从寒雪到夏雨、从三伏到三九,克服困难、敢打必胜、和校门保安员一起坚守工作岗位,查人、查车、查证件,认真负责热情服务师生,守抗疫战线,铸平安校园。

图8 平安清华,有你有我

构建校园参观管理服务新格局

保卫处　李志华　左航　黄学永　李燕宁　杨宝林　陈民

关键词：校园参观；新格局；综合治理

保卫处着眼于体现和提升大学综合治理能力，秉承"坚持开放、加强服务、有序管理"的原则，建立校园预约参观和综合管控新格局。在保证基本教学科研秩序的前提下，2018年暑期入校人数同比增加12.4%，达到17万人，艺术博物馆参观人数同比增加66.8%，达到15.2万人。在900余份参观者反馈调查问卷中，总体满意率超过88%。

一、工作背景

每逢寒暑假，清华大学校园参观就成为社会关注的热点。改进暑期校园参观工作，平衡好社会参观需求及学校安全有序之间的关系，是清华多年来努力探求的课题。2018年，保卫处着眼于体现和提升大学综合治理能力，秉承"坚持开放、加强服务、有序管理"的原则，突出问题导向，积极开拓创新，加强内外协同，采取多项创新举措，全面改进校园参观管理和服务，形成了校园预约参观和综合管控新格局。

保卫处高度重视突出问题导向，充分做好调研、统筹与准备，校领导多次听取校园参观管理工作专项汇报，并到校门一线指导工作。校园综合治理委员会研讨、审议校园参观管理相关工作方案，协调校内各部门分工负责。保卫处全面统筹，积极推进，梳理出4大类16个方面的问题，有针对性地研究对策。修订《清华大学校园参观管理规定》，出台《校园参观预约进校规则》《校园参观管理通告》等配套细则，发布《关于规范暑期校内单位组织校园参观活动的通知》，形成制度规范；细化各项措施，召开新闻发布会，完善护栏设施设备与识标牌等；投入专项经费，开放日每天增加专职保安员 180 余名，加强反恐防暴、应急处突能力训练，多措并举，构建管理服务新格局。

二、主要措施

（一）科技助力，实现全面网上预约

保卫处逐一研究，形成包括实施网上预约等多项具体改进措施。科技助力，实现全面网上预约，入校不再排长队、长排队。联合软件学院团队，基于最新的身份证和人脸识别技术，开发"参观清华"微信小程序。在系统中融入信息提示、参观导览等服务措施，实现在线咨询。预约入校实现高效率通行及安全双重验证。

（二）三门入校，科学疏导流向，校内外秩序优化

改变原来散客与团队集中在西门一起排队的模式，确定散客由西门专用通道进校，团队由东三门进校，参观艺博则由专用通道进出。实现了参观人员分流，减少了校外排队时间，优化了校内人员流向。同时安装醒目的告示引导牌，对大巴车进行前置引导，设置隔离护栏，延长排队等候区，对预约团队、散客进行提前核验，校门周边秩序得到显著提升。

（三）设置专门团队引导员，提升服务，有效打击游商，确保安全

加强引导员业务能力和文化专题培训，配备工作手册、工作牌、视频记录仪、扩音器等装备。全程带领团队按照设定路线参观，减少滞留校园时间。在交通路口维护秩序，确保团队人员安全。隔离黑导、游商滋扰。2018 年暑期完成 943 个团队的引导，开展近 900 余份问卷调研工作。

（四）强化校园安全指挥中心 24 小时综合值守，实时监控校园安全与秩序状况

强化校门人员、车辆查验，及时劝返未预约游客和车辆。对进出校车辆进行大数据分析，做好校园参观沿途的交通秩序疏导和保障。打击遏制黑车违规载客进校现象。加强校内重点区域的巡查巡逻，持续打击黑导、

游商的扰序行为。

（五）多方联动，部门协同，主动营造更好的氛围

与属地政府和执法机关加强协同联动，应对处突防暴，联动打击黑车、黑导、游商等违法违规行为，维护校园及校门周边的交通、治安秩序，2018年暑期累计劝离散客约15万人次、游客机动车3.5万余辆次。

（六）加强与主流媒体联动，主动宣传报道

2018年暑期，召开新闻发布会介绍新举措，"清华大学"微信公众号、校内信息门户网站等发布相关通知推送共20余条；《光明日报》《法制晚报》和北京电视台、人民网、新华网、搜狐网等60余家媒体进行报道。

（七）加强校内部门协同，志愿服务助力校园参观

校团委推出"志愿一夏"暑期校园志愿讲解活动，超过400名学生志愿者参与。修缮中心进行公共卫生间的装修改造，投入人力物力，确保校门周边和核心区域的卫生清理无缝衔接，创造良好环境。

三、主要成效

（一）参观预约与进校更加规范便捷，保障服务更加细致周到

参观清华微信小程序及相关科技手段的引入，使得校园参观预约和进校更加规范便捷，得到了社会公众的接受、学校和师生的认可，实现了保障校园安全有序、满足公众参观需求、展示清华良好形象的综合效果。

（二）校园参观管控新格局形成，入校人数得到有效控制，参观秩序大为改观

在保证基本教学科研秩序的前提下，2018年暑期入校人数同比增加12.4%，达到17万人，艺术博物馆参观人数同比增加66.8%，达到15.2万人。校门及校内重点区域避免了人群高峰聚集，降低了校内及周边安全风险，降低了安全和秩序管控压力。

（三）校园参观管理服务工作得到校内外肯定，清华良好的社会形象深入人心

校内师生工作、学习和生活秩序得到了明显改善和良好保障。预约方式更加人性化，管理服务更加精细化，为广大参观者所称道，在900余份参观者反馈调查问卷中，总体满意率超过88%。主流媒体均给予积极报道，维护了我校积极履行对外开放社会责任的良好形象。

（四）与院系紧密合作，互相促进、相得益彰

委托软件学院开发网上预约系统，师生深度参与，"参观清华"小程序还获得首届全国高校小程序设计大赛的唯一"特等奖"，也促进了学院的人才培养工作。

四、工作启示

基于问题导向，深入开展调查研究、分析研判，采取的改进措施有针对性，取得实效。例如由专职保安员来作为团队引导员，全程带领团队开展校内参观活动，一方面提供导引、安全疏导；另一方面更重要的是充分隔离黑导，显著提升了团队成员的参观体验。

校内外多部门协同。校园参观由校办党办牵头，综合治理委员会综合统筹，除了保卫处，清华园街道、修缮管理中心、校团委等10余家部处单位分工合作，街道还协调了清华周边街道、城管、公安、交管、消防、海淀旅游委等政府执法部门10余家，都投入了专门的力量协助开展工作。校团委学生志愿者参与；保卫处全体人员放弃休息加班加点，共同推进了参观管理的安全、有序、文明、和谐。

充分重视宣传，争取社会公众的理解和支持。持续、深入、多交的宣传为工作的顺利开展提供了良好的舆论氛围，获得了广大师生的普遍认可。

开展重点单位消防安全评估

保卫处　管志远　孟庆军　王亚平

关键词：消防安全评估；建筑防火；消防设施；消防安全管理

一、消防评估工作的背景

高校火灾频发，严重威胁师生的生命财产安全。事故后的责任追究，更是让安全管理者"无所适从"。究其根本原因，没有找准找全隐患，没有厘清自己的安全责任。2018年底，我们面临着深挖校园隐患，厘清各单位消防安全责任的重任。为了更加深入全面查找各单位存在的消防安全隐患问题，有针对性地建设符合我校特色的消防安全体系或标准。我们进一步引入社会专业化服务，启动了学校消防评估试点工作。

二、消防评估具体的工作流程和具体做法

消防评估采用了《火灾高危单位消防安全评估导则》中评估一般高危单位消防安全水平的方法。具体评估项目内容及流程如下：一般性场所（除实验室），按照《北京市火灾高危单位火灾风险评估导则》中"评估项目分部架构"指导下，给定的打分表格（共计73项内容，评估项目分部架构，请见图1）进行评分。

当前，社会上成熟的消防安全评估方法是《火灾高危单位消防安全评估导则》中提供的一套评估一般高危单位消防安全水平的方法，评估流程请见图2。

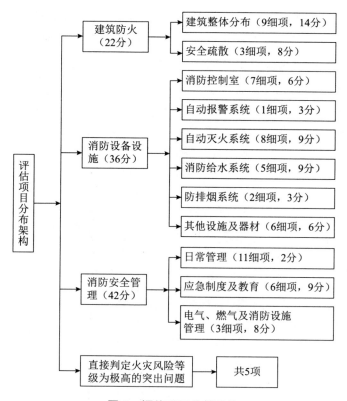

图 1　评估项目分部架构

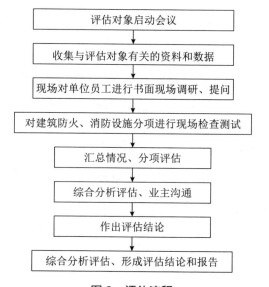

图 2　评估流程

高校实验室作为高等学校的一类特殊场所，火灾爆炸事故是高校实验室安全事故的主要表现形式，需要重点评估。目前，行业内高校实验室消防安全还未形成相对标准的评估、评价形式。

评估过程中，消防专家逐个走访实验室，了解各学科类型的实验室消防安全情况，初步形成了一套实验室消防安全评估细则，促进高校消防安全评估全面化、体系化、规范化。实验室消防评估项目分布架构，请见图3。

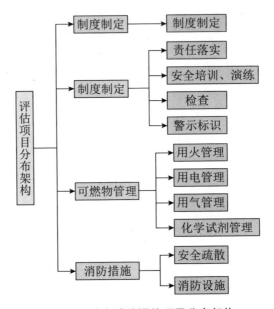

图3　实验室消防评估项目分布架构

依据《科学实验室建筑设计规范》（JGJ91-93）教育部《高等学校实验室安全检查项目表》、《实验室废弃化学品收集技术规范》（GBT 31190—2014）《易燃易爆性商品储存养护技术条件》（GB 17914—2013）等规范和管理规定中的相关内容整理出打分细则。

最终得分：评估得分采用一般性场所消防安全和实验室消防安全评估得分的加权平均值。一般性场所消防安全评估得分（G_1）占比80%，实验室消防安全评估得分（G_2）占比20%。

$$G = 0.8 \times G_1 + 0.2 \times G_2$$

式中：

G —— 整体评估得分；

G_1 —— 一般性场所消防安全评估得分；

G_2 —— 实验室消防安全评估得分。

打分结果按照图 4 的风险等级，给出场所的火灾危险性类别。

消防安全评估风险等级		
风险等级	量化范围	描述性说明
低风险	（85～100］	火灾隐患少，发生火灾的可能性小或火灾发生后危害性较小。
中风险	[70～85）	存在一般性火灾隐患，有发生火灾的可能性或火灾发生后将造成一定危害。
高风险	[60～70）	火灾隐患多，发生火灾的可能性较大或火灾将造成较大危害。
极高风险	[0～60）	存在重大火灾隐患，极有可能发生火灾或火灾将造成重大危害。

图 4　消防安全评估量化表

三、消防评估工作取得的成效与启示

（一）形成了一套适合高校的消防安全评估方法

结合高校实际，经过探索，评估过程修订了《火灾高危单位消防安全评估导则》中对于一般单位的消防安全评估方法。在此次评估过程中，消防专家逐个走访实验室，了解各学科类型的实验室消防安全情况，初步形成了一套实验室消防安全评估细则。一般和特殊相结合，促进高校消防安全评估全面化、体系化、规范化。评估结束后，形成了一套适合高校各单位的消防安全评估的方法。

（二）有计划推动消防安全评估全覆盖

2018 年 12 月开始，保卫处尝试对校内 16 栋文物建筑进行消防安全评估，共计 5.6 万平方米。2019 年，保卫处从理科、工科、文科、艺术等各学科大类的角度，兼顾教学、宿舍、后勤功能代表建筑，选择 10 个重点建筑进行消防安全评估试点工作，共计 19.2 万平方米。2020 年年初，学校制订消防安全评估计划，用3年的时间，对校内各单位建筑消防安全评估全覆盖。2020年作为计划实施的第一年，经过正常招标程序，对31个单位开展消防安全评估工作，共涉及41栋建筑，共计约49万平方米。2021年是评估计划实施的第2年，对34个单位开展消防安全评估工作，共涉及83处建筑（或用房），共计约36万平方米。2022年作为评估计划实施的第3年，主要对学生社区中心管理的60余栋建筑开展评估，共计约54万平方米。4年共计评估163.8万平方米，基本覆盖学校教学、科研、学生公寓、公共活动以及各类保障性用房。

（三）评估发现的隐患问题更加全面、深入、准确

消防安全评估依据当前消防领域的标准规范、法律法规，依托社会专业力量，从建筑防火、消防设施、安全管理、实验室安全等多个方面，对单位开展全面的评估考察，能够从硬件、软件、历史现实、当代要求多个维度查找问题，隐患问题排查和查找责任漏洞方面更加全面、深入、准确。

1. 发现问题隐患数量巨大，整改工作快速推进。 从数量上看，文物建筑发现隐患问题295个；2019年10个重点建筑发现问题850项；2020年评估发现问题1238项；2021年评估发现问题797个；共计3100多个问题隐患。评估结束后，评估专家就问题整改工作出具具体的方案措施，帮助各单位将整改工作落实到位，每年问题整改率在80%以上。除了一些涉及建筑防火，设施整体系统提升方面的问题留待建筑整体大修的时候整改外，绝大部分问题均整改落实到位。

2. 查找隐患问题更加深入，夯实建筑"防火墙"。 一般的消防安全检查从安全管理、消防设施方面，查找比较多。消防安全评估一个大的板块是建筑防火评估，从建筑竣工验收材料查起，从建筑合法性开始，从建筑原设计、原功能等，查找问题。比如，一些单位在后期使用时，为了方便，将原设置有2个安全出口的房间从某处分隔，1个房间变为2个。每个房间有一个安全出口。乍看，似乎没有什么不妥。但有可能会导致房间疏散距离过长，不符合规范要求，影响疏散逃生的后果。

3. 查找隐患问题更加准确，危险边缘"急刹车"。 在实验室安全检查，易燃易爆危险品的数量往往是检查的重点。实验室超量存储易燃易爆化学试剂，是导致火灾爆炸发生的危险源。有的实验室为了方便，担心试剂不能及时到位，可能会存储大量化学试剂。要在助力实验的同时兼顾安全，消防安全评估根据

实验室容积，依据化学试剂的特性，按照实验室等级，会给出化学试剂的存量要求，让其在一个可控的范围内，兼顾安全的情况下，不影响实验进程，不影响实验室危险等级。

4. 查找隐患问题更加全面，补齐短板、筑牢桶底。 消防安全评估的全面性除了体现在评估板块的全面，还体现在梳理安全责任漏洞的全面性。安全责任事故责任倒查是一个非常严肃的事情。平时工作的漏洞，不容易发现，一方面是业务水平问题；另一方面可能是"司空见惯，见怪不怪"。消防安全评估对于安全管理方面是拿着当下的法律法规、规范标准，逐一丈量平时每一项工作，查找平时工作中是否有缺项漏项，首先把"桶底捕捞"；其次还要查找工作是否有不到位的地方，是否存在不足之处，要把"短板加长"。比如，在检查各单位消防安全培训记录时，所要检查的一项材料就是，培训时的内容、照片、签到表、总结等。"培训签到表"是单位履行职责，对员工开展过消防安全教育培训的重要证据。而这一点往往是各单位忽略的一个地方。

历时4年，本轮消防安全评估建立了学校消防安全检查、安全评估的标准，发现了学校安全方面存在的共性问题，推动了被评估二级单位安全管理职责的落实，也督促各单位及时划清自身与各外协服务单位的消防安全责任边界，并强化对其监督和管理。评估结束后，将建立学校全面深入的消防安全隐患台账，积极推动隐患整改，助力平安校园建设。

启示：引入社会行业专业力量，有助于提升消防安全监管工作专业化水平，有助于扩大监管覆盖面，有助于提高学校自身安全监管队伍的业务能力。

平安校园安防系统改进升级

保卫处　李志华　管志远　左航　舒宇
李燕宁　白壥鹏　王金奎

关键词：平安校园；安防系统；升级；联动

一、背景情况

近年来，物联网、云计算、大数据、人工智能、5G技术等各种新技术层出不穷。"平安校园"项目正是高校在最新技术和信息化背景下，在国家的统一部署和要求下，通过顶层设计、长远发展、分期建设的一项具有延续性的系统工程，其核心是一个集视频监控、报警求助、智能交通、消防联动、巡更管理、应急管理、人脸识别等多种功能为一体的智能化综合管控系统。

2010年政府提出加强平安校园创建活动，2011年政府部门对"平安校园"进行了总体部署。2013年各高校开始建设平安校园，2017年2月，在北京召开的全国性有关学校安全工作正常实施的电视电话会议提出，要加强校园的安全防范和监控，加强校园安全防范指导监督，使得校园技防、物防、人防等方面的建设更加完善，从而形成密切配合、协调联动的工作格局。

"平安校园"项目的实施在各大高校取得了一些成绩，提高了安全管理工作的效率，节省了大量的人力、物力、财力，但由于学校内外部不安全因素导致的师生生命财产损失的事件仍层出不穷，如偷盗、电信诈骗、网络诈骗、自杀、凶杀、猥亵等事件不绝于耳；校园交通事故、火灾事故、溺水事件、实验室安全事故等时有发生。

随着"平安校园"建设的探索、实践与深化，一定程度上维护了校园和谐与稳定，提高了师生的安全感和满意度。但面对当前高校安全形势的新问题、新挑战，以及党和人民对校园安全的新要求、新期待，如何在新形势下提升校园安全防范系统整体效能，更好地满足"平安校园"建设标准与要求，实现"平安校园"的价值目标，是校园安全管理工作面临的重要课题。

二、主要做法

（一）建立联防联动机制

当前多元主体协同治理意识比较薄弱，彼此之间缺少合作与配合，各自为政现象比较突出。为了使多元主体真正形成合力，打造协同共治的工作格局，应通过整合各方力量，构建系统性的联防联动机制。

首先是高校内部主体间的联防联动，主要包括高校保卫部门与师生及校属其他部门的联动。其次是高校与外部管理主体的联防联动。从根本上解决校园安全危机的途径在于全社会的共同关注与努力，学校应加强与属地公安机关、城管、工商、教育、卫生等职能机构的联防联动。

（二）校园安全态势"一图清"

1. 校园一张图

基于三维 GIS"一张图"，整合学校各类监测信息资源，建立健全突发事件监测制度，接入交通、消防、安防等方面的监测监控数据、预测预警数据、移动轨迹信息等各类相关数据。在平时，监控各院系和二级单位的安全运行状态；在战时，能够快速掌握事发地周边各监测监控数据的变化情况，掌握现场事件的发展态势。

2. 校园"一张图"三维地图

利用无人机航拍技术，对校内的建筑、道路、景观等进行航拍摄影。通过三维建模的方式将校园以三维视角呈现出来。通过技术手段将保卫处建设的视频监控设备、重点实验室、教学楼、图书馆、体育馆等资源落点落图，以更为直观、真实的方式展示出来。

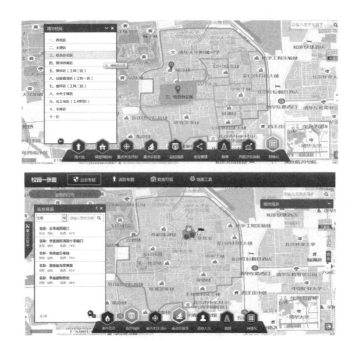

图 1　校园一张图

图 2　三维地图效果图

（三）安防核心功能升级

1. 视频监控系统升级

在现有视频监控设备基础上，在关键点位、盲区等升级或增加相应视频监控摄像头，视频监控系统的重点在于对校园建筑群热点区域、校园公共区域以及校园周界的监控。通过视频监控点位及主机与其他各子系统进行联动，同时最大程度地整合校园安防系统的各子系统。

2. 人脸识别系统

人脸识别系统将先进技术用于扰序人员身份识别、比对、预警，对校园安全乃至社会安全有很好的促进作用，不仅对扰序人员有很好的震慑作用，降低案件发生率，也可以大大提高破案率及破案速度。且学校将人脸识别摄像机对接到清华园派出所，由公安人员实际操作，又增加了公安力量对校园安全的进一步保障。

图 3 人脸识别系统

（四）加强预警，防范前置

1. 一键报警系统

包含室外一键报警柱 20 套、室内一键告警机 150 套。硬件设备施工建设后，通过软件系统对接，实现通过地图展示一键报警设备位置信息并展示附近相关摄像头，可通过视频及音频掌握突发事件实时情况。

图 4　一键报警柱及一键报警机

2. 越界告警系统

通过网络音柱对进入禁止区域的越界人员进行告警,用户可在"一张图"上对选区中的越界人员进行图片查看,并通过网络音柱对其进行警告制止。可基于时间列表查看历史越界报警事件。

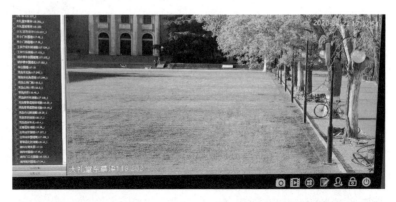

图 5　越界告警系统

3. 电子围栏告警系统

借助智能视频分析等技术手段，实现周界报警与视频联动、紧急指挥调度等功能，为学校提供 7×24 小时全方位周界安全防范体系，全面保证学校师生员工的生命和财产安全。

图 6　电子围栏告警系统

（五）优化巡防巡控

保卫处于 2020 年 12 月建设智能巡检系统，主要包括指挥平台、执法记录仪、配套蓝牙耳机和采集站。支持对讲，视频，定位，轨迹跟踪，广播，录音，且定位精确。支持单呼，组呼，群呼，支持多个不同群组呼叫，具有应急指挥调度功能。系统服务清华 110 年校庆，效果良好，保卫处指挥中心可以及时掌握现场各安保人员周边环境以及动态情况，全面保障各类校园活动。

图 7　清华大学智能巡检系统

图 7　清华大学智能巡检系统（续）

（六）赋能日常办公管理

1. 大屏展示系统

利用保卫处指挥中心现有场所的大屏设备，基于保卫处指挥中心、防火科、交通科的日常工作情况及相关重点数据资源，展示各业务单元重点工作及校园安全态势，使保卫处指挥中心值班员在日常工作更加高效、信息化、智能化。

2. 信息发布系统

在清华大学的 9 个门安装 9 套 LED 显示屏，LED 显示屏在信息发布技术中具有直观、随时随地等特点，受到广大师生员工的欢迎。利用 LED 显示屏，借助通信专线、无线通信技术、卫星广播技术、互联网通信技术等方式，以图像、文字、视频等形式，及时、有效地发布各种校园安全相关信息。

图 8　校园安全指挥中心大屏展示系统

图 9 校门 LED 显示屏

三、经验启示

（一）借助学校科研力量，助力校园安全体系建设

新时代背景下，应加强物联网、大数据、云计算、人工智能等技术的应用，从而更好地赋能校园安全体系建设，应积极借助学校相关院系（如清华大学公共安全研究院）的科研力量，将科学理论成果和前沿科学技术运用在校园安全综合管控系统的建设和实践中。

（二）加强信息化技术的应用

信息化技术的应用，推动了我国相关科技领域的发展，更提升了校园安全管理的水平；校园安全综合管控系统的构建，加强了校园安全相关资源的整合，提升了保卫处各科室之间以及保卫处与其他相关部门之间的应急协同联动能力。

（三）结合实际，以需求为导向

结合学校实际及校园安全工作的实际需求，进行校园安全项目的建设，并进行深化拓展与应用，再增加功能模块，如：实验室安全、食品安全、医疗卫生安全、校园防范暴恐、校车安全、校园市政基础设施安全、建筑物安全、施工安全、大型活动保障、校园网络安全和舆情信息安全等功能模块,从而确保项目建设更具灵活性、合理性、完备性。

(四)升华校园安全体系建设,形成良好安全文化氛围

进一步推动校园安全文化的建设与发展,不断丰富完善校园安全规章制度,加强安全宣传教育与培训,推动应急预案体系构建及演练,并将校园安全文化融入校园安全体系建设中,从而提升师生员工的安全意识,从以往的"被动安全"逐渐转为"主动安全",从"要我安全"逐渐转为"我要安全",形成良好的安全文化氛围。

(五)加强国内外交流,筑牢教育基石

进一步加强与国内外学校之间的互动交流,共同进步;同时,清华大学作为中国的高等学府,也能很好地带动其他学校构建和完善本校校园安全综合管控系统,促使教育系统各学校校园安全体系建设工作由量变到质变,使得教育这块民族振兴、社会进步的重要基石更加坚实、更加牢固。

紧密围绕学校根本任务谋划伙食服务工作

——教师餐厅开办的实践与探索

饮食服务中心

关键词：教师餐厅；伙食服务；公益性

一、背景情况

餐饮服务资源是一流大学建设的重要保障条件，为了更好地服务于学校综合改革和"双一流"建设大局，更好凸显学科交叉和便于师生交流，饮食服务中心按照学校要求，从 2014 年初启动了筹建教师餐厅的调研。2016 年 3 月，经过多轮研讨，学校决定在有限资源下开办教师餐厅，为一线教师的学术交流提供重要场所。

二、主要做法

（一）别具匠心的设计

现代、抽象的装饰风格突显"水木清华"设计理念。 "清华"的理念体现在风格上，大厅设计体现清华初建之时的西洋风格，采用了大礼堂、图书馆等清华早期文物建筑中随处可见的圆拱形式，设计简洁、材质现代，展示了 21 世纪的"清华"形象；"木"的理念体现在东侧墙体实木墙面，每一块木头都有自己的尺寸，凸出墙面的尺寸也有所不同，在表面工整的视觉感受中，又能体会到细微的变化，蕴藏着清华悠久的岁月肌理、"厚德载物"的清华校训以及"行胜于言"的清华校风；"水"的理念体现在咖啡厅波浪形状的吊顶灯群，吊顶由 800 盏定制灯拟合成波涛起伏的水波状。

餐厅布局设计汇集不同学科教师的科研成果。教师餐厅由建筑学院进行总体设计，室内可见的白色区域除了方砖形状的铝合金盒子，均采用了建筑学院声学科研成果——砂岩吸声板、圆拱吊顶、斜坡屋面，良好的声学效果既能保证区域内的顺畅交流，又不会影响到邻桌交流，营造了相对安静和便于讨论的就餐氛围。室内灯光的位置和角度设计独特，颜色和强弱也可以根据餐厅的使用功能和用途进行调节，特别能营造出傍晚温馨柔和的灯光氛围。

图 1　学生与教师在教师餐厅内交流　记者 张宇 摄

为教师创造便捷温馨的就餐和学术研讨环境。教师餐厅使用面积 1490 平方米，共有 450 个座位。室内空间可以灵活分隔，桌椅可以自由拼接、布置，可分可合，创造各种使用模式，便于教师之间、师生之间进行学术讨论和自由交流。教师餐厅配置各类先进的厨房设备和自动快速结算机，每个餐盘内都装有独立芯片，大大缩短了结算时间。收餐推车采用插入式方法，不会产生噪声。宽敞优雅的餐厅布置，安静舒适的就餐环境，餐厅所有设计都为了便于教师们在这里进行学术交流。

图 2　来自不同院系的教师边就餐边交流

（二）科学规范的管理

为了保障食品安全，让教师们吃得放心，餐厅建立了科学规范的操作流程，通过 ISO 22000：2018 食品安全管理体系和 ISO 9001：2015 质量管理体系认证。食品安全不仅仅以"法治"为先，还通过周期性的例会与考核，深化员工食品安全意识，将安全卫生意识融入日常工作之中，在贮藏、加工、消杀等多个关键环节上，做到责任落实到人，为食品安全提供坚实的保障。

为了最大程度满足不同群体教师的需求，餐厅将就餐区分为咖啡区和中餐自选区。餐厅以自选餐为主，提供 70 余种精品菜肴和 30 余种果汁、沙冰、奶茶饮品。菜品清淡精致，营养美味，以江浙菜为主，兼顾川、鲁、粤等菜系风味。就餐之后，透过西侧的观景玻璃幕墙，还可以远望大礼堂穹顶及西山部分风景，令人心情舒畅。

图 3　教师餐厅内景　记者 张宇 摄

（三）细致入微的服务

围绕"三服务、三育人"的宗旨，饮食中心不断凝练总结，创新具有教师餐厅特色的服务模式。餐厅不断调整优化菜品制作流程，保证每个时间段下课的教师都能吃上热乎的饭菜。在低脂低盐的健康伙食结构基础上，设计色香味形俱佳的菜品，划小售卖单位，推出小份菜品和主食，使教师在就餐中可以有更多的品种选择，吃得更营养更健康。

餐厅服务团队由形象气质较佳、具有丰富的校内餐厅工作经验的人员组成。服务员均经过系统的礼仪、技能等培训，身着美观大方的定制版工作服，与教师餐厅风格浑然一体。他们分别在识别区、结算区、就餐区、咖啡区、卫生区引导等提供规范服务，期间还要随时关注老师提出的个性化需求，提供细致入微的服务。目前午餐就餐人数稳定在500人左右，晚餐在200人左右。开餐期间，校领导、教授、院系教师在这里共进下午茶、召开学术研讨会。教师餐厅开办5年多来，教师对餐厅的综合满意度达到98%。

图4　时任校长邱勇与文科教授同进下午茶现场　记者 张宇 摄

三、经验启示

（一）坚持围绕学校"立德树人"根本任务谋划工作

近年来，饮食中心为落实"全员、全过程、全方位"育人要求，深入开展了餐饮服务育人途径研究，通过劳动教育体验、坚持设置勤工助学岗位、开设"美食学堂"等方式，发挥服务育人、管理育人、环境育人、劳动育人等的作用，助力培养德智体美劳全面发展的社会主义建设者和接班人。今后，中心将继续优化学生参与一线劳动岗位体验工作流程，持续探索具有清华伙食特色的育人方式，不断改善学生食堂就餐环境，全面提升师生就餐体验，努力实现"三满意"，促进校园饮食文化的传承与创新，为"三全育人"工作注入新的活力。

（二）坚持公益性办伙不动摇

饮食服务中心坚持公益性办伙的教育属性，稳定食堂饭菜价格机制，采取源头直补政策；制定学生食堂"人均消费和百元含量"考核指标，严格落实奖罚制度；根据阶梯式补贴制度，对低档菜实施补贴、奖励。多年来，饮食中心始终保证供应低价菜、免费汤粥、国家重大节假日为学生加餐，大年三十为留校生准备年夜饭。在做好基本伙的同时，饮食中心坚持做好大型活动的用餐服务保障工作，在新中国成立 70 周年、建党 100 周年专项任务和 110 周年校庆活动中，精心组织，周密安排，为师生做好用餐服务保障。

（三）坚持继承中谋发展

经过 20 余年的艰苦奋斗，饮食中心通过转换机制，扩大服务，强化管理，各食堂餐厅已形成了一个高中低档配套、中西菜点、南北风味、大众小吃种类齐全的多层次、多类型的综合饮食服务网络。新形势下，饮食中心将立足新发展阶段，贯彻新发展理念，紧紧围绕学校"立德树人"根本任务，优化管理机制，提升办伙水平，主动投身到"三全育人、五育并举"的大格局之中，为学校迈向世界一流大学前列作出应有的贡献。

严控食品安全风险　确保师生舌尖安全

饮食服务中心

关键词：食品安全；ISO 22000；高校食堂

一、背景情况

党的十九大报告指出："要实施健康中国战略，让消费者买得放心、吃得安全"。确保食品安全作为实现健康中国战略的重要组成部分，一直以来都是直接关乎人民群众身体健康、容易引发舆论舆情的敏感问题。早在2015年，习近平总书记就明确提出：要用最严谨的标准、最严格的监管、最严厉的处罚、最严肃的问责，加快建立科学完善的食品药品安全治理体系。

饮食服务中心认真落实习近平总书记关于食品安全的"四个最严"要求和学校食品安全管理办法，扎实贯彻执行《食品安全法》《餐饮服务食品安全操作规范》等法律法规，做到"六个坚持"落实食品安全管理，保卫师生"舌尖上的安全"，坚守生命安全红线和健康底线。

二、主要做法

（一）坚持严控源头，采购绿色安全食品

饮食服务中心高度重视从源头把控食堂食品原材料的质量安全，坚持集中统一采购绿色食品，加强采购、验收、仓储各环节全流程管理。通过联合招标采购平台采购米、面、油、肉、蛋、菜等大宗食品原材料，开展供应商二次公开遴选招标，严核供应商资质，要求供应商签署食品安全承诺书，确保采购阳光透明、安全可靠。建设供应商考核机制，多维评价供应资质、产品质量、食

品安全、交付时效、产品价格等指标,加强实地考察,充分评估原材料质量。拓展食品采购基地清单,协同推进重要食品供应基地建设,并建立采购供应物流系统,实现原材料采购供应全程可溯。

(二)坚持严管过程,构建食品安全体系

饮食服务中心从 2017 年起构建 ISO 22000 食品安全管理体系,采用食品安全风险分析和食堂实际关键点控制的方法,围绕伙食原辅料验收、烹饪制作、食品添加剂使用、餐具清洗消毒、从业人员管理等五个关键风险防控点制定举措,建立完善从原材料采购到成品售卖的全流程防控制度体系。每月全覆盖现场检查食堂食品安全管控措施执行情况,发现风险隐患的要求立行立改,建立台账和追踪机制,形成监管闭环。重大活动开展专项食品安全服务保障,评估食品安全风险,现场监督检查,做好食品留样。2021 年,经食品安全认证体系第三方专家审核,学校食堂食品安全管理体系运行扎实有效、风险可控。

(三)坚持严测结果,把紧食品品质关

饮食服务中心统筹建设食品检测室,引进便携式质谱仪等仪器设备,扩增 7 项食品安全快速检测项目,6 项国家标准检测项目,全面提升食品安全检验检测能力。根据《国家食品安全监督抽检实施细则》,严把食堂采购入口、加工过程、成品出口三道化验关。委托第三方专业机构,每年检测重点品类的重要安全指标,形成内外监管合力。制订每月检测计划,并针对季节性风险或特殊风险进行专项抽检,确保检测项目每周全覆盖、全部食堂每月全覆盖。

图 1 新检测室全貌(左一)、全自动凯氏定氮仪(右上)、便携式质谱仪(右下)

（四）坚持人员培训，提升队伍食品安全水平

一支食品安全专业化的管理队伍和一支食品安全意识强的职工队伍，是确保食堂食品安全的组织保障。饮食服务中心建立食品安全小组，食堂主要管理人员担任食品安全员。建立以食品安全领域专家为指导，以职能部门专业人员为核心的培训师系统。每月开展食品安全员培训，每年培训超过40学时，确保关键管理人员理解对、掌握全、运用准，提升专业水平。开展新员工入职培训，食堂一线现场培训讲解，制作图文并茂后厨食品安全标识，开展全员食品安全理论考试，让一线员工听得懂、记得住、做得到，主动将食品安全规范融入日常工作。定期开展突发食品安全事件应急演练，提升应急处理能力。每年开展食品安全宣传周，向师生普及食品安全知识。

（五）坚持设备升级，减少人为因素影响

先进可靠的食品安全设备设施是确保食堂食品安全的物质保障。饮食服务中心引进可灭活新冠病毒的全自动进口洗碗设备和全自动筷勺清洗设备，机器高温消毒取代人工配制消毒液，消除人为因素对消毒效果的影响。引进具有臭氧消毒功能的自动取筷机和自动取勺机，增加对餐具的二次灭菌和重点防护。引进智能餐盘识别计价系统，减少就餐者的等候时间，降低交叉污染风险。食堂入口处设置风幕机，防尘、防蚊蝇、隔冷热，减少接触机会，大大降低病毒传播风险。持续引进先进的设备和系统，安全保障无死角。

（六）坚持信息化建设，提高管理效率

饮食服务中心利用互联网技术，打造"来源可追，去向可查，责任可究"的食品安全追溯平台。食堂全面推行阳光餐饮，实现明厨亮灶，在醒目位置视频公开食品加工过程，公示职工健康证、食品来源、食品添加剂等信息，提升餐饮信息透明度，让就餐者看得明白、吃得放心。建设监控运营系统，使信息化技术与食品安全管理相结合，加强食堂食品安全管理过程控制，提高管理效率。

图 2　全区域实时监控系统

三、经验启示

（一）食品安全是高校食堂管理的底线和红线

高校食堂作为一类特殊的餐饮单位，直接为学生和内部教师员工提供非盈利的餐饮服务。其服务对象特殊、就餐师生密集、供应品种多样、经营环境封闭，一旦食堂出现质量和安全问题，涉及面广，社会影响极大，食品安全管理好坏直接关系到广大师生身心健康和学校稳定，关系到社会和谐及民族未来。

高校食堂必须树立"安全第一"的责任意识，落实校园食品安全主体责任，贯彻执行健康中国战略，加强食堂食品安全管控，尽可能消除安全隐患，降低食品安全风险，确保师生舌尖上的安全和校园和谐稳定。

（二）ISO 22000 食品安全管理体系是加强食品安全管理的有效手段

当前食品安全形势日益严峻，被动监督的传统食品安全监管模式正遭受前所未有的考验，局限性愈发明显。ISO 22000 食品安全管理体系作为一种主动预防、监管重心前移的现代食品安全管理体系，因其科学、简便、实用、有效，逐渐成为被世界各国等同采用的通用国际标准。

饮食服务中心自 2017 年初步应用 ISO 22000 食品安全管理体系，将基于风险的思维融入"人机料法环"五个方面的管理中，促进体系 PDCA（计划—实施—检查—改进）双循环，建立了"从源头到餐桌"全过程的食品安全管理体系，取得了较好的食品安全管理效果。但在推进过程中，也需要根据食堂管理实际，充分融入学校管理文化，这乃是一个长期深化落地的过程，必然会遇到各种问题和挑战，要注意以下几点：

第一，一把手要重视，担任组长，构建起管理队伍，配有内审员、安全员及检验员等；

第二，确保配套投入到位，加大对食品安全工作投入；

第三，突出"全面性"和"全员性"。与全面质量管理协同发展，既要控制好食品安全风险，又要统筹好伙食质量，注重营养。

（三）智能化信息化是食品安全管理的发展方向

在食品安全管理流程成型后，要采用智能化信息化手段，不断提升管理水平，提高管理效率。

1. 采用智能化设备，提升食品安全管理水平。包括不限于引进先进的智能设备，降低人为因素的不确定性影响。建立食品安全追溯平台，实现"来源可追，去向可查，责任可究"。丰富食品安全快速检测仪器设备，提升检测能力，及时发现肉眼不可见的风险隐患，验证食品安全管理有效性。

2. 采用信息化技术，提高食品安全管理效率。建设监控运营系统，将运行成熟的 ISO 22000 食品安全管理体系线上信息化，转变为日常管理流程，实现食品安全实时监控、实时共享、实时查询。同时，可以通过大数据技术，对食品安全数据信息进行分析和预测，有效识别风险，及时发出食品安全预警。

保障食品安全只有进行时，没有完成时，片刻不松懈，永远在路上。唯有筑牢底线和红线思维，树立风险意识，持续改进提高，才能让广大师生吃得安全、吃得放心！

打造"清青"餐饮品牌　满足师生饮食新需求

饮食服务中心

关键词：餐饮品牌；校园特色餐饮；伙食服务

习近平总书记在党的十九大报告中指出，中国特色社会主义进入了新时代，我国社会主要矛盾已经转化为人民日益增长的美好生活需要和不平衡不充分发展之间的矛盾，而师生对美好校园生活多样化、多元化的服务需求也发生着变化，已不再单纯满足经济实惠的温饱，而是要在吃得可口、吃得有特色的基础上吃出精致、吃出营养、吃出健康。

饮食服务中心（以下简称"中心"）总结经验，凝练特色，以创新求发展，结合我校实际情况，自2002年起，相继开办了清青快餐、清青永和等七家"清青"餐厅，让师生足不出校就可以品尝到社会时尚餐品，经过多年的发展，现已形成了独具特色的"清青"餐饮品牌。

一、二十载磨砺铸就品牌力量

回望"清青"近二十年的发展之路，"科学理念""标准化生产""融合创新""个性化服务""改善环境"为"清青"品牌健康有序发展奠定了坚实基础。

（一）科学理念塑造特色餐饮品牌

多年来，中心始终秉承"以人为本、以诚取信、以质取胜"的科学办伙方针，坚持以基本伙为基础，通过优化餐饮结构，丰富校园餐饮业态，走出了一条清华特色餐饮发展之路。

清青快餐秉持方便快捷、营养卫生的餐饮理念，贴合现代生活节奏，旨在为师生快速提供美味的西式快餐；清青永和旨在打造营养、健康、快捷的中式快餐模式，满足师生对风味小吃、快捷套餐的需求；清青披萨主营特色手工披萨、小吃等西式风味，是学生聚餐的不错选择；清青休闲提供各类中西式菜肴及商务套餐，为师生提供舒适的微沙龙交流空间；清青小火锅打造吧台式火锅餐饮业态，为学生提供便捷休闲的用餐体验；"十三五"期间，精心筹备两年的清青咖啡于2019年5月正式营业，主打时尚餐品，口味新颖，让师生在校园就能感受西方饮食文化的独特内涵；同年9月，主营西北特色面食和烧烤的清青牛拉如约而至，意在打造舒适的环境和高品质的正宗牛肉拉面。通过专业的策划、设计和落地运营，"清青"品牌的知名度得以提升并扩大，"清青"餐品、服务、环境等品牌要素已被清华师生接受并认可。

图1　清青牛拉　　　　　　　　图2　清青小火锅

（二）标准化生产提高师生对品牌的认可度

"清青"不是单纯地模仿社会餐饮品牌，而是在吸收社会餐饮企业好的一面同时，与学校的实际消费情况相结合，融入校园文化，进行标准化生产，全面提升"清青"品牌在师生心目中的认可度。"清青"侧重于单品经营，如清青永和主打豆浆油条及中式套餐、清青披萨主打手工披萨、清青牛拉主打西北面食、清青咖啡主打各式咖啡和西式简餐等。在日常管理中，"清青"的餐品售卖前要进行反复试做，直至达到最佳品质，如清青永和的油条从面粉的选择、投料比例、和面、饧面到油温的把控等均具有严格标准，确保成品达到色泽金黄、外酥里嫩的效果；清青快餐汉堡肉质的厚薄、薯条炸制的油温均有相应的标准。标准化生产旨在明确产品质量标准，确保产品在色、香、味、形、营养等方面的稳定，这也是保证"清青"品牌经久不衰的核心"武器"。

图3 "清青"餐品　　　　　　图4 "清青"餐品

（三）融合创新满足师生对美好校园生活的需求

豆浆油条、牛肉拉面、至尊披萨、香酥鸡排堡等畅销美食让师生们流连忘返，诸如此类的单品爆款还有很多，舌尖上的美味已深深地印入师生味觉记忆里。通过近二十年的发展，"清青"已形成了七大模式、50个类别、600余种餐品的多层次、多类型综合饮食服务格局，且每个"清青"餐厅均有自己的"粉丝"，琳琅满目的风味美食满足了师生对美好校园生活的需求。

"清青"在做好经典传统餐品的同时，为更好满足师生多样化需求，坚持"走出去，引进来"办伙思路，加强菜品融合创新，着力在食材融合、摆盘中西融合、烹调方法融合三个方面做文章。清青咖啡合理搭配谷物、肉类、蔬菜、水果等食材，为清华师生量身定制特色汉堡、轻食沙拉、营养果蔬汁等100余款纯正西式简餐，形成了茄汁意大利面、暖温沙拉碗等一批融合创新菜品，让师生不出校园，就能品尝到西式珍馐美味；清青披萨结合师生需求，融合校园餐饮和社会餐饮菜品特点，创新素食披萨、水果披萨、蔬菜披萨等菜品，丰富蔬菜类菜品选择，逐步满足师生健康饮食的需求。

图5 清青披萨　　　　　　　图6 清青牛拉

（四）推行个性化服务满足个性化需求

"清青"始终以师生需求为导向，根据师生特殊需求提供个性化服务。为保证师生营养均衡，缩短点餐时间，清青永和推出快捷套餐，清青咖啡推出"单人套餐""双人套餐"，清青快餐推出"汉堡套餐"，清青小火锅推出数款"组合套餐"。"清青"餐品所用到的酱汁酱料、火锅蘸料、果汁饮品均为自制，根据师生的饮食习惯，对食材、料汁的配比做出一定的调整，满足不同师生的个性化饮食需求。

餐厅员工加强与学生的互动，邀请学生加入到餐厅菜品研发中来，充分尊重学生的口味需求，研发了数款用学生名字来命名的时尚菜品。通过推出快捷套餐、自制调味料等，丰富服务内容和形式，进而不断满足师生个性化需求。

（五）改善就餐环境提升师生幸福感

就餐空间设计在提升师生就餐体验中至关重要，它需要与品牌定位、时代发展有机融合。"清青"都有独特的装修风格，但随着时间的推移，当年的风格、灯光、设备等都已跟不上时代潮流和师生不断变化的就餐需求。为提升师生就餐幸福指数，打造一流伙食服务，装修改造完的"清青"环境面貌焕然一新。清青咖啡清静优雅，融入多种清华元素；清青披萨现代简约；清青休闲温馨活泼；清青牛拉舒适便捷，凸显拉面文化。"清青"环境各具特色，为师生提供了集餐饮、休闲、交流、学习于一体的餐饮综合体，"融入式就餐体验"给师生营造轻松愉悦的就餐氛围，也提升了他们生活幸福指数。

图 7　清青咖啡

图 8　清青快餐

二、凝练特色促发展

创立品牌不易,保持品牌长盛不衰更不易,"清青"品牌发展之路任重而道远,需要我们坚持开拓创新,让"清青"为师生的美好生活不断奉献新美食、好美味。

(一)坚持正确办伙方向,实现社会效益与经济效益双丰收

多年来,中心始终坚持正确办伙方向,实现公益性办伙的教育属性。"清青"模式是我校餐饮体系的重要组成部分,在丰富伙食品种和校园餐饮业态的同时,也为师生就餐提供了更多餐品选择,餐饮资源得以有效整合,实现了特色差异化经营。今后将继续优化业态布局和调整餐品结构,以服务师生为导向,推动"清青"健康稳步有序发展。

(二)推进体制机制改革创新,提升品牌影响力

随着校园市场的逐步开放,美团等外卖业务不断渗透到校园内部,"清青"要想获得更好的发展空间,"产品主义"必须更加凸显,以产品为核心的理念将是"清青"未来发展的不二法则。品牌要始终用产品说话,必须从产品质量和差异化运营去深度挖掘餐品内涵。创新是高校餐饮发展的核心竞争力,中心将着力优化"清青"管理和运营模式,加快更新和产品迭代升级的速度,营造良好"营商"环境,激发市场主体活力,让师生拥有更多的获得感和幸福感。

(三)构建餐饮保障体系,强化服务育人实效

通过多年的改革与探索,校园餐饮已实现了选择多样、中西菜品齐全的供餐模式,形成了就餐环境优雅、就餐方式快捷的多层次、多类型现代化伙食服务保障体系。面对当前师生对伙食工作的新需求,中心将以坐不住的紧迫感、等不起的责任感、慢不得的使命感,推进国际化育人体系建设,实现服务育人工作质的飞跃。

"清青"已成为学校伙食服务保障体系的重要组成部分,与食堂基本大伙

相得益彰，为学校伙食稳定发挥了积极作用。中心以师生需求为导向，以提升服务质量为抓手，积极进取，守正创新，着力解决新时代师生日益增长的饮食需求与食堂伙食不充分发展之间的矛盾，立足新发展阶段，贯彻新发展理念，加快绿色、生态、节约型餐饮发展，助力健康校园建设，提升"清青"品牌知名度，把师生对伙食工作的需求与"食在清华"的文化内涵有机结合，努力办好师生满意和放心的食堂。

创新工作计划和绩效考核模式 探索融合式绩效评价管理体系

基建规划处 任莹 许诺

关键词：工作计划；绩效考核；融合式体系建设

一、工作背景

随着我校"双一流"建设和中长期发展战略目标的逐步实现，以及教师队伍人事制度改革的全面完成，对职工队伍建设提出了更高期望和要求。职工队伍作为学校发展的"两个车轮"之一，也是一流大学建设的重要组成部分。在学校职工队伍人事制度改革的推动下，各职能部门构建了岗位体系、明晰了组织架构、明确了岗位职责，工作效率、效能得到显著提升，成为学校事业发展的有力保障。

作为二级单位，如能运用人力资源的实践成果深度参与此次改革，将有利于进一步优化队伍结构、提升专业层次，打造精简高效、胜任力强、团结协作的部门职工队伍。为此，基建规划处聚焦问题、关注成效，建立了"工作计划＋绩效考核"融合式绩效评价考核模式。即先以工作计划为基础，制定与岗位相匹配的考核评价指标；再以评价指标为指引，建立工作任务明确、考核目标清晰、管理持续优化的绩效考核体系；最终以绩效考核为抓手，形成自上而下的责任落实体系和自下而上的反馈传导机制。为本部门探索构建岗位绩效、考核评价、职工发展、价值认同等多要素人力资源管理模式做出有益尝试。

二、主要做法

（一）定基调：承接改革工作要求，主动创新务实推进

以学校职工队伍人事制度改革为契机，明确本部门绩效管理工作具体实施的组织原则与指导方向。一是全面落实学校各项改革要求，不仅做到位，更要出效果，在考核内容构成、考核结果运用等方面除完成学校规定要求之外还有所创新。二是坚持问题导向，着力通过绩效管理促进不同科室/项目部（即职能办公室，下同）上下游业务间紧密配合，优化解决基建领域长工作链条中的协同问题。同时对个体进行差异化激励，使职工勇于挑战难点、重点工作任务，在实现突破的同时也弥补了考核指标量化不足等问题。

（二）绘全景：设计绩效考核全景，统筹推进体系优化

为确保绩效管理效果，基建规划处用两年时间完成了蓝图绘制与任务落地这一迭代过程，并构建了多层级绩效管理体系。

第一层明确部门任务来源输入。主要为学校下达的规划建设相关重点工作、校级横向跨部门协同配合事务、新增计划外事项以及内部管理创新事项等。

第二层明晰职工考核任务分类视角。在科学确定职工绩效考核内容需要同时兼顾以下四个视角：（1）任务视角：包括基建规划处核心业务类、团队建设类、个人发展类三个视角；（2）角色视角：包括科室/项目部负责人和普通职工不同角色下的任务区分；（3）分工视角：如关键任务主责牵头与辅助配合、攻坚克难与日常工作、科室间差异与科室内职工差异等；（4）效率视角：充分兼顾考核结果公允与考核管理成本，适度考核。

第三层侧重方案落地与体系化建设。通过在方案设计期充分讨论、在方案运用期谨慎试点、绩效写实表宣贯辅导、工具量化表使用培训等一系列举措，在试点先行基础上稳步推进。

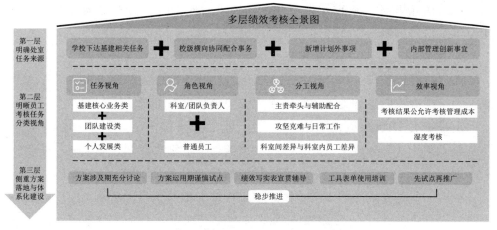

图 1 基建规划处绩效考核全景图

（三）抓关键：构建任务指标体系，聚焦关键淡化日常

1. 指标、任务库设计导向

（1）可比性：力争实现科室/项目部之间指标、任务颗粒度大致相同。（2）改善性：做到指标、任务选取关键点与当前业务困难点、梗阻点、瓶颈点结合。（3）协同性：推进多科室协同类事项联合考核，且在最优标准中鼓励主动协同行为。（4）引导性：逐步提高工作质量要求，引导职工向高标准挑战。

2. 指标、任务库分类维度

（1）科室类维度：用以明确指标的职能归属。（2）指标属性类维度：根据指标、任务考核的核心关注点，将指标分为时间进度、质量程度、工作效率、工作要求/工作协同4类指标。

3. 指标、任务库内容

在部门内部经过广泛的调研与提炼，形成约70项科室类与通用类指标、任务库，且每个指标、任务设置3～4个细分评价标准，用以明确工作要求、强调关键环节和控制点，促进职工自我管理与提升，最终改善工作中的薄弱环节。

（四）促量化：构建多维量化模式，解决任务量化难题

1. 职工个人绩效成绩权重量化

构建多维职工绩效成绩加权模式：年度重点工作任务得分×权重＋年度

个人综合表现互评×权重＋正负向行为清单对应得分，力争用量化指标为职工全年工作情况做出客观描述。

2. 年终职工互评 360 量表量化

在已有互评基础上结合学校改革要求，优化年度职工综合表现互评行为量表，为持续跟踪职工行为表现与工作成绩奠定数据基础。

3. 职工工作状态量化积累

鉴于工作计划完成率是职工考核的重要指标，细分计划完成类型，并通过对不同岗位、不同年度 4 项计划完成类型的梳理以及对计划完成情况的深度归因寻找影响计划完成率的主要原因。通过持续的数据积累，从而发现问题症结并最终提升业务管理水平（注：4 项完成类型分别为 A 按最初计划节点完成，B 按调整后节点完成，C 受不可抗力影响调整后仍未完成，D 其他原因调整后仍未完成）。

4. 积累行为数据优化考核反馈

考核反馈是绩效管理工作中的重要闭环环节。一方面优化考核反馈的内容和形式，从以反馈名次为主变成以反馈分档为主，缓解唯名次带来的负面作用，适度激发职工工作积极性；另一方面抓取关键行为的对标评价指标，帮助职工分析分数变化背后原因，让绩效考核回归管理的本真，让考核更有温度、更入人心。

三、经验启示

（一）立足高校特点，正向牵引激活

在绩效考核工作中不完全以短期评价结果为衡量标准，更关注任务有效落地与长期反馈价值，打造自上而下的责任落实体系和自下而上的反馈传导机制。主动承担、主动实现，提高工作质量以及完成多元任务能力。

（二）尊重价值贡献，创新定量模式

以"构建场景任务分类标准—确定分类评价描述—分类评价后台赋值"模式最大限度降低人为评价主观性强的弊端，让职工自己成为绩效成绩的主要决定者，每项工作计划都有对标的品质要求，以目标为导向践行"对的过程"、实现"好的结果"。

（三）指标充分联动，鼓励横向协同

通过绩效管理方式推动学校关键任务落地与项目管理瓶颈问题的突破，实现三个关联。一是"校级工作要点—处级重点任务—职工工作计划"密切关联，持续优化项目制考核方法。二是年初计划目标与年底绩效考核关联，经过两年实践基本探索出了"年初目标任务分解—中期跟踪反馈—年底全面考核评估—强化绩效反馈闭环"的有效落地模式，确保任务执行不走样，在过程中感受到切实变化。三是关键协同任务与指标协同科室联动考核，有效推动业务协同部门协同效率与信息共享。

（四）精准识别差异，投放激励资源

设计具有基建行业特点的绩效考核导向与价值倾向的项目长周期、多环节奖励机制，对特别贡献、重点关注、有创意的个体给予突出激励。增强职工跨科室横向可比性与差异度识别，同时以关键性任务为纽带实现跨科室、多维度协作，实现复合型专业职工队伍建设。

（五）优化配套表单，重视磨合细节

为了在丰富考核模式基础上不增加职工和管理者考核负担，此次绩效管理优化工作在细节处做了大量工作。系统优化了计划任务分级与评价表、员工绩效指标库、员工年度述职模式等内容，在关键设计环节邀请科室/项目部负责人和职工广泛参与确保方案入人心、可落地、有效果，最终形成内部绩效管理操作细则。

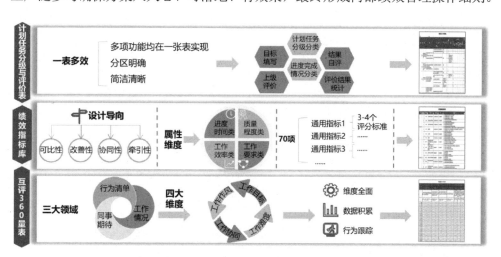

图2 基建规划处主要工作表单优化示例图

（六）融合评价体系，凸显管理成效

一是简单务实，坚持"轻绩效"。绩效管理通过限定指标数量和考核频次有效避免过度管理，并坚持推进基于信任的简单管理，减少不必要工作程序。

二是源头优化，夯实任务管理。以优化考核前端任务管理提高绩效表现，并通过工作写实与结果复盘为业务管理提供依据，为后期业务改善提供了数据参考。

三是真正量化，前台定性后台定量。除员工填写绩效任务书/工作写实外，管理者对员工表现进行分类，后台计算将类别转换为分值。该模式增进了评估的客观性，同时降低了管理者主观评分压力。

四是精准激励，职工努力被看见。保留日常关键任务激励积累数据；多元激励改善职工体验，淡化绩效考核，激发职工主动认领任务和挑战难度任务的积极性，实现从简单管理到有效管理的升级转变。

以校园总体规划为纲领
构建全要素空间管控体系

基建规划处　李一　任莹　盖世杰

关键词：校园总体规划；空间管控；全要素

一、工作背景

为进一步加快建设世界一流大学，有力支撑学校事业发展，学校于2017年全面启动《清华大学校园总体规划（2021—2030年）》编制工作，构建校园全要素空间管控体系。

（一）国家提出新理念和新要求

国家要求坚持以人民为中心，不断促进人的全面发展；坚定不移贯彻创新、协调、绿色、开放、共享的发展理念；坚持社会主义核心价值体系，推动中华优秀传统文化创造性转化、创新性发展；坚持在发展中保障和改善民生；坚持人与自然和谐共生，建设生态文明。

（二）北京市依据新规划加强管控

北京市城市总体规划明确北京作为"政治中心、文化中心、国际交往中心、科技创新中心"的战略定位，突出首都发展、减量集约、创新驱动、改善民生等发展理念，提出"中心城区规划总建筑规模动态零增长"等要求。清华大学应积极支撑文化中心和科技创新中心战略定位，落实严控增量等新时期规划管控要求，助力海淀区建成创新引领之城、人文活力之城、生态优美之城。

（三）世界一流大学建设呈现新趋势

更多的世界一流大学将可持续发展、绿色大学作为长期战略目标，越来越注重人才培养的国际化，注重通识教育、人文教育和创业教育，强化学科交叉研究，强化学校的社会服务职责，力争为师生提供一流的教育基础设施和校园环境。

（四）清华大学校园需要实现新提升

清华大学历经 110 年的积淀，已建成底蕴深厚的美丽校园。同时，面向世界一流大学建设目标，校园的功能结构、景观风貌、交通环境、管理方式等有待进一步提升。清华大学历来非常重视规划，校园发展的不同时期均有规划发挥引领作用，本次规划是建校以来第十次编制校园规划，规划需在新的背景下引导主校区实现优化提升。

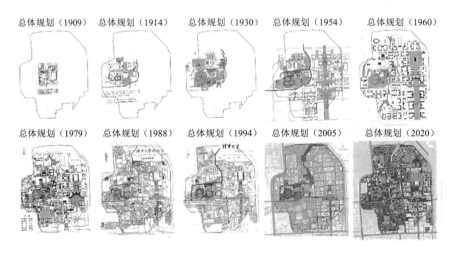

图 1 清华大学校园总体规划的发展和演变（1911—2020 年）

二、主要做法

（一）突出新理念高目标，建设世界一流的校园

为明确"世界一流大学校园"的内涵，优先组织规划理念研究，明确规划的方向和重点、确定发展目标。同时，借鉴国际案例，结合国家五大发展理念、

北京市和学校要求，确定落实规划理念的指标体系和规划策略。

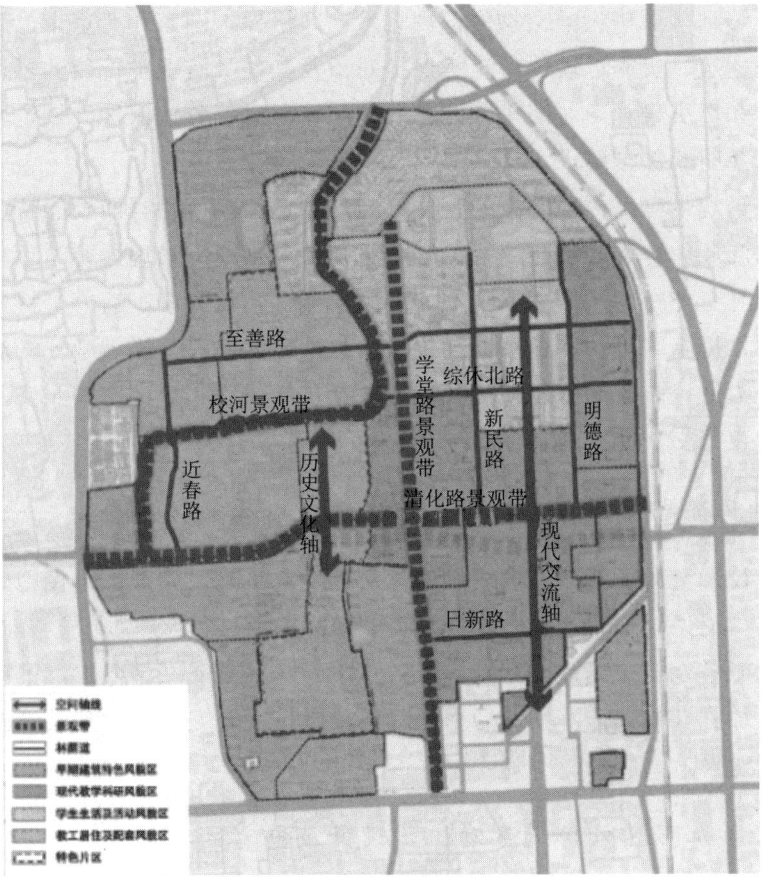

图2 空间结构规划图

（二）优化空间资源利用，建设集约高效的校园

应对事业发展对空间的需求旺盛与主校区空间承载力有限之间的矛盾，采取主校区外部合理布局和主校区内部优化提升相结合的空间策略，严格控制主校区的建设规模。主校区重点保证教学和科研功能，疏解不适宜和不必要布局如主校区的实验平台、培训等功能。同时加大地下空间利用，新增地下空间用于满足文化展示与交流、地下停车、市政等功能需求，并做好远景地下空间资源储备。

(三)保护历史提升景观,建设人文日新的校园

同步编制《清华大学文物保护规划》,严格保护国家和北京市已确定的文物、历史建筑、优秀近现代建筑等保护对象及其他具有保护价值的早期建筑、历史园林和历史景观。对清华园园林环境和特色进行整体保护,划定历史景观保护范围并明确保护要求。

强化景观带等结构性要素的整体打造,划定体现不同时期校园特色的空间单元,面向风貌协调和功能混合加强分区管控引导。将景观提升与环境育人相结合,提升室外空间品质。优化室外空间功能,建设共享、活力、特色的室外公共空间,提高绿地的使用率,加强滨水开放空间建设,提供学习、运动等使用功能。提升校园夜间照明环境,重点改善功能照明和公共空间照明,营造安全宜人的夜间交往空间。

(四)提高保障服务水平,建设绿色智慧的校园

改善校园交通环境,采取弱机动化交通发展策略。完善市政设施建设,强化市政支撑能力。加强水、电、气等公共资源与外部衔接,提升设施的安全保障。优化服务设施布局,提升校内服务水平。落实节能减排要求,推动资源节约利用。加强人本关怀,推进通用无障碍校园建设。完善智慧基础设施,支撑数字校园建设。

(五)加强内外协调互动,建设开放包容的校园

加强主校区与周边区域协调。加强功能协调,主校区承担教学科研等核心功能,积极利用主校区周边资源促进功能疏解和完善配套服务。加强交通协调,与周边城市交通设施衔接,推进区域交通环境改善提升,优化校门布局并综合整治校门地区,对接和串联城市绿道,融入城市慢行系统。加强景观协调,对接落实区域性水系、绿化和景观改善工程,优化校园与周边区域的界面。

加强主校区与海淀区核心地区协调。建设特色鲜明、绿色可持续的人文校园,助力三山五园重点地区文化绿心建设;发挥科研创新和人才培养优势,助力中关村科学城核心区域科技智芯建设。

加强主校区与其他校属资源协调。加强主校区与北京市其他校属资源、国内外其他空间布局的功能协调,实现不同空间互利互补发展,共同支撑事业发展需求。

（六）配套实施保障措施，建设有序更新的校园

编制管控导则，完善校园建设管控依据。针对校园建设重点，编制校园空间开发、空间环境特色、景观风貌和通用无障碍等管控导则，加强建设引导。

校园总体规划编制成果体系："1+4+N"+82项行动计划

1个总报告	• 清华大学校园总体规划（2021—2030年）
4个管控导则	• 校园空间开发管控导则　　• 校园景观风貌管控导则 • 校园空间环境特色管控导则　• 校园无障碍规划设计导则
N个专项规划	• 地下空间利用专项规划　　• 综合交通专项规划　• 雨洪利用专项规划 • 节能低碳校园专项规划　　• 存量优化专项规划　• 数字校园专项规划 • 无障碍校园专项规划　　　• 校园景观专项规划　• 文物保护专项规划 • 空间环境特色提升专项规划 • 健康校园专项规划　• 市政设施专项规划
82项行动计划	• 行动计划（3大方向、16大板块、82项行动计划、120个具体工作事项）

图3　校园规划编制成果体系

制订行动计划，指导校园规划有序实施。制定包括空间资源优化与功能提升、空间环境特色与品质提升、保障能力与服务水平提升等3大类，共16小类和82个事项的行动计划引导实施。

三、经验启示

（一）坚持规划引领，新时期绘新蓝图

一是适时启动规划编制。传承以规划引领校园建设的优良传统，在上版规划到期之前，提前部署，适时启动，保证规划不缺位。

二是借助规划凝聚共识。新时期规划背景发生重大变化，校园空间资源的供给、利用和管理从增量时代走进存量时代，通过规划凝聚共识，适应变化，积极应对。

三是依据规划加强管控。规划是对新时期空间全要素的系统安排和统筹部署，依据规划对校园全要素进行空间管控，促进空间资源高效利用和空间品质不断提升。

（二）突出理念先行，高要求总体把控

一是研究理念明确内涵。规划启动后优先组织规划理念研究，经过深入研究和多次论证后，最终确定人文、绿色、开放和智慧四大规划理念，并明确了每个理念的内涵及表现，为规划指明了方向和重点。

二是结合理念确定目标。落实"世界一流大学"战略定位和四大规划理念，确定"建设人文、绿色、开放、智慧的世界一流大学校园"的目标，并制定体现人文、绿色、开放、智慧的指标体系。

三是规划全面落实理念。将规划理念落实在总体规划和各项专题研究的全过程和全要素中，使规划内容成为理念落地、目标达成的基石。

（三）尊重约束条件，高标准优化提升

一是严格控制建设规模。优化校内资源配置，疏解部分功能；积极利用周边社会化资源；针对补短板的需要加大地下空间利用；鼓励分时段、复合功能等方式加强资源高效利用。

二是严格保护历史文化。严格落实国家和北京市相关保护要求，严格保护文物和历史建筑等保护对象，严格控制建筑高度，积极保护历史景观。

三是优化配置提升品质。按照办学要求和发展需求优化资源配置，重点优化学生宿舍和餐饮服务等设施的规模和布局，提升教学科研等设施的文化内涵和硬件品质。

（四）顺应趋势变化，新思路探索实践

一是加强人本关怀。设置景观规划专题，改善室外环境和功能，实现环境育人；设置无障碍规划专题，研究特殊人群需求，推进通用无障碍校园建设；设置照明规划专题，研究夜间需求，保障出行安全；设置健康校园专题，研究师生健康需求，促进健康发展。

二是加强节能减排。设置节能低碳校园专题，顺应低碳发展趋势和要求，落实节能减排任务，推出节能减排具体措施，切实推进学校低碳发展。

三是加强智慧建设。设置智慧校园建设专题，发挥学校科研创新优势，进行智慧校园顶层设计，积极利用智能技术，积极应对未来对校园智慧化建设的要求。

（五）创新工作模式，高质量推进工作

一是多方广泛深度参与。成立校园规划领导小组和专家咨询委员会，多次听取规划汇报。明确各专题研究的责任单位和协作单位，各部门深度参与。结合专题研究和总规的多个阶段，采用问卷调查、现场征询、访谈座谈、学生竞赛等多种方式，实现师生与校友广泛参与。

二是组织先导性规划和专题研究。学校启动事业规划、空间布局战略规划等先导性规划，为空间规划提供必要的依据。针对重点难点问题，确定六项专题研究（含十项子专题），为问题深入研究和有效解决提供了保障。

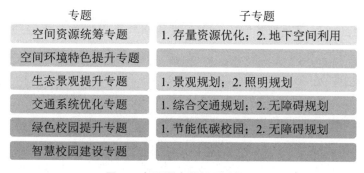

图 4 专题研究的设置和划分

三是整合高水平专业团队力量。校园总体规划和各项专题研究由国内顶尖的规划设计院和清华大学相关领域顶尖专家团队承担，带头人为相关领域的知名专家，高水平专业团队为编制高水平的规划提供了重要保障。

四是建立多部门协同工作平台。为了更好地推进各项工作任务的空间协同和时间协同，相应建立多部门协同工作平台，在总体规划框架下，通过规划方案联审和专项事务会商，对跨部门业务和上下游业务进行总体协调。

五是深化行动计划实施机制。制订校园总体规划行动计划，最终确定了82项行动计划，实现规划目标的"项目化"和"任务化"，将总体规划目标进一步分解为校园发展的空间资源优化和功能提升任务29项、空间环境特色和品质提升任务14项和保障能力和服务水平提升任务39项。组织21个二级单位逐一落实了行动计划的实施主体、实施内容、实施周期和经费测算，为校园总体规划各项目标的实现提供项目支撑和实施保障。

探索高校工程建设投资控制
构建全方位造价管理体系

基建规划处　张娟　王屹航　刘芳

关键词：全过程造价控制；全口径费用审核；全梯度分级管理

一、背景情况

高校基本建设项目是提升学校办学层次、改善办学条件的重要载体，包含新建、修缮改造与市政工程等建设项目，投资额动辄可达到几千万甚至几十亿元。为了高效管理投资成本，合理确定与控制工程造价，专业化的工程造价管理人员、全方位的造价管理体系都是高校基建管理不可或缺的资源。工程造价管理是涵盖工程建设项目管理与投资成本管控的专业技术学科，其主要技术工作贯穿于项目投资立项、勘察设计、招标投标、工程施工、竣工结决算全过程，是工程建设项目管理中的重要内容之一，也是建设项目顺利实施、管理目标顺利实现、项目投资效益提升的重要手段。

目前，国内高校主要采用引入第三方委托与项目管理公司代理的管理模式开展建设项目的全过程造价咨询和全过程审计工作，但对具体建设项目的造价过程和建设期间具体问题很难有全面细致的把握。因此，针对造价全过程管理体系和具体操作过程中所遇实际问题，基建规划处从项目前期投资规划、中期施工过程、后期结决算审核等多个环节，从建设单位角度系统构建全过程、全口径、全梯度的全方位造价管理体系。

二、主要方法

全方位造价管理体系可以概括为"三全管理体系"，主要包括：全过程造价控制、全口径费用审核、全梯度分级管理,是从不同技术手段、不同管理角度对全过程投资控制进行全面管理与优化的管理体系。

(一)全过程造价控制

全过程造价控制是指通过专业造价技术与充分管理经验对项目立项估算、设计概算、施工图预算、招标控制价、施工过程造价审核、工程结决算等各环节进行全程跟踪的造价管理模式。项目立项估算是投资决策的源头,虽然此阶段耗资较少但是其准确度对于随后各技术阶段影响甚远,很容易出现因后期增加工程内容产生的资金缺口。此外,在初设方案阶段编制设计概算的准确度对于整体工程造价控制也发挥了龙头作用,尽管设计费用在建设工程全部费用中占比较小,但是设计方案的合理性、可行性却可以影响整体工程造价达到75%以上,因此,科学优化设计方案,可以让工程造价控制起到事半功倍的效果。施工过程造价审核管理是综合讨论施工技术方案可行性、技术性、经济性的重要环节,高效的施工过程审核可以提前预判投资变化金额,极大地提高工程投资成本的可控性。工程结决算是整体工程的收尾阶段也是工程造价的核心工作之一,是决定投资总成本与项目总造价的核心环节之一,对项目管理科学化、规范化与工程造价审计效能起决定性作用。

近些年,高校基建工程造价管理从以前偏重于施工过程管理逐步发展为全过程投资控制,并借助第三方专业力量,达到更高效率、更高水平的效果。目前,基建规划处工程造价管理范围从原先仅施工过程向前延伸至投资估算、设计概算,向后延伸至竣工决算、项目后评价,形成了项目全过程闭环管理模式。在这种模式下,上一环节是下一环节的依据和控制目标,下一环节要对上一环节进行校验和修正,可以有效避免投资控制出现脱节断层现象,同时各环节的经验教训也将指导后续项目的投资控制工作。

除建立全过程闭环管理模式之外,基建规划处对全过程造价控制各环节的技术与管理方法也进行了一定的创新与经验总

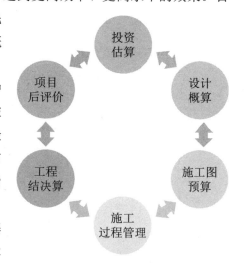

图 1　全过程闭环管理模式

结。主要体现在以下几个方面。

第一，实现精准投资估算。投资估算是项目立项决策的重要依据，很多项目超投资是因为估算不精细、未考虑项目特殊需求造成的，因此，精细化管理投资估算，细化工程费用科目，科学选取费用依据将是科学预估投资成本的重要因素。基于常年工程造价管理经验，基建规划处整合学校工程造价通用数据形成工程造价数据库，对投资概算与方案设计给予数据支撑。同时，采用专项调研的方式，对于国际顶尖实验室（如新土木馆反力墙）、专业化场地（如北体育馆冰场）、文物建筑修复（如大礼堂）等特殊需求一事一议，通过功能需求分析、同类项目调研、专业厂家考察、业内专家评审、数据整合调整等方法合理完成造价分析与设计方案总结，科学完成整体投资估算编制。对于通用工程费用科目清单细化，以罗姆楼项目与学生活动中心项目为例，土建结构科目列表由原来10条短清单细化为26条长清单，如结构工程增加了基坑支护、抗浮工程、地基处理，电气工程细化为开闭站工程、供电工程、动力及照明工程，通过投资清单科目细化及建立数据库进行大数据分析，提高投资估算精准度。

表1 工程科目细化样例

	罗姆楼工程费用		学生活动中心工程费用
1	主体工程费用	1	主体工程费用
1.1	建筑工程	1.1	土建工程
		1.1.1	土建结构工程
		（1）	土建结构
1.1.1	结构工程	（2）	基坑支护
		（3）	抗浮工程
		（4）	基础处理
		1.1.2	室内装修工程
		（1）	地上室内装修工程
1.1.2	装修工程	（2）	地上重点区域精装修工程
		（3）	地下室内装修工程
		（4）	地下重点区域精装修工程
		1.1.3	室外装修工程
1.2	安装工程	1.2	安装工程
		1.2.1	电气工程
1.2.1	电气工程	（1）	开闭站工程
		（2）	供电系统
		（3）	动力及照明工程

续表

	罗姆楼工程费用		学生活动中心工程费用
1.2.2	弱电工程	1.2.2	弱电工程
1.2.3	给排水工程	1.2.3	给排水工程
		1.2.4	采暖工程
1.2.4	消防工程	1.2.5	消防水工程
		1.2.6	消防电工程
1.2.5	电梯工程	1.2.7	电梯工程
1.2.6	通风、空调工程	1.2.8	通风工程
		1.2.9	空调工程
		1.2.10	抗震支吊架

第二，优化设计与施工方案。优化设计方案是控制设计概算的重要途径，通过取消过度设计，合理节约投资成本，可以达到"好钢用在刀刃上"的效果。基于工程造价大数据库与多年施工管理经验，在设计方案讨论时，通过提供整体方案价格比对与细节选材价格列表等多种数据与技术支持，为方案论证的科学性与经济性提供有力保障。同时，为增加造价管理专业水平与工作效率，委托造价咨询公司，借助第三方专业力量与社会通用大数据等专业资源，对方案设计提出合理化建议。施工过程造价审核则主要针对施工过程中产生的洽商变更等因施工方案变化导致的投资成本增加。因此施工过程造价控制需要寻找有效替代材料，并通过专业经验优化施工工艺与施工方案，以满足在保证施工安全、质量与效率的前提下降低工程造价的目标。以北体育馆基坑肥槽回填方案为例，原设计方案为灰土回填，但由于场地条件有限，施工单位以回填效率低、难以保证质量为由提出回填混凝土方案，基建规划处基于工程造价大数据库与先进施工理念，提出采用液态固化土回填，简化施工工艺降低造价成本，在保证施工效率和质量前提下，节约投资成本。

第三，严控结算审核。结算审核是工程造价管理的末端阶段，进入这个阶段，整体建筑已经竣工验收，工程事实已经形成。因此，要加快审核进度、提高审核质量、保证建设单位投资利益，就要利用专业造价经验科学审核结算文件。基建规划处在审核结算文件环节主要通过应用先进造价技术、精细化管理过程、专业化审核结算等方式科学计算投资总成本，提高核算准确性。以学校东区锅炉房项目为例，对于施工方上报结算文件，基于先进算量技术进行审核，提高效率及成果质量。如其中的钢筋审核，利用先进三维建模技术，结合钢筋技术规范，精准计量构件之间的钢筋扣减及搭接，有效提高了审核效率与准确性，并大幅审减钢筋费用。

以学校 3 号、4 号楼学生宿舍地基注浆加固结算为例，施工单位借用高压旋喷注浆子目，导致价格虚高，经过基建规划处进行图纸及方案研究后，合理选取袖阀管＋注浆两个子目，施工工艺更符合方案要求，计算规则更加科学合理，有效审减结算金额。

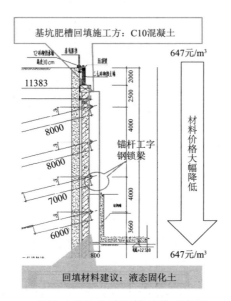

图 2　北体育馆肥槽回填示意图

目前，基建规划处平均合理审减施工单位结算比例达 30%，有效保障了学校投资利益。同时，基建规划处结算文件经审计，平均审减率在 1%～2%，大幅低于业内 3% 的标准，这充分证明了基建规划处结算审核的科学性与规范性。

（二）全口径费用审核

全口径费用审核就是消除投资管理盲区，将全部项目投资纳入结算审核范围，全面保障学校投资利益。

建设工程二类费在项目投资中占比约 10%，主要包括设计费、监理费、勘察费、招标代理服务费、项目建议书编制费、环境影响评价费、基坑监测费等咨询类、检测类费用，种类繁多、数量巨大。基建规划处顺应行业发展，从施工过程造价管理模式改进为全过程造价管理模式，同时为保障学校投资利益、科学审核工程结算，打破原本工程造价界限将原先不进行内部审核的建设工程二类费用纳入内审范围，全面消除投资管理盲区，形成全口径费用审核管理模式。

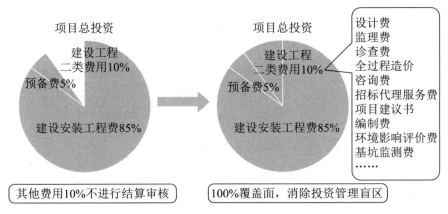

图3　全口径费用审核示意图

（三）全梯度分级管理

全梯度分级管理是全方位造价管理体系中的重要组成部分。由于设计不完善、用户需求不明确、现场条件复杂等原因，项目在实施过程中会发生大量的洽商变更。原先项目管理模式是由项目部全权负责洽商变更审批，并在最后统一进入结算审核，但此类模式严重影响投资控制，缺乏投资预判性。

基建规划处对学校工程项目历史数据进行全面系统的梳理与统计分析，发现数量10%的大额洽商占到洽商总费用的40%，数量65%的小额洽商仅占总费用的15%。因此，结合分析结果，提出对洽商变更建立分级授权管理模式，将小于10万元洽商由项目部审核，将10万元以上洽商变更由技术委员会进行集体决议与技术审核，超过50万元额度的须报处务会批准，实行全梯度分级管理，既没有过多增加工作量又将投资风险降到最低，提高了投资的可控性。

其中，技术委员会于2016年成立，主要由技术总工、各科室负责人、项目经理、专业工程师、专业造价师等成员共同组成，对所需审核文件召开技术审核会议共同决议。2020年，在将材料设备价、专业工程价纳入分级管理范围后，技术委员会升级为技术经济委员会，通过集体决议对影响投资变化的事项进行技术经济双审核。

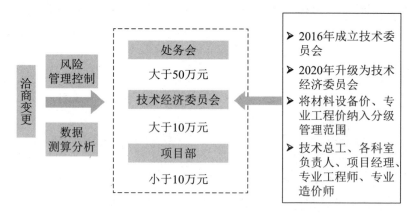

图 4　全梯度分级管理模式示意图

（四）体系制度化建设

为保证全方位造价管理体系顺利实施，通过制定各阶段造价管理流程图、辅助信息化平台建设、成立技术经济委员会等多项工作，最终将全方位造价管理体系以制度的形式固化下来。

第一，制定各环节造价管理流程图。为方便信息化管理与后续核查以及人员更新培训等多项工作，基建规划处为投资估算、设计概算、招标控制价、施工图预算、施工过程造价审核、工程结决算等各环节制定了标准流程图。

第二，造价管理信息化建设。为实现全方位造价管理体系的信息化应用，设计开发了信息系统投资管理模块，建成了全过程造价管理信息平台。目前，造价管理信息平台已实现造价数据信息的收集、传递与共享，可以动态反馈实际投资与目标投资的差异，对过程偏差及时进行预警。

第三，成立技术经济委员会。通过成立参谋机构更大程度地发挥核心技术骨干的专业力量，为部门决策提供有力的技术经济咨询，并通过优化分级管理制度程序，实现了将10万元以上投资变化事项的技术性与经济性统一进行集体决议的工作模式。

在全方位造价管理体系构建完成后，部门通过制度建设将管理体系以制度文件的形式固化下来，为各科室开展工作提供指导，保障了全方位造价管理体系执行效果。

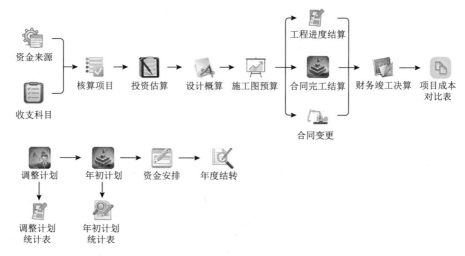

图 5　信息系统示意图

三、经验启示

建设工程造价管理贯穿项目管理全程，是工程投资成本管控的最主要途径之一。全方位造价管理体系是对全过程造价控制、消除造价管理盲区、形成全梯度分级管理模式的全面概括，对学校工程造价管理发展有里程碑的意义。结合全方位造价管理体系具体内容与日常造价管理工作中积累经验，分享三个主要经验。

（一）应用大数据与专项调研可以提高投资预判精准度

建立建设单位数据库，应用大数据分析，可以为预判项目立项估算提供重要的数据支撑，为科学估算项目投资成本提供有效保障，通过历史数据分析、市场数据分析可以有效判断未来项目发展投资趋势与设计方案投资成本，为申请投资金额提供合理依据。同时，由于高校基建的独特性，经常会有特殊功能或者无法预估的标准与工艺、突破常规的施工要求与方案导致后续投资成本大量增加，通过专项调研的方法积累独特性数据、论证特殊建筑设计方案是很有必要的，也是可以提高投资预判精准度的科学方法。

（二）标准化清单结构为投资预估提供有效平台

建立标准化清单结构，为预估项目投资估算、判断项目投资变化趋势、多项目投资数据对比提供了有效平台。通过精细化投资估算清单，将估算清单合理分解、清晰列项，为估算清单、概算清单、招标控制价清单、结算清单提供相同的标准化清单结构，增强项目管理过程中投资金额变化趋势的预判性，提升投资成本的动态反馈性，为项目投资对比分析、项目后评价提供科学依据。同时，多项目采用相同标准化清单结构也可为项目间数据对比、差异比较提供有效途径，为未来项目估算提供有效数据，提高项目投资成本预估的准确性。

（三）合理借用第三方专业力量提高工程造价管理效率

造价咨询行业发展迅猛，行业实力强劲，合理借助第三方专业力量可以有效降低高校基建造价管理的工作量，提高造价管理工作效率，同时亦可借助第三方平台积累的大量社会市场数据与多年工程造价管理经验，为投资成本预估与控制提供有效支撑。不过目前造价咨询行业内专业水平良莠不齐，所以选择合作公司时需谨慎调研，并且第三方专业人员与建设单位工作人员存在单位文化差异、工作风格差异等多种影响因素，导致对清单文件编制与投资成本判断存在一定分歧，因此建设单位对造价咨询文件的二次审核以及自身项目投资方向的自主判断依然是必要的。综上，保留甲方专业造价水准，同时借助部分第三方造价咨询力量的造价管理模式将会是合理控制造价目标、顺利达成项目管理目标的高效途径。

实验平台与建筑本体"三同步"协同推进建设模式的探索与应用

——以清华大学生物医学馆的建设为例

基建规划处　刘芳　郑养波

关键词：实验平台；建筑本体；协同推进；生物医学馆

一、背景情况

清华大学生命科学与医学的发展获得了国家相关部门的大力支持。2011年国家批复建设蛋白质科学研究（北京）国家重大科技基础设施，清华大学主要负责以冷冻电镜为主的复合结构蛋白质组解析系统及功能蛋白质组研究系统的部分设施建设。为了高质量完成该重大科技基础设施建设，创建高水平的科研实验平台，同时为了改善生命科学、医学、药学及交叉学科教学科研用房紧缺的问题，清华大学决定建设以生医药学科为特色的多功能复合型科研楼——生物医学馆，该项目2013年获得了教育部的立项批复。

根据蛋白质科学研究（北京）国家重大科技基础设施和学校相关学科的发展需要，生物医学馆需要规划建设冷冻电镜、核磁、生物计算、恒温实验室和实验动物中心等大型科研实验平台。这些科研实验平台对温度、湿度、洁净度、抗震等级、电磁环境等方面具有极高的要求，但常规的建筑设计单位和施工单位对科研实验平台很难有全面的把握，需要有针对性地引入实验平台的专业设计单位和实施单位。如果采用传统的分步实施的建设方法，即先实施建筑本体后实施实验平台，一方面，前期预留的空间区域位置、预留预埋设施等条件很可能无法满足专业实验平台的建设要求，导致后续大量拆改原始建筑物，造成前期建设投资浪费，甚至危及原始建筑的结构安全。另一方面，传统的分步实施的建设方法周期长，很可能会导致重大科技基础设施建设滞后，影响学校相关学科的快速提升，甚至影响国家在该领域的战略布局。

基于此，基建规划处（建设部门）创新建设项目管理模式，把科研实验平台建设与建筑本体工程建设融于一体，建立了两者同步规划设计、同步招标施工、同步验收移交的"三同步"协同推进建设机制，最终，在各参建方的共同努力下，顺利完成了该项目的建设任务，实现了有限资源的高效配置。

二、主要做法

根据清华大学校园总体规划布局，生物医学馆建设需要临近生命科学学院、医学院、药学院现有教学科研场所，经过充分论证，项目选址在校园西北部，但该建设地点位于文物保护单位的建设控制地带，建筑高度不能超过18米。为了充分利用有限的土地资源，满足教学科研对空间资源的需求，生物医学馆建设项目通过向地下深挖要面积，最终规划地上建设4层、地下建设3层（局部6层），基坑最深处近28米，基础埋深24.8米，位列校内建筑之最。最终，生物医学馆获批的总建筑面积42500平方米，其中地上17380平方米、地下25120平方米，受限于有限的地上空间，规划的大型科研实验平台需要全部建设在地下空间，加上建设地点周边外界条件复杂，项目整体建设难度极高。

图1 主体建筑基坑及正负零现场实景

为了实现建设目标，在使用部门和实验室管理部门的协同配合下，建设部门统筹协调建筑本体设计、建筑本体施工、实验平台设计、实验平台实施等单位，建立了高效顺畅的多方沟通机制，全面落实项目"三同步"协同推进建设模式。

（一）创新协同工作机制，确保参建各方项目信息畅通

建设项目信息的高效沟通是全面实现项目"三同步"协同推进建设模式的关键。在项目建设初期，建设部门与使用部门分别就生物医学馆建设项目成立了专业工作团队，并在相关部门的大力支持下，构建了全方位的协同工作体系，为项目的顺利实施提供了坚实的组织保障。

同时，建设部门根据建筑本体和实验平台协同推进工作的需要，建立了与项目建设相适应的信息沟通机制，厘清了信息传递关系，避免在协同推进项目过程中可能出现的信息沟通盲区。在项目实施环节，项目各方按照既定工作流程，协同打破信息孤岛和沟通壁垒，实现了建设项目的信息高效互动。

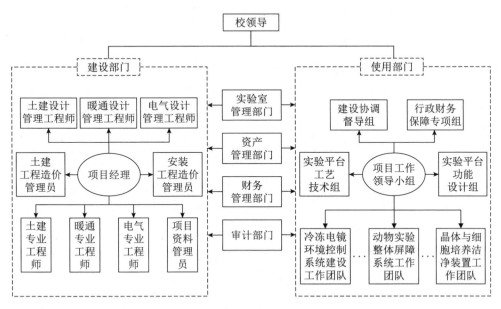

图2　项目建设的全方位协同工作体系

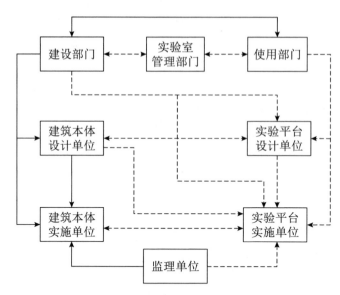

图 3　项目协同推进建设的工作信息流

（二）同步开展规划设计，交叉优化建设项目实施方案

规划引领、方案先行一直是学校建设项目管理坚持的重要原则。在前期阶段，使用部门结合国家重大科技基础设施建设及相关学科发展需要，提出了详细的功能需求。建设部门结合校园总体规划，层层分解使用部门的功能需求，并将其逐一落实在项目选址和建设方案上，确保在项目规划、功能定位和建设方案等方面无误区无盲区，全面实现功能规划与建设规划的同步。

考虑到该项目建设的技术复杂性和所涉及的科研实验平台的专业性等因素，建设部门委托在生物、医疗等建筑方面具有丰富实践经验的设计单位开展建筑本体工程设计，并要求设计单位配备技术雄厚的设计团队，除了常规专业设计人员之外，还要求设计单位增配工艺系统设计人员，确保建筑功能布局满足专业实验平台的工艺流程需求。同时，为了协同推进建筑本体与实验平台的设计工作，确保两者在实施方案的协调统一，使用部门通过提前确认实验平台的建设方案及其仪器设备供应商，提前邀请厂家和实施单位对冷冻电镜、核磁、生物计算、恒温实验室和实验动物中心等大型实验平台开展工艺深化设计，为建筑本体的设计提供依据。

建设部门通过建立建筑本体设计单位与各实验平台设计单位的交叉设计与

相互验证的协同工作机制，确保了建筑本体与实验平台在空间布局、结构载荷、工艺条件等方面的匹配性和协同性，实现了两者在设计方案的相互融合与深度优化，为后续两者的同步施工提供了科学实施方案。

（三）同步开展招标施工，协同实施建筑本体实验平台

选择合适的供应商和实施单位、采用科学的施工管理模式可以高效解决项目实施方案的技术复杂性问题。在各实验平台逐项完成深化设计后，建设部门与实验室管理部门按照职责分工同步启动实验平台仪器设备及配套工程的招标工作。在招标过程中，结合前期市场调研情况，通过科学划分采购标段，制定标准采购流程，严格审查投标单位资格，设置工艺系统评审等措施，最终在多方的通力合作下，有序完成了27项专业实验室平台的仪器设备及配套工程的招标。

在施工阶段，建设部门严控施工质量，建立建筑本体施工单位与各实验平台实施单位交叉验证与相互确认工作机制，有序安排实验平台实施单位尽早入驻施工现场密切关注现场预留预埋情况。在现场施工条件具备后，施工总承包单位协调安排实验平台实施单位开展同步施工，全面推进各参建方协同交叉施工作业。在施工过程中，建设部门监督各参建方严格遵守工作标准保证交叉作业的规范性，并预先采用 BIM 技术实现各类管线在有限空间的合理排布，实现了高效协同配合，保证了交叉作业的施工质量，并为后续维修改造预留了足够的作业空间。

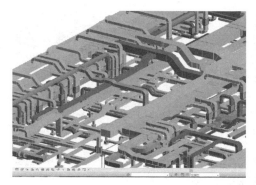 

图 4　BIM 模型及局部管线概貌

(四）同步开展验收移交，实现同步交付投入使用目标

项目的竣工验收是全面考核投资效益、检验设计和施工质量的重要环节。考虑到生物医学馆与校内其他建设项目的不同之处，建设部门提前联合使用部门、实验室管理部门共同明确了实验平台各参建方在联合调试、试运行及竣工验收环节的工作职责、工作内容及管理要求，并明确了施工总承包单位需要全面配合实验平台调试、试运行及移交工作的职责。

同时，使用部门提前配备了各实验平台的运维专业工程师，成立了专业化的物业运行维护队伍，并组织相关人员全程参与项目的联合调试、试运行及竣工验收工作。在建设项目各参建方的联合指导下，各实验平台专业工程师快速掌握了实验平台的运维方法，物业人员提前掌握了楼宇动力、供暖制冷、温湿度、智能化系统等复杂设备系统的操作维护技能，为生物医学馆建设项目的整体移交和投入使用，及安全稳定高效运行提供了可靠保障。

图 5 专业实验平台一览

三、经验启示

依托生物医学馆建设项目，建设部门通过创新校园建设项目管理方法，探索建立了实验平台与建筑本体的协同推进的建设模式，取得了良好的工作成效，并总结出了系列行之有效、可供借鉴的做法和经验。

（一）坚强的组织体系是项目建成的基础

生物医学馆建设项目能够按期完成预期目标得益于学校从上到下的全方位组织保障。项目从筹划到建成一直受到学校领导的高度重视，校领导多次主持召开项目建设相关工作会议，协调校内外资源着力推进项目建设，经常亲临施工现场检查，抓安全抓质量抓进度。

建设部门主要负责人全程关注项目建设进程，对重要事项做出及时科学的决策部署，选派管理经验丰富、专业能力扎实的业务骨干组建强有力的项目管理部负责工程实施的过程管理，并统筹协调部门职能科室按照各自职能分工为项目管理部提供全方位保障。使用部门主要负责人亲自担任项目工作领导小组组长，总体协调项目的推进与落实，并成立了建设协调督导、工程建设与工艺技术、实验室功能工艺设计指导、行政财务与设备保障等专项工作小组，并有针对性地成立了各实验平台建设工作团队。

另外，学校实验室、资产、财务等管理部门为项目建设提供了综合保障，为强有力的全方位协同工作体系的形成提供了有力支撑。

（二）深入的前期调研是项目建好的关键

在生物医学馆建设初期，为了确保建设世界领先的专业实验平台，使用部门、建设部门和设计单位专程去美国知名高校（加州伯克利分校和宾夕法尼亚大学）和研究机构（Scripps 研究所和 Salk 研究所），考察国外实验室的设计、建设与运营情况，明确了生物医学馆的建设理念和建设目标。

在生物医学馆建设项目的实施阶段，为了规避惯性思维和经验主义错误使用部门和建设部门坚持重大决策调研先行，先后组织专业力量对生医药教学研究实验空间及功能的设计方案和实现方式、专业实验平台的环境建设、大型仪器设备平台及现代化楼宇管理模式等方面进行了充分的前期调研，对大型实验平台的功能和技术进行了前期研究与技术论证，为后续的建设工作奠定了坚实基础。

（三）科学的统筹方法是项目建设的核心

面对生物医学馆建设项目的技术复杂性和交付使用的时间紧迫性等问题，建设部门和使用部门始终坚守安全第一、质量至上、理念先进的原则，通过转变传统的分步实施思路，建立实验平台与建筑本体的协同推进建设模式，实现了两者同步规划设计、同步招标施工、同步验收移交的建设目标。

通过推行同步规划设计，为建筑本体与实验平台间的设计交叉优化提供了工作机制，避免了前期设计方案无法满足后续建设要求的问题，减少了后续设计变更数量，提高了施工图出图质量。通过推行同步招标施工，为大型仪器设备，特别是定制化的装置系统的制造和现场安装提供了充足的时间，提前入驻项目现场开展交叉验证与相互确认的工作机制减少了后续施工变更数量，提高了项目的整体实施效率。通过推行同步验收移交，在对建筑本体与实验平台的联合调试、试运行和竣工验收环节，为使用部门的专业工程师与物业运行维护人员提供充足的学习锻炼机会，为项目的整体移交及投入运行使用提供了坚实基础。

在生物医学馆建设项目中探索建立的"三同步"协同推进建设模式及项目管理方法在清华大学其他科研楼的建设中也得到了很好应用，建设部门将继续积极探索、勇于创新，推动校园基建管理内涵式高质量发展，助力清华大学迈向世界一流大学前列。

图6　生物医学馆竣工实景

信息技术助力学校基建高质量发展

——以基建项目管理信息系统的建设和应用为例

基建规划处　邢杰　郑养波　刘芳

关键词： 基建项目；管理信息系统；迭代；优化

一、背景情况

基建项目管理信息系统是项目管理信息系统的方法和原理结合工程项目建设实际情况和领域的具体应用，是基建项目管理信息化的结果，能够实现项目建设信息共享，降低沟通成本，提高工作效率，实时展示工程建设进度、质量和投资状况，为项目管理的科学化、规范化、程序化和标准化提供技术平台。

在高校建设并应用基建项目管理信息系统不仅有助于提高基建项目管理能力，推动校园信息化建设步伐，还有助于提升校园管理的智慧化水平。为此，基建规划处结合自身校园基建项目管理需要，启动了校园基建项目管理信息系统建设。作为学校信息化建设的重要组成部分，基建项目管理信息系统已经成为校园基建项目管理的重要工作平台，实现了对建设项目进行全过程、全方位、系统性的管理，规范了建设项目管理程序，提高了基建工作效率，对于建设项目的质量、安全、进度、投资的控制都起到了积极促进作用。

校园基建项目管理系统建设及推广应用获得了兄弟院校的高度认可。北京大学、浙江大学、南方科技大学等多所院校先后来校调研该信息系统的建设情况及应用经验。

二、主要做法

校园基建项目是一项庞杂的系统工程，涵盖了项目策划、选址、评估、决策、设计、施工、竣工验收和交付使用等建设过程，包含招标、合同，及施工的安全、质量、进度、投资控制等方面的工作，涉及建设、勘察、设计、施工、监理等参建单位，日常事务沟通极其繁杂。

为了提高校园基建项目管理效率和规范化水平，基建规划处 2009 年启动基建项目管理信息系统建设，2012 年正式投入使用，并在 2017 年与 2020 年进行了两次整体升级，从最初的投资项目管理系统 V3.0 逐步升级为高校基建版 V8.0，从原来的客户端版本升级为网页登录版。近几年，根据学校信息化建设总体部署及基建项目管理的业务发展需要，陆续开发了线上审批、重要工作事项督办、移动端应用等功能，并与学校工程审计信息系统、OA 办公系统实现了信息的互联互通。在学校基建项目管理信息系统建设和应用的过程中，基建规划处主要采用了以下三个主要做法。

（一）组织市场深度调研，明确建设模式厘清建设思路

为了高质量完成学校基建项目管理信息系统建设，基建规划处成立了工作专项小组，组织开展技术方案的市场调研，探索项目管理信息化建设路径，并充分利用行业资源多次邀请软件公司从使用、建设、运维等角度深入详细地介绍基建项目管理信息系统，帮助处内员工从感性认识提升到理性认识。

经过充分深入的市场调研，基建规划处结合基建项目管理需求，确立了"以需求为导向的联合开发"建设模式，即基建规划处负责提出系统功能需求，软件公司负责开发系统功能，双方协同完善系统功能，并明确了"由简到繁、持续迭代、不断完善"的建设思路，即先实现简单流程再实现繁琐流程，并按照技术要求和功能完善需求保持对系统的持续迭代升级，最终形成了较为完整的校园基建项目管理信息系统解决方案。

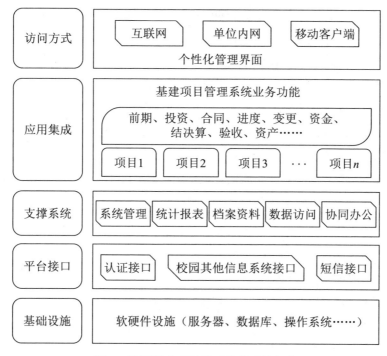

图 1 校园基建项目管理信息系统架构

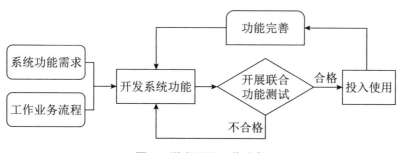

图 2 联合开发工作流程

（二）开展功能需求分析，梳理管理流程确定建设内容

考虑到校园基建项目管理具有系统性、复杂性和专业性特点，基建规划处从建设项目的全过程管理角度，分别从项目前期、项目投资、合同、工程进度、工程洽商、档案资料管理等方面分组分工开展功能需求分析，并提出详细的功能需求，梳理科学规范的业务流程。

以合同管理功能为例，基建项目管理信息系统中的合同管理功能主要包括合同管理业务审批和合同信息管理两个部分。合同管理业务审批功能实现了年度采购计划、采购事项、合同签订、资金支付等多个业务流程的在线审批，事项负责人可在线提交各项业务审批，随时了解评审进度和审查意见，提高了工作效率和便捷性。合同信息管理功能实现了参建单位、合同金额、资金支付、结算状态等关键信息的集成化管理，并与投资计划、工程进度关联，建立了合同执行预警机制，提供了多层次、多角度的统计数据分析功能。建设项目合同信息繁多庞杂，直接关系到项目的质量、进度和投资目标，且实施周期长，管理难度大。信息化技术的应用实现了从年度采购计划制订、采购事项审批、合同文本审查、合同履行跟踪到合同资料归档的全生命周期合同管理。

图 3　合同管理模块

经过多次的迭代升级，当前基建项目管理信息系统共有 13 个管理模块，其中包含 10 个与基建项目管理直接相关的管理模块和 3 个间接相关的管理模块。

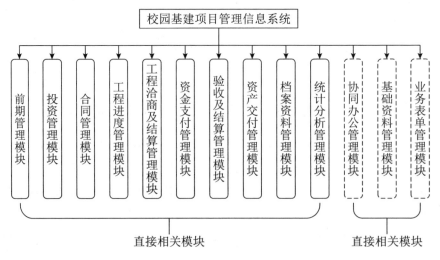

图 4　系统模块图

（三）推进全项目上系统，完善管理流程迭代管理系统

自基建项目管理信息系统正式投入使用以来，在外部软件公司的支撑和校内相关部门及工作人员的支持下，已经实现了建设项目的全覆盖。基建项目管理信息系统的全面应用不仅实现了对建设项目重要档案资料的电子化存储，还能对项目合同、变更、结算、资金支付等各类数据进行分类、统计和查询，为一线项目管理人员工作开展和领导决策提供了重要工具，同时，也实现了项目管理过程的工作留痕和信息的公开透明，有利于更好地接受监督，规避项目管理风险。

以造价管理功能为例，基建项目管理信息系统造价管理模块涵盖了投资估算、设计概算、施工进度结算、完工结算以及洽商变更管理、竣工决算等功能，建立了建设项目造价管理体系，实现了同一项目不同阶段的动态管控。为适应新时期国家及学校对建设项目审计的管理需求，进一步打通了与学校工程审计信息系统的接口，实现了设计概算、竣工结算、决算的在线送审功能，实现了与审计数据的互联共通、共享利用。此外，为响应国家加快建设项目过程结算的管理要求，设计研发了分级审批单、洽商变更资料上报、合同变更等功能模块，实现了对施工期间洽商变更签证的事前、事中、事后监管，推动了施工过程中洽商变更资料的上报与审查，为建设项目完工结算的顺利进行奠定了基础。

图 5　造价管理体系建立

截至当前，所建设的校园基建项目管理信息系统经过多年的运行考验，通过持续性的应用反馈和迭代优化，已经实现了信息流在基建管理关键环节之间的贯通、业务流程在线签批和多层次多角度分析管控等功能，达到了提高校园基建项目管理效率、提升校园基建项目管理水平的预期目标。但随着对基建项目管理要求的提升、建设项目管理颗粒度的细化，有些管理流程还有待进一步优化完善优化，并将持续推进校园基建项目管理信息系统的迭代升级。

三、经验启示

作为校园信息化建设的重要组成部分，校园基建项目管理信息化建设是一个漫长的征程，具有阶段性的特征。随着信息技术的快速进步，必将引导基建项目管理信息系统朝着更强大、更灵活、更智能、更友好的方向发展。在经过学校基建项目管理信息系统的建设、运行和优化，以下三点工作经验值得分享。

（一）坚持业务流程标准化，推动线上线下同向优化

管理流程的标准化是提升基建项目的管理效率和管理水平的内在需求，如果工作业务流程没有形成统一的标准，最终会导致整个建设项目的管理混乱。因此，在基建项目管理信息系统建设过程中，需要邀请相关人员共同探讨并制定科学的业务流程，在系统投入使用初期，应提供全面细致的应用培训，让工作人员从抵触、到接受、再到喜欢在系统上开展项目管理的具体工作，同时，还需要同步建立系统应用的闭环反馈机制，一旦发现与预期存在不一致之处，要及时调整业务流程，确保线上线下工作业务流程的同向优化。

（二）坚持全项目全员参与，实现管理系统友好建设

为了建设更友好的校园基建项目管理信息系统，基建规划处在推进全项目上信息系统的同时实现了全员上信息系统的办公目标，并与外部软件公司建立了实时沟通平台，实现了有问题能及时反馈，有反馈必有措施的工作机制。不仅如此，近期基建规划处还联合外部软件公司向项目施工、监理单位开放项目管理信息系统的应用接口，促进项目各方通过直接开展线上业务对接来提高整体协同工作效率，同时，这种多方，也能得到项目各方对学校基建项目管理信息系统提出宝贵的完善意见。

（三）坚持持续迭代升级，逐步提升系统应用体验度

探索信息化技术与高校基建领域的全面深度融合，构建资源服务化、服务移动化、应用集中化、管理常态化的基建信息化服务体系。整合数据和信息，优化业务流程，使管理更加精细化，决策更加科学化。坚持数据驱动，用数据驱动业务、数据驱动服务，建立智慧校园服务协同新机制。用好数据，体验为先，基建项目管理信息系统历经 PC 应用端、网页 Web 版、移动应用端等几代发展阶段，系统应用逐步适应当下的使用习惯，实现良好的用户体验。

第三教室楼改造推动融合式教学创新发展

基建规划处　钟建文　杨军

关键词： 融合式教学理念；加固改造；环境育人

一、背景情况

清华大学第三教室楼始建于 20 世纪 80 年代初，距今已有 40 多年的历史，坐落于校园教学核心区，是改革开放后建设的重要建筑之一，总建筑面积约 1.1 万平方米，建筑风格整体简约大方，体现出鲜明的时代韵味——朴素稳重，方正庄严，一直是学校基础教学的重要基地，也是几代清华人心中不可替代的青春记忆。但是经过几十年的使用，教室内部无论平面布局还是教学设备均难以满足当代清华学子对学习空间、学习方式与学习氛围的需求。

为满足教学功能的新需求，在第三教室楼加固改造项目立项时，学校相关单位确立了共同目标：向全校师生提供一个契合融合式教学理念的学习环境，从空间布局、环境色彩、灯光照明、智能化以及安全防范等诸多方面提升第三教室使用功能及教学环境，最终实现既有老旧教学建筑面对新世纪、新挑战的涅槃重生。

二、主要做法

融合式教学理念是近些年教育界倡导的一种基于信息化技术和高自由度学习环境组合形成的一种全新的教学模式。其核心价值是"学习"不再拘泥于某一限定空间，而是由师生进行充分的互动交流，在互动中激发出学生的学习热情和师生间的学术火花，在交流中得以相互启发，从而实现教学和学术的创新与发展。实现融合式教学理念最核心的要素即开放的"教室"空间，以便为师生提供一个满足互动功能的教学环境。

为了满足新型教学理念与教学方法的需求，实现"随时随地发生"的教学氛围提供自由的育人空间，建设基建规划处（部门）充分结合了先进的融合式教学理念，把第三教室楼改造为更安全、更自由、更开放、更智慧的教学场所。

（一）通过"强筋壮骨"实现更安全

第三教室楼原有结构体系是框架式梁柱结构，其中部分楼板为预制装配式，其抗震设计是依据40年前的抗震规范和相关规定，从现阶段的规范和标准来看，其设计标准较低，为提高建筑安全性，需要依据当前抗震设计规范要求进行加固改造。在本次加固改造中，采用全楼梁柱包钢和局部增加剪力墙的方式，实现"强筋壮骨"的目的，尽最大可能提升结构安全性，达到老旧教育建筑在结构安全方面的"涅槃重生"。

在改造施工过程中，通过严格控制包钢精度和黏结质量，确保建筑构件的尺寸、水平度和垂直度控制在设计值内。在实践中不断通过优化技术和科学使用材料等控制措施，确保"强筋壮骨"的施工质量。

图1 "强筋壮骨"

（二）打造"异型线性空间"实现更开放

第三教室楼一段教室原有格局为矩柱式，各房间依据柱网形成矩阵式模式。在本次加固改造中，拆除原有隔墙，引入异型线面，在不同楼层采用不同的线型和面型，形成折线、凹凸有致的立体空间。

一层的两间"钻石型"教室，采用的是高品质抗倍特板密拼而成，形成棱角分明的内部空间。教室之外是巨大开敞公共空间，公共空间吊顶嵌入造型张拉膜灯，与之相互呼应的地面环保型弹性地台也制作同形状、同尺寸的彩色图案，在灯光照应下形影相随、相互呼应；公共空间设置了温馨的布艺座椅，使学生或老师在此促膝而谈，空间氛围轻松愉悦。二层和三层，以曲面贯穿于原有走廊柱网之间，将公共讨论区设置在走廊与教室之间，通行走廊中穿插着立柱，使通行走廊隔柱相望，一柱一景，实现既不完全通透又延展了单纯通行交通的空间内涵，在柱网中的"游走"和"闪躲"中营造出灵活多变、轻松惬意的空间环境。异型曲线围合的教室空间，大小不一，迎合了不同规模和不同模式教学需求，增加了互动形式，也丰富师生对空间需求，教室格局不再一成不变、刻板无趣。

图2　异型线面空间组合　　　　图3　译动空间

二段为四个大型阶段教室，受原有结构体系约束，本次加固改造中，仅对吊顶和侧墙进行优化，在吊顶中采用的弧形造型结合反光灯槽和灯带形成叠级概念，增加顶栅线型感，采用新型环保吸音材料"微孔砂"保证大空间的声音效果，提升空间内与课者的聆听舒适度，墙面的带有吸声功能的穿孔铝板强调水平横向布局，使得大空间也有充满层次和韵律。

三段是体量最大的一栋教室楼，为满足师生交流空间需求，一层打通形成一个大开间，呼应了一段的大空间体系，在大开间内融入小空间"盒子"式的讨论区桌椅，形成既有学习私密性又有大视野的开空间。二层至五层，则回归传统柱网格局，通过在墙上嵌入"盒子"式坐卧空间，丰富了立体空间的视觉感受。

图 4 韵律空间

图 5 精致的"盒子"讨论空间

（三）借助"色彩与光影互补"实现更自由

第三教室楼除了空间异动之美，还有一美就是色彩与光的流影相互辉映之美。设计人员通过蓝、紫、草绿、黄、橙色等色彩精巧搭配，在一段和三段，在不同楼层、不同空间之间，辅以不同色彩，或点眼或渲染。当夜幕降临时，在氛围灯的照射下，无论是走道还是开敞空间，均带有些许的绚丽和浪漫，挥洒出基于不同色彩营造的不同心境与感悟。在这样光与色、空与间的互换中，使师生不再疲倦浩瀚书海和前沿科技，更能激起青春的驿动和对知识的渴求。

图 6 光影驿动

（四）依托"先进的自动化设施"实现更智慧

教室设施设备是现代化教育教学核心。在本次改造中，基于信息化技术打造智慧化的楼宇自动控制功能，实现了安全疏散智能化导视，实现了全范围的安全防范管理。在公共空间，引入空气监测系统，实时识别有害的气体成分，并设置基于参数设置自动开起通风设施，确保教室内空气满足健康要求。同时，充分利用从原有的新风和地道风系统，为二段四间大阶梯教室提供空气调节功能，实现高效节能目标的同时，为师生提供了高质量的清新空气环境。

同时，还为每间教室均安装了视频监考和线上教学系统，在特殊时期完成学生的教学任务提供了可靠的功能手段，如在疫情期间，线上教学系统已经充分显示了其功效。另外，绝大部分的教室均采用了现代化的教学显示系统，通过投影、大型显示器、智能黑板等新设备，提供给师生新颖的、生动的，且具有互动性的板书、课件功能，为提高教学效率、提升学生的学习兴趣提供了充分的设备、功能基础。

三、经验启示

校园环境是学校育人的重要组成部分，在校园环境的基本建设环节中，需要结合历史风貌、校园文化、时代背景，来为提升校园环境满足教学科研育人功能。在第三教室楼改造过程中形成的实践经验对后续历史建筑的加固修缮改造具有一定的借鉴意义。

（一）坚守文化传承，全面保护建筑历史风貌

第三教室楼的本次改造工程力求不改变建筑物外观，其外立面修旧如旧，力求外墙色彩和细节与原有建筑一致。在标志性元素上，保护并沿用了原建筑既有的楼体标牌、外墙浮雕、外立面分隔线等。在施工阶段，项目管理人员要求施工单位按图按规范施工，现场采用严格的监管模式，把多方监督、一事一报制度落到实处做到细处，避免现场施工对原始历史风貌的破坏。

（二）坚持以人为本，建设美好教书育人环境

提高学生的学习兴趣、老师的学术创造力是培养新时代复合型人才的关键。从教育理念和教育方法的发展趋势看，灵动活泼、开放式的教学方式是大势所

趋，不仅可以打破学生和老师之间固有的讲授式、填压式教学模式，还可以赋予教学以充分的自由和创新空间。同时，借助先进的技术措施，为师生提供优质健康的环境保障，如环境监测系统的应用等。在教学设备上应本着够用、可升级、多样化选择的方向配置；既能适应时代的科技进步，又为以后升级迭代做出足够的预留、冗余，还要满足师生在灵活、新颖、互动性等方面的功能需求。

总之，教学楼是一所学校教学功能处在最重要地位的建筑，是一所学校教学理念先进性的体现，是一所学校教学工作的基础环境。一栋教学楼的舒适度、先进性、合理性是决定教学质量的基础性因素。但教学楼也是一个系统化的复杂工程，需要保证布局舒适、功能合理、设备留有足够的冗余度等等，还需要管理人员、设计人员、施工人员一同悉心合力、协同工作才能打造出符合时代需求、满足教学功能、实现育人功能的成功"作品"。

落实"节水优先"要求　建设节水校园示范

修缮校园管理中心　高松　董庆珊

绿色大学办公室　孙梦楠

关键词：节水；高校；绿色生活

一、背景情况

水是生存之本、文明之源。习近平总书记指出要"坚持节水优先，把节水作为受水区的根本出路，长期深入做好节水工作"，强调"从观念、意识、措施等各方面都要把节水放在优先位置"。北京人均水资源占有量低于全国平均水平，建设节水型校园，提升学生节水意识、发挥社会示范作用是在京高校的时代使命。

清华大学长期高度重视节水型校园建设，将促进水资源节约集约利用、提升师生节水意识作为学校绿色大学建设的一项重要内容，统筹推进基础设施改造降低跑冒滴漏、系统规划落实非常规水源利用、建立制度机制以管促节、立足育人促进节水内化于心。经过多年不懈努力学校节水型校园建设初见成效，年用水总量从2000年的600余万立方米降至2020年的400万立方米左右，节水在师生中已成共识、亲水护水蔚然成风。

二、主要做法

（一）扎实推进节水基础设施建设

老旧供水管网和非节水器具带来大量水资源漏失和浪费，补齐基础设施短板是节水型校园建设的首要任务。清华是百年老校,难以避免存在服役期长、材质工艺落后的供水管网和用水器具。为夯实节水型校园建设基础,近年来,学校每年斥资近千万开展管网更新。学校修缮校园管理中心统筹谋划、分步实施、精心组织,在保障正常供水、不影响校园秩序的条件下"十三五"期间完成供水干管更新改造2万余米。截至2021年,校园供水干管全部更新为球墨铸铁管,综合漏损率从2000年的近40%降至低于7%,校园供水保障能力显著提高的同时漏失水平明显降低。

积极推进节水器具投用。从学校招采制度、节约用水管理制度源头着手杜绝采购明令淘汰的落后耗水产品,及时更换在用老旧产品。校内重点用水环节如食堂洗碗机、浴室龙头、开水器等均采用节水型产品;换热站、中央空调等设施在投建时均配套建设循环水系统;集中浴室和宿舍浴室均采用节水热控,洗浴热水实行IC卡收费管理。

(二)大力开展非常规水源利用

高校用水人员集中、应用技术先进、排水水质优于普通居民用户,在雨水收集、中水处理回用等方面具有很大优势。学校因势利导大力开展非常规水源利用,先后投建中水站两座,收集处理学生公寓盥洗废水和学校的部分生活污水,日处理总能力达2700吨/天,经系统处理后的合格中水直接用于部分学生区的厕所冲洗和绿地喷灌,每年节水约90万吨。建设1000吨大型雨水调蓄池2座、随楼宇建设小型单栋楼宇雨水调蓄池共计11座、雨水花园5处、雨洪调节站1座,雨洪调蓄能力超过3000吨。校内人行道、停车场、广场均采用透水性铺装。

6万余米的中水管道和水系构成绿化用水的"动脉",输送处理合格的中水、雨水灌溉了全校80%以上绿地。而为了节约绿化用水,校内超过75%的绿地种植节水型地被植物。

(三)不断提升供水用水精细化管理水平

1. 建章立制,以管促节

为强化师生行为节水,学校制定《清华大学节能减排管理办法》《节约用水管理制度》等,对各二级单位、师生员工用水进行规范管理。

清华是最早推行水电"谁使用,谁付费"的高校之一,长期以来严格落实阶梯收费，利用价格机制推动管理节水。为进一步挖掘节水潜力，学校绿色大学办公室根据年度用水指标和相关制度要求分解节水目标并实施考核奖励，二级单位将节水目标完成情况、跑冒滴漏处理纳入物业绩效考核范围，激发了员工的节水热情，也使学校的节水工作立足实地、层层落实。楼内跑冒滴漏、长流水等现象从根本上得以杜绝。

2. 构建节水优先的供水运行管理模式

修缮中心紧扣节水目标导向，积极推动供水运行管理精细化。中心水管科积极推进建立学校给排水管网地理信息系统、加强用水计量，依托学科优势率先在紫荆学生区实现节水在线监控，实现动态水平衡测试，形成用水评估指导查漏堵漏和管网改造。

水管科专设运行班组负责给排水管网和设施设备的定期巡检和运行维保，有效减少管网背景漏损，降低爆管事件概率。专设节水工程师并招标外协公司进行校园管网日常巡检和24小时应急抢修，实现接报即办、跑水不过夜。

（四）全方位构建节水教育基地

育人是高校的根本任务，学校深入推进"三全育人"工作，将节水意识培养作为立德树人的关键一环。后勤部门积极降低产销差、提高中水雨水利用、建设节水型园林，以无处不在的节水行动对学生施以"无言之教"，此外还主动落实全员、全方位、全过程育人要求，与党团班、学生组织联合开展讲座、培训、校园实践等内容丰富形式多样的节水宣传活动。

修缮中心与院系密切配合开展关于节水用水等方面的教学实践课程；组织参观中水站、雨洪调节站、雨水收集池等多处节水项目，传播节水新技术、新工艺，普及节水知识和技能；提供供水管网信息维护劳动育人岗位。绿办会同学生绿色组织开展节水标识设计大赛、世界水日宣传活动，在新生开学材料包里发放节水教育材料，传播节水护水理念，引导师生树立"节水光荣、护水高尚"的意识，号召师生共同参与节水。

三、经验展望

节水是一项系统性任务，要把"节水优先"的理念贯穿于管水、治水、用水的方方面面，牢固树立在师生员工心中，离不开高效有力的组织架构和行之有效的顶层设计。这是学校多年节水工作的最大经验。

（一）加强组织领导，压实管理责任

学校将节水作为绿色大学建设的重要内容，设立以常务副校长为组长，教学、科研、学生工作、后勤等各职能部门、各院系负责领导参加的绿色大学建设小组作为决策机构。修缮中心和绿办密切配合，专设节水工程师岗位制定和完善我校节水管理办法和评价考核办法、开展节水工作的日常管理、宣传和综合协调，有力保障了节水工作的顺利开展。

（二）做好顶层设计，立足久久为功

学校将老旧给水管网改造和节能节水管理体系建设纳入"十三五"事业发展规划和综合改革方案中，有力推动节水基础设施建设和节水管理迈上新台阶。展望未来，节水型校园建设步履不懈。《清华大学校园总体规划（2021—2030年）》和《创建生态文明示范校行动计划》中明确提出要在现有节水型校园建设成果基础上强化雨水资源化管控体系、完善管网系统、实现中水系统全覆盖、提高中水回用效率、推进校园水务信息系统建设、加强学生生态文明意识培养等多项具体任务，立足久久为功，坚决落实"长期深入做好节水工作"的责任使命。

师生共建,劳动育人,提升校园景观

修缮校园管理中心　邢毅　张博隽　武跃　潘江琼

关键词:师生共建;劳动育人;景观提升

一、背景情况

(一)规划引领,持续提升校园景观

2016年起,修缮中心研究编制校园景观专项规划,作为《清华大学校园总体规划(2021—2030年)》的专项之一先行启动,明确目标导向、问题导向、实施导向的总体思路。依托校内优势学科和校外专家,成立咨询专家库,为确定景观专项规划和项目改造方案等决策提供科学专业的咨询意见。根据规划导则和2018—2020年项目库,修缮中心对校园景观进行有机更新和提升改造,基本解决教学区和学生区的基础整治问题,持续提升校园景观。

图1　南区宿舍13~14号楼周边改造工程

图2　工字厅周边景观改造项目

（二）改革先行，积极探索劳动育人

作为"三全育人"综合改革试点高校，清华大学坚持实践育人，将改进思政工作和加强劳动教育结合起来，帮助学生树立正确的价值观。修缮中心积极探索推进劳动育人工作，主动与各部门和学生组织协作，形成合力，吸引在校师生积极参与校园劳动具体实践，将所学理论与实践相结合，在实际工作中巩固提升学习成果，从而推进劳动育人工作再上新台阶。

二、主要做法

（一）师生参与，共建共享新实践

在校园景观提升过程中，修缮中心探索建立校园共建共治共享新机制，将"三全育人"的具体实践融入校园景观提升过程。

一是成立校园景观环境咨询委员会，邀请师生参与需求调研、意见征集、项目方案评审等重点环节，达成共识，形成合力。

二是委托建筑学院、美术学院、同衡、清尚等师生团队进行景观改造项目设计，认真落实景观专项规划，精心把控项目品质，师生校友共同为校园建设作贡献。

三是在项目开工前，主动与师生沟通；施工过程中，及时处理各种意见建议；项目完成后，邀请师生参与评价。

四是依托校内主流媒体，主动开展"最美校园"系列宣传，部分宣传稿件在校内主流媒体头条发布，点击量近十万。

图3　邀请师生参加校园环境调研、方案评审、意见征集，将项目实施过程打造成育人平台

图 4　开展校园赏花地图建设特色活动，促进党建工作与业务工作深度融合

（二）建养并举，最美校园新面貌

经过几年不懈努力，校园景观提升效果得到师生校友好评，一些新景观成为师生校友"打卡地"。完成紫荆学生公寓区、南区学生公寓区、滨河路、学堂路、明德路、绿园、三创中心大楼、三教周边等30余项、30多万平方米的景观改造任务，进一步丰富校园文化景观。完成校河改造一期工程：在北支河（新水北桥下游）新建景观闸，团委西南侧绿地和青桐林东侧绿地硬质景观改造基本完成，南支河（二校门段）地下水库已完成。在景观改造同时，园林科制订并实施《清华大学园林绿化养护等级标准及技术措施要求》，全面提升校园绿化养护管理质量，达到北方高校领先水平，营造更加"人文、开放、绿色、智慧"的校园环境。

图 5　医学院周边景观改造成果

图 6　观畴园周边景观改造成果

（三）专兼结合，劳动育人新平台

修缮中心制订"三全育人"工作方案，明确建立中心统筹、科室分工负责、全员协同参与的责任体系，利用园林、环卫运行工作的开放形式，以校园日常绿化养护和绿地环境保洁等工作为依托，开拓勤工岗位与劳动体验岗位，形成劳动育人、环境育人工作新格局。先后开展了新雅学院耕读课及"清"年爱劳动和紫荆志愿者研究生服务团等志愿活动，主动参与学生劳动教育，探索设立园艺劳动、环卫实践课程。2020年，与新雅书院共同开设为期两周的耕读课程，专业人员带领9字班40名同学学习校园景观规划与改造建设情况、校园绿地概况、绿化养护知识等，组织同学深度参与除杂草、绿地保洁、绿化整理（翻土、平整地形、渣土清理）草坪修剪、绿篱修剪等工作，让学生深度参与校园环境建设打造学生参与校园景观建设的生动课堂。

图7 新雅学院耕读课上学生开展劳动实践

图8 与学生组织联合，开设绿地清理、园林植物修剪、环卫保洁等岗位，为1000余名学生提供劳动锻炼机会

图9 港澳台同学开展劳动教育

修缮中心还将校园环境治理与工程教学实践相结合，组织师生完成了《校园水生态修复和水质提升的建议》和《紫荆片区室外无障碍设计标准》专项调研报告，既发挥了学校优势学科的专业优势，又为学生提供了学习实践平台，也为持续解决校园景观环境问题提供了科学指导。

此外，修缮中心发挥专业优势，主动参与建筑学院、土水学院、环境学院、工业工程系等院系学生认识实习、教学实践课程。安排专业人员担任营造学社等学生组织的指导老师，为学生提供技术指导。

在探索过程中，园林科党支部研究与撰写了《深入挖掘育人资源，劳动教育纳入教学体系的探索》，总结服务育人的途径、方法和成效，凝炼具有参考性的基层党建育人经验与方法，拓展了育人成效的深度。

三、经验启示

（一）模式创新，增强劳动育人能力

修缮中心积极落实"三全育人"工作，创新工作思路，逐步构建起了育人机制通畅、育人内容充实、育人载体丰富、育人队伍专业的育人机制新格局。在今后的育人工作中，中心将继续深入挖掘校园环境建设工作中的育人资源，探索创新更具操作性和实效性的育人路径，促进育人工作的可持续发展。

（二）广泛合作，共创和谐校园环境

今后要进一步加强与学校各部门、院系和学生组织的合作，进一步整合校园景观环境的多样化使用需求，拓展共建共治共享的广度和深度，持续提升校园景观环境，努力满足师生员工对美好校园生活的新期待。

附：对于亲身参与校园景观建设的同学而言，学习与劳动的过程是一次难忘的经历，大家也纷纷表达了感想，以下为《新雅耕读2020》部分内容摘录：

新雅书院　应战

园林科的老师给我们安排了丰富的活动，其中很多都给我留下深刻的印象。我还记得自己第一次坐上除草车时的兴奋，在拔草过程中看见小松鼠时的激动，和原本并不熟悉的同学逐渐熟络起来时的欣喜。更多的时候，我在劳作期间都保持着一种正面的情绪。

新雅书院　曾曾曾

深刻的领悟到了竹子的生命力（并且再也不想清理竹子甚至想把百景图里的竹子都拔了……），耕读注定会成为自己非常难得而难忘的经历，劳动的时候会找到很久没有出现过的静心感，被狼尾巴草围堵到无处可逃时去想昨日所读的《论语》，也有着相得益彰的平和与触动；老师的帮助和同学的互相分担是这一周里超级让人感动的组成；总的来说，累而美好。

新雅书院　敖超宇

其实耕读还是挺有意思的啦，因为可以体验到之前没怎么体验过的劳动项目和工具什么的，做完之后也觉得很有成就感。

新雅书院　徐辰奕

体力劳动是真的很累。有很多机会可以和园艺的老师和工人们聊天，发现有好多人比我们待在校园里的时间更长一些，对于草木也有很深的情感，听着挺动容的！

新雅书院　含颖

在主楼草坪剪草的时候偶遇松鼠，在夜晚的紫荆操场一起uno，在医学院一起躲雨看彩虹……和大家一起耕读真的超级开心！虽然小臂有点酸，但还是很期待接下来一星期的耕读，大家一起加油呀！

新雅书院　程润泽

虽然没能体验农村生活，缺失了一些质朴（比如手机仍有信号），但是另一方面来讲却加深了我们对校园各处景观的印象，同时也让我们体会到工作人员实实在在的辛苦（也许还有工作时间长之后的枯燥）。当然，因为我们是第一次体验许多劳动项目，所以疲惫之余倒还有些新鲜与快乐，整体而言耕读还是很有意义的。

（注：以上部分名字为同学网名）

信息化建设推进智慧供热
精细化调节助力低碳节能

修缮校园管理中心　闫宏　邢昊腾　李永泉

关键词：智慧供热；节能降碳；按需供暖

一、工作背景

建设绿色大学，是高等学校贯彻落实习近平生态文明思想的重要实践，是推动生态文明建设的具体抓手。清华大学在《清华大学校园总体规划（2021—2030年）》中，将"绿色"作为学校未来十年的发展理念之一。学校于2014年完成"煤改气"工程，集中供暖面积约315万平方米，必须确保供暖系统安全可靠运行，不断提升供暖服务质量，满足师生员工对美好校园生活的新期待。作为北京市重点用能单位，供暖节能减排工作面临许多新要求、新挑战，但是通过主动作为，协同创新，不断探索新技术应用，持续提升精细化运行水平，可以做到大有可为。

二、主要做法

近年来，供暖方面采取了一系列的节能改造及低碳运行措施，其中一项重要举措就是对供热系统进行节能技术改造，并引入信息采集监控系统（SCADA），以信息化建设推进供暖精细化运行管理。

（一）满足个性化需求，节能技改实现按需供热

早在2011年，学校开展了节能项目和节能技术的前期调研。结合学校供

暖实际和未来发展趋势，从2015年开始推进供暖节能技术改造。经过几年努力，节能技改工作陆续完成，节能减排措施逐步完善，能源监控平台初步建成。

节能技改项目的定位是"坚持为师生服务的宗旨，将传统供暖方式逐步调整为对不同的采暖需求实施个性化、精细化、分时分区按需供暖"。在项目初期，我们进行了有针对性的调查分析，将计划实行供暖精准控制的建筑按使用功能进行分类，如教学楼、学生宿舍、科研楼、食堂等，分别对开放时间、人员数量、建筑保温情况进行详细的了解、记录和分析，并以此作为节能技改的基础数据，支撑后续工作的有效开展。该项目于2018—2019年供暖季正式投入运行，通过在南区学生公寓、紫荆学生公寓以及部分公建末端进户管道增设电动调节阀、旁通阀、泄水阀、远程控制箱及室内外温度检测模块等设备，对末端系统的水量进行调节，适时进行分时分区分温控制，既能使室温达标、舒适，又可以减少过量供热，实现按需供热和节约能源的低碳运行目标。

（二）推进信息化建设，为实现智慧供热打好基础

搭建SCADA系统是信息化建设的重要举措。通过完整搭建SCADA系统，燃气锅炉房和换热站均已实现运行数据的实时上传和可视化，为供暖精细化运行提供技术保障。

SCADA系统的上位机系统由两台上位工控机，六块46英寸显示器组成3×2矩阵大屏，两套组态王无限点控制软件组成。两台工控机互为备用，六块显示器组成矩阵，可显示统一画面，也可分别显示单独换热站画面，组合显示方式灵活多样。系统可以实时采集包括一次水的温度和压力、二次水的温度和压力、循环泵和补水泵等用电设备的运行频率和运行状态，具有数据记录、数据处理和故障报警等多项功能，使工作人员能够及时发现和排查系统故障和设备异常。该系统还通过GPRS网络系统，将锅炉控制系统数据、换热站运行参数、管网阀门运行参数实时传输到系统监控中心，有效提高了供暖各子系统向系统监控中心的数据传输效率。

（三）实行精细化运行管理，在线监测提升调度能力

以信息化建设为依托，不断提高精细化运行管理水平。目前，燃气锅炉房和换热站均已实现冬季供暖运行状态的在线监测。SCADA系统通过GPRS通信网络使系统监控中心实时监控各锅炉房、换热站设备以及各分时分区分温控

制设备的运行状态，并向其发送调度指令，加强了系统监控中心的集中控制能力。

此外，该系统还配有手机客户端软件，可以使管理者和运行人员实时在手机上查看锅炉房和换热站的运行情况和具体数据，随时进行便捷操作，使管理效率大大提高，为供暖系统的低碳节能运行提供了有力支持。

三、经验启示

（一）追求节能低碳，技术改造显成效

节能技改项目节能效果显著，2018—2019年供暖季较上一采暖季，节省天然气393万立方米，节电77.6万度，节水2079吨。2019年3月初，清华大学供暖节能技改项目申报北京市发改委节能技改奖励资金。经过三家专业机构进行的详细评审，最终确定项目节能率为5%，节能量折计标煤1943吨，在高校节能减排工作中起到了良好的示范和带动作用。同时不断积累经验，包括对不同功能建筑的调控会带来不同的收益、不同建筑会有不同的调控重点和难点以及会出现一些因调控而产生的问题等，调控工作需要有耐心、有针对性、不断进行尝试，循序渐进的开展。

（二）坚持与时俱进，创新发展开新局

清华大学的供暖工作有着悠久的历史，从建校初期的小煤炉到现代化的大型燃气锅炉，历经百年积淀，始终以新发展理念为引领，推进供暖工作与时俱进，构建创新驱动发展新格局。

在"双碳"目标提出的大背景下，修缮中心以信息化建设和精细化管理为重点，推动节能减排工作，深挖低碳运行潜力，初步实现智慧供热，开创了学校供暖工作的新局面，"十四五"期间将不懈努力，不断为校园"碳达峰"和"碳中和"作出新贡献。

制定运行管理规范,保障供电系统安全

修缮校园管理中心　吴跃明　王晓静　王兰　靖卫国
王一捷

关键词：电力先行；供电管理；节能高效

电力是保障学校正常运转的重要基石。在共创学校"双一流"建设的背景下,如何建立健全电力运行系统管理标准,不断提升管理规范化水平,确保电力供应保障有力、安全可靠和节能高效是我校供电管理部门面前的一项重要课题。"十三五"期间,修缮校园管理中心(以下简称"修缮中心")以《10kV开闭站、配电室运行管理规范》编制为抓手,系统梳理校园供电管理体系,推进运行作业要求从传统的"口传心授"向标准化运行转变,显著提升学校供电管理水平。

一、背景情况

(一)技术设备更新带来的新挑战

从1953年清华园第一个配电室投入使用,到"十三五"期间全校形成110kV变电站和100余座10kV开闭站、配电室的庞大电力供应网络,供电系统始终为学校事业快速发展提供着坚强保障。近20年来,学校供电设备设施数量呈上百倍增长,但这些设施的建设年代不同、标准不同、所属管辖单位复杂以及各单位管理人员专业水平参差不齐,传统管理模式已无法适应新要求。管理不到位导致的局部故障有可能造成整个系统瘫痪,整体提升供电运行管理水平刻不容缓。

（二）学校供电保障工作的特殊性

电气运行管理规程是规范化管理的核心，然而作为上位规范的《北京地区电气规程》注重普适性，无法直接用于学校供电保障的特殊情况，作为学校供电运行管理的"作业手册"失之于宽泛。面对这一现状，修缮中心供电管理科主动担当，依托校内外专家力量、结合学校电管实际，自主开展我校《10kV 开闭站、配电室运行管理规范》（以下简称《规范》）的编制，并以此为突破口，努力推进供电运行管理水平整体提升。

二、主要做法

为使标准符合实际并充分考虑前瞻性，2019 年修缮中心班子牵头，供电管理科成立《规范》编制工作小组，专项推进相关工作。

（一）开展数据资料收集，掌握设施设备信息

工作小组成立伊始即着手组织 10kV 运行班组成员对各配电室进行针对性调研，收集整理全校 10kV 运行系统设备型号、规格、年限等数据资料上万条，形成较为完备的设施设备数据库。

（二）搭建分级管理架构，厘清管理职责界限

结合学校配电室管理形式、在用设备情况，首先明确了"系统管理与分级管理相结合、通行管理与专项要求相结合"的《规范》编制框架。在此框架下，搭建了供电系统分级管理组织架构，建立了"供电管理放服管并举、用电管理方服从调度"的二级运行体制。通过细化《清华大学高压供电用电协议》，在校管和各单位自管形成管理共识，厘清管理责任，规范职责界限、操作权限、管理方式和运行方式，构建紧密衔接的系统管理模式。

（三）明确运行管理要求，推进规范融合统一

《规范》编制中明确了运行管理技术要求。根据在用设施设备情况和电保要求，对标《北京地区电气设备运行管理规程》《北京地区电气安全工作规程》《北京地区电气工程安装标准》《海淀区电力公司配电室管理规范》等相关标

准,梳理开闭站、配电室运行管理的共性技术要求。针对配电室规模、重要性和设备状态设立分级管理技术要求,针对个别在用老旧设备、特殊电保区域设立专项管理技术要求,实现规范的科学融合统一。强调对供电设备定期进行检修、试验和调试,供电管理科及时督促并配合好各自管单位对配电室设备的检修试验调试工作,避免"带病"运行导致供电设备发生漏电、放电、局放等现象,定期检修调试是新制定的《规范》重点强调内容之一。

(四)适应运行作业需求,确保规范精准落实

落实《规范》要求,促进标准化运行管理。为确保各项技术要求精准落实,《规范》初步编制完成后,工作小组与运行班组密切配合,将《规范》细化拆解为清单式、可执行的工作票、典型系统图等,极大提升了运行操作的直观性、规范性。通过实践—改进—再实践的循环,不断迭代完善,确保《规范》的每一条款"既符合行业规范,又适应学校电保特点"。在《规范》不断完善过程中,学校供电运行管理人员通过熟悉新的管理要求,正在努力提高运行管理业务能力。

(五)制定配套管理标准,实现科学高效节能运行

修缮中心会同学校法务办,依据《规范》建立了《清华大学 10kV 配电室运行管理标准》(以下简称《管理标准》),明确了配电室验收、运行、环境等各项基本要求,经清华大学制度建设工作领导小组 2021 年度第 1 次会议审议通过后实施。《规范》和《管理标准》的制定和实施,使配电室建设、运行管理有据可依、有章可循,有力推动了学校开闭站、配电室运行管理科学化、标准化。

《规范》编制中重点突出供电系统"低碳环保、科学高效"的运行要求。从新改建项目入手,严把电网接入关,要求新接入学校供电系统的供电设备必须是节能产品,改造项目要求使用低损耗 S13 节能型变压器;坚持安装电容器组,明确电容投切运行要求,规定全校供电系统功率因数不得低于 0.85;明确要求管理单位根据用电状况及时调整每一个供电设备的负荷率,减少供电设备的空载、过载损耗。

三、经验启示

（一）规范与实践结合，提升供电管理新效能

《规范》实施两年以来，提升了供电日常运行保障工作。运行班组依据《规范》进行实际操作，在日常巡视中发现并及时排除了配电室电流端子过热等3起安全隐患；各单位在供电管理科的指导下，对自管配电室开展检修、试验和调试，发现并及时排除变压器温控仪失灵、逆功率保护器损坏等重大安全隐患。依据《规范》建立的巡检台账准确翔实，为学校供电系统新建、改造和运维规划提供了有力的信息支撑。运行管理人员普遍反映，《规范》实施以后，各项运行管理工作要求更加明确且易于执行，通过依章操作，减少了管理盲区，保障了人身安全，同时提高了管理效率，有效保证了10kV系统安全平稳运行。

（二）创新与探索并举，应对供电保障新课题

《规范》的编制和实施在探索构建一流大学电力管理制度体系、实现标准化运行方面迈出了坚实的一步。未来，将继续坚守"电力先行"的责任使命，研究新情况、解决新问题，力争保持《规范》等各项供电管理制度的指导性和前瞻性。以制度为基、以标准为凭，把学校供电系统管好、用好，为建立适应一流大学用电需求的电管体系而不懈奋斗。

需求导向，标准建基

——高品质校园交通服务的清华实践

接待服务中心　程鑫　张莹

关键词： 校园交通；公共服务；清华车队；标准建设

一、背景情况

清华大学主校园面积305.96公顷（约4600亩），在这样一个"大园子"里学习工作和生活，公共交通成为需要。1999年，汽车系自主研发的10辆电动车投入校园使用，学校公共交通服务体系从此拉开序幕，形成了校园内一条绿色的"风景线"。

面向师生的共性需求开展校内出行服务，是校园车20多年发展历程的主线。面向师生需求，学校不断地给予支持和指导，接待服务中心在后勤综合改革发展过程中，积极摸索经验，求真务实，逐步形成并持续提升服务。近几年通过大量的师生需求调研、数据分析，结合院系的科研工作建设校园微循环体系，研发移动服务终端，开发和优化线路，开发服务项目，研究服务模式，建立校园交通服务标准，为更好地服务师生出行、构建平安校园、幸福校园作出了贡献。

二、主要做法

（一）栉风沐雨，以绿色理念开展校园出行服务

依托学校的科研优势，校园车1999年启动服务之初就站在了"绿色出行"

的起点上。超前的选择也往往意味着更多的挑战,电池技术不成熟的问题始终困扰着车辆的运行,为了保障服务,与燃油车混用。2015年,自动化系联合车队共同开展"绿色校园微循环电动车示范"项目建设,学校借助社会力量,投入22辆宇通19座纯电动公交车。新型电动车的使用使得校园车再次实现了零碳排放,总体能耗只有传统燃油车的20%,极大地激发了车队的服务热情。车队联合美院师生设计车身外饰,展示清华形象(见图1)。调研分析并广泛征求师生意见,重新规划校园车线路,力求充分覆盖主校区,涵盖教学科研区、学生生活区、家属生活区等范围,最终形成外环线、内环线、学生专线,线路覆盖率达到95%。结合学校特点同清华园街道共同推出敬老专线、送医专线。同时依托自动化系科研力量,构建了配套充电设施和信息服务平台,开展运营调度、安全预警,努力打造绿色、智能的微循环交通体系。经多方合力,校园交通服务上了一个新台阶,为绿色大学建设增添光彩。

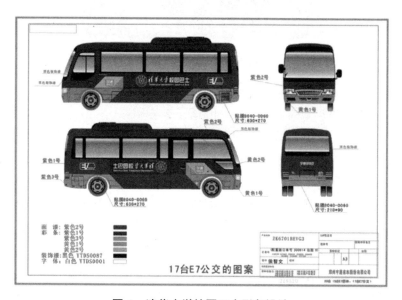

图1　清华大学校园巴士形象设计

(二)动循矩法,通过标准化建设持续提升服务能力

硬件是基础,服务展现能力。校园交通作为公共服务,标准化建设是能力提升的重要方法。车队主动谋划积极开展,通过一个学期的调研、讨论,接待中心公共服务科完成了《清华大学校园交通车运行服务标准》的编写工作并通过了专家评审。标准从运行线路和站点要求、运行控制要求、运行服务人员要

求、运行车辆要求、管理服务要求、安全服务要求六个方面明确规定了校园车运行服务的要求和规范。比如线路的标准明确规定了外环线和内环线需覆盖学生生活区、教学科研区、家属生活区,学生专线覆盖学生生活区。根据需要并经主管部门同意,路线可覆盖临近校园的地铁站等校园周边重点节点。明确记录保养、维护、清洁、故障、事故处理等情况。

图2 清华大学校园巴士雪中行驶

标准化建设让校园交通车的服务有了底线,发展也有了更高的目标,车队逐年提升车辆服务的管理水平。标准的建立还从规范化、标准化、可操作性、可复制等多个维度保证了校园交通车的安全运行。一流的保障能力不仅仅体现在日常的车辆服务中,重大活动、重要接待中的服务更是我们工作中的挑战。

公共服务科车队根据中心工作要求,对重要接待进行分级管理,对于有元首及重要客人参加的活动。车队会组织完善的活动前准备,提前召开动员会,结合规模、活动内容、具体路段交通管控措施等内容,针对仪容仪表、车辆消毒清洁、任务的接洽、路线的选择、服务细节等方面提出具体要求;尤其重视车容车貌,提前将所用车辆进行保养、维修、内饰清洁、空调清洗等,保障所有车辆时刻处于待用状态;并根据会议重点保障的需求策划上车点、停车位等服务细节,保证接待的圆满完成。

2019年4月27日、28日校庆日运营车共接待校庆用车100余次,服务老校友约4000余人。校园车也全员停休保障校友的校内通勤,内环线更是进行了加密,由每15分钟单项发车一次,改为每15分钟双向各发一次,大大地缓解了老校友们的校内短距离用车需求;校庆车辆服务、重要接待车辆服务仅仅是车队服务的一个体现,更多的特色保障服务、摆渡服务也成为了一种日常。

2020年共完成学校重大车辆服务保障工作20余次,日常服务保障2613车次、搭载客人67975人次。

在标准化要求的同时积极主动应用新技术新方法,开展信息化提升。项目之初自动化系的研究团队设计开发了一个移动终端试验系统,能够让使用者在手机APP上实时观察到校园车在线路上的运行状态,投入试运行后得到好评。在此基础上,接待中心适应师生需求不断改造升级,拓展功能和应用范围,在提升服务的过程中,校园车的影响也不断扩大。

（三）责无旁贷,困难时刻彰显使命担当

2020年注定是不平凡的一年。为了在疫情期间更好地保障出车任务,车队按照标准化建设的思路制定了一系列的防疫及消杀要求,从车辆的消毒、司机的个人防护、出车任务的接洽、乘车人健康状况的管控等方面进行了严格的规范。《公共卫生管理细则》《疫情防护相关要求》等一系列的防疫及消杀规定,针对车队停车场、办公区域和车辆的日常清洁消毒和垃圾分类进行了详细的要求,以确保各项出车任务安全健康的完成。

在做好技术和管理上的准备,并对校内出行进行意见征求和实地蹲点调研后,车队开始主动作为。4月8日依据北京市和学校疫情防控的相关规定,结合校内调研收集的用车需求,车队配合街道开始运行疫情防控期间的专线服务。到6月5日,共计发车105次,累计接送校内离退休老人往返居住小区与校医院之间280人。在此基础上,于6月稳妥有序地恢复了校园车交通服务。校园交通服务从专线尝试到全面恢复,不仅为师生提供了方便,也舒缓了校园防疫的紧张气氛,从一个侧面展现了清华常态化防疫工作的定力。

图3　清华大学校园巴士迎接学生返校

防疫之年，任务不断。从6月份为毕业生返校、离校护航开始，学生的每一次返校、离校都牵动车队全体员工的心。以6月接毕业生返校为例，为了学生的防疫安全，学校决定在六个机场车站和学校间实行点到点的接站模式。车队自有资源远远满足不了需求，就提前调研有实力的社会车辆服务企业，充分沟通，既谈理念谈情怀，也谈服务谈价格，还谈能力谈责任，选择可靠的合作伙伴，携手共同开展工作。为了顺利开展接站工作，车队提前对首都机场、大兴机场、北京站、北京西站、北京南站进行了实地调研，并与各站点相关部门联系，针对工作站的设置、停车区域的确认、存在的问题和困难进行信息收集，落实接送工作的具体流程和细节。从车辆的消毒、司机的个人防护、站长的具体职责、学生的接洽工作等方面进行了严格的规范并随时监管落实到人，确保每次出车的防疫安全。这些工作并非车队乃至接待中心一家所能为，学生系统、后勤兄弟单位乃至各个院系的教职工、学生志愿者都要共同行动。据统计，2020年6月6—8日、15—17日共计出车306次，接回学生2400余人。8月底9月初迎新66次接新生670人，并在西门、东南门、东北门内增设"迎新专线"接驳新生直达报到地点共计发车304次，2766人。……在大家的共同努力下，每一次接送任务都圆满完成。这里面有车队的努力，全校师生的奉献，也有企业合作方的全力配合。

三、经验与启示

（一）坚持校园车的公共服务属性

公共服务就是为师生的共性需求服务，这是需要始终坚持的底线，也是工作原则。在明确服务定位的过程中要关注师生的呼声，也要有定力，不被带偏节奏，不滑入个性化服务的泥潭。同时也要坚持实事求是，量力而行，坚持不服务于学生上下课的脉冲式需求，对一些可以与常态服务结合的特殊需求合理分析，合理采纳，并注意方式方法，防止负面影响。

（二）在服务内容和方法上多下功夫

明确了定位，划清了边界，就要在内容和方法上多做研究。例如，哪些功能需求迫切，覆盖面和服务效率如何提高，影响力如何提高等等。技术和管理手段的进步往往能带来服务能力的显著提升,例如信息技术的应用,标准化建设和服务的开展等,适时采取行动可以收到很好的效果。

(三)社会化是能力提升的重要途径

能力不足是服务工作不断遇到的瓶颈。资源、队伍、管理、技术各个方面都有提升的办法,但也都有边界条件的限制。不可忽视的是,社会专业力量正成为一个越来越重要的外援。如何甄别社会优质资源,如何合理引入并有效把控外援,使其充分为我所用,如何合理平衡自有资源和社会资源,既能做到必要的自我保障,又能极大地拓展服务能力,这是摆在学校车队面前的一个非常值得研究的课题。

建设健康观察点，充实应急保障体系

接待服务中心　曾成英　马川蓉　乐慧

关键词：健康观察；疫情防控；应急保障

一、背景情况

2020年1月底，当大家都在家喜气洋洋地准备迎接新年的到来时，新冠疫情突如其来，一场没有硝烟的战争迅速打响。1月22日，时任校党委书记陈旭组织召开会议，部署疫情防控工作，1月27日成立11个专项组（后扩充15个）。为保障教职员工安全，维护校园稳定，为教学科研护航。在后勤保障工作组的领导下，迅速抽调各方面人员，成立学校健康观察点，新斋、3号楼、4号楼、近春园宾馆陆续投入防疫工作体系，接待中心临危受命投入到实际工作中，接待中心不畏困难，积极面对，建立健全各类管理文件、工作流程、应急预案等近40份文件。一支具有专业素养的管理、服务和保障队伍迅速发展壮大，用双手托起校园的稳定。从2020年1月到2021年12月，7000多名师生，忐忑地走进这里，又平静地走出这里，留下无数感谢的话语和美好的祝福。一场席卷全球持续至今的公共卫生事件在清华园里始终波澜不兴，健康观察点在学校的应急保障体系建设中功不可没。

二、主要做法

（一）启动紧急响应，尽最大努力为疫情防控争取可调配资源

武汉疫情突起，学校高度敏感，下令紧急建设学生健康观察点。2020年1月23日，腊月二十九，学生社区中心仅用三天时间恢复了已腾空的新斋99间

房，成为清华首个集中住宿健康观察点。2020年1月26日，大年初二，接待服务中心连夜恢复了寒假停业状态的近春园宾馆108间房，成为学校高风险级别健康观察点，2月3日第一名境外返校学生入住近春园宾馆。

2020年2月10日，接待服务中心和学生社区中心联合团队仅用2天时间完成了3号、4号楼教职工集中住宿健康观察点171间房的前期筹备工作，2月12日迎来第一批观察人员。

在学校专项小组和后勤党委的领导下，接待中心迅速成立健康观察点工作组，梳理岗位编制，制定各类工作流程及管理办法，在相关单位的指导帮助下先后通过《教职工集中住宿健康观察点管理办法》和《教职工集中住宿健康观察点住宿协议》等制度规定，为师生员工有序返校提供有力保障。

充分发挥党员先锋模范作用，党员干部带头，协同配合，克服人力单薄的困难，加班加点紧急摸排、清洁消毒、检修家具、解决供电、安装电热水器、配备防护与生活物资。加强党建工作，主动了解观察人员信息动态，设身处地地为师生员工解决实际困难。

在疫情常态化的过程中，学校健康观察点资源问题也发生了调整，接待中心以大局为重，在资源紧张的情况下，投入紫清大厦资源，主动为学校分担。

招之即来，来之能战，战之能胜的后勤队伍，在此次疫情防控中发挥了至关重要的作用。

（二）整合优势队伍，严格管理，强强联合实现服务专业规范

1. 建制度、出规范

各健康观察点的运行事关学校防疫工作的大局，关系到全校师生和职工的安危。为保证各健康观察点的安全、稳定运行，学校各部门抽调精兵强将，用专业的人做专业的事，以"零感染"作为工作目标，从健康观察人员信息管理及心理疏导、防疫政策及时跟踪、服务保障专业温馨等方面提出整体工作要求。同时根据防疫最新要求和相关管理办法，及时撰写、修订规章制度，有针对性地制定管理办法和操作流程共44份并在工作中不断迭代优化，根据政府和学校的政策办法及时调整，先后更新4版。

2. 严格管理不妥协

健康观察的目的是保证返校师生在风险期内得到有效的隔离和医学观察，对发现的各种问题及时采取措施，确保接受健康观察的师生员工健康、安全，

因此，严格有效的管理必须得到保证。健康观察点一方面加强对全体工作人员的管理培训，要求每一位工作人员都是一丝不苟的管理者、操作员；另一方面也对入住的师生作严格的要求，从各方面进行培训和约束，不允许不安全的行为出现；同时，还与教职工集中住宿工作小组、学生系统以及师生所在单位密切配合，从各方面关心入住师生，及时发现和应对师生在生理、心理各方面遇到的问题，对一些比较严重的问题还要制订专项工作方案，确保做到"万万无一失"的高要求，虽然很辛苦，也遇到不理解和抵触，但管理标准不降低，工作规范不松弛，不让每一件特殊事项越过底线、红线，全方位、多角度保障了各观察点工作安全规范有序。

3. 整合队伍、统筹资源、共同保障

3号、4号楼教职工健康观察点工作启动之初，后勤各中心都处于寒假运行模式，人员严重不足，且缺乏业务知识和经验。在后勤党委的统一领导下，学生社区中心和接待中心克服各自的困难，发挥两个中心各自专业优势，从宿舍管理、客房服务部门挑选40多名精兵强将组成管理服务队伍，联合作战。修缮中心帮助恢复和维修设施，饮食中心提供一日三餐，财务处、校工会为住宿教职工的餐饮出台专项支持办法，校医院提供医学观察专业指导并对出现发烧等状况的住宿人员提供医疗服务，教职工所在各单位积极配合，共同做好住宿教职工工作，各项工作井然有序。

4. 重要节点及时跟进调整

2020年5月底，为有序安排学生返校复学，学校整合新斋和3号、4号楼，与近春园分别定为返校学生等待核酸检测结果和在校发热学生的集中住宿健康观察点。两个观察点同时运行，全力保障安全复学。

2020年12月16日下午，接学校通知，50余名北京市朝阳境外输入确诊病例二次密切接触人员需要紧急入住近春园。12月19日，学校决定将近春园宾馆由健康观察点升级为隔离观察点，在北京市疾病预防控制中心和校医院的指导下，接待中心紧急安排12名工作人员入驻，进行封闭式管理。同时按照隔离观察点要求进行物资配置、人员培训和分区管理，针对清洁区、缓冲区和污染区对人员、流程、消毒级别等的不同要求，重新梳理制定工作流程。为确保各流程易操作执行，在各工作区域制作并张贴标识，并完成所有人员的培训工作。对工作人员实行科学滚动排班，确保在可承受压力范围内高效高质完成隔离观察点的各项消毒服务工作。

2021年7月底，受南京禄口机场疫情影响，需入住健康观察人员增多，为最大限度确保资源利用，近春园实现隔离区、健康观察区、发热区三个区域同时运行，在进行硬隔离的基础上，不同区域进行不同防护，并采用不同工作流程和标准，大家在熟练切换工作流程的同时可根据疫情需要进行各区域的房源调整。

2021年8月1日，紫清大厦健康观察点启用，接待中心面对人手不足的情况，通过自有人员和外包人员联合工作的形式，解决了健康观察点用人需求。并请校医院的专业人员对各项防护措施和操作流程进行指导，内部有经验人员对外包人员开展全流程操作培训，同时联动其他点位客房服务人员集中完成紫清退房清扫工作等，充分发挥了各岗位人员的专业优势，提升了健康观察点运行效率。

（三）高效沟通，暖心服务，提升服务品质

为确保健康观察点对内对外的信息沟通顺畅及时，我们启用了"近春园"微信号，实现了各项信息的统一接收和分发，减少了信息遗漏；"近春园"微信号的管理，实现了"内部多人，对外一人"的工作模式，方便了与住宿师生的实时沟通，也方便了校医院、学生口、饮食中心等校内各部门的统一对接。

学校的住宿资源有限，如何充分发挥健康观察点有限资源的效率，让更多有需要的师生尽快归来，也是一个难题。300多个房间占用、释放的信息在管理团队的手里翻来覆去地掂量，和工作组、学生系统传来的师生返回申请一起综合分析，形成资源使用趋势分析图，提交给领导部门，作为审批参考，有效地提高了师生返校安排的效率。

各健康观察点自启用以来，便成了每一位入住人员"临时的家"，远离病毒但不远离爱，健康观察点的工作人员努力提供温馨的服务，让入住的教职工和学生感受到爱的氛围、家的温暖。为了给入住人员提供便利的生活条件，工作人员提前准备生活用品放进房间，让他们在观察期间住得便利、舒心。工作人员坚持三餐、物资上门配送，楼长和"近春园"微信号24小时在线，餐饮服务上确保随时入住的师生能吃上热乎乎的饭菜，同时满足素食、少数民族、口味方面的需求等，这些工作看起来很琐碎，但每位工作人员都十分用心投入，不断思考如何优化流程，为大家的生活保驾护航。国际生入住时，我们会发送双语信息；工作人员在节日时为大家送上温馨的节日餐，让师生在观察点也能

感受到节日的气氛。有师生过生日时,我们精心准备送上祝福,一位入住健康观察点的老师说:"这是个特别的生日,在这里有老师们的帮助与关心,让我们的生活不那么枯燥和乏味,感谢你们。"随着健康观察人员类别增多,不同需求增加。为弥补新斋设备设施的不足,夏天增购风扇,冬天配备红枣茶和暖宝宝。同时在各楼配备卫生巾、牙线、指甲刀、充电线等应急物资,满足健康观察人员的紧急需求,让每位入住的人员感受到细致入微的服务带来的温暖。

楼内工作人员时刻关注入住人员的身心健康状况,带给大家更多的人文关怀。有很多教职工和学生纷纷表示健康观察期间的生活很温馨,离开后会更加努力地投入到工作和学习中去。

三、经验启示

(一)储备应急保障资源,为教学科研护航

学校面对突发的公共卫生事件和自然灾害,组织重要的大型活动时,常常需要调动各方面资源,组成保障服务体系。通过健康观察点的建设和运行我们深切地感受到,在校园里,人员队伍和房屋场所是应急保障工作最宝贵的战略资源。如何构建一个平战结合的体系,平时讲求效率,能够充分发挥资源的日常功能,事件突发时讲求效能,能够迅速形成保障资源体系,有效应对突发事件,这是摆在几乎所有有一定规模的大学面前需要回答的问题。显然,周转宿舍、校园宾馆、食堂、运动场馆、会议楼等,这些掌握在学校服务保障部门手中,保障功能特色鲜明,且能够迅速调用的独立的建筑,和围绕这些场所开展工作的自有服务队伍是比较符合应急保障需求的资源。学校应当有一定的忧患意识,建设和保持一批这样的场所物资和人力资源。在这场抗疫保障服务中,清华正是因为拥有比较充足的周转宿舍和宾馆,拥有有战斗力的核心服务队伍和专业技术队伍,才能够比较从容地应对这场危机,在起伏波动中从容调整,始终很好地执行学校的指令,完成各项防疫任务,从健康观察的角度有效支持了学校的教学科研各项工作。这也是从健康观察点工作延伸思考的重要收获。

(二)制度和规范是实现严格管理和温馨服务的依据

在健康观察点的工作中,我们始终以上级下发的疫情防控文件为依据,结

合校医院的专业指导,针对不同入住对象和不同楼宇,对各个环节制定制度及流程,并确保所有工作人员培训到位。在后期管理和服务过程中,工作人员能掌握好底线,更好地做好健康观察点各项工作,处理好各项需求和突发事件。

(三)分区管理实现了资源的最大化利用

近春园作为校内宾馆,有独立卫生间且设备设施齐全,是较理想的健康观察场所,一开始作为单独接待健康观察人员、发热人员、隔离人员等场所使用,用途单一,一旦作为隔离场所启用,即不能接待其他类型人员,当需隔离人员较少时,造成了资源浪费。后来,我们根据楼宇结构对近春园进行了分区,不同类型人员从不同通道出入,并对各区域进行硬隔离,按照不同流程操作,在保证符合防疫要求的同时实现了资源的最大化利用。

(四)公用微信号的使用提升了沟通效率

健康观察点刚开始运行时,因每天上班人员不一样,为了保证信息的及时接收,需所有相关工作人员进入工作群,存在工作群人员多、管理难度大的问题。"近春园"公用微信号的使用,提高了健康观察点工作人员在工作群的辨识度,更方便信息的接收,同时也降低了工作群管理的难度。

做您的"一条龙"会议管家

接待服务中心　马川蓉　乐慧　曾成英

关键词： 一条龙服务；会议策划；专业接待

一、背景情况

随着一流大学进程的加速和全球战略的推进，清华大学的对外交流日益广泛，大型会议和国际学术交流活动逐年增加，办会压力越来越大。学校各单位并无专业办会团队和会议策划经验，社会力量的适配度又十分有限，为了举办一场成功的会议，常常要付出巨大的人力、物力和时间代价，在协调各类资源、应对各个环节的问题方面痛点很多。

为了解决这样的痛点，接待服务中心"一条龙"会议服务应运而生。中心以自有会议、住宿、用餐、车辆资源为依托，构建专业队伍，整合社会力量，推出专门针对校内各类会议的"您管业务、我管会务"的"一条龙"会议服务模式。会前周密筹备，现场细致服务，场外全力保障，各部门人员协调配合，并应用先进的管理办法和技术手段，将会议服务工作做专、做精、做深，打造清华特色的"一条龙"会议服务。

二、主要做法

（一）拓展资源，丰富业务体系

接待服务中心以满足学校教学科研和师生员工的各类接待需求为目标，确定了"客人满意、员工满意、学校满意"的服务质量目标，为学校和客人提供满意的接待服务。目前，接待服务中心围绕会议、住宿、餐饮、交通等方向开展接待服务。

会议服务方面，中心下辖主楼、甲所、紫清大厦等会场资源，共有大小会场 21 个，设备设施齐全，根据会议主办方需要提供会议用品、横幅悬挂、背板制作、LED 屏幕搭建、舞台扩建、手拉手话筒、鲜花摆放、茶歇、茶水、礼仪、同声传译等会议服务项目，全方位满足主办方会议要求；住宿服务方面，以清华文化为底蕴，突出"荷塘月色"主题和"中式简约"的风格，拥有不同规格客房 256 间，为不同需求的客人提供舒适、满意的住宿服务；餐饮服务方面，提供以淮扬菜为主要风格的餐饮系列，并通过美食节等活动，不断丰富和创新餐饮风格，满足师生员工宴会、庆典、零点、会议冷餐、茶歇用餐需求；交通服务方面，提供接送机（站）会议接待、外出参观等用车服务。

（二）梳理机制，完善对接流程

早在 2006 年成立接待服务中心预订部之前，中心各个部门之间提供的会议、住宿、用餐、车辆服务是独立并行的。会议组织方需要根据自身需求与不同部门分别对接，自己承担会议策划工作。中心各部门各自为战，都是"终端服务者"，无法形成会议服务品牌效应，校内办会老师需要多头对接，费时费力。

为了有效解决以上问题，中心明确服务目标，于 2006 年成立了预订部，专门负责和办会方直接对接会议服务需求，整体安排会议、住宿、用餐和用车服务等资源，一条龙服务初现端倪。

在广泛调研，了解会议组织方的难点、痛点的基础上，预订部逐步建立了会议预订优先措施，帮助有办会需求的老师提前预留相关紧张的住宿和用餐等资源，并努力把费事费力和接待专业性强的工作接下来，减轻办会者的负担。

会议不同，目标和组织流程不同，会议组织者的个性特点不同，会议的筹备工作也就不尽相同。在会前策划阶段，策划团队针对不同的情况开展工作，最终在明确会议需求的基础上形成有时间节点、工作要求、团队分工和费用概算的会议计划。

会议期间，细致周到的服务是重中之重。策划团队负责与会议组织者沟通，协助会议服务的指挥工作。通过对资源和服务团队的调配和整合，按预期完成各项服务任务，及时有效地解决会议中遇到的情况，使会议活动圆满成功。

会议活动结束后，策划团队汇总各方面情况，总结分析经验和不足，持续改进工作。同时做好会议总结和客户回访，归集、分类、分析、整理存储相关意见材料,搜集参会者感受,深挖参会人员的需求,不断改善中心各部门的服务质量。

(三)培育人才,打造服务团队

接待服务中心以需求为导向打造会议服务队伍,队伍由策划团队、各类服务团队、保障团队等共同组成,其中策划团队发挥中枢作用。这是一支由了解中心服务资源、设备设施资源和运作流程,熟悉周边社会资源,同时具有较强的沟通协调能力的人员组成的团队。当接到会议接待任务时,策划团队会尽早参与会议策划,并全程参与会中服务,跟进会后收尾工作。

为更好地提供会议服务,中心还组织各部门的青年员工组成了职工礼仪服务队,她们都来自于接待服务工作一线岗位,都是有着重要接待服务经验的业务骨干。这些队员均接受过专业技能、礼仪知识、形体气质等方面的培训,具有较高的服务技能和整体素质,能根据不同的会议形式、参会人员、服务环境等制定礼仪服务方案,提供迎宾、剪彩、签字、揭牌、签约、会场服务等各种形式的礼仪服务,满足多样化礼仪服务的需求,参加学校重大礼仪接待活动已达百余次。

三、经验启示

(一)围绕学校接待需求,要与时俱进

随着学校办会需求的不断变化,接待中心主动作为,从文化、功能、服务等多方位加强建设,努力满足学校师生日益增长的对优质会议服务的需要。如邀请专业设计团队对重要接待场所进行整体设计,体现清华特色;同时邀请学生为公共服务场所提供作品展示,强调以文化人;新增视频会议室,改造保密会议室,满足校内多种会议需求;为满足国际化接待需要,增设西式餐厅,同时要求团队提供中英文服务等。

在为师生提供会议服务过程中不断推出新的业务。2012 年,清华大学电机系策划在校内举行一场 450 人的国际会议,因规模大、活动多,电机系负责组织的老师主动找到接待服务中心咨询办会建议。根据需求和资源调研情况,中心提供了三个办会方案,由于校内保障力量有限,最后主办单位决定在中国

科技会堂召开本次会议。虽然本次活动最后没有由接待服务中心直接承接，但为院系提供专业办会咨询仍然是一项很有意义的工作。经过本次活动，启发了接待服务中心推出会务咨询服务，既能帮老师量身定制会务方案，也能解答其会务问题，还能搭建资源平台，帮老师找到合适的会议资源。自此接待服务中心从比较单一的预订模式发展形成了从会议咨询到整合资源平台开展会议服务的多元化一条龙服务模式。

（二）提供专业服务体验，要精雕细刻

会议需求多种多样，有时候只需要中心提供会议接待过程中的某一环节服务，如只需提供住宿服务、用餐服务、会务服务或车辆接驳等其中一项或几项。这时候专业服务团队就顶到前面，提供符合相关规范和品质的服务。例如针对重要接待用餐，餐饮部在接到任务后第一时间制订可行的《餐饮部重要接待计划》，根据嘉宾身份、是否有宗教信仰、特殊需求、饮食禁忌等内容进行着手准备。从厨房提供菜单，到前厅环境布置，再到服务人员的选择，都体现出非常专业的水准，让主办方省心又省力。基于这种长期的信任，越来越多的主办方愿意将会议接待环节中的专业定制服务完全交由接待中心提供，并且连续直接承办，如纳连接和微连接国际会议等。

为了让更多老师了解会议组织流程、关键环节及周边资源等，中心组织制定了《会议一条龙服务指南》，从前期会议筹备、会议申请及报批、会议宣传、论文接收及评审、嘉宾邀请、会务准备工作、会务确认工作和会议后期工作等各方面，为校内师生提供专业的建议；梳理清华大学周边的住宿、会场及会议工作餐、宴会餐等方面的优质资源，帮助师生快速筛选信息，做出合理决策。很多老师反馈"这充分考虑到他们所关心的问题，非常贴心实用"。一位有多年办会经验的机械系老师在感谢信中称"令人头疼的会务由你们来做，实在是我们的福音"。通过解放办会老师的时间和精力，可以帮助他们投入更多时间在会议内容和本职工作上，提高会议品质，提高工作效率。

（三）保障大型会议接待，要精诚合作

面对学校接待资源有限，各单位办会需求又形式各异，接待中心意识到单一的预订服务和依托自有资源的"一条龙"会议服务是不够的，应当站在会议组织方的角度分析问题，充分整合校内、校外资源，形成整体服务，从而保障会议需求得到更加充分的满足。在面对校级重要且规模较大的会议时，中心作为学校对外接待服务的窗口，必须承担起这项任务，达到更高层次的"一条龙"会议服务水平。

2021年清华大学110周年校庆，来校嘉宾和返校校友代表规模庞大。校内资源有限，无法满足校庆接待的需求，中心策划团队牵头，联合校外酒店和车企，签订校友及重要嘉宾接待工作的打包合同，预订了四家酒店的近500间客房，预订车辆近170辆等相应接待资源，既为学校保证了校庆接待的需求，也结合自身行业经验，争取到了优惠的价格，为校庆期间的接待服务提供了坚实的保障；校庆期间中心梳理人员情况，内部各岗位调动，在保证正常工作的情况下，好钢用在刀刃上，尽全力保障校庆接待服务。同时安排重点主力保障校外宾馆的沟通协调工作，提前三天进驻各校外酒店，熟悉校外酒店的工作规定、工作流程，明确各项服务的对接人等，确保接待工作万无一失，突发情况第一时间响应。

经过前期充分的沟通和策划，专业的精品服务团队通力合作全力以赴完成了西体习总书记来清华考察和新清华学堂"庆祝清华大学建校110周年大会"主会场的会议服务。共接待重要来宾包括习总书记等中央领导8人、副国级领导10余人；部级领导10余人；院士及知名学者等50余人以及学校领导，共计100余位嘉宾。完成在主楼举办的2021大学校长全球论坛的会议和会前欢迎晚餐的服务工作。来自全球330多所大学，77家国际组织、学术机构、大学联盟、产业界的代表超过500人在线参会，来自中国70所大学和62所中学的校长以及清华大学师生代表共计300余人在清华大学主楼会议现场参会。

为持续做好"一条龙"会议服务策划工作，接待中心不断加强会议策划师梯队建设，引进高素质专业化人才队伍，同时不断开展会议服务标准化、模块化建设，提供精准、优质、高效的会议策划服务。做好一站式"一条龙"会议服务策划工作任重而道远，接待服务中心未来将在深入挖掘服务对象需求的基础上，整合校内外资源，保障学校及各院系部门的办会需求，为学校"建设世界一流大学"作出应有的贡献。

精益求精，塑造清华风格的接待服务品牌

接待服务中心　乐慧　肖薇　马川蓉

关键词：国宾服务；清华风格；接待品牌；工匠精神

一、背景情况

在清华大学不断深化推进"开放式"办学理念，制定并实施全球战略，坚定不移地走世界一流、中国特色、清华风格的发展道路，持续提升学校一流大学建设水平和全球影响力的进程中，作为清华大学对外交流的接待窗口，面对多元化、多层次、国际性且日趋增多的服务群体，如何立足接待职责使命、服务学校发展、展现礼宾形象，是接待服务中心贯穿始终的主题。

中心在做好服务对象需求细分的基础上，努力以国宾服务为标准、以工匠精神为驱动、以质量管理为抓手、以校园文化为载体，始终践行"甘于奉献，厚德服务，彬彬有礼"的接待服务理念，坚持将构建满足世界一流大学建设需要、贴合学校礼宾接待需求的专业化接待服务保障体系作为战略发展定位，持续提升接待服务品质，丰富接待服务内涵。

二、主要做法

随着学校国内外交流的逐渐增多及其影响力的日趋扩大，学校重要接待工作的数量及规格也逐年攀升。接待服务中心向礼宾接待行业的排头兵"钓鱼台国宾馆"学习，努力以"国宾服务"为标准。同时结合学校特点，细分服务对象需求，针对不同类型的接待活动，努力提升礼宾服务的专业化水平。建设"接待人"队伍，塑造"清华接待"品牌。年均20余场次的国家元首级接待，是检验我们清华接待人的高端战场；圆满完成学校的重要接待服务保障任务，是

我们清华接待人的使命必达。

（一）以国宾服务为标准，提升礼宾服务的专业化水平

中心高度重视队伍专业化素质的提升，坚持"走出去、请进来"，曾多次按计划、分批次地组织服务团队到钓鱼台国宾馆、北京国家会议中心、雁栖湖国际会议中心等国宾接待场所进行学习观摩及交流研讨，同时邀请行业内有知名度的礼宾培训师开展礼宾接待的专业培训，塑造内训师队伍，搭建起礼宾接待服务技能类的培训考核体系，以此将"国宾服务"标准深刻地烙印在每一位接待人的心中、映射在每一个接待环节的细微处。

图1　高级礼仪培训师袁利红做高端会议服务礼仪培训

中心倡导以"礼"文化为价值导向的接待服务理念，将"有礼"形象、"礼宾"意识高度凝练在组织文化中，将"礼仪"规范、"国宾"标准有机融合到业务流程中，以此使无形的礼之内涵转化成为精心呈现的服务细节、彬彬有礼的服务形象、训练有素的行为规范、熨帖妥当的个性服务。同时针对不同类型的接待活动与服务对象，以国宾服务为标准，结合清华自身特点，细致分析如国际政务与国内公务接待、学术会议等活动不同的礼宾接待需求点，在服务细节中将礼宾服务予以合理化的展示，以此更好地适应清华大学自身的文化氛围与接待诉求。

（二）以工匠精神为驱动，打磨精细化的接待服务品质

接待服务工作繁杂琐细，只有追求卓越、精益求精的工匠精神才能打磨出精细化的服务品质。中心坚持以工匠精神为驱动，倡导"专注、精益、乐业、

创新"，引导大家在细节处见真功、在主动处显温度。在会场布置、餐台摆设的量尺标定、定位定线上把控微毫间距，把整齐划一和疏落有致相结合，以此提升空间美感。精细化的服务绝不是空洞的概念，而是可以通过可量化的方式在服务中体现空间对称美学的有效实践。在会场茶水服务这一看似简单的服务环节中，就连茶杯杯把的摆放角度、桌面位置也都蕴含着人体工学的基本原理，杯把摆成45度角还是30度角？距离桌边位置多少才合适？从嘉宾喝水的头仰角度可以看出些什么？都是可以细细琢磨的小细节。这些看似微不足道的细节虽然不至于影响服务的大局，但却直接影响到服务对象的个体体验，而服务的品质恰恰正是通过一个个服务个体的亲身体验得以淬炼的。但要想做好这些细节，不仅需要通过日常的观察、经验的积累，还需要有更进一步、主动地去分析与思考、琢磨与推敲，而这些正是工匠精神的实质所在。

2021年4月19日，习近平总书记来到清华大学考察，在西体育馆内召开师生座谈会，接待中心承担会场服务任务。全体人员高度重视，反复对会场布置方案进行打磨和调整，不论是从桌型设计、环境布置、设备调试、物资摆放，还是从安检流程、人员引导、保密检查等要求，都提前进行多次模拟演练，高水平完成此次接待任务。针对每一次布场方案调整，会务部都用标尺和激光水平仪将300多座位逐一调整，使得会场桌椅从任何角度看都成直线，桌面摆放的物品也都是成行成列，疏密程度合理，体现了会场的庄重、严肃氛围。准备过程中工作人员追求完美的工作态度，得到了学校和中办工作团队的称赞和信任。

图2　工作人员用尺子测量摆放

"工匠精神"在服务过程中追求品质的体现，不仅仅是在软性服务上，还体现在对会议室硬件设备设施的管理上。疫情以来重要会议的形式也在发生变化、线上线下相结合的网络会议和直播会议增加。考虑到会议室对设备要求提高，中心借助学校的技术力量对会场进行了用电扩充、网络优化和设备升级改造，保证现场摄像角度合适、收音效果明显、屏幕显示合理、维护管理方便，对会场的保密性也进行了升级。通过智能化改造，根据会议需求可以一键实现不同会议模式所需的灯光环境，还可以自动调节新风来保障会场的空气品质等。依托智能化先进技术提升了线上线下融合会议保障能力以及接待服务的品质。

（三）以质量管理为抓手，构建规范化的接待服务流程

中心于20世纪90年代就已引入质量管理体系，2009年又引入了食品安全管理体系。基于质量管理体系PDCA的过程管理原则，依循接待服务特点，中心建立了一套完备的接待服务流程体系。针对重要接待的特殊性及重要性，用提前策划的特服计划将会议、餐饮、住宿、车辆等服务模块，结合具体服务对象需求，串联、整合成为定制化的服务方案，以此确保接待环节衔接流畅、细节关注到位、资源整合高效、服务有序统一。

为确保重要接待万无一失，隐患排查与应急预案策划是非常关键的环节，这就要求我们在日常工作中就要摸清接待事务性工作的规律及可能出现的隐患点，实现前期的万全准备而非事后的点滴弥补。为此，需要会前与相关单位详细沟通服务需求、编制《会场使用需求确认单》，避免出现遗漏项、厘清服务边界所在；结合特点需求，定制《特定服务质量计划》，内容涵盖整个接待流程服务环节衔接、会场布置方案、设备备用预案以及注意事项等，确保需求信息传递准确，量化服务目标，使得整个服务方案可有效落地；会前还需安排人员根据《会议室重要会议检查清单》专门做好各项隐患排查工作，除了依据会务接待规范标准核对现场准备情况以外，还需对整个接待过程中容易出现问题的隐蔽环节予以一一排查，如设备连接线的搭接是否稳定可靠、各类电器设备搭接是否互斥、相关部门准备工作是否衔接有效等等。正是通过将整个接待过程视为整体，而非"九龙治水、各管一摊"，才确保了一个个重要接待工作圆满顺利地完成。

以2018年法国总理来访为例，会前半小时内，工作人员在巡场时发现法方请来的布场公司临时铺设线路仅仅贴了一层胶布，根据多年办会经验，这样布线不仅容易导致人员进出绊倒，还易引发设备故障，严重的情况甚至中断会议。我们立即告知对方，并按照内部标准，重新做了卡槽固定布线，得到主办

方赞许。而之所以能够快速发现并排除问题隐患，得益于我们通过多年的接待经验摸索出了接待工作的规律，并将这一规律分解成对环节衔接、细节布局、隐患排查、问题预防的关注，并将这些关注转化成为具体的流程规范、行为指南。

三、经验启示

（一）充分发挥校园文化载体作用，塑造清华接待品牌之文化底蕴

作为承接学校重要接待任务的接待服务中心，如何将清华的校园文化融入各种接待资源载体、空间环境、服务过程中，充分发挥出自身应有的窗口桥梁作用，加深不同服务对象对清华形象的理解和认知，进而在更广泛的社会性、国际化的视角背景下，延展育人功能的内涵实质，是我们一直探索的命题之一。

为此我们做出以下探索，在接待服务的场所和设备设施等硬件中体现校园文化，如结合装修改造的契机，将诸多校园文化元素融入到了场所整体设施环境中，如将石刻校徽应用在甲所大堂背景墙上，将铜雕清华万景放置在主楼会宾室的背景墙上，将学生的绘画习作装裱放置在公共空间中；在公共空间内引入更多的清华文化历史元素，如2016年，首次以"书香清华、时空驻留"为主题，不仅在甲所、近春园房间内放置"清华历史文化书架"、开辟出舒适优雅的读书休闲区域，在甲所大堂摆放"清华历史文化开放书架"，还在甲所公共区内划分出不同区域，用以展示"清华历史名人大家"的老照片以及"清华历史规划图""清华建筑新旧对比"等有着厚重历史感的珍贵图像资料。送孩子上学的家长在看到照片墙时，满怀着拳拳之心、殷殷之情，拉着学生在照片墙下驻足留影；一位归国校友在住过甲所后写下了这样的留言"'清华人文历史书架'内容丰富，图文并茂，反映了清华优良的历史传承和文化淀积，给老校友以激励，给新客人以感动，建议长期坚持，不断创新、发挥更大作用"。还有甲所餐厅以校园景色为主题创造了系列菜品，有重要接待时用餐盘饰绘体现清华的校园文化，也邀请了美院学生对甲所餐具进行视觉形象设计，努力打造更有清华文化氛围的师生用餐环境。

（二）大力弘扬清华情怀使命驱动，锻造清华接待品牌之精神内核

我们努力在服务过程中凸显清华情怀，在服务细节中体现出清华特有的风

格品位。我们将"清华大学历史文化"作为新员工入职培训的第一课，意在让每一位员工都能够对清华校园文化产生情感上的认同；我们在服务技能培训时，强调"服务人员就是为绅士淑女服务的绅士淑女""彬彬有礼、厚德服务是每一位员工的座右铭"，"有礼"为接待服务之魂、"厚德"为接待服务之本、"品位"为接待服务之风骨，旨在让员工们领悟到接待服务的目标所在；在服务过程及细节的设置上，我们将清华相关的各类信息作为员工的应知应会知识，有效地进行各类形式的知识管理，还以"情怀"为枢纽，在员工与来宾之间搭建良好的沟通平台，比如在2017年校庆期间，以"更好的清华等你来"为展示主题，以具有清华情怀及故事感的校友自创歌曲为大堂背景音乐，将刊有清华最新发展动态的系列资料文本发到了每一位返校校友的手里；所有接待服务人员的服装均由清华美院的老师精心设计，每位一线人员必须穿工服上岗，同时对每一位服务人员提出要求，必须发自内心地为客人提供彬彬有礼的服务，要不断学习清华的历史，加强自身对清华的归属感和认同感，从而由内而外地散发出清华的人文底蕴和关怀，为客人提供宾至如归接待服务，塑造具有清华风格的接待服务品牌。

构建家校社协同育人格局
弘扬清华园好家教好家风

清华园街道办事处　高斌　孟先梅　陈清

关键词：家校社；协同育人；家庭家教家风

2020年9月的一个下午，清华园街道荷清苑社区的一些家庭聚集一堂，一场推进家校社协同育人的座谈会正在进行。家长代表、幼儿园、小学、初中、大学教师代表、基层党员干部和社会组织代表共同讨论如何利用家庭、学校、社区协同育人的机制模式来帮助社区孩子在心中厚植家国情怀。这一举措，分类指导、精准服务了一部分全职妈妈群体、升学焦虑家长群体以及隔代教育群体，获得了居民的认可与点赞，也体现了党建引领、党建带妇建的有效落地。

一、背景情况

党的十八大以来，习近平总书记多次在讲话中强调要注重家庭、注重家教、注重家风。党的十九届四中全会报告也提出："注重发挥家庭家教家风在基层社会治理中的作用""构建覆盖城乡的家庭教育指导服务体系"。清华园街道深入学习贯彻落实习近平总书记关于"三个注重"的重要论述精神和党的十九届四中全会精神，充分发挥党建引领作用，不断加强和完善妇联基层组织建设，积极整合资源，推进家校社协同育人，引领家庭成为构建基层社会治理新格局的重要力量，推动社会主义核心价值观在家庭落地生根。

清华园教职工普遍非常重视孩子的教育问题，这里有优质的幼儿园、小学、中学，家长学历普遍较高，教育基础相当优质，但也有一些情况比较凸显，比如：

（一）隐形的留守儿童现象

一些职场母亲，生完孩子休完产假，直奔职场，教育孩子的事只好交给长辈、保姆，自己陪伴孩子的时间少之又少，孩子成了另一种类型的留守儿童。尽管这些父母认识到教育孩子的重要性，也懂得一定的教育方法，但是由于本人大部分时间不能成为孩子的看护人，教育孩子的事大多是父母辈代劳，当他们的理念和方法传递到隔辈身上去教育时，教育效果会打折扣。

（二）全职妈妈现象

部分女性在做了母亲后，回归到家庭，不再继续工作，选择做了全职妈妈。在她们全职带孩子的几年中，社会价值感降低，想当好一位全职妈妈，却又在处理孩子吃喝拉撒睡这些具体繁琐的事务中迷失了初心，引发焦虑、抑郁等不良情绪，进而把这些负面情绪带给孩子、丈夫和家庭中，导致家庭矛盾频发。

（三）育儿焦虑现象

焦虑、内卷、高压，在《中华人民共和国家庭教育促进法》出台之前，这些词曾一度与海淀家长捆绑在了一起。他们在拥有较好的教学资源的同时，也有着较多的焦虑。孩子小升初进不了优质校怎么办？中考落榜怎么办？种种焦虑裹挟着家长，不能够轻松淡定地享受育儿的乐趣。

（四）老年母亲待教育现象

以上三类谈的是年轻一代母亲，更多是"70后"、"80后"、"90后"的母亲存在的情况，另一类就是"50后"、"60后"出生的中老年一代母亲，她们的孩子基本长大成人，新旧两代人存在的思想差距、教育观念等，导致的两代人的隔阂难以修复，比如子女出现的大龄不婚、闪婚闪离、与父母沟通不畅等现象，给年老的母亲们带来很多困惑和心理压力。因此，急需要提高老年母亲们的学习能力，并非说孩子已经长大自己就不需要再教育，相反这一代中老年母亲自身的教育，对于自己的养老，对于教育下一代，以及隔代，都有着非常重要的意义。

基于以上对辖区家庭教育的现状调研，街道在学校的指导下，以母亲教育为抓手，以10个社区家长学校、妇女之家、儿童之家为平台，以各社区妇联组织为纽带，统筹协调各方资源，坚持问题和需求导向，形成了家校社协同育人机制，更精准地做好家庭教育工作。

二、主要做法

（一）成立"家校社协同育人"委员会

街道深入贯彻落实习近平总书记"注重家庭注重家教注重家风"精神，以妇联组织为纽带，建立了家校社协同育人工作委员会，成员由街道党工委、街道妇联、社区妇联代表，清华大学、附中、附小、幼儿园等不同学段的教育工作者，社区工作者、相关社会组织、家庭教育专家代表、家长代表、巾帼律师团成员等组成，将家庭、学校、社会资源通过家长学校这个平台有效对接。委员会研究"家校社协同育人"工作计划，针对不同类型人群设计专业化的服务课程，不定期举行议事会，每次会议做到五有：有主题，有讨论、有纪要，有成果、有反馈。

（二）实现"六有"保障

1. 有明确的工作计划

明确家校社协同育人的共同目标：家庭、社会、学校共同担负育人使命，共同的目标是立德树人，培养担当民族复兴大任的一代新人；共同的任务是培养孩子的好思想、好品行、好习惯。明确社区家长学校是家庭和学校教育的有益补充，是家长自我提升的第二课堂。根据培养目标和需求导向，制订家长学校全年工作计划。

2. 有专职的管理人员

"家校社协同育人"工作采用项目负责制形式，从制订计划到落地实施，由专人负责。项目负责人从社区工作者、第三方社会组织工作人员或经常参加活动的家长志愿者中产生，实现一人盯到底，专事专人干。

3. 有精准的服务群体

工作人员以需求为导向，以解决问题为目的，通过各种渠道，了解服务对象的准确需求，针对全职家长、老年家庭、孤寡失独家庭等，按类别划分，实现需求与供给之间的无缝对接。

4. 有稳固的专业服务团队

街道妇联建立了一支专业的可针对不同需求群体的、分类提供专业培训和服务的专家梯队；培训了一批专业的从事家庭教育工作的家庭教育指导师，让他们成为家庭教育项目负责人、讲师和服务者;发展了一支来自优秀家长的家教志愿者队伍。通过他们的专业指导、家教实践、个人成长,引领一批家庭教育的后觉者,带动整个辖区家长教育水平的提高,促进他们形成合力,形成良好的社区育儿氛围。

5. 有经费保障和相对稳固的活动场地

街道设立妇联专用资金,用于支持家校社协同育人运营。社区开辟家长学校专用场地,并协调社区文化活动中心、社区图书馆、社区妇女之家、辖区博物馆、实体书店等场所,以及其他社区的活动场地,为家校社协同育人提供物质保障。同时,充分利用互联网平台,开设家长学校空中课堂,提供覆盖范围更广的课程。

6. 有问题导向的特色课程与指导服务项目

为了让服务精准落地,街道自下而上调查和收集来自社区居民的家庭教育服务需求,通过一些有品质、高质量的特色项目来满足社区居民的家庭教育服务需求。长此以往,被服务的对象可以发挥更大效力,主动发起活动,参与公益服务,由受益者变为志愿者,形成良性互动。

图 1　时任全国人大常委会副委员长、全国妇联主席沈跃跃两次调研街道妇联工作

(三)打造精准分类服务项目

1. 针对 0～3 岁儿童——"亲子早教"和"读书会"

街道主要与幼儿园联手,举办每月一次的亲子早教活动,每次有近 400 个家庭参与。与社区图书馆联手,打造每周一次的"亲子读书会",每次有 30 个左右家庭参与。

在幼儿故事会的启发下,疫情期间也同时派生了针对小学生和中学生的线上读书会,和针对家长的读书会,分建23个阅读小组,每小组领读《论语》《史记》《诗经》《傅雷家书》《曾国藩家书》《约翰·克利斯朵夫》《给孩子的100堂诗歌》等书目,累计2个半月有160人参与线上领读,共读书目35种。

通过读书,增进了亲子关系,营造了科学育儿的氛围,培养了一支专业的阅读推广讲师团队,带动了更多家庭在自己家里开展家庭故事会。据不完全统计,2020年疫情期间,除了日常生活用品,这些家庭最多的消费用于购书。读书成为了大多数家庭的一种生活方式,一种精神滋养,提升了社区文化,营造了书香氛围。

2. 针对全职妈妈和隔代父母——"清华园妈妈沙龙"项目

"清华园妈妈沙龙"是一个以全职妈妈为主体的交流学习平台,每周定期举办主题沙龙交流,如插花、写诗、心灵写作、家庭教育等,妈妈们自己分享和专家讲课相结合,为全职母亲、奶奶、姥姥等搭建交流、展示、学习平台。从最初成立时的11人,到如今已发展成为791人,其中有三分之二是清华教职工家属。

该平台的搭建,极大改变了妈妈们的精神风貌,让她们通过参加各种活动,通过各种主题交流,结交朋友,认识自己,发挥优势,助人助己,形成了"人人都是志愿者,人人都是受益者"的良好氛围。

有一位胆小从来没有在公开场合发言的妈妈,在一次沙龙活动中被邀请朗读一篇文章,激动地说,那次让她真正找到了勇气。有一位处理不好家庭关系的家长,在听到有同伴分享类似经历时,认识到了自身的问题,进而挽留住了一段即将崩溃的婚姻。每一次沙龙的举办,都让家长们收获满满。妈妈沙龙成为了大家共同的能量场,同时还派生出"奶奶姥姥沙龙""辣妈健身""幸福日记写作"等分队,极大营造了共建共享的家庭教育氛围。

3. 针对没时间上家庭教育课程的家长——"育儿日记写作与点评"

2016年全面二孩政策实施,街道针对一些没时间上家长学校的家长开展"写育儿日记,做研究型家长"活动,组织家长写日记,把自己在教育孩子过程中的故事、案例、教育方法等写下来,聘请国内资深的家庭教育专家对日记做点评,并对坚持撰写日记的家长颁发"育儿日记优秀学员"证书,将他们的日记合编为《育儿日记》文集,形成了一部生动的当代家庭教育实践案例集。

2017年,参与育儿日记写作的清华大学法学院教授陈卫佐因"日记爸爸"荣获北京市榜样家庭和模范家庭荣誉称号。

2022年，家长们的《育儿日记》文集受到了时任全国妇联主席沈跃跃的充分肯定。

图 2　清华园《育儿日记》文集

"《育儿日记》写作与点评"的持续举办，使家长们把育儿难题变为课题，学会了自己家的孩子自己研究自己教。有家长总结说，《育儿日记》活动的开展，督促自己真实地记录了养育孩子的心路历程，以及教育孩子的方法困惑；通过老师点评，有效解决了自己在家教实践中做法对不对，做得不对如何发现改正的问题；同时，通过写日记也帮助自己梳理、疏解了不良情绪，有效避免了家庭矛盾的发生，真正是促使家庭和谐的一个好举措。

4. 针对陷入升学焦虑的家长——"老手拉新手传帮带"

主要为缓解家长升学焦虑问题，以家长互助互学为主，针对0～3岁，3～6岁，幼升小、小学、小升初、中学、中升高、高考家长主体，以座谈交流为主要形式，让高学龄段家长作为过来人为低学龄段家长答疑解惑，每次分享总结请专家把关，形成生动的、具有可指导性的现实版案例，供更多人借鉴分享。

（四）协同辖区优质资源

街道充分借助辖区资源，开辟"家校社协同育人"阵地。如与辖区部分实体书店合作，举办读书会等活动；与清华大学科学博物馆联合举办科技伴读、科学光影、观展教育等活动，每一次活动，家长们扶老携幼参加，举家都接受了一次生动的教育。

与科博合作的活动，通过新华网直播，单次活动多达70万人次的参与量，吸引了辖区幼儿园、附小、附中、社区各家庭扶老携幼踊跃参与，有效发挥了博物馆作为社会力量协同育人的功能，将清华园的好家风好家教影响到了更远的地区。

在 2021 年与科博合办的"科技伴读"活动中，清华大学原党委副书记胡显章做了"多读书，读好书，善读书"的讲座分享。当时，河南驻马店西平高中的王俊甫校长在线聆听了讲座，留言表示这样的活动举办得很有意义，他要将读书的理念传递给更多老家的学生。

三、经验启示

几年来，街道"家校社协同育人"工作的有效开展，取得了一系列可喜的成绩。

2020 年 5 月，清华园街道荷清苑社区家长学校荣获由教育部和全国妇联共同授予的"全国家庭教育创新实践基地"荣誉称号，北京市仅有 10 家单位获此殊荣。

2020 年 5 月，时任全国妇联书记处书记蔡淑敏调研清华园街道荷清苑社区"家庭家教家风"工作。

2020 年 9 月，时任全国人大常委会副委员长、全国妇联主席沈跃跃调研清华园街道荷清苑社区妇联工作，对街道家校社协同育人工作的成果给与充分肯定，并提出要形成可复制、可推广的模式在全社会推广。

2022 年 4 月，沈跃跃再次调研清华园街道妇联工作，指出街道要充分发挥全国家庭教育创新实践基地的示范引领作用，通过家校社协同育人机制推动更多家庭科学教子。

回顾这些成绩和做法，给我们的启示如下。

（一）健全机制持续发力

一项工作的持续推进，首先借助于一个健全的机制。这个机制至少包含四个部分：有队伍，包括组织者、服务者和被服务群体；有保障，包括经费、场地、平台支持等；有项目，包括为不同服务群体量身定做的服务项目；有目标，包括近期目标和远景目标，每年通过召开年会的形式，年初制订工作计划，并根据现实需要进行调整，年底进行总结，推动下一年的计划进行。

（二）分类指导打造亮点

一项工作的推陈出新，要有精准的服务对象和服务项目。街道家庭教育工作始终坚持需求导向，注重围绕覆盖生命全周期的家庭教育，细化服务群体，找准家庭教育的着力点和切入点。例如：关注3岁以下婴幼儿成长，通过组织育儿经验交流、举办家教主题讲授等方式，传播科学的育儿知识。关注全职妈妈群体，利用线上平台优势建群分享，定期组织主题沙龙交流，帮助她们走出"小家"融入"大家"。通过聚焦不同群体的家庭教育需求，进而提升了服务的针对性和精准化，从而打造了家庭教育工作的品牌和亮点。

（三）自我造血焕发活力

一项工作要持续焕发生机，必须源源不断有新的力量补充进来。在街道实施家庭教育项目的过程中，借助专业的力量，将热心家庭教育的人士聚集起来，加强社区家庭教育工作志愿队伍培养，不断发展壮大家庭教育工作队伍，让社区家庭教育工作有专人做、有专业的人做、有热心的人做，开展专业化、常态化的指导服务。从而使得越来越多人加入到了家校社协同育人这项事业中来，焕发了自我造血功能。

搭建共建共治平台　创建高品质生活社区

——街道四方协商社区治理案例

清华园街道办事处　高斌　许立冬　方仲奇　孟先梅
曾海虹　郭蓉妤

关键词：共建共治；四方协商；社区议事厅；业主委员会

一、背景情况

党的十九届四中全会提出要"构建基层社会治理新格局"。基层是社会治理的基础和支撑，要坚持重心下移、力量下沉、资源下沉。社区是社会治理的基本单元，也是党和政府联系、服务居民群众的"最后一公里"。习近平总书记曾指出："一个国家治理体系和治理能力的现代化水平很大程度上体现在基层。"基础不牢，地动山摇。把基层工作做好，这样才能"任凭风浪起，稳坐钓鱼台"。

清华园街道属于"大院式"街道，下辖10个社区。从地理位置上，可分为6个校内社区和4个校外社区；从兴建时间上，可分为6个老旧社区和4个较新的社区。社区客观条件不同，使得街道对10个社区的治理重点、提升空间也不尽相同。

例如，部分校内老旧社区无法实现封闭式管理，对社区平安建设带来了挑战，如何将安全防范工作落实得更细；部分社区流动人口较多、新老住户交织，给社区精准化服务增加了难度，如何协调不同住户利益使得社区管理更有效；部分社区年轻住户更多，调动社区主体参与社区治理的积极性面临新问题，如何在搭建社区共建共治平台的过程中，让这部分"即战力"参与进来、充分发挥能力共同创建高品质社区等，街道通过四方协商机制，解决了一个又一个社区治理难题。

二、主要做法

（一）党建引领，发挥业主委员会和志愿者优势

完善社区治理体系、提升社区治理能力关键在于坚持把党建引领贯穿社区治理全过程、全方位，发挥基层党组织战斗堡垒的政治引领作用，发挥基层党组织服务群众的核心职责，通过党建引领团结群众、凝聚人心、调动主体，将党的政治优势、组织优势转化为基层治理优势。通过党建引领机制，有效调动社区主体力量，发挥居民的主动性，促进大家积极参与社区共建共治，从而达到共享。

以清华园街道双清苑社区为例，这是一个新建社区，居民有7000多人，主体为清华大学在职教师，并且主要是学校的青年人才。要服务好这样一个规模大、需求高的社区，势必有诸多挑战。再加上社区刚刚成立不久，就赶上了疫情防控，对社区治理更是提出了更大要求。双清苑社区在党建引领机制下，经过两年多时间，顺利建立业主委员会，积极调动志愿者力量，让新社区井然有序稳步发展。

1. 优中选优，成立15人队伍的业主委员会

在《北京市物业管理条例》的精神指导下，清华园街道成立物业专班，指导双清苑社区建立首届业主委员会。双清苑社区党支部和居委会共同参与筹备，于2021年7月，通过社区广大业主积极投票，成功召开了双清苑社区首届业主大会会议，共选出业主委员会委员15名。

这15人业委会队伍的成立并非易事。选出来的都是疫情防控时为社区献计献策主动服务的骨干力量。从2020年防疫工作开始，双清苑社区把每一栋楼的党员都想法子动员出来，成立了党员志愿者服务队，疫情防控时他们成为"社区保安员、困难帮扶员、爱心传递员、邮递快递员"。随后，党支部、居委会挑选了楼门组长，建立了以"社区报到"党员为核心的"疫情防控应急小组"，整合物业、街道干部、志愿者等力量，形成强大合力，为此次建立业主委员会储备了大量人选。

2. 加强宣传，发挥业主委员会的监督作用

在首届业主委员会成立后，为了更好地发挥人民群众监督作用，双清苑社区首先通过各种媒介进行大力宣传，如在宣传栏张贴公告、发放《管理规约（草案）》《议事规则（草案）》、张贴宣传标语以及社区微信公众号、楼长微信群、党支部微信群等多种载体形式向群众宣传，使社区居民了解业主委员会选举工作的程序和相关政策，激发群众参与和监督的热情。

其次，引导居民学懂弄通业主委员会选举的流程、步骤和人选任职条件等，依纪依规及时做好公开，保障群众的知情权和选举权。在社区党支部将候选人名单公布后，有居民提出，要增加退休人员比例，社区党支部及时对首届业主委员会的人员构成做了详细的说明，打消了居民的疑虑，确保了业主委员会和谐推进。

3. 依法依规，制定社区公约、社区规则

国有国法，家有家规，为了制定符合双清苑社区的规约、规则，清华园街道指导物业专班成员仔细研读《北京市物业管理条例》，严格按照《海淀区物业管理委员会组建工作指引》，制定双清苑社区业主委员会工作时间表。同时，根据业主清册，经过与物业核实，梳理出双清苑社区的实际面积、居住业主信息，并按照楼号梳理出每个业主的所有面积，确定了业主身份。

在此过程中，街道党建引领机制融入社区治理各项工作，引导社区党员群众充分发挥自己主人翁的意识，调动了居民参与社区治理的主动性和积极性。

4. 共建共享，成立多支志愿服务队伍

双清苑社区是一个年轻并富有活力的社区，在职教师多，综合素质水平高。如何能团结更多居民加入到社区治理中来呢？双清苑党支部从业主共同兴趣爱好出发，成立多个志愿者服务队。如养犬卫士志愿服务队、环境卫生志愿服务队、安全巡防志愿服务队等，每支队伍都吸引了不少志愿者参与，他们参与到社区的环境治理、安全保卫中来，他们的建议和意见从居民中来，他们的行动和服务到居民中去，深得人心。

同时，双清苑社区党支部还针对社区幼儿较多的特点，经常举办一些亲子类活动，让党员、居民参与其中，对于社区有更强的归属感，这样就逐渐搭建起社区共建共治的平台，且逐步向自治发展。

（二）四方协商，成立社区议事厅

居民自治是社区治理的基础，也是社区治理的核心。以清华园街道蓝旗营社区为例。蓝旗营社区始建于 2000 年，社区多塔楼，人员密集，社区始建初衷是为给清华、北大两校老师们解决住房问题。因此社区内高干、高知多，高龄、空巢老人多，典型的老龄化社区。

面对此种情况，蓝旗营社区采取了"四方协商"的机制。所谓"四方"即为：社区党支部、居委会、物业公司、业委会。社区每遇大小事，就通过社区议事厅"四方协商"解决。

经过 20 多年探索实践，蓝旗营社区通过"多元参与、协商共治"，把社区管理模式转变为主动议事、自觉配合、积极行动的系统管理工程。社区议事厅已成为社区管理的常态化模式，有效实现了居民自治。

1. 举办文化活动，凝聚四方力量

蓝旗营社区居民一半来自清华、一半来自北大。为了凝聚两校居住在本社区的居民的力量，蓝旗营社区有意识地引导社区骨干和积极分子创建了合唱、舞蹈等文化社团。清华和北大的老师共同参加活动、共同进行演出。之后，社区社团不断增多，如老年人组成的健康拍拍队与太极拳队、歌舞爱好者组成的舞蹈队与合唱队、书画爱好者组成的书法社团以及其他文艺社团与医疗服务团队等。这些文化社团的建立，增进了两校居民之间的感情，彻底打破了蓝旗清华、蓝旗北大的界限，真正将两家人融合为了"蓝旗营——我们共同的家园"，进而也树立了社区在居民中的核心影响力。

2. 召开社区议事厅座谈会，解决社区大小事

蓝旗营社区内的道路经过 20 年的使用和各项维修破路，出现不同程度的破损，造成社区路面长期不平。居民群众出行受到较大妨碍，尤其给老人、小朋友、残疾人等特殊群体带来更多不便，居民的心情有点"堵"。社区道路问题亟待解决。是在原有的基础上修修补补还是彻底翻修？蓝旗营社区组织召开了"社区议事厅"座谈交流会。

座谈会上，街道负责人分析了当前社区工作面临的新形势、新要求，对蓝旗营社区自备井置换自来水管线改造后的道路恢复工作进行了汇报，对专项资金落实情况和招投标工作程序进行了介绍，围绕社区道路改造施工期间居民停车问题进行了讨论，同时还成立专项工作小组，以为居民办实事办好事为根本

出发点协调各方资源，尽量避免施工期间对居民生活造成过多影响。

社区议事座谈交流会后，街道相关同志又数次深入社区，踏查路面的同时与居民代表反复沟通，指导社区党支部、居委会、业委会、物业公司等反复研究道路整修方案。经过几番讨论和意见征集，最终确定了全面彻底翻修的方案。方案一致通过后，在街道的带领下，社区党支部、居委会、业委会、物业公司紧密团结、分工明确，确保共同做好相关工作。

3. 落实议事厅精神，四方协商各司其职

社区修路是有利于全体社区居民群众的事，但也会带来一段时期的出行不便。社区党支部牵头多次开会，研究涉及工程的有关问题。首先让所有社区工作人员了解工程的重要意义，了解自己分工的责任，做到团结协作、做到思想工作和具体工作相结合，确保安全工作落实到每一个点、每一个工作步骤上，注意发现问题及时沟通汇报；同时，社区还专门组织了后勤保障组，协同社区养老驿站和菜站的工作人员，对施工给社区带来的不便随时予以协调解决，对社区老人、小孩、残疾人、特殊人群等进行特殊关照。由专门的服务人员确保大家出入安全、购物方便，生活不受影响。

社区党支部和居委会的另一项重点工作是紧密联系设计方、施工方、监理方等相关各方，特别针对施工中要注意的质量问题、安全问题、文明施工问题、防疫问题等，一一讨论、叮嘱，确保万无一失。

业委会的各位老师不顾年老体弱、不怕早出晚归，认真对待施工中的每一件小事。他们或和居民谈心、交换意见，或和施工监理人员讨论工程中的事务，尽职尽责、恪守其责。

物业公司在道路施工中，不辞辛劳，除了完成正常的物业管理、安全保卫、防疫工作外，还专门负责施工现场的清场、复原、秩序维护等事务。

社区的志愿者、党员积极分子主动参加巡逻服务。特别是在分段铺设道路的时候，由各楼楼长带领各楼志愿者，分时段把守本楼各个出入通道，耐心地为每一位出楼的居民解释沟通并指导绕行方案。

在大家共同努力下，经过两个多月的时间，当铺好最后一道沥青，完成最后一道工序时，社区道路终于修好了，居民的心情终于不再"堵"了。

4. 统筹布局，推动整个社区的治理规划

牵一发而动全局，修路问题同时涉及消防通道、停车位等问题，必须统筹解决。因此，社区在考虑道路翻新问题时，同时把社区停车场进行翻新，并且

把消防通道问题、汽车停车位管理问题、自行车和电动自行车停车布局问题、机动车与行人之间的安全问题等,在改造建设中一并考虑进来,做了相应的调整和规划。

在此过程中,社区议事厅进行政策宣传、意见搜集、疑问解答、问题反馈等,为社区及居民提供了一个监督工程质量、反映意见建议的有效平台,为改造工程的系统、深入开展奠定了基础。

5. 社区议事厅成为社区治理的常态化

街道和居委会长期以来一直给业主委员会提供帮助和支持,并不参与业主委员会的决议。经过居委会不懈努力,取得了业主委员会的信任,到现在居委会、党支部已经成为业主委员会开展工作的重要依靠,业主委员会接受居委会的指导。

对物业服务公司,居委会把他们视为社区建设、社区服务的重要力量,给他们以尊重,遇事与他们多协商,变过去"提要求、加任务"的模式为协商、配合,变过去"有事打电话、布置任务"为上门协商协调。每年初,召开物业服务人员座谈会,把保安工作编写成诗歌,让社区保安站上社区文化节、街道文化节的舞台,展示他们的工作与风采。这些工作润物于无声处,让物业服务公司感受到来自社区的尊重、主人翁地位的提升,极大调动了物业服务公司的积极性,增强了他们服务社区的自豪感,拉近了物业服务公司和社区的情感。

现在蓝旗营党支部、居委会、业主委员会和物业服务公司,四方围绕社区治理体系建设这一主题,深入调查研究,坚持问题导向,建诤言、献良策,提出了不少真知灼见,解决了不少问题。联合的是"四方";创建的是"高品质";幸福的是"万家"。

三、经验启示

社区治理不是空中楼阁,不能离开居民需求谈治理,清华园街道也一直把校内师生、居民的实际需求作为社区治理工作的"指挥棒"。无论是老旧小区,还是新型社区,无论是人口众多的大社区,还是人口较少的小社区,聚民心、办实事是实现社区自治的前提。

一切结局的美好,是因为各方的积极配合,为同一个目标,共同努力得来的。社区议事厅机制拓宽了社区治理的眼界和思路,社区将积极借鉴社区议事厅建设、党建引领社区物业治理、接诉即办等方面的优秀做法，推动本社区各项工作再上新水平。

通过四方协商机制，通过社区议事、通过社区志愿者，让各个年龄段、互相往来较少的居民凝聚在一起，如今又建立了社区图书馆、新时代文明实践站，新建了社区活动中心，保证了社团活动的开展有场地、有资金支持，让社团活动有了依托，凝聚了更多社区力量。

在解决社区各类大小事的过程中，树立了党支部、居委会、业委会、物业的威信，让居民感觉遇事有组织可找。同时也发挥了居民的主动性和积极参与社区治理的热情，提升了他们的归属感和主人翁精神。

总之，社区坚持党建引领，实现社区共建共治，最终达到为辖区居民创建高品质的生活社区、实现共享的目标。

由健康养老到积极养老

——清华园街道为老服务体系建设经验探索

清华园街道办事处　高斌　方仲奇　曾海虹　张成伟

关键词：养老；服务体系建设

一、背景情况

习近平总书记在党的十九大报告中提出："积极应对人口老龄化，构建养老、孝老、敬老政策体系和社会环境"。根据相关预测，"十四五"期间，全国老年人口将突破3亿，我国将从轻度老龄化迈入中度老龄化。有效应对我国人口老龄化，事关国家发展全局，事关亿万百姓福祉，事关社会和谐稳定，对于全面建设社会主义现代化国家具有重要意义。

据统计，清华园辖区目前常住60岁以上老人8897人，占常住人口27632人的32.2%，80岁以上2932人，占了辖区总人口的九分之一，老龄化问题可谓严重。街道办以问题为导向，通过座谈访谈、问卷调查、经验总结等方式开展养老需求和服务调研。一是通过参加社区老年居民代表座谈会、主动上门走访学校部分老同志座谈、与学校有关部门和养老服务机构座谈等面对面交流方式，从学校、政府、需求方、供给方等多方了解，综合研判辖区养老需求与服务现状。二是结合我校老年人占比高、高龄老人比例高的特点，重点围绕高龄老人服务需求精心设计调查问卷，向辖区内700位80岁以上老人开展问卷调查。三是在学校和海淀区的大力支持下，街道办自1992年开始探索为老服务工作，成立社区服务中心、建立老龄大学、运维93001综合服务平台、建设社区养老服务驿站、探索清华园养老服务体系建设等，总结过去的经验、结合自身实际情况，有效促进清华园养老服务体系建设。

调研结果显示：一是双清苑社区为新成立社区，老人们希望能尽快设立双清苑养老驿站，以便就近享受到专业为老服务；二是清华离退休教职工及家属对学校有较强的归属感，希望能统筹学校、政府和社会多方资源，建立具有清华特色的综合为老服务体系；三是服务模式以居家养老为主，问卷调查显示96%的老年人选择居家养老服务模式，服务需求以医、食、娱、行为主。**医：**部分老人表示就医不便，希望能够安排工作人员帮助居家老人定期取药，建立社区卫生站，方便就近购置常备药物，完成打针、量血压、医疗咨询与保健等日常服务；**食：**希望能够建立老年食堂，提供性价比更高、更加适合老年人的菜品及果蔬服务，对于有需求的老人能够送餐上门；**娱：**增加老年人活动场所，举办更多老年人交流活动；**行：**希望能够为老式居民楼加装电梯，方便老年人上下楼及外出。

学校里很多离退休教师，他们为学校发展贡献了毕生精力，学校构建让老年人幸福、安全、满意的养老服务体系，可以让老教师老有所养、老有所医、老有所为、老有所学、老有所乐，丰富的案例和实践经验也可以为其他高校积极应对老龄化问题提供宝贵的经验。

二、主要做法

（一）设定清华园为老服务的基本原则

坚持"得体服务、厚德服务"的工作总要求，遵循"强化公益性、拓展福利性、突出便民性、规范中介性"的基本思路与原则，推动校园家属区为老服务工作形成"五化特色"："服务机制系统化""服务方式多元化""服务手段智能化""服务工作人性化"和"服务事业科学化"。

（二）建设为老服务组织保障体系

1. 成立清华园居家养老服务工作领导小组

由学校两办、统战部、人事处、资产处、财务处、街道办、离退休处、校医院等部门组成领导小组，负责研究和解决校园家属区居家养老服务工作中的重大问题、研究并制定相应工作机制和管理办法等。

2. 成立清华园养老服务中心，作为家属区枢纽型为老服务综合平台，增强综合为老服务和资源整合能力

成立清华园养老服务中心，挂靠街道办事处，履行清华园居家养老服务领导小组办公室职能，负责执行领导小组作出的决议决定，具体落实居家养老服务工作相关机制和管理办法，制定工作计划，总结工作经验。

整合统筹各类养老服务资源，形成为老服务合力，继续开展好现有便民送医、精神慰藉类服务项目，将重点群体服务与普惠式服务相结合。

监督并指导社区养老驿站，将社区养老驿站纳入社区治理体系建设，突出党建引领，发挥社区党组织、居委会、养老驿站的能动性和积极性，形成社区居家养老共建合力。

专人负责与各院系（部处）离退休工作小组的联系与沟通，增强相互间的对接与合作，强化为老服务互补性，将学校、政府、院系（部处）的为老服务关注点有机统一。

（三）结合我校实际设定养老服务内容

老人常见服务需求主要集中在医疗养护、生活照料、精神慰藉等方面。具体内容及服务方式主要如下。

1. 医疗养护方面

老人相对集中的需求为出行用车、陪护就医、定期取药、健康指导以及量血压、测血糖等基本医疗卫生服务项目。出行用车前往校医院、北医三院、西苑医院等需求，一部分通过清华园养老服务中心的便民医疗车、敬老送医专线予以解决，另一部分通过第三方养老服务人员帮助约车解决。陪护就医、定期取药、健康指导以及量血压、测血糖等基本医疗卫生服务，列入社区养老驿站"服务菜单"，由第三方养老服务机构提供服务。

2. 生活照料方面

老人相对集中的需求为助洁、助浴、代办、24小时应急服务等，具体包括上门帮助老人整洁居室和清洁灶具、上门或者到社区养老驿站协助老人沐浴、代购生活用品、取餐送餐、代缴费以及根据老人需求提供临时性帮助等。生活照料类服务列入社区养老驿站"服务菜单"，由第三方养老服务机构提供服务。

3. 精神慰藉方面

老人相对集中的需求为陪聊、心理咨询、参与集体活动等。学校相关部处、

清华园养老服务中心以及各社区社团组织要继续积极开展形式多样、丰富多彩的集体活动项目，如金婚庆典、80寿辰、重阳慰问、老人趣味运动会、迎新春联欢会以及社区各种文艺汇演等，尽力满足老人精神慰藉需求。老人需要的陪聊、心理咨询等个性化服务需求，列入社区养老驿站"服务菜单"，由第三方养老服务机构提供服务。

（四）建设长效化养老服务运行机制

从学校实际资源情况而言，并不具备在校园家属区开展大规模机构养老的条件，因此，校园家属区为老服务工作以居家养老模式为基础和核心，由需求方（老人）、单位（院系或部门）、政府、服务商四方相结合的"准市场"服务运行机制。

1. 居家养老模式基本路径

建设社区养老驿站，引入第三方养老服务机构，面向老人开展"一键式菜单服务"，在尽可能不改变老人居住环境和生活习惯的情况下，满足老人的各项服务需求。

2. 建设社区养老驿站

在蓝旗营社区、荷清苑社区、双清苑社区以及校内老旧社区分别建设一处养老驿站，共计4处。社区养老驿站的建设，学校给予必要的房屋、水电等基础资源支持；街道办积极争取政府资源，完成房屋内部功能适应性改造以及配备必要的硬件设施；引入的第三方养老服务机构主要聚焦于投入各项办公设备和服务资源，尽力满足老人各项居家养老服务实际需求。目前4家养老驿站已全部建设完成并投入使用，养老服务已实现整个校园家属区全覆盖。

3. 综合服务平台式派单服务

由第三方养老服务机构负责投入建设"一键式"综合呼叫系统、组建资质优秀的服务保障队伍、制定各项服务标准以及项目价格方案等，采取市场化运营的方式，为老人提供优质高效的服务。清华园养老服务中心依托街道办市场监督所等政府执法力量，依法对第三方养老服务机构从服务质量、服务价格等方面，严格开展监督和指导，确保第三方机构以公平合理的价格提供各项服务；由养老服务中心向社区派驻养老服务专员，接待本社区老人的服务需求，对服务需求进行分析、处置，根据需求内容向养老驿站开展派单式服务，由养老驿站提供市场化服务，同时社区养老专员跟踪服务开展情况，促进驿站资源的合理高效利用。

4. 建立清华园居家养老服务可持续运营机制

树立老年人获取服务应分担成本的意识，强调自我和家庭的责任；充分利用政府各项为老服务补贴、政策；发挥院系（部门）离退休工作经费支持作用。通过多方分担服务成本，促进居家养老服务的可持续发展。

三、服务案例及取得的成效

（一）养老驿站服务

蓝旗营驿站2019年12月建成，主要开展代取药、代购物、家政服务、上门护理、康复理疗等服务项目；荷清苑驿站于2020年4月建成，主要开展理发、修脚、助行、陪诊、家电清洗、康养设备体验等服务；校内驿站2020年12月建成，主要开展健康指导、中医按摩、修脚、家庭适老化改造等服务；双清苑驿站2021年4月建成，主要开展日间照料、健康管理、休闲娱乐、喘息服务等。4家驿站成立至今，累计服务各类老人15000人次。

（二）增设爬楼机

2015年3月，街道办购置履带式爬楼机两台，帮助有需要的老人解决上下楼的问题。6年多以来，为超过1000位行动不便的老人解决了上下楼不便的问题。

（三）既有多层住宅加装电梯

我校既有多层住宅加装电梯工作于2017年12月启动，由学校专项办牵头，街道办为其成员单位，主要负责联系海淀区相关部门，做好政府与学校沟通的桥梁与纽带；做好居民工作，保障加装电梯工作顺利推进；组织执法单位做好对工程的监督、指导与检查；帮助实施主体做好补贴申报。2019年完成南8楼、西南17楼两栋楼宇8部电梯加装施工，并投入使用；2020年完成南7楼、南5楼、西南1楼三栋楼宇12部电梯加装施工，并投入使用；2021年完成西南5楼、11楼、15楼、16楼四栋楼宇13部电梯加装施工，并投入使用。

（四）送医专线

街道办 1998 年开始设立社区医疗车，送老人到清华大学医院、北医三院及西苑医院就诊。2016 年为满足广大老年居民不断增长的送医需求，街道办和学校接待中心合作，结合辖区实际情况，研究设立了 5 条"敬老送医专线"：每周一至周五早 7:30 发车，分别从西北及荷清苑社区出发至校医院、从东南小区经停蓝旗营社区及西南社区至校医院、从双清苑社区至校医院；每周一、周三、周五早 8:00 从校医院发车至北医三院；每周二、周四早 8:00 从校医院发车至西苑中医院。至 2021 年底累计服务老人约 42000 人次。

（五）93001 服务平台

2007 年清华后勤全面整合各类服务内容，建立综合服务平台，校内用户拨打 93001，校外用户拨打 62793001 便可实现一站式服务。作为全国高校后勤系统第一个呼叫中心，93001 自成立以来通过人工、语音自助的方式为校内师生、居民、社会公众提供 7×24 小时的电话服务，服务内容包含：校内查号、挂号、报修、订餐、订房、订车、社区、后勤一站式大厅、校园参观咨询等，年呼入量 20 万人次。2021 年通过学校信息化建设，93001 升级为多媒体智能辅助呼叫中心，用户可以使用语音导航完成 7×24 小时的自助查号、咨询等业务；也可以使用微信接入人工客服，完成在线业务咨询。从应用效果来看，2021 年智能导航呼入量占总体业务量的 29%。其中，订餐、报修等转接类业务的自助占比接近 60%，查号业务自助占比为 23%。在线客服访问量两千余人，满足了不同渠道用户的服务需求。考虑到老年用户群体的使用需求，新的呼叫系统设置了"白名单"功能，老人拨打电话后直接接入人工客服，无须收听任何语音提示。

（六）老龄大学

清华园老龄大学于 1992 年经清华大学校务委员会批准成立。是清华大学落实将改革开放成果与老同志共享，为老同志办实事，把得人心、暖人心、稳人心的事做实、做好的具体举措。从办学 3 个班 70 多人到现在每学期 20 个教学班每学年 1200 人次，结业人数近 10000 人次，现已是多门类、不同层次、具有一定规模的特色学校。被评为北京市、海淀区的学习品牌，2016 年被评为北京高校唯一的"北京示范老年大学",《新清华》海外版报道了教学成果,为清华百年校庆创作的《清华文渊致远图》成为清华大学百年校庆重要礼品并受到国内外校友的欢迎。近年来,接待了新加坡快乐学堂老年教育交流访问团、中国台湾南阳义学访问团、高雄市长青合唱团等等,在新中国成立70周年之际,组织大型活动"我和我的祖国"快闪,活动被央视15频道报道,反响热烈,受到一致好评。老龄大学已深深地根植于清华长者的心中,被他们亲切地赞誉为"离不开的精神家园"。老龄大学学员胡凤智说:"清华老龄大学给了我重新生活的信心和勇气,由衷地感谢清华老龄大学,是你为我开启了从悲痛和凄凉中走出的大门,是你激发起我重新生活的兴趣和动力。你是老年人再学习的课堂,精神生活的乐园和交流娱乐的场所。你将陪伴着我们这些垂暮之人充实而愉快地走完人生的旅程。"

（七）"朝夕常相伴,爱心永相连——大学生与老年人结对子志愿服务"

清华退休教师亦是育人的宝贵资源,街道办与清华大学团委紫荆志愿服务总队开展长期合作,建立荷清苑社区敬老助老实践教育基地、青少年课外活动基地等平台,一方面调动学生志愿者的积极性为老教师提供服务,另一方面发挥社区育人作用,助力青年学生的健康成长。如外语系学生辅导老人学习英语、计算机系研究生志愿服务支队为社区开设老年计算机课程、清华大学体育代表队开展社区体育辅导、医学院学生志愿者小组为社区老人测量血压等志愿服务活动等等,既充实了老年人的精神生活,促进了老年人的身心健康,又使学生在服务老人的过程中接受老一辈知识分子的优良传统教育。

（八）探索"老帮老自救自"老年人搭伴养老新模式

高龄老人群体是养老群体的重点人群,清华园由高龄老人群体自发组成的"乐康屋"群体,探索的搭伴养老模式,也是一种新举措。这个组织于2013年成立,最初由清华大学的退休教师郭峰、殷玉琴、冯玉中三位老人发起,后不断有老教师、老职工加入,如今已先后有120余人,他们的平均年龄81岁。"乐康屋"养老模式可以概括为四个字:养、学、助、乐。

他们定期组织健身、学习、唱歌、跳舞、交流、师生联欢,邀请专家、学者和有关领导来做科学养生讲座,举办高龄老人科学养生论坛,成立科研组开展居家养老课题研究，请中医专家讲授中医经络理论、指导中医按摩和保健操等，每年组织 30 多场次活动。被称为清华园高龄老人的乐园，是老人们自我教育的好场所，是老帮老、自救自的好形式，它促进了大家的身心健康，增强了老人们的法律保护意识，发挥老年人的作用，维护安定团结，关心青少年成长，对社会释放正能量，在中国进入老年社会的老人事业中发挥了积极作用。

以园本课程为载体研究践行清华优质幼教

清华洁华幼儿园 杨瑞清 边亚华

关键词：园本课程；课程内涵；课程理论基础；课程体系；课程实践；创新

幼儿园课程是实现幼儿教育功能的重要工具，优质的幼儿教育是建立在优质的课程体系基础之上的。清华附幼把园本课程研究与建构作为打造"清华幼教"文化特色、提高保教质量、实现优质幼儿教育的重要载体。

一、清华幼教园本课程的内涵

"园本课程是指在幼儿园现实的根基上生长起来的，与幼儿园的资源、师资等条件相一致的课程。"[1]2001年，教育部《幼儿园教育指导纲要》颁布，总则中指出："城乡各类幼儿园都应从实际出发，因地制宜地实施素质教育。"这为园本课程的开发提供了支持与指导，鼓励了部分幼儿园的专业化教育实践研究走向了个性化、实践性强的园本课程建设，清华幼教也从此开始了自主建构园本课程的实践研究与探索。

近年来，幼儿园通过研究、建构园本课程引领全园教师更新教育理念、深入开展教育研究与实践创新、不断优化提升师资水平与教育质量，同时，在此期间收获了大量丰富的课改成果，这在很大程度上反映了"清华幼教"在《幼儿园教育指导纲要》（以下简称《纲要》）《3—6岁儿童学习与发展指南》（以下简称《指南》）精神的指导下，坚持以促进幼儿全面优质发展为根本，坚守教育初心，不断谋求幼教专业化发展的办园历程，从而实现引领全园事业在求真、务实、创新中取得专业化、稳定持续的发展与进步。

---

[1] 虞永平. 试论园本课程的建设[J]. 早期教育，2001，(8)：4-6.

清华幼教园本课程是以《纲要》《指南》为依据，以我国陈鹤琴先生的课程论思想和美国加德纳的多元智能理论为基础，立足清华园独特的自然与人文环境，为充分满足幼儿全面优质发展需求而建构的"网络式主题活动课程"。

（一）网络式主题活动课程含义

"网络"反映了幼儿园园本课程从宏观建构方面的整体性思路，它至少有三层含义：1.课程资源涵盖幼儿园、家庭和社区；2.课程框架既有幼儿园教育，还有家庭教育与社区教育；3.课程体系所产生的发展价值涵盖幼儿教育所涉及的三个主体，即幼儿的健康成长、教师的专业发展和家长的教育提升，最终使幼儿园的教育关怀惠泽每一个与它产生互动的人。这三个方面是相互影响、相互促进，形成合力，整体推进课程螺旋式上升，也体现了幼儿园课程资源、课程框架和课程价值的整体关联性。"主题"反映教师教育的内容/目标及幼儿的核心经验，"活动"反映幼儿的基本学习方式和教学组织形式。

（二）网络式主题活动课程特点

"网络式主题活动课程"的基本特点是一种半计划式幼儿园课程。课程目标依据《纲要》《指南》中幼儿发展目标及本园本班幼儿的实际发展情况而制订。课程内容以某一主题为中心，并以该主题向外扩散形成主题网络，网络中每一主题（单元）均可分解成下一级主题（单元）或具体活动内容；主题式活动内容由教师和幼儿共同确定，教师的计划性（系统活动）和根据幼儿兴趣生成活动（项目活动）的灵活性同时兼顾。课程实施过程在原有基础上，更加强调幼儿的自主学习与探究。对幼儿的全面培养表述为在促进幼儿身心全面、和谐发展的基础上，注重对幼儿兴趣、创新精神和实践能力的培养。同时，幼儿园把家庭教育指导融入幼儿园课程建设中，在提高家教指导水平的基础上实现家园共育。

（三）网络式主题活动课程核心理念

1.明确幼儿在教育过程中的主体地位。帮助幼儿在有意义的多元活动中、在与环境的互动中实现其主动发展。

2.突出整体教育思想。强调教育对象、教育目标、教育内容、教育途径与教育评价的整体性，实现寓教育于一日生活，实现幼儿园、家庭、社区等教育资源的整合。

3. **教育在促进幼儿全面发展的基础上，更加注重培养幼儿的创新精神及实践能力。** 包括一些非智力的良好心理品质及能力的培养，如兴趣、好奇心、独立性、探究性、自信心等。

4. **因材施教。** 在对幼儿进行客观、全面评价的基础上，在教育面向全体的同时，注重因材施教，使每个幼儿都得到理想的发展。

5. **强调环境育人的思想。** 旧教育包括教师和儿童，新教育应是教师、儿童和环境三者的相互影响。现代课程理论把环境因素对人的影响叫作"隐性课程"，我们把它概括为：宽松、愉快的精神环境；丰富、可感知的物质环境；教师、幼儿、环境三者的互动。

二、清华幼教园本课程建构的理论基础

幼儿园园本课程的产生与发展离不开相应的理论基础，清华附幼在课程开发之初就确立了"两个整合、两个处理、两个提高"的课改思路。"两个整合"是指实现中外、古今教育理论思想的整合；"两个处理"是处理好知识与能力的关系、预成与生成的关系；"两个提高"是指实现教师素质与保教质量的提高。

幼儿园以陈鹤琴先生课程论思想核心的"整个教学法"、中心制思想、预设与生成的关系等理念为基础，吸收借鉴美国霍华德·加德纳多元智能理论和意大利瑞吉欧的方案教学法的理念，结合对《纲要》《指南》精神的理解，在课程的指导思想中，我们突出强调：①课程的整体性和课程要素之间的关联性；②承认每个孩子各具不同潜能，因材施教，实施多元评价；③尊重、鼓励幼儿兴趣，引导幼儿主动、探究性学习；④注重幼儿学习品质和实践、创新能力的培养。

国内外先进的教育理念和《纲要》《指南》精神是我园课程建构中最主要的理论基础，它们影响着课程决策，也就是幼儿园在一个什么样的价值判断的基础上对园本课程的课程模式，包括课程目标、课程内容、课程方法及课程评价做出选择或决定。

三、清华幼教园本课程的框架体系

清华幼教的园本课程实践研究历经不同阶段的建构与完善，课程体系包括

主题教育、个体教育、家庭教育指导和社区早期教育四个方面。主题教育是课程的核心也是主体课程，突出园本特色，面向全体幼儿实施全面优质教育；个体教育更多针对有特殊发展需求的幼儿，现已研发有"多元智能个体教育方案""心理健康个体教育方案""家园共育个体教育方案"等；家庭教育和社区早教更多体现在幼儿园立足自身专业优势，针对清华园特殊的高知家长群与社区资源，主动开展的家教指导与家园共育。

四、清华幼教园本课程建设新探索

近年来，随着课改的深入，幼儿园不断推进园本课程的建构与完善，开始进入从课程体系建构到课程内部要素深化的探索。教育从关注"教师教"转向更加关注"儿童学"，全园课程管理给予教师更多的自主教育空间，教师在课程中给予儿童更大的自主发展空间。

（一）课程实施更加精致务实

随着研究的深入，幼儿园主题教育课程不断细化。主题教育细化主要是根据主题特点，对多年来实践中形成的主题进行分类。每类聚合为一个群，即园本课程主题群。幼儿园把每个年级的主题教育细化为三种主题：经典主题、建议主题和生成主题。

经典主题是各年龄段每学期必上内容，是充分体现清华特色的经典成熟主题。结合清华园独特的人文科学资源优势及幼儿核心发展价值，经园内教师多年的实践探索而形成的一个经典主题教案库，供班级每学期参考使用。如《你好，幼儿园》《小手真能干》《我爱清华园》《车船飞机》《我运动我健康》等。

建议主题是一个主题教育案例群，为教师确立和建构本班主题提供选择性参考与建议，内容涉及常规季节教育、传统节日教育等，为年轻教师迅速把握主题目标并开展活动提供支持与帮助，同时又给予教师自主建构当前本班课程的空间。如《秋天变变变》《冬娃娃》《祖国妈妈生日快乐》《红彤彤的中国年》《十二生肖大聚会》等。

生成主题是教师根据社会生活新现象、幼儿即时兴趣与需要而自主设计的"创新主题"。这是一个充分展示教师创新实践的空间，反映教师的教育与社会发展和幼儿生活的契合程度，不断推动主题课程走向灵动与创新。如有结合社会发展的宏观主题《环保小卫士》《我是防疫小达人》《中华美食》《多彩民族》，有反映社区和幼儿园生活的中观主题《清华校庆》《银杏树之恋》《我是班级小主人》，还有幼儿身边的微观主题《嘿，手机》《猜猜我有多爱你》《小蚂蚁》等。

以上三类主题教育的实施，既实现了全园落实立德树人根本任务，主导教育价值判断的方向性与引领性，也为教师和幼儿自主性课程建构与自我发展提供了平台与空间，同时依托清华园特殊环境，实践陈鹤琴先生提出的"大自然、大社会是我们的活教材"的教育理念，如此贴近幼儿生活的游戏化主题活动，就是陈先生所说的"这种教学，教师教起来生动而且深刻，学生学起来兴奋而且有趣"。① 清华幼教的园本课程引导着师生间每天的生活互动与教学相长，是幼儿园文化落地的行为载体，幼儿园的课程与我们所倡导的"双幸福教育"一脉相承，在整个办园过程中，我们始终关心、关注着教育的两大主体，即教师与儿童，更希望通过一套专业、严谨，又富有创新、灵动的课程来践行"让教师享有教育幸福，让儿童获得幸福教育"的事业理想，并将这一理想与行动最终落实在促进幼儿全面优质成长的教育目标上。

（二）课程研究更加专业深入

随着课程建构不断完善与细化，幼儿园教科研工作也日渐深入。全园的教科研工作始终方向明确，紧紧围绕着园本课程的建构与完善展开，立足实际，"研教师所需，解教育所惑"。近两年，为进一步提升幼儿在活动中的自主性，研究专题侧重在支持幼儿自主游戏与开展跨年龄段主题活动方面展开。

1. 支持幼儿自主游戏，探索半日活动一体化

根据《指南》精神，我们将研究聚焦于儿童自主学习。第一阶段，各年级组着重在主题教育、区域游戏、户外活动和生活活动四大环节中支持幼儿自主学习的策略进行专项研究；第二阶段，深入探索半日活动一体化，促进幼儿整合生活经验。《指南》强调要"关注儿童学习与发展整体性，注重领域间、目标间的相互渗透与整合"，"幼儿学习是以直接经验为基础，在游戏和日常生活中进行，要合理安排一日生活"②，幼儿园以游戏为基本活动形式，挖掘生活活动、区域活动、教学活动和户外活动中幼儿发展需要的最核心的经验，围

---

① 陈鹤琴. 活教育的教学原则. 创建中国化科学化的现代幼儿教育 [M]. 北京：金城出版社，2002.
② 中华人民共和国教育部制定. 3～6岁儿童学习与发展指南 [M]. 北京：首都师范大学出版社，2012.

绕核心经验设计半日活动，让幼儿在园的半日活动经验更具连贯性和延续性，以此来推动幼儿学习与发展的整体性，提升幼儿学习的自主能力。

2. 研究跨年龄段主题教育，形成大主题建构思路

主题教育通常是根据幼儿年龄特点和本班幼儿兴趣开展的主题活动。其间，幼儿园在原有研究的基础上尝试开展跨年龄段主题活动，尝试不同年龄段的幼儿与教师形成基于同一主题下互相交流和学习的共同体，促进教师大主题建构的思路，推动全园不同年龄段幼儿、教师、家长、资源等多方面的互动与对话。经过前期系列探索，已经形成了对跨年龄段主题建构的意义、实践思路、主要优点和存在问题等方面的实践资料，促进、提升了教师对不同年龄段幼儿年龄特点与发展目标的关切与把握，为全园课程体系建构提供了一个新的思路与方向。

（三）课程探索更加开放创新

1. "四大活动季"拓展教育实践视野

幼儿园"要充分利用家庭、社区及周边环境的教育资源，扩展幼儿生活和学习的空间。课程实施中的资源主要包括自然资源和社会资源，社会资源主要指文化资源、设施资源、体育资源和旅游资源等。"[①] 幼儿的学习是以直接经验为基础，需要幼儿通过与环境的多种互动来获得有益经验，因此，自然资源和社会资源的丰富性和独特性会影响幼儿经验获得的深度。我园地处清华园内，拥有清华大学独特的自然和人文资源。幼儿园从园本课程资源挖掘、空间拓展、幼儿对环境的深度体验等方面入手研究，进一步加强清华园独特的自然与人文环境对幼儿成长的影响，从而形成了"小脚丫走清华（春）书香童年（夏）小脚丫走清华（秋）京娃迎新春（冬）"全园性四大活动季。让幼儿走出幼儿园，在清华园得天独厚的大自然、大社会中感受与学习，培养出热爱自然与生活、热爱读书与艺术的清华幼儿，这些探索与尝试进一步丰富、深化了家、园、社区一体化教育的内涵与外延。

2. 大型户外联动游戏促进幼儿自主发展

在阳光体育方面，幼儿园开展体能测试结果分析与幼儿体能培养相结合的方式，各班级依据本班幼儿的体能特点开展有针对性的游戏活动，让科学的数

---

① 上海市中小学（幼儿园）课程改革委员会.上海市学前教育课程指南解读[M].上海：上海教育出版社，2005，2019年第22次印刷.

据分析发挥指导教育实践的作用。同时，每周定期开展平行班户外联动游戏。户外大型联动游戏具有开放、自主的户外运动理念，丰富、生动的游戏形式，活动空间扩大，幼儿、教师甚至家长参与度高等特点。幼儿从游戏选择、玩伴选择、玩法的选择、运动量的调节、游戏矛盾的解决、收放材料等方面都实现了自由自主，对于培养幼儿运动兴趣，发展幼儿体质，激发教师创新性等方面具有实际意义。

（四）家园共育更加丰富有效

家教指导是幼儿园教育的重要组成部分。陈鹤琴先生曾说"儿童教育是幼稚园和家庭共同的责任"，《幼儿园教育纲要》指出："家庭是幼儿园重要的合作伙伴"。在家庭教育方面，幼儿园以研究促实践，除了家长会、家长讲座、春秋亲子运动会、每月亲子开放活动等形式外，积极探索大型活动季的组织，让家长深度参与到幼儿园的活动中来，是务实有效的家园共育中非常重要的形式。专业化的家庭教育指导更多是以幼儿园为主动者，投入热情，发挥专业优势，主导科学保教理念，依托具体活动来实现。此外，幼儿园的网站、公众号、儿童成长档案、致家长一封信、线上交流等均在家园共育中发挥着重要作用。

幼儿园坚持立德树人根本任务，课程是全面实现幼儿教育功能的重要载体。作为一所大规模高校公办园，全体清华幼教人在清华大学各级领导的关心与支持下，70余年来做出了大量求真务实的研究与探索，近些年，先后有《幼儿成长档案》《清华幼教园本课程的实践研究》《清华幼教园本培训》《清华幼教幼儿膳食营养宝典》等7套共16册课改成果书籍正式出版，在提升内部管理与激励师资的同时，也在同行中发挥着示范、引领作用。同时我们深知，因受限于当前的认识水平与客观条件，实践中仍存在不足。今后，我们将继续坚持清华大学一流标准，秉持务实严谨的工作作风，以开放的心态学习、借鉴国内外先进教育理念与经验，深入开展教育实践研究与探索，不断优化、完善园本课程的体系建构与内部要素，让教师和幼儿都获得更全面更优质的发展，为祖国幼教事业的发展贡献力量！

预防为主　构建重大疾病防治结合体系

校医院　李红星　郭建丽

关键词： 重大疾病；防治结合；健康体检

一、背景情况

通过对重大疾病的早发现早诊断，赢得治疗先机是预防工作的出发点，也是我院预防保健核心工作的重要内容。《"健康中国2030规划"纲要》中提出"把健康融入所有政策，以人民健康为中心，坚持预防为主"的指导思想，与校医院长期以来的定位和发展目标相契合。随着"清华大学健康促进行动计划"实施的不断深入，学校高度重视师生疾病预防工作，推动成立清华大学健康工作委员会，不断完善学校健康促进工作协调机制，多部门共同制定《清华大学教职工健康体检管理规定》。校医院通过组织制度建设、干部队伍建设、就医环境建设和信息共享及考核机制不断完善，逐步构建完善的重大疾病防治结合体系，真正落实社区内"共建共享，全民健康"的全生命周期的健康服务发展新模式。

二、主要做法

以促进师生员工和社区居民健康为中心，坚持防治结合，扩大早发现、早诊断、早干预和早治疗，实施全覆盖面；坚持联防联控，夯实校地部门协同；坚持群防群控，动员广大师生落实"每个人是自己健康第一责任人"的新理念。做好重大疾病防治结合体系中早发现的首要环节。

（一）狠抓疾病筛查，夯实预防为主工作总方针

健康体检是全世界通行的疾病筛查有效手段，也是落实预防为主的措施之一。校医院围绕"预防为主、构建重大疾病防治结合体系"的目标，首先从早发现第一环节着手，设置体检中心，组建专业体检工作团队，通过竞争上岗，选拔临床经验丰富、工作风格严谨的专家作为科室带头人，完成队伍组建，并由党委书记牵头负责主抓，夯实制度落实。其次组织专家研究论证，研究讨论制定出适合不同年龄群体、不同性别的体检套餐，在全校干部会议上对体检套餐的确立依据以及套餐项目含义进行多次解读，让更多人了解体检的重要意义，使全校教职工思想上重视体检行动上积极参与，上下一致形成合力，发挥体检最大效用。再次是提升体检环境，重塑体检流程，合理规划体检动向，既确保人员不聚集，又合理安排检查项目顺次，减少中间等候时间，最大限度提高受检者体检舒适度。最后是建立院系与体检中心常态联系机制。根据《清华大学教职工健康体检管理规定》各院系成立督导体检专项组织机构并与校医院体检中心建立常态联动机制，从组织体检到结果反馈，对体检中发现的重大慢性疾病均及时通知复诊，由临床医生持续跟进诊疗和随访过程，始终保持单位和科室间顺畅沟通。最大限度让筛查出疾病的师生员工能及时获得应有的治疗，实施早期干预、早期治疗，达到促进健康的目的。

以上措施的实施，显著提高了全院干部职工对疾病筛查的重视程度，在制度落实和人员协调方面执行力明显增强。借助各项制度和流程细化、完善，与全校各部门的协同配合呈现提质增效良好态势；通过院外监督员机制与院系互动，深入调研和加强宣传，全校教职工体检重视程度、体检参与度明显提升。2021年学生群体和教职工群体参加体检人员明显增加，年度体检率达90%以上。

（二）主动响应学生要求，提升学生健康体检质量

校医院自2018年主动回应研究生群体的健康体检需求，通过广泛征求意见、召开专家研讨等方式从制度出台到信息技术支撑全面解决研究生健康体检实际需求。主要通过校医院与研究生工作部联合建立了"研究生体检工作管理协调机制"，用组织架构保障研究生健康体检工作长期顺利运行并不断发展；通过研究制定《清华大学研究生健康体检实施办法（试行）》来鼓励更多研究

生建立"个人是健康第一责任人"的意识,关注自身健康,养成良好生活习惯和锻炼习惯,积极自觉参加体检。通过研究制定"研究生健康体检基础套餐"使研究生的体检项目更加符合国家相关政策要求和各年龄段疾病发展规律,使之更加科学化。通过"研究生健康体检软件"上线建立起电子版研究生健康档案,为长期跟踪服务健康创造坚实基础。通过以上系列举措的实施使研究生的健康体检工作科学、高效并实现制度化、常规化,成为落实"健康清华2030计划"的重要举措。2020年继续在原有基础体检套餐上增加附加项目以备选,并在体检后安排答疑专场和健康讲座。通过几年不断努力,研究生预约体检量由2019年的595人增加到2021年的2800余人。

近年来加强了新生体检工作,依据各项检查异常数据的危害程度确立了我院体检高危值报警指标,形成信息沟通闭环。加强对体检发现高危值和高危因素的干预,临床医生在开展学生体检中除了关注疾病本身还特别注重生活方式指导,每年均可从体检中筛查出结核、高血压、皮肤病、肾炎及肿瘤等,给予关爱帮助,建立了良好的跟踪随访体系。基本形成了学生群体主要疾病防治关注体制。

(三)建立健康体检与临床诊治无缝链接机制

健康体检与临床诊治无缝衔接是构建重大疾病防治结合体系的关键点,也是目前很多受检者容易忽视的环节。为受检者提供连续性预防与诊疗服务,就要让体检和疾病治疗自然联通。校医院将体检信息系统与HIS诊疗系统联通,实现信息系统一体化,形成了健康体检、慢病管理、专病诊治、重病转诊和重点人群随访的闭环管理,落实了重大疾病筛查、高危因素干预、早期疾病治疗、慢病规范签约的预防保健和慢病临床诊治全程跟踪、全过程服务的管理模式。家庭医生通过慢性疾病和重点人群分类签约管理,对接相应专病门诊诊治,并定期对健康档案进行数据分析,对健康状况进行科学评估,提出合理健康指导。体检档案和居民医疗档案信息系统的相联通,为医生诊疗和慢病管理提供了翔实的资料,从而带来服务效率和效果的飞跃,也提升了临床慢性病管理的质量水平。

(四)检测能力持续建设,加大重大疾病防治技术支持

辅助检查是筛查疾病的重要手段,是重大疾病防治结合体系得以高质量实

现的重要技术支撑。我院的医技服务能力力求向三甲医院看齐。继 CT、彩超及全自动生化仪投入使用之后，通过包括校友捐赠在内的多途径持续加大经费投入，校医院在"十三五"期间购买逾百万元以上设备 25 件，包括 1.5T 核磁共振、2 台 CT、双能 X 线骨密度仪、8 台彩超和高清电子内窥镜系统，开展了 20 余项新项目。迄今检验科在测的分子检查、细胞病理及急诊检测项目一应俱全，包括生化检测项目 45 项，免疫检测 86 项，临检 27 项，微生物 17 项，新冠疫情防控形势下每日新冠核酸检测能力提升到 23235 人次，再创新高；放射科肺部肿瘤 AI 诊断软件提升了肺占位病变检出率，冠脉 CT、腹部增强 CT 及核磁共振技术给临床带来极大便利；功能科在常规超声基础上开展肌骨超声、经颅多普勒（TCD）及经颅二维彩色多普勒超声检查，开展超声引导下的介入治疗等。设备更新带来检验检查灵敏度提升，极大节约时间，满足了校园师生疾病早发现早诊断的需求。

（五）加强专病门诊建设，提高临床服务水平

临床治疗水平是重大疾病防治结合体系中的末端环节，对整个体系起着完美收官的重要作用，也是现阶段群众最渴望提升体验感的环节。为此我们有序开展专病门诊的建设，逐步提升诊疗水平。我们首先关注恶性肿瘤这一仍然是威胁我国人民群众生命健康的重要因素，为此校医院在体检项目中高度关注肿瘤标志物筛查、超声和放射影像检查质量，每年都能及时发现一些早期癌症，为师生保持良好生活质量争取到机会，收到良好效果。同时校医院加快专病门诊建设，结合消化专业依赖影像学评估、镜下可诊疗特点，通过岗位设置、人才引进及空间改造等，启动"胃肠镜中心"建设项目，购置高端内窥镜系统及配套设备，引进高水平麻醉师和麻醉护士，提高了尤其是无痛胃肠镜筛查的检查能力，为师生提供更多选择；远程会诊中心开展了远程疑难病例会诊、远程门诊和远程教育；脑卒中筛查门诊、糖尿病专家门诊、心血管专家门诊以及皮肤病专家门诊等 34 个专家门诊的相继成立大大提高了医院临床治疗水平。形成健康体检开展疾病筛查、普通门诊开展常见病、多发病常规治疗、专家门诊和专病中心开展疑难病诊治的三维服务模式，基本建成分层、分专业落实预防为主、重大疾病防治结合体系建设的目标。

三、经验启示

防治结合重点在"防",关口前移,重大疾病诊疗就能起到事半功倍的效果。从体检中心环境升级改造、"一站式"周到细致的导诊贴心服务,医院完成了人文环境的优化;师生一入校即开始全生命周期的管理,对异常信息层层筛查、反复督导复诊,从体检到确诊都有医生的密切追踪。全员参与、科室协作、融入常态的体检模式下,收获了全校师生的称赞。回顾我院多年在预防保健领域的发展,有以下三点经验。

(一)明确自身定位,确定奋斗目标

校医院要站在为学校建立世界一流大学提供可靠医疗保障体系的高度思考发展,要有所为有所不为。校医院的重要功能就是围绕师生员工对健康的实际需求,在医疗保健、疾病预防、健康教育等方面下功夫,不断加强内涵建设。立足校医院,遵循"自强不息、厚德载物"的校训,满足校园师生新期待是医院一贯的奋斗目标。

(二)临床医技共进,形成发展合力

通过临床和医技人才引进,医务人员素质和能力在提升,活力和潜力不断被激发,伴随高端仪器设备引入和检测项目的增加,临床学科在相关疾病的诊断和治疗上有了强有力支撑,极大提高了疾病早发现早诊断的能力。我院融校医院、二级医院和社区卫生服务中心任务于一体,随着社区家医签约工作逐步深化开展、专家门诊提供专科指导,降低了误诊误治的就医成本,避免患者走弯路,以"全专结合"进行慢病防治的模式逐步发展深化。

(三)问题导向思维,改进师生体验

面对一流大学阅历丰富的高级知识分子群体,如何让师生将健康的理念深植于心,变被动为主动地参与到健康预防和健康行动中是高校医院面临的永恒课题。在我校"健康清华2030计划"实施中,师生体检的改进不能单纯依靠设施设备和环境的改善,校医院以问题为导向换位思考,融入后勤人一贯的人文关怀和专业化服务水准将是满足师生期待的最佳解决方案。

丰富健康教育内涵，服务校园健康需求

清华大学医院　李红星　郭建丽

关键词：健康教育；健康促进；健康需求

一、背景情况

开展校园健康教育是落实"将健康融入所有政策"卫生工作方针的重要举措。随着我国经济建设跨入新时代、清华大学迈向世界一流大学前列，校园师生员工对健康的关注度不断提高，对健康教育的需求明显增加，学生中各种运动创伤以及心理疾患时有发生，慢性代谢性疾病低龄化、老龄人口增多带来的慢病管理压力逐步显现。对标"健康中国"的战略要求，现有的健康教育机制不够健全、健康教育知识未成体系、覆盖全校不够充分等问题亟待解决。

在"十三五"综合改革期间，我院认真研判形势，主动作为，依托学校落实北京市卫健委关于健康促进相关政策，推动"健康清华2030"行动规划中健康教育专项行动落地，将健康理念、健康政策、健康服务贯穿育人和教学服务保障全过程，为培植"人人关注健康、人人践行健康"的健康校园文化不断夯实基础。

二、主要做法

（一）完善组织体系，落实责任推进计划

"十三五"期间，顺应国家新要求，将原来健康教育单独由校医院承担的组织体系上升到学校层面形成由分管校长牵头、校医院主要负责、学校多部门共同参与的组织体系，并于2018年制订出台"清华大学健康促进行动计划"。

坚持"世界一流、全员参与、健康高效、部门协作、防控结合"的原则，通过建立跨部门合作的健康促进工作机制，有序开展监测分析与治理投入、体育运动与健康促进、积极心理和咨询疏导、合理膳食与健康促进、心理健康与职业健康促进、安全环境与健康促进、疾病筛查与健康促进、健康教育与健康促进等多个维度的建设，有效控制影响师生健康的危险因素、规范公共卫生行为、促进文明健康生活方式养成，预防疾病的发生，促进师生员工健康。

为更好落实国家出台的《健康中国行动（2019—2030年）》，2020年在主管校长领导下校医院牵头制订"健康清华2030"行动计划，并逐步推进落实。将健康教育工作深入到学生群体、教职工群体、社区居民，实现全覆盖。逐步形成"组织搭台、专业人员唱戏、个人参与"的健康教育工作模式。

（二）主动适应新形势，开拓创新教学新模式

在信息指数化、知识快餐化的时代背景下，高校知识分子群体学习能力强闲暇时间少，健康意识彼此差距巨大，校园健康教育的形式面临不少挑战。我们主动适应新形势，注重本科生《卫生保健课》的教学内容的"新"和实操培训的"练"，关注学生课堂互动，加强教师考评，不断提高课题教学质量。在保留大家比较喜欢的义诊和讲座等形式的基础上，不断借助新媒体从音频、线上会议到动画片、微电影，开拓创新教学新形式，依据需求设定宣传目标改进传播方式，提升教育效果；为加深教职工体检后对总检结论内容的理解，主编了科普书籍赠阅全校体检职工；开展"健康科普进社区"活动，进行慢病签约的同时普及医药和中医康复的知识和技能。

（三）加强校地资源合作，联动机制衔接顺畅

1. 协同校园心理健康体系建设

我院精神科开诊18年以来为学生心理评估打下良好基础，在学生心理咨询中心定期出诊，成为联通我院精神专科门诊及转诊精神专科医院的桥梁。2019年成立了心理健康中心并持续加大人才和资源投入，与学生部、学校心理咨询中心和北京安定医院合作，辐射全校做好专家讲座，普及心理健康和疾病筛查知识，建立突发应急事件的指导和闭环管理机制，极大缩短了面临突发心理卫生事件时的处置时间。

2. 传染病防控覆盖校园全人群

无论是在 2003 年"非典"还是目前的新冠疫情防控以及全校区域全人群日常传染病疫情防控中，校医院始终发挥着极其重要的关键作用。始终担当校内二级单位和附属中小学幼儿园疫情监测及防控技术指导角色；始终负责处理校内各单位疫情应急处置；常年与红十字会合作，加强学校防艾宣传教育，落实各项宣传和监测检测手段。2020 年通过荷塘雨课堂在线上完成学生返校的"疫情防控第一课"，做到新生全员疫情防控知识全覆盖；新冠疫情以来通过清华园街道对辖区物业企业疫情防控宣传，通过离退休处及时传递疫情相关信息并解决疫情带来的用药就医各种困难问题；2021 年协同工会和宣传部录制防疫动漫宣传片推送全校师生。

3. 发挥健康体检宣传阵地功能

"十三五"以来我院为学校近 1.3 万名参加体检的教职工建立了健康电子档案，随着 2020 年《清华大学职工体检管理办法》出台，大大调动了教职工参加体检的积极性，使得参加年度体检率达 90% 以上，将体检制度做实做细，发挥其最大效能。同年我院集 8 个科室的 53 位临床和医技专家围绕常见体检问题在清华大学出版社协助下完成了《体检报告轻松读》一书，扫码书中二维码即可随时听取 21 位医学专家解读体检相关问题，让所有参加体检的老师都能参考此书对自己的体检结果有更加深入的理解，提高体检结果的应用，充分发挥了校医院健康体检宣传阵地功能。该书获评《中国医师报》2021 年度"医界好书提名奖"之"医学科普类"书籍。2022 年 4 月与清华大学出版社首次联合做该书的视频直播节目即突破了 1.2 万人点击率，在更大范围内发挥体检科普宣传，让更多人关注健康，落实"每个人是自己健康第一责任人"的理念。

4. 关注生命安全，推广急救技术全覆盖

加强院前急救建设始终是医疗行业呼吁的痛点和难点问题之一。积极推广校园心肺复苏和自动除颤仪（AED）应用技术全覆盖。2018 年在阜外医院霍勇教授团队"加强院前急救能力、缩短急救半径"倡导下我院 18 名医务人员参加全国现场心肺复苏首期导师培训班并获得自动除颤仪师资证。在校友会和基金会的大力支持下，2019 年完成校园 341 台 AED 部署后，校红十字会联合我院共同掀起如火如荼的校园心肺复苏技能和 AED 培训学习热潮，带动了北京及国内多所高校的积极响应和参与。

5. 重视老龄群体医疗照护健康教育

校医院与街道党工委协作在养老驿站基础上推进家医签约，促成十个团队与居委会结对子，开展中医药文化进社区、医疗照护科普进社区，促进"家庭小药箱"解读等健康教育活动，开展医养结合延伸科普服务，不断普及健康文化。2019 年在校园内推广 65 岁以上老人的认知障碍早期筛查项目，2020 年通过老年综合评估门诊对老年人开展专业的量表评估，2021 年通过卒中专病门诊开展基层脑卒中筛查，以上所有专项活动过程中始终贯穿健康教育一对一服务，确保老龄群体健康知识的提高，健康能力的不断提升。

（四）与时俱进突出主题宣传，融入新知形成合力

我院多年来已逐步建立了诸如《保健指南报》、健康教育大讲堂、义诊咨询活动、世界糖尿病日活动等主题宣传内容，在校园内颇具影响力，在新形势下迎来新的挑战。2018 年以来春季花粉症问题越来越成为校园的重点健康问题，严重影响很多师生的学习和生活。自 2019 年，五官科除了继续每年 3 月在学校网站发布健康知识宣传，还配合校办与协和医院变态反应科联合做好过敏季节近 2000 名师生的过敏源采血检测和义诊活动，成立了过敏疾病答疑工作群，普及该病的可防可控。并已连续 4 年，作为中国高校保健协会牵头单位与中华医学会过敏疾病分会联合主办北京变态反应世纪论坛（清华大学站），推动学校修缮中心园林科花粉浓度监测和降粉措施实施，点对点回应师生关切。越来越多部门参与进来为校园健康助力，成为校园健康宣教的又一靓丽品牌。

（五）将"行胜于言"融入日常，发挥育人功能

我院作为校园的支撑服务单位，每年门急诊量约 45 万人次左右，师生面临的身心创伤在这里被倾听并不断被疗愈，医者的仁爱担当、无私奉献影响着学生核心价值观的塑造，丰富了学生思想教育内容。我院开展学生勤工俭学活动由来已久，近年来随着学生志愿者队伍壮大，作为北京市老年规范化建设的示范单位，通过学生勤工俭学活动，强调尊师重教，倡导敬老助老扶弱的良好风尚，通过协助老人挂号、导诊参与药库工作等方式，使同学们对医药工作深入了解，激发同学们主动传播健康知识、积极服务社会的动力，开创了育人树人、构建和谐医患关系的良好局面。

三、经验启示

健康教育是高校医院承担的与预防、医疗并列的三大主要任务之一，着力于提升师生健康素养、促进师生健康、保障教学科研工作的正常进行，"让师生满意、让学校满意、让员工满意"是所有校医院人的心声。"知信行"方才显成效，多年来我院健康教育工作多次受到行业上级部门表彰。总结有以下经验。

（一）明确方向，确定目标任务并持之以恒推进

十年来，我院以满足全校师生员工的健康需求、提高医疗保健服务质量为核心，在清华后勤集体框架下展开校内外密切合作，制订实施工作计划和任务分解，立足"三全育人"，推进"把健康融入所有政策"、创造健康支持性环境、培养自主自律的健康行为、营造健康校园氛围、加强健康促进与健康宣传体系建设，实现全校师生健康素养大幅提高，健康生活方式得到全面普及，从学校政策、安全、营养、环境、控烟、个人卫生习惯、心理健康、卫生设施等方面进行全方位的健康促进和健康活动，取得多方面的成绩。伴随《全民健康素养促进行动规划（2014—2020年）》实施，不断探索，通过多形式、多渠道开展特色活动传播健康知识，提升校园师生健康素养，以时不我待的激情迎接更多挑战。

（二）突出特色，依托专业号召力扩大影响

多年来，校医院作为中国高等教育学会高校保健医学分会的理事长单位，以强大的使命感和责任心承办了每年的学术论坛，分享经验，带动全国高校医院重视校园健康教育并在新的领域不断拓展进取；2018年依托中华医学会神经内科学会开展社区认知障碍和卒中筛查，惠及广大居民；2019年我校十余名院士和四家附属医院百名医学专家齐聚清华园召开清华大学健康工作会议，在推广健康知识、深化健康理念、落实健康行动方面意义深远。

（三）巩固成果，在继承发扬中谋长远

十年来，通过按计划成系统建规模地深入开展校园健康教育工作，健康教育的成效和优势不断呈现，师生对健康的关注度明显提高。教职工和研究

生体检工作顺利高质量开展，我校高血压、糖尿病等慢性疾病的控制达标率明显好于社会平均水平，许多高龄教授仍与莘莘学子并肩奋战在教学科研第一线。

在服务清华人全生命周期的理念指导下，我们将继续发挥专业特长，科学分析校园内疾病特点，锚定关键健康问题持续改进、丰富健康教育内涵。

强化院感防控　健全疫情应急服务体系

校医院　李红星　郭建丽

关键词：院内感染；疫情防控；应急服务体系

一、背景情况

由于高校学生群体居住比较密集且活动较多，校园内疫情防控有其特殊性。高校医院承担着校园内急、慢性传染病防控和卫生防疫监督、监测报告职责。一旦院内感染发生，院校一体，常波及面广社会影响大。因此，强化院内感染防控是防范传染性疫情发生、保障校园安全稳定的首要任务。

（一）依据法定传染病疫情监测数据，防控压力持续加大

自 SARS 以来，全国传染性疾病监测上报网络发挥了重要作用，尽管国内法定传染病疫情此起彼伏但总体趋稳。近年以来，一些慢性传染性疾病如乙型肝炎、肺结核、梅毒和淋病疫情防控形势依然严峻，北京周边地区的急性传染病如禽流感、鼠疫、霍乱、炭疽所致的输入性风险持续加大，校园内的流感、水痘和感染性腹泻病例时有发现带来不小挑战。新冠病毒在全球肆虐蔓延，院感防控及校园疫情应急服务体系面临又一次大考。

（二）院感防控体系建设投入不足，疫情防控风险持续存在

长期以来，国内各家医院的传染病监测和感控领域面临着人员少、建筑设施不规范的共性问题，为院感发生埋下隐患。北京市内规范的发热门诊建设率不足 1/3。我院占地面积不足 1 万平方米，手术室、口腔科、住院病房、胃肠镜操作等 20 余科室齐全，承担约 53 万人次的年门急诊和体检工作量，在相对较小的空间没有足够院感工作投入势必会导致传染性疾病疫情防控的风险持续存在。

(三)新冠疫情下健全疫情应急服务体系迫在眉睫

2020年1月10日正逢期末考试流感高发,接到国家卫健委"不明原因肺炎"的内部通报后,我院第一时间召开会议,统一思想,凝聚共识,于1月17日启动发热门诊24小时值班,是北京市最早公布发热门诊出诊的定点医院之一。伴随对新冠病毒防控特点的深度了解而及早筹划全院应急服务体系的设施设备建设,通过落实院感文件要求、提升核酸检测能力、畅通救治转运渠道等综合措施,补齐短板,健全了应急服务体系保障机制,为学校防疫提供重要支撑,促进学校各项事业有序发展。

二、主要做法

2016年在海淀区卫健委院感专项督导检查中我院重新梳理编制了全院的院感管控制度和各科室院感人员岗位职责,通过主兼职搭配解决了人员不足,发挥院长是院感第一责任人的带头作用。2017年重建了标准化的手术室,规范发热门诊和肠道门诊的布局和排班,通过年度院感风险分析和手术卫生考核等措施力求在制度和流程上严格管控以避免院感发生。席卷全球的新冠疫情带来院内感染防控领域的深刻变革,也进一步推动"人人是感控的践行者"这一理念深入人心。

(一)严格落实四方责任,人人参与不留死角

在新冠疫情之初,1月28日医院成立院级疫情工作组,落实学校疫情防控领导小组的重要指示和部署。工作组设党政领导双组长负责,从综合协调、医疗保障、应急采样、环境消杀、流调观察、医废清运、样本转运、信息保障和物资保障9个方面进行分工细化;由院办党办牵头负责教职工、第三方(物业、保洁和保安)人员的健康监测和症状筛查,出入境、出入京和出入校的审批工作稳定有序;医务科协调全院完成学校核酸采样、疫苗注射及重大活动的服务保障任务,并准时向区卫健委进行防疫相关事务的日报汇总提交;保健科牵头履行校内卫生监督员职责,指导学校各部门初步流调,对校内医学观察点和29个公共卫生场所进行防疫督导检查到位;由院感科联合办公室、医务科、护理部四部门组成院内感控督导组,建立并修订了30余项院感文件要求,促使各项任务落实到位;成立院级医、护、防三类不同专业人员组成的7人院感

培训考核组，从院感知识、标准防护、消毒措施、穿脱防护服、鼻咽拭子采样培训等多方面进行培训考核；建立科室院感台账，落实各科院感风险点销账制度并与绩效考核挂钩。总体上，依据教育部和卫健委部门下发的疫情防控文件，在反复研讨本院防控方案、应急预案基础上，合理优化流程并组织演练进行强化，确保全院职工思想上重视院感工作和行动上符合院感要求。逐步明确院级、科室、个人的各自责任，形成逐层部署、互动相连并实时反馈的网格化工作机制。

（二）果断改进设施设备，全面规范闭环管理

在2003年非典时期，得益于对传染病疫情防控知识掌握的专业性及高度重视，我院的发热门诊和外科病房接诊了确诊病例，规范的感控管理做法受到了北京市的表彰。面对新冠疫情诸多的复杂性和不确定性，为适应卫健委新要求进行设施标准化改造已提上日程。

1. 统筹全局，提升疫情防控能力

通过邀请国内著名感控专家现场指导制订建设方案，我院在不停诊情况下顺利完成发热门诊、肠道门诊、采样区和留观隔离病房的升级改造。"十三五"期间我院筹建了聚合酶链反应实验室（PCR实验室），具备乙肝病毒、人乳头状病毒、艾滋病病毒的PCR检测能力，有效降低传染性疾病的校内传播。2020年5月，通过连夜奋战仅20天时间，即完成从选址、人员资质培训到设施设备部署到位，建成了高校第一个满足新冠核酸检测、P3级的独立方舱实验室，并不断提升核酸检测能力，从日检180人次，到配置快速核酸检测设备使发热门诊患者等待不足2小时，再到满足校内大规模采样需求，日检测能力提升到23235人次/24小时。无论疫情如何变幻，校医院圆满完成师生返校、离校及校内重大活动等疫情防控保障服务工作。

2. 底线思维，严格执行行业标准规范防控要求

不打折扣，严格落实各项感控规范要求是我院一贯秉承的工作风格，树立"隐患就是事故"的思想，针对不同风险等级确定人员流动线和区域划分以降低交叉感染风险。通过信息化技术手段实现网上预约诊疗，对预检分诊区域进行环境改善并落实五码合一，方便快速查验准确分诊。设定1米线及单人单诊间，避免一般患者聚集。发热门诊配备独立发药机和单独CT仪器，规划独立核酸采样单元加强高风险人群管控。严格病房及发热门诊值班人员的活动轨迹，对校内健康观察点内发热学生开展全程追踪咨询服务，最大程度

通过闭环管理降低院感发生，提升防控能力。

（三）落实四早，融入校地协同群防群控大局

按照卫生健康委的工作部署，在学校疫情防控领导小组的领导下，落实"三防四早九严格"：加强校级、院级各类人群的学习培训、督导与考核；扩大了核酸采样和应急保障队伍，协同校内二级单位完成"保食洁"人员核酸检测和海淀区大规模疫苗接种及核酸采样任务；与院系和临时观察点建立"手递手"信息互传，完善疫情下的隔离人员用药服务保障机制；与海淀区卫健委、疾控中心建立紧密联系，规范防疫流程和实验室环境管理措施，及时发现疫情风险并消灭在萌芽之中；与清华园街道、学生社区和接待中心共同制订规模疫情下慢病取药和医疗应急保障预案等等，都是尽早发现传染源、防止疫情传播的最有效手段。

（四）关注细节，提升切断疫情传播的能力

2016年内科病房出现1例92岁久治不愈的皮疹瘙痒患者，经外请专家会诊效果仍欠佳。在主管医生出现皮疹后引起了我院皮肤科医生警觉，经仔细溯源结合显微镜下观察，确诊为疥螨感染，迅速采取积极有效措施，确保疫情未出现社区外溢。我院持续重视北京市流感季节的监测数据上报，于2018年底即开展了流感病毒检测及时发现流感病例，通过设定单间隔离病房有效阻断病房内传染病传播；定期开展卫生防疫知识培训，让传染病防控意识在医护人员头脑中"警钟长鸣"，降低了校园内流感传播。2021年以来，通过环境采样、风险人群监控等措施协助学校新冠病毒相关的突发疫情100余起，均是对疫情应急服务体系的真实考验。

三、经验启示

随着我校近两年来在疫情防控方面取得阶段性成果，校内形成了"疫情防控形势复杂性严峻性、'动态清零'政策必要性科学性、校园疫情防控从严从紧特殊性重要性"的共识。在完成校内各重大活动保障服务同时，我院响应学校"弘扬伟大抗疫精神，坚定自信团结向前"的号召，也在不断总结经验思考当下继续前行。

（一）树立"三线"思维，掌握防疫主动权

院感防控是贯穿诊疗活动的"主线"，保证校园安全的"底线"，依法执业的"红线"。唯有树立"三线"思维，强调院感防控的重要性，才能在突发疫情面前，牢牢把控主动权。回首近十年来的疫情防控体系建设，无论是发热门诊还是肠道门诊布局、PCR 实验室及检验人员上岗资质，到今天方舱试验室成立及核酸检测能力的再突破均非朝夕所得，而是清华人目光长远真抓实干的生动写照。

自 2021 年以来我院有能力组织全校近百余次、数万人的核酸采样、170 余场次集体疫苗注射，完成 20 万余针次新冠疫苗注射任务及 73.7 万份的新冠核酸检测报告，充分展示了校医院在平急结合下防范疫情风险、应急服务保障的强大能力。

（二）锻造一支队伍，稳操战役优胜券

院感防控打的是组合拳团队战，培训督导必须双管齐下才能成就一支能战必胜的队伍。人人守土有责，"针尖大的窟窿斗大的风"是感控人挂在嘴边的口头禅。通过全院全员动员、全院各岗培训，从行政管理人员到物业保洁和临时工作人员，坚决不漏检一人；借助录像监控系统全覆盖检查，面向发热门诊人员、方舱 PCR 实验室及医废清运人员考察防护服穿脱是否规范，对护工、保安和工勤人员口罩及手卫生的抽检不断，通过考试检查整改效果，绝不放过一个角落；从全国医疗系统的院感事件发生案例中汲取教训，及时对照梳理问题的深层次原因及时整改，绝不忽视任何细小环节。

（三）坚定一个信念，争做抗疫逆行者

相比非典，2020 年以来的新冠疫情仍存在诸多复杂和不确定性，抗疫任务艰巨而富有挑战。可以坚信的是，在中国共产党的领导下，我国已取得了抗击新冠疫情的阶段性胜利。也只有在中国共产党的领导下，"人民至上、生命至上"的价值取向指引下，坚定"科学精准，动态清零"总方针，才能遏制疫情扩散蔓延势头，取得抗击新冠的最终胜利。作为医务工作者，我院全体员工将以高度的责任感和使命驱动力，奋战在抗疫第一线，不断健全校园疫情应急服务体系。

社区课堂精彩纷呈，多元浸润文化育人

学生社区管理服务中心　王伟　齐皓爽　崔月

关键词： 社区课堂；多元文化

一、背景情况

习近平总书记指出，教育决定着人类的今天，也决定着人类的未来。人类社会需要通过教育不断培养社会需要的人才，需要通过教育来传授已知、更新旧知、开掘新知、探索未知，从而使人们能够更好认识世界和改造世界、更好创造人类的美好未来。百年大计，教育为本，我国社会主义教育就是要培养德智体美劳全面发展的社会主义建设者和接班人。高校的根本任务是人才培养。"生活即教育"，学生社区是大学生日常生活、学习的重要场所，也是学校对学生进行思想工作和素质教育的重要阵地。如何充分发挥学生社区育人作用，搭建德智体美劳育人平台，推进"三全育人"在学生社区扎根落地，利用社区优势培养学生的健全人格、宽厚基础、创新思维、全球视野和社会责任感，成为需要深入研究、不断探索的新课题。

清华大学学生社区管理服务中心围绕清华大学"三位一体"的育人理念，深化"服务育人、管理育人、环境育人"内涵，加强学生生活素质教育，围绕"安全、健康、文明、自立、优雅"的生活素质培养目标，积极打造社区课堂。社区课堂立足学生社区，结合学生需求，整合校内外优质资源，提升学生生活素质。经过九年的探索和积累，社区课堂的内容及形式逐步丰富。

（一）探索课程内容和形式，营造社区育人环境

学生活动是学生学习过程中非常重要的组成部分，同时也是高校教育的主要环节。通过高质量的学生活动，在丰富学生业余文化生活的同时，实现清华

大学学生社区育人体系的构建，有效提高学生的综合素质。社区课堂历经了九年的创新摸索和延续发展，以学生为主体，对推进"五育并举"、培育学生人文素养、促进学生全面成长成才具有重要作用。

（二）整合校内外资源，构建社区育人体系

清华大学学生社区中心结合学生对于社区文化生活的不同需求及大众群体的兴趣爱好，设计筹划学生喜欢的主题活动，实现多元浸润文化育人。学生社区中心协同校内外部门共建合作，开拓资源优势转化，目前已联合学生心理发展指导中心、学生全球胜任力发展指导中心、清华大学艺术博物馆、校内社团组织和企业等开设了多期不同主题的社区课堂活动，深受同学们喜爱，反响热烈。

二、主要做法

（一）多元文化初期探索，"周四之夜"华灯初上

自2013年开设社区课堂以来，学生社区中心与学生心理发展指挥中心合作开设心灵说吧、心理电影赏析等心理类课程，学生社区德育助理开设手工坊、自卫防身术等课程，2016年起，社区课堂以"周四之夜"的形式固定下来，每个周四晚上走进社区空间，绘画之夜、棋艺之夜、对联之夜、诗词之夜、单身之夜……每个晚上都有意想不到的收获。2019年开设健康教育课，组织健身坊，此外同年还将美育课堂引入社区，全球胜任力课堂进社区，培养学生生活情趣，提升审美和人文素养。2020年开设劳动教育课程，学生体验楼长、区域综合治理员、垃圾分类、教学楼志愿服务等岗位，体验劳动的快乐，感受劳动的意义。每学期课程开设之前，学生社区中心广泛调研同学们的课程主题意愿，积极收集同学的建议，以实现树德、增智、强体、育美为目的，培养劳动素养，引导学生塑造优秀良好的品格。

（二）多方交流共建合作，开拓资源优势转化

为发挥和强化高校后勤的育人功能，学生社区中心积极推动社区课堂的建立和运行，在延续传统的同时，也在积极创新发展社区课堂的形式和内容，不断实践探索，围绕"安全、健康、文明、自立、优雅"的生活素质培养目标，

拓展校内外优势资源。学生社区中心与清华大学艺术博物馆合作开展版画体验、泥塑体验和铜镜传拓体验等活动，与学生心理发展指导中心联合开设舞动团体、音乐团体等团体辅导课程，与学生全球胜任力发展指导中心联合开设电影赏析课程，与 CrossFit 混合健身社合作开设健身团课，与啦啦操队合作开展健美操课，与校医院联合开设疫情常态化健康饮食与膳食营养课程，与校内咖啡店合作开设咖啡 DIY 课程，与此同时，学生社区中心与学生职业发展指导中心、清华大学书法协会、美妆社等也都保持积极沟通交流与合作。

除与校内外多个部门保持长期共建合作之外，学生社区德育助理在积极策划和组织过程中，也发挥了自身有兴趣爱好及特长的社区工作人员的主观能动性，践行全员育人。由学生社区德育助理担任讲师开展了口红唇釉 DIY、发饰串珠 DIY、绿植 DIY 等课程，由公寓学生工作助理担任讲师开展了摄影技巧、扎染艺术等课程，由公寓管理员担任讲师开展了瑜伽奥义课程，也都受到了同学们的广泛喜爱和大力支持。

通过多方共建合作模式，形成优势互补，为培养学生具有健全人格、创新思维、宽厚基础、全球视野和社会责任感不懈努力！

图 1 丰富多彩的课程

（三）深化常态合作机制，促进学生全面发展

学生生活素质培养需要浸润式教育，通过近十年的逐步探索，学生社区中心与学生心理发展指导中心、学生全球胜任力发展指导中心、清华大学艺术博物馆等校内外部门常态协同共建，此外，根据学生需求，学生社区中心选择优秀学生社团组织以及校外优质资源合作，不断优化课程体系，社区课堂已成为了学生社区的特色品牌活动。现在，学生社区中心还创新启用了社区积分模式，推出"清小豆"个性化形象计数单位，记录学生参与社区课堂的成长之路。每期课程之前，"清华家园网"公众号发布报名推送，吸引同学们踊跃报名参加。经学生反馈，在社区课堂活动的体验过程中，大家可以暂时远离课业负担或科研学术压力，沉浸式体验社区课堂的主题活动，也能收获很多颇有启发意义的感悟。例如在团体心理辅导过程中，学生能够放松身心，交流互动；在健身主题课程中，可以强健体魄，塑身美体；在艺术文化活动中，可以拓展知识，培养艺术欣赏力，感受传统文化的魅力。在社区课堂，学生还可以结识到新朋友，拓宽社交圈等。很多学生在"清华家园网"也发布了有关社区课堂主题内容安排的建议，再次印证了同学们对于这一社区特色活动的关注喜爱和十足期待。

三、经验启示

（一）围绕学生需求，丰富社区育人内容，打造多彩社区课堂

学生社区中心通过调研学生想要参加的课程主题，结合学生的兴趣爱好，积极打造深受学生喜爱的课堂，为学生创造良好的社交互动、生活体验和艺术文化拓展平台，从德、智、体、美、劳全面发展角度来考量，为学生筛选整合优质资源，实现多元浸润文化育人。学生在活动体验中可以放松身心、陶冶情操，感受到参与多姿多彩的社区活动也是大学生活的一个重要部分。

（二）整合优质资源，吸引学生组织加入，创建朋辈教育平台

学生社区中心联合校内外部门共建，建立了长效常态合作联系，除继续保持与目前合作部门的互动交流外，将计划发展联合更多的合作单位，例如与美容皮肤科医生合作开设护肤、容貌焦虑等相关主题的社区课堂等。同时，学生社区中心致力于创建朋辈教育平台，得到了学生群体的积极正向反馈，未来也

将继续扩展学生组织加入,努力打造多元文化育人环境,吸引更多的学生的关注和参与。

(三)扩大课堂容量,推广社区育人品牌,点亮学生精彩生活

目前每期社区课堂的课程参与人数大多设定在 20 至 30 人区间内,属于精品式小课堂。为扩大特色品牌活动影响力,学生社区中心将会尝试创新突破,扩大课程容量,推广社区课堂的育人品牌,让更多学生参与到社区课堂中。此外,学生社区中心还可以发散创新思路,今后在尝试丰富课堂主题内容的同时,也可以探索发展社区课堂的授课形式,结合学生社区宣传的倡导教育主题和学生关注喜爱的内容,筹划和设计多样精彩课程,丰富学生的社区生活。学生社区中心将努力建设安全、健康、绿色、幸福的学生成长社区,让学生在学生社区的学习和生活中获得熏陶,锻炼品格,全面成长!

推进中外趋同化管理　打造多彩国际化社区

学生社区管理服务中心　王明璇　刘红艳　张翊群

关键词： 国际化学生社区建设；中外学生趋同化管理

一、背景情况

2017年3月，教育部、外交部、公安部发布《学校招收和培养国际学生管理办法》（42号令），明确学校特别是高校在国际学生培养、管理、服务等各方面的要求。2018年9月，教育部印发《来华留学生高等教育质量规范（试行）》，明确提出要推进中外学生教学、管理和服务的趋同化，要求高校将来华留学生教育纳入全校的教育质量保障体系中，提供平等一致的教学资源与管理服务。学校全面推进"双一流大学"建设，实施《全球战略》，对中外学生趋同化管理明确要求，学生社区作为中外学生学习、生活、交流、休息的重要场所，需要将中外趋同化管理融入国际化学生社区建设中来，担当使命、勇于探索、体现示范引领。

近年来，学生社区中心深刻意识到，要将中外学生趋同化培养、管理、服务体现在社区工作的各个方面，必须实现理念调整、制度保障、队伍匹配、实践检验等各环节的转型升级。国际学生公寓为国际学生提供集中住宿服务，原有以服务为主的酒店式工作模式不再适应新时代国际学生管理服务要求，国际学生生活素质培养也需要充分纳入社区育人总体规划中，将安全教育、健康生活、文明倡导等内容丰富到国际学生社区建设中去。

为更好地服务学校立德树人根本任务，中心积极探索国际化社区建设、持续深化"三全育人"，尤其是对国际学生管理服务过程中，充分融入中外学生培养、管理及服务趋同理念，通过工作模式转型升级、社区生活设施改造、社区文化建设等形式，不断丰富国际化学生成长社区内涵；中心重视队伍发展，中外学生趋同培养要求,一方面通过建立专门的国际公寓育人及文化建设相关部门,引入高素质专业化人员开展专项工作;另一方面提升自有职工队伍能力水平,增加外语、岗位技能等方面培训力度,并列入科室重点工作计划。

二、主要做法

(一)推进国际公寓工作模式转型升级

国际公寓自2003年启用以来,留学生与培训学员办公室以"无星级宾馆、有星级服务"为口号,面向国际学生、各类培训学员提供酒店式住宿服务。

2016年起,中心加大力度推进国际公寓由酒店式服务向学生公寓式管理转型,逐步弱化培训学员住宿接待职能,接收亚洲青年交流中心、试点中外混住新模式。2017年,科室正式更名为"国际学生公寓区事务科",主要接待国际学生住宿。2018年,国际公寓强化学生宿舍管理职能,最后一栋培训学员公寓改为学生公寓,客房服务项目开始逐步引入社会资源。2019年,随着人事制度改革的进行,国际公寓改变科室组织架构,将原有的"客房部"转型为"住宿管理办公室",原有的"前台部"升级为"国际学生公寓总服务台",合并"财务室、办公室"为"综合事务室",新增"学生社区德育助理工作室(国际)",从管理、服务、育人三个维度扩展国际公寓工作范畴。2020年,国际公寓接收校外双清公寓,以促进中外文化交流融合为重点试点新型中外学生混合住宿模式。5年来,公寓队伍精简46.7%,职工队伍大学本科以上学历人员比例提升13.94%。

(二)探索中外学生混住新模式,完善国际学生住宿管理制度

不同文化背景的学生来到清华园,文化交流渗透在校园生活的方方面面。近几年学校倡导多元文化交流融合,学生社区积极搭建住宿生活交流平台,不断探索中外学生混合住宿模式。2014年起,学校在亚洲青年交流中心试点200名中外学生一比一中外混住(不分院系、专业),即一名中国学生、一名国际学生居住一套国际公寓房间内,创造多文化交流环境;2017年起,100名国际学生通过申请方式,入住不同的中国学生宿舍,在中国学生公寓内体验住宿生活;2020年起,中外学生以分区域住宿的形式入住双清公寓,共同居住在一

栋集住宿、餐饮、健身、交流等功能一体的校外综合性学生公寓内。这些不同的中外学生混合住宿试点，一方面积极探索、为今后学校决策提供了不同参考；另一方面不断拓展中外学生居学交流平台，此外还极大缓解了学校住宿资源紧张问题，一举三得。

图 1　国际学生公寓公共空间

制度趋同是推进中外学生管理趋同的重要保障。2018 年，学生社区中心在《清华大学学生公寓住宿管理办法》的基础上，积极推进制定《清华大学国际学生的住宿管理办法》，规范国际学生在校内住宿的各项管理规定、行为依据，在住宿管理、违规行为处理等方面实现趋同，同年将违反住宿管理相关规定的国际学生纳入学生公寓管委会讨论范畴。现在，违规违纪的国际学生需要根据违反规定的行为严重程度，受到书面警示、通报批评、取消住宿资格、纪律处分等处理，违纪的国际学生经过审批后，也可以通过社区劳动完成服务消过流程。

图 2　国际学生签订公寓住宿协议

图 3　学生参与社区劳动完成服务消过

（三）组建国际学生社区育人队伍，推进国际社区"三全育人"

为落实学校"三全育人"工作要求，结合后勤"三服务三育人"宗旨，依托学生社区多年学生生活素质培养体系，推进有特色国际学生社区育人工作，根据学生社区多年的工作经验，一支专兼结合、高水平、职业化的育人工作队伍必不可少，一支有社会责任感、高素质的学生骨干队伍也不可或缺。

2019年，国际学生公寓社区德育助理工作室成立，社区德育助理在学生社区通过安全教育、文明生活宣传引导、社区文化活动、违规违纪处理、特殊学生关注等方式，纵向深入国际学生生活需求、社交需要、生活引导等方方面面，补足国际学生公寓教育职能短板，将国际学生纳入社区课堂培养范畴内。社区德育助理作为专职社区育人工作者，一方面肩负社区育人重大使命，另一方面也成为推进全员育人的火种，通过牵头推进安全教育、文化活动等专项工作，引导广大职工找到社区育人工作的思路和方法、感受潜移默化育人的成效。2019年以来，由国际学生社区德育助理牵头，国际公寓安全培训中外学生4471人次，学生安全知识知晓率超过95%；在社区利用电子屏、宣传手册、宣传栏等发布安全知识、健康常识等各类宣传超过80种；开展社区课堂11讲，开展传统文化、社区特色等活动33次，参与人数超过2000人次。

图 4　国际公寓安全培训

图 5 传统文化、社区特色等文化活动

2019年,第一支国际学生勤工助学队伍——国际学生楼层长在国际学生公寓开展工作;2020年,国际学生志愿者服务队正式成立。学生们以美好社区生活的实际体验者、管理服务者的双重身份,搭建学校与学生之家的桥梁,使得住宿生活需求改善对标更加精准、学生课余文化生活更加丰富。3年来,参与到社区共建工作中的各类国际学生骨干队伍达到186人次,参与到国际学生前台咨询服务、公寓公共空间管理、文化活动组织、社区卫生清扫等超过30项工作中来,服务学生超过1900人次。越来越多的中外学生加入到学生社区共建共享共治的大家庭中,学生公寓骨干队伍为国际学生社区建设增加了一抹青春的色彩。

图 6 国际学生楼层长队伍

图 7　国际学生志愿者服务队伍

三、经验启示

（一）国际学生社区推进中外学生趋同化管理，关键在"趋"

学生社区生活素质培养体系日趋完善，2020年社区育人进入2.0时代，国际学生培养工作由于培养主体的特殊性，不能完全照搬思政工作思路、社区育人经验，在制度设计、体系完善、机制构建等各方面都要充分考虑国际学生的特殊性，这体现了推进趋同化管理中关于"趋"的理解。"同"体现了"立德树人"目标方向的一致性，"趋"就是要在充分考虑"不同"的基础上，在目标一致的前提下，在形式和内容设计上尊重不同。国际学生是社区育人不可或缺的培养主体，国际学生在清华既不能有"超国民化待遇"，又不能完全不在考虑范围内，各项工作从方案部署到通知落地都要充分考虑到"趋同化"。

（二）推进国际学生社区育人，要敢于拓展思政工作思路

推动国际化学生成长社区建设，始终把"育人"放在工作的首位。社区育人工作体系逐渐成形，面向国际学生开展生活素质培养工作的过程中，应该敢于将思政工作的好的经验和想法进行科学转化。在探讨培养什么样的人、为谁培养人的同时，要将育人思路进行广义拓宽，培养具有社会责任感的、助力人类发展进步的、知华友华爱华的国际学生，使培养目标和决策依据更加明确，也更有利于工作的开展。如在国际学生公寓开展文化活动，围绕"国际视野、

中国文化、清华风格、社区特色"主题，举办更多有益于帮助学生了解中国和学校的、促进相互沟通交流的、有益于学生成长的活动。

（三）服务中外学生人才培养，要敢为人先、勇于创新，不断总结探索、形成清华经验

中心提出"学习生活型、共建共享型、绿色智慧型"三型社区发展维度，服务范畴指向"学习、生活"，管理思路体现"共建共享共治"，基本建设向"绿色智慧"倾斜，决策依据为是否助力学生生活成长、是否符合立德树人根本目标。在学校"十三五"规划和全球战略的指导下，中心很快确定国际学生公寓发展方向，主动决策转型升级，坚持有所为、有所不为，勇于将过去擅长的服务项目进行切割，大胆推进模式转型升级，加速了事业发展、成效立竿见影；在推进中外学生混住的过程中，敢于率先开展多种住宿模式的试点，在国内同等高校中均属少见，既体现了学校推进事业改革发展的决心与信心，又体现了清华敢为人先的责任与担当。

持续改进公共教学楼环境
打造服务保障新模式

学生社区管理服务中心　方华英　柳杰艳　李广庆　王丹丹

关键词：教学楼改造教学；服务保障模式；文化建设；劳动育人

一、背景情况

随着学校建设世界一流大学的步伐，师生对公共教学楼教学多媒体设施运行保障水平、教学楼公共环境以及管理服务水平要求日益提高。"十三五"期间，学校陆续开展教学楼改造工程，全方面提升公共教学楼环境。在努力建设国际化的生活学习型、共建共享型、绿色智慧型学生成长社区的过程中，学生社区中心与教务处、信息化技术中心等部门协同，做好项目策划和组织实施，配合完成教学楼改造、教室多媒体设备升级改造等工作，并对改造后的公共教室进一步做好多媒体设备运维、设备设施维护、安全卫生秩序等日常运行保障。与此同时，围绕三型社区建设总体目标和践行"三全育人"的工作要求，积极探索教学楼文化建设和育人实践，努力为师生提供舒适的教学环境，丰富的人文环境和朴实的育人环境。

二、主要做法

（一）公共教室基础改造升级，全力提升师生空间体验

1. 配备绿色、智能化设施，全力提升健康、舒适环境

在教务处牵头策划下，学生社区中心积极推进四教、东阶、旧经管报告厅、

建筑馆报告厅、二教、西阶的改造项目，配合对明理楼、理科楼、文北楼公共教室进行环境改善和设备更新，完成了改造后三教的接收。改造后的教学楼多媒体设备更加先进，桌椅设计更符合人体工学，更便捷地满足融合式教学的使用需求；配置了红外广角测温设备，更好地满足疫情防控要求；搭建了由环境传感器、智能联控模块和平台软件组成的校园健康环境监测管理系统，可通过智能联控模块将新风、电动窗、地道风系统由传统手动控制转变为远程智能控制，进一步提升了环境舒适度。启用前，精心完成窗帘、标识的设计安装等环节，以实验室标准对环境进行多次空气检测和空气治理工作，确保符合国家标准，为师生提供安全可靠的空间环境。

图1　智能讲桌　　　　　图2　智能窗户　　　　　图3　舒适桌椅

2. 增设无障碍通道、设施，构建便捷、和谐的人文环境

改造后的教学楼，能够满足各种行动不便人士的需求，内装标识引导、楼梯扶手、地面铺装、无障碍坡道、无障碍卫生间、设有盲文按钮和语音楼层播报的外挂无障碍电梯，秉持着为师生服务的初心，对所有人都提供了安全、便捷、舒适的环境。老师和同学们都说改造后的教学楼更注重细节，每一个细节都是那样体贴、有温度。

图4　无障碍设备设施

3. 打造开放、共享的讨论空间，体验灵活、多元的学习环境

改造后的教学楼内增设公共交流空间、包厢式自习区，创新的学习环境给

师生带来全新的学习体验，让浓厚的学习氛围遍布教学楼的各个角落，满足学校开放式教育理念和师生融合式教学保障所需。半开放式自习区内，有交流学习心得的学生，有等待上课自习的学生，有进行小组讨论的学生。这些"多姿多彩"的学习交流区，满足了学生们在不同时段的临时学习需求，是集中授课教学空间的延伸与补充，让不同专业学生汇集在教学楼，在其中相遇相识，畅所欲言，满足了开放、灵活的多元教学需求，实现了"教"与"学"的深度融合。

图 5　包厢式自习区　　　　　　　　图 6　公共交流空间

（二）完善运行服务保障工作理念，倾情助力教学与育人

1. 丰富教学楼文化建设，营造特色育人环境

通过联合共建、搭建平台、丰富内容等措施积极打造富有特色的教学楼文化，营造良好氛围，传递正能量，做好环境文化育人。在学校文化建设办的指导下，教学楼内学术名人文化墙再版升级，按类别进行教学楼标识设计和双语再版4600余张，体现规范与专业性、国际化；利用教学楼公共空间，联合校史馆、校友会、校团委等开展主题文化活动，近三年累计58场次，传递清华精神；展出美术学院、建筑学院高水平学生作品130多幅，使教学楼的环境更加有品位；利用教学楼内信息发布系统，开展二十四节气、重要节日、安全、健康等内容的宣传，制作海报140余张，弘扬传统文化，营造正向积极的教学楼文化氛围，受到了同学的关注和喜爱。过程中，严格按照要求组织落实意识形态阵地管理职责，完善公共教学楼研讨间预约使用规则、推进预约系统升级，加强公共教学楼意识形态阵地管理。

2. 拓展实践育人岗位，强化服务育人实效

每学期组织策划开展学生组织及学生代表座谈，就学生关心的问题与学生深入探讨解决方案，促进学生骨干思考问题解决的方法，帮助学生骨干成长。与学生部门联合招募勤工助学岗位与学生志愿者，组织开展相关培训，拓展实

践育人岗，积极开展多种形式的劳动育人工作。2020年与学生部门共同设立教学楼多媒体运维、文明行为引导、文化宣传等勤工助学岗位，组建公共教室学生勤工助学队伍。针对疫情背景下的融合式教学模式，在开学、校庆等重要节点招募学生志愿者协助开展工作，一学期累计约700人次。与保卫部党支部、6个学生团支部共同开展"教学楼停车落锁安全提示"共建志愿服务活动，在教学楼周边提醒同学停车落锁，提高学生的安全意识。

3. 推进教室一体化服务，提升综合管理服务水平

2020年5月，学校职工队伍人事制度改革中将教学环境运维职能从信息化技术中心调整至学生社区中心。为此，在疫情常态化融合式教学背景下，中心需要全面梳理细化保障机制、队伍情况、工作流程等，确保学校职能调整平稳过渡，同时，为提高教室一体化服务效能，积极探索促进教室综合管理服务水平整体提升的新保障模式。为促进队伍的良好融合，中心提前谋划，统筹做好原有两个岗位两支队伍的技术互通培训、考核、选拔多媒体技术优秀、积极向上的同事组成新的团队，提高服务综合能力和技术水平。主动服务有服务需求的师生，受到认可，为疫情防控常态化背景下线上线下融合式教学提供有力支撑。教学运维管理综合保障试点体现了教室运行的一体化服务，提升综合服务保障水平取得初步成效。

三、经验启示

（一）不断加强教学环境建设，保障师生多元教学需求

教学基础设施建设是学校教育教学改革的重要组成部分，也是建设世界一流大学的内容之一。清华大学校长邱勇指出："要给予学生充分的学习自主权，使学生获得更多独立思考的时间和空间，不断提高自身修养，实现多样成长。"改造后的教室环境吸引了更多院系师生到公共教学楼开展教学、会议、研讨活动。互动、开放、自主、多元的教学活动空间将成为教室人今后努力的方向。

（二）加快推进教室一体化服务，全面提升综合服务保障水平

新的教学环境对运行服务保障提出新的需求，为高效能地保障其良好有序运行，需要素质优良、技能过硬的职工队伍。通过培训、试点示范等措施，可

以促进服务保障人员成长，不断提升其业务技能和综合素质，逐步打造出一支结构合理、技术与沟通能力俱佳的保障队伍。

（三）持续拓展实践育人岗位，充分发挥教学环境育人职能

结合工作实际充分挖掘公共教室育人资源。与相关部门合作，持续扩大公共教室勤工助学、志愿服务队伍，坚持让学生在实践中"受教育、长才干、做贡献"，共同推进实践育人新格局。引导学生积极参与到学生社区建设中，实现思政教育与实践锻炼有机融合，在关爱人、管理人、服务人中教育人、影响人、引导人，培养学生正确劳动价值观和良好劳动品质，也发挥学生在楼宇建设和运行中的积极作用，为营造良好的教学环境贡献力量。

建设设备监控中心
全面提升维修服务管理水平

学生社区管理服务中心　胡世君　唐贺亮　方庆

关键词： 维修；设备监控；管理；智能化

一、背景情况

学生社区管理服务中心负责清华大学 60 多栋学生宿舍楼，20 余个教学点的维修保障任务，面积大概 70 万平方米，每年维修量大约在 10 万件左右。面积大、体量大、种类多是社区维修工作的特点。随着学校教学科研事业的发展，宿舍及教学区域不断扩大，维修工作涉及面愈来愈广，涵盖水、电、木、土建、淋浴、家具、弱电等内容，设备设施数量也有了较大幅度的增长，据统计仅配电、电梯、冷热水、空调、弱电五大系统的中末端设备近 1.3 万个，保障这些设备设施正常运行是我们工作的重点之一。2013 年学生社区中心把设备管理作为专题进行研究，总结出日常设备巡检存在效率低下、费时耗力、可靠性差等诸多问题。面对新的局面，"人员日常巡检，事后被动抢修"的管理模式已不能满足高质量高标准的保障要求，必须转变为以人与技术相结合，实行"实时、在线式"状态维修管理模式才能解决中心设备管理难题。基于以上研究成果，学生社区中心提出建设设备监控中心的计划，得到了学校的大力支持。

二、主要做法

（一）管理创新，建设设备监控中心

设备监控中心的建设理念通过引入先进制造技术（Advanced Manufacturing

Technology）的数字双胞胎（Digital Twin）理念，利用信息化手段营造与现实世界对称的数字化镜像，模拟设备设施的运行和工作状态，实现实时控制，资源优化，精准管理，预判分析。经过几年努力，完成了中心设备监控中心Ⅰ、Ⅱ期建设，将辖区内生活水箱、生活热水、二次供水、中央空调、太阳能系统、配电设施、电梯等设备逐步加入管理系统，实现实时传输运行数据、故障报警、视频显示及远程管理控制功能。设备监控中心融合了三大功能业务，核心部分是设备设施监控系统对辖区供电系统、供水系统、中央空调系统、生活热水系统、电梯系统等5个子系统进行集中管理、分散控制。其次依托中心OA（办公自动化）系统，实现对网上报修后续的工单分派、远程打印等功能，对急修或跑水、停电、火灾、电梯困人等突发情况及时应急调度保障；视频系统主要监控电梯内轿厢、屋顶太阳能集热管、配电室、热水泵房等场所内各设备设施的运行情况以及各设备间的安全情况。

（二）技术创新，提升设备管理智能化水平

近几年随着"物联网"技术发展，新技术、新产品不断涌现。设备监控中心依托物联网技术，其中传感技术相当于人的眼、鼻、耳等器官，通过传感器对设备运行数据进行采集；网络通信技术相当于神经系统，通过通信接口进行信息传递；嵌入式技术相当于人脑核心，通过感知设备与人进行交互、对设备进行控制，实现智能化管理。以往设备巡视靠人工要查几天，现在只需单人10分钟完成一次在线巡检，巡视效率比以前成倍增长，巡视频次任意增加。以往温度、压力调控都得到泵房手动操作，现在只需坐在电脑前操作辅热或水泵启停就能处理很多问题。以往维修一个工单需要往返几趟领取物资，现在通过报修系统维修师傅基本就能判断需要带哪些物资。以往发现问题了同学报修，维修师傅再去上门维修，属于事后模式，现在很多维修问题通过系统巡视发现后就可以第一时间处理，变被动为主动。

（三）服务创新，促进维修工作流程再造

设备监控中心构建了调度人员、维修工、库房"三方一体"的维修运行服务模式。调度人员作为中枢，协调组织各方维修关系；维修工通过分析报修数据来确认领取的维修材料；维修质量、维修物资全程透明可追溯。报修数据实时传输到系统里显示，改变了以往传统电话报修模式记录不准确的弊端。同时引入"绩效考评"机制,坚持按劳分配的原则,将工资与考核分数直接挂钩,并根据实际工作情况不断调整考核指标及分值,有效提高了维修人员积极性和工作效率,工单也做到了日清月结。逐步实现了学生区、公共教学区维修管理职能合并,区域内小维修一体化格局形成。通过信息系统将各部门整合办公,配合更加紧密,更能发挥出协同作战能力,促进了管理流程逐步完善。

三、经验启示

(一)贯彻服务育人理念,提高师生满意度

设备监控中心的建设将小维修和设备设施维护带入了智能化、便捷化的快车道,使得我们有底气提出小维修及时率100%,设备设施完好率99%的绩效考核目标。能够用更多的时间去思考如何发挥环境育人使命,满足同学对美好生活的向往。近几年陆续对部分老旧宿舍楼进行了整体规划改造,配置了会客室、研讨室、自习室、轻体育室,促进学生之间的交往。增加了楼内智能水电表、智能门锁、智慧照明等新型智能化设施,在保留这些建筑历史文化前提下,延长高校老旧学生宿舍的生命周期,发挥环境育人作用。我们同样关注并收集使用中的需求和建议,将对同学的关怀渗透到生活点滴。如为更好地保护同学隐私,为部分学生公寓卫生间小便池加装隔板;为方便同学们洗衣时取放洗衣物品,合理利用洗衣空间,在洗衣机上方加装台面板;为解决冲水不净和水花飞溅问题,为部分学生公寓安装新型马桶。通过设备的改造,引入智能化管理手段,以淋浴热水为例,使热水设备运行更加稳定可靠,2013年实现全部公寓楼热水洗浴,2017年增加了晨时(7—9点)热水供应。

(二)关注行业发展,不断追求进步

设备监控中心建设不是一蹴而就,也不能一劳永逸,前期系统建成使用,也只是为维修管理的智能化搭建了一个比较粗放的框架,接下来更长远的工作需要我们不断细化、完善。我们仍清醒地认识到,当前的设备监控中心建设仍处于"练内功"阶段,尤其在提升设备设施精细化管理方面,仍需要一个长期完善的过程。把当前系统与全生命周期系统整合对接,实现设备设施更加优质化管理;将库房管理系统纳入其中管理,实现维修物资精细化管理,开源节流,

最终形成人—设备—物资的闭环管理，实现国有资产的保值增值。

经过八年努力，学生社区管理服务中心的设备监控中心建设并非一帆风顺，经历了曲折艰辛，但是智慧化管理手段所带来的好处远超预期。同时，需要不断总结设备管理新经验，探索设备设施运行服务新模式，持续关注行业技术发展，不断改进提升，以达到管理成本最小化、服务保障最大化，实现从"传统服务"到"智能化服务"的稳步过渡，切实提高管理与服务效率是设备监控中心建设的根本出发点。

信息技术助力学生社区发展

学生社区管理服务中心　陈展　赵长友

关键词： 信息化建设；"我们的家园"网站；满意度调查；自助服务

一、背景情况

学生社区是高校特有的集学生住宿、生活、学习的场所，是学校教育工作的重要阵地，学生社区中心重视依托信息化技术，不断提升管理服务水平。在长期实践过程中，学生社区结合自身工作实际，分阶段、分步骤实施信息化建设，分别在基础信息服务、内部信息化管理、移动信息服务、自助服务等方面开展信息化应用，取得了良好的效果，2016年，中心荣获"全国教育后勤信息化建设先进单位"称号。

二、主要做法

（一）利用网站平台做好基础信息服务

1999年，学生社区中心启动建设"我们的家园"网络平台，通过信息化平台开展线上服务，和同学进行交流沟通。平台提供的网上报修、水电表充值、公共空间预约等30余项功能成为学生生活常用信息服务，是校内最重要的学生生活网络平台。网站专门设置了意见反馈栏目，自开通以来同学在网上发布了数万条意见和建议，中心将学生反映的问题第一时间与相关部门沟通，对于一些同时涉及几个部门的问题，及时启动协作联动机制，从而快捷高效地解决学生的实际困难和问题。

图 1　"我们的家园"网络平台

（二）依托信息技术提升内部管理水平

2006 年开始建立了以满意度测评为核心的质量管理系统，每年依托网络开展满意度调查工作，通过满意度调查及时找出所提供的各项服务的优势和劣势所在，同时建立满意度数据分析模型，科学分析和判断各岗位的工作绩效，为落实各层级激励机制提供可靠依据。为进一步监督各项工作的完成情况，质量管理系统还建设了学生社区关键工作指标模块，实时监测学生社区 5 大类 17 项工作指标，如意见回复率、维修及时率、访谈覆盖率、公寓床位资源使用率等。

（三）跟上移动互联潮流，不断拓展信息服务

随着信息技术不断发展，移动互联成为信息化建设的新方向，尤其近年来微信平台不断深入生活和工作的方方面面，利用微信平台做好信息化工作成为加强信息化建设不可缺失的一个重要手段。中心 2015 年开通清华家园网微信公众号，学生通过手机随时随地使用家园网各项服务，新生入学前还可以浏览

宿舍 VR 内景、开展住宿安全知识自测等。

图 2 "我们的家园"微信公众号

（四）探索自助服务，助力"数字校园"建设

2020 年，学生社区被学校选定为"数字校园"先行示范区，学生社区利用好这一发展契机，积极探索在学生社区部署自助服务设备。中心开通了"我们的家园"网站自助机版，并利用自助机的本身优势，开通校园卡相关服务，比如小钱包自助退费、水电表自助缴费等。在集中办理离校手续当天，每名同学刷卡登录自助设备，扫码退费，平均仅用时 15 秒，大大缓解了学生公寓总服务台的排队现象，有效助力学生毕业离校工作。

图 3 学生社区中心自助服务设备

三、建设效果

经过多年努力，学生社区中心工作取得了一定的效果及成绩，通过一系列信息化手段，提升服务水平，提高管理效率，并扩大了工作宣传影响力。

（一）提升服务水平

中心依托信息化手段改进服务工作，提升了服务效率，以维修工作为例，以前学生报修都要经过楼长，楼长再通过电话方式通过维修处，维修处再派工派人，手续较多，一个小维修往往就得几天。"我们的家园"网上开通网上报修后，学生在任意时间和地点通过家园网站进行报修，维修处通过电脑直接打印维修处，最快在 5 分钟就能上门维修，流程的变革带来了维修效率的大幅度提升。

（二）提高管理效率

信息化建设也大大提升了社区工作的管理效率。例如中心建设的内部办公系统，高度集成了中心各管理业务，学生区 60 余栋公寓楼的楼长每天上班第一件事就是进入办公系统进行考勤、利用系统进行完成楼内日常管理与服务以及学生沟通、数字迎新、送旧等工作，显著提升了公寓服务水平。在迎新过程中，新生直接到对应公寓楼办理入住手续，楼长操作办公系统几分钟内就完成登记手续，极大减轻了迎新过程人员投入及现场压力。

（三）扩大工作影响力

中心信息化的建设也拉近了社区服务与师生的距离，扩大了中心工作影响力。"我们的家园"网站每天处理学生意见 20 余条，每年 8000 余条的各种学生意见答复量，成为社区服务与学生沟通最繁忙的渠道，对社区工作宣传起到积极的作用。家园网微信平台开通的"新生通道"栏目，让每一名新生在入学前就可提前接受学生社区贴心、周到的服务。新生在家通过微信平台就可查看入住协议、浏览住宿生活指南，与楼长进行在线沟通或咨询，并开展新生住宿安全知识测评，受到新生的热烈欢迎，中国青年网、清华新闻网、凤凰网、搜狐网等十余家媒体曾进行宣传报道，取得较好的工作宣传效果。

学生社区信息化建设是管理服务不断创新的过程，也是社区管理服务水平提升的突破口。在信息技术不断发展的今天，我们仍要不断加强自身建设，推动信息化建设的规范化、精细化、高效化，为学生学习生活提供更优质服务，将服务育人工作落到实处。

积极稳妥推进职工队伍人事制度改革

学生社区管理服务中心　李芳　杨铁娟

关键词：职工队伍人事制度改革；岗位体系；薪酬制度

一、背景情况

清华大学在建设世界一流大学的进程中，需要建立一支与之相匹配的专业化、职业化的职工队伍，需要高素质的后勤队伍提供高水平、专业化的支撑保障。自 2016 年起，在学校人事处和后勤党委的统一领导下，后勤各单位开始探索职工队伍人事制度改革，通过进一步明确事业发展目标和队伍改革目标，目标是为学校改革发展、"双一流"建设提供有力支撑，为学校后勤事业未来十年的改革发展提供可靠保障，并为未来 20 年的后勤职工队伍建设打下坚实基础。

学生社区中心根据事业发展需要，坚持育人宗旨，通过职工队伍人事制度改革，在中心内部建立了科学的岗位体系，实现了同岗同薪，考核评价体系和发展体系也得到了进一步完善。通过多层次分专业的技能培训和岗位锻炼，不断提高整体队伍的专业化、职业化水平，建设一支奉献、务实、担当、清廉的干部队伍，培养顾大局、善管理、懂专业的管理人才和精通业务、勇于创新、能打硬仗的技能人才，为学校建设中国特色世界一流大学提供队伍保障。

二、主要做法

学生社区中心启动职工队伍人事制度改革后，首先成立了职工队伍人事制度改革工作小组和薪酬改革小组，从组织上落实改革的领导和推动。在改革过程中，中心和各科室充分重视，提高站位，从事业发展规划出发重新梳理组织机构，以职能定位为依据科学设岗、定员定编、以岗定薪。

（一）盘点现状，剖析问题，明确使命愿景

学生社区中心首先对中心现行的组织结构、中心现有职能以及科室的具体职责进行了系统盘点梳理。其次对现状进行深入剖析，分析了中心发展面临的挑战，随着学校全球战略的推进实施和学生社区建设内涵的扩展，中心需要进一步整合住宿规划、教室／宿舍楼局部功能改造待提升、课堂教学及社区生活环境待优化、学生社区区域综合管理模式待完善、专业技术人才亟待补充等6项挑战，在部门结构设置、队伍建设等方面存在的需加强学生公寓育人职能、国际学生公寓区事务科组织架构需要调整、职工队伍薪酬水平缺乏市场竞争力等6个问题。

从学校使命、定位和发展战略出发，进一步明确学生社区中心的使命为"创造一流环境，践行服务育人"，加强全员、全过程、全方位育人，围绕学校立德树人根本任务作出贡献。中心的愿景为落实学校全球战略，打造国际化的"生活学习型、共建共享型、绿色智慧型"学生成长社区。

（二）尊重历史，面向未来，科学建立岗位体系

基于上述分析，学生社区中心确定了符合清华实际、参考同行标准、结合自身特点的改革思路。明确学生公寓、教学楼、维修与设备运行保障、社区安保等岗位的设置标准，合并业务同类项，调整组织机构，梳理岗位职责，合理控制设岗规模，提升工作效率。设岗过程中尊重历史，稳慎解决历史遗留问题。对于拟引入社会优质资源的岗位，制定过渡方案，现有岗位人员合同到期逐步消化，避免"一刀切"。同时，面对新时代新要求，需要进一步加强融媒体矩阵式宣传工作、信息化和智能化建设及基于风险控制的全面质量管理体系建设等工作，需增设相应岗位，加强工作队伍。

根据中心业务范围，按照专业化、职业化的要求，建立分类、分层级的岗位管理体系，将岗位分为管理一类、管理二类、专业类岗位、技术类岗位、事务一类岗位和事务二类岗位。如对于按政策流程办事、按指令执行、事务性的岗位，确定为事务类岗位；将承担环境、设施运行维护工作的岗位确定为专业类或技术类岗位，要求具备专业技术资质且需要相关从业经历。根据岗位重要性程度和人员的具体情况，采用聘用合同、劳动合同、劳务派遣等形式实现灵活用工。其次参考《北京高校物业管理服务人员配置及费用测算指导意见》，

结合长期实践经验，确定中心业务范围内的 16 个管理服务项目的人员配置标准及岗位数量。

（三）以岗定薪，优劳优酬，完善激励体系

岗位体系是扎实推进评价体系、激励体系、发展体系改革的基础，是提高职工队伍管理精细化程度、实现职工队伍专业化、职业化的重要途径。学生社区中心以学生公寓区事务科科长、工程与技术保障科副科长、综合指挥室主管、学生社区德育助理、公寓管理员 5 个岗位作为标尺岗位，提交学校岗位评估专家组进行评估，确定标尺岗位的等级。之后参考标尺岗位的评估结果，确定中心其他岗位的岗位等级。

岗位绩效薪酬制度以岗位价值为依据，以绩效为导向，参照劳动力市场工资价位和高校后勤同行薪酬水平，确定不同岗位的工资水平，向关键岗位和专业类高层次、高技能人才倾斜，合理拉开工资分配差距。加强全员绩效考核，使职工工资收入与其工作业绩和实际贡献紧密挂钩，切实做到能增能减。关键岗位薪酬水平实施竞争性策略，确保激励现有骨干人才，并对外部人才具有较强的吸引力；非关键岗位薪酬水平实施稳定性策略，薪酬水平与市场薪酬水平基本保持一致，在保持一定流动率的基础上实现职工队伍的优胜劣汰。

在同级岗位中，不同岗位参考市场薪酬水平设计不同的薪酬带宽标准，体现行业特性。同一岗位考虑职工长期职业规划实行分级（等）制度，根据专业资质、职称职级、工作经验、学历工龄等能力素质要素设计职工成长路径，鼓励职工在本职岗位成长成才、敬业奉献，不断提高能力素质。

（四）以人为本，共同发展，建设评价和发展体系

评价体系以岗位说明书为基础，实施职工效能管理，以提高职工队伍整体管理和服务效能。中心以年度和聘期为周期，分别从履职情况和满意度等几个方面进行评价，并建立相应的反馈和改进机制。在年度考核中，坚持日常考核和年终考核相结合、业绩考核和相关评议相结合、定量考核与定性考核相结合、通用考核要求与具体岗位的特性要求相结合。完善试用期考核制度，年度考核中将职工的思想政治素质和师德师风表现情况与考核结果挂钩，师德师风考核不合格者年度考核将被评定为不合格。年度考核结果分为优秀、良好、合格和不合格四个等次，职工年度考核为不合格等次的，取消年终奖励，不能参加更

高等级岗位的竞聘。

发展体系实行岗位和职务职级双梯制晋升制度，职工可以通过竞聘更高等级的岗位或在本岗位申报更高的职务职级得到晋升。职务职级晋升制度为评定与认定相结合，专业技术职务、职员职级、工人技术等级的高级职务职级由学校评聘，中初级职务职级由中心进行评聘，报学校备案。中心制定《学生社区中心教育职员职级评聘实施办法》，以个人答辩、专家评审的方式进行职级评聘。

不断完善职工培训制度，建立全方位、分类分层的多元化培训体系，坚持岗位技能培训和发展性培训相结合，覆盖全体职工。中心层面负责主管干部以上岗位的领导力提升培训、新职工入职培训、职工素质能力提升培训和三级安全教育的统筹工作，科室层面结合具体业务开展在岗职工的岗位技能培训。对于岗位贡献大、业绩突出的骨干职工，中心统筹校内职能部门组织的专业培训资源，为其提供职业发展进阶培训和学习交流培训，如人力资源管理"赋能"培训计划、"外事管理与国际化能力提升研修计划"、"全球传播能力提升计划"、"国际学生工作队伍能力提升项目"、办公室主任专项培训等，促进职工个人与学校事业共同发展。

三、经验启示

学生社区中心充分认识到职工队伍人事制度改革对于建设世界一流大学的重要意义以及改革的紧迫性和复杂性，深刻领会改革精神，广泛凝聚改革共识，精心进行顶层设计，积极思考职工队伍建设方向，稳妥推进改革工作，总结出如下经验和启示。

（一）遵循人力资源专业科学，做好顶层设计，充分发挥基层的主动性，自上而下和自下而上相结合

职工队伍人事制度改革，属人力资源专业范畴，必须遵循人力资源专业科学，运用工作分析、定员定编、岗位评估、薪酬管理、绩效管理等专业方法进行。中心根据学校的战略确定使命、定位，做好顶层设计，充分发挥各科室的主动性，自上而下和自下而上相结合，上下齐心确定工作职责，划分部门间接口工作的职责，从而为设岗工作确定好边界，科室和职工能够将科室的业务发展、职工个人的职业发展与中心事业的发展结合在一起，形成巨大发展合力。

(二)职工队伍人事制度改革涉及职工切身利益,要畅通沟通渠道,营造良好氛围

职工队伍人事制度改革涉及职工的切身利益,事关学校和中心改革、发展、稳定的大局,因此要积极稳妥推进。要充分发挥基层单位、党支部和工会的作用,深入宣传,营造良好的改革氛围,有针对性地做好职工思想政治工作。讲清改革的目的意义和实施办法,使干部职工消除顾虑,增强心理承受能力,关心理解改革,积极支持改革,自觉参与改革。保障职工的权利,对改革中涉及职工切身利益的重大问题审慎对待,对最敏感的薪酬方案要多次推演,将改革与人文关怀相结合,在反复演算的基础上设计确定最优薪酬方案,畅通沟通渠道,做好宣传解释,画好最大同心圆。

(三)培育职工队伍的育人意识和提升职工队伍的育人能力是队伍建设的永不竣工的工程

中心职工队伍所处的学校环境,决定了队伍建设的出发点和落脚点是育人为本,积极为学校立德树人的根本任务做贡献。首先要有力保障学校教学、科研工作的开展、师生员工学习生活,其次是要直接参与"三全育人"工作。对于职工而言,育人意识和育人能力不是在入职时就自然带来的,而是需要在队伍建设过程中不断培育和强化的。因此,培育、强化职工的育人意识和育人能力是队伍建设的长期任务。

探索清华大学学生社区区域管理新模式

学生社区管理服务中心　曹蕊

关键词：学生社区；区域管理；共建共享共治

一、背景情况

自 2013 年起，清华大学学生社区开始探索"区域综合管理模式"改革试点工作。学生社区区域综合管理旨在参考社会网格化管理模式，以学校三区联动管理模式为基础，有效整合学生社区区域管理服务力量，把人、地、物、事、组织全部纳入一体化管理，实现学生社区区域管理的扁平化、精细化、高效化，服务的全覆盖、全天候、零距离，夯实学生社区管理基础，努力建设更加安全、整洁的学习生活型、共建共享型、绿色智慧型国际化学生成长社区，更好地满足学生日益增长的个性化、多样化需求，适应学校建设世界一流大学的发展要求。

二、主要做法

（一）瞄准难点，多方协同推进社区环境秩序治理

清华大学学生社区管理学生公寓 60 余栋，由于建筑年代不同，学生公寓装修改造、基础设施改造、环境优化提升、商业配套建设等成为后勤"十三五"发展时期的重要工作任务。在学生区开展各项工程施工也面临着巨大挑战，由于多家单位主导的改造工程存在噪声扰民、环境秩序有待改善等现象，影响学生的学习生活。因此亟须加强学生区工程项目的统一规划和协调治理，探索建设由学生社区中心统一指挥调度、部门联勤联动、全员共同监督、问题整改到

位的运转机制。成立校内重点工程小组，由总办牵头，学生社区中心、修缮中心、饮食中心、基建处、保卫处、体育部等多家单位共同参与，以"环境监察""施工车辆"等师生反映强烈的问题为重点突破口，定期与学生召开施工沟通协调会，听取学生意见建议，提升工程监管能力。同时，加强学生社区安全文明施工管理制度建设，制定《清华大学学生区施工管理办法》《学生区施工报备审批流程》《清华大学学生区施工保证金管理办法》，对施工车辆进行备案、指挥引导、监督卸料，减少噪声干扰、粉尘弥漫、施工垃圾乱倒等现象。每年审批施工报备约30余项，管理放行各类备案施工车辆8000辆（次）。在多家单位协同治理下，施工车辆报备、工地围挡及安全警示标志设置、建筑垃圾清运等事项逐步得到规范，学生区环境秩序得到明显改善。

（二）突出重点，多措并举提升交通安全管理

学生区交通方式以步行和自行车行驶为主，机动车、电动车、"僵尸车"问题对学生区交通安全带来一定安全隐患。为保障学生出行安全，学校将学生区确定为"机动车限行区"，在学生区入口设置4个岗亭进行车辆疏导和劝离，减少社会车辆频繁出入学生区。但仍存在部分机动车车速过快，导致发生多起撞伤学生事件。结合学生区路段情况，试点建设车辆测速系统，对过往车辆自动监测。每年监测机动车约90000辆（次），将超速车辆列入黑名单、给屡次超速人员开专题教育培训班，交通安全秩序持续向好，学生区内车辆速度大幅降低、交通事故有效减少。

学生区内电动车、"僵尸车"不仅占据停车位影响师生正常停放车辆，而且造成校园环境杂乱无序。学生社区中心联合校办、保卫处、学生系统，出台《关于进一步加强校园电动车管理的通知》等规定，对"临牌""无牌"电动车进行集中清理，规范"合规"电动车的行驶和停放。同时结合送旧迎新工作时机，加强学生思想教育引导，加大违规电动车处置警示力度，减少学生区电动车数量。多措并举开展宣传教育，配合学生系统利用党支部会、班会、辅导员入楼等方式，加强电动车安全教育，引导学生提升安全意识。截至目前，学生区电动车保有量从5400余辆下降至1800余辆，学生逐步将出行方式由电动车更换为自行车。为了降低"僵尸车"的数量，联合学生会和研究生会共同开展毕业季捐车活动，将毕业生闲置的车辆进行集中维修，新生入校可免费登记领取。同时对"僵尸自行车"清理从定期集中清理改为以楼为单位每月集中清

理，腾退出更多的停车空间，缓解了自行车停放难的问题。

（三）紧跟热点，优化完善学生区快递服务管理

随着学生快递量逐年快速增长，快递服务公司数量也随之增加，快递送货车速快、治安隐患等问题更加凸显。为解决快递派送"最后一公里"的问题，让同学享受到更加便捷、安全、优质的快递服务，学生社区中心遵循学校要求、主动融入校园整体规划、促进区域秩序管理，明确了引进社会资源，由一家第三方公司专业管理、统一收发的工作思路。成立专项工作小组，制定工作方案，由学生区安全秩序管理部门、学校收发业务负责部门、校研究生会、校学生会、所属街道办事处七个部门代表共同参与。加强快递服务监管，充分征集学生意见。设置快递自提柜，促进快递服务区域升级改造，目前年均快递量从100余万件增长到了250余万件，为方便同学取件，在紫荆W楼后、紫荆篮球场对面、学生公寓13号楼西侧加装了快递柜柜口约8400个，基本解决了高峰时段取件排队难题。

（四）提升"智"点，不断加强学生区应急处置能力

近几年，学生社区区域不断扩大，面临新的安全形势和挑战，学生社区中心着力提升区域管理水平、提高应急处置能力。在整合和利用现有安全设备、安全管理资源的基础上，采用现代信息技术，构建一体化的通信、指挥、调度体系，搭建高度集约化、智能化的应急管理体系。实现学生社区公共安全的消防8大系统、20余万件的消防设备设施、2700个安防摄像点位的信息采集、传输、存储，实现预警判定、决策分析、命令部署、实时沟通、联动指挥。利用安消防巡检技术，发挥"人、物、技"三位一体联防作用，提高预警预判能力，初步建立"研判调度—区域处置—复盘提升"的应急指挥模式，每年处理各类应急突发事件及学生求助约5000人次。与中关村派出所、保卫处协同合作，提升破案效率，确保学生的生命财产安全。

学生社区实行区域管理以来，得到了学校的高度重视，经过不断探索与实践，学生社区区域管理模式已基本形成。学生与学校各部门共同参与社区建设，能够有针对性地开展符合学生的特点与需要的管理服务工作，体现以人为本、以学生为本的工作理念。学生社区实施区域化、整体化管理，便于集中区域内各方优势，因地制宜、因时制宜、具体问题具体分析，高效解决问题。

三、经验启示

（一）运行机制和制度建设是区域综合治理的根本保障

无规矩不成方圆。制度建设明确了学校各部门在学生区开展工作的职责权限和工作边界，运行机制明确了各方运行规则及协同配合方式。近几年，电动车管理及施工管理等相关规定出台对推动学生区区域综合治理发挥了根本保障作用，后续还要继续推动学生区消防安全管理规定的制定，建立有法可依、有章可循的区域管理模式。

（二）信息技术水平是提升区域综合治理的关键因素

区域综合管理需要对多部门、多项业务数据资源进行整合，用信息技术打通部门信息壁垒，使得区域治理更精准、更高效。通过数据交换和信息互通，有效整合协同学校各职能部门，全面系统地预测、分析各类学生群体和服务单位对区域管理、服务等方面的需求，提升综合研判和应急处理能力，所以不断提升信息技术水平是区域综合治理的关键因素。

（三）共建共治共享是提升区域综合治理的必然路径

学生社区是学生学习生活的重要场所，也是学校全员全过程全方位育人的重要阵地，学生社区区域综合治理从基础设施建设，到环境氛围营造，再到潜移默化育人，都需要学生积极参与，需要学校各部门齐心协力、同向同行。要实现学生社区共建共治共享的区域管理格局，不是某一方的"独角戏"，而是多方力量的"大合唱"，汇聚起磅礴的多方力量，创新社区区域管理模式，谱写学生社区区域管理新篇章。

从"办商贸"转向"管商贸"

——清华正大商贸公司职能改革的探索与实践

商贸中心（正大公司）　赵广刚　王艳敏　徐鹏

关键词：职能改革；商贸服务；校园规划

一、背景情况

（一）历史沿革

北京清华正大商贸公司（以下简称"正大商贸公司"）成立于1997年，前身为清华园街道联社，是综合性、管理型的集体所有制法人企业。其下属企业的主营业务包括：超市、菜市场、商贸、印刷、住宿、照相以及部分商贸资源管理。2002年，正大商贸公司从清华园街道办事处剥离，划归清华大学后勤直接管理。多年来，正大商贸公司秉承"不怕困难，服务师生员工生活；不讲条件，服务一流大学建设"的工作理念，逐渐从"办商贸"向"管商贸"过渡转变，在服务师生基本商贸需求和学校重大活动物资保障方面作出了积极贡献。

（二）职能改革——新的发展需求

过去大而全、小而全的后勤服务保障体系产生于物质匮乏、社会服务不够健全的计划经济时期。随着市场经济的蓬勃发展，物质得到极大丰富，社会服务日益专业化，后勤社会化的命题便提上了日程。清华后勤寻求与时代同步，社会化改革不冒进、不保守，适配学校高质量内涵式发展要求，行稳致远。以正大商贸公司为主体的商贸改革适应时代和学校发展要求，开启了一系列深化改革。《清华大学后勤综合改革与发展方案》（2015—2020年）明确指出："以师生员工需求为导向，引入社会优质资源……"

（三）从"办商贸"向"管商贸"的转变

正大商贸公司作为学校后勤实体之一，承担着为全校师生员工提供商贸服务的重要任务。随着校内师生员工对商贸服务品质和品位的不断提升，当前的商贸管理体制机制、业态布局已无法满足需求，商贸服务的改革势在必行。为顺应学校及后勤综合改革的实施，以及商贸可持续发展的需要，正大商贸公司坚决贯彻"将时间和精力留给学校"……

由"办商贸"向"管商贸"的职能转变，要求正大商贸公司从繁杂的业务种类中抽身，有序退出可由社会优质资源代替的服务项目，一方面引入的社会优质资源在学校有效监管下为师生提供更为专业、高效和实惠的服务；另一方面，综合改革也要求正大商贸公司提高政治站位，对校园整体商贸规划布局进一步统筹优化。职能的转变，要求正大商贸公司以管理者视角看商贸问题，按照各行业的管理准则制定完善校园市场管理运行机制，是推动校园商贸改革的重要抓手。

二、主要做法

（一）确定改革思路与目标

随着综合改革计划开始实施，正大商贸公司职能改革来到了关键点，在明确自身改革思路与目标后，正大商贸公司的职能改革主要通过专业化调整、转型转制和引入优质社会资源等方式，逐步退出自营商贸服务项目，从而实现从"办商贸"转向"管商贸"的改革目标——成立商贸管理机构。

（二）制定具体改革举措

1. 转型转制，逐步退出自营商贸业务

实施下属企业转型转制是正大商贸公司改革的重要举措之一，目的是推动实现职能的转型。正大商贸公司下属单位有清华图片社、正大服务楼、清华园胶印厂等分支机构和独立法人企业，业务种类多、营业执照多。为实现改革目标，正大商贸公司通过精简业务、专业化归口管理和社会化调整，逐步撤销分支机构，向商贸管理者的定位转变。正大商贸公司于 2014 年开始，逐步完成清华图片社、正大服务楼、清华园胶印厂和清风湛影超市的体制机制改革与调整，成熟一个，撤销一个，截至目前，正大商贸公司已经先后退出了照片冲洗、宾馆接待、印刷装订和学生超市的自主经营。

  清华园胶印厂为正大商贸公司下属独立法人企业，也是校园内安置残疾人最多的福利企业，主营印刷业务。由于印刷行业受到了冲击，2012 年开始清华园胶印厂出现了亏损状况，正大商贸公司果断决策，实施了清华园胶印厂转型调整的系列措施，例如将产值不高，人员密集型的车间业务陆续转移到规模较大的企业联营。至 2017 年，清华园胶印厂全面停止业务并退出了印刷服务行业，转型为文化创意园区，其主要业务以商贸资源管理为主。在转型调整过程中，正大商贸公司也充分考虑了其作为福利企业的责任，为所有残疾职工安排了他们力所能及的工作。2019 年，清华园胶印厂改革后留下的人员队伍整建制地转移到正大商贸公司，营业执照撤销工作正在进行中。

  2019 年，由正大商贸公司管理的北京育培园商务管理中心清风湛影超市实施了社会化改革，撤销其营业执照。并引入天猫校园店服务学生区。正大商贸公司对天猫校园店进行业务监督管理。

  五年多来，正大商贸公司通过实施一系列转型转制的举措，初步实现了工作职能的转变。

2. 引入优质社会资源服务校园

  结合后勤综合改革的要求和管理的服务资源情况，正大商贸公司适时引入了优质社会资源来助力校园服务的发展。

  2016 年，正大商贸公司调整了商贸布局，将建设银行调整至澜园超市百货店（百货店撤销），增加了建设银行的可用面积，为群众提供了更好的服务环境。澜园超市东侧原建设银行处则引入社会优质资源，开办了李先生牛肉面，在缓解照澜院地区教职工就餐压力的同时也为其提供了更为优质的就餐体验。2018 年，正大商贸公司规划压缩了澜园超市的经营面积，引入了赛百味，丰富并提升了该地区教职工的就餐选择和餐饮体验，提高了服务品质。同年，公司拆除了北区菜市场，改建并引入菜鲜果美果蔬超市，不仅优化了服务环境，也便利了周边的居民。2019 年，正大商贸公司招标引入了阿里旗下的天猫校园店为学生社区提供服务。天猫校园店自开业以来，受到了师生的普遍认可，进店购物师生人数比过去增加 15% 以上。天猫校园店的引入，实现了"社会化、可持续、能驾驭"的改革目标，不仅提升了校园商贸服务的质量和品位，也增强了师生校园生活的获得感和幸福感。

3. 不断巩固和加强商贸业务管理能力

正大商贸公司成立以来，除了自营商贸服务以外，还负责校内部分商贸服务资源管理工作。

为了能够适应职能改革的要求，正大商贸公司不断加强商贸业务管理能力建设，具体举措如下：2018 年，正大商贸公司改进升级商贸资源管理信息系统，初步实现了商贸资源管理的科学化、信息化、智能化，系统的升级更加强了商贸业务管理能力的建设；2018 年，正大商贸公司组织了 4 名职工骨干参加社会有关机构的商贸业务的学习培训，进一步提高商贸管理干部的能力建设；2019 年，正大商贸公司开展了全校商贸需求调研，以此掌握师生的商贸需求，同年，公司开展了社会优质商贸企业调研，把握行业特点和动态，多项调研成果的落实为以后针对性地开展工作奠定基础；2020 年，正大商贸公司与政府相关执法部门座谈，了解掌握了行业法律法规，为商贸业务管理能力的有序发展提供了法律保障。

通过信息化手段的应用和相关业务知识的学习，正大商贸公司在商贸业务管理能力上有了明显提升，也为承担学校整体商贸业务管理职责奠定了基础。

三、改革成效

（一）通过改革，实现了从"办商贸"到"管商贸"的转变

2020 年正大商贸公司的职能改革得到了学校的认可。2020 年 7 月，经学校研究决定，成立商贸与食品安全管理中心（以下简称"商贸中心"），在正大商贸公司商贸管理职能基础上增加食品安全监管职能。商贸中心的成立解决了学校商贸业务多部门管理和食品安全缺少校内管理主体的问题。

商贸中心的主要职责如下：第一，负责商贸业务和食品安全监管校级制度建设；第二，统筹学校商贸业务；第三，负责学校食品安全监管；第四，负责学校重大活动的物资保障等。商贸中心成立以来，各项工作都得到了有序的推进。为了加强和规范商贸业务管理，商贸中心将日常检查和专项检查相结合，

加大了检查督导力度，同时也将食品安全监管主体责任落实到学校食堂和餐饮单位。为了更有效地推进工作，商贸中心开展了食品安全从业人员业务培训和面向师生员工的宣传教育，这一举措能够提高师生员工的食品安全意识。为了提高学校应对突发公共安全事件的应急处置能力，商贸中心还开展了《清华大学食品安全突发事件应急预案》演练，获得了不错的效果和良好的反馈。在学校110周年校庆、建党100周年等重大活动中，商贸物资保障任务也得到高效执行。

（二）通过改革，提升了校园商贸服务品质

通过持续引入社会优质资源服务校园，校园整体商贸服务水平得到了显著提升。例如，菜鲜果美超市立足教职工开展服务，自开业以来从未接到过一次投诉，再如李先生、赛百味这些全国连锁经营门店，其服务品质更是得到了师生员工的一致认可，而引入天猫校园店所获的成果更是获得了广泛的关注。天猫校园店具有阿里大数据、物联网、智能技术等雄厚的资源优势和针对校园服务的专业团队，天猫校园店的加入让校园整体商贸服务形象和服务品质得到全面提升。2019年9月5日，邱勇校长前往天猫校园店调研引入成果，对商贸服务的社会化改革给予了充分肯定。同时，引入天猫校园店的成功经验，也引起了全国高校商贸同仁的高度关注，两年多来，全国各地30多所兄弟高校前来调研，清华的商贸改革已经成为全国高校商贸改革的新标杆。

（三）通过改革，着力解决历史遗留问题

正大商贸公司及下属企业是在特定历史条件下诞生的，而随着时代的发展，集体所有制性质的企业必将在学校改革发展进程中逐步退出历史舞台，因此职能改革就显得尤为重要。正大商贸公司职能改革实施以来，一方面通过改革减少下属企业数量；另一方面也大幅精减了人员队伍，减轻了整体运行负担。正大商贸公司下属企业数量从2015年的6个减少到3个，职工总人数从2015年的179人，减少到目前的75人。下属企业数量和人员队伍的精减，解决了很多历史难题。

四、经验启示

（一）顺应时代要求，积极寻求转型发展之路

自正大商贸公司成立以来，便处在新时代经济发展的洪流之中，同时在高校后勤社会化改革的推动下，只有不断地变革探寻适合于自己的发展道路、准确把握历史机遇、适应学校一流建设要求，才能在新时代的发展浪潮中求得突破，完成转型。

因此，正大商贸公司顺应自身转型需求和学校的规划要求，毅然地踏上了职能改革的道路，忍受了种种改革阵痛、克服了重重困难后，最终获得了令人瞩目的成效。

（二）寻求多方合作，共建校园新商贸

正大商贸公司在业务中一贯秉持着合作共赢与可持续发展的理念。在建设优质校园商贸环境的过程中，正大商贸公司适当地引入了校外优质企业。良好的校园商贸环境并不意味着要建设一个封闭的内循环模式，而是需要创造一个百花齐放、互惠互利、合作共赢的商贸环境。

也正是因为秉持着可持续发展与合作共赢的理念，正大商贸公司才能在业务改革的道路上不断创造新成绩、获得新突破。

（三）打铁还需自身硬，提升自身硬实力

坚持发展是硬道理的本质要求就是坚持科学发展，正大商贸公司的改革之路，不仅满足了时代需求，在改革过程中也着重提升了自己的信息化水平，优化升级管理模式，在自身硬实力和管理水平软实力上都获得了大幅度的提升，在新业务上做出了水平、干出了成绩。

正大商贸公司将遵循经济社会发展规律，贯彻落实校园建设发展要求，继续秉承"不怕困难，服务师生员工生活；不讲条件，服务一流大学建设"的工作理念，不断提升提供优质服务的能力，为校园建设添砖加瓦。正大商贸公司将与大家一起共建美好校园，共创美好生活。

制定校园商贸布局规划科学发展保障服务品质

商贸中心（正大公司） 赵广刚 刘振捷 徐鹏

关键词：布局规划；校园特色；可持续发展；功能时代化；交互性

一、规划背景

（一）原因与背景

清华大学以建设"世界一流大学"为发展目标，各项工作均取得了显著进步。然而校园建设的过程中，在承担校内近8万名师生及家属教学及生活服务的配套商贸项目方面，存在多头管理、无序生长、分布不均衡的现象，甚至很多项目都存在不合法不合规的严重问题，急需进行统筹规划。

清华大学后勤在综合改革任务中确定由正大商贸公司着手进行清华大学商贸服务布局规划。正大商贸公司首先对学校内现有基本商贸服务情况进行摸底梳理，深入了解广大师生的商贸服务需求和愿望，结合摸底调查发现的问题和总体规划目标，细化和完善了规划中具体的商贸布局。最终在现有条件下结合清华大学校园总体规划进行合理调整和补充，制定了《清华大学商贸服务布局规划》。

（二）目的与意义

良好的商贸环境是校园环境不可缺少的一部分，好的商贸环境能够满足广大师生的多样化需求，体现高校的文化与特色，高度整合和高效利用校园内外资源，是联系校园内外的强大纽带。清华校园内的是大院文化，师生职工需求多元，从学术生活、学生生活到居民生活等多种多样。清华园的周围商圈也十分发达，品类多样丰富，为校园生活提供了优质的服务。但是清华大学校园内原有的商贸环境却无法满足校内的多样化需求，其原因在于原有的商贸项目存在诸多问题。校内原商贸布局分区紊乱、结构单一，无法满足未来校园商贸发展需求，为推动商贸的可持续发展，必须规划一个功能分区明确、具有校园特色、符合可持续发展要求的商贸服务布局。为了能够实现可持续的发展，为校内师生提供更有品质、更有保障的商贸服务，急需进行新一轮的统筹规划。

正是在这一契机下，正大商贸公司提出了《清华大学商贸服务布局规划》，清晰地规划了未来校园商贸布局的蓝图。在其指引下，正大商贸公司逐步推进商贸项目科学规范的设置，推动实现校内商业项目设置合理、商户经营有序、服务质量可靠、商贸服务便捷的管理目标。

二、主要做法

（一）商贸调研

为了深入掌握校内真实商贸情况，为商贸规划的实施开展奠定基础，正大商贸公司2015年专门成立工作组，在规划前期进行了充分的调研工作。

首先是对校内商贸情况进行了调研。在2015年开展调研时，校内购物场所主要有七处，其中学生区有三所超市，家属区有一所超市、三处菜市场。经调研发现校内购物场所存在多种问题，其中包括小型项目分散、多种体制并存、多个甲方管理、内部缺乏专项管理、项目重复、项目分布不均衡、缺乏整体规划布局业态等。正大商贸公司经调研认为校内商贸结构在项目的管理、布局、规范等方面均需要升级，同时服务品质与品位也必须做出一定提升。

随后正大商贸公司又开展了周边商贸调研，同时针对国内外优秀典型案例进行了专项调研，其中包括英国、美国、日本等多所著名大学以及国内高校，学习了先进经验。

根据调研结果，正大商贸公司对校园商贸服务状况通过SWOT分析后，制定了利用外部机会、克服内部劣势的扭转型战略。该战略布局规划立足于全校需求，在合理利用资源的基础上，进行统一布局，从而提高资源使用效率、服务品质与品位。利用高校后勤社会化改革这一契机，引进了社会优质服务力量，校内校外力量强强联合，大幅提升服务品质。

正大商贸公司在大量调研的基础上，研究出了新的经营策略，只有在新策略的基础上科学管理配置资源，针对不同区域需求配置不同业态的适宜项目，加强业务监管，才能进一步提高资源服务效率。

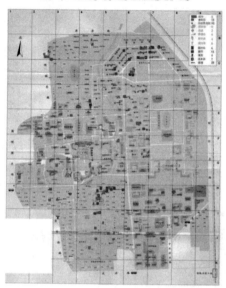

图1　清华园商贸情况调研图

（二）设计理念

通过充分的调研学习，规划工作组决定要建设一套符合世界一流大学要求的商贸服务体系。它既要能满足师生需求，又要有足够的可实施性，与过去的商贸体系相比要更能引领发展、有更高的资源使用率、有更强大的服务规范与监督力度，服务质量与品位也有质的提升。在达成校内校外相结合、分区规划配置、淡化商业氛围、服务融入环境和落实商贸社会化改革的共识下，最终形成了以下几方面的设计理念。

1. **反映校园特色**：在商贸规划中应当传承清华文化、地域特色，反映学校人文精神和特色的校园环境。

2. **可持续发展**：校园规划应充分考虑到未来的发展，使规划结构多样、协调、富有弹性，能够适应未来变化，满足可持续发展的要求。

3. **校园功能时代化**：既要保持教育文化氛围，又要走向开放化。商贸服务既要为师生带来便利，又要提升公共服务和保障能力，让服务体验持续改善。

4. 凸显交互性：人与服务、服务与环境的融合，引领人与环境、人与人的和谐互动，秉持以人为本的理念，充分尊重和考虑师生员工的多元化需求，创造良好的学习、工作和生活环境。

（三）工作的进展

商贸服务规划工作自 2016 年开始，至 2020 年形成报告，历时 5 年时间，经历了自主规划、专业辅助、各部门沟通、整体规划融合、修改完善等阶段。

2016 年 8 月规划小组启动工作，在之前商贸需求调研的基础之上，开始探索如何统筹规划校园商贸。过去正大商贸公司管辖商贸范围以照澜院家属区为主，学生区仅为三个学生超市，因此制定全校范围的商贸规划，会存在站位不够高、统筹规划意识不强等诸多问题。但是工作组仍克服困难，逐步提升认识，在校内分区匹配需求、商贸服务项目规划范围、重要业态配置思路等方面初步确定，形成早期规划方案。

随着规划工作开展，与相关部门的沟通交流增加，规划设计思路有了显著的提升。例如跟学生社区、街道先后对自行车维修进行探讨，结合研判形成专项规划方案；同基建规划处和学生社区共同研究校园公共开放空间利用问题，确定配套服务的规划；和保卫处沟通交通有关校园参观路线设置，优化相关点位设置等等。通过一系列的交流互动，掌握了更加全面的情况，规划设计也更利于实施。

2019 年随着清华大学校园总体规划 (2021—2030 年) 开始制定，正大商贸公司开始了和规划处的密切沟通，一方面根据学校的规划调整商贸服务规划；另一方面也将我们自己的理念传递了过去，其中的一些设计得到认可和采纳，最终形成整体规划的融合。这一过程中我们也聘请了第三方设计公司进行规划设计，所以我们的作品具有相当专业的水准。在与学校的规划充分融合之后，于 2019 年底确定了校园商贸服务规划方案，正大商贸公司党政联席会审议了规划，并向后勤汇报了规划成果，2020 年结合了新的形势又进一步优化了规划方案。

三、规划成果

在最终确定的清华大学商贸服务布局规划中，我们为清华设计了"4+1"立体服务体系。规划中根据区域职能将校园分为教学科研区、学生活动区、教工生活区这三种类型和相应的 6 个区域，根据区域需求不同分别配套相应的服务项目。最终形成"三区、12 站、19 店、多点、一带"的校园商贸空间规划布局。

（一）构建"4+1"立体服务体系

所谓形成"4+1"立体服务体系，即建立包括"商业中心、综合服务站、小型服务站、自助服务网点"在内的 4 级服务体系，而"1"则是指物流配送。这一服务体系能够满足各区域的消费需求。

其中的商业中心，即大型和集中的商业综合体，总面积大约在两千平方米以上，该项目数不少于 20 个，业态丰富，为了满足便民的要求必须满足"15 分钟一公里"的要求。

综合服务站即针对区域需求提供服务的聚集区，其面积近千平方米，其中包含项目十余种，特色鲜明。布局要求也满足"10 分钟 500 米"的基本要求。

小型服务店即整合了社区小型商业、服务项目的集合体，其面积约 200 平方米以内，能够提供日常的高频服务，布局满足"5 分钟 200 米"的标准。

自助服务网点则是分散在各处的以自助为主的小型服务项目，可以包括自动售货机、饮品机、打印机、维修设备等多种形式，其布局则按照"3 分钟 100 米"的要求安排。

物流配送主要负责校园内部、外部商品及服务的上门配送，将其打造成为联系整个校园的强大纽带。

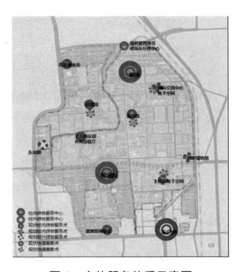

图 2　立体服务体系示意图

（二）规划分区

我们将学校区域进行了规划分区，不同地区因地制宜，力图通过更为直观的规划，为后续提供更好的区域化策划，也能更好地为学生、教职工们在不同区域提供符合区域特点的针对性配套服务。规划如下：

西北教工生活区，包括西北小区、青年公寓、西大操场、部分院系和办公场所，这里以家属住宅、学生公寓为主。因此家属生活、学生生活、教学服务都需适度包含其中。该区部署了基础便民服务集中的小规模商业聚集区，以及分散的商贸服务项目，同时也需要提升一定的服务水平与规范。其中的配套项目可以选择如市场、超市、便利店、售货机、维修、生活服务、餐饮、复印、银行等。

东北学生生活区，包含了紫荆学生区，是学生宿舍主要的集中地。这里适合学生生活服务集中的大型商贸服务和分散、灵活、24小时的商贸服务项目。在部署的同时也应当注重青年的消费和生活习惯，利用信息化引领服务创新，将适应学生需求和服务育人相结合。可以布局如超市、售货机、生活服务餐饮、复印、书店、银行等。

西部教学科研区，其组成主要为办公为主的机关及部分院系。该区域应以办公服务和分散、适应办公需求的服务项目为主。同时注重校园文化，降低商业氛围。可以部署售货机、应急流动售货、餐饮、复印、文化展示等。

东部教学科研区以院系教学科研为主，应以教学服务和分散、适应教学需求的服务项目为主，同时也要降低商业氛围。可以部署售货机、餐饮、复印、书店等。

西南教工生活区是家属住宅主要的集中地，该区的规划应为家属生活服务。这里适合集中的、大型商贸服务，以及分散、灵活的商贸服务项目。在工作中应适应家属需求，提升服务品质。可以部署市场、超市、便利店、维修、生活服务、餐饮、复印、银行等。

东南区是由教职工生活区与金融学院构成的，这里适合生活服务及办公服务等社会化为主的服务。可以部署餐饮、便利店、售货机等。

（三）规划空间布局

我们的规划方案在空间上体现为"三区、12站、19店、多点、一带"的整体布局。

"三区"指的是紫荆商业中心、照澜院商业中心和东门外商业中心。

"12 站"指的是西北、北区、观畴园、清芬园、工会俱乐部、西区、蓝旗营、东区、国际交流中心、东水磨、主楼和文创园综合服务站。

"19 店"指的是蓝旗营果蔬超市、南楼便利店、西楼便利店、荷清苑超市、校园纪念品店、七号楼超市、东操场、游泳池、加油站、紫荆操场间、紫荆门内西南侧、理学院下沉广场、五四青年广场、情人坡东侧、西操场东南、紫荆校河、电厂南侧、经管学院和西南便民店这 19 家小型服务店。

"多点"是针对自助服务设备的布局,如对于自助售货机、打印机、饮品机等大量分散的项目,不进行点位确定,而是制定配置规范,根据需要,对符合要求的项目进行灵活配置。

"一带"是指由东门到西门的校园参观带。这里的布局针对访客,结合景观设置相应的配套服务项目。

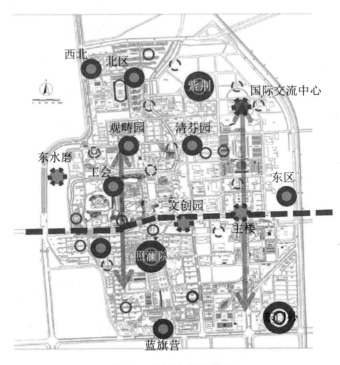

图 3　空间布局示意图

四、经验启示

（一）"没有调查，没有发言权"

正如"没有调查，没有发言权"所说，清华大学商贸服务规划的制定正是基于正大商贸公司的大量前期调研工作。不论是规划的设计阶段，还是工作的实施阶段，无一不需要大量的调研结果作为支撑，例如设计过程中需要考虑到校园特色、如何实现协调可持续发展等问题，以及规划成果如何在校园内实施，都是在对清华校园内情况的全盘把握的前提下完成的。

若没有事先充分的调查就不能发现原有商贸体系的问题所在，就无法找到症结，更不能设计出符合实际需求且具有高度可行性的规划方案。

（二）规划与设计要因地制宜、因时制宜

在研究学习国外高校以及国内其他高校的商贸服务案例时，不能一味地照搬运用。清华大学虽然同为高校，与其他成功案例有着一定的共性，但是由于自身存在着一定特殊性，不能直接照搬它们的模式。例如清华大学是高度强调组织性、纪律性的，公共利益往往是优先考虑的事项，针对这一情况，就不能照搬在设计上以自由市场为指导的商贸案例。随意套用外来经验必然会让部分人群无法适应，导致方案的水土不服。

因此我们在方案的设计过程中融入了更多的思考，力求让方案能够契合清华大学的实际情况。

（三）良好的商贸服务布局规划，要助力校园商贸高质量发展

良好的商贸服务环境早已成为大学校园内不可缺少的一部分，任何一所高校都离不开一套完善且成熟的商贸体系。良好的商贸环境不仅能够满足校园生活的多样化需求，还可以与校园文化相得益彰，体现出高校的文化与特色。高质量的商贸服务还能够高度整合并利用校园内外各种宝贵资源，是维持高校内外循环的纽带。其中商贸服务布局规划，正是保证纽带高质量、高效率运行的基础。

有活力、有发展力的校园环境也同样促进了商贸服务体系的完善，二者相辅相成，互相成就。商贸服务布局规划将为各主管单位设置经营服务项目提供

指导依据，逐步完善校内商业设施布局，合理满足师生员工日益增长的生活需要。同样，落实商贸社会化改革，将进一步促进方案的完善，让资源的使用效率得到进一步提高、服务规范与监管进一步得到加强、服务质量与品位也将再次得到提升。两方面共同探索，建立具有清华特色的商贸服务新模式。

随着2020年7月学校成立清华大学商贸与食品安全管理中心，一个超越正大商贸公司、统筹全部校园商贸管理的新部门应运而生。商贸中心将更加有力地落实校园商贸服务布局规划，构建一流大学校园商贸服务环境，为建设美丽校园、幸福校园、平安校园贡献力量。

开设党支部课堂，精心设计必修课，在实践中不断提升党支部组织力和凝聚力

商贸中心（正大公司）王艳敏　赵广刚

关键词： 支部建设；组织生活；基层党组织

一、背景情况

习总书记在党的十九大报告中明确提出"加强基层组织建设"，要以提升组织力为重点，突出政治功能，把基层党组织建设成为宣传党的主张、贯彻党的决定、领导基层治理、团结动员群众、推动改革发展的坚强战斗堡垒。党支部要坚持"三会一课"制度，推动党的基层组织设置和活动方式创新，加强基层党组织带头人队伍建设，扩大基层党组织覆盖面。

正大商贸公司第一党支部深刻学习领悟报告精神，结合党支部实际情况，积极开拓工作思路，探索创新工作方法。一党支部共有党员25人，其中在职职工党员9人，退休职工党员16人。9名在职职工党员分属于不同的三个部门和办公区域，16名退休职工党员有学校退休人员和社会退休人员。群体不同，工作侧重点就需要多层次开展，多形式融合。

基于这样一个实际情况和特点，支委会确立了"共建党支部大家庭"的工作思路。党支部在筹划制订工作计划时，侧重两个方面：一方面规范党支部建设，把"规定动作"做细做实；一方面激发党支部活力，让"自选动作"有声有色。党支部带头人积极发挥"领头雁"作用，带动引导我们更多的党员"动"起来，共建党支部大家庭，让"家"聚心、暖心、增信心，不断增强党支部的组织力、凝聚力和战斗力。

二、主要做法

（一）围绕中央精神，精心设计"必修课"，多形式交叉组合为必修内容服务

党支部积极回应党员同志们提出的"希望进一步丰富组织生活形式和内容"的意见，结合中央精神和党建工作要求，围绕"必修"内容，统筹谋划，精心设计，推出重点突出、特色鲜明的党支部主题活动。在组织形式上注重单向输出与多项互动相融合，静态动态相结合，必修选修相交叉，丰富组织生活形式和内容，提高组织生活质量。

有了明确的工作思路和明晰的工作方法，党支部近年来推出了一系列活动，收获了诸多成果。2017年，围绕"两学一做"学习教育常态化制度化，党支部组织推出了"记录一个瞬间，讲好一段感悟，两学一做大家谈"特色活动；2018年，在纪念改革开放40周年之际，党支部组织推出了"改革开放40年，让自信坚定，让精神传承——党员讲好故事"征文活动；2019年，围绕"不忘初心、牢记使命"主题教育，党支部组织推出了"精读《红岩》，坚定信念，让红色经典咏流传"读书分享活动；2020年，在抗击新冠疫情的大考面前，党支部组织推出"党支部课堂"——党员讲党课，理论联系实际，体悟"四个自信"。

图1　2018年纪念改革开放40年征文活动　图2　2019年《红岩》读书分享活动

在上述活动中,党支部真正做到了多形式丰富组织生活,多内容充实党员"必修课",规定动作标准规范,自选动作丰富新颖。

(二)开设党支部课堂,让更多的党员在党支部建设中"活动"起来

在总结前几年工作经验的基础上,党支部于2020年开展了"开设党支部课堂,共建阵地,共享资源,共同成长"的特色活动,党支部"共建共享"理念进一步明确。

党支部课堂的设立,在输出内容上,从党支部书记讲党课、到支委讲组织工作、宣传工作和警示教育纪检工作、再到党员干部将理论学习心得融合业务工作、专业特长、工作经历、家国情怀。在组织形式上,从党员单独分享到小组分工合作交流汇报,并根据实际情况,采取线上线下相融合的形式。在党员参与度上,由最初的党支部书记带动支委,再到支委带动党员干部,再延展到党员干部带动骨干群众;在覆盖面上,党支部工作要推动中心工作,结合教职工理论学习全覆盖,从党员覆盖到全体职工。党支部建设更多体现出多内容、多形式、多交叉、多融合的新特点。

党支部在"三会一课"和党员活动日期间,共组织了9期党支部课堂。这一系列的成果证明党支部已达成"开设党支部课堂,共建阵地,共享资源,共同成长"的目标,组织生活在大家的积极建设中"生动"起来,大家在"共建共享"中体悟快乐与成长。

图3 丰富多彩的党支部课堂

三、主要成效

(一)组织生活形式和内容不断丰富,党支部建设得到加强

几年来,党支部在组织生活形式和内容方面不断探索实践,积极创新,大家在党支部大家庭建设中有了更多的参与感、获得感和成就感。党支部在服务引领党员群众方面,在服务中心工作方面,都取得了非常好的效果,党员群众有了更强的认同感和归属感。党建工作的持续加强,让党支部建设、团队建设、文化建设、意识形态阵地建设等在不知不觉中,稳了根基,添了温度,让党员群众有了更强的情感共鸣和更有力的信念支撑。

(二)以党建阵地为依托,政治理论学习效果更实更深

党支部课堂先后共举办了14期,课程面向全体职工,所有在职职工党员都参与其中,积极分子和群众也参与到课件学习资料的搜集学习交流当中来。大家在集中共学的基础上,注入了前置预学和后期延学的新模式,形式上既保留了组织生活会的集中分享讨论,又加入了前期学习小组分工合作与交流,政治素养和党性修养在学习讨论分享过程中不断提高,全员政治理论学习的覆盖面更广,学习效果也更实更深。

四、经验启示

(一)围绕工作主线,结合不同需求,丰富组织生活形式

党支部牢牢把握突出政治功能,围绕宣传党的主张、贯彻党的决定,建设坚强战斗堡垒开展工作。我们把政治理论学习作为必修课,把持续加强党员党性修养作为基本要求,不断在组织形式上拓宽、在核心内容上延展,在精神内涵上丰富,在深耕细作中求得实效。

(二)加强组织引导,营造"共建、共享"氛围

党支部确立了"共建党支部大家庭"的工作思路,在日常工作中注重培养"共建"意识。在不同部门间、不同群体中挖掘各自的优势形成互补,通过精

心设计活动主题,发挥党支部带头人和党员干部模范作用,调动引导更多的党员群众在活动中"有角色""挑担子",确保各项活动有效性"实"、参与度"深"、覆盖面"广",实现"共建共享"的目标。

综上所述,党支部建设以提升组织力为重点,突出政治功能,结合党支部自身特点,深入探究新形式下基层党建的守正创新,在实践中不断提升党支部组织力和凝聚力。

深入贯彻生态文明思想
全面推进绿色大学建设

绿色大学办公室　高海滨　聂晶

关键词：生态文明；绿色大学；绿色校园

党的十八大以来，以习近平同志为核心的党中央，深刻总结人类文明发展规律，将生态文明建设纳入中国特色社会主义"五位一体"总体布局和"四个全面"战略布局，推动中国绿色发展道路越走越宽广。党的十九大更是将建设生态文明提升到中华民族永续发展的千年大计的高度。清华大学作为"高等教育的一面旗帜"，在 1998 年提出建设"绿色大学"的理念，将可持续发展理念融入大学人才培养、学科建设、科学研究和校园建设的各个环节，把绿色大学建设作为世界一流大学建设的重要组成部分。新时代为绿色大学建设赋予了新的内涵，也提出了新的要求。按照习近平总书记对清华大学"旗帜""标杆"的要求，我校认真贯彻落实习近平生态文明思想，深入践行绿色发展理念，把生态文明建设放在突出地位，贯穿于学校人才培养、科学研究、校园规划与建设的全过程。近十年来，在国家相关部委、北京市政府及相关委办局的大力支持下，我校持之以恒地全面推进绿色大学建设工作，逐步形成了具有清华特色的"绿色教育""绿色科技"和"绿色校园"体系，取得了一系列重要进展，发挥了示范带动作用。

一、构建绿色教育体系，传播生态文明思想

（一）构建以环境能源专业课程为基础、生态文明通识类课程为核心、绿色要素课程为延伸的多层次绿色课程体系

全校开设生态文明通识课程自2015年至2021年增至47门，20余个院系开设绿色要素课程总量达300余门。涌现出《生态文明十五讲》《环境保护与可持续发展》等具有较大影响力的生态文明通识课程品牌。《生态文明十五讲》自2015年开设，吸引学校20余个院系3000余人次选课，并入选"清华大学课程思政示范课程"。此外，我校面向社会开设生态文明特色线上课程，已上线8门生态文明及绿色可持续发展相关主题慕课，累计选课人次近22万，其中面向全球推出"碳中和视角下的全球气候变化课程"等一批优质公开课，向海外学习者宣传生态文明理念。

（二）逐步建立健全包括大学生科研训练（SRT）绿色社会实践、绿色科技竞赛、绿色社团活动在内的绿色实践体系

近十年我校共设立绿色、环保、节能、碳中和、校园建设、环境改造及可持续发展等456个SRT项目。重点推进开展生态考察、环保宣传、绿色调研和环境专业实践四大类暑期社会实践活动。累计约有450支队伍、5000人次参加了绿色社会实践活动，并且涌现出一批成果突出的品牌实践项目：从生命学院"鸟岛"生态调研实践、环境学院"清碳，清碳"碳市场调研实践，到社科学院"厉变城乡"实践，调研由脱贫攻坚到乡村振兴的绿色发展之路，清华学子用自己的知识和实践助力生态经济发展。

我校组织参与的"清华大学校园地下空间创意大赛、环境友好大赛、节能减排大赛、中国节能竞技大赛"等与绿色、环保、节能、人居环境及校园环境建设等相关的赛事层出不穷。积极培育校园生态环保组织，涌现出学生绿色协会、学生清源协会等优秀的学生绿色社团，在宣传绿色理念、推动绿色实践方面发挥了积极作用。清华青年积极作为，在世界舞台发挥引领作用。清华大学于2019年倡议成立"世界大学气候变化联盟"，并担任联盟首届主席学校。联盟成员由来自9个国家的15所世界一流大学组成，围绕联合研究、学生活动、人才培养、绿色校园、公众参与等方向开展一系列工作，包括在气候相关技术、

经济、政策等方面开展双边和多边联合研究，推动技术和政策解决方案的创新与实施，开展联合教育项目和气候相关课程系统建设等，并取得一定的社会影响。2020年1月6日，国家主席习近平给联盟学生代表回信，对大家就关乎人类未来的问题给予的共同关注表示赞赏，并期待同学们为呵护好全人类共同的地球家园积极作为。2020年7月，联合国秘书长古特雷斯受邀于气候变化大讲堂发表致辞，鼓励全球青年为全球经济实现更高质量复苏，打造一个更具包容性和可持续性的未来而积极作为。联盟成立至今，通过开展联盟官方论坛、学术研讨会、研究生论坛、青年气候论坛、低碳校园研讨会、全球暑校课程、气候变化大讲堂等形式丰富的活动，促进全球青年学生的交流与合作，提升公众意识，动员更多气候行动，为全球实现碳中和目标贡献大学力量。2021年10月28日，世界大学气候变化联盟的工作被写入中国政府向联合国气候变化框架公约秘书处提交的国家更新自主贡献目标文件中。

（三）广泛开展绿色宣教活动，引导师生不断强化生态文明意识

依托"校长开放交流时间"，校领导与同学们交流讨论"双碳"背景下的校园运行与校园生活，将节约能源使用、调整能源结构和树立绿色发展理念、践行低碳环保的工作生活方式相结合。营造"粮食节约"育人氛围，上好新生"节约粮食"第一课，思政理论课中融入"俭以养德"理念，将全民义务植树日、学生耕读等美化校园系列活动与劳动教育、志愿服务相结合，帮助学生树立正确的环保意识。持续开展控烟知识网络问答及"无烟校园"主题宣传，取得良好效果。普及塑料污染防治科普宣传，发放环保布袋、环保餐盒等示范性生活用品，倡导使用可循环物品。

二、立足国家战略需求，推进"绿色科技"协同引领

（一）立足生态文明建设、创新驱动等国家重大战略需求，面对环境、能源、气候变化等全球性挑战，发挥一流大学创新引领作用

利用基础研究深厚和学科交叉融合的优势，实现多院系多学科联合创新，学校成立清华大学生态文明研究中心、清华大学气候变化与可持续发展研究院、清华大学碳中和研究院等与环境保护和可持续发展相关的交叉研究机构70余个，

围绕技术创新、高端智库、高层次人才培育、合作交流打造服务国家发展新格局的新型战略平台，用"硬核"技术支撑国家重大战略实施，服务国家社会发展。

（二）提供绿色科技支持，助力国家绿色科技产业发展

集中优势资源加快突破关键技术攻关，对接地方发展与企业需求，促进绿色科技成果转化。通过多学科交叉，在环境污染控制与质量改善、环境友好工艺、技术和产品、新能源、双碳成果转化等诸多领域持续推进绿色科研，推动产学研紧密结合，取得一批具有先进水平的创新成果。近十年在建筑、环境、能源领域的 240 余项绿色科研成果获得各类奖励，其中百余项获得省部级以上科技奖励，10 余项获国际奖励；围绕绿色主题的专利保有量逾 3500 项，在清洁能源、碳中和、环境保护、绿色建筑等领域，累计成果转化项目达 134 项，取得了良好的经济效益和社会效益。

三、建设美丽绿色校园，创建人与自然和谐相处的美好环境

（一）持续推进校园环境建设，创建美丽校园

经过长期历史积淀和常年建设积累，清华大学形成了底蕴深厚、品位优雅、景观丰富、生态和谐、美丽宜人的校园环境。校内共有乔木 4.5 万株（树龄在百年以上的古树 240 棵），灌木 21.2 万株，竹子 8.7 万棵，宿根花卉 19.7 万株，色块 35.3 万株。校园植物种类 830 种，绿化覆盖率达 54.8%。实施"校园景观提升计划"，以构建校园景观保护体系、生态系统、生态群落、人性化师生交往空间以及安静雅洁的校园景观为目标，制定历史景观保护、空间功能、生态系统、植物种植、慢行交通、河道水系、校园参观、设施小品及导向标识、公共艺术 9 项专项规划，分步实施并完成片区景观提升改造项目 30 余个，形成了一批师生向往的景观名片及打卡地。

（二）提升能源资源利用水平，建设节约型校园

学校相关部门先后发布《清华大学厉行节约反对浪费工作规定》《清华大学绿色办公指引》等一系列文件，进一步明确了对师生员工工作学习生活的规范引导，树立节约型校园理念。积极推进校园节水节电减排，不断完善中回水

系统，实现校园核心区中水管网全覆盖。科学调度中水雨水资源，绿化景观用水85%以上使用中水雨水。持续推进建筑节能改造，科学开展供暖管网、信息机房、中央空调节能改造。推进绿色照明，更换节能灯具10万余只。建设学生楼宇自控、学生公寓智能照明联网等信息化系统。优化用能结构，完成供暖系统煤改气、煤改电工程，清华园结束燃煤供暖的历史，大幅降低二氧化碳直接排放量。积极使用地热和太阳能等新能源，已建成太阳能集热板面积达4400平方米。推进信息化、智能化建设，提升用能管理效率，通过建立校园能源综合管理平台，为校园的智能化管理运行提供有力的数据和方法支撑。学校顺利通过国家"能源管理体系认证"，成为首批通过此项认证的公共机构之一，并获得国家发改委颁发的"中国能效之星"四星级单位称号。

（三）推进校园生活垃圾分类，建设环境友好型校园

结合校园内教学科研区、学生区、家属区各区域治理特点，2020年7月研究发布《清华大学校园生活垃圾分类管理办法》，形成"三区联动"机制，推进校园生活垃圾分类工作。确立了适应垃圾分类要求的"定点定时收验""管理+服务"的清运管理方式，实现了校园生活垃圾投放、清运、暂存全过程分类管理。推进生活垃圾资源化，遴选物资回收企业全方位做好可回收垃圾收集清运。按照"三全育人"要求，抓实垃圾分类知识普及和行为习惯养成教育，通过组织垃圾分类宣讲、知识答题、发起"垃圾分类我先行，桶前值守一小时"志愿活动，引导师生成为垃圾分类的引领者和践行者，累计4000人次参与到桶前值守活动中。推进生活垃圾减量化，通过多渠道多形式宣传"制止餐饮浪费"，开展网络"光盘行动"，光盘打卡近15000人次，厨余垃圾从源头减量。

我国已开启全面建设社会主义现代化国家新征程，清华大学也进入迈向世界一流大学前列的新阶段。在绿色大学建设新阶段，我校将继续围绕立德树人根本任务和人才培养这一核心工作，努力建设"体系完善、成果突出、示范显著"的绿色大学。用"绿色教育"传播生态文明思想、将生态文明理念渗透到各类教学和实践环节中，培养具有生态文明观和绿色发展理念的一流人才；用"绿色科技"服务国家战略发展，面向绿色发展主战场，充分利用多学科优势汇成研究合力，形成一批一流的"绿色科技"创新成果；用"绿色校园"支撑美好校园生活，综合运用先进绿色理念和成熟技术，建设生态宜人、低碳绿色、安静智慧的校园示范区，营造人与自然和谐的校园文化氛围。

附　录

附录1 后勤年度工作总结（新清华专刊）

齐心协力保障百年校庆
集思广益谋划后勤发展

2011年，后勤广大干部职工齐心协力、无私奉献，在学校的统一部署、统筹安排下，在校内外各单位的大力支持和积极配合下，圆满完成了百年校庆后勤服务、运行保障和校园环境建设等任务；结合学校新百年发展要求和一流大学建设的奋斗目标，积极进取、集思广益、认真制定了后勤事业发展"十二五"规划，持续推进满足一流大学建设需要的后勤服务保障体系建设，为学校发展作出了贡献。

一、百年校庆保障有力，环境优美服务一流

在百年校庆的重点工程建设中，基建处牵头严格控制工期、质量、造价、安全等目标，确保所有工程在百年校庆前按时完成。物业中心完成南区学生公寓旧楼共10栋约6.3万平方米的修缮任务，粉刷公共教室4.8万平方米，三教、四教和五教安装了空调，改善了学生的住宿和学习环境。修缮中心圆满完成了百年校庆文艺晚会等重要活动和重要场所的临时供电保障任务，确保了校庆期间给排水管网的稳定运行，与绿办共同完成了世纪林、灵璧石广场等30余项校园景观建设和改造任务。校内维修队完成了理科楼下沉广场整修工程。对全校进行拉网式大清理，彻底清除了卫生死角。

饮食中心举办了"名厨进清华，佳肴迎百年"系列活动，邀请国内50多位顶尖烹饪大师来清华为师生奉献了精美的饮食；校庆三天校内各餐厅共接待散餐约18万人次、提供桌餐服务2万人次。甲所、近春园、紫荆培训学员公寓、服务楼等宾馆共接待校友2500余人次。接待中心与北京市公交公司、首汽集团、北汽集团配合保障专项活动用车，校庆三天共接送人员约4万人次。保卫处牵头，有效整治了校园内黑车、黑导和不法游商，净化了校园治安环境。街道办事处圆满完成了环境秩序保障与社区安全防范任务，为百年校庆营造了和谐的

校园及周边环境。校医院成立了急救小分队，为校庆活动现场提供医疗服务，保障校庆期间医疗安全。

二、基建规划扎实推进，市政设施有效运行

校园规划基本完成，基本建设有序落实。基建处与相关单位大力配合，编制完成《清华大学早期建筑文物保护规划》《清华大学校园总体规划修编（2011—2020年）》并上报待批；结合学校中长期事业发展规划，启动学校2011—2025年建筑规划和文物保护规划的编制工作。百年校庆后，学校又迎来了新的建设高峰，目前在建的工程项目有综合科研楼一期1号楼、清华医院、医学院二期共计21万平方米；已启动项目有艺术博物馆、李兆基科技大楼、出土文献研究与保护中心、法律图书馆等14项。

改造市政基础设施，确保安全可靠运行。修缮中心加强供电管理，完成四教、五教、学生宿舍13号楼、15号楼等处的供电外网增容改造；完成学生宿舍23～28号楼北侧给排水、雨水改造等十余项工程；推进中水回用，校园绿化、景观中水使用率达到85%；启动学生洗澡废水余热利用示范工程，用于洗浴热水供热。

加强园林景观维护，绿化美化校园环境。2011年完成绿化改造面积达十余万平方米，种植草坪及麦冬草6.5万平方米；修补破损道路、翻新石材景观、安装室外座椅，清理施工现场近万平方米。到2011年底，校园树种已经增加到1280种，乔灌木达到30万株，古树增加到300株，全校绿化覆盖率达57.4%。

三、综合治理预防为先，强化服务维护稳定

积极加强预防预警，维护校园和谐平安。以校园综合治理为主线，完善"三区联动"机制，及时发现并消除不稳定因素，维护校园的良好治安环境；保卫处按照"坚持开放、加强服务、有序管理"的原则，扎实推进校园参观管理工作，规范校园团队参观，加强散客进校管理；实施新的机动车管理办法，自2011年4月以来，校内的机动车流量大幅下降（减少了三分之一左右），校内交通事故明显减少。

强化消防安全管理，探索建立长效机制。保卫处牵头完善了日常检查、重大节假日前检查等多种防火检查、隐患排查制度，对存在安全隐患的单位进行督促整改；组织了7000余名本科生和研究生新生的安全知识培训和消防演练、第八届消防运动会等活动，加强师生员工的安全意识；与物业中心配合开展了学生社区安全检查，进一步消除学生公寓的安全隐患。

四、以人为本凝聚力量，求真务实争创一流

加强文化建设，提高队伍凝聚力。接待中心开展了"了解清华、热爱清华、奉献清华"主题征文活动，物业中心组织了"建议月""我爱我家"演讲比赛，进一步激发了员工的工作热情。2011年，饮食中心、物业中心再次包揽了学校教职工运动会团体总分冠亚军，展现了广大干部职工的良好精神风貌。我校荣获全国高校后勤社会化改革先进院校、北京高校后勤社会化改革先进院校以及北京高校后勤物业管理、接待工作、商贸管理先进院校等称号。

不断创新管理模式，主动提升服务水平。饮食中心克服伙食原材料上涨压力，练内功节约挖潜，单位能耗创出全国高校食堂新低。在确保"质量不降、数量不减、价格不涨"的前提下，不断创新，增加伙食花色品种，取得了良好的社会效益和经济效益；物业中心深入推广本科生公寓管理新模式，完善教室服务管理体制，师生满意度比2010年提升0.9。持续推进信息化建设，第四版"我们的家园"网站上线，增加了学生生活素质培养栏目，受到学生欢迎；接待中心通过内部服务质量审核、外部监督等方式，进一步提升了服务水平。继续深化"一条龙"服务模式，圆满完成了各项会议接待任务，石门山庄为博士生学术论坛提供了优质服务保障；正大商贸公司不断提升商贸服务质量，清风湛影超市第二分店再次获得"全国高校教育超市样板店"称号。

营造和谐社区环境，强化医疗保健服务。街道办事处强化社区环境综合治理，翻修照澜院地区周边道路，营造良好社区环境。积极倡导垃圾减量、垃圾分类，创建"无烟学校"。开展形式多样的社区文体活动，营造昂扬向上的社区文化氛围；继续推进后勤综合服务平台建设，"街道社区服务科技应用示范区建设课题"顺利通过北京市科委验收，街道办事处荣获"北京市社区信息化综合示范街道"称号；幼儿园本着"厚德服务，专业育人"的办园理念，专业水平与服务质量得到市区教委、家长的广泛赞誉；校医院2011年的门急诊量

达 44 万人次，体检 3.3 万人次，发现多例高危重疾患和早期癌症病例，使其得到及时治疗。

五、研究制定"十二五"规划，促进后勤可持续发展

"十二五"期间，在学校事业发展规划的指导下，后勤按照学校"综合性、研究型、开放式"的总体办学思路，以满足学校人才培养和教学科研发展需要为核心，以全面提升后勤保障服务能力为主线，以体制机制创新为动力，以持续加强队伍建设为突破，认真研究高校后勤服务和社会服务业的共性和特性，遵循教育规律和经济规律，处理好社会效益和经济效益的关系，进一步完善满足一流大学建设需要的后勤服务保障体系，始终使管理和服务水平保持在全国高校前列，实现师生满意、学校满意、员工满意的工作目标。

"十二五"期间，继续推进后勤管理体制改革，全面梳理后勤服务保障业务，完善内部运行机制；进一步提升校园保障能力，规范校园安全综合治理，完善校园运行管理办法；构建优质便捷的服务平台，推进国际化校园服务体系建设；以培养人为根本，实施优势转化，不断提高学生公寓、教室、食堂的管理和服务水平；形成畅通的沟通渠道，建立有效的内外部评价体系；按照"三个结合"原则加强干部队伍建设，实施职工骨干队伍素质提升计划；继承和发扬优良传统，凝练后勤精神，为后勤可持续发展提供强大的精神动力。

在百年校庆总结表彰大会上，顾秉林校长对无私奉献、爱岗敬业、勇挑重担、追求卓越的后勤精神给予了充分肯定，全体干部职工人心振奋、备受鼓舞。在今后工作中，后勤将进一步总结工作经验，以更加美丽的校园环境、更加可靠的运行保障、更加优质的后勤服务，为清华新百年作出新贡献。

总结经验　凝聚力量　科学发展　开拓创新

——后勤2012年工作回顾

2012年后勤落实学校"十二五"事业发展规划任务，进一步完善满足一流大学建设需要的后勤服务保障体系，把后勤的服务保障优势转化为学校人才培养优势，努力实现师生满意、学校满意、员工满意的工作目标。

一、建设美丽校园，环境日新月异

百年校庆后校园基本建设和环境建设的任务仍然艰巨。2012年竣工项目有综合科研楼一期1号楼等6个项目，总建筑面积约10万平方米。伴随校园内新建筑项目的落成，后勤统筹协调，同时实施建筑周边道路和环境的建设，力争以一个新建筑落成带动周边一片校园环境的整体改观。例如，综合科研楼1号楼竣工后，将至善路向东延伸至校园东围墙，与罗姆楼周边道路贯通，校园东区的交通和绿化环境得以整体提升。

2012年在建和新开工项目有医学院二期、艺术博物馆等7个项目，总建筑面积逾30万平方米；图书馆北楼、全球学者大楼等13个工程启动了前期论证和报批工作；昌平南口镇一期近1000亩地的征地工作进展顺利。街道办事处精心组织，合理安排，顺利完成西北小区综合整治工程，小区面貌焕然一新。

落实绿色大学建设规划，持续推进节能减排和环境保护，建筑节能监督平台正式投入使用。绿办和园林环卫科继续实施校园绿化景观改造工程，完成了二校门至照澜院道路两侧等多处绿化景观改造共计3万余平方米，校园树种增至1320种。

二、坚持内涵发展，提升保障能力

为进一步提升突发事件应对能力，后勤各单位制定并完善了各类应急预案和信息报送机制，明确岗位责任分工，认真做好物资储备。面对"7·21"暴雨灾害天气，后勤各单位立即启动应急预案，干部职工在第一时间赶到现场，各部门协同作战，防汛抢险。修缮中心在暴雨前排空校河，开启蓄水设施，确保汛情平稳过渡。"11·4"冰冻雨雪造成校园700余棵树木倾倒和损毁，修缮中心干部职工加班加点吊扶、修整受灾树木，清运树枝500余车。

修缮中心继续推进中水回用，年中水出水量达81万吨，绿化、景观中水使用率达到85%；启动深水井开凿工程，提高校园供水质量；积极筹划110kV变电站改造工程，为学校发展提供电力保障；如期完成李兆基科技大楼换热站建设，确保了校园东区110万平方米的正常供暖。

饮食中心积极应对物价上涨、用工成本逐年提高带来的办伙困难，通过"农校对接"和建立绿色食品基地，稳定采购价格，保证采购质量；通过各种节能降耗措施，使食堂的水、电、气消耗占营业额的比例逐年下降，创出全国高校食堂的新低。梳理整顿餐卡使用，改善食堂就餐拥挤状况；积极倡导健康饮食，创建低盐低脂窗口。

物业中心统筹安排，分批次对学生宿舍楼和教室楼进行改造。为南区学生公寓楼安装空调，粉刷本科生公寓楼道和暖气管。在研究生公寓大厅建立活动室，布置成学生阅报等学习交流场所。改造紫荆公寓区生活饮用水二次供水系统，学生公寓供水安全系数大幅提升，设备节能效果显著。

校医院以迎接等级医院评审为契机，全面提升医疗服务质量。完善临床路径管理，开展抗菌药物临床应用专项整治行动。2012年门急诊量约47万人次，比去年同期增长6.8%，创历史新高。完成体检3.6万人次，提供外出医疗服务和上门服务4000余次。举办社区居民健康教育讲座，开展大型义诊，大力宣传健康知识。

接待中心苦练内功，根据学校重要接待活动的服务需求专门进行策划，提升接待服务品质，先后圆满完成了中央首长视察、爱尔兰总理来访、印尼总统来访、海外名师会议、学校党代会、世界和平论坛等重要接待服务工作，受到了广泛的好评。

三、找准工作定位，不断开拓创新

物业中心在学生公寓管理和教室管理等工作中，始终坚持育人理念，积极开展本科生生活素质教育研究；开展学生社区文化建设，举办创意大赛、学生联谊、素质拓展等各种活动；通过调研，提出了规范学生区快递管理和学生区、教学区电动车噪声治理的新思路；信息化建设成就斐然，2012年我校荣获"全国高校后勤信息化优秀示范校"称号。

正大公司持续推进管理体制改革，面对近年来胶印厂经营遇到的困难，在主营印刷业务不变的基础上，将业务向产业链上游调整，扭转亏损局面，实现减员增效。

街道办事处推进智慧社区建设，开发建设地理人口信息系统，使社区管理向数字化迈进。不断改善辖区民生，为低保、年老、烈属、伤残军人等家庭提供民政服务。开展丰富的社区活动，努力打造安全舒适、整洁优美、文明和谐的社区环境。

四、维护校园秩序，建设平安校园

随着学校的发展，维护校园安全和秩序的任务日益加重。学校年初将校园治安综合治理委员会调整、更名为校园管理综合治理委员会，进一步加强校园管理的统筹协调，推动形成大安全的工作格局。

保卫处针对十八大等重大活动研究制订实施方案，目标分解到具体单位、具体人员，排查隐患，妥善处理突发事件，确保了校园安全稳定。街道办事处成立十八大安保工作专项领导小组，将矛盾化解在萌芽状态。

加强校园交通管理，规范19座以上大客车进出校园的管理，制订紫荆学生区机动车限行方案。与交管部门协调，调整西门外和荷清苑北门的交通信号灯，改善校园周边交通状况。

针对校园不同时期的防火特点，保卫处组织制作消防安全宣传画，在学生区、教学楼、家属区进行展出。加强专项隐患检查，组织消防培训、消防演练32次。街道办事处对社区消防进行排查，消除隐患46起。物业中心组织3次消防演习，参与学生4000余人。正大公司完成购物中心大楼消防改造，消除了安全隐患。

五、强化队伍建设,凝聚各方力量

队伍建设始终是后勤可持续发展的关键。后勤党政密切配合,根据学校和后勤事业发展的需要,重新修订《后勤队伍建设规划》,按照"三个结合"原则加强干部队伍建设,实施骨干队伍素质提升计划,完成新一轮科级干部聘任工作。扩大后勤员工培养输送基地,到目前为止已经在全国职业技术学校建立了10个后勤员工选拔培养基地。

积极开展文化建设和职业道德建设,弘扬后勤精神。后勤党委表彰了23位在后勤工作40年以上的同志,增强了后勤职工的自豪感、责任感和使命感,提升了后勤队伍的凝聚力和战斗力。

随着后勤改革不断深入开展,积极争取各方的理解、支持,为后勤发展创造良好的外部环境,保证了干部职工队伍的和谐稳定和事业的稳步发展。

2012年,在大后勤系统4000余名干部职工的共同努力下,后勤的各项工作均取得了进展。在今后的工作中,后勤将始终以服务人才培养、服务教学科研、服务师生员工生活为根本任务,认真践行十八大精神,为一流大学建设作出新的更大的贡献!

适应学校发展需要　提升后勤工作品位

——后勤 2013 年工作回顾

　　2013 年，清华后勤围绕学校一流大学建设目标，不断提高服务和管理标准，全面提升工作品位。后勤广大干部职工以服务人才培养、服务教学科研、服务师生员工生活为根本任务，大力弘扬"无私奉献、爱岗敬业、求真务实、团结协作、追求卓越"的后勤文化，努力构建满足一流大学建设需要的后勤服务保障体系，为学校分忧，为师生员工解难。

一、基建和基础设施改造工程稳步推进

　　近年来，学校基建工程处于高峰期，2013 年竣工的项目有医学院二期、幼儿园加固等 4 个项目共计 3.69 万平方米；在建和新开工项目有天通苑医院一期、艺术博物馆等 7 个项目共计 30.91 万平方米；处于前期论证和报批阶段的项目有图书馆北楼、出土文献研究与保护中心等 15 个项目。

　　修缮中心成功开凿我校一号深水井，井深 802 米，出水水质明显改善；完成 110kV 变电站增容改造一期工程，提升了学校用电的安全性和可靠性；改造紫荆公寓区和西楼区的供暖外网管线近 500 米，提高供暖质量；拆除并异地新建东区地热水处理站，保证学生宿舍洗浴热水的供应。

二、校园环境和景观配置进一步优化

　　修缮中心完成五道口金融学院、胜因院二期景观建设等十余项绿化工程；种植草坪及麦冬草 2 万平方米、黄杨绿篱色块 5 万余株、乔灌木 2 千余株、宿根花卉 9 千余盆；移植乔灌木 1300 多棵、草坪约 4600 平方米。

　　清华园街道持续推进老旧社区环境改造，增设社区停车位 328 个，修建自

行车棚 25 个，翻修改造道路 2553 平方米，修整休闲广场 550 平方米，改造无障碍设施单元门 408 个；开展减煤换煤清洁空气工作，为平房区烧煤用户更换清洁炉具。

绿办紧扣"生态文明"主题推进绿色大学建设，调整校园雕塑，优化校园景观；积极开展节能减排工作，转化自身优势开展形式多样的绿色教育，邀请著名专家学者举办"生态文明与美丽中国"系列讲座 18 场，参与的师生员工多达 1 万余人次。

三、校园安全和治安秩序逐步改善

保卫处努力做好校园参观管理服务工作，将校园参观团队入口从西北校门调整到西校门，减少了校园参观对教学科研的影响；深化校园交通管理，完善道路交通设施，加强校园交通巡查力度，全年共告知违规机动车 2.3 万余辆，记录违规机动车 1.6 万余辆，锁置严重违规机动车 54 辆。

物业中心在学生区和主要教学区开展电动车噪声治理工作，加强宣传与教育、放置静音提示牌、建立学生电动车档案、设置"电动车违规处置区"，校园电动车报警扰民现象明显减少；在紫荆 14 号楼后建立快递服务点，专人专岗对快递公司进行管理，形成"快递不进校、学生不出校"的快递投送新模式，学生区的快递服务秩序和交通环境都得到了明显改善。

多部门联合开展综合执法，打击、取缔校园无照游商、摊贩，整治家属区内乱租车现象，清华路沿线秩序环境明显改善。校内维修队圆满完成学清苑建设用地的安保工作，保障了学校财产安全。

四、后勤服务和保障水平不断提升

饮食中心积极应对食堂资源紧缺难题，严格控制餐卡审批，探索现有餐卡的合理退出机制，累计清理存量光电卡 6000 余张；试点并推进"错峰就餐"，缓解学生食堂就餐拥挤程度；不断挖掘创新，稳定食堂饭菜价格，新建云南茶食品基地和山东泡菜食品基地，使绿色食品基地总数增加到 12 个，起到平抑物价、保障食品安全的良好效果；在 10 个食堂举办为期一周的"中华小吃美食节"活动，由多位名厨带来的 13 个地方的 35 种特色风味小吃，广受师生好评，活动结束后保留特色品种10余个。

物业中心完成了南区学生公寓17栋宿舍楼的水电改造工程，使7000余名学生可以在楼内洗浴和使用空调；以创建标准化教室为契机，提升教学办公区的管理水平与服务质量，在北京市教委物专会专家组的教室标准化验收中，三教、四教、五教、六教及清华学堂5栋教学楼顺利通过验收，市专家组给出了"引领了北京市高校物业的发展，是优秀物业中的标兵单位"的高度评价。

接待中心不断提升资源的综合利用效率，客房入住率创历史新高，全年接待住宿2万余人次，其中境外人士达2000人次；努力提升会务服务水平，圆满完成第二届世界和平论坛、韩国总统来访等110余次学校重要接待活动的保障工作；向学校离退休人员免费开放校园交通车，取得了较好的社会效益。

正大公司稳步推进商贸改革，优化照澜院地区商贸资源，整合超市、百货和便民服务项目，服务水平和资源使用效能都得到有效提升。

校医院全年完成门诊量43.3万余人次，开展健康检查及指导近2.7万人次；修订医疗质量监督检查方案，开展优质护理工程，医疗保健工作质量明显提升；加大外聘专家力度，缓解我校师生员工到大医院看病难的问题；购置64排螺旋CT，弥补了医院心脏造影技术的空白。

五、后勤干部骨干队伍建设取得成效

后勤进一步加强制度建设、文化建设、职业道德建设、防腐倡廉建设，持续提升干部和职工骨干队伍的管理能力、解决问题能力、创新能力、应对突发事件能力。不断完善后勤干部管理和培训体系，持续实施职工骨干队伍素质提升计划，推进后勤员工选拔培养基地建设，持续提升后勤队伍的专业化、职业化水平。在干部职工中培养和树立先进典型，带动和激发后勤队伍的积极性、主动性和创造性。

2014年，后勤的各项任务依然繁重，后勤干部职工将以更加饱满的精神状态、更加扎实的服务保障，不断提升工作品位，满足师生员工日益增长的服务需求，适应学校一流大学建设需要。

庆祝清华后勤开展优质项目评选活动 20 周年

优质项目引领示范　凝心聚力服务师生

一流大学建设离不开一流的后勤服务和保障。后勤是学校育人工作和学术发展的重要组成部分,是学校人才培养、教学科研的有力支撑和坚强保障。为了促进改革、推动创新、持续提升管理和服务水平,1995 年后勤决定开展优质项目评选活动,以点带面、以评促建,发挥优质项目的引领和示范作用,带动后勤工作不断迈上新台阶。

20 年间,我校后勤共评选出 212 个优质服务和管理项目。它们是整个学校后勤服务保障工作的缩影,记录了我校在建设世界一流大学后勤服务保障体系征程中走过的坚实足迹,也从一个侧面反映了我校后勤坚持从学校实际出发、围绕学校建设世界一流大学的总体目标走出的具有清华特色的改革发展道路。在评选出的后勤优质项目中,有的聚焦管理体制创新、运行机制转变,不断激发队伍活力;有的致力转变管理理念、广泛应用先进技术,持续提高工作效率和效益;有的侧重问题导向,大胆创新,努力破解管理难题;有的精心谋划,主动作为,前瞻性地提升保障支撑能力;有的心系师生员工,自觉提高服务标准,不断提高师生满意度;有的研究和把握工作规律,强化责任意识,落实服务育人、管理育人、环境育人……

20 年的优质项目评选过程中,后勤涌现出了一批具有奉献精神、一流意识的服务标兵和技术过硬、责任心强的技能标兵,他们是"爱岗敬业、无私奉献、求真务实、团结协作、追求卓越"的后勤文化的践行者、传播者和推动者。为展示后勤队伍积极向上的良好精神风貌,激励广大干部职工积极进取、创先争优,从 2006 年开始,后勤决定每年对服务和技能标兵进行评选和表彰,为后勤队伍建设和人才培养搭建平台;通过先进典型的带动和引领,建设高素质的后勤干部职工队伍,共同为实现师生满意、学校满意、员工满意的工作目标而努力奋斗。

面对学校深化综合改革的新任务和师生员工的新要求，面对日益繁重的校园建设、运行、管理、保障任务，后勤将继续开拓创新、锐意进取，与学校办学理念相结合、与校园百年积淀相融合、与学校育人任务相结合、与一流标准相吻合，适应新常态，稳中求进地推动后勤工作，不断建立和完善具有清华特色的新型后勤服务保障体系，为我校建设世界一流大学谱写新篇章！

2014年后勤工作纪事

稳步推进后勤管理体制和运行机制改革

2014年，后勤坚持以学校为主体，内涵式发展，全面梳理后勤服务保障业务，将服务楼调整到接待服务中心管理，将校内维修队并入修缮校园管理中心，提高资源使用效率和效益；坚持有所为有所不为，有序开放校内市场，合理引进社会优质资源参与校内服务；坚持统筹兼顾，促进后勤系统内外的沟通配合，推动服务保障工作有序开展；坚持制度建设，依靠制度管理，规范运行保障，激发内部活力，形成长效机制；坚持队伍建设，继续实施职工骨干队伍素质提升计划；完善后勤干部管理和培训体系，深化收入分配制度改革，继续推进后勤员工选拔培养基地建设，不断提高后勤队伍的专业化、职业化水平。

校园基本建设取得新进展

基建规划处完成了南区学生宿舍一期、清华长庚医院一期等6个项目的建设，总建筑面积共计14.4万平方米；在建工程有艺术博物馆、李兆基科技大楼等6个项目，总建筑面积约20万平方米；稳步推进出土文献研究与保护中心、法律图书馆等11个项目的前期论证和报批工作。

市政基础设施建设取得新突破

基建规划处和修缮校园管理中心克服了时间紧、施工难度大等困难，圆满完成煤改气工程，确保了按期供暖，结束了我校燃煤供暖的历史。修缮校园管理中心持续推进深水井开凿工程，开凿了3口深水井，井深800米以上，两口井已并网投入使用，硬度、耗氧量等水质指标明显改善。完成了110kV变电站增容改造一期工程，目前正在进行二期建设，改造工程完成后可以满足未来

10年学校用电增长的需求。基建规划处和街道办事处利用暑期完成了至善路东段、日新路、家属区等道路维修工程，路面面积约4万平方米。

绿色校园建设平稳推进

修缮校园管理中心完成了生命学院等14项、共计6万多平方米的绿化改造和景观建设；种植草坪及麦冬草2万平方米、黄杨8万株、乔灌木9000余株、宿根花卉8000盆，增设树箅子230个以保护清华路和主楼前区行道树，对2800余株杨柳树进行飞絮抑制。绿色大学办公室为加大节能减排力度，在食堂、游泳池建设太阳能热水系统，安装太阳能集热板1013平方米，年节气约13万立方米，减少二氧化碳排放1000余吨；利用我校自主研发的SIS热管技术对学生区32个信息机房进行空调节能改造、改造六教中央空调、更换9000余只节能照明灯具，三项节能工程年节电57万度以上；做好告示类宣传品管理工作，处理违规展板、横幅及指路牌300余件，清理小广告及未经审批的海报8000余张。

"平安校园"建设又上新台阶

保卫处推进校园安防系统升级改造，加强校园综合防控、安全教育管理服务等体系的建设，"平安校园"建设顺利通过北京市验收；积极推进校园机动车管理改革，于2014年3月31日对学生区道路进行机动车限行管理，于2014年12月20日正式启用校园机动车管理系统，实现车牌识别、计时收费、流量统计、收费管理等功能，校外车辆数量明显减少；倡导绿色出行，保卫处与绿色大学办公室共同清理、维修、组织发放1000余辆爱心自行车；加强校园参观管理，暑期参观人数同比减少近4万人；加强校园安全管理，校园治安和刑事案件发案数、火情数都比往年明显下降。物业管理中心完成学生社区监控中心改造工程，为侦破案件提供技术支持，破获多起盗窃案件，2014年学生区案件23起，比上年同期下降了45%；加强违规电动车的治理工作，学生区电动车报警扰民现象得到了有效控制。

餐饮服务水平持续提升

饮食服务中心坚持公益性办伙方向，加大学生食堂低档菜补贴力度，人均消费在1.5元以下的低档菜补贴翻一番；新建中宁有机农副产品基地和内蒙古赤峰肉类食品基地，绿色食品基地增至 14 个；挖潜创新推出自制"酸梅汤"，自制饮料销量占所售饮料比例超过 70%；开办听涛快餐厅、玉树园风味快餐厅，引入"舌尖上的中国名优小吃"；积极应对食堂就餐拥挤问题，从源头严控餐卡审批，继续推进"错峰就餐"；改造家园、闻馨园食堂，增加就餐资源。

学生住宿和学习条件得到改善

物业管理中心探索中外学生混合住宿模式，制定服务标准，完善服务设施，安排 25 个院系 18 个国家的中外学生入住南区学生公寓 6 号楼；完成南区 7～8 号学生宿舍楼的楼宇验收、家具安装、除醛检测、空调安装等工作，有序推进南区 31～37 号楼逐楼腾空改造工作；完善学生公寓辅导员工作模式，持续推动学生社区文化建设，手工坊、"时间管理"培训、心灵说吧等特色项目广受好评；留培公寓月均入住率达 78.3%，创历史新高，外籍人员住宿登记信息 100% 准确，得到北京市表扬；完成旧水、文北楼、东阶教室空调安装，实现了公共教室的空调全面覆盖；开展"我的教室我做主"活动，用学生优秀摄影作品装饰教学楼的内部环境，创造具有清华特色的教室文化氛围。

接待服务质量不断提升

接待服务中心提升科学化、精细化管理水平，在现有质量管理体系的基础上，建立食品安全管理体系（ISO 22000）；完善"一条龙"会议服务模式，圆满完成 11 名政要来访、世界和平论坛以及清华—伯克利高等教育论坛等接待任务；积极应对接待资源不足，将近春园西楼地下办公用房改为客房，缓解高峰期"入住难"问题。改善校园公共交通、投递服务等公共服务项目，推动校园公交车升级工作，细化纯电动公交车实施方案。

商贸服务环境进一步优化

正大商贸公司和街道办事处完成照澜院商业区环境秩序整治，对澜园超市原有避风阁和各类标识进行重新设计和改造，增设残疾人无障碍设施，设专人维护商业街秩序，商业街环境大幅改善；对照澜院区域部分商贸资源进行调整，整合超市和百货提高集中程度，迁移建设银行扩大服务面积，引进"李先生快餐"缓解就餐压力；规范照澜院集贸市场，设立便民菜区和可追溯电子秤，推动诚信经营，获得"北京市诚信示范市场"的称号；升级学生网络超市、引进咖啡厅、开设 3D 打印店等服务。

居民社区生活品质不断提升

街道办事处建设社区楼道单元无障碍设施 101 处，对东楼社区加装安防门禁系统 50 套，新增公共区域视频监控探头 20 个，改造社区公共厕所 10 座，粉刷社区楼道 108 栋楼 10 余万平方米，改造五区平房道路和西楼社区休闲广场近 1000 平方米，建设家属区机动车停车位 577 个；举办文化节、歌咏比赛、运动会等文娱活动，组织居民参加全民阅读、科普巡展等各类活动，进一步推进文明和谐社区建设。

健康保健和医疗服务质量不断提高

校医院完成门急诊 45.9 万人次、体检 3.53 万人次，早期发现 30 多例重大疾病，为患者赢得了宝贵的治疗时间；实现 Lis、Pacs 和 His 系统的衔接，为临床诊治提供更全面和便捷的信息查询，实现检验报告自主打印；新购置 2 台数字化 X 线拍片机、1 台眼科 A/B 超，大幅提升检测能力，为医生迅速、准确诊断提供基础支撑；完成医院 1 万多平方米的电改造工程，提高了医疗保障的安全性。

深化综合改革　谋划事业发展

——后勤 2015 年工作回顾

2015 年，后勤广大干部职工认真学习、自觉践行"三严三实"的要求，坚持以学校为主体、以培养人为根本、走专业化发展道路，落实学校深化综合改革方案任务要求，紧密结合后勤工作实际，研究制定"十三五"期间后勤发展与改革规划，努力提升建设、管理、保障、服务工作水平，构建具有清华特色的新型后勤服务保障体系。

一、践行"三严三实"，加强党建工作和队伍建设

按照学校"三严三实"专题教育工作的安排和要求，后勤党委认真落实、精心组织专题教育各个环节的活动。全年组织理论学习和报告会 10 次，主管副校长和两位副总务长分别讲授"三严三实"专题教育党课，形成了领导干部带头学习、率先垂范的良好氛围。进一步加强党风廉政教育，认真贯彻"一岗双责"的要求，不断完善防腐制度体系建设。按照学校统一要求，后勤各单位开展了办公用房和公务用车的专项清理整治。

加强基层党组织建设。后勤四个党总支坚持党委领导，充分发扬民主，如期完成换届选举工作。通过组织党课学习、安排社会工作锻炼等方式，加强积极分子和新党员教育培养。发展新党员 13 人，党员队伍进一步壮大。

加强干部和骨干队伍建设。根据学校干部聘任工作统一安排，配齐配强了后勤各单位领导班子。年底前完成后勤科级干部聘任工作，使干部梯队格局更趋合理。

关心青年团和离退休工作。开展"青年之校"系列培训，组织参加远程本专科学历教育和读书会等，不断丰富青年职工的业余文化生活；不断加强离退休党建工作，坚持离退休老同志定期联系慰问制度，为后勤困难职工 156 人次申请补助共计 41.6 万元。

二、着力顶层设计，研究规划后勤改革与发展

根据学校事业发展需要，融合"创新、协调、绿色、开放、共享"五大发展理念，研究编制了后勤"十三五"事业发展规划，明确发展思路，研究实施举措，分解具体任务，提出了六大发展举措、十大发展任务，全面提升后勤所担负的建设、管理、保障、服务的水平。

作为后勤"十三五"事业发展规划的重要支柱，后勤从工作实际出发，全面落实学校综合改革各项任务措施，研究制订了后勤改革发展方案，明确了16大类71项具体任务，扎实推动后勤各单位对接发展与改革任务。通过上下结合、广泛研讨，进一步明确了后勤各单位的工作定位和职责要求。积极应对后勤队伍建设面临的机遇与挑战，主动试点人事制度改革，探索身份管理向岗位管理转变。

三、规范基建管理，校园基建和基础设施改造有序推进

制定并实行《基本建设管理办法》，促进校园规划与学校事业规划、学科规划的有效衔接，提高建设的决策和管理水平。经过多方面论证、多层次沟通，历时4年完成了本轮校园规划修编，正按程序待批。制定"十三五"基本建设规划，初步确定"十三五"期间校本部基建项目41项，共126.9万平方米。2015年，学校基建工程有序推进，完成李兆基科技大楼、南区学生食堂等4个项目，共计16.75万平方米；在建图书馆北楼等4个项目，共计约4万平方米。

前瞻性地推动校园基础设施建设。新建3口深水井全部投入使用，校园供水水质进一步提高。11万变电站增容改造二期工程进展顺利，并网后可满足学校未来十年的用电需求。完成道路翻修和新建及加铺人行步道4万余平方米，更换"五防"安全井盖3300多个，改善了校园出行条件。在保证食堂供餐的同时，完成部分食堂燃气管道的维修改造、扶梯大修、货梯更新和油烟净化系统改造等，食堂基础设施得到改善。

四、打造绿色校园，校园绿化和节能减排取得新进展

2015年绿化建设面积3万多平方米，种植乔灌木2000余株，修剪乔灌木

21000余株，保护恢复重点大树36棵。持续推进杨柳絮治理工程，三年来校内飞絮减少了70%。

节能减排工作取得新进展。引进新技术升级中水处理站，出水量提高20%，能耗下降35%。完成9个换热站、93栋楼宇的节能改造，可根据天气情况对供暖系统进行分时分区调控。对部分院系信息机房进行节能改造，年节电超过20万度。完成泳池、食堂的太阳能热水系统改造工程8项，每年为学校节省燃气18.7万立方米，减少二氧化碳排放404吨。

不断加强绿色教育。开设"生态文明十五讲"课程，邀请钱易、倪维斗、金涌、江亿、何建坤等专家授课，选课学生近3000人次。联合学生社团开展"光盘行动""废旧电池回收"等主题宣教活动，覆盖学生近万人次。坚持废旧自行车再生工作，制作再生自行车1000余辆。

五、强化平安校园，综合协调提升校园管理和防控能力

积极探索学校和政府对校园协同治理的新途径，学生区探索推进"大物业管理"，区内机动车乱停、摊位违规经营现象得到有效控制；完成教学办公区和各校门安防系统升级改造，新布或更新高清摄像头近600个，基本实现校园全覆盖，校园治安和刑事案件比去年同期下降15.1%，为师生员工挽回直接经济损失近40万元；街道办全面协调辖区内执法力量联合执法，完成拆违3000平方米，遏制新生违建6户150余平方米。

不断完善安全责任、综合防控、隐患排查、应急处置等体系建设，提升校园综合治理总体水平。适时启动高等级校园安全防控，保障两会和庆祝抗战胜利70周年阅兵等大型活动。制定《校园消防安全隐患排查治理实施办法》，与90多家单位签订《消防安全责任书》。通过对30多个单位30余万平方米建筑进行消电检，发现隐患325项，全部下达整改通知。推动落实主楼、化学品库、何善衡楼等单位的消防隐患整改。

坚持校园机动车管理，严格车证审批，制定《校园机动车违规行为处理暂行办法》，全年日均进出校园机动车控制在2.7万辆次，校园停车难、停车乱情况有所改善。试行校园停车接待券办法，满足校内单位接待重要来访的停车需求。严格校园参观管理，依法打击黑车、黑导、游商，实行重点时段、重点部位盯守制度，共查处无照经营753起，户外经营49起。

2015年校园秩序平稳，我校获得"平安校园""平安校园示范校"和"国家安全人民防线建设工作先进集体"等荣誉称号。

六、提高工作标准，后勤服务和保障水平不断提升

后勤服务保障坚持小机关、多实体的管理运行模式，强化服务型实体的管理职能，提高经营型实体的资源使用效益。按照行业管理准则，依托各业务实体，形成多甲方专业化管理的服务保障模式，提升对社会服务的监管水平和驾驭能力。

以评促建开展标准化申报。一教、二教高分通过市教委标准化教室楼验收，至此我校全部教室楼、紫荆本科学生宿舍、学生食堂都已通过标准化验收，学生超市获评全国教育超市样板店，在高校中发挥了引领作用。

持续改善学生学习生活条件和社区交流条件。完成了33～37号楼逐楼中转装修改造工程，探索建立了26个公共交流空间和89个学术交流空间。积极推动亚洲青年交流中心项目，通过开展厨艺沙龙、野外露营等活动，促进文化交流。创新教室楼个性化服务，自主设计了变形桌椅和专用讨论教室，增设云打印机等设备。

坚持公益性办伙方向，继续推进原材料加工生产的集约化管理，保证食品安全的同时，稳定饭菜价格。举办美食节，引进快餐式小火锅等就餐形式，持续完善伙食结构。不断改善师生就餐环境，新清芬园食堂按期开业，每餐可接待7000余人次。扩建家园食堂解决附小学生用餐问题，积极筹建"教师餐厅"。

不断提升接待服务水平，圆满完成了印度总理、厄瓜多尔总统、瑞典首相等36次国内外重要接待的服务保障任务。落实后勤合并同类业务改革，平稳完成服务楼接收工作。参与"绿色校园微循环电动车"项目，借助社会力量更新纯电动校园公交车22辆，每辆比燃油车年节约能源消费6.5万元，已部分投入使用。

优化商贸资源配置，7号楼学生超市重新开业，稳妥退出图片社业务。华澜园集贸市场建立了食品安全追溯系统，被评为"区平安建设示范市场"。

推进老旧小区物业化管理，改善家属区道路、休闲广场、停车位等硬件设施。强化政府服务职能，重点发展一老一小社区服务，通过硬件设施采购和无障碍坡道改造等措施积极满足各类人群需求。社区服务中心总计提供家政服务

近 1000 人次，便民医疗车出车 1450 余车次。

继续提高医疗和保健服务能力，校医院全年接待门急诊病人 47.2 万余人次，同比增加 2.8%，体检 2.8 万人次。新增 5 项医疗检测服务，检测能力进一步提升。加强制度建设，新订、修订《院感分册》等 9 册规章制度共 53 万字，实现对医院管理的全覆盖。

2015 年，后勤广大干部职工紧密围绕为人才培养服务、为教学科研服务、为师生员工生活服务的根本任务，以"严"和"实"为标准，认真谋划事业发展与综合改革，细致梳理工作定位和职责要求，努力推动各项工作开展，向构建具有清华特色的新型后勤服务保障体系迈出了坚实的一步。

凝心聚力抓改革　善谋实干促发展

——后勤2016年工作回顾

2016年，后勤广大干部职工坚持以服务人才培养、服务教学科研、服务师生员工生活为根本任务，紧密结合工作实际，深入开展"两学一做"学习教育，持续推动后勤综合改革，主动谋划事业发展，制定并实施后勤事业发展"十三五"规划，推进职工队伍改革试点，努力提升建设、管理、服务、保障工作水平，积极构建具有清华特色的新型后勤服务保障体系，为学校一流大学建设保驾护航。

一、开展"两学一做"，加强队伍建设

按照学校"两学一做"学习教育安排和要求，后勤党委、清华园街道党工委、校医院党委结合工作实际，制订"两学一做"工作计划，扎实推动党内教育从"关键少数"向广大党员拓展、从集中性教育向经常性教育延伸。主管副校长和两位副总务长分别讲授党课，形成领导干部带头学、广大党员自觉学的良好氛围。各单位通过组织专题党课、主题讨论、主题党日、文艺汇演、实地参观等形式的活动，着力提升"两学一做"学习教育的覆盖面和实际效果。"两学一做"基础在学，关键在做。后勤各单位在面向师生员工服务的窗口设立党员先锋岗，巩固和推广党员挂牌、党员承诺制度，提升党员干部党性意识，发挥先锋模范作用。

后勤把"两学一做"学习教育作为加强党的建设和队伍建设的重要抓手。后勤党委、街道党工委和校医院党委完成换届工作，在总结经验的基础上，继续推动后勤事业发展。后勤依据事业规划和各单位职能定位，主动推进队伍规划和改革，进一步明确优化结构、控制规模、提高素质、增强吸引力和提高竞争力的工作思路，推动岗位分类、职工聘用、考核评价和薪酬激励等改革。后

勤四中心积极参加学校职工队伍改革试点，依据发展需要和部门职能定位对岗位进行分类分级，目前已完成岗位数量及人员规模测算、岗位说明书修订等工作，基本编制完成职工队伍改革方案。

二、谋划改革发展，狠抓任务落实

面对学校加快建设一流大学和全面深化综合改革的新形势，面对全校师生员工的新需求，后勤在巩固现有改革发展成果基础上，结合工作实际，进一步修订完善《清华大学后勤综合改革与发展方案》，经学校综合改革领导小组第七次全体会议讨论通过，由后勤统一部署、协调推进。方案明确改革发展任务16大类共70项，确定了时间表、路线图和责任人。后勤各单位主动对接改革任务，积极制订本单位改革实施方案，并认真组织落实。目前，已完成"明确各部门职能定位""分类修订各领域经济管理办法"等15项任务，启动"后勤'一站式服务'建设""专业咨询体系建设"等21项任务，改革发展成效逐步显现。

2016年是"十三五"开局之年，后勤以学校"十三五"事业发展规划为指导，在全面总结"十二五"工作成果的基础上，融合"创新、协调、绿色、开放、共享"五大发展理念，制定并实施了《清华大学后勤事业发展"十三五"规划》（简称《规划》）。未来五年后勤将努力建设"文化底蕴深厚、校园特色鲜明、景观环境优美、生态文明和谐"的国际化校园育人环境，形成与学校世界一流大学建设相适应的"制度成熟完善、管理科学高效、服务优质规范、保障有力可靠、资源配置合理、队伍专业精干"的具有清华特色的新型后勤服务保障体系。《规划》统筹谋划、明确途径，确定了六大发展举措和十类重点任务。2016年11月，校长邱勇对后勤"十三五"规划情况进行了调研，对规划思路、规划目标、实施途径等均给予了高度认可。现已初步完成规划任务分解，后勤各单位也制订了本部门的实施计划，确保各项任务逐步落到实处。

三、规划校园建设，提升设施条件

主动将事业发展规划、学科发展规划与校园规划有机衔接，研究制定"十三五"基本建设规划，明确学校基本建设和基础设施建设责任分工，协调安排改善办学条件和"双一流"项目，推动建设任务有序落实。

2016年学校各项基建和基础设施改造工程有序推进。建成图书馆北楼等6个项目7.7万平方米;在建生物医学馆等4个项目约12.5万平方米。积极推进物理楼、北体育馆等多个项目的前期工作。校外基建项目有序推进,八家住宅楼、光华路大楼实现结构封顶,昌平科研基地完成尖端国防、公共安全等项目的立项。攻坚克难四年完成110千伏变电站增容改造,学校源头供电能力翻一番,能满足未来八至十年的用电需求。分批推进校内家属区、平房区供电网络改造,大幅提高了供电能力和安全。暑期集中安排紫荆1~13号楼外立面修缮、道路改造、给排水改造、绿化及环境改造等工程67项;精心组织完成明德路大修,建成潮汐自行车道;更新校园双语导视系统,采取校友募捐方式更新校园座椅。加强园林绿化养护,修剪绿篱色块5万平方米,乔木4500余株,补植草坪1.2万平方米。提前部署、充分准备,平稳有序做好防汛工作,从容应对7月两场强降雨。

完善学校能源管理体系,启动能源监测平台建设,顺利通过了国家"能源管理体系认证",我校成为首批通过此项认证的公共机构之一。主动与北京市交通委沟通,对学校周边交通问题专题研究,推动城铁设站、G7南延、京张高铁入地、八家东西贯通、双清路路口改造、成府路治堵等多项措施方案,实施后将有效改善周边出行条件。

四、加强秩序管理,建设平安校园

加强安全与秩序管理,继续推动学校和政府对校园的协同治理,建立以学校管理力量为主体、以"三区联动"为支撑、以政府执法部门为后盾的校园管理模式。不断完善安全责任、综合防控、隐患排查、应急处置等体系建设,推进科技强安工程,提升工作水平和效果。

充分发挥大院式街道的独特优势,推动成立清华园地区综合治理委员会、食品安全委员会、计生委员会。全面协调辖区内执法力量联合执法,遏制违法建设4处,整治新林院商业街,封墙关停商户21户,查处无照经营1000余起。成立应对空气重污染工作领导小组,及时启动应对预案,督促落实应对措施。深化"平安校园"建设,加大校园安全生产管理力度,开展彩钢板临建、实验室安全、消防安全等多轮安全大检查,强化安全主体责任,督促安全隐患落实整改。丰富安全宣传教育内容和形式,开展防范电信诈骗等专题教育活动,增加微信平台推送,不断提高广大师生员工的安全素质。强化校园交通管理,对学生区电动车超速进行专项治理，加大违规机动车处置力度，登记告知违规机动车1万余辆，拒绝已列入黑名单车辆入校120辆次，劝离各类无关车辆2万多辆次。改进校园参观管理，开辟进校参观专用通道，整合多方力量加强疏导和管控，暑期参观人数同比减少50.7%，校园秩序改善明显。

五、持续开拓创新，做好服务保障

以为师生服务为中心，持续推进后勤服务保障体系建设，努力形成"学校力量主导、社会资源参与、部门专业监管、行业自律管理"的多甲方专业化管理的服务保障模式。充分利用社会优质资源，不断优化资源配置，积极构建专业咨询体系，提升管理服务专业化水平，提高服务保障能力。

积极推动后勤综合服务大厅建设，加强业务协同，促进各部门内部管理改革，逐步实现"一站式服务"，目前可办理后勤综合咨询、校园车证、临时餐卡等8项业务，后续将陆续开通其他业务。持续改善学生学习、生活和交流条件，推进学生公共活动空间建设，完成109间多功能公共空间建设，满足学生健身、交流和休闲的需求。完成四教和六教4间讨论阅读空间改造，受到师生欢迎。优化伙食结构，改善就餐环境，开办清芬园教师餐厅，为教师提供优良交流环境。调整南园食堂供餐形式，一定程度上缓解了周边教职工的就餐压力。继续做好伙食原材料的联合招标采购，确保伙食工作稳定。不断提升接待服务水平，完成100多场重要接待、大型会议等服务保障任务。完善校园公交服务，22辆纯电动校园公交车全部交付使用，新增内环线路和敬老专线。完善公文投递业务，全年完成公文递送4000余份。以师生员工需求为导向，引入社会优质资源参与校园商贸服务和经营，增强校内商贸服务活力，完善华澜园菜市场食品安全可追溯系统。规划商贸服务布局，优化商贸资源配置，平稳撤销胶印厂印刷业务。持续提高医疗和保健服务能力，全年完成门急诊49万余人次、体检3万余人次，新增13项医疗保健服务，发现重大疾病100余例，为患者早期救治创造了条件。幼儿园持续提升幼教服务保障能力和质量，克服困难扩充学位，为千余名教职工子女提供了优质幼儿教育。

2016年，后勤广大干部职工齐心协力共谋后勤发展，凝心聚力狠抓任务落实，较好实现了"三满意"目标，为"十三五"开了一个好头、夯实了发展基础，向构建具有清华特色的新型后勤服务保障体系又迈出坚实一步。

狠抓任务落实　推动改革发展

——后勤 2017 年工作回顾

2017 年，后勤全体干部职工认真学习宣传贯彻落实十九大精神，积极开展巡视整改，主动作为、改革创新，全面开展后勤综合改革与发展方案和"十三五"事业发展规划任务落实情况中期检查，各项工作得到学校方方面面的肯定，较好地实现了"三满意"的目标。

一、紧密结合实际，学习宣传贯彻落实十九大精神

街道党工委、校医院党委和后勤党委根据中央和学校的要求，组织广大党员干部认真学习宣传贯彻党的十九大精神，把思想和行动统一到党的十九大精神上来，把智慧和力量凝聚到落实党的十九大提出的各项任务上来。邀请朱安东教授、联合机关党委邀请胡鞍钢教授作十九大精神的报告，组织党员首批参观"砥砺奋进的五年"大型成就展。持续推进"两学一做"学习教育常态化制度化，通过集中学习、送学到家等多种形式，使十九大精神入心入脑、落到实处。

各级党组织召开思想政治工作专题会议，认真学习全国和学校思想政治工作会议精神，努力营造全员全过程全方位育人的良好环境。认真学习学校第十四次党代会精神，深刻领会坚持正确方向、坚持立德树人、坚持服务国家、坚持改革创新的重要指导思想，为扎根中国大地办好社会主义大学贡献后勤力量。发挥好理论中心组的作用，通过专题报告会、研讨交流会、课题研究等强化理论学习，党支部和党员充分发挥战斗堡垒作用和先锋模范作用，形成凝聚人心、推动发展的强大精神动力。

二、认真自查自纠，做好巡视整改工作

后勤各单位积极配合中央巡视工作，主动开展自查自纠，分别起草了工作

情况报告，认真梳理问题，明确改进思路，整体形成《清华大学后勤工作报告》。各单位自觉对照中央巡视组给学校的反馈意见，认真分析查找巡视所发现问题在后勤的具体体现，结合学校党建专项检查中所指出的问题，制订了整改方案和整改清单并狠抓落实，做到了"条条要整改、件件有着落"，按时间高质量完成了巡视整改任务，切实加强后勤党的建设，落实全面从严治党，推动后勤综合改革与"十三五"事业不断发展。

按照学校党委关于开展意识形态专项整改方案的要求，后勤各单位开展了意识形态工作专项自查和整改。制定《意识形态工作责任制实施办法》，落实"一岗双责"要求，将意识形态工作责任制纳入党建工作责任制。召开意识形态工作专题讨论会，明确了加强理论学习和阵地管理的要求。落实中央巡视整改中有关基层党建任务，开展党支部书记讲党课、组织生活情况等检查，进一步加强党建工作规范化。

三、狠抓任务落实，开展中期检查评估

按照工作安排，在各单位对改革发展任务落实情况自查的基础上，后勤以"狠抓任务落实，推动改革发展"为主题召开工作研讨会，各单位针对任务落实情况进行了汇报交流，后勤整体报告了综合改革和事业发展任务中期检查情况，进一步强调了对任务的认识层面、工作层面和成效层面的反思。

经梳理，17大类96项改革发展任务中，已完成35项，正在进行59项，待启动2项。各项任务稳步推进，改革发展成效初步显现。部门职责进一步明晰，协同配合更加有效，运行效率明显提升，管理服务专业化水平不断提高，内控管理更加规范，后勤各部门为学校"当家"的意识和能力明显增强。

结合中期检查情况，以"推动后勤职能调整与管理改革"为主题，后勤在学校综合改革领导小组第二十次全体会议上进行了专题汇报，学校领导对后勤综合改革与发展任务推进情况以及对中期检查的做法高度认可。

四、积极主动作为，推动职工队伍改革

后勤各单位依据事业规划和职责定位，科学设岗定编，编写岗位说明书，明确岗位职责和任职要求。积极探索岗位体系、评价体系、激励体系、发展体

系等方面改革。经过多轮内部交流研讨，并与人事处多次沟通，制订《后勤职工队伍规划与改革方案》，为职工队伍改革奠定了基础。

坚持党管干部的原则，配合学校完成了后勤两位正职干部、四位副职干部的聘任工作，配齐配强了各单位领导班子，各项工作平稳有序开展。持续加强队伍培训，坚持"青年骨干培训班"、岗位技能比武和实操考核等；着力引进技能型人才，与延安职业技术学院等10家职业院校建立"后勤员工培养输送基地"合作关系，不断提高队伍职业化专业化水平。

五、完善内部控制，提高工作规范化程度

学校实施合同归口管理后，后勤6个单位承担学校合同管理任务，分别起草《合同管理办法》并获学校审议通过，2017年共归口管理合同2100余项。制定并实施《清华大学后勤单位采购管理实施办法》，明确了采购审批程序和权限。修订《"双一流"基础设施改造经费项目立项及资金使用管理实施细则》。2017年后勤申请国拨经费项目62个，经费预算1.9亿元。截至12月，完成项目53个，预算执行率超过86%。还完成了2018年"双一流"基础设施专项的项目申报评审工作，共入库项目40个，评审金额1.88亿元。

六、规划校园建设，提升基础设施条件

立足学校事业发展要求，启动校园总体规划（2021—2030年）及一系列相关专题研究工作。推动基建年度计划有序落实，2017年重大建设项目8项15万平方米，竣工4项4.2万平方米，推进8个项目的前期工作。景观规划先行，初步形成了110周年校庆前校园景观的设计导则和项目库，提升校园景观品位。主动与北京市交通委沟通，对学校周边交通拥堵问题进行专题研究，努力改善校园周边交通拥堵情况。

校园基础设施和环境建设迈上新台阶。大力投入攻坚克难，供暖季前完成平房区385户的煤改电工程，经回访98%以上的居民对室内温度表示满意。推进荷清苑、西北小区自备井置换工作，实施至善路西段修缮及市政管网改造工程，完成供暖干线"北北线"增容改造工程，供暖大动脉框架基本形成。完成明德路、河滨路等10余项6万多平方米景观改造工程。建设能源管理平台，

完善用能管理体系。新增校园室外座椅60把，完成校园双语导视标牌项目，形成校门—干道—小路三级导视系统。

七、强化秩序管理，努力建设平安校园

完善大安全工作格局，制定《清华大学安全管理规定》，安全责任层层落实。学生社区加强电动车管理，电动车保有量减少29%。充分发挥大院式街道优势，落实北京市专项整治精神，特别加大对彩钢板房等违建的排查和治理力度，全年拆除近万平方米，安全隐患排查整治取得突破性进展。街道办网格化管理平台处理各类案件4252起，及时率99%，全年火情较2016年的17次下降到3次，安全形势明显好转。

校园秩序管理全面提升。发布新版《校园参观管理公告》，加强与社会管理和执法部门协同，巩固了我校主导的校园参观管理，暑期从西门进校较2016年同期下降了30%。通过设立校内交通信息提示屏、开通"平安清华"和"行在清华"微信公众号、升级开通ETC电子支付等多种措施缓解主校门高峰期交通拥堵。

八、改善育人环境，不断提升工作品位

推进后勤信息化建设，有机融合虚拟信息系统和实体服务大厅。现已开通综合咨询、卡证申请等9项业务办理。升级93001呼叫中心，开通"清华后勤"微信公众号，改版的后勤综合服务网站月均访问量由1.5万人次增长到2.4万人次。

持续改善学生生活、学习环境，拓展公共交流空间，充分发挥学生社区育人作用。南区学生公寓11号楼投入使用。学生公寓空调由租用转为免费使用，增加早间淋浴热水供应。拆除路边报刊亭、小桥烧烤等临建，规范学生区商业管理。完成教学楼安防系统的升级改造，实现核心教学楼内公共区域监控全覆盖。

改善就餐环境，食堂老旧设施逐步得到改善。推进优质"海产品"定点直供入校。教师餐厅就餐人数持续增加并保持稳定，每天平均就餐人数约800人，得到广大教师肯定。制定《合作联营管理办法》，为积极引进和规范管理社会

优质资源打下基础。9个食堂顺利通过GB/T 22000食品安全管理体系认证。

不断提升接待服务水平，完成619场国内外重要接待、大型会议活动的服务保障等任务，其中接待国际政要21次。继续完善公共服务，新增"学生专线""送医专线"，"敬老专线"加密运行，校内师生员工可免费乘坐校园车。

根据校园不同区域性质和需求，初步完成校园商贸服务布局规划。试点建设北区便民果蔬超市获居民好评。引入新技术，全国高校率先使用无人值守售货系统。澜园超市实现微信、支付宝等消费结算。

落实"双幸福"办园理念，促进幼儿全面发展。强化师德教育，实现高清数字监控全覆盖。幼儿食堂加固改造后通过了北京市餐饮服务单位食品安全量化分级最高等级（A级三星）考核。培训来自全国各地的园长和骨干教师2000余人，在同行中发挥引领示范作用。

顺利完成北京市2017年医改任务和二级医院校验评估工作。持续提高医疗和保健服务能力，实施手机App诊疗模式。新增CT胃小肠造影等12项医疗保健服务。全年完成门急诊42万余人次，体检3万余人次，发现恶性肿瘤100余例，为患者早期救治创造了条件。

展望2018年，让我们继续以饱满的工作热情，以十九大精神和习近平新时代中国特色社会主义思想为指引，为构建具有清华特色的新型后勤服务保障体系而努力奋斗！

锐意进取补短板　主动作为促提升

——后勤 2018 年工作回顾

2018年，后勤全体干部职工认真学习贯彻习近平新时代中国特色社会主义思想，认真开展后勤综合改革与发展方案和"十三五"规划的中期评估，按照"补短板、求创新、促提升"工作思路，齐心协力、锐意进取，努力推动后勤各项事业平稳发展，得到了全校师生的好评，较好地实现了"三满意"的目标。

一、全面加强党的建设

街道党工委、校医院党委和后勤党委根据中央和学校的要求，带领广大党员干部深入学习习近平新时代中国特色社会主义思想和十九大精神，深入贯彻全国教育大会精神，全面加强党的建设，落实全面从严治党要求，全力推动后勤事业改革发展。

各级党组织认真开展"基层党组织建设提升年"活动，围绕六大工程，在发挥政治核心作用、规范基层党建制度、创新职工思想政治工作等方面积极开展工作。坚持思想引领，通过多种形式，推动教职工政治理论学习全覆盖。

后勤各单位认真总结回顾改革开放 40 年来后勤取得成绩和经验，梳理了后勤改革发展的脉络，对发展历程进行了阶段性划分，撰写了后勤改革开放综述材料，汇编了改革发展大事记和代表性照片，积极配合学校改革开放 40 周年展览。

后勤党委完成 4 个中心党总支换届工作，总支书记与中心主任由同一人担任，委员人数增加至 7 人，有力加强了党总支的工作力量。后勤党委入选学校首批党建标杆创建单位，物业中心学生公寓区事务科党支部入选首批标兵党支部创建支部。

二、深入推进后勤综合改革

后勤主动对标学校要求，在前期任务落实情况检查基础上认真开展综合改革与"十三五"规划的中期评估，总结经验成效，查找问题不足，把提升队伍建设水平和推动信息化建设作为重点工作全力推进。中期评估表明后勤改革发展的目标合理、思路措施有效，主动适应了学校综合改革和"双一流"建设，进一步坚定了后勤改革求发展、发展促提升的工作信心。

后勤信息化建设取得新进展。后勤制定了《后勤信息化建设规划》，完善了信息化建设的组织领导和管理机制，平安校园建设提升工程、紫荆区节能监管平台示范项目等一批信息化项目顺利完成，促进了后勤工作不断提升。后勤综合服务平台建设不断推进，"一站式"服务模式不断扩大，全年受理来电20多万人次，办理业务7000余件，"清华后勤"微信公众号关注人数1.1万余人，阅读量超过28万。

后勤综合管理水平不断提升，预算管理、招标管理、合同管理更加规范。总务办和基建处全年采购与招标151项，合同总金额约19.4亿元。总务办、保卫处、基建处、修缮中心、接待中心、饮食中心六个部门作为学校合同归口管理单位，全年审批备案合同超过4400份，合同金额28.5亿元。

总结评估工作继续改进，修订了《清华大学后勤单位年度总结评估实施细则》，优化了评估维度、评估指标和结构比例，进一步健全了考核评估体系，有效发挥总结评估工作的激励作用。

三、着力加强职工队伍建设

依据事业发展规划和部门职责定位，科学设岗定编，制订了《后勤职工队伍建设规划与改革方案》。后勤各单位基本完成职工队伍改革方案，完善岗位体系、评价体系、激励体系、发展体系，着力建设一支专业化、职业化的职工队伍。

后勤实施干部骨干"国际化能力提升计划"，安排两个交流学习团分别赴新加坡、美国等专题调研交流后勤服务与管理工作，选派骨干职工参与学校海外研修项目，拓宽了后勤干部骨干的国际视野，坚定了做好一流后勤服务保障工作的信心。

大力开展职业培训，不断提高职工专业化水平。后勤各单位加大职工技能培训，举办多工种、多专业的技能比武，助力青年职工成长成才。澜园食堂的赵春梅和寓园食堂的张秀龙参加"北京市第八届商业服务业技能大赛"中式面点师项目比赛，分别获得第二名和第三名的好成绩。物业中心举办第四期青年骨干提高班，提高青年骨干综合素质。

四、努力建设美丽校园

按照规划部门统筹、职能部门协作、专业机构负责、专家全程咨询、师生广泛参与的工作思路，推进校园总体规划修编（2021—2030年）有序开展。空间资源统筹、空间形态优化、生态景观提升、交通系统优化、基础设施提升和智慧校园建设等6个专题10个子项的研究基本结题，总体规划的编制工作已经启动。校园规划加强了校园承载能力研究，引导学校发展方式转变和资源配置方式改革。

校园建设工程紧张有序推进。综合实验大楼、北体育馆等4个项目开工建设，校内在建工程达到8项约38万平方米，创历史新高。法律图书馆等3个项目约4.7万平方米竣工投入使用，科学博物馆等10个项目的前期工作积极推进。校园景观提升计划继续实施，主楼周边、学生宿舍1～4号楼周边、校河二期景观建设等10项工程完成，改造面积约11万平方米。

五、持续强化安全秩序管理

积极构建和完善"大安全"工作格局，不断健全安全管理的长效机制和工作体系。校园安全文化建设取得较大进展，安全培训基本实现全覆盖，广大师生安全意识进一步提升。充分利用政府"吹哨报到"机制，发挥大院街道独特优势，城管、食药等政府下沉执法力量为学校管理保驾护航，建立联合执法机制，取缔无照经营，整治违规摊贩，打击游商黑导。

校园消防安全管理得到加强。落实消防安全责任制，签订安全责任书，实现消防报警联网，完善安全督导制度，坚持定期排查整改隐患，隐患数量下降50%。

校园交通环境不断改善，通过新开东三门、升级道闸系统、改造油库门、开通"潮汐车道"、实现实时路况引导等措施，师生进出校园的通行效率进一步提升。校园参观管理不断改进，通过采取网上预约、"三门入校"、分时引导等措施，在参观人数增加12%的情况下，校园井然有序，参观者总体满意率超过88%。

六、不断提升运行服务质量

全力推动"改善基本办学条件""双一流"基础设施类国拨专项经费项目的实施，不断改善校园环境设施，全年共完成60个项目，总金额约2.2亿元。校园市政条件不断改善，供暖热力干线改造、变电站电缆沟建设、西北小区和荷清苑自备井水源置换、公共卫生间建设及改造等任务顺利完成，校园整体保障能力得到提升。

学生生活学习条件不断改善。南区9号楼、10号楼、10号楼北楼投入使用，在宿舍楼更新家具空调，增配洗衣机、烘干机和洗鞋机。四教、东阶梯教室启动装修改造，在六教增设公共交流休闲空间。校园生活的国际化水平持续提升，校医院、国际学生公寓、食堂餐厅等场所实现中英双语标识。

校园餐饮服务继续坚持公益性办伙方向，保障基本伙食价格稳定，调整饮食结构，丰富饮食品种。绿色食品基地建设和农校对接采购持续推进。全部学生食堂通过食品安全认证，保证舌尖上的安全。寓园食堂修缮、"明厨亮灶"工程、手机端充值结算等工作顺利完成，师生就餐体验进一步改善。

校园接待服务水平不断提升，高质量完成26次国内外政要接待任务。校园公交车服务40余万人次，收发服务140万件次。

校园商贸服务不断创新。新增赛百味项目，基本完成校园商贸服务规划布局。全年服务师生324万人次，同比增加9%，服务质量稳步提升。

校园医疗服务质量不断提升，健康促进行动计划开始推进。校医院发展规划和建设计划顺利通过学校批准并开始实施，增设核磁科目，更新医疗设备，新开展检测、治疗项目14个。校医院全年门急诊超47万人次，体检2.4万人次。

家属区综合服务和社区环境不断改善，校内6个老旧社区全部实现准物业化管理，为老服务、优质幼教等项目各具特色，形成了独特的品牌。

七、积极促进校园共建共享

贯彻落实全国教育大会精神、全国高校政治思想会议精神，坚持在校园管理服务中践行"三全育人"。不断加强学生社区文化建设、学生生活素质教育、公寓辅导员队伍建设，设立校园安全体验日、开展勤工助学等活动，通过实际体验培养学生劳动观念，不断拓展"管理育人、服务育人、环境育人"新领域。继续推进中外学生混住，来自16个国家的95名国际生入住国内学生公寓。在国际学生中开展了"中国年文化体验活动"，让国际学生充分感受中国文化和清华文化。

不断拓宽师生参与校园管理服务的渠道，提高师生参与感、安全感和获得感。建立校园建设师生沟通会、校园景观环境咨询委员会、物业中心下午茶、饮食中心午餐会、保卫处交流会等沟通机制，认真听取采纳师生的建言献策，吸引他们直接参与到校园管理服务的规划、决策、执行等各个环节，促进校园共建共享。

2019年是新中国成立70周年，是学校建成世界一流大学的关键之年，是后勤实现改革发展目标的攻坚之年。后勤全体干部职工要围绕学校工作部署和师生期盼，按照"强基础、建队伍、解难题、促提升、惠民生、保稳定"的工作思路，坚定方向，主动作为，稳中求进，全力推动后勤各项事业的平稳有序发展，为学校深化综合改革和"双一流"建设继续提供坚强支撑和有力保障！

坚守初心使命 全面提升后勤服务保障能力

——后勤2019年工作回顾

2019年，后勤全体干部职工认真学习贯彻习近平新时代中国特色社会主义思想，按照"强基础、建队伍、解难题、促提升、惠民生、保稳定"的工作思路，不忘初心，牢记使命，主动作为，改革发展，努力打造美丽清华，建设健康清华，护航平安清华，服务幸福清华，全力为一流大学建设保驾护航。

一、守初心、担使命，支撑一流清华

（一）党建引领后勤事业发展

扎实开展"不忘初心、牢记使命"主题教育。街道党工委、校医院党委和后勤党委围绕主题教育的总要求，把学习教育、调查研究、检视问题、整改落实贯彻始终。各单位召开座谈会、实地走访208次，参与调研的师生约4200人次，完成调研课题13项，检视问题累计52项，实现了"理论学习有收获、思想政治受洗礼、干事创业敢担当、为民服务解难题、清正廉洁作表率"的教育目标。

后勤党委积极推进党建标杆单位创建。按照"凝练特色、创新工作"的创建思路，后勤党委抓班子、强组织、重教育、搭平台、促发展，创新落实教职工理论学习全覆盖、不断完善联系制度、全力推进"三全育人"。加强宣传工作，在媒体刊发报道67篇，"清华园的守望者"系列人物报道获得广泛好评。后勤纪委积极探索工作方法，协助党委落实全面从严治党主体责任，进一步加强党风廉政建设。

街道党工委坚持为民办实事。强化党建引领、坚守为民初心，深化"吹哨报到"，组织群防群治，确保校园及周边地区和谐安定。加强社区建设，凝聚居民共识，坚持开展"为民办实事"项目，不断增强师生群众获得感、幸福感、安全感。

校医院党委全面加强党的建设。顺利完成6个支部换届，支部书记均由学科带头人担任，增强了支部的战斗堡垒作用。组织全体党员赴红旗渠学习参观，激励党员争当先锋模范。恢复校医院团支部建制，助力青年职工成长成才。

（二）热烈庆祝新中国成立70周年

积极组织后勤党员群众收看新中国成立70周年庆典活动，结合后勤工作实际开展主题党团日。庆祝新中国成立70周年活动激发了广大后勤职工的爱国热情，增强了队伍凝聚力。

后勤900多名干部职工全力保障国庆庆典活动，胜利完成5400多名师生60天校内训练、7次外出训练和庆典活动当日的保障任务，获得广大师生的表扬和肯定。

（三）深入推进后勤综合改革与发展

对照后勤综合改革与发展中期评估结果，补短板，促提升。截至2019年末，96项改革发展任务中，已经完成并长期坚持11项，完成79项，尚在推进6项。

推进后勤信息化建设。清华校园巴士小程序上线，方便师生出行；研究生体检预约系统上线，实现微信预约和缴费；校园安全综合保障与应急指挥平台建成并投入使用；"清华家园网"微信平台实现新生安全测评全覆盖。

加强内控管理。开展内控评估，对发现的260项问题进行整改，已经完成195项，后勤各单位内部控制体系进一步完善。加强采购招标管理与合同归口管理，各归口单位完成招标项目161项，备案合同4200余份。

加强制度建设。各单位主持或参与制定《清华大学食品安全与营养健康管理规定》等9项校级制度，制定、修订589项内部管理制度，有力促进了工作的规范化和管理的科学化。

（四）积极推进后勤职工队伍人事制度改革

积极稳妥实施后勤职工队伍人事制度改革。后勤党委和各中心主动谋划、规范操作，规划方案和设岗方案率先通过学校审批，平稳完成1700余名职工的内部聘岗。保卫处、基建处职能配置规定获得学校批准，设岗和聘岗工作顺利完成。街道办、校医院积极制定改革方案并上报学校。

加大培训提升后勤队伍素质。立足学校全球战略，继续推进"国际化能力提升计划"，本年度分两批组织12名干部赴国外多所高校学习考察。启动"古月学堂"计划，构建和完善后勤职工队伍培训体系，科级岗位、专项业务等培训蓬勃开展。

（五）努力推进后勤"三全育人"工作

落实学校"三全育人"重点任务分解。各单位设立勤工助学岗位和体验日，培养学生劳动观念。《安全教育十余载春风化雨细无声》项目获得学校教学成果二等奖。

二、抓规划、促建设，打造美丽清华

完成校园总体规划（2021—2030年）编制。按照"总体规划引领、专项规划跟进"的原则，提炼和整合了六大专题研究成果，完成市政基础设施、商业服务设施等专项规划的统筹协调。校园规划顺利通过学校审批。

推进校园重点建设任务。生物医学馆等3个项目交付使用，竣工面积6.5万平方米，并获建筑长城杯、结构长城杯。积极推进8项在施新建和改造加固项目施工，全力推动新化学馆等12个项目的前期工作，有序组织昌平科研基地规划设计和市政配套施工。

完成景观提升计划年度任务。东南门校牌、主楼喷泉、学生公寓区等景观得到提升，新景观成为师生、校友"打卡地"，获得广泛好评。进一步细化完善校河改造方案，争取政府支持，努力营造亲水净水的校园水系文化景观。

推动绿色大学建设。启动《清华大学创建生态文明示范校行动计划》的编制，制定10大类53项工作任务，提出绿色大学2.0版目标。

三、强秩序、保安全，护航平安清华

加强校地协同治理，完善校园管理新模式。不断完善以学校管理力量为主体、以"三区联动"为支撑、以行业监管和政府执法力量为后盾的校园管理模式。积极推动建立清华园派出所，完善协同治理机制，切实加强校园安全稳定。

加强安全管理制度建设。完善"大安全"工作格局和"三区联动"工作机制，夯实安全责任，推动制定的《关于加强安全稳定工作的若干意见》《清华大学突发事件总体应急预案》及预案体系经学校审议通过，安全管理工作制度建设取得重要进展。

强化安全管理和安全教育。对 10 个重点单位进行消防安全评估，发现并整改各类隐患 850 项。推动校园停车位统一管理，启用车辆超速抓拍。推动校园安全文化建设，开展消防安全技能培训及演练 78 次，安全教育覆盖 2.1 万余人次。

四、聚资源、促提升，建设健康清华

启动健康校园规划研究。全面关注人、建筑、校园整体运行的健康，营造健康、安全、公平、包容、舒适的校园环境。推动开展校园总规健康影响评估等工作，健康校园评价指标体系初步形成。

推动健康促进行动计划。不断完善学校健康促进工作协调机制，多部门共同制定《清华大学教职工健康体检管理规定》，提出合理化的体检套餐指导标准。推动成立清华大学健康工作委员会。启动研究《健康清华 2030 计划》。

不断提升校医院医疗服务质量。新校医院建设总体设计方案通过学校批准。新增 14 项诊疗项目。学校高度重视，多部门共同努力完成核磁共振机房建设、设备安装并投入使用，在全国高校医院中率先开展核磁共振检查，疾病诊断能力迈上新台阶。部署安装 304 台 AED，组织实操培训千余人次，成功救治一名大一学生。

五、解难题、惠民生，服务幸福清华

后勤综合服务平台"一站式"服务能力稳步提升。全年受理来电 19.2 万次，办理业务 6300 多项，微信访问量突破 14.4 万人次。

全力做好校园餐饮服务。克服猪肉等原材料价格大幅上涨等不利因素，千方百计确保食堂价格整体稳定。不断创新就餐模式和餐饮品种，创办清青咖啡、时尚轻食等，新增菜品 240 余道。努力改善就餐环境，完成澜园等装修改造。推动教学科研区咖啡厅办理合法证照。

提升供水、供电、供暖保障能力。新建并改造生物医学馆周边等区域的道路和地下管网。推进蓝旗营小区自备井置换工程。加快节水校园建设，基本实现绿化喷灌管网全覆盖。改造紫荆公寓生活热水及热力外网，提高生活热水及供暖服务质量。新建开闭站等配电设施，保障教学科研用电需求。

不断改善学生学习生活条件。学生公寓新建60处研讨间、健身房等公共空间。探索国际学生住宿趋同化管理。高质量完成四教等25间教室改造，改造效果得到师生好评。

有力保障校园接待服务。接待重要会议和活动669次，圆满完成第八届世界和平论坛、外国元首级接待27次。公文投递、校园交通车等公共服务不断完善，学生专线、敬老专线服务获得师生称赞。

家属区管理服务水平不断提升。洁华幼儿园双清苑分园正式开园。北京市首个设立在高校内的出入境证件受理点正式揭牌，为2100多名师生办理证件和签注。"接诉即办"为师生解决身边烦心事，解决率达95%，全市年度考核排名第一。蓝旗营社区养老服务驿站正式运营，社区服务水平得到提升。

推动校园商贸社会化改革。研究商贸服务资源规划和空间布局，推进商贸服务模式改革，引入首家天猫校园店，增强了师生校园生活的幸福感。

积极推动学校周边市政交通工程落地。双清绿道全线贯通投入使用，极大改善了通行条件。协调东北门外人行过街天桥施工，即将投入使用。

2019年是不平凡的一年，后勤全体干部职工顽强拼搏、开拓创新，后勤各项事业有了新局面，改革有了新进展，队伍有了新面貌，管理有了新成效。2020年的号角已经吹响，后勤全体干部职工将牢记初心使命，努力建设具有清华特色的新型后勤服务保障体系，以昂扬斗志和勤奋工作，为学校改革发展继续提供坚强支撑和有力保障！

并肩作战抗疫情　奋楫笃行谱新篇

——后勤2020年工作回顾

2020年是极不平凡的一年，面对疫情的巨大挑战和压力，清华特色新型后勤服务保障体系经受住了考验，后勤全体干部职工奋勇当先、三线作战，扎实做好新冠疫情防控工作，全力保障校园安全稳定运行，持续推进后勤改革发展，用汗水和拼搏践行"清华园守望者"的责任担当。

一、坚持党建引领，筑牢发展之基

注重党建引领，全面加强党的建设。后勤各单位积极巩固"不忘初心、牢记使命"主题教育成果，推动理论学习全覆盖，党员群众认真学习领会习近平新时代中国特色社会主义思想，贯彻落实党的十九届四中、五中全会精神，统一思想、提升境界、汇聚合力。保卫部、基建处、街道党工委、校医院党委和后勤党委高度重视、认真配合学校党委巡察工作，按照"旗帜""标杆"的要求，高质量完成了巡察整改任务。后勤党委凝练特色、创新工作，抓班子、强组织、重教育、搭平台、促发展，成为学校首批党建标杆单位。完成后勤党委、纪委换届，副总务长和后勤各单位主要负责人均当选后勤党委委员，进一步夯实了党建基础，强化了党对后勤工作的全面领导。校党委书记陈旭在参加后勤党员大会时强调，后勤队伍听指挥、肯奉献、敢拼搏、能胜利，工作扎实有效，为学校改革发展和"双一流"建设发挥了重要作用。

二、加强统筹协调，坚决打赢疫情防控阻击战

面对疫情冲击，后勤全体干部职工把师生员工生命安全和身体健康放在首

要位置，履职尽责、连续作战，推动落实学校防疫各项政策方案。加强协同合作和信息共享，构建了"校门、楼门、家门"联防联控的校园防控格局。及时筹建并安全运行新斋、三四号楼、近春园三个健康观察点，全年共服务保障3644人次健康观察任务。建成方舱核酸检测实验室，完成发热、肠道门诊改造和CT机器更新，指导学校各单位开展应急消杀等工作，全年开展核酸检测18443人次。联合多部门，全力开拓防疫物资筹措渠道，做好物资储备、管理和供应工作。结合学校实际和常态化防控要求，及时研究调整和完善校园防疫和管控方案。后勤各单位安排党员骨干"一对一"联系关心未返京职工，开展深入细致的思想政治工作，确保队伍安全稳定、状态良好。

疫情"大考"之下，学生住宿管理、校园餐饮保障、基础设施运行维护、校园生活物资供应与配送等工作井然有序。后勤服务保障体系经受了锻炼和考验，得到了学校和师生的高度肯定，17个后勤集体、56名个人、6个党组织和13名共产党员获得学校抗疫表彰。

三、继承中创新，谋划后勤改革发展

通过统筹安排、整体推进，后勤全面完成了综合改革与发展方案和"十三五"规划中的17大类96项任务，基本建立了以一流大学建设需要为导向、以学校管理服务保障力量为主体、以社会优质资源和专业力量为依托、以行业监管和政府执法力量为后盾的清华特色新型后勤服务保障体系。后勤服务保障能力显著提升，改革发展的基础更加牢固。

为贯彻新发展理念、构建新发展格局，推动更高水平开放、更深层次改革、更高质量发展，后勤召开工作研讨会、开展专题研究，全面总结改革发展基本经验，主动服务学校"双一流"建设需要，积极回应师生美好校园生活期盼，认真谋划后勤"十四五"改革发展。新一期规划将坚持引领发展、内涵发展、开放发展、创新发展、持续发展等五个基本原则，明确建设美丽校园、平安校园、健康校园、幸福校园等四项基本任务，努力打造活力后勤、品质后勤、智慧后勤、文化后勤。通过下一个五年的不懈奋斗，后勤系统服务保障体系更加健全，服务保障能力大幅提高，服务保障品位显著提升，使得"清华后勤"这一品牌更加靓丽。

四、转危为机，紧抓"窗口期"推进校园建设

紧紧抓住疫情期间校园活动人口较少的契机，加快推进各类工程项目建设。第三教室楼加固、经管学院三创中心、综合实验大楼、北体育馆等11项基建工程率先在全市高校全面复工复产，总建筑规模超40万平方米。在抓紧工程建设的同时，与政府部门积极沟通，努力推进新校医院、新化学馆、学生活动中心、动振小楼改造等4个项目前期报批工作，并取得了实质性进展。

持续完善优化校园总体规划，如期完成12个专项规划编制，推动建立了校园规划实施机制，编制了管控导则和任务分解方案，细化为82项行动计划和120项工作任务。认真总结分析"十三五"期间校园建设成效，高质量编制完成"十四五"基本建设规划。在紫荆学生区开展数字校园建设试点工程，研究探索推进方式和协调机制，使校园规划实施与信息化建设规划相互衔接、共同促进。

加强校园市政基础设施和景观建设，调整计划加大校园整修力度。新增80吨天然气锅炉提升供暖保障能力，改造蓝旗营等区域给水管网提升供水保障能力，建设观畴园开闭站提升供电保障能力。克服诸多困难，彻底解决青年公寓及周边区域市政基础设施和景观环境问题。继续实施"景观提升计划"，完成新民路两侧等6个区域景观改造任务，其中"健身绿道""学习花园"等项目成为师生校友关注的"网红"新景观。校河治理工程开工建设，110周年校庆前将取得阶段性成果。

五、多措并举，全面加强校园管理

通过落实《中共清华大学委员会关于加强安全稳定工作的若干意见》，优化校园安全行动计划体系，进一步抓好任务分解落实，明确责任分工，构建工作推动机制，全面提升校园安全管理水平。不断完善校园应急预案建设与管理体系，推动制定《清华大学突发事件应急预案管理办法》，发布《清华大学突发事件总体应急预案》，构建18个校级专项应急预案，应急保障能力得到提升。提高校园交通管理水平，建设智慧交通管理服务系统，上线来访车辆预约系统，试点新清华学堂车库开放预约，完成青年公寓周边道路单行道及停车位

设置，成效良好。加强校园安全文化建设，提高师生安全意识。组织开展消防安全、应急疏散、灭火实操等培训演练160余场次，参与师生2.8万人次，实现新生入学安全培训全覆盖。消防专业评估工作机制已基本形成，推动完成校内31个单位41栋建筑消防安全评估，发现1172个隐患问题并推动整改，隐患整改率不断提高。

六、提升服务品质，师生校园生活幸福感不断增强

不断改善服务条件，持续提升师生生活品质。伙食品种愈加丰富，新增菜品近200种，清华月饼等节假日特色加餐让师生感受到了浓浓的节日温情和后勤人的用心。完成荷园、熙春园整体装修改造，就餐环境得到明显改善，用餐体验持续提升。努力打造"居学一体化"学生社区，推动公共教室和学生公寓的基础设施升级，持续改善学习生活条件。完成双清公寓、19号楼等学生公寓装修并投入使用，新增床位2000余张，有效缓解了学生住宿压力。完成建筑馆报告厅、西阶梯教室、第二教室楼等项目改造，完成44栋学生公寓楼内268处公共空间改造，公寓楼内洗衣机、洗鞋机等生活设施配置不断丰富，为同学们营造了更加良好的学习交流环境和便利的生活环境。

不断提升校园接待服务水平，全年服务重要会议和活动473场，包括国家元首级接待11次。校园交通车在"敬老专线"和"学生专线"的基础上，开通了"温暖回家专线"及毕业生离校摆渡等服务，全年接送乘客30万人次。推动商贸管理改革和转型，成立商贸与食品安全管理中心，加强学校商贸和食品安全管理。制定《清华大学食品安全监督管理办法》，确保师生"舌尖上的安全"。统筹推进"健康清华"工作，研讨起草《健康清华2030计划》，制订并实施《清华大学教职工体检管理办法》，统筹建设教职工体检平台，完成9100多名教职工体检。积极回应学生健康体检需求，分批完成867名研究生集中健康体检。推进膳食营养平台建设，为饮食健康数据分析做出积极尝试。加强社区服务，建成蓝旗营、荷清苑、校内社区等3个养老驿站，累计开展各项服务超过7000人次。坚持做好"接诉即办""为民办实事做好事"等工作，相关工作成果排名全市前列、海淀区第一。

七、积极探索后勤劳动育人机制，将"三全育人"落到实处

积极探索后勤劳动育人的长效机制。后勤统筹设置蔬菜采购、绿化养护、超市导购等丰富多彩的"浸润式"劳动体验岗位，联合院系设计新雅书院耕读、建土水环学生实践等教学环节。通过满意度调查，听取师生意见建议，统筹设置劳动体验岗位。把生活垃圾分类、"光盘行动"等"关键小事"与育人紧密结合起来，通过主题班团日、垃圾桶值守志愿服务、"美·食·节——美好食物、厉行节约"系列活动等开展宣教，落实习近平总书记相关指示精神。探索线上"厨艺课堂"，疫情期间策划推出"脆皮炸鲜奶和宫保鸡丁是怎样'炼成的'"线上教学活动，由全国烹饪大赛金奖获得者、观畴园食堂经理张奇现场视频教学，超过 200 万人次在线学习，同学们纷纷留言"虽距千里，但很暖心"。多措并举的劳动育人机制为上千人次学生提供了劳动体验机会，加深了同学们对劳动的认识和理解，也增进了同学们与劳动者间的相互理解和尊重，后勤在探索劳动育人的过程中进一步开创了师生共建共治共享的局面。

2020 年后勤广大职工凝心聚力，攻坚克难，做好疫情防控工作，为学校人才培养、改革发展和师生员工生活提供坚强可靠的保障，实现了"三满意"目标。展望 2021 年，后勤全体干部职工将继续坚持使命驱动、主动作为，为健全高水平后勤服务保障体系而努力奋斗，为学校的改革发展作出新的更大的贡献！

戮力同心绘蓝图　砥砺奋进启新程

——后勤 2021 年工作回顾

2021年，后勤全体干部职工团结协作、开拓创新，在持续做好常态化疫情防控，保障校园日常运行的同时，圆满完成建党百年专项、110周年校庆等重大活动后勤保障，制定后勤改革与发展"十四五"规划，推动后勤更深层次改革、更大程度开放、更高质量发展，为学校世界一流大学建设保驾护航。

一、加强党的领导，扎实开展党史学习教育和落实巡视整改任务

后勤根据中央和学校的要求，带领广大干部职工深入学习贯彻习近平新时代中国特色社会主义思想，学习贯彻六中全会精神，扎实开展党史学习教育。街道党工委、校医院党委和后勤党委分别成立了党史学习教育工作小组，保卫处、基建处党支部在机关党委党史学习教育工作小组领导下，认真制订各自工作方案，扎实开展五个专题学习，切实做到学党史、悟思想、办实事、开新局。在"我为群众办实事"活动中，后勤各单位主动回应师生关切，把工作落实落细，共开展涉及学生生活条件改善、餐饮服务品质提高、校园公共服务提升、基础设施条件优化、师生健康安全关爱等五大类实践活动91项。积极组织职工参加清华大学"永远跟党走"党史学习教育主题征文活动，共报送征文96篇，其中获得一等奖1篇、二等奖2篇、三等奖8篇，校医院党委和后勤党委还获得优秀组织奖。

积极配合中央巡视整改工作，街道党工委、校医院党委和后勤党委以及基建处、保卫处充分履行巡视整改主体责任，将巡视整改与深化改革、推动发展相结合，后勤各单位共计梳理问题76条，制定整改措施113项，按照"条条有整改，件件有落实"的要求，高质量完成巡视整改任务。后勤各单位党组织

切实担负全面从严治党主体责任，党政班子成员结合业务工作落实"一岗双责"，充分履行意识形态工作责任，守好意识形态阵地，切实增强风险防范意识。

二、谋划事业发展，制定实施后勤改革与发展"十四五"规划

2021年是"十四五"开局之年，后勤认真总结综合改革和"十三五"规划经验，主动对接学校"十四五"规划要求，谋划制定《清华大学后勤改革与发展"十四五"规划》，梳理形成8大类86项具体任务，明确了任务时间表、责任人以及协同机制。规划明确提出，后勤将把立德树人作为根本任务、把支撑学校一流大学建设作为首要责任、把满足师生员工对美好校园生活新期盼作为重要使命、把深化改革作为强大动力、把加强党的建设作为坚强保证，坚持引领发展、创新发展、内涵发展、开放发展、持续发展，努力打造活力后勤、品质后勤、智慧后勤、文化后勤，全面建设美丽校园、平安校园、健康校园、幸福校园。在后勤各单位密切配合下，各项规划任务稳步推进，管理体制和运行机制持续优化，运行效率不断提高，整体作战能力逐步增强。

三、真抓实干，推动校园规划各项任务落实

按照"人文、绿色、开放、智慧"的校园总体规划理念，进一步完善规划任务实施协同推进机制，全面推动行动计划实施，规划任务启动率达89.5%。推进数字校园、文物保护、消防安全等3项专项规划，开展碳中和节能改造技术经济成本评估和学生宿舍综合改造等2项专项研究，坚持绿色发展，优化资源配置。发布《清华大学基建规划委员会章程》，丰富全要素管控的校园空间治理体系。完成昌平科研基地一期A地块建设工作，顺利推进二期征地，初步形成二期用地规划阶段性调整方案和规划建议，全面启动能动系、航发院、工物系等单位入驻基地，做好服务与支撑工作。

稳步推进年度建设任务。综合实验楼、北体育馆等14个在建工程项目规模超42万平方米，其中经管学院扩建及三创中心等7个项目9万平方米已竣工。完成新校医院、教师活动中心等14个项目设计管理工作，总规模约26万平方米。推动科学博物馆、学生活动中心等20个建设项目前期报批。实施市政基

础设施改造项目27项，包括北体育馆市政外网、9003大楼区域外网等8项供暖管网改造，新水利馆配电室、听涛园配电室等6项电力工程改造，紫荆公寓18-23号楼、公管学院等12项外网给排水改造，完成蓝旗营小区自备井置换。持续推动校园景观提升，完成三创中心、三教周边等区域景观改造任务，开展北支河新建景观闸、团委西南侧硬质景观等校河改造一期工程。

持续推动绿色大学建设。优化学校能源结构，开展国家明令淘汰设备专项清查，推动使用单位对124栋建筑中的173台设备制定整改方案。落实绿色发展理念，制定发布《清华大学绿色办公指引》，持续开展垃圾分类和"光盘行动"，各类活动覆盖师生万余人次。

四、常抓不懈，力保校园安全稳定

持续推动校园大安全工作体系建设，健全和落实校园安全管理主体责任，全面提升校园安全文化和秩序管理水平。发布《清华大学公共安全行动计划》，梳理6大类103项具体任务，完善部门协调机制，持续推进计划任务落实。成立安全法治教育宣讲团，面向师生开展安全宣讲、实操演练149次，覆盖3.3万人次，实现新生消防演习和实操全覆盖。完善突发事件应急预案体系，组织应急演练95次，涉及师生1.4万人次，提高师生安全防范能力。完成全校500余处消防设施安全检查，推动建设5个微型消防站，对34个单位83栋建筑开展消防安全评估，发现800余处消防安全隐患并推动整改落实。积极推进"警医联动机制"，安装30余处"一键式"报警装置。规范电动车充电设施管理，推动完成全校185处电动车充电设施安全核查及整改。持续开展学生区电动车专项治理，电动车数量由高峰期5114辆下降至目前的2018辆，降幅达61%。优化校园交通秩序管理，加强校内停车资源统筹研究。完成校门身份查验系统及设备升级，提高通行效率。加强食品安全管理体系建设，开展食品安全宣传教育，联合多部门开展食品安全应急预案演练，提高应急处置能力。

五、精益求精，持续提高校园服务保障能力

圆满完成建党百年专项、110周年校庆等重大活动保障任务，为师生校友及志愿者提供车辆接送、训练备餐、洗澡水供应、交通引导和垃圾清运等后勤

服务保障，服务万余人次，确保活动顺利开展。

提升校园餐饮服务。促进校园供餐资源均衡分布，开办双清园食堂，提高师生用餐便捷度。持续改善老旧食堂就餐环境，完成紫荆园食堂装修改造。推进食堂标准化建设，编辑出版《水木食集——清华大学食堂基本伙标准化食谱》。举办"110种精品面点品鉴活动"，深受师生欢迎。

提高接待服务水平。全年服务重要会议和活动475次，包括国家元首等政要接待服务任务18次。校园交通车各线共计发车2.7万车次，保障通勤服务约32万人次，其中敬老专线和学生专线发车1500多次，覆盖1.1万人次。收发机要件3万余件，常规收发服务70多万件。

改善学生学习生活环境品质。加强公寓教室等环境设施提升，完成南区3、4号楼、二教等改造，筹备开办双清公寓南楼，推进学生公寓公共活动空间建设327处。制定工作标准，加强学生生活素质教育，探索建立研究生公寓楼委会，实现学生公寓楼工作助理全覆盖。持续开展社区文化建设，强化社区育人功能，社区课堂覆盖学生4600余人次。

提高校园服务保障信息化水平。深化"一站式"服务，建成智能辅助呼叫中心提供7×24自助语音咨询，年服务5万余人次。建立全校雨水管线、污水管线数据库，为数字校园"一张图"奠定基础。升级后勤投票管理系统、临时餐卡审批系统、车证管理系统等，推进后勤劳动育人、校医院自助服务、校园水务收费、商贸与食品安全监管等7个系统申报立项。

六、多措并举，努力提升校园服务保障品质

推动实施"健康清华"行动计划。提升校园医疗服务质量和水平，校医院全年完成门急诊49万人次，较去年增加14.9%。加强健康体检中心建设，全年完成体检3.7万人次，其中教职工1.4万人次，较去年增加19.4%，发现早期肿瘤20余例。加强医疗专家库建设，远程会诊和专科服务大大加强。完成内镜中心扩充、康复科新建、中医诊疗区改造，改善师生就医体验。推进家医签约，夯实医防融合慢病管理。拓展健康教育渠道，通过健康教育大讲堂、新媒体推送加强师生健康指导。完善社区和校园疫情防控体系，完成核酸检测10万人次，健康观察点完成4700余人次健康观察任务，组织新冠疫苗接种18万余针次，入库防疫物资410万余件，出库防疫物资270万余件，为学校疫情

常态化防控提供坚强保障。

做好清华园社区服务。完成海淀区人大代表换届选举，登记选民4.6万余人，投票率高达98.7%。"接诉即办"807件，响应率100%，解决率98.7%，稳居全市前列。完成双清苑养老驿站、文化活动中心建设，完成蓝旗营社区道路和无障碍设施改造，完成新林院、照澜院等家属区室外公厕升级改造。进一步提升幼儿园办学质量，通过市级幼儿园办园质量督导A级评估验收，保持北京市示范园幼教领先水平。

七、立德树人，推动后勤"三全育人"

后勤各单位深入落实"三全育人"理念，不断增强育人意识、拓展育人渠道、加强部门协同。召开党建工作研讨会，专题推动后勤"三全育人"理论思考与实践探索。推进学校党建重点课题《高校后勤"三全育人"机制》的研究，设立8个子课题，全面梳理后勤育人理念、历史和传统，广泛开展师生访谈、兄弟高校学习交流和文献调研总结。策划举办首期后勤"三全育人"骨干培训班，通过专业化培训提升后勤骨干队伍育人意识和能力。持续探索育人新途径，设立美食学堂、园艺劳动、环卫实践等课程。持续开展劳动教育，探索开展"耕读计划"等劳动育人课程，优化勤工助学岗、短期劳动岗等岗位设置，覆盖学生约3000人；联合81个班级党团支部开展安全岗位劳动教育，覆盖学生2000人左右。

一年来，后勤系统干部职工团结一心、攻坚克难，为学校立德树人、改革发展和师生员工生活提供了坚强支撑和有力保障，基本实现师生满意、学校满意、职工满意的"三满意"目标。2022年，后勤干部职工将继续弘扬后勤优良传统，锐意进取、担当作为，稳步实施后勤改革与发展"十四五"规划，全力推动内涵式高质量发展，为学校世界一流大学建设持续做好支撑保障服务，以优异成绩迎接党的二十大胜利召开！

附录 2　后勤获校级先进工作者名单（2011—2021）

2011 年	赵永华	万玉峰	熊瑞林	严俭和	魏　强	赵广刚	刘鸿波
2012 年	丁洪建	李建华	汪韵秋	孙焕明	李大友	王　艳	
2013 年	郭启全	芦永生	王　强	闫　宏	刘　强	戴双春	
2014 年	吴　波	陈秀琴	朱昱璇	郝　琦	王俊生	张东利	李　鑫
	刘晓雪	肖　薇	王　伟	陈　展	王艳敏		
2015 年	邹志权	张鹏斌	王志刚	段　飞	熊瑞林	续智丹	唐白冰
	胡世君	朱　丽	周利新	高海滨	冉　芸		
2016 年	段　凯	张　奇	王圣杰	张留银	王　兰	李玉水	李　明
	张国全	马宝平	李　军	唐贺亮	刘振捷		
2017 年	于长海	卢成峰	吉　乐	吴跃明	田有宽	王而从	程　鑫
	吴艳敏	齐晧爽					
2018 年	张其凤	侯刚军	段　艳	胡玉森	熊瑞林	李　荣	齐文娟
	刘　强	刘哲民	赵桂倩				
2019 年	焦桂卿	杨晓冬	秦智强	陈　强	徐　宏	张丽敏	刘建明
	王明璇	赵广刚	邱显清				
2020 年	吴艳敏	朱昱漩	吴　旭	潘江琼	魏　琨	侯晓林	杨铁娟
	矫德生	冉　芸					
2021 年	乐　晶	张学武	贾永超	徐　鹏	袁国强	邢昊腾	郭建增
	刘学强	金　鑫					

附录3　后勤获校级爱岗敬业先进个人名单（2011—2021）

2011年　李智铭　唐　浪
2012年　邹志权　李　军
2013年　万玉峰　陈志荣
2014年　于瑞永　赵广刚
2015年　肖俊红　郭建增
2016年　王　强　王　伟
2017年　朱婷婷　郭顺菊
2018年　丁晓丽　高　松
2019年　葛明霞　胡世君
2020年　张博隽　程　鑫
2021年　杨华利　曾成英　张　黎　张　挺

附录 4　后勤标兵（2011—2021）

2011 年后勤标兵

一、后勤技能标兵
张振兴（总务长办公室）
熊瑞林（修缮校园管理中心）
郝　琦（饮食服务中心）
黄金祥（接待服务中心）
张海明（物业管理中心）
盖世杰（基建规划处）

二、后勤服务标兵
安　巍（校医院）
张兰巧（校内维修队）
李景卉（正大商贸公司）
娄万福（清华园街道办事处）

三、后勤标兵提名奖
黄莉萍（保卫处）

2012 年后勤标兵

一、后勤技能标兵
王俊生（修缮校园管理中心）
梁　田（饮食服务中心）
王金奎（保卫处）
闫永盛（物业管理中心）
张　挺（基建规划处）

二、后勤服务标兵
韩立娟（校医院）
王春槐（清华园街道办事处）
周利新（正大商贸公司）
吴春生（接待服务中心）

2013 年后勤标兵

一、后勤技能标兵
曹军海（保卫处）
李　荣（接待服务中心）
任　莹（基建规划处）
刘建明（物业管理中心）
艾文英（饮食服务中心）

二、后勤服务标兵
王建华（修缮校园管理中心）
李洪利（校医院）
邢宏艳（清华园街道办事处）

三、后勤标兵提名奖
吴　波（饮食服务中心）
昌祥武（正大商贸公司）

2014 年后勤标兵

一、后勤技能标兵
李　鑫（修缮校园管理中心）
赵永华（饮食服务中心）
贾永超（物业管理中心）
王晓臻（基建规划处）
侯晓林（接待服务中心）

二、后勤服务标兵

莫小丽（校医院）

王永祥（饮食服务中心）

尚　杰（物业管理中心）

三、后勤标兵提名奖

韩建波（清华园街道办事处）

冯建英（保卫处）

刘振捷（正大商贸公司）

2015年后勤标兵

一、后勤技能标兵

李玉水（修缮校园管理中心）

刘　芳（基建规划处）

矫德生（物业管理中心）

高海滨（总务长办公室）

黄学永（保卫处）

杨守平（饮食服务中心）

二、后勤服务标兵

王会颖（校医院）

张少波（清华园街道办事处）

王金良（接待服务中心）

孙　跃（正大商贸公司）

2016年后勤标兵

一、后勤技能标兵

王春东（修缮校园管理中心）

张　娟（基建规划处）

何　勇（保卫处）

孙凌川（接待服务中心）

崔小强（物业管理中心）

乐　晶（饮食服务中心）

二、后勤服务标兵

朱怀宇（校医院）

段　艳（饮食服务中心）

胡玉森（修缮校园管理中心）

沈　勇（清华园街道办事处）

三、后勤标兵提名奖

啜向红（物业管理中心）

高　松（绿色大学办公室）

张丽红（接待服务中心）

顾　捷（正大商贸公司）

2017年后勤标兵

一、后勤技能标兵

荣超跃（饮食服务中心）

李　明（修缮校园管理中心）

任　莹（基建规划处）

王亚平（保卫处）

钱　钺（接待服务中心）

二、后勤服务标兵

安　巍（校医院）

卢　谦（清华园街道办事处）

孙瑞明（物业管理中心）

何大成（修缮校园管理中心）

刘　丽（正大商贸公司）

三、后勤标兵提名奖

曾成英（接待服务中心）

秦双惠（饮食服务中心）

张德禹（物业管理中心）

陈　民（保卫处）

2018 年后勤标兵

一、后勤技能标兵

张　奇（饮食服务中心）

盖世杰（基建规划处）

刘二保（修缮校园管理中心）

二、后勤服务标兵

武亚芬（清华园街道办事处）

刘秀冬（校医院）

齐皓爽（物业管理中心）

徐　鹏（正大商贸公司）

于　越（保卫处）

张　婉（接待服务中心）

吴　波（饮食服务中心）

三、后勤标兵提名奖

秦智强（修缮校园管理中心）

杨宝林（保卫处）

2019 年后勤标兵

一、后勤技能标兵

吕志强（饮食服务中心）

钟建文（基建规划处）

李燕宁（保卫处）

崔小强（学生社区管理服务中心）

叶彬彬（修缮校园管理中心）

二、后勤服务标兵

孙兆金（校医院）

孟先梅（清华园街道办事处）

佟志全（正大商贸公司）

李晓梅（饮食服务中心）

迟雪峰（修缮校园管理中心）

三、后勤标兵提名奖

马宝平（接待服务中心）

张玉才（学生社区管理服务中心）

2020 年后勤标兵

一、后勤技能标兵

孟令军（基建规划处）

张秀龙（饮食服务中心）

赵长友（学生社区管理服务中心）

陈　强（修缮校园管理中心）

二、后勤服务标兵

韩　慧（校医院）

王龙霞（学生社区管理服务中心）

赵光烈（保卫处）

孙梦楠（总务长办公室［绿色大学办公室］）

李冠儒（清华园街道办事处）

宋先进（修缮校园管理中心）

三、后勤标兵提名奖

任小明（接待服务中心）

田　勇（正大商贸公司）

2021 年后勤标兵

一、后勤技能标兵

耿　杰（基建规划处）

李永泉（修缮校园管理中心）

张其凤（饮食服务中心）

宋永永（接待服务中心）

二、后勤服务标兵
郑　毅（清华园街道办事处）
伍香芝（学生社区管理服务中心）
蒋珊珊（校医院）
李海晶（正大商贸公司）

刘金玲（保卫处）
郭启泉（饮食服务中心）

三、后勤标兵提名奖
曹有珍（学生社区管理服务中心）
刘　旺（修缮校园管理中心）

附录 5　40 年功表彰（2012—2020）

关于表彰从事后勤工作 40 年职工的决定

长期以来，后勤的广大干部职工全心全意服务学校立德树人根本任务，服务学校改革发展，服务师生员工生活，为我校世界一流大学建设提供了坚强的保障和有力的支撑。这其中，有一批非常特别的典型职工，他们坚守着平凡的岗位，起早贪黑，默默奉献，在后勤战线上一干就是 40 年，将人生最宝贵的年华奉献给了清华后勤事业。

希望后勤全体职工以他们为榜样，自觉弘扬爱岗敬业、无私奉献、求真务实、团结协作、追求卓越的后勤文化，立足本职工作，加强锻炼提升，将个人的成长进步和后勤事业改革发展紧密结合起来，为学校"双一流"建设作出新的贡献。

附件 1：在后勤战线上工作满 40 年同志表彰名单（2012 年）
附件 2：在后勤战线上工作满 40 年同志表彰名单（2016 年）
附件 3：在后勤战线上工作满 40 年同志表彰名单（2020 年）

附件1：

在后勤战线上工作满40年同志表彰名单
（2012年）

饮食中心　丁继学　王建国　王景祥　左颖跃　孙迎春
　　　　　李进文　何继波　郑玉桥　殷文仲　唐春生　樊春起
修缮中心　王致青　吕家明　吴德海　沈德利　杨宗德
　　　　　张志强　陈志荣　赵满成　段　飞　徐汉英　崔景存
物业中心　万学新

附件2：

在后勤战线上工作满40年同志表彰名单
（2016年）

饮食中心：	于瑞永	万玉峰	王永祥	王建中	王洪奎
	王德宝	王国新	王宝呈	王保旺	吕　超
	任旭春	刘元华	闫京卫	杜宝树	李智铭
	杨　扬	杨宏业	吴京阳	张维均	耿卫兵
	徐动俭	韩云河			
修缮中心：	王　歧	王一捷	王凤联	王金斗	王宝林
	王炳旺	方长水	申建明	朱凤得	刘　祥
	刘金福	刘建新	刘德山	闫新强	李庆余
	李国忠	李国柱	李建儒	李铁山	杨守坡
	杨利兴	佟俊坤	余大雪	宋寿江	张凤翔
	张玉忠	张永年	张金良	张宝坤	张胜群
	张桂森	张福全	陈建国	庞成军	单运旺
	赵长青	赵廷波	赵利江	赵保林	赵景山
	胡宝金	姜仲茂	桑　杰	康金生	商振江
	梁胜利	寇永利	董小平	董振勇	董晓川
	程祖海	焦桐起	谢振诚		
接待中心：	王金良	王建洲	杨国庆	赵代众	高石钢
物业中心：	吕善政	尚纪刚	贾勤田	程兴民	
正大公司：	王振清				
总务长办公室：	于春建				

附件3：

在后勤战线上工作满40年同志表彰名单
（2020年）

饮食中心： 王学成　邓富民　关德旺　孙建民　李凤达　李国强　张世军
　　　　　　张来财　武泽华　赵永华　荣超跃　贾春海　常　礼　董燕全
修缮中心： 王玉华　王全生　王志有　王俊生　田有宽　李铁骡　张万利
　　　　　　张海利　贾增林　崔宝才
接待中心： 王而从　李书海　高培林　蔡铁成
学生社区中心： 郭卫强　郭建增
正大公司： 周利新